Antony Beevor

Die Ardennen-Offensive 1944
Hitlers letzte Schlacht im Westen

Aus dem Englischen übertragen
von Helmut Ettinger

Pantheon

Die Originalausgabe erschien 2015 unter dem Titel
»Ardennes 1944. Hitler's Last Gamble« bei Viking, London.

Sollte diese Publikation Links auf Webseiten Dritter enthalten,
so übernehmen wir für deren Inhalte keine Haftung,
da wir uns diese nicht zu eigen machen, sondern lediglich
auf deren Stand zum Zeitpunkt der Erstveröffentlichung verweisen.

Verlagsgruppe Random House FSC® N001967

2. Auflage 2019
© 2015 by Antony Beevor
© 2016 für die deutschsprachige Ausgabe by C. Bertelsmann Verlag, München
Copyright © dieser Ausgabe 2018 by Pantheon Verlag
in der Verlagsgruppe Random House GmbH,
Neumarkter Straße 28, 81673 München
Umschlaggestaltung: Büro Jorge Schmidt, München
Umschlagmotiv: akg-images / Tony Vaccaro
Karten: Jeff Edwards
Satz: Uhl + Massopust, Aalen
Druck und Bindung: CPI books GmbH, Leck
ISBN 978-3-570-55374-9

www.pantheon-verlag.de

Dieses Buch ist auch als E-Book erhältlich.

Inhalt

1. Kapitel	Im Siegesrausch	7
2. Kapitel	Antwerpen und die deutsche Grenze	23
3. Kapitel	Die Schlacht um Aachen	36
4. Kapitel	In den Winter des Krieges	48
5. Kapitel	Der Hürtgenwald	65
6. Kapitel	Die Deutschen bereiten sich vor	91
7. Kapitel	Das Versagen der Aufklärung	110
8. Kapitel	Samstag, 16. Dezember	124
9. Kapitel	Sonntag, 17. Dezember	148
10. Kapitel	Montag, 18. Dezember	173
11. Kapitel	Skorzeny und Heydte	192
12. Kapitel	Dienstag, 19. Dezember	200
13. Kapitel	Mittwoch, 20. Dezember	222
14. Kapitel	Donnerstag, 21. Dezember	242
15. Kapitel	Freitag, 22. Dezember	254
16. Kapitel	Samstag, 23. Dezember	268
17. Kapitel	Sonntag, 24. Dezember	286
18. Kapitel	Weihnachtstag	305

19. Kapitel Dienstag, 26. Dezember	317
20. Kapitel Die Vorbereitung der alliierten Gegenoffensive	328
21. Kapitel Die doppelte Überraschung	346
22. Kapitel Der Gegenangriff	362
23. Kapitel Der Frontbogen wird begradigt	381
24. Kapitel Schluss	395

Dank	402
Kartenverzeichnis und -legende	404
Schlachtordnung	406
Abkürzungen	421
Anmerkungen	423
Bibliografie	453
Personenregister	459
Orts- und Sachregister	465
Bildnachweis	477

I. Kapitel

Im Siegesrausch

Am frühen Morgen des 27. August 1944 verließ General Dwight D. Eisenhower Chartres, um das gerade erst befreite Paris in Augenschein zu nehmen. »›Es ist Sonntag‹, sagte der Oberbefehlshaber der alliierten Truppen zu General Omar Bradley, der ihn begleiten sollte. ›Die Leute werden ausschlafen. Wir werden das ohne Aufsehen tun können.‹«[1] Aber die beiden Generale waren kaum zu übersehen, als sie zu diesem »inoffiziellen Besuch« in Richtung der französischen Hauptstadt rollten. Der Cadillac des Oberbefehlshabers in tristem Olivgrün wurde von zwei Panzerwagen eskortiert, und ein Jeep mit einem Brigadegeneral fuhr voraus.[2]

Als sie die Porte d'Orléans erreichten, war dort eine noch größere Eskorte der 38. Mechanisierten Aufklärungskompanie unter Generalleutnant Gerow wie zur Parade aufgestellt. Leonard Gerow, ein alter Freund Eisenhowers, kochte noch vor Ärger, weil General Philippe Leclerc von der französischen 2. Panzerdivision während des Vormarsches auf Paris alle seine Befehle hartnäckig missachtet hatte. Am Tag zuvor hatte Gerow, der sich als Militärkommandant von Paris sah, Leclerc und dessen Division verboten, an General de Gaulles Siegesparade vom Arc de Triomphe bis nach Notre-Dame teilzunehmen. Stattdessen hatte er ihm befohlen, »Paris und Umgebung weiter vom Feind zu säubern«. Während der Befreiung der Hauptstadt hatte Leclerc Gerow ignoriert, aber an diesem Morgen einen Teil seiner Division aus der Stadt nach Norden gegen Stellungen der Deutschen um Saint-Denis in Marsch gesetzt.[3]

Die Straßen von Paris waren leer, denn die Deutschen hatten auf ihrem Rückzug fast jedes Fahrzeug requiriert, das sich noch bewegen ließ. Selbst auf die Metro war wegen der schlechten Stromversorgung kein Verlass mehr. Die »Lichterstadt« musste sich mit Kerzen behelfen, die auf dem Schwarzmarkt gehandelt wurden. Ihre schönen Bauten wirkten alt und heruntergekommen, waren aber zum Glück noch intakt. Hitlers Befehl, sie in ein »Trümmerfeld« zu verwandeln[4], war nicht befolgt worden. In der noch anhaltenden Freude über den Sieg brachen Gruppen von Franzosen auf den Straßen immer wieder in Jubel aus, wenn sie eines amerikanischen Soldaten oder Fahrzeuges ansichtig wurden. Aber es sollte nicht lange dauern, da hörte man die Pariser murren, die Amerikaner seien »*pire que les boches*«, »schlimmer als die Deutschen«.[5]

Zwar hatte Eisenhower erklärt, »ohne Aufsehen« nach Paris fahren zu wollen, aber sein Besuch hatte einen bestimmten Grund. Er wollte General Charles de Gaulle treffen, den Chef der Provisorischen Regierung Frankreichs, die anzuerkennen Präsident Roosevelt sich weigerte. Der Pragmatiker Eisenhower war bereit, die strikte Weisung seines Präsidenten zu ignorieren, die US-Truppen seien nicht in Frankreich, um General de Gaulle an die Macht zu bringen. Der Oberbefehlshaber brauchte Stabilität hinter seinen Fronten, und da de Gaulle offenbar als Einziger in der Lage war, diese herzustellen, war er gewillt, ihn zu unterstützen.

Weder de Gaulle noch Eisenhower mochten riskieren, dass das gefährliche Chaos der Befreiung außer Kontrolle geriet, besonders zu einer Zeit, die von wilden Gerüchten, unerwarteten Panikausbrüchen, Verschwörungstheorien und der hässlichen Denunziation angeblicher Kollaborateure geprägt war. Der Schriftsteller J. D. Salinger, der bei der 4. US-Infanteriedivision als Oberfeldwebel der Spionageabwehr diente, hatte bei einer Aktion in der Nähe des Pariser Rathauses gemeinsam mit einem Kameraden einen Verdächtigen festgenommen. Doch sie konnten nicht verhindern, dass eine erregte Menge ihnen den Mann entriss und vor ihren Augen totschlug.

De Gaulles Siegesparade vom Arc de Triomphe nach Notre-Dame am Tag zuvor hatte mit einer wüsten Schießerei in der Kathedrale geendet. Dieser Zwischenfall überzeugte de Gaulle, dass er die Résistance entwaffnen und ihre Mitglieder in eine reguläre französische Armee eingliedern musste. Noch am selben Nachmittag ging beim Hauptquartier des Oberbefehlshabers der Alliierten Expeditionstruppen (SHAEF) die Forderung nach 15 000 Uniformen ein. Leider gab es sie nicht ausreichend in kleinen Größen, denn französische Männer waren im Durchschnitt nicht so groß wie die Amerikaner.

De Gaulles Begegnung mit den beiden US-Generalen fand im Kriegsministerium in der Rue Saint-Dominique statt. Hier hatte im tragischen Sommer 1940 seine kurze Regierungslaufbahn begonnen, und hierher war er nun zurückgekehrt, um den Eindruck von Kontinuität zu erwecken. Die Formel, mit der er die Schande des Vichy-Regimes zu tilgen suchte, war majestätisch einfach: »Die Republik hat nie aufgehört zu existieren.« De Gaulle bat Eisenhower, Leclercs Division in Paris zu belassen, um Recht und Ordnung aufrechtzuerhalten. Da nun aber einige von Leclercs Einheiten bereits aus der Stadt abzogen, meinte er, die Amerikaner könnten die Bevölkerung vielleicht mit einer Demonstration der Stärke beeindrucken und ihr das Gefühl der Sicherheit geben, dass die Deutschen nicht mehr zurückkämen. Warum sollten nicht eine ganze Division oder gar zwei auf dem Weg an die Front durch Paris marschieren? Eisenhower, der es etwas merkwürdig fand, dass de Gaulle amerikanische Truppen anforderte, um seine Stellung zu festigen, fragte Bradley, was er davon halte. Der meinte, das könne in den nächsten Tagen durchaus organisiert werden. Eisenhower forderte also de Gaulle auf, in Begleitung von General Bradley den Vorbeimarsch der Truppen abzunehmen. Er selbst wollte dabei nicht in Erscheinung treten.[6]

In Chartres zurück, forderte Eisenhower General Sir Bernard Montgomery auf, sich de Gaulle und Bradley bei der Parade anzuschließen, doch der lehnte ab, nach Paris zu kommen. Dieses unbedeutende, aber bezeichnende Detail wurde von gewissen britischen Zeitungen zum Anlass genommen, den Amerikanern vorzuwerfen, sie beanspruchten den ganzen Ruhm der Befreiung von Paris für sich allein. Die zwanghafte Neigung der Fleet Street, in nahezu jeder Entscheidung des SHAEF eine Herabsetzung Montgomerys und damit der Briten zu sehen, sollte den Beziehungen zwischen den Alliierten noch schweren Schaden zufügen. Sie war jedoch ein Ausdruck des verbreiteten Unmuts darüber, dass Großbritannien zunehmend an den Rand des Geschehens geriet. Jetzt waren die Amerikaner am Zug und würden den Sieg für sich vereinnahmen. Luftmarschall Sir Arthur Tedder, Eisenhowers britischem Stellvertreter, bereitete dieses Vorurteil der britischen Presse Sorge: »Nach dem, was ich im SHAEF zu hören bekam, musste ich befürchten, dass dieses Verhalten geeignet war, einen tiefen Riss zwischen den Alliierten zu erzeugen.«[7]

Am nächsten Abend begab sich die 28. US-Infanteriedivision unter ihrem Kommandeur Generalleutnant Norman D. Cota bei dichtem Regen von Versailles nach Paris. »Dutch« Cota, der bei Omaha Beach durch außerordentlichen Mut und Führungsqualitäten aufgefallen war, hatte die Division erst zwei Wochen zuvor übernommen, als die Kugel eines deutschen Scharfschützen seinen Vorgänger getötet hatte. Die Kämpfe in der von dichten Hecken durchzogenen Normandie im Juni und Juli waren qualvoll und opferreich gewesen. Aber als unter Führung von General George

C. Pattons 3. Armee Anfang August der Durchbruch gelang, war beim Vormarsch zur Seine und nach Paris wieder Optimismus aufgekommen.

Im Bois de Boulogne hatte man Duschen aufgestellt, wo Cotas Männer sich für die Parade säubern konnten. Am nächsten Morgen, dem 29. August, marschierte die Division die Avenue Foch bis zum Arc de Triomphe hinauf und dann den langen Boulevard der Champs-Elysées entlang. Infanterie im Stahlhelm mit umgehängtem Gewehr und aufgestecktem Bajonett paradierte vorbei. Die Männer im olivfarbenen Drillich, 24 in einer Reihe, füllten den breiten Boulevard. Auf der Schulter trugen sie als Divisionsabzeichen das rote »Keystone«-Emblem des Staates Pennsylvania, das die Deutschen wegen seiner Form »Bluteimer« genannt hatten.[8]

Die Franzosen staunten, wie lässig die Uniformen der Amerikaner wirkten und dass sie offenbar Technik im Überfluss zur Verfügung hatten. »Eine mechanisierte Armee«, notierte der Tagebuchschreiber Jean Galtier-Boissière.[9] Die Menschenmenge, die sich an diesem Morgen an den Champs Elysées versammelt hatte, konnte einfach nicht glauben, dass eine einzige Infanteriedivision so viele Fahrzeuge mit sich führte: unzählige Jeeps, manche mit hinten aufmontiertem 12,7-mm-Fla-MG, Panzerspähwagen, die Artillerie mit ihren 155-mm-Feldhaubitzen »Long Tom«, die von Zugmaschinen geschleppt wurden, Pioniere, Serviceeinheiten mit kleinen und großen Lastkraftwagen, M4-Sherman-Panzer und Panzerjäger. Angesichts dieser Vorführung nahm sich die Wehrmacht, die bei der Eroberung Frankreichs im Jahr 1940 geradezu unbesiegbar erschienen war, mit ihren Pferdegespannen seltsam antiquiert aus.

Das Podium für die Generale hatte man auf der Place de la Concorde errichtet. Pioniere hatten zu diesem Zweck umgekippte Sturmboote aneinandergereiht und eine riesige Trikolore darübergebreitet. Zahlreiche Sternenbanner flatterten im Wind. Eine Militärkapelle von 56 Mann, die zunächst an der Spitze des Zuges marschiert war, spielte beim Defilee den Divisionsmarsch »Khaki Bill«. Was den französischen Zuschauern sicher verborgen blieb, was alle Soldaten der 28. Division aber wussten: Sie marschierten geradewegs zum Sturm auf die deutschen Stellungen am nördlichen Stadtrand von Paris. »Das war einer der bemerkenswertesten Angriffsbefehle, der je erlassen wurde«, sagte Bradley später zu seinem Adjutanten. »Ich denke, nicht viele Menschen haben begriffen, dass die Männer von der Parade direkt ins Gefecht zogen.«[10]

An der Kanalküste hatte die kanadische 1. Armee den Auftrag, die große Hafenstadt Le Havre einzunehmen, während die britische 2. Armee nach Nordosten ins Pas-de-Calais vorstieß, wo mehrere Abschussrampen der deutschen V-Waffen standen. Ungeachtet der Erschöpfung der Panzerfahrer und eines schlimmen Sturms in der Nacht vom 30. auf den 31. August eroberte die Gardepanzerdivision mit Unterstützung der französischen Résistance Amiens und die Brücken über die Somme, was der General der Panzertruppen Heinrich Eberbach, der die deutsche 5. Panzerarmee befehligte, am nächsten Morgen überrascht feststellen musste. Dann gelang es den Briten, mit einem Vorstoß einen Keil zwischen die Reste der 5. Panzerarmee und die 15. Armee zu treiben, die bisher das Pas-de-Calais gehalten hatte. Die Kanadier, an ihrer Spitze das Royal Regiment of Canada, die Royal Hamilton Light Infantry und die Essex Scottish, hielten auf Dieppe zu, wo sie bei dem desaströsen Angriff zwei Jahre zuvor so schwer gelitten hatten.

Die Alliierten sonnten sich in kaum zu überbietender Siegeseuphorie. Der Bombenanschlag auf Hitler vom 20. Juli hatte sie in der Vorstellung bestärkt, wie 1918 beginne Deutschland jetzt zusammenzubrechen. Tatsächlich aber hatte das fehlgeschlagene Attentat eine beträchtliche Stärkung der Nazi-Herrschaft zur Folge. Doch der Chef Aufklärung des SHAEF, G2, behauptete unbeirrt: »Die August-Schlachten haben die Sache erledigt, und im Westen ist der Feind am Ende.«[11] Das Kriegskabinett in London kam zu der Auffassung, bis Weihnachten werde alles vorbei sein, und setzte den 31. Dezember 1944 als voraussichtliches Datum des Kriegsendes fest. Lediglich Churchill blieb skeptisch und traute den Deutschen durchaus zu, den Kampf fortzusetzen. In Washington, wo man ähnlich dachte wie beim SHAEF, glaubte man, sich nun stärker den nach wie vor schweren Kämpfen gegen die Japaner im Pazifik widmen zu können. Das U.S. War Production Board, das während des Krieges die amerikanische Rüstungsproduktion koordinierte, begann Bestellungen von Militärgütern, darunter für Artilleriegranaten, zu annullieren.

Auch viele Deutsche glaubten, das Ende sei gekommen. Oberstleutnant Fritz Fullriede in Utrecht schrieb in sein Tagebuch: »Die Westfront ist am Ende, der Feind steht bereits in Belgien und an den Grenzen des Reichs; Rumänien, Bulgarien, die Slowakei und Finnland haben um Frieden nachgesucht. Es ist genau wie 1918.«[12] Auf einem Bahnhof in Berlin hatte jemand gewagt, ein Spruchband mit der Aufschrift anzubringen: »Wir wollen Frieden, so oder so!«[13] An der Ostfront hatte die Rote Armee mit ihrer

»Operation Bagration« die Heeresgruppe Mitte zerschlagen, war 500 Kilometer weit vorgestoßen und stand nun an der Weichsel vor den Toren von Warschau. In drei Monaten hatte die Wehrmacht an der Ostfront 589 425 Mann und an der Westfront 156 726 Mann verloren.[14]

Der rasche Vorstoß der Roten Armee bis zur Weichsel hatte die polnische *Armija Krajowa* bestärkt, den kühnen, aber zum Scheitern verurteilten Warschauer Aufstand auszulösen. Stalin, der kein unabhängiges Polen wollte, ließ kalten Herzens zu, dass die Aufständischen von den Deutschen vernichtet wurden. Inzwischen war auch Hitlers Hauptquartier »Wolfsschanze« bei Rastenburg bedroht, und deutsche Truppen kapitulierten auf dem Balkan. Zwei Tage vor der Befreiung von Paris schied Rumänien aus der Achse aus, als sowjetische Truppen seine Grenzen überschritten. Am 30. August marschierte die Rote Armee in Bukarest ein und besetzte die lebenswichtigen Ölfelder von Ploeşti. Der Weg zur ungarischen Tiefebene, zur Donau und damit nach Österreich und Deutschland stand nun offen.

Mitte August war General George Pattons 3. US-Armee aus der Normandie bis zur Seine vorgerückt. Das fiel mit der erfolgreichen »Operation Dragoon«, der Landung alliierter Truppen an der Mittelmeerküste zwischen Cannes und Toulon, zusammen. Die Furcht, abgeschnitten zu werden, trieb große Teile der deutschen Einheiten zum Rückzug quer durchs Land. Mitglieder der *Milice* des Vichy-Regimes, die wussten, was sie von der Résistance zu erwarten hatten, begaben sich ebenfalls auf einen Marsch durch feindliches Gebiet, um in Deutschland Zuflucht zu finden. Dieser sollte sich in einigen Fällen über 1000 Kilometer weit erstrecken. Improvisierte »Marschgruppen«, eine Mischung aus Angehörigen des Heeres, der Luftwaffe, der Kriegsmarine und Zivilpersonal, erhielten Befehl, sich aus dem Bereich der Atlantikküste in Richtung Osten in Sicherheit zu bringen und dabei der Résistance möglichst aus dem Weg zu gehen. Die Wehrmacht begann einen Frontbogen bei Dijon zu verstärken, wo sie fast eine Viertelmillion Deutsche in Empfang nahm. Weitere 51 000 Soldaten entgingen der Einkesselung an der Atlantik- und der Mittelmeerküste jedoch nicht. Der »Führer« hatte große Häfen zu »Festungen« erklären lassen, obwohl keine Hoffnung bestand, Truppen von dort zu entsetzen.[15] Diese Art von Realitätsverweigerung verglich ein deutscher General mit dem Verhalten eines katholischen Priesters am Karfreitag, der den Schweinebraten auf seinem Teller mit Weihwasser besprengt und dabei spricht: »Du bist Fisch.«[16]

Nach dem Bombenanschlag vom 20. Juli erfuhr Hitlers Paranoia eine weitere Steigerung. In der »Wolfsschanze« in Ostpreußen ging er weit über seine gewohnte Stichelei hinaus, der deutsche Generalstab sei nur ein »Intellektuellenklub«.[17] »Jetzt weiß ich, warum in den letzten Jahren alle meine großen Pläne in Russland scheitern mussten«, erklärte er. »Alles war Verrat! Ohne die Verräter wären wir längst Sieger!«[18] Hitler hasste die Verschwörer vom 20. Juli nicht nur wegen des Verrats, sondern auch weil sie das Bild von einem monolithischen Deutschland beschädigt hatten, was sich auf verbündete und neutrale Staaten auswirken würde.

Bei seiner Lagebesprechung am 31. August erklärte Hitler: »Es werden Momente kommen, in denen die Spannungen der Verbündeten so groß werden, dass dann trotzdem der Bruch eintritt. Koalitionen sind in der Weltgeschichte noch immer einmal zugrunde gegangen.«[19] Propagandaminister Josef Goebbels nahm diesen Gedanken des »Führers« rasch bei einer kurz darauf stattfindenden Ministerkonferenz in Berlin auf: »Es ist sicher, dass sich die politischen Konflikte mit dem scheinbaren Näherkommen eines Sieges der Alliierten steigern und eines Tages Risse im Haus unserer Feinde erzeugen werden, die nicht mehr repariert werden können.«[20]

Der Stabschef der Luftwaffe, General der Flieger Werner Kreipe, schrieb an diesem letzten Augusttag in sein Tagebuch: »Abends Meldungen über Zusammenbruch im Westen.« Fast die ganze Nacht hindurch ging es hektisch zu – »Befehle, Anordnungen, Telefonate«. Am nächsten Morgen befahl der Chef des Oberkommandos der Wehrmacht (OKW), Generalfeldmarschall Wilhelm Keitel, der Luftwaffe, weitere 50 000 Mann für das Heer abzustellen. Am 2. September notierte Kreipe: »Im Westen anscheinend Auflösung, Jodl [der Chef des Planungsstabes der Wehrmacht] merkwürdig ruhig. Die Finnen springen ab.«[21] Während der Besprechung an diesem Tag begann Hitler auf den Präsidenten Finnlands, Marschall Mannerheim, zu schimpfen. Er war auch aufgebracht darüber, dass Reichsmarschall Hermann Göring es in einer so kritischen Situation nicht einmal für nötig hielt, bei ihm zu erscheinen. Er deutete sogar an, die Staffeln der Luftwaffe aufzulösen und die Besatzungen in Flakeinheiten einzugliedern.

Da Truppen der Roten Armee nun bereits an der Grenze Ostpreußens standen, fürchtete Hitler eine Aktion sowjetischer Fallschirmjäger, um seiner Person habhaft zu werden. Die »Wolfsschanze« war inzwischen zu einer wahren Festung ausgebaut worden. »Es war mittlerweile ein riesenhafter

Apparat entstanden«, schrieb Hitlers Sekretärin Traudl Junge. »Überall waren Sperren und neue Posten, Minen, Stacheldrahtverhaue, Beobachtungstürme.«[22]

Hitler wollte, dass ein Offizier, dem er vertrauen konnte, die Truppen befehligte, die ihn schützten. Oberst Otto Remer hatte das Wachregiment »Großdeutschland« in Berlin dazu gebracht, die Verschwörer des 20. Juli niederzuringen. Als er von Remers Bitte hörte, zu einer Truppe im Feld abkommandiert zu werden, beauftragte ihn Hitler, eine Brigade zum Schutz der »Wolfsschanze« aufzubauen. Anfangs bestehend aus seiner Einheit aus Berlin, der acht Batterien des Flakregiments »Hermann Göring« angegliedert wurden, wuchs Remers Brigade unaufhörlich weiter. Im September stand die Führer-Begleit-Brigade bereit, die »Wolfsschanze« gegen »einen Angriff von zwei oder drei Luftlandedivisionen« zu verteidigen. Dieses »ungewöhnliche Aufgebot« verschiedener Waffengattungen, wie Remer selbst es nannte, erhielt absolute Priorität bei der Ausstattung mit Waffen, Ausrüstung und »erfahrenen Frontsoldaten«, zumeist aus der Division »Großdeutschland«.[23]

In der »Wolfsschanze« herrschte eine tief deprimierte Stimmung. Hitler lag tagelang lustlos im Bett, während seine Sekretärinnen damit beschäftigt waren, »ganze Stöße von Schadensmeldungen« von der Ost- und der Westfront abzuschreiben.[24] Unterdessen saß Göring schmollend auf dem Jagdschloss der Hohenzollern im ostpreußischen Rominten, das er sich angeeignet hatte. Er wusste, dass ihn seine Rivalen nach dem Versagen der Luftwaffe in der Normandie am Hof des »Führers« ausmanövriert hatten. Das betraf insbesondere den äußerst geschickt agierenden Martin Bormann, dessen Rachsucht sich bald zeigen sollte. Sein anderer Gegenspieler, der Reichsführer SS Heinrich Himmler, hatte den Befehl über das »Ersatzheer« erhalten, in dessen Stab der Bombenanschlag ausgeheckt worden war. Und Goebbels, den der »Führer« inzwischen zum Reichsbevollmächtigten für den totalen Kriegseinsatz ernannt hatte, schien damit die Heimatfront vollständig in der Hand zu haben. Allerdings waren Bormann und die Gauleiter nach wie vor in der Lage, jeden Versuch zu vereiteln, auch ihre Einflussbereiche unter Kontrolle zu nehmen.

War bereits der Anschlag auf Hitler für die meisten Deutschen ein Schock gewesen, so sank die Stimmung beträchtlich weiter, als sowjetische Einheiten an den Grenzen Ostpreußens auftauchten. Vor allem die Frauen wollten, dass der Krieg ein rasches Ende nahm. Wie der Sicherheitsdienst der SS meldete, hatten viele den Glauben an den »Führer« verloren. Jene,

die tiefer blickten, spürten jedoch, dass es kein Ende des Krieges geben konnte, solange Hitler am Leben war.[25]

Trotz oder vielleicht gerade wegen der Erfolge dieses Sommers regten sich auf den höchsten Kommandoebenen der Alliierten Rivalitäten. Eisenhower, »eher militärischer Staatsmann als Generalissimus«, wie ein Beobachter es ausdrückte,[26] suchte den Konsens, aber er schien geneigt, Montgomery und die Briten beschwichtigen zu wollen, was bei Omar Bradley Ärger und bei General George Patton zornige Verachtung auslöste. Der Streit darüber, der bis ins neue Jahr hinein das Verhältnis zwischen den Beteiligten belasten sollte, hatte am 19. August begonnen.

An diesem Tag hatte Montgomery gefordert, nahezu die gesamte Streitmacht der Alliierten solle unter seinem Befehl durch Belgien und Holland in Richtung Ruhrgebiet marschieren. Als dies abgelehnt wurde, verlangte er, dass seine eigene 21. Armeegruppe mit Unterstützung der 1. US-Armee unter General Courtney Hodges in diese Richtung vorrücken möge. Das hätte es den Alliierten ermöglicht, die Stellungen der V-Waffen zu erobern, die auf London abgeschossen wurden, und den Hochseehafen von Antwerpen zu besetzen, der für den Nachschub beim weiteren Vormarsch von vitaler Bedeutung war. Zwar stimmten Bradley und die Befehlshaber seiner beiden Armeen, Patton und Hodges, zu, dass Antwerpen gesichert werden musste, aber sie wollten in Richtung Saar marschieren und so auf dem kürzesten Wege in Deutschland einrücken. Die amerikanischen Generale waren der Meinung, dass sie aufgrund der unter der Führung von Pattons 3. Armee erreichten Erfolge bei der »Operation Cobra« und beim Durchbruch zur Seine den Vorrang zu beanspruchen hätten. Eisenhower dagegen sah klar, dass ein einzelner Vorstoß, ob der Briten im Norden oder der Amerikaner in der Mitte der Front, hohe Risiken barg – im politischen mehr noch als im militärischen Sinn. Er hatte einen Zornesausbruch der Presse und der Politiker entweder in den USA oder in Großbritannien zu gewärtigen, sollte eine der Armeen wegen Nachschubproblemen gestoppt werden, während die andere vorwärtsstürmte.

Als am 1. September die seit Langem geplante Entscheidung verkündet wurde, dass Bradley, der technisch bisher Montgomery unterstand, nun den Befehl über die 12. US-Armeegruppe übernehmen sollte, reagierte die britische Presse erneut gekränkt. In der Fleet Street sah man diese Umgruppierung als Herabstufung Montgomerys, denn da Eisenhower jetzt sein Hauptquartier in Frankreich hatte, befehligte der Brite die Bodentruppen nicht mehr. In London, wo man dieses Problem vorausgesehen hatte, war man bemüht, die Lage zu beruhigen, indem man Montgomery zum Feldmarschall beförderte (wodurch er theoretisch nun über Eisenhower stand, der nur Vier-Sterne-General war). Patton, der an diesem Morgen Radio hörte, war tief enttäuscht, als »Ike sagte, Monty sei der größte lebende Soldat und nun Feldmarschall«. Von den Erfolgen anderer war keine Rede. Nach einer Besprechung in Bradleys Hauptquartier am nächsten Tag schrieb Patton, der den Vormarsch durch Frankreich angeführt hatte: »Ike hat keinem von uns gedankt oder dazu gratuliert, was wir getan haben.«[27] Zwei Tage später stand seine 3. Armee an der Maas.

Wie dem auch sei, der Vorstoß der 1. US-Armee und der britischen 2. Armee nach Belgien gehörte zu den schnellsten Märschen des ganzen Krieges. Das Tempo hätte noch höher sein können, wären sie nicht in jedem Dorf und jeder Stadt Belgiens von der Bevölkerung begeistert begrüßt worden. Der Kommandeur des britischen XXX. Korps, Generalleutnant Brian Horrocks, beschrieb das mit den Worten: »Mit all dem, was sich an Champagner, Blumen, Menschen, vor allem Mädchen, auf den Funkfahrzeugen häufte, war es schwierig, den Krieg noch fortzusetzen.«[28] Auch die Amerikaner stellten fest, dass sie in Belgien mit viel größerer Herzlichkeit und Begeisterung willkommen geheißen wurden als in Frankreich. Am 3. September fuhr die US-Gardepanzerdivision in Brüssel unter dem stürmischsten Jubel ein, den sie je erlebt hatte.

Schon am nächsten Tag nahm die britische 11. Panzerdivision unter Generalleutnant »Pip« Roberts in einem bemerkenswerten Handstreich Antwerpen. Mit Unterstützung der belgischen Résistance besetzte sie den Hafen, bevor die Deutschen die Anlagen zerstören konnten. Die 159. Infanteriebrigade griff den deutschen Stab in einem Park an, und um 20 Uhr hatte sich der Kommandant der deutschen Garnison bereits ergeben. Seine 6000 Mann wurden zum Zoo eskortiert, wo man sie in leeren Käfigen unterbrachte, denn die Tiere hatte die hungernde Bevölkerung bereits aufgegessen. »Dort saßen die Gefangenen auf Stroh«, berichtete Martha Gellhorn, »und starrten durch die Gitterstäbe.«[29] Der Fall von Antwerpen löste im Führerhauptquartier einen Schock aus. »Sie hatten gerade erst die Somme überquert«, bekannte der General der Artillerie Walter Warlimont im Jahr darauf gegenüber Vernehmungsoffizieren der Alliierten, »und schon standen eine oder zwei Ihrer Panzerdivisionen vor den Toren von Antwerpen. Wir hatten nicht so schnell mit einem Durchbruch gerechnet und waren überhaupt nicht darauf vorbereitet. Als wir die Nachricht erhielten, war das eine böse Überraschung.«[30]

Auch die 1. US-Armee ging in hohem Tempo vor, um die auf dem Rückzug befindlichen Deutschen einzuholen. Das Aufklärungsbataillon der 2. Panzerdivision eilte den übrigen Truppen weit voraus, stellte fest, auf welcher Route sich der Feind zurückzog, und legte sich dann mit seinen leichten Panzern nach Einbruch der Dunkelheit in einem Dorf oder einer Stadt in den Hinterhalt. »Einen Konvoi ließen wir bis auf die wirksamste Schussweite unserer Waffen herankommen, bevor wir das Feuer eröffneten. Ein leichter Panzer hatte die Aufgabe, ausgeschaltete Fahrzeuge rasch zwischen die Häuser zu schleppen, damit nachfolgende Einheiten nichts bemerkten. So ging das die ganze Nacht.«[31] Ein amerikanischer Panzerkommandant rechnete aus, dass sein Fahrzeug vom 18. August bis zum 5. September etwa 900 Kilometer »praktisch ohne jede Instandhaltung« gefahren war.[32]

An der französisch-belgischen Grenze brachte eine Zangenbewegung in der Nähe von Mons Bradleys Truppen noch größeren Erfolg als den Briten. Motorisierten Einheiten dreier deutscher Panzerdivisionen gelang es noch auszubrechen, bevor die 1. US-Infanteriedivision den Ring schloss. Die Fallschirmjäger der 3. und 6. Division waren verbittert, dass die Waffen-SS wieder einmal nur sich selbst gerettet und alle anderen im Stich gelassen hatte. Die Amerikaner kesselten die Überlebenden von sechs deutschen Divisionen aus der Normandie – insgesamt mehr als 25 000 Mann – ein. Bevor diese sich ergaben, boten sie ein leicht zu treffendes Ziel. Im Bericht der Artillerie der 9. US-Infanteriedivision heißt es: »Wir richteten direktes Feuer unserer 155-mm-Kanonen gegen Marschkolonnen der feindlichen Truppen, fügten ihnen schwere Verluste zu und trugen dazu bei, 6100 Mann, darunter drei Generale, gefangen zu nehmen.«[33]

Angriffe der belgischen Résistance in Mons lösten die ersten Vergeltungsmaßnahmen der Deutschen aus. Dabei wurden 60 Zivilisten getötet und viele Häuser in Brand gesteckt. Bei der Säuberung der Gegend vom Feind arbeiteten Gruppen der Geheimarmee – der belgischen Nationalbewegung, der Unabhängigkeitsfront und der Weißen Armee* – eng mit den Amerikanern zusammen. Das deutsche Oberkommando befürchtete, beim Rückzug könnte es in Belgien zu Massenaufständen kommen, bevor die

---

* Die Bezeichnung »Weiße Armee« hatte nichts mit den Armeen der Weißgardisten im russischen Bürgerkrieg zu tun. Diese Organisation entstand aus dem belgischen Geheimdienstnetz heraus, das sich unter der deutschen Besatzung im Ersten Weltkrieg gebildet hatte. Es trug den Namen »Weiße Dame«, der auf die Legende zurückgeht, dass die Dynastie der Hohenzollern stürzen werde, wenn der Geist einer in Weiß gekleideten Dame erscheine.

deutschen Truppen sich am Westwall in Sicherheit brachten, den die Alliierten auf Englisch »Siegfried Line« nannten. Junge Belgier beteiligten sich an den Anschlägen, was schon damals schreckliche Folgen hatte, vor allem aber im Dezember, als die deutschen Truppen während der Ardennen-Offensive, nach Rache dürstend, zurückkehrten.

Am 1. September beobachtete Maurice Delvenne in Jemelle bei Rochefort in den nördlichen Ardennen mit großer Freude den Abzug der Deutschen aus Belgien. »Die deutschen Truppen laufen immer schneller, und die Desorganisation scheint zuzunehmen«, schrieb er in sein Tagebuch. »Pioniere, Infanterie, Marine, Luftwaffe und Artillerie – alle durcheinander auf einem Lkw. Die Männer scheinen direkt aus dem Kampfgebiet zu kommen. Sie sind verschmutzt und abgemagert. Sie interessiert vor allem, wie viele Kilometer es noch bis zu ihrer Heimat sind. Und wir machen uns natürlich einen boshaften Spaß daraus, größere Entfernungen anzugeben.«[34]

Zwei Tage später kamen SS-Truppen, einige Soldaten mit Kopfverbänden, durch Jemelle. »Ihr Blick ist hart, und sie starren die Menschen hasserfüllt an.«[35] Sie hinterließen eine Spur der Verwüstung – ausgebrannte Häuser und umgestürzte Telegrafenmasten. Sie trieben gestohlene Schafe und Rinder vor sich her. Die Bauern aus den Deutsch sprechenden Ostkantonen der Ardennen erhielten Befehl, sich samt Familien und Vieh hinter den Westwall auf Reichsgebiet zu begeben. Die Nachrichten von den Bombenangriffen der Alliierten ängstigten sie sehr, aber die meisten wollten ihre Höfe nicht im Stich lassen. Sie versteckten sich mit ihrem Vieh in den Wäldern, bis die Deutschen abgezogen waren.

Am 5. September provozierten die Taten junger Angehöriger der Résistance die Deutschen dazu, an der Fernstraße N4 von Marche-en-Famenne nach Bastogne in der Nähe des Dorfes Bande 35 Häuser niederzubrennen. Noch viel schlimmer wurde es, als die Deutschen während der Ardennen-Offensive am Heiligabend in die Gegend zurückkehrten. Die Vergeltung für Angriffe der Résistance versetzte die Bevölkerung in Angst und Schrecken. In Buissonville rächten sich die Deutschen am 6. September für einen Überfall, der zwei Tage zuvor stattgefunden hatte. Dort und im Nachbardorf setzten sie 22 Häuser in Brand.

Längs der Rückzugslinie der Deutschen strömten Dorf- und Stadtbewohner mit belgischen, britischen und amerikanischen Fahnen auf die Straßen, um ihre Befreier willkommen zu heißen. Zuweilen mussten sie die Fahnen rasch verbergen, wenn eine weitere flüchtende deutsche Einheit in ihrer Hauptstraße auftauchte. Im holländischen Utrecht beschrieb

Oberstleutnant Fritz Fullriede »einen traurigen Zug holländischer Nationalsozialisten, die vor dem Zorn der niederländischen Bevölkerung nach Deutschland in Sicherheit gebracht werden. Viele Frauen und Kinder.« Diese niederländische SS-Einheit hatte bei Hechtel jenseits der belgischen Grenze gekämpft. Sie war der Einkesselung entgangen, weil sie einen Kanal durchschwommen hatte. Aber »zur Schande der Briten [die offenbar tatenlos zusahen] wurden die meisten der verwundeten Offiziere und Mannschaften, die sich ergeben wollten, von den Belgiern erschossen«.[36] Nach vier Jahren Besatzung hatten Niederländer und Belgier viel zu vergelten.

Die deutsche Front in Belgien und Holland schien komplett zusammengebrochen zu sein. Im Hinterland brach Panik aus, und es kam zu so chaotischen Szenen, dass das LXXXIX. Armeekorps in seinem Kriegstagebuch von »einem Bild« sprach, »das für die deutsche Armee unwürdig und beschämend ist«.[37] Streifengruppen der Feldjäger, tatsächlich aber Strafabteilungen, sammelten Versprengte ein und geleiteten sie zu einem Sammellager. Von dort wurden sie dann in der Regel in Gruppen zu 60 Mann unter dem Kommando eines Offiziers an die Front zurückgeschickt. Bei Lüttich marschierten etwa 1000 Mann, geführt von Offizieren mit gezogener Pistole, an die Front. Wer der Fahnenflucht verdächtig war, wurde vor ein Kriegsgericht gestellt. Wenn schuldig gesprochen, lautete das Urteil entweder auf Todesstrafe oder Bewährungsbataillon (in Wirklichkeit ein Strafbataillon). Deserteure, die gestanden oder in Zivilkleidung aufgegriffen wurden, erschoss man an Ort und Stelle.

Jeder Feldjäger trug eine rote Armbinde mit der Aufschrift »OKW Feldjäger« und hatte einen Sonderausweis mit einem grünen diagonalen Streifen bei sich, auf dem stand: »Er ist berechtigt, bei Widerstand von der Schusswaffe Gebrauch zu machen.« Die Feldjäger waren stark indoktriniert. Einmal wöchentlich hielt ein Offizier ihnen eine Lektion »über die Weltlage, die Unmöglichkeit, Deutschland zu zerstören, die Unfehlbarkeit des Führers und über unterirdische Fabriken, mit denen der Gegner überlistet werden würde«.[38]

Generalfeldmarschall Walter Models Appell an die Soldaten der Westarmee, in dem er sie aufforderte, durchzuhalten und Zeit für den »Führer« zu gewinnen, verhallte ungehört. Nun wurde rücksichtslos vorgegangen. Generalfeldmarschall Wilhelm Keitel befahl am 2. September, »Drückeberger und feige Simulanten«, einschließlich Offiziere, auf der Stelle hinzurichten.[39] Model erklärte warnend, er benötige mindestens zehn Infanteriedivisionen und fünf Panzerdivisionen, wenn er einen Durchbruch des Gegners nach Norddeutschland verhindern sollte. Streitkräfte dieser Stärke waren einfach nicht vorhanden.

Der deutsche Rückzug längs der Küste des Ärmelkanals im Norden verlief wesentlich geordneter, was vor allem daran lag, dass die Kanadier verspätet die Verfolgung aufnahmen. Der General der Infanterie Gustav von Zangen führte den Abzug der 15. Armee vom Pas-de-Calais nach Nordbelgien auf eindrucksvolle Weise. Die Aufklärung der Alliierten irrte sehr, als sie erklärte, dass »die einzige bekannte Verstärkung, die in Holland eintreffen wird, die demoralisierten und desorganisierten Reste der 15. Armee sind, die jetzt über die holländischen Inseln aus Belgien fliehen«.[40]

Die unerwartete Eroberung Antwerpens mag für das deutsche Oberkommando ein schwerer Schlag gewesen sein, aber da die britische 2. Armee in den Tagen darauf die Nordseite der Scheldemündung nicht besetzte, gelang es General von Zangen, Verteidigungslinien zu errichten. Dazu gehörte eine 20 Kilometer breite Schanzanlage auf der Südseite der Scheldemündung (genannt Breskens-Kessel), auf der Halbinsel Zuid-Beveland am Nordufer des Flusses und auf der Insel Walcheren. Seine Streitmacht bestand bald aus 82 000 Mann und hatte 530 Geschütze zur Verfügung, womit er jeden Versuch der Royal Navy verhinderte, sich der stark verminten Scheldemündung zu nähern.

Admiral Sir Bertram Ramsay, der Oberbefehlshaber der Marine der Alliierten, hatte das SHAEF und Montgomery bereits darauf aufmerksam gemacht, dass die Deutschen die Scheldemündung mit Leichtigkeit blockieren konnten. Auch Admiral Sir Andrew Cunningham, der britische Marineminister, hatte gewarnt, dass Antwerpen »uns so viel nutzt wie Timbuktu«, wenn die Zugänge nicht vom Feind gesäubert würden.[41] Der Korpskommandeur General Horrocks räumte später seine Verantwortung für diesen Fehler ein. »Napoleon hätte das zweifellos erkannt«, schrieb er, »aber ich fürchte, Horrocks hat es nicht.«[42] Aber schuld waren weder Horrocks noch Roberts, der Kommandeur der 11. Panzerdivision. Der Fehler lag bei Montgomery, den die Mündung nicht interessierte und der meinte, die Kanadier könnten sie auch später noch räumen.

Das war ein schwerer Irrtum, der bald zu einer bösen Überraschung führen sollte. Doch in diesen Tagen der Euphorie waren die Generale, die schon im Ersten Weltkrieg gedient hatten, überzeugt, der September 1944 sei mit dem September 1918 zu vergleichen. »Die Zeitungen berichteten über einen Vormarsch von 340 Kilometern in sechs Tagen und wiesen darauf hin, dass Truppen der Alliierten bereits in Holland, Luxemburg, in Saarbrücken, Brüssel und Antwerpen stehen«, schrieb der Militärhistoriker Forrest Pogue. »Die Prognosen der Aufklärung an allen Fronten waren von einem fast hysterischen Optimismus geprägt.«[43] Fast alle hohen Offiziere starrten auf den Rhein und glaubten, die Alliierten könnten ihn quasi in einem Sprung überwinden. Eisenhower konnte diese Vision natürlich nicht ernst nehmen, während Montgomery aus ganz eigenen Gründen davon wie berauscht war.

2. Kapitel

Antwerpen und die deutsche Grenze

Als es Ende August schien, dass die deutsche Front dem Zusammenbruch nahe wäre, drohten Nachschubprobleme Eisenhowers Armeen zum Stillstand zu bringen. Das Schienennetz der französischen Eisenbahn hatten die Bomber der Alliierten weitgehend zerstört. Also mussten Zehntausende Tonnen Treibstoff, Proviant und Munition Tag für Tag den langen Weg von der Normandie in Versorgungs-Lkw des *Red Ball Express** transportiert werden. Die Entfernung vom Atlantikhafen Cherbourg bis zur Front betrug Anfang September fast 500 Kilometer. Für eine volle Fahrt hin und zurück brauchte ein Lkw drei Tage. Allein das befreite Paris benötigte als absolutes Minimum einen Nachschub von 1500 Tonnen täglich.

Diese Aufgabe konnte nur mit den reichen Ressourcen der Amerikaner bewältigt werden. 7000 Lkw waren Tag und Nacht auf diesen Einbahnstraßen unterwegs, wofür sie täglich knapp 1,2 Millionen Liter Treibstoff verbrauchten. Während der gesamten Aktion mussten etwa 9000 Fahrzeuge abgeschrieben werden. Bei dem verzweifelten Versuch, das Tempo des Vormarsches durch Frankreich zu halten, wurden Kanister mit Treibstoff von Maschinen des IX. Truppentransporterkommandos und sogar von Bombenflugzeugen zu den Fronteinheiten gebracht. Aber ein Flugzeug verbrauchte für die Beförderung von acht Litern Treibstoff selbst zwölf Liter Flugbenzin. Jeder Aspekt dieser Nachschubkrise machte deutlich, wie dringlich es war, den Hafen von Antwerpen zu öffnen. Doch Montgomery blieb auf die Überquerung des Rheins fixiert.[1]

Am 3. September erfuhr er, dass zwar ein großer Teil der 1. US-Armee ihn im Norden unterstützen, aber nicht seinem Kommando unterstehen sollte. Er hatte geglaubt, Eisenhowers Zustimmung zu einem Vorstoß im

---

* Der *Red Ball Express* war ein nach dem Ausbruch der alliierten Truppen aus der Normandie und bei der Verfolgungsjagd in Richtung der deutschen Grenze errichtetes System besonderer, ausschließlich von den Lastkraftwagen der Truppenversorgung befahrener Einbahnstraßen. Lkw und Hinweisschilder waren mit einem großen roten Kreis gekennzeichnet, daher der Name – d. Ü.

Norden unter seiner alleinigen Kontrolle zu haben. Daher geriet er außer sich, als er zur Kenntnis nehmen musste, dass Pattons 3. Armee nicht, wie erwartet, gestoppt worden war. Daraufhin schrieb Montgomery an diesem fünften Jahrestag des britischen Kriegseintritts einen Brief an den Chef des Imperial General Staff, Sir Alan Brooke, in London. Darin legte er seine Absicht dar, die Überquerung des Rheins so bald wie möglich und mit allen Mitteln zu erreichen.[2] Offenbar glaubte er, das sei der beste Weg, um Eisenhower zu zwingen, seiner Armeegruppe den größten Teil des Nachschubs und die Befehlsgewalt über Hodges' 1. US-Armee zu bewilligen.

Antwerpen und die Schelde
9. September 1944

245ID Deutsche Infanteriedivision im Kessel von Breskens

----- Deutsche Frontlinie und Fortsetzung entlang des Albert-Kanals

0 20 40 60 km

Statt seine Armee halten zu lassen, bis die Nachschublage sich verbesserte, hatte Patton inzwischen insgeheim den Vormarsch in Richtung Saar fortgesetzt. »Um anzugreifen«, erklärte er in seinem Tagebuch, »müssen wir zunächst so tun, als betrieben wir nur Aufklärung, dann die Aufklärung verstärken und schließlich zur Attacke übergehen. Das ist eine sehr traurige Art der Kriegführung.«[3] Wenn es darum ging, seinen Kopf durchzusetzen, konnte Patton skrupellos sein. Bomberpiloten hatten nichts dagegen, Treibstoff zu befördern, denn wenn sie diesen an Divisionen der 3. Armee auslieferten, sprang dabei gelegentlich eine Kiste Champagner »mit Grüßen von General Patton« für sie heraus.[4] Patton konnte es sich leisten, großzügig zu sein. Irgendwie war es ihm gelungen, 50 000 Kisten zu »befreien«.[5]

Montgomery war so besessen davon, den Hauptschlag im Norden zu führen, dass er sogar in Kauf nahm, die Anstrengungen zur Öffnung des Hafens von Antwerpen für den Nachschub zu gefährden. Aus der neuen Einsatzplanung des frischgebackenen Feldmarschalls vom 3. September ging hervor, dass er nicht mehr daran dachte, starke Kräfte zur Säuberung der Scheldemündung vom Feind bereitzustellen. Das war der Grund, weshalb Roberts' 11. Panzerdivision beim Einmarsch in Antwerpen keinen Befehl erhielt, über den Albert-Kanal zu setzen und auf die Halbinsel Zuid-Beveland im Nordwesten vorzurücken, wo die Deutschen bereits begonnen hatten, Verteidigungsstellungen zu bauen.

Es dauerte nur wenige Tage, da waren die Reste der deutschen 15. Armee an beiden Ufern der Schelde erneut zu einer Furcht einflößenden Streitmacht aufgebaut. Hier zeigte sich die außergewöhnliche Fähigkeit des deutschen Militärs, sich nach Niederlagen wieder neu aufzubauen, wie es an der Ost- und der Westfront immer wieder bewiesen hatte. Auch bei schlechter Stimmung verließ es nie ganz die Entschlossenheit, den Kampf fortzusetzen. »Wenn uns auch alle Verbündeten verlassen, wir geben den Mut nicht auf«, schrieb ein Unteroffizier an seine Familie. »Einmal wird der Führer schon seine neuen Waffen sprechen lassen, dann folgt auch der Endsieg.«[6]

Eisenhower, der durchaus anerkannte, wie wichtig es war, die Zugänge zum Hafen Antwerpen zu sichern, brannte aber auch darauf, jenseits des Rheins einen Brückenkopf zu errichten. Vor allem wollte er die neu geschaffene 1. Luftlandearmee der Alliierten bei einer großen Operation einsetzen. Dieses Interesse teilten sowohl der US-Stabschef in Washington, General George C. Marshall, als auch der Befehlshaber der U.S. Air Force,

General »Hap« Arnold. Da sie in den Aufbau dieser Luftlandekräfte so viel Zeit und Mühe investiert hatten, wünschten sie nichts dringlicher, als sie bei der ersten sich bietenden Gelegenheit ins Gefecht zu werfen.

Für einen solchen Einsatz hatten sie seit dem Ausbruch aus der Normandie nicht weniger als neun Pläne erwogen, aber der Vormarsch der Alliierten ging in solchem Tempo vonstatten, dass jedes Projekt schon wieder überholt war, bevor es umgesetzt werden konnte. Auch die Verärgerung der Fallschirmjäger kann man sich vorstellen, die bereits wiederholt in voller Ausrüstung und mit perfekt vorbereiteten Gleitern neben ihren Flugzeugen bereitstanden und dann nicht starten durften.[7] Auf einer Pressekonferenz der 3. Armee prahlte General Patton: »Die verdammten Fallschirmjäger sind nicht schnell genug, um mit uns Schritt zu halten.« Dann fügte er hinzu: »Das sage ich außerhalb des Protokolls.«[8]

In der ersten Septemberwoche begann Feldmarschall Montgomery die Möglichkeit des Einsatzes von Luftlandetruppen bei der Überquerung des Rheins bei Arnheim genauer zu studieren. »Operation Market Garden«, die am 17. September starten sollte, war nicht einfach nur ein höchst ehrgeiziges Unternehmen. Sie war schockierend schlecht geplant, hatte nur eine minimale Chance auf Erfolg und hätte nie versucht werden dürfen. Die Absetzplätze, vor allem was Arnheim betraf, waren vom Ziel der Operation, der Rheinbrücke, zu weit entfernt, als dass man einen Überraschungseffekt erreichen konnte. Die Pläne der 1. Luftlandearmee der Alliierten waren nicht mit denen der Bodentruppen abgestimmt. Das XXX. Korps der Briten sollte auf einer einzigen Straße 104 Kilometer vorrücken, um der britischen Luftlandedivision bei Arnheim zu Hilfe zu eilen, sollte diese die Brücke über den Niederrhein in die Hand bekommen. Das Schlimmste aber war, dass man keinerlei Vorkehrungen für den Fall getroffen hatte, dass etwas schiefgehen sollte. Man hatte auch keinen Wetterumschlag einkalkuliert, der die Verstärkung daran hindern konnte, den Ort des Geschehens rasch zu erreichen.

Die 101. US-Luftlandedivision eroberte Eindhoven und die 82. schließlich auch Nijmegen mit der Brücke über den Waal. Letzteres aus dem einzigen Grund, dass Generalfeldmarschall Model abgelehnt hatte, sie zu sprengen, weil er glaubte, sie noch für eine Gegenoffensive zu brauchen. Aber entschlossener Widerstand der Deutschen und permanente Flankenangriffe auf die ungeschützte Straße, die die britischen Panzerfahrer bald »Weg zur Hölle« tauften, behinderten das Vorankommen der Gardepanzerdivision wesentlich.

Die Aufklärung der Alliierten wusste, dass sich die 9. SS-Panzerdivision »Hohenstaufen« und die 10. SS-Panzerdivision »Frundsberg« in der Gegend um Arnheim aufhielten. Aber die Analytiker begingen den verhängnisvollen Fehler anzunehmen, beide Einheiten seien nach dem Rückzug aus Frankreich so entkräftet, dass sie keine ernste Gefahr mehr darstellten. Auf den Absprung der britischen 1. Luftlandedivision reagierten die Deutschen schnell und brutal. Nur ein einziges Bataillon erreichte die Brücke, und auch das wurde am nördlichen Rheinufer eingeschlossen. Am 25. September gelang es schließlich, die überlebenden Fallschirmjäger über den Fluss zu evakuieren. Insgesamt betrugen die Verluste der Alliierten – Briten, Amerikaner und Polen – über 14 000 Mann. Die ganze Operation war kaum geeignet, das Vertrauen der Amerikaner in die Führungsqualitäten der Briten zu stärken.

Die Begeisterung über die Aussicht, den Rhein in nahezu einem Anlauf nehmen zu können, hatte die Aufmerksamkeit der Alliierten von der irdischeren, aber wesentlichen Aufgabe abgelenkt, für einen stabilen Nachschub zu sorgen. Admiral Sir Bertram Ramsay war sehr aufgebracht darüber, dass das SHAEF und besonders Montgomery seine Mahnungen ignoriert hatten, die Scheldemündung und die Zugänge nach Antwerpen zu sichern. Trotz Eisenhowers Drängen, sich auf den einzigen eroberten großen Hafen mit intakten Anlagen zu konzentrieren, hatte Montgomery darauf bestanden, dass die kanadische 1. Armee die deutschen Garnisonen eroberte, die noch in Boulogne, Calais und Dünkirchen ausharrten. Dabei war keiner dieser Häfen wegen der Zerstörungen, die die Verteidiger angerichtet hatten, in nächster Zeit nutzbar.

Eisenhower, der eine Knieverletzung nahezu auskuriert hatte, begann nun endlich Ordnung in die Strategie der Alliierten zu bringen. Er ließ sich bei Reims einen kleinen vorgeschobenen Stab einrichten, und am 20. September übernahm das SHAEF das Hotel Trianon Palace in Versailles, ein prunkvolles Bauwerk im Stil der Belle Epoque. Während des Ersten Weltkriegs hatte sich dort das Hauptquartier des Interalliierten Militärrates befunden. Am 7. Mai 1919 hatte Georges Clemenceau dort im großen Salon die Bedingungen für den Versailler Vertrag diktiert, nur wenige Tage bevor das Dokument im Spiegelsaal des Schlosses von Versailles unterzeichnet wurde.

In den folgenden zwei Wochen zogen weitere Abteilungen in die zahlreichen umliegenden Gebäude, darunter die riesigen Ställe des Schlosses, ein. Bald waren in 1800 Häusern rund um Versailles 24 000 Offiziere und Soldaten einquartiert. In Paris übernahm Generalleutnant John C. Lee, der oberste Chef der US-Kommunikation, genannt Com Z, mehr als 315 Hotels und einige tausend weitere Gebäude und Wohnungen, um seine hohen Offiziere standesgemäß unterzubringen. Dabei beanspruchte er das Hotel George V. fast ganz für sich allein. Der aufgeblasene, ja geradezu megalomanische Lee verlangte sogar von verwundeten Soldaten, in ihren Krankenbetten noch im Liegen Haltung anzunehmen, wenn er gestiefelt, gespornt, die Reitpeitsche in der Hand und mit einem Gefolge von Speichelleckern zu einer Inspektion auftauchte.[9]

Die Frontdivisionen waren empört, dass die Organisatoren des Nachschubs sich vor allem um ihre eigene Bequemlichkeit kümmerten. Die französischen Behörden klagten, die Amerikaner verlangten weit mehr als die Deutschen. Eine Zeitschrift schrieb, SHAEF bedeute »Société des Hôteliers Américains en France«. Eisenhower war wütend auf Lee, der seiner Anweisung, Paris nicht wie eine Kolonie zu behandeln, frech zuwidergehandelt hatte. Aber er brachte es nicht fertig, ihn abzulösen. Selbst Patton, der Lee hasste und verachtete, wagte es nie, ihm in die Quere zu kommen, weil er befürchtete, das könnte sich auf den Nachschub für seine 3. Armee auswirken.

Der Oberbefehlshaber musste auch feststellen, dass selbst nach dem großen Rückschlag bei Arnheim strategische Fragen nicht geklärt waren. Wenn sich Montgomery etwas in den Kopf gesetzt hatte, ließ er nicht mehr davon ab. Er ignorierte die Tatsache, dass seine eigenen Truppen den Hafen von Antwerpen nicht für die Schifffahrt geöffnet hatten und sein Lieblingsprojekt »Market Garden« gescheitert war. Nach wie vor forderte er, der größte Teil des Nachschubs müsse seiner Armeegruppe für den Vorstoß nach Norddeutschland zur Verfügung gestellt werden. In einem Brief vom 21. September, dem Tag, an dem das britische Fallschirmjägerbataillon bei Arnheim gezwungen war, sich zu ergeben, rüffelte Montgomery seinen Oberbefehlshaber, weil der Patton nicht gänzlich gestoppt hatte.[10]

Interessanterweise waren selbst die Deutschen der Meinung, dass Montgomery irrte. Der General der Panzertruppen Eberbach, den die Briten in Amiens gefangen genommen hatten, erklärte gegenüber anderen deutschen Generalen in der Gefangenschaft: »Die ganze Richtung ihres Hauptstoßes stimmt nicht. Der traditionelle Zugang führt durch das Saargebiet.«[11]

Patton argumentierte, Montgomerys Plan, auf einer »schmalen Front« mit »einer Art Dolchstoß bis nach Berlin zu gelangen«, sei total falsch.[12]

Für eine solche Strategie war Montgomery ein viel zu vorsichtiger Kommandeur, und auf der Nordroute musste er die größten Flüsse Nordeuropas dort überqueren, wo sie am breitesten waren. Bradley spottete, Montgomerys sogenannter »Dolchstoß mit der 21. Armeegruppe bis ins Herz Deutschlands« würde wahrscheinlich zu einem »Stoß mit dem Buttermesser« geraten.[13] Patton, der darum kämpfte, die Festung Metz einzunehmen, erhielt den Befehl, zur Verteidigung überzugehen, was seine Stimmung nicht besserte. Aber als Eisenhower am 21. September Montgomery »einen cleveren Hurensohn« nannte, begann Patton zu glauben, der Oberbefehlshaber durchschaue nun endlich, wie sehr der Feldmarschall ihn zu manipulieren trachtete. In seinem Bemühen, zum Befehlshaber der alliierten Landstreitkräfte ernannt zu werden, hatte Montgomery vorausgesagt, die straffe Kontrolle des Feldzuges würde gelockert werden, sollte Eisenhower das Kommando übernehmen. »Das Problem war«, hob der Historiker John Buckley hervor, »dass Monty selbst mehr als jeder andere dafür tat, die Stellung seines Chefs zu untergraben.«[14]

Eisenhower versuchte, über die Differenzen zwischen Montgomerys Vorschlag und seiner eigenen Strategie eines gleichzeitigen Vorstoßes zu Ruhr und Saar hinwegzugehen. Im Grunde erweckte er damit den Eindruck, dass er Montys alleinigen Vorstoß unterstützte und nur im mittleren Teil der Front etwas mehr Flexibilität zulassen wollte. Das aber war ein schwerer Fehler. Er hätte sich klar ausdrücken müssen. Eisenhower wusste, dass er Bradley und General Jacob L. Devers, den Kommandeuren der beiden US-Armeegruppen, die ihm unterstanden, direkte Befehle erteilen konnte. Aber er ließ Montgomery zu viel Freiraum, weil der ein Verbündeter und kein Teil der Befehlskette der US-Streitkräfte war. Eisenhower hätte inzwischen wissen müssen, dass General Marshall in Washington ihn als Oberbefehlshaber unterstützt hätte und Churchill keinerlei Einfluss auf Präsident Roosevelt mehr hatte, besonders wenn es um militärische Entscheidungen ging. Eisenhowers Zögern, darauf zu bestehen, dass die Zeit der Debatten vorüber war und seine Befehle ausgeführt werden mussten, gab Montgomery die Möglichkeit, eine Strategie, der er nicht zustimmte, immer wieder infrage zu stellen und daran herumzumäkeln, um seinen Kopf durchzusetzen. Dabei kam Montgomery überhaupt nicht in den Sinn, welche Spannungen er damit im angloamerikanischen Verhältnis auslöste. Diese sollten im Dezember ihren Höhepunkt erreichen.

Die Situation wurde auch nicht besser, als Montgomery einer wichtigen Besprechung Eisenhowers am 22. September in dessen Hauptquartier in Versailles fernblieb. An seiner Statt schickte er seinen Stabschef Generalleutnant Francis de Guingand, genannt »Freddie«, der bei allen wohlgelitten war. Amerikanische Generale argwöhnten, Montgomery habe das absichtlich getan, um die dort gefassten Beschlüsse später umgehen zu können. Bei der Zusammenkunft ging es um die Strategie für die Zeit, wenn man den Hafen von Antwerpen gesichert haben würde. Eisenhower stimmte zu, dass Montgomerys 21. Armeegruppe den Hauptstoß führen und das Ruhrgebiet im Norden umgehen sollte. Zugleich sollte Bradleys 12. Armeegruppe den Rhein zwischen Köln und Bonn überschreiten und das Ruhrgebiet von Süden her einkreisen. All das legte Eisenhower zwei Tage später in einem Brief an Montgomery dar, um sicherzustellen, dass der Feldmarschall nichts missverstand.

Nachdem Montgomery die kanadische 1. Armee damit beauftragt hatte, die Zugänge nach Antwerpen freizukämpfen, schien er diesem Thema kaum noch Aufmerksamkeit zu widmen. Vielmehr interessierte ihn, wie er den durch »Operation Market Garden« geschaffenen Frontbogen bei Nijmegen nutzen konnte, um in Richtung Reichswald, ein großes Waldgebiet jenseits der deutschen Grenze, anzugreifen. Als die Kanadier schließlich ihre Aufgaben in Nordfrankreich erfüllt hatten und sich Anfang Oktober der Schelde zuwandten, stießen sie jedoch auf wesentlich stärkeren Widerstand der Deutschen, als sie erwartet hatten. Nun sahen sie sich in heftige Kämpfe verwickelt, da die Reste der deutschen 15. Armee genügend Zeit gehabt hatten zu entkommen und die Insel Walcheren sowie die Halbinsel Zuid-Beveland zu befestigen.

Eisenhower, durch einen Bericht der Royal Navy aufmerksam geworden, zeigte sich nun über das langsame Vorankommen zunehmend besorgt. Montgomery reagierte mit zorniger Rechtfertigung auf jeden Hinweis, er unternehme nicht genug, um Antwerpen zu öffnen. Wieder verlangte er, die 1. US-Armee solle seinem Befehl unterstellt werden, damit der Vorstoß in Richtung Ruhrgebiet beschleunigt werden könne. Am 8. Oktober kritisierte Montgomery Eisenhowers Strategie erneut, diesmal gegenüber General George C. Marshall persönlich, der Eindhoven besuchte. Das war ein schwerer Fehler. Bei dem Exempel dafür, was Marshall Montgomerys »überbordenden Egoismus« nannte, platzte sogar diesem außerordentlich selbstbeherrschten Mann beinahe der Kragen.[15] Montgomery, dem jedes emotionale Gespür abging, erneuerte seine Attacken auf Eisenhowers Fähigkeiten als Befehlshaber mit einem Papier unter dem Titel »Bemerkungen über den Oberbefehl in Westeuropa«. Montgomerys Kritik hatte ganz sicher an Schärfe zugenommen, weil man ihm so klar zu verstehen gegeben hatte, dass es sein Versagen bei der Sicherung der Scheldemündung war, das die Armeen der Alliierten am weiteren Vorankommen hinderte. Er deutete sogar an, »Operation Market Garden« sei gescheitert, weil er vom SHAEF nicht genügend Unterstützung erhalten habe.

Eisenhower antwortete wenige Tage später mit einer scharfen Zurückweisung, die er zunächst Marshall gezeigt hatte, um dessen Zustimmung zu erhalten. Weder sein Stabschef, Generalleutnant Walter Bedell Smith, noch General Marshall rieten ihm, den Entwurf abzuschwächen. Das Gewicht eines Absatzes konnte selbst dem dickfelligen Montgomery nicht entgehen: »Wenn Sie als der ranghöchste Befehlshaber eines der großen Verbündeten auf diesem Kriegsschauplatz den Eindruck haben, dass meine Konzepte und Anweisungen den Erfolg der Operationen gefährden, dann ist es unsere Pflicht, die Sache höheren Orts vorzubringen, damit man dort Maßnahmen ergreifen kann, wie drastisch sie auch ausfallen mögen.« Montgomery ruderte sofort zurück. »Von mir werden Sie zum Thema des Oberbefehls *nichts* mehr hören. Ich habe Ihnen meine Ansicht mitgeteilt, und Sie haben darauf geantwortet. Damit ist die Sache erledigt. ... Ihr sehr verbundener und loyaler Untergebener, Monty.«[16] Montgomery ließ diese Angelegenheit aber bis ans Ende seiner Tage keine Ruhe.

Die Schlacht um die Scheldemündung, die am 2. Oktober mit einem Vorstoß von Antwerpen nach Norden und Nordwesten schließlich begann, fand bei heftigen Regenfällen statt. Die Kanadier, unterstützt vom britischen I. Korps zu ihrer Rechten, brauchten zwei Wochen, bis sie die Basis der Halbinsel Zuid-Beveland erreicht hatten, und den Rest des Monats, um den Gegner von dort zu vertreiben. Eine weitere Streitmacht des II. kanadischen Korps war fast den ganzen Oktober damit beschäftigt, den großen Kessel im Leopold-Kanal auf der Südseite der Scheldemündung zu säubern. Um die Eroberung der Insel Walcheren zu unterstützen, willigte die Royal Air Force schließlich ein, die Deiche zu bombardieren, um so den größten Teil der Insel unter Wasser zu setzen und die deutsche Besatzung von über 6000 Mann zum Verlassen ihrer Verteidigungsstellungen zu zwingen. Britische Kommandos aus Ostende landeten mit Sturmbooten an der Westspitze der Insel und vereinigten sich trotz schwerer Verluste mit den kanadischen Truppen, die von dem eroberten Kessel im Süden herbeieilten. Am 3. November waren die letzten deutschen Einheiten eingeschlossen. Insgesamt gingen 40 000 Deutsche in Gefangenschaft. Doch Kanadier und Briten hatten bei der gesamten Operation an der Scheldemündung

13 000 Mann verloren. Da die große Wasserfläche noch von deutschen Minen geräumt werden musste, konnte der erste Konvoi mit Nachschub erst am 28. November in den Hafen von Antwerpen einlaufen. Damit waren seit der Eroberung Antwerpens durch einen Überraschungsangriff der 11. britischen Panzerdivision 85 Tage vergangen.

Die erste amerikanische Patrouille betrat, aus dem nordöstlichen Luxemburg kommend, am Nachmittag des 11. September deutschen Boden. Von einer Anhöhe aus erblickten sie einige Betonbunker des Westwalls. Von nun an erklärten viele Einheiten, sie hätten beim Eintreffen auf Nazi-Gebiet symbolisch auf den Boden uriniert. Am selben Tag traf die französische 2. Panzerdivision als Bestandteil von Pattons XV. Korps nordwestlich von Dijon mit der 1. Division der französischen 7. Armee zusammen, die aus Südfrankreich kam. Nun verfügten die Alliierten über eine geschlossene Frontlinie von der Nordsee bis zur Schweiz.

Patton eroberte Nancy am 14. September. Aber seine 3. Armee wurde durch die mittelalterlichen Befestigungsanlagen von Metz aufgehalten und hatte bei der Überquerung der Mosel schwere Kämpfe zu bestehen. »Wir machten genügend Gefangene«, berichtete ein Offizier, »die wir für Arbeiten am Flussufer einsetzten. Dort beschossen die Deutschen unsere Sanitäter, die versuchten, Verwundete mit Sturmbooten zu bergen. Sie durchsiebten mit ihrem Feuer die Verletzten, die hätten gerettet werden können. Wir setzten die Gefangenen bei den Bergungsarbeiten ein, aber die wurden auch beschossen. Schließlich sagten wir: ›Geht doch zur Hölle!‹, und schossen selber die ganze verdammte Bande zusammen.«[17]

Die deutschen Divisionen mussten mit anderen Problemen fertigwerden. Ein Regimentskommandeur der 17. SS-Panzergrenadierdivision »Götz von Berlichingen« klagte, seine Fahrzeuge »fielen auch dauernd aus, weil der Sprit ja schlecht war, weil doch Wasser drin war. So sollten wir Krieg führen. Ich hatte überhaupt keine Artillerie. Wissen Sie, wenn unser Landser seine Geschütze dauernd mit dem Mannschaftszug transportieren muss, dann sagt er bald: ›Leckt mich doch am Arsch. Ich gehe lieber in Gefangenschaft.‹«[18] Solche Stimmungen wurden sicher nicht dem Führerhauptquartier gemeldet. »Das Verhältnis zwischen Mann und Offizier ist bei der kämpfenden Truppe weiterhin einwandfrei und gibt also zu keinen Befürchtungen Anlass«, berichtete die 1. Armee an das OKW.[19] Insgesamt gesehen traf das anscheinend sogar zu, wenn man nach Briefen urteilt, die in der Heimat ankamen.

»Der Krieg hat seinen Höhepunkt erreicht«, schrieb ein Obergefreiter an seine Frau. »Bin in dem Abschnitt gegenüber meinem Geburtsort. Da kann ich doch mit mehr Mut und Tapferkeit meine Heimat und euch verteidigen. ... An das Unfassbare einer Niederlage dürfen wir nie denken.«[20] Andere äußerten Verachtung für den Feind. »Ohne Flieger und Panzer greift er gar nicht an. Dazu ist er zu feige. Ihm stehen alle denkbaren Waffen zur Verfügung.«[21] Ein anderer schrieb: »Der amerikanische Infanterist ist keine 5 Pfennige wert. Die machen alles mit den schweren Waffen, und solange noch ein deutsches MG bellt, kommt der amerikanische Infanterist nicht weiter.«[22] Doch Obergefreiter Riegler räumte ein: »Wer die Luftherrschaft hat, gewinnt diesen Krieg, und das stimmt auch vollkommen.«[23] Obergefreiter Hoes war verbittert darüber, dass man keine Wirkung der V-Waffen erkennen konnte. »Warum werden immer mehr Menschen geopfert? Immer mehr von unserer Heimat zerstört? Warum erfolgt da keine Vergeltung? Von der man so viel spricht.«[24]

Am 16. September, dem Tag, bevor »Market Garden« gestartet wurde, überraschte Hitler sein Gefolge in der »Wolfsschanze« damit, dass er nach der morgendlichen Lagebesprechung eine weitere Beratung ansetzte. Generaloberst Alfred Jodl sprach gerade über den Mangel an schweren Waffen, Munition und Panzern an der Westfront. Die folgende Szene beschrieb General der Flieger Kreipe in seinem Tagebuch so: »Führer unterbricht Jodl. Führerentschluss, Gegenangriff aus Ardennen, Ziel Antwerpen. ... Eigene Angriffsgruppe, 30 neue Volksgrenadierdivisionen und neue Panzerdivisionen, dazu Panzerdivisionen aus dem Osten. Nahtstelle zwischen Engländern und Amerikanern aufreißen, neues Dünkirchen. Guderian [der für die Russlandfront verantwortliche Stabschef des Heeres] protestiert wegen Lage im Osten. Jodl verweist auf die Luftüberlegenheit der Alliierten und auf den zu erwartenden Einsatz von Luftlandetruppen in Holland, Dänemark und Norddeutschland. Hitler fordert 1500 Jagdflieger bis zum 1. November! Offensive soll während der Schlechtwetterperiode durchgeführt werden, wenn der Feind nicht fliegen kann. Rundstedt wird das Kommando übernehmen. Vorbereitungen bis zum 1. November. In einer langen Rede fasst der Führer seinen Entschluss noch einmal zusammen. Nimmt allen Anwesenden die Verpflichtung auf strikteste Geheimhaltung ab. Nur wenige zuverlässige Männer dürfen eingeweiht werden. ... Habe Göring informiert, der noch in der Nacht nach Karinhall zurückfliegt. Bin recht müde, Kopfschmerzen.«[25]

Guderian war über den Plan bestürzt, denn er wusste, dass Stalin, sobald der Boden hart genug gefroren war, um die T-34-Panzer der Roten Armee zu tragen, eine massive Offensive gegen Ostpreußen und in Richtung Westen von den Brückenköpfen längs der Weichsel aus starten würde. »OKH hat schwerste Bedenken gegen Ardennenplan«, notierte Kreipe.[26]

Nachdem Hitler Generalfeldmarschall Gerd von Rundstedt während der Schlacht um die Normandie im Juli als Oberbefehlshaber West abgesetzt hatte, berief er ihn jetzt auf denselben Posten zurück. Der »alte Preuße« schien ihm der sicherste Kandidat zu sein. Hitler schlachtete ihn als das Symbol von Rechtschaffenheit aus, dabei hatte er ihn selbst mit Geld und Ehren bestochen. Und obwohl Rundstedt noch über ein nüchternes militärisches Urteilsvermögen verfügte, war er ein Trinker geblieben und hatte mit operativen Entschlüssen nicht mehr viel zu tun. Als Hitler ihn im Dezember 1941 zum ersten Mal aus gesundheitlichen Gründen abgesetzt hatte, wurde das allgemein als ein Vorwand angesehen. In Wirklichkeit aber hatte Rundstedt, der erschöpft war und dem Weinbrand übermäßig zusprach, im Schlaf geschrien und musste von seinen Mitarbeitern zuweilen festgehalten und mit Beruhigungsmitteln behandelt werden.[27] Die damalige Absetzung war ihm mit einem »Geburtstagsgeschenk« in Höhe von 400 000 Reichsmark versüßt worden. In der letzten Zeit hatte Rundstedt zur Entrüstung vieler traditionell gesinnter Offiziere als Vorsitzender von Hitlers »Ehrengericht« alle Offiziere in Unehren aus dem Militär verstoßen, die man verdächtigte, mit der Verschwörung des 20. Juli in Verbindung zu stehen.

Seit dem gescheiterten Mordanschlag hatte sich das Verhältnis zwischen der Nazi-Partei und der Wehrmacht verschlechtert. Ein Hauptmann gab über seine Frau, die in Reutlingen lebte, folgenden Bericht wieder: »Der Kreisleiter von Reutlingen hat in einer Frauenschaftsversammlung erzählt, dass die deutsche Wm ein ganz großer Sauhaufen ist. Dass wenn die SS und diese Division ›Hitlerjugend‹ nicht gewesen wären, dann wäre der Krieg schon längst vorüber. Die deutschen Offiziere haben mit den Französinnen in den Betten gelegen, nur herumgehurt und wie der Engländer kam, sind sie in Unterhosen aus den Betten geholt worden und er verachtet jeden Offizier. Die Frauen haben natürlich immer ›Pfui‹ gerufen, und meine Frau hat daraufhin das Lokal unter allgemeinem Getöse verlassen und fühlte sich nun, vielleicht ganz richtig, nicht mehr sicher aufgrund dieser Hetzrede.« Als der Hauptmann dies von seiner Frau erfuhr, beschwerte er sich darüber bei seinem General. »Denn das ist ja keine

Sache der Heimat, so etwas zu erzählen, wenn es auch teilweise vorgekommen ist, denn die verliert ja restlos das Vertrauen zur Truppe.«[28] Mit seinem Protest erreichte der Hauptmann jedoch wenig. Offenbar wurde darüber nach Reutlingen berichtet. Daraufhin rächte sich die lokale Nazi-Führung an seiner Familie, indem sie ihr so viel an Einquartierungen zuwies, dass ihr kein Raum mehr für sich selbst blieb.

Bei Aachen zeigte sich ein Obersturmführer Woelky von der 1. SS-Panzerdivision »Leibstandarte Adolf Hitler« schockiert über deutsche Frauen, die sich dagegen wehrten, dass weitergekämpft wurde. Sie hatten gehofft, die Amerikaner würden den Ort einfach übernehmen. »Fünf Jahre hat man uns belogen und betrogen und uns die goldene Zukunft versprochen, und was haben wir?«, schimpfte die freimütigste. »Ich verstehe gar nicht, dass es heute noch einen deutschen Soldaten gibt, der überhaupt noch einen Schuss abgibt.« Sie hatte Glück, ihre Tirade auf Woelky losgelassen zu haben, denn der war offenbar einer der Wenigen in seiner Division, der ihr privat zustimmte, dass Deutschland nicht mehr lange durchhalten könne. Danach, so dachte er zynisch, »werden sie anfangen uns umzuschulen, die SS, auf demokratisch«[29].

3. Kapitel

Die Schlacht um Aachen

An der Nordflanke der 1. US-Armee hatte deren XIX. Korps Maastricht besetzt, aber es fehlte ihm an Munition und Treibstoff, um weiter vorzurücken. Das V. Korps an der rechten Flanke dieser Armee war inzwischen in die belgischen und luxemburgischen Ardennen eingerückt. Ihm gehörte die 4. Infanteriedivision an, der sich Ernest Hemingway angeschlossen hatte, dazu die 28. Infanteriedivision, die durch Paris marschiert war. Der Glanz dieses Triumphzuges war verflogen. Bei der langsamen, mühseligen und häufig gefahrvollen Überwindung des Westwalls war nur wenig Ruhm zu gewinnen. »Als wir an einem Bunker vorbeikommen«, schrieb ein Soldat der 30. Infanteriedivision, »sehe ich einen GI jämmerlich am Boden ausgestreckt, das Gesicht im Dreck, der Stahlhelm auf der Erde neben seinem Kopf. Aus jeder Hüfttasche schaut eine eiserne Ration, die er nie mehr essen wird.«[1]

Allein um einen Durchschlupf zwischen den Betonpyramiden, bekannt als »Drachenzähne«, zu schlagen, mussten Sherman-Panzer etwa 50 Granaten verschießen. Den Amerikanern wurde bald klar, dass sie nachts in das Gelände einsickern mussten, um zwischen die Bunker und Mörserstellungen zu gelangen. Dann sollten Sturmtrupps von mindestens einem Dutzend Mann mit Unterstützung von Panzern, Panzerjägern und Panzerabwehrkanonen jeden Bunker einzeln angreifen. Der Beton war so stark, dass er nur von den Granaten der 155-mm-Selbstfahrlafetten durchschlagen werden konnte. Aber auch Panzerjäger, die mit panzerbrechenden Granaten auf die Schießscharten schossen, verursachten durch die Erschütterungen Verluste. »Verwundete wankten benommen, aus Mund und Nase blutend, heraus«, hieß es in einem amerikanischen Bericht. Mit panzerbrechenden Granaten wurden oft auch die Stahltüren beschossen. Man setzte gestreckte oder geballte Ladungen von mindestens 15 Kilogramm TNT ein. »Wenn sie [die Deutschen] sich immer noch nicht ergeben, dann setzt ihnen eine Splittergranate in den Lüftungsschacht«, empfahl derselbe Bericht. Und eine weiße Phosphorgranate »an derselben Stelle wird ihnen helfen, es sich anders zu überlegen. Dann brüllten sie bestimmt: ›Kamerad?‹ und ›Wir schießen nicht!‹ Wenn all das nicht hilft, dann ruft einen Panzer, damit er die Rückwand des Bunkers in Stücke schießt, oder schiebt das ganze Loch mit einem Bulldozer zu [um sie zu begraben].«[2]

Den Soldaten wurde geraten, niemals in einen Bunker hineinzugehen, sondern die Verteidiger zum Herauskommen zu zwingen. »Wenn Türen und sonstige Öffnungen zerschossen waren«, hieß es in einem Rapport des 41. Schützenpanzerregiments der 2. Panzerdivision, »und die automatischen Waffen des Feindes schwiegen, dann forderte die Infanterie die Insassen von der Rückseite des Bunkers her auf herauszukommen. Darauf reagierten diese prompt. Aus einem Bunker kamen nur 13 Gefangene. Als eine Handgranate durch eine Öffnung hineingeworfen wurde, erschienen weitere sieben.«[3]

Wenn ein deutscher Soldat von innen rief, sie könnten nicht herauskommen, weil sie verwundet seien, dann wurde eine weitere Explosion empfohlen. »Nach einer zweiten Ladung TNT kommen die schon irgendwie heraus.«[4] Trotzdem sollten die Angreifer weiter Handgranaten in den Bunker werfen oder einen Flammenwerfer einsetzen, falls sich dort noch jemand versteckte. Die Männer sollten sich vor »Salbendosenminen« hüten, die nur fünf Zentimeter im Durchmesser und zweieinhalb Zentimeter dick waren. Schließlich sollten sie die Türen mit Lötbrennern oder einer Thermitbombe unpassierbar machen, damit die Deutschen die Bunker nicht erneut besetzen konnten. Eine Einheit hatte sechs Bunker in ihrem Frontabschnitt, die sie dreimal zurückerobern musste. In einem Fall flüchtete sich ein ganzer Zug, erschöpft und vom Dauerregen völlig durchnässt, in einen eroberten Bunker, und die Männer schliefen ein. Eine deutsche Patrouille kam zurück und nahm den ganzen Zug gefangen, ohne dass ein Schuss fiel.

Am mittleren Frontabschnitt der 1. Armee rückte das VII. Korps gegen die Stadt Aachen vor, die alte Kaiserpfalz Karls des Großen und ein Locus sanctus des Heiligen Römischen Reiches Deutscher Nation. Der junge, dynamische Korpskommandeur, Generalleutnant J. Lawton Collins, hieß bei seinen Soldaten nur »Lightning Joe« [Joe, der Blitz]. Aachen, das in einem sanften Bogen der deutschen Grenze liegt, wurde von Westen und Süden durch den Westwall geschützt. Hinter der Stadt befand sich eine Kette weiterer Befestigungsanlagen. Da Collins einen zermürbenden Häuserkampf vermeiden wollte, entschied er, die Stadt zu umgehen. Er hoffte die Deutschen dadurch zum Abzug zu bewegen. Dabei kalkulierte er Hitlers Festungsmentalität nicht ein. Der weigerte sich wie ein Besessener, Städte aufzugeben, insbesondere einen historisch so bedeutenden Ort wie Aachen. Dazu erklärte Göring bei einem Verhör im Jahr 1945: »Der Führer wollte Aachen bis zum letzten Stein verteidigen. Es sollte ein Beispiel für alle anderen deutschen Städte geben, die, wenn nötig, zu verteidigen waren, bis man sie dem Erdboden gleichgemacht hatte.«[5]

Das plötzliche Anrücken amerikanischer Truppen am 11. September 1944 löste Panik aus. Funktionäre der Nazi-Partei, Flakbesatzungen der Luftwaffe, Lokalbeamte, Polizei und Wehrmachtsangehörige flohen nach Osten in Richtung Köln. Der Stabschef der deutschen 7. Armee sagte später aus: »Der Anblick von Einheiten der Luftwaffe und der SS, die sich mit ihren Kommandeuren an der Spitze zurückzogen, war sehr schlecht für die Moral. Sie sprangen einfach in ihre Fahrzeuge und machten sich davon. In Aachen brachen deswegen Krawalle aus.«[6]

Hitler befahl, die Zivilbevölkerung zu evakuieren, wenn nötig, mit Gewalt. Er vermutete, die Menschen könnten eine amerikanische Besatzung vorziehen, weil dann die Bombenangriffe endeten. Wer die Stadt nicht verlassen wollte, sollte als Verräter angesehen werden. Doch es kam anders, als er erwartet hatte. Am 12. September wurde die 12. Volksgrenadierdivision an den Frontabschnitt geworfen. Aber die 116. Panzerdivision, die sich aus der Normandie zurückgezogen hatte, erreichte die Stadt als Erste. Ihr Befehlshaber, Generalleutnant Gerhard Graf von Schwerin, hob den Evakuierungsbefehl des Gauleiters prompt wieder auf. Schwerin galt bei seinen Kollegen als zu klug und zu sehr voller Verachtung für die Nazis, als dass es gut gehen konnte. In der Normandie war er schon einmal abgesetzt worden, weil er einem Korpskommandeur offen sagte, was er von ihm hielt. Dann holten sie ihn zurück, weil er ein so tüchtiger Truppenführer war. Nun glaubte er offenbar, er könne sich alles erlauben.

Als Erstes stellte Schwerin die Ordnung wieder her, indem er seinen Panzergrenadieren befahl, alle Plünderer sofort zu erschießen. Dann sandte er dem amerikanischen Befehlshaber eine Botschaft mit der Nachricht, er habe die »absurde« Evakuierung gestoppt und bitte darum, die Bevölkerung milde zu behandeln. Collins hielt jedoch an seinem Plan fest, die Stadt einzukesseln. Von Südosten rückte die 1. US-Infanteriedivision an, deren rechte Flanke die 3. Panzerdivision deckte. Aber der Zustand der Panzermotoren nach der langen Fahrt aus der Normandie und die Knappheit an Munition jeden Kalibers reduzierten deren Schlagkraft beträchtlich. Sogar die Verpflegung wurde knapp. »Wir hatten nur noch eiserne Rationen vom Typ D zu essen – steinharte Schokoladeriegel voller künstlicher Nährstoffe«, schrieb Gardner Botsford. »Wenn man drei davon an einem Tag gegessen hat, kann man sie nicht mehr sehen.«[7]

Als für die Nazi-Behörden klar wurde, dass Aachen nicht unmittelbar bedroht war, kehrten die Beamten zurück, um mit der Evakuierung der Zivilbevölkerung zu beginnen, während man von Nordosten her eine Konterattacke vorbereitete, um die Einkreisung der Stadt zu verhindern. Da wurde Schwerins Botschaft an die Amerikaner bekannt, und der kühne junge General musste untertauchen, um einer Verhaftung wegen Defätismus oder gar Hochverrats zu entgehen. Überraschenderweise vergab Hitler ihm später. Die Zwangsevakuierung wurde mit brutaler Gewalt durchgeführt. Die meisten Zivilisten wollten bleiben. Gerüchte gingen um, dass durch den Abwurf bakteriologischer Bomben der Alliierten auf Köln dort Typhus ausgebrochen sei. Viele glaubten gar, die Alliierten besäßen Bomben, die Lepra- und Pestbazillen enthielten.[8]

»Wenn Du gesehen hättest, wie sie die eigenen Deutschen in den Evakuierungsgebieten behandelt haben«, erklärte Unteroffizier Huttary. »Das Vieh weggetrieben, ohne dass der Mann eine Bescheinigung bekommen hat. Dann musste er selbst weg. In ganzen Herden hat die SA das Vieh weggetrieben.«[9] Ein Pioniersoldat namens Bayer fügte hinzu: »Und wenn die Wohnungen leer waren, haben sie sie geplündert. ... Sie haben angeschlagen oder angesagt, von 2 bis 4 Uhr gibt es da und da Brot ohne Marken. Dann haben die Frauen sich angestellt an dem Geschäft, und wie eine Schlange dastand, sind Lkw vorgefahren und haben sie aufgeladen. Die haben Kinder aufgeschnappt auf der Straße, haben sie auf Wagen geworfen. ... Dann haben sie sie nicht weggefahren, sondern nur aus der direkten Zone heraus und dann haben sie sie auf die Straße gesetzt. Dort konnten sie sehen, wie sie weiterkamen.«[10] Aus Furcht vor einem möglichen Aufstand der ausländischen Zwangsarbeiter fasste die SS Massenexekutionen ins Auge, aber in dem Chaos passierte nichts.[11]

In der zweiten Septemberhälfte war in Washington und im SHAEF eine heftige Debatte darüber entbrannt, mit welchen Worten sich der Oberbefehlshaber an das deutsche Volk wenden sollte. Wenn er einen zu versöhnlichen Ton anschlug, konnten die Deutschen dies als ein Zeichen von Schwäche ansehen und eher ermutigt werden. Äußerte er sich hingegen zu scharf, konnte er sie dazu bringen, bis zum bitteren Ende weiterzukämpfen.

Am 28. September veröffentlichte das SHAEF schließlich Eisenhowers Proklamation: »Die Truppen der Alliierten unter meinem Befehl sind jetzt in Deutschland eingerückt. Wir kommen als Eroberer, aber nicht als Unterdrücker.« Weiter betonte er, »den Nazismus und den deutschen Militarismus ausrotten« zu wollen.[12]

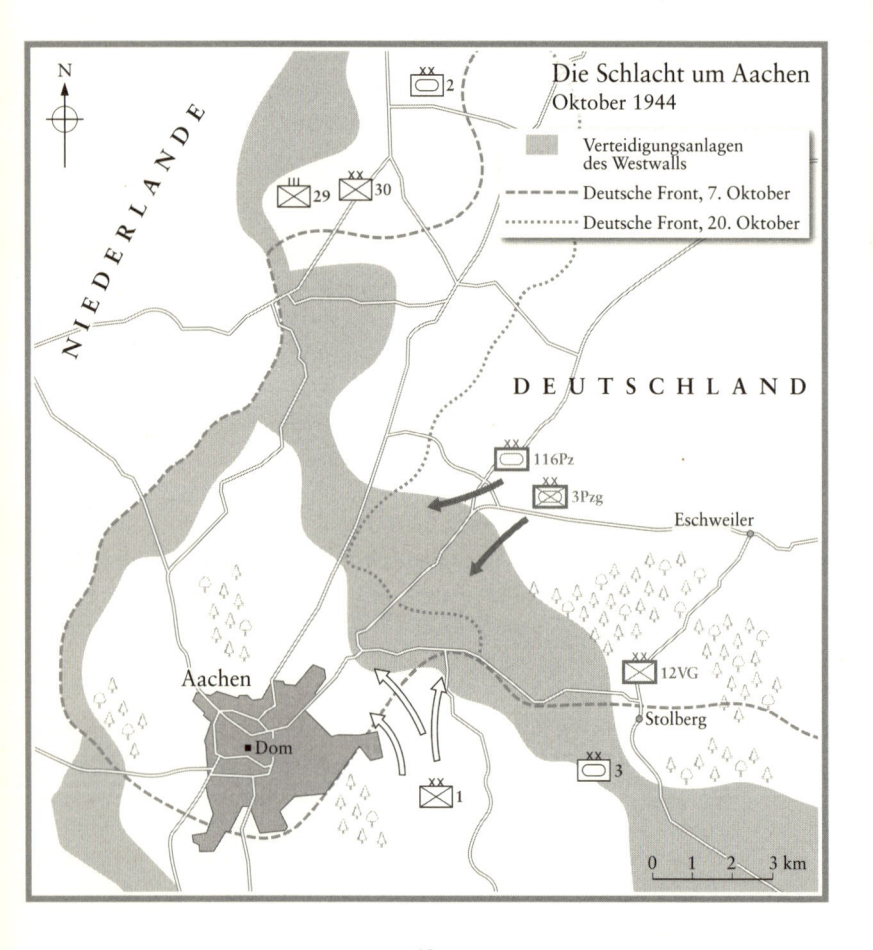

Die Nazi-Behörden reagierten bald mit den für sie typischen bizarren Propagandaaktionen. Sie warfen sogar über den eigenen Linien Flugblätter ab, um die Entschlossenheit ihrer Truppen zu stärken. In einem wurde behauptet, »amerikanische Offiziere« gingen »mit Reitpeitschen gegen deutsche Frauen« vor, und versprochen, »jeder Deutsche kämpft geheim oder offen bis zum letzten Mann«.[13] Das Wort vom »geheimen Kampf« war der erste Hinweis, dass die Nazis eine Widerstandsbewegung, den »Werwolf«, planten, der gegen Deutsche vorgehen sollte, die mit den Alliierten kollaborierten. Aber zu einer Stärkung der Moral trugen die Flugblätter nicht bei. Laut einem deutschen Unteroffizier »empörten sich die Soldaten vor allem darüber, dass solche Flugblätter den Alliierten in die Hände fallen könnten und sich das bei ihrer Gefangennahme sehr unangenehm auswirken werde«.[14]

Anfang Oktober übernahm die 9. US-Armee die linke Flanke von Bradleys 12. Armeegruppe an der Nahtstelle zur britischen 2. Armee. Nun konnte Hodges' 1. Armee dichter zusammenrücken, vor allem um Aachen herum, wo die 1. Infanteriedivision von Südosten her der 30. Infanteriedivision entgegenmarschierte, die sich von Norden her näherte, um die Stadt endgültig abzuschneiden. Inzwischen waren die amerikanischen Fahrzeuge in einem besseren Zustand, und auch der Munitionsnachschub funktionierte wieder.

Die 12. Volksgrenadierdivision, die gerade erst von der Ostfront eingetroffen war, lag nun bei Stolberg der 1. US-Infanteriedivision gegenüber. Einer ihrer Offiziere schrieb an einen Freund, »ihr ehemals stolzes Regiment« sei »bei Mogiljow vollständig zerschlagen worden«. Nur sechs Offiziere des gesamten Regiments hätten überlebt, und drei von ihnen lägen zurzeit im Lazarett. Das Regiment sei mit neuem Personal und neuer Ausrüstung ganz neu aufgebaut worden und jetzt wieder im Einsatz. Es habe schon wieder schwer gelitten, als es direkt nach dem Ausladen aus dem Eisenbahnzug in eine Konterattacke geschickt wurde. »Die Amerikaner haben so starkes Sperrfeuer geschossen, dass so mancher kampferfahrene Soldat aus dem Osten davon ganz benommen war.« Der Briefschreiber selbst erhielt eine Verletzung am Fuß, ein Loch »von der Größe einer Faust«, und lag nun ebenfalls im Krankenhaus.[15]

Ab 11. Oktober bombardierte und beschoss das IX. Taktische Luftkommando Aachen zwei Tage lang. Die Schlacht um die Stadt begann am 14. Oktober. Trotz der Bemühungen der Nazi-Behörden, die 160 000 Zivilisten zu evakuieren, blieben etwa 40 000 zurück. Frauen und alte Männer waren entsetzt, als deutsche Soldaten begannen, ihre Häuser mit Stahlbeton in Bunker umzuwandeln. Die Verteidigungskräfte von etwa 18 000 Mann unter Oberst Gerhard Wilck waren ein sehr buntes Gemisch von regulären Truppen, Waffen-SS, Matrosen der Kriegsmarine, die als Infanteristen eingesetzt wurden, und Festungsbataillonen von geringer Qualität. Bevor Aachen am 16. Oktober vollständig eingekreist war, warfen die Deutschen noch ein Bataillon der SS, die Artillerie der 246. Infanteriedivision, die Sturmgeschützbrigade 219 und ein paar Kampfpioniere in die Stadt. Die Männer der Festungsbataillone würden sich bestimmt bei der ersten Gelegenheit ergeben, aber Major Heimann von der 246. Infanteriedivision bemerkte: »Ich hatte prächtigstes Menschenmaterial, zu 50 % Marine, die für die U-Bootwaffe gedacht waren.«[16] Zu alledem hatte er auch noch 150 Mann der SS-Leibstandarte »Adolf Hitler« zur Verfügung, die aber über ihren Abzug selbst entscheiden wollten. Heimann musste sie streng ermahnen, dass der Führerbefehl, die Stadt bis zum letzten Mann zu verteidigen, für sie ebenso galt wie für alle anderen.

Der Angriff der Amerikaner begann mit zwei Bataillonen der 1. Division, die von Norden und Nordosten anrückten – »ein Job, den zwei Regimenter hätten erledigen müssen«, wie einer der Offiziere später beklagte. Dabei galt es vor allem sicherzustellen, dass die benachbarten Kompanien engen Kontakt hielten, um zu verhindern, dass der Feind zwischen ihnen hindurchschlüpfte und sie von rückwärts oder von der Flanke her angriff. »Um sicherzustellen, dass keine Einzelkämpfer oder Gruppen des Feindes unentdeckt zurückblieben, durchsuchten wir alle Räume und Winkel jedes einzelnen Hauses. Zusätzlich wurde jeder Kanal und jede Kloake gesprengt. Das gab der kämpfenden Truppe die Sicherheit, dass ihr nicht von Scharfschützen in den Rücken geschossen wurde. Außerdem waren Kommando und Nachschub so in der Lage, hinter den Linien effizienter zu agieren.«[17]

Die 1. Division operierte mit Panzern und Panzerjägern als Vorhut, begleitet von je einer Gruppe Infanterie zum Schutz gegen Deutsche mit Panzerfaust. Die Shermans hatten rechts neben dem Turm zusätzlich ein 12,5-mm-Maschinengewehr aufmontiert. Das erwies sich bei den Straßenkämpfen in Aachen als sehr nützlich, um Beschuss aus den Fenstern der oberen Stockwerke zu verhindern. Die Panzerbesatzungen, die wussten, dass sich die deutschen Soldaten meist durch die Keller von einem Haus zum anderen bewegten, schossen zunächst mit ihrer Kanone Sprenggranaten in den Keller eines Gebäudes, feuerten dann auf das Erdgeschoss und beschossen schließlich die einzelnen Stockwerke von unten nach oben. Andere erledigten eventuell versteckte Deutsche in den Kellern mit Splitter- und Phosphorgranaten. Wenn dazu noch Flammenwerfer eingesetzt wurden, »ergab sich der Feind sehr bald«.[18]

Bazookas oder Sprengladungen wurden genutzt, um sich durch die Zwischenwände von Haus zu Haus vorzuarbeiten, was bald die »Mauseloch-Methode« genannt wurde. Es war sicherer, eine Mauer zu sprengen, was jeden im Raum nebenan in einen Schock versetzte, als sich durch die Haustür Zugang zu verschaffen. Sobald ein Loch in eine Trennmauer gesprengt war, wurde eine Handgranate hindurchgeworfen und nach der Detonation sofort in den dahinter liegenden Raum gestürmt. Die Soldaten waren mit panzerbrechenden Granaten ausgerüstet, mit denen sie durch Decken oder Fußböden schossen. Auf diese Weise erreichten sie rasch das oberste Stockwerk, von wo sie sich nach unten durcharbeiteten und die Deutschen in die Keller trieben. Wenn ein Häuserblock gesäubert war, stellte man rundherum Posten auf, um zu verhindern, dass sich dort erneut gegnerische Soldaten festsetzten. Die Deutschen benutzten ihre Panzerfaust in ähnlicher Weise. »Bei einem Angriff mit solchen Mitteln«, wurde in einem Bericht eingeräumt, »ergaben sich amerikanische Stoßtrupps in den meisten Fällen sofort, weil die Staubwolken der Explosion ihnen die Sicht nahmen.«[19]

Die Amerikaner erkannten bald, dass das Feuer von Mörsern und weitreichender Artillerie ungenau und daher im Häuserkampf für die eigenen Truppen gefährlich war. Daher bestanden sie, wo immer möglich, auf direktem Beschuss. Die Zünder der amerikanischen Mörsergranaten waren so empfindlich, dass diese explodierten, sobald sie mit einem Dach in Berührung kamen, wodurch innerhalb der Häuser nur geringer Schaden entstand. Das Artilleriefeuer steigerte sich so sehr, dass Oberst Wilck, der Befehlshaber der deutschen Truppen in der Stadt, seine Kommandostelle in einen Luftschutzbunker verlegen musste. »Die paar Sturmgeschütze, die wir noch gerade bekommen hatten, waren überhaupt gleich erledigt. Nur mit den Karabinern kann man ja auch keine Stadt halten!«, berichtete Wilck später.[20] Dabei hatten die Deutschen durchaus mehr als Karabiner zur Verfügung. Ihre 120-mm-Mörser setzten sie sehr wirkungsvoll ein.

Die Flugzeuge der Alliierten standen in engem Kontakt mit der Bodenkontrolle, aber es war unmöglich, in den Ruinen konkrete Kampfziele zu identifizieren, sodass »keine Bombenabwürfe auf kurze Entfernung erfolgten«. Allerdings schien die Anwesenheit eigener Flugzeuge im Luftraum die Moral der Truppen am Boden zu stärken und die Deutschen einzuschüchtern. Es galt der strenge Befehl, den Dom nicht zu beschädigen, der daher auch nicht beschossen wurde. Trotz allem waren die Zerstörungen so groß, dass das VII. Korps berichten konnte: »Viele Gebäude waren dem

Erdboden gleichgemacht, sodass benachbarte Einheiten direkten Kontakt zueinander halten konnten.«[21]

»Die Operation wurde nicht unnötig beschleunigt«, berichtete das VII. Korps. »Es setzte sich die Erkenntnis durch, dass Straßenkämpfe eine langsame, mühevolle Angelegenheit sind, die großen körperlichen Einsatz und Zeit erfordert, wenn die Gebäude gründlich durchsucht werden sollen.«[22] Die Räumung von Häusern, so wurden die GIs instruiert, erforderte, ständig jedes Fenster unter Feuer zu halten, bis sie sich Zutritt verschafft hatten. Dann musste ein Mann stets eine Handgranate bereithalten, während zwei weitere ihn mit dem Karabiner oder im Idealfall mit einer Thompson-Maschinenpistole sicherten und die anderen Raum für Raum durchsuchten. Bald wurde ihnen auch klar, dass sie von eigenen Truppen besetzte Häuser markieren mussten. »Häufig hatten wir Verluste, wenn unsere Truppen Handgranaten in Häuser warfen oder darauf schossen, die wir selbst bereits besetzt hatten.«[23]

Wie schon die Rote Armee erkannt hatte, war starker Artilleriebeschuss aus nächster Nähe das kostengünstigste und wirksamste Mittel für das Vorankommen. Die Amerikaner setzten in Aachen die 155-mm-Selbstfahrlafetten »Long Tom« bis auf 150 Meter Entfernung ein. Oberst Wilck bekannte nach der Kapitulation, dass »das direkte Feuer der 155-mm-Selbstfahrlafetten verheerend und demoralisierend war. In einem Fall durchschlug eine Granate drei Häuser komplett, bevor sie im vierten explodierte, das in sich zusammenfiel.«[24]

»Zivilisten müssen aus jedem von unseren Truppen besetzten Gebiet sofort und energisch entfernt werden«, hob ein Offizier in Aachen hervor. »Wenn man das nicht tut, kostet es Menschenleben.«[25] Die US-Militärpolizei richtete Internierungsstellen ein und bewachte sie, aber Collins' Korps hatte nicht genügend ausgebildete Dolmetscher und Abwehroffiziere zur Verfügung, um Nazi-Anhänger zu identifizieren oder die Hunderte ausländischer Zwangsarbeiter zu befragen. Während der Schlacht fanden drei kleine Jungen ein Gewehr. Sie beschossen eine amerikanische Patrouille. Ein US-Feldwebel entdeckte sie, entriss ihnen das Gewehr und legte dem Jungen, der es gehalten hatte, Handschellen an. Diese Geschichte machte die Runde und wurde von der deutschen Propaganda als Beispiel für Heldentum verbreitet. Mit schamloser Übertreibung behauptete man, die Jungen »haben hier die ganzen Truppen zurückgehalten«.[26] Doch der bekannte Germanist Victor Klemperer wies in seinem Tagebuch darauf hin, dass dieses Beispiel kontraproduktiv wirken musste. Damit gaben die Nazis zu, jetzt Partisanen einzusetzen, die sie zuvor stets als »Terroristen« verurteilt hatten. Zugleich offenbarte dies die Schwäche der deutschen Truppen, denn laut der Nazi-Presse »greife Eisenhower mit sieben Armeen, mit zwei Millionen Mann (Mann, nicht Kindern!) an«, hob Klemperer hervor.[27]

Am 16. Oktober schlossen die 30. und die 1. Division im Nordosten von Aachen nach schweren Verlusten endlich den Ring um die Stadt. Zwei Tage später erklärte Himmler, dass »jede Heimstatt von Deutschen bis zum Letzten verteidigt wird«.[28] Doch am 21. Oktober ergab sich Oberst Wilck mit dem Rest seiner erschöpften und ausgehungerten Männer. Er war kein Hitler-Verehrer und wusste, dass das Töten nur weiterging, weil Hitler in seiner eigenen Wahnwelt lebte. »Selbst der Adjutant vom Führer hat erzählt, wie der Führer so belogen wird«, sagte er in Gefangenschaft aus. Himmler, der wusste, was Hitler freuen würde, trat mit strahlender Miene bei ihm ein und erklärte: »Heil, mein Führer, ich melde die Aufstellung einer neuen Division.«[29]

Einer von Wilcks Männern klagte später: »Das Schlimmste war für mich, durch Aachen als Gefangener durchzumarschieren. Die Bevölkerung hat sich benommen, schlimmer als die Franzosen«, berichtete er. »Uns angepöbelt haben sie, die Amerikaner haben sich dazwischenstellen müssen. Wir können doch nichts dafür, dass denen die Buden kaputt geschmissen worden sind.«[30] Bald kamen deutsche Frauen aus den Kellern unter den Trümmern hervor, um nach Essbarem zu suchen. Man konnte sehen, wie sie ein von Granaten getötetes Pferd auf der Straße zerlegten oder Rüben in Kinderwagen wegfuhren.

Goebbels suchte die Auswirkungen der Niederlage zu dämpfen. Die deutsche Propaganda redete der Bevölkerung ein, dass »die in Aachen, Arnheim und Antwerpen gewonnene Zeit die Festung Deutschland uneinnehmbar gemacht hat. Die Luftwaffe wird verjüngt, und Deutschland kann jetzt mehr Artillerie und Panzer in die Schlacht werfen.«[31]

Den größten Ärger löste bei den Alliierten die Tatsache aus, dass sie den Hafen von Antwerpen nicht nutzen konnten. Das gab den Deutschen die Atempause, die sie brauchten, um ihre Armeen für Hitlers neuen Plan wiederaufzubauen und in Stellung zu bringen. Aber auch andere Faktoren spielten eine Rolle. Ermutigt von dem Siegestaumel und der Vorstellung, der Krieg in Europa werde Weihnachten zu Ende sein, hatten die amerikanischen Befehlshaber im Pazifik die Gelegenheit genutzt, ihr Potenzial aufzustocken. Plötzlich wurde dem SHAEF die Tatsache bewusst, dass der

Kurs »Deutschland zuerst«, der ursprünglich 1941 vereinbar worden war, sich in Luft auflöste, was eine besorgniserregende Knappheit an Munition und Personal zur Folge hatte.

Nun, da Deutschland von Osten, Südosten und Westen her bedroht war, mussten die Nazis mit ihren inneren Spannungen fertigwerden. Am 15. Oktober erklärte Admiral Nikolaus Horthy nach Geheimverhandlungen mit der Sowjetunion über den Rundfunk Ungarns Seitenwechsel. Die Deutschen wussten bereits von seinem Verrat. Ein Kommando, angeführt von SS-Obersturmbannführer Otto Skorzeny, dem riesigen Österreicher, der für die Befreiung Mussolinis am Gran Sasso verantwortlich gewesen war, hatte unmittelbar vor der Rundfunkansprache an einem Straßenhinterhalt Horthys Sohn als Geisel genommen.* Horthy selbst wurde nach Deutschland gebracht und die Regierung Ungarns der faschistischen und scharf antisemitischen Pfeilkreuzlerpartei übergeben.

Als die Rote Armee in Ostpreußen zum ersten Mal deutsches Reichsgebiet betrat, nahm der Machtkampf hinter den Kulissen an Heftigkeit zu. Der Stabschef der Luftwaffe, General der Flieger Kreipe, galt jetzt in der »Wolfsschanze« als Persona non grata. Keitel und selbst Hitlers Luftwaffenadjutant Oberst von Below, die ihn als »Defätisten« ansahen, wandten sich von ihm ab. Göring beschloss, ganz in Rominten zu bleiben, schrieb Kreipe in sein Tagebuch, denn »er müsse Himmler und Bormann mehr auf die Finger sehen. Himmler habe bei ihm jetzt eigene Staffeln für die SS gefordert.«[32] Das scheint Himmlers erster Versuch gewesen zu sein, seinen militärischen Einfluss über die Bodentruppen der Waffen-SS hinaus auszubauen. Der Machtkampf im Umfeld des »Führers« wurde von zwei Torwächtern wesentlich beeinflusst: von Bormann, der den Zugang aller Personen außerhalb von Wehrmacht und SS kontrollierte, und von Keitel. »Bevor die Generale oder sonst jemand zum Adolf kommen, um Bericht zu erstatten«, bemerkte ein gefangen genommener General gegenüber einem Kollegen, »werden sie eingehend belehrt vom Keitel, was sie zu sagen haben, wie sie es zu sagen haben, und dann dürfen sie erst zu Adolf rein.«[33]

Bei einer Inspektion von Flakbatterien in Frontnähe notierte Kreipe am 18. Oktober über den Einfall der Roten Armee: »Sorge um Ostpreußen, die ersten Flüchtlingstrecks gesehen, scheußlich.«[34] Göring musste Rominten überstürzt räumen. Keitel versuchte Hitler zu überzeugen, die »Wolfs-

---

* Deutsche Wehrmachtoffiziere witzelten, Skorzeny habe für die Befreiung Mussolinis zwar das Ritterkreuz zum Eisernen Kreuz erhalten, »würde aber jetzt auch noch das Eichenlaub bekommen, wenn er ihn zurückbrächte.« [TNA WO 208/5542 SIR 1548]

schanze« zu verlassen, aber der lehnte ab. Ein paar Tage später besuchte Kreipe das Panzerkorps »Hermann Göring« in Gumbinnen. »Gumbinnen brennt«, notierte er. »Flüchtlingskolonnen. Bei und in Nemmersdorf erschossene Frauen und Kinder ans Scheunentor genagelt.«[35] Nemmersdorf war ein Ort, wo es zu Gräueltaten gekommen war, die von der Nazi-Propaganda ziemlich sicher aufgebauscht wurden. Kreipe war möglicherweise gar nicht vor Ort gewesen.

Ebenfalls am 18. Oktober – die Schlacht um Aachen ging ihrem Ende entgegen – trafen Eisenhower, Bradley und Montgomery in Brüssel zusammen. Da Briten und Kanadier so sehr mit der Säuberung der Scheldemündung beschäftigt waren, entschied Eisenhower, dass die 1. US-Armee südlich von Köln einen Brückenkopf auf dem rechten Rheinufer errichten sollte, wobei die erst kürzlich eingetroffene 9. Armee ihre linke Flanke zu schützen hatte. Wie man sich vorstellen kann, war Montgomery gar nicht erfreut darüber, dass die 1. US-Armee Vorrang erhalten sollte, aber durch seinen Rückzieher war er für eine Weile zum Schweigen verurteilt. Andererseits führte diese Strategie der Amerikaner zu dem Plan, durch den Hürtgenwald vorzurücken. Weder die Befehlshaber noch die Truppen hatten eine Vorstellung von dem Grauen, das sie dort erwartete.

4. Kapitel

In den Winter des Krieges

Das kurze Wüten sowjetischer Truppen auf ostpreußischem Gebiet im Oktober gab Goebbels Gelegenheit, Berichte von Vergewaltigungen, Plünderungen und Zerstörungen durch die Rote Armee hochzuspielen. Angesichts tödlicher Gefahr versuchte er den Gedanken der »Volksgemeinschaft«, der Solidarität innerhalb der Nation, heraufzubeschwören. An der Westfront wurden Generale der Wehrmacht jedoch durch Berichte darüber schockiert, wie deutsche Soldaten Häuser von Deutschen plünderten.

»Das gegenwärtige Verhalten der Soldaten ist unglaublich«, erklärte ein zur 3. Fallschirmjägerdivision abkommandierter Arzt. »Ich war in Düren stationiert, wo die Soldaten die eigenen Leute ausgeraubt haben. Sie zerrten alles aus den Schränken heraus. ... Sie haben gehaust wie wilde Tiere.«[1] Damit hatte es wohl angefangen, als die Division in Italien kämpfte. Andere Verbände, die sich das Plündern auf dem Rückzug durch Frankreich und Belgien angewöhnt hatten, änderten ihre Gewohnheit auch nicht, als sie wieder deutsches Gebiet betraten. Sie mussten weiter ihre zerschlissenen Uniformen tragen, 60 Prozent galten als verlaust, und sie litten ständig Hunger. Es wurde von Soldaten berichtet, die unmittelbar nach Überschreiten der Grenze Pferde blendeten, damit sie diese schlachten und das Fleisch essen konnten.

Weiterkämpfen wollten sie trotzdem, denn die Nachricht, dass die Rote Armee an den Grenzen des Reichs stand, hatte sie aufgerüttelt. Bezeichnend dafür ist die Sicht eines gefangen genommenen deutschen Truppenarztes namens Dammann, dass »die deutsche Propaganda, die an die Männer appellierte, ihr Vaterland zu retten, zum Rückgang der Fälle von Kriegsmüdigkeit beigetragen hat«.[2]

Die Plünderungen durch deutsche Soldaten waren nicht der einzige Grund dafür, dass das Verhältnis zwischen Zivilbevölkerung und Militär im Westen Deutschlands sich rasch verschlechterte. Die Frauen wollten, dass die Kämpfe so bald wie möglich aufhörten. Für sie war Ostpreußen sehr weit weg.»Was meinst du, wie jetzt die Stimmung drüben ist!«, berichtete ein Obergefreiter Leidensgenossen in Gefangenschaft. »Die Weiber haben uns in den Dörfern beschimpft und angeschrien: ›Macht, dass ihr rauskommt, wir wollen nicht zusammengeschossen werden!‹«[3] Ein Angehöriger des Fallschirmjägerregiments 16 stimmte ihm zu: »Uns haben die ›Kriegsverlängerer‹ geschimpft, und das war nicht nur an einem Platz, das war so in 50 Städten und Dörfern jetzt im Westen.«[4] Ein Unteroffizier Müller sagte in Heidelberg: »Die Stimmung da ist scheiße, aber der Hass ist nicht auf den Gegner, sondern auf die deutsche Regierung.« Die Leute sagten: »Wenn die Alliierten nur schnell reinkommen würden, dass der Krieg vorbei ist!«[5] Während die meisten Angehörigen der Wehrmacht Hitlers Versprechen, dass noch Geheimwaffen zum Einsatz kämen, immer noch glauben wollten, hatte sich in der Zivilbevölkerung, abgesehen von treuen Parteigenossen und völlig Verzweifelten, beträchtlicher Zynismus ausgebreitet. Die V1-Rakete mit ihren vielen Ausfällen wurde mancherorts bereits als »Versager-1« bezeichnet.[6]

Goebbels nutzte jede Gelegenheit, um der Zivilbevölkerung im Westen Deutschlands Angst vor einem Sieg der Alliierten einzujagen. In diesem Zusammenhang hatte die Verkündung des Plans von Roosevelts Finanzminister Henry Morgenthau, Deutschland zu einem »vorwiegend agrarisch und dörflich geprägten Land zu machen«, eine verheerende Wirkung.[7] Nun konnte Goebbels behaupten, dass »jeder amerikanische Soldat Morgenthau in seinem Tornister hat« und Deutschland zerstückelt werde.[8] Das machte auf Truppen der Wehrmacht im Westen zweifellos Eindruck. Als ein gefangener Offizier von seinem amerikanischen Vernehmer gefragt wurde, ob er die Zerstörung des Rheinlandes bedaure, antwortete er: »Nach dem Krieg wird es uns ohnehin nicht mehr gehören. Warum es dann nicht zerstören?«[9]

Und der *Völkische Beobachter* warnte: »Das deutsche Volk muss erkennen, dass wir in einem Kampf auf Leben und Tod stehen, der jedem Deutschen die Pflicht auferlegt, alles für einen siegreichen Abschluss des Krieges und die Vereitelung der Zerstörungspläne dieser Kannibalen zu tun.«[10] Die Tatsache, dass Morgenthau Jude war, spielte dem Propagandaministerium und dessen Verschwörungstheorien von einem jüdischen Komplott gegen Deutschland in die Hände. Das Ministerium suchte die Wirkung dieses Arguments durch dubiose Zitate aus der britischen Presse noch zu steigern. So wurde ein »Henningway« nach *Daily Mail* mit den Worten zitiert: »Die Macht Deutschlands muss so gründlich zerschlagen werden, dass es nie wieder aufstehen und in eine Schlacht ziehen kann. Dieses Ziel ist nur durch Kastration zu erreichen.«[11]

Nach der Präsidentenwahl in den USA behauptete Goebbels, Präsident Roosevelt sei mit Unterstützung der amerikanischen Kommunisten auf Stalins Drängen »wie erwartet« wiedergewählt worden.[12] Die deutsche Propaganda trieb jedoch ein Doppelspiel, denn sie suchte auch die Überzeugung zu verbreiten, das Bündnis der Feinde werde bald zerbrechen. Nach Angaben des US-Geheimdienstes CIC kursierten deutsche Flugblätter, auf denen »Tommy und sein Yankee-Kumpel entrüstet zuschauen, wie Russen Brüssel oder Berlin erobern. Offenbar können die Teutonen sich nicht aus dem Kopf schlagen, dass, wenn es um die erbärmliche Angst vor dem Bolschewismus geht, alle Krauts zusammenstehen müssen.« In anderen Flugblättern wurde behauptet: »Während die Amerikaner zu Tausenden niedergemacht werden, gönnen sich Montys Truppen in Holland ein ›Urlaubsschläfchen‹.«[13]

»Die deutsche Zivilbevölkerung weiß nicht, worauf sie sich einstellen soll«, berichtete der CIC. »Sie ist hin und her gerissen zwischen den ›Terror‹-Geschichten der deutschen Behörden und jenen von fairer Behandlung in den besetzten Gebieten, die gerüchteweise oder über die Sender der Alliierten zu ihnen gelangen.«[14] Den Alliierten halfen natürlich auch in Deutschland kursierende Berichte über Korruption in der Nazi-Partei und über schamlose Plünderungsaktionen hoher Beamter der deutschen Militäradministration in Frankreich. Gauleiter rafften riesige Vermögen zusammen, ihren Kindern standen Autos und Benzin zur Verfügung, als selbst Unternehmenschefs nur noch eine Ration von 40 Litern pro Woche zugestanden wurde.[15]

Der CIC räumte ein, dass er deutsches Territorium betreten habe, »ausgestattet mit ein paar Direktiven, keinerlei Präzedenzfällen, unsicher über die eigenen Kompetenzen und in banger Erwartung eines Partisanenkrieges«. Seine Hauptaufgabe war die schnellstmögliche Beschlagnahme der Akten der Nazi-Partei. Aber seine Agenten sahen sich überfordert angesichts der großen Zahl »verdächtiger Zivilisten«, die von amerikanischen Soldaten neben den Kriegsgefangenen zur Überprüfung festgenommen wurden. Denen war es ein Leichtes, aus amerikanischer Internierung zu entkommen. Ein weiteres Problem des CIC waren die vielen Kämpfer der belgischen und französischen Résistance, die über die Grenze nach Deutschland kamen, um zu plündern oder »auf eigene Faust Erkundungsaktionen durchzuführen«.[16]

In Aachen hatten nach Einschätzung des CIC bis zu 30 Prozent der Bevölkerung den Evakuierungsbefehl der Nazis ignoriert. »Schikaniert sie nicht«, empfahl der CIC für die Behandlung von Deutschen unter amerikanischer Besatzung, »aber lasst euch von ihnen auch nichts vormachen. Die Deutschen sind es gewöhnt, Befehle zu erhalten und nicht Bitten zu erfüllen«.[17] Viele waren in der Tat gewillt, die Nazis anzuklagen und auszusagen, aber den Geheimdiensten der Alliierten fiel es oft schwer zu entscheiden, was sie glauben sollten und was nicht. Gerüchte über Unruhen machten die Runde, dass sich die Polizei im zerbombten Köln einen Kleinkrieg mit den sogenannten Edelweiß-Piraten liefere – Jugendbanden, dazu etwa 2000 deutsche Deserteure und flüchtige ausländische Zwangsarbeiter, die in den Ruinen hausten.[18]

Die Bombenangriffe der Alliierten hatten nicht nur Städte in Schutt und Asche gelegt. Auch eine Fahrt mit der Eisenbahn war inzwischen außerordentlich schwierig, wenn nicht ganz und gar unmöglich. Deutsche Offiziere und Soldaten, die endlich einmal Heimaturlaub erhielten, mussten erleben, dass sie den größten Teil der kostbaren Tage in Zügen oder auf Bahnhöfen wartend verbrachten. Ein Unteroffizier namens Bock von der Luftwaffe erzählte: »Von uns ist ein Leutnant auf Urlaub nach München gefahren [von Rheine im Münsterland]. Zehn Tage war er weg und nur einen Tag zu Hause!«[19]

Kaum ein Soldat wollte seinen Urlaub in Berlin verbringen, wenn er dort nicht Familie oder eine Freundin hatte. Die Menschen in der Hauptstadt waren erschöpft von den schlaflosen Nächten, denn das Bomberkommando der Royal Air Force schlug seine eigene »Schlacht um Berlin«, was allnächtliche Bombenangriffe bedeutete. »Was ist feige?«, lautete ein typisches Beispiel für den Galgenhumor der Berliner: »Wenn sich einer von Berlin weg an die Ostfront meldet.«[20]

Besucher waren oft erstaunt, wie sich die Einwohner aller Klassen an die Umstände angepasst hatten. »Ich habe mich trotz aller Widrigkeiten daran gewöhnt, in diesen Ruinen zu leben: mit dem ständigen Gasgeruch in der Luft, vermischt mit Schwaden von schwelendem Schutt und rostendem Metall, und gelegentlich sogar mit dem Gestank verwesenden Fleisches«, notierte Marie (»Missie«) Wassiltschikow in ihrem Tagebuch.[21] Wegen des Mangels an Brennmaterial waren die Wohnungen in diesem Winter besonders kalt. Es gab kaum Glas, um geborstene Fensterscheiben zu erneuern. Wenn die Sirenen aufheulten, wurden die Fenster weit geöffnet, weil man hoffte, so wenigstens einige Scheiben vor den Druckwellen zu retten.

Während der Bombenangriffe rüttelte es die überfüllten Keller und Betonbunker kräftig durch. Die trüben Glühlampen flackerten, das Licht wurde schwächer, ging aus und kam manchmal wieder. Kinder schrien, viele Erwachsene bargen den Kopf zwischen den Knien. Wenn endlich das Signal der Entwarnung ertönte, überließen sich viele einem merkwürdigen Freudentaumel, denn sie begriffen, dass sie noch am Leben waren. Manche Menschen blieben in den Kellern zurück, auch wenn die meisten anderen gegangen waren. Sie fanden es dort wärmer und weniger gefährlich.

»Hautkrankheiten sind in der Armee und in der Heimat sehr häufig geworden«, berichtete ein Arzt. »Das liegt an der schlechten Qualität der Seife, der Überfüllung in den Luftschutzräumen und noch intakten Häusern, am Mangel an Kleidung, an schlechter Hygiene usw.«[22] Arbeiter in den Industriegebieten erkrankten häufiger an Diphtherie. Geschlechtskrankheiten breiteten sich aus, zum Teil eingeschleppt von deutschen Soldaten, die aus Frankreich, Belgien, Polen und vom Balkan zurückkehrten.

Nach Aussage eines Richters an einem Standgericht lebten in Berlin geschätzte 18 000 Deserteure der Wehrmacht.[23] Viele versteckten sich in Gartenlauben. Auf sie passte der Witz, der bei den deutschen Truppen die Runde machte: »Im Krieg ist es wie im Kino: Vorne passiert viel, aber die besten Plätze sind ganz hinten.« Gewöhnliche Deutsche waren nun bereit, Deserteure – meist Söhne oder Neffen, aber zuweilen auch Fremde – aufzunehmen, was ein enormes Risiko bedeutete.[24] Bis zum Ende des Jahres 1944 hatte die Wehrmacht etwa 10 000 Männer wegen Fahnenflucht erschossen. Diese Zahl sollte in den letzten Kriegsmonaten noch wesentlich ansteigen.[25]

Auch die Familien von Deserteuren erwarteten schwere Strafen. »In der Nacht vom 29. zum 30. Oktober«, verkündete der Kommandeur der 361. Volksgrenadierdivision in einem Tagesbefehl, »ist Soldat Wladislaus Schlachter aus der 4. Kompanie des Grenadierregiments 952 zum Feind übergelaufen. Das Standgericht ist noch am selben Tag zusammengetreten und hat Schlachter zum Tode verurteilt. Er ist für immer aus unserer Volksgemeinschaft ausgeschlossen und wird nicht mehr nach Hause zurückkehren. Die Mitglieder seiner Familie wird erbarmungslose Vergeltung treffen, Maßnahmen, die in diesem Kampf um das Überleben des deutschen Volkes eine Notwendigkeit sind.«[26] Drohungen wurden auch gegen die Familien von Kriegsgefangenen ausgestoßen, die gegenüber amerikanischen Vernehmern zu offen aussagten.

Die vermögenderen Klassen wurden von wachsender Furcht vor den Zehntausenden ausländischen Arbeitern in und um die Stadt erfasst. Manche waren Freiwillige, die meisten hatte man jedoch als Zwangsarbeiter nach Deutschland gebracht. Die Behörden verloren allmählich die Kontrolle über sie. Wenn ihre Baracken niedergebrannt wurden, waren die Ausländer obdachlos. Deutsche Ladenbesitzer behaupteten, Banden von Zwangsarbeitern seien bei ihnen eingebrochen und hätten ihre Vorräte geraubt. Tatsächlich hatten sie das, was fehlte, längst selbst auf dem Schwarzmarkt verkauft. Neben Lebensmitteln waren Zigaretten am meisten gefragt. Laut einem gefangen genommenen Offizier kostete in Berlin eine einzige englische Zigarette inzwischen fünf Reichsmark und eine Camel das Doppelte.[27] Echter Bohnenkaffee war für die meisten Menschen unerschwinglich – für das Kilo wurden 600 Reichsmark verlangt. Laut einem anderen Offizier wurde der größte Teil des auf dem Schwarzmarkt gehandelten Kaffees von der SS aus Holland nach Berlin gebracht.[28]

Da Kaffee so selten geworden war, galt er in der Nazi-Hierarchie als das beliebteste Genussmittel. Ein haarsträubendes, bizarres Gespräch zwischen zwei gefangenen Admiralen der Kriegsmarine zu diesem Thema wurde 1945 insgeheim in ihrem englischen Gefangenenlager aufgezeichnet. Konteradmiral Engel berichtete Vizeadmiral Utke, was Arthur Greiser, der berüchtigte Gauleiter des Warthegaus, der später von den Polen gehängt wurde, vor anderen Admiralen behauptet hatte. »Greiser prahlte: ›Wissen Sie eigentlich, dass der Kaffee, den Sie gerade trinken, mich 32 000 Jüdinnen gekostet hat?‹«

»Wo sind sie hingekommen?«, fragte Vizeadmiral Utke.

»›Wahrscheinlich in die Verbrennungsöfen‹, meinte Greiser uns gegenüber. ›Wollen wir hoffen, dass wir alle einen so leichten Tod haben.‹ ... Die Admirale, die um mich herumsaßen, lachten sich krank über das menschliche Leiden hinter dem Kaffee, den sie gerade genossen.«[29]

Der Tradition der Römer von Brot und Spielen folgend, organisierte das Nazi-Regime eine Eisrevue in dem bereits von Bomben beschädigten Sportpalast, um die Menschen von den Hungerrationen abzulenken. Das Deutsche Frauenwerk gab Koch- und Backbücher mit Hinweisen heraus, wie man Lebensmittel sparen konnte. Eines trug den Titel *Hauptgerichte einmal ohne Fleisch*. Sicherlich dadurch inspiriert, machte in Berlin bald ein weiterer Witz die Runde, wonach das nächste Buch wohl heißen werde: *Hauptgerichte einmal ohne Essen*.[30] Eine Parodie auf das Horst-Wessel-Lied wurde mit folgendem Text gesungen:

> Die Preise hoch,
> Die Läden fest geschlossen.
> Der Hunger geht
> Im Deutschen Volke mit.
> Es hungern leider nur
> Die kleinen Volksgenossen.
> Die großen hungern nur
> Im Geiste mit.[31]

Für die Angehörigen der Armeen der Alliierten an der Westfront war es wesentlich einfacher, Fronturlaub zu machen. Briten und Kanadier fuhren dazu nach Brüssel, die Amerikaner nach Paris. Hohe Offiziere konnten immer einen Vorwand finden, das SHAEF in Versailles oder das Com Z in Paris persönlich aufsuchen zu müssen. Ab Mitte September trafen täglich fast 10 000 amerikanische Soldaten mit einer Aufenthaltserlaubnis für 72 Stunden in der Stadt ein. Worum es »den überhitzten Seelen der gerade aus ihren Erdlöchern gekrochenen Sandlatscher«[32], wie der Dichter und Fallschirmjäger Louis Simpson sie nannte, vor allem ging, lag auf der Hand. Paris wurde »silbernes Schützenloch« genannt, und »Zickzack« bedeutete Alkohol und Sex. Pigalle nannten die Soldaten nur »Pig Alley« [»Schweinegasse«], wo Prostituierte – sowohl Profis als auch Amateure – bis zu 300 Francs oder fünf Dollar für ihre Dienste verlangten.*

General Lee, der autoritäre Befehlshaber von Com Z, war über das lockere, zuweilen beleidigende Auftreten der GIs auf Paris-Urlaub schockiert. Um etwas Ordnung zu schaffen, schickte er Offiziere seines Stabes aus, die alle Soldaten zu notieren hatten, die nicht korrekt den militärischen Gruß erwiesen. Bald hieß die Avenue de Kléber bei den Frontsoldaten, die es den Offizieren und Militärpolizisten übel nahmen, dass diese ihnen Manieren beibringen wollten, nur noch »Avenue de Salut« [»Gruß-Allee«].[33]

Die GIs glichen die Ausgaben für Prostituierte und Getränke wieder aus, indem sie in Armee-Verkaufsstellen Zigaretten der Marken Chesterfield, Lucky Strike oder Camel für 50 Cent die Packung erwarben und für 15 bis 20 Dollar weiterverkauften. Vergeblich klagten die französischen Be-

---

* Ein Soldat einer Quartiermeisterkompanie schleppte »laut des Fragebogens zu Geschlechtskrankheiten neun Frauen an einer bestimmten Straßenecke ab, ging mit ihnen in sechs verschiedene Hotels und hatte dort siebenmal Geschlechtsverkehr« – das Ganze in acht Stunden. Die Rate der Geschlechtskrankheiten auf dem europäischen Kriegsschauplatz verdoppelte sich im Jahr 1944. Mehr als zwei Drittel der Infektionen erfolgten in Frankreich, vor allem in Paris. [CMH *Medical*, S. 541]

hörden darüber, dass die US-Truppen ihre Befreiung von Importzöllen und Devisenkontrollen missbrauchten. Amerikanische Soldaten, die ihren in Francs ausgezahlten Sold zum offiziellen Kurs in Dollar tauschten und diese dann mit enormem Gewinn auf dem Schwarzmarkt feilboten, machten ebenfalls auf Kosten der französischen Regierung Riesengeschäfte. Mit Zigaretten, Dosenschinken, Nylonstrümpfen und anderen aus den USA eingeführten Dingen verführten sie französische Frauen.

Hochschulabsolventen und alle, die für die europäische Kultur schwärmten, sympathisierten mit den Franzosen und wollten Paris, die intellektuelle Hauptstadt der Welt, nicht nur wegen der fleischlichen Genüsse sehen. Doch jene amerikanischen Soldaten, die bisher vom Ausland kaum etwas gehört hatten, neigten dazu, die Franzosen zu verachten, weil sie nicht einmal eine richtige Sprache sprachen. Sie fanden, dass französische Mädchen und Frauen bereit sein müssten, die Wünsche ihrer Befreier zu erfüllen. Einer der ganz wenigen französischen Sätze, den viele zu lernen sich bemühten, lautete: »Voulez-vous coucher avec moi?« [»Wollen Sie mit mir schlafen?«] Die amerikanische Botschaft beschrieb die US-Soldaten in Paris als »stürmisch und oft sehr einfallsreich«, wenn es darum ging, Frauen herumzukriegen.[34] Ihr Mangel an Galanterie sollte sich bald als kontraproduktiv erweisen. Eine junge Frau, die ein Soldat mit einem Pfiff und einem Päckchen Lucky Strike in ein Café gewinkt hatte, nahm eine Zigarette von ihm an, warf sie auf den Fußboden und zertrat sie unter dem Beifall der französischen Gäste.[35] Französische junge Männer, die mit der Freigebigkeit der Amerikaner nicht mithalten konnten, gerieten über deren Dreistigkeit zunehmend in Wut. Misstrauen und Groll wuchsen auf beiden Seiten. »Die Franzosen waren vor ihrer Niederlage zynisch und sind nach ihrer Rettung übellaunig«, schrieb Louis Simpson. »Was wollen die Hurensöhne eigentlich?«[36]

Wenn der Schwarzmarkt in Berlin blühte, dann begann er in Paris regelrecht zu wuchern, als sich amerikanische Deserteure mit lokalen Verbrecherbanden zusammentaten. Mit unterschlagenem Benzin der U.S. Army wurden dort solche Gewinne gemacht, dass selbst Drogenhändler sich auf den neuen Markt stürzten. Etwa die Hälfte aller Kanister auf dem europäischen Festland verschwand. Höhere Strafen der Justiz, die Beigabe von Farbe zum Treibstoff, um ihn besser aufspüren zu können, und zahlreiche weitere Schritte der amerikanischen Behörden konnten dem Handel nichts anhaben, der die Nachschublage an der Front weiter verschlechterte. Paris hieß bald nur noch »Chicago an der Seine«.

Berüchtigt für ihren Erfindungsreichtum wurden in diesem Herbst Angehörige des Eisenbahnbataillons. Sie brachten Züge in Kurven zum Stehen, sodass die Militärpolizisten, die im letzten Waggon saßen und Diebstahl verhindern sollten, nichts sehen konnten, und luden dann Fleisch, Kaffee, Zigaretten und Konserven für ihre Komplizen aus. Eine Zehn-Kilogramm-Büchse Kaffee brachte 300 Dollar, eine Kiste mit zehn Tagesrationen 100 Dollar ein. Aus Lazarettzügen wurden Decken und Uniformen gestohlen. Schließlich brachte man 180 Offiziere und Soldaten vor den Richter, wo sie Haftstrafen von drei bis fünfzig Jahren erhielten. In einem einzigen Monat verschwanden 66 Millionen Schachteln Zigaretten.[37]

Die Ablehnung der »neuen Besatzung« durch die Franzosen steigerte sich, als Privilegien für das amerikanische Militär offenbar wurden. Die US-Militärpolizisten in den weißen Helmen, die den Verkehr auf der Place de la Concorde regelten, zogen US-Fahrzeuge vor, die zur amerikanischen Botschaft fuhren. Roosevelt hatte die Anerkennung der Provisorischen Regierung hinausgezögert, weil er den Verdacht hegte, de Gaulle werde sich zu einem Militärdiktator mausern. Schließlich musste er dem starken Druck nachgeben, den das State Department und Eisenhower ausübten. Am Montag, dem 23. Oktober 1944, überreichten der US-Botschafter Jefferson Caffery, der britische Botschafter Duff Cooper und der sowjetische Repräsentant Alexander Bogomolow de Gaulle schließlich ihre Beglaubigungsschreiben. Der lud Cooper und Gattin noch am selben Abend zum Essen ein. Dabei war er so schlechter Stimmung, dass der britische Botschafter den Abend in seinem Tagebuch als »eine extrem kalte und triste Party« bezeichnete, »schlimmer noch, als derlei Veranstaltungen bei ihm gewöhnlich waren«.[38]

Caffery hatte wesentlich mehr Verständnis für die Franzosen als die meisten hohen Offiziere des SHAEF, wofür ihn einige verachteten. Er war kein besonders geschickter Mann, trat sehr förmlich auf und hatte sichtlich keine Freude am Diplomatenleben. Die frankophoben hohen Offiziere waren eindeutig darauf aus, ihn ihrer Hierarchie unterzuordnen und ihm keinerlei diplomatische Selbstständigkeit zuzugestehen. Caffery und Georges Bidault, der unerfahrene französische Außenminister, klagten wegen dieser Schwierigkeiten einander ihr Leid. Bidault war permanent damit beschäftigt, sich bei Caffery und Cooper für de Gaulles unnötige Provokationen zu entschuldigen. Gegenüber Caffery bekannte er später einmal: »Es ist absolut kein anderer in Sicht, und man muss einräumen, dass de Gaulle Frankreich liebt, wenn er auch die Franzosen nicht mag.«[39] Coopers größtes

Problem war sein alter Freund Winston Churchill. Der wollte das SHAEF besuchen, ohne de Gaulle zuvor zu informieren, was als Beleidigung aufgefasst worden wäre. Schließlich konnte man Churchill überzeugen, dem Besuch offiziellen Charakter zu geben. Gemeinsam mit General de Gaulle schritt er unter dem Jubel einer großen Menschenmenge über die Champs-Elysées. Ihr heftiger Streit am Vorabend von D-Day wurde taktvoll vergessen.

Ursachen für de Gaulles zur Schau gestellte schlechte Stimmung waren unter anderem die gewaltigen wirtschaftlichen und politischen Schwierigkeiten, die seine Regierung zu bewältigen hatte. Die Versorgung mit Lebensmitteln und Treibstoff schwankte, was häufige Proteste auslöste. Das SHAEF schätzte, dass während des Krieges 1,55 Millionen Gebäude zerstört worden waren. Fabriken und Bergwerke funktionierten noch nicht reibungslos, die Häfen und das Verkehrssystem des Landes waren nach all den Zerstörungen durch die Bomben der Alliierten und die Plünderungen der Deutschen zur Hälfte lahmgelegt. Außerdem musste de Gaulle mit einer verbitterten Widerstandsbewegung fertigwerden, die ihm übel nahm, dass sie selbst an Einfluss verlor und die aus London gekommenen Gaullisten die Macht im Staat für sich beanspruchten. Am lautesten protestierten dagegen die französische Kommunistische Partei und ihre Anhänger. Ihre Hoffnung, die Befreiung in eine Revolution überführen zu können, war zunichtegemacht. Allerdings wussten sie nicht, dass Stalin diese Vorstellung strikt ablehnte. Er fürchtete, die USA könnten ihre Unterstützung für die Sowjetunion nach dem Lend-Lease-Abkommen einstellen, sollte es hinter den Frontlinien der Alliierten in Frankreich zu Unruhen kommen.

Gegen Ende Oktober spielte de Gaulle seine Trumpfkarte aus. Er wollte dem Chef der Kommunistischen Partei Frankreichs, Maurice Thorez, erlauben, aus Moskau nach Paris zurückzukehren, wenn die beiden kommunistischen Minister in seiner Regierung sein Dekret unterstützten, die »patriotischen Milizen« aufzulösen und sie zur Abgabe ihrer Waffen zu zwingen. Mit Uniformen und Waffen, die das SHAEF bereitstellte, ging de Gaulle daran, die Männer in die regulären französischen Truppen einzugliedern. Der größte Teil wurde Bestandteil der 1. Armee von General Jean-Marie de Lattre de Tassigny, die am südlichen Ende der Front der Alliierten auf Straßburg vorrückte.

Einer, der nicht daran dachte, seine Waffen abzugeben, war Ernest Hemingway, der bereits unmittelbar vor der Befreiung von Paris bei Rambouillet den Partisanen gespielt hatte. Anfang Oktober musste Hemingway seine Frontresidenz an der deutschen Grenze verlassen, wo das 22. Infanterieregiment der 4. US-Division erste Breschen in den Westwall geschlagen hatte. Nachdem er vor einem Untersuchungsrichter zu seinen illegalen Militäraktionen bei Rambouillet einen Meineid geschworen hatte, ließ man ihn gehen und erlaubte ihm, als akkreditierter Frontberichterstatter in Frankreich zu bleiben.

Zwar verwendete er in Paris Zeit und Mühe darauf, den damaligen Unteroffizier J. D. Salinger von der 4. Division, der bereits an seinem *Fänger im Roggen* arbeitete, bei der Schriftstellerei zu unterstützen, aber im Grunde blieb Hemingway ein unverbesserlicher Fronttourist: Schließlich war er es gewesen, der im Spanischen Bürgerkrieg das Wort von der »whore de combat« geprägt hatte. Er ließ sich wieder im Ritz von Paris nieder, um dort mit Mary Welsh, der nächsten Mrs. Hemingway, zu trinken und zu schlafen. Als er einige Zeit später mit Oberst »Buck« Lanham, dem Kommandeur des 22. Infanterieregiments, dem Alkohol zusprach, fiel ihm ein Foto von Marys Ehemann in die Hände. Er warf es in die Toilette und feuerte mit einer deutschen Maschinenpistole darauf – mit verheerenden Folgen für die Sanitäranlagen des Ritz.

Er flirtete auch väterlich mit Marlene Dietrich, die vor amerikanischen Truppen in Frankreich auftrat. Einer ihrer größten Bewunderer war General Patton, der ihr ein Paar Pistolen mit Perlmuttgriff schenkte. Ein anderer war Jim Gavin von der 82. US-Luftlandedivision, ein blutjunger, sehr gut aussehender Generalleutnant der Fallschirmjäger, der ihr Geliebter wurde. Später ließ er sich auch mit Martha Gellhorn, der dritten Mrs. Hemingway, ein, als diese den Anblick von »Papa« nicht mehr ertragen konnte. Paris im letzten Kriegsjahr war in der Tat eine turbulente Party.[40]

Das Fronturlaubszentrum für die kanadische 1. und die britische 2. Armee war Brüssel. Britische Offiziere pflegten wehmütig zu erklären, für jemanden, der Paris liebe, sei nach Brüssel zu fahren so wie mit der Schwester des geliebten Mädchens Tee zu trinken. Die belgische Hauptstadt mag nicht so zügellos wie Pigalle gewesen sein, aber für die Soldaten bot sie das Bier und die Frauen, nach denen sie so gierten. Und auch sie wurde zu einem Eldorado für Deserteure und Schwarzmarkthändler.

Die politische Situation in Brüssel war möglicherwies noch komplizierter als in Paris. Generalleutnant G. W. E. J. Erskine, der Leiter der SHAEF-Vertretung in Belgien, hatte der belgischen Regierung unter Hubert Pierlot dabei zu helfen versucht, nach ihrer Rückkehr aus dem Londoner Exil im Land wieder Ordnung zu schaffen. Wie in Frankreich waren auch hier die zumeist links orientierten Widerstandsbewegungen gar nicht begeistert davon, dass konservative Politiker, die die Kriegsjahre im sicheren London abgesessen hatten, während sie solche Gefahren auf sich nahmen, ihnen nun vorschreiben wollten, was sie zu tun hatten. Von 30 000 Kämpfern Anfang September wuchs ihre Zahl auf 70 000 an. Jene, die bisher an der Seite der britischen und amerikanischen Truppen gekämpft hatten, hielten nichts von der Vorstellung, in die belgische Armee und Gendarmerie eingegliedert zu werden und dort eine untergeordnete Rolle zu spielen.[41]

Am 29. September 1944 erließ General Eisenhower einen Tagesbefehl, in dem er die Tätigkeit der Widerstandskämpfer lobte, zugleich aber das Ansinnen der belgischen Regierung unterstützte, sie sollten ihre Waffen und Ausrüstung abgeben und sich freiwillig zum Militärdienst als Hilfskräfte in Sonderbataillonen melden. Zu einer Zeit, da es in Belgien akut an Brennmaterial und Lebensmitteln mangelte und jede Hand gebraucht wurde, rief diese Erklärung zornige und irritierte Reaktionen hervor. Am 21. Oktober wies General Erskine den Oberbefehlshaber darauf hin, dass die widerspenstigen Angehörigen der Résistance, die ihre Waffen nicht abgeben wollten, Polizei und Gendarmerie an Zahl um das Zehnfache übertrafen. Ein völliger Zusammenbruch der Kontrolle durch die Regierung lag durchaus im Bereich des Möglichen. Da drängte Eisenhower diese zu der Erklärung, sie werde unerlaubten Waffenbesitz im Kriegsgebiet nicht dulden.

Am 9. November stattete Eisenhower der belgischen Hauptstadt einen offiziellen Besuch ab und sprach dort vor dem Parlament. Wenige Tage später kündigte das belgische Ministerium für Nationale Verteidigung an, dass alle Kräfte des Widerstandes am 18. November demobilisiert würden. Daraufhin verließen zwei kommunistische Minister und ein Vertreter der Résistance unter Protest Pierlots Kabinett. Bei einer Begegnung erklärte ihnen jedoch General Erskine, dass das SHAEF diese Maßnahme der Regierung voll unterstütze und niemand eine Konfrontation zwischen Kräften der Résistance und alliierten Truppen wolle. Daraufhin lenkten die Vertreter des Widerstandes ein und stimmten zu, alle Waffen bei »interalliierten Behörden« abzuliefern.

Am 25. November wurden jedoch britische Truppen und Panzerwagen aufgeboten, um Polizei und Gendarmerie zu unterstützen, die sich mit einer großen Demonstration im Regierungsviertel von Brüssel konfrontiert sahen. Wie bereits in Griechenland entstand auch hier der Eindruck, die Briten hätten beschlossen, eine unpopuläre Regierung an der Macht zu halten. Erskine war gezwungen, sein Handeln öffentlich zu rechtfertigen. Als Grund gab er an, im Rücken des Kriegsgebietes müsse die Ordnung aufrechterhalten werden. Aber bis zu Neuwahlen sahen sich die Militärbehörden verpflichtet, Regierungen zu stützen, die im Exil überlebt hatten – ohne jeden Kontakt zu all jenen, die der jahrelangen Okkupation ausgesetzt gewesen waren.

Während US-Militärangehörige, die von Anfang an in der Normandie gekämpft hatten, mit einem 72-stündigen Aufenthalt in Paris rechnen konnten, floss ein ununterbrochener Strom von Ersatzkräften für die im Gefecht Getöteten oder Verwundeten vom Hafen Cherbourg in die Übergangslager. Meist handelte es sich um Neuankömmlinge aus den USA im Teenager-Alter, aber es waren auch viele ältere Männer darunter, mit denen man die Schützenkompanien der Infanterie auffüllte, die 80 Prozent der Verluste getragen hatten – ein viel höherer Anteil als erwartet.

Die einzige Verbesserung des deprimierend einfallslosen Systems in diesem Winter bestand darin, dass man diese Menschen jetzt nicht mehr »Ersatz«, sondern »Verstärkung« nannte. So sollte der Vorstellung entgegengewirkt werden, die Neuen schlüpften lediglich in die Schuhe von Toten. Aber das änderte an der Lage kaum etwas. Ein Regimentsoffizier der 28. Infanteriedivision bemerkte: »Wir sind immer noch eine erstklassige Einheit, aber bei Weitem nicht mehr so gut wie bei der Landung an den Stränden [der Normandie]. Wir müssen jetzt wesentlich stärker motivieren. Die Ersatzkräfte, sowohl bei den Offizieren als auch bei den Soldaten, sind alle Greenhorns. Sie wissen nicht, wie sie sich schützen sollen. Zuweilen werden sie sehr schnell getroffen. Sie kennen ihre Vorgesetzten und ihre Kumpels nicht gut, und es ist schwer, aus ihnen Mitglieder eines Teams zu machen.«[42] In einer Kompanie meldeten sich 20 Mann krank, die meisten waren erkältet oder litten an Fußbrand, auch Immersionsfuß genannt. Es waren sämtlich Neulinge, denen man nicht einmal die einfachsten Regeln von Hygiene im Feld beigebracht hatte, deren wichtigste lautete, regelmäßig die Socken zu wechseln. Der Kompaniechef räumte ein, er habe binnen zehn Tagen 26 Mann wegen Fußbrands ins Lazarett schicken müssen. J. D. Salinger hatte das Glück, jede Woche ein Paar frische Wollsocken zu erhalten, die seine Mutter für ihn strickte.

Das Personal von Com Z zeigte wenig Interesse am Schicksal der ihm anvertrauten Menschen. Dort ging es lediglich darum, die jeweils geforderte Anzahl bereitzustellen. Die Ersatzdepots [engl. *replacement depots*] wurden spöttisch »repple depple« genannt, die Betroffenen fühlten sich wie an einem Sammelpunkt für Gelegenheitsarbeiter. »Jeden Morgen«, schrieb ein Neuankömmling namens Arthur Couch, »standen etwa tausend Mann vor dem Stabsquartier, wo jemand eine Liste mit den Namen von hundert oder mehr Soldaten verlas, die dann mit Lkw zu ihrer Division oder ihrem Regiment gebracht wurden. Der Rest ging bis zum nächsten Aufruf wieder in die Zelte zurück.«[43] Jungen Neulingen wurde von Altgedienten, die nach einer Verletzung aus dem Lazarett an die Front zurückkehrten, mit grausigen Schilderungen der Kämpfe an der Front noch mehr Angst eingejagt.

Oft trafen die Männer ohne die in ihren Fragebögen angegebene Ausbildung an der Front ein. Viele konnten nicht schwimmen. Ein Kompaniechef aus Pattons 3. Armee, der beim Übergang über die Mosel einen Großteil seiner Männer verloren hatte, beschrieb, wie er mit Ersatzkräften Fort Driant stürmen musste: »Wir konnten die neuen, nicht ausgebildeten und völlig unerfahrenen Soldaten einfach nicht in Bewegung bringen. Wir mussten sie zu dem Fort hinschleppen. Die Altgedienten waren erschöpft, die Neuen verängstigt und absolut grün hinter den Ohren. In den drei Tagen, die wir für die Erstürmung des Forts benötigten, waren wir damit beschäftigt, die Männer in der Formation zu halten. Wir verloren alle Kommandeure und Anführer, weil sie sich, um das zu erreichen, zur falschen Zeit aus der Deckung wagen mussten. Die Neuen schienen zu keinem klaren Gedanken mehr fähig. Sie ließen alles liegen, wo es gerade lag – Gewehre, Flammenwerfer, Sprengladungen und was sonst noch. Ich war empört und so rasend vor Wut, dass ich kaum noch geradeaus schauen konnte. Wenn nicht der vorher geplante Feuerschutz der Artillerie gewesen wäre, dann hätten sie [die Deutschen] bei den Soldaten, die wir hatten, uns glatt wieder aus dem Fort gefegt. Warum? Die Männer wollten nicht kämpfen. Für den Krieg hatte man ihnen weder die Fähigkeiten noch die Disziplin dazu beigebracht.«[44]

In allzu vielen Fällen wurden die Ersatzkräfte nachts ihren Zügen zugeführt, ohne dass sie wussten, wo oder bei welcher Einheit sie sich befanden. Die Überlebenden des Zuges hielten sich von ihnen fern. Meist hatten sie gerade Kumpel verloren. Die Altgedienten blieben auf Distanz, weil die Neuen als ungeschickte Todeskandidaten galten. Das geriet beinahe zur selbsterfüllenden Prophezeiung, denn in schlecht geführten Zügen wurden ihnen oft die gefährlichsten Aufgaben zugewiesen, für die man keinen erfahrenen Soldaten opfern wollte. Viele überlebten nicht einmal die ersten 48 Stunden.

Häufig wurden Ersatzkräfte kaum besser behandelt als zum Verschleiß bestimmte Sklaven. Das ganze System brachte einen Zynismus hervor, der tief verstörend war. Martha Gellhorn gibt in ihrem Roman *Point of No Return* eine damals weit verbreitete Anekdote voll schwarzen Humors wieder: »Unteroffizier Postalozzi sagt, man sollte sich den Ärger sparen und die Ersatzleute schon beim Ausladen erschießen. Er meint, es wäre die reine Zeitverschwendung, all die Leichen wieder nach hinten zu schleppen.«*[45]

Nur wenn Neulinge nach den ersten 48 Stunden an der Front noch nicht gefallen waren, konnten sie hoffen, etwas länger zu überleben. Einer von Bradleys Stabsoffizieren sinnierte über das Schicksal eines solchen »Soldaten« nach. »Seine Chancen scheinen am besten zu stehen, wenn er frisch an der Front ist – oh, vielleicht eine Woche lang. Danach weißt du, der du im Stab einem Versicherungsmathematiker gleich an deinem Schreibtisch sitzt, dass die Chancen für sein Überleben langsam, aber ständig sinken. Mit einer gewissen mathematischen Wahrscheinlichkeit gehen sie weiter und weiter nach unten. Sie werden düsterer mit jedem Tag, den er im Feuer überlebt, bis er, wenn es lange genug dauert, schließlich die einzige Nummer im Roulette ist, bei der das Rad an einem ganzen langen Abend nicht stehen bleibt. Und er weiß das auch.«[46]

»Ich hatte das Glück, an Altgediente zu geraten, die einem Neuling beim Überleben helfen wollten«, schrieb Arthur Couch über das gnädige Schicksal, das ihn zur 1. Infanteriedivision geführt hatte.[47] Sie brachten ihm bei, eine Salve mit dem leichten Browning-Maschinengewehr abzugeben und sich dann schnell zur Seite zu rollen, weil die Deutschen sofort alles Feuer auf das LMG (Leichtes Maschinengewehr) konzentrieren würden. Couch lernte schnell, aber er muss zur Minderheit gehört haben. »Die Qualität der Ersatzkräfte ist in den letzten Wochen beträchtlich zurückgegangen«, berichtete seine Division am 26. Oktober. »Wir bekommen zu viele Männer, die für Infanteriegefechte körperlich nicht geeignet sind. Darunter sind über 40-Jährige, die Kälte, Schlamm und Regen nicht aushalten. Ablösungskräfte sind mental nicht auf das Gefecht vorbereitet. Man hat sie in keiner Weise mit der Realität des Krieges vertraut gemacht. So fragte ein Neuankömmling, ob an der Front scharfe Munition verwendet wird.«[48]

Bei den Frontdivisionen war man erbittert darüber, dass mangelhaft aus-

---

* Ein ähnlicher Witz kommt auch in Hemingways Roman *Über den Fluß und in die Wälder* vor. Aber nach dem Streit am Ende ihrer Ehe wollte keiner der beiden Autoren zugeben, ihn vom jeweils anderen gehört zu haben. [Siehe Ernest Hemingway, *Über den Fluß und in die Wälder*, in: *Gesammelte Werke* (10 Bde.), Bd. 4, Reinbek 1977, S. 167f.]

gebildete Ersatzkräfte geschickt wurden.«Sie haben 13 Wochen Grundausbildung«, bemerkte ein Feldwebel des III. Korps. »Sie wissen nicht das Einfachste über ein Maschinengewehr. Sie haben keine Ahnung, wie man Ausfälle vermeidet oder die Waffe rasch wieder funktionsfähig macht. Es sind gute Männer, aber sie haben keine Ausbildung. Und das Gefecht ist nicht der Ort, um zu üben.«[49] Ein anderer berichtete, beim Training in den Staaten erkläre man den Rekruten, dass »die Waffen des Feindes durch unsere Waffen überwältigt und zum Schweigen gebracht werden können«. Daher glaubten sie, die einzige Gefahr gehe von Kleinfeuerwaffen aus. Sie hätten keine Vorstellung von Minen, Mörsern, Artillerie und Panzern. Beim Angriff drängten sie sich zusammen und seien damit ein leichtes Ziel. Wenn sie Gewehr- oder Maschinengewehrfeuer hörten, legten sie sich flach auf den Boden, wo sie sich Mörsergranaten aussetzten, während es am sichersten sei, vorwärtszustürmen.[50]

Das Prinzip, schießend voranzugehen, beim Vorwärtsgehen ins Visier genommene Ziele ständig unter Beschuss zu halten, war etwas, das nur wenige Nachrücker zu begreifen schienen. »Der schlimmste Fehler, auf den ich gestoßen bin«, berichtete ein Kompaniechef, »war das Versagen der Männer beim Feuern. Ich habe erlebt, dass sie unter Feuer gerieten und nicht zurückschossen. Sie gingen einfach in Deckung. Als ich sie danach fragte, erklärten sie, wenn sie selbst schössen, zögen sie nur Feuer auf sich.«[51] Wenn allerdings deutsche Soldaten sich ergeben wollten, waren die Neulinge fast immer die Ersten, die jene abzuschießen versuchten. Damit zwangen sie die Deutschen, sich hinzuwerfen und weiterzukämpfen. Neulinge mussten auch in die Tricks der Deutschen eingeweiht werden, die sie zu Fall bringen konnten. »Jerry [Bezeichnung amerikanischer und britischer Soldaten für die Deutschen während des Zweiten Weltkriegs – d. Ü.] feuert mit Mörsern direkt hinter unsere Artillerie, damit unsere Artilleristen glauben sollen, sie selber schössen zu kurz.«[52] Erfahrene Soldaten waren solche Tricks gewohnt, aber die Neuen gerieten dadurch oft in Panik.

Auch die schlechte Vorbereitung nachrückender Offiziere und Unteroffiziere konnte eine Division zur Verzweiflung bringen. Man argumentierte, Offiziere müssten zunächst Dienst an der Front absolvieren, bevor man ihnen Verantwortung für das Leben von Soldaten übertragen konnte. Unteroffiziere, die ohne alle Gefechtserfahrung an die Front kämen, sollten schon vor dem Marschbefehl automatisch um einen Rang degradiert werden. Wenn sie vor Ort bewiesen, dass sie für die Erfüllung ihrer Aufgaben geeignet seien, könne man sie wieder befördern. »Uns wurde ein Stabsfeldwebel geschickt«, berichtete eine Division. »Seit er bei der Army war, hat er lediglich im Pentagon an einem Wandbild gemalt. Er ist ein guter Mann, aber wir haben keine seinem Rang entsprechende Aufgabe für ihn.«[53]

»Von meiner ersten Feindberührung war ich ziemlich benommen«, bekannte ein frisch an die Front gekommener junger Offizier. »Ich konnte nicht recht begreifen, was die Vorgänge um mich herum überhaupt bedeuteten. ... Ich habe vier Tage gebraucht, um mir aus dem Kopf zu schlagen, dass jede Granate, die da angeflogen kam, für mich bestimmt war.«[54] Zweifellos wurde später aus ihm ein guter Zugführer. Aber viele waren für die Aufgabe völlig ungeeignet, was nicht an ihnen lag. So wurden Leutnants Panzerbataillonen zugeteilt, die noch nie ein solches Fahrzeug von innen gesehen hatten. Eine Infanteriedivision war schockiert, als sie »eine Gruppe frischer Offiziere erhielt, die noch keinerlei Erfahrung als Zugführer hatten. Sie waren bei Spezialdiensten beschäftigt, für Truppenverpflegung oder Ähnliches verantwortlich gewesen.«[55]

Um Ersatzkräfte in Kampfstimmung zu bringen, suchten Kommandeure bei ihnen Hass auf den Feind zu wecken. »Ich befehle meinen Truppenführern, vor dem Gefecht über die Gräueltaten der Deutschen zu sprechen«, erklärte ein Bataillonskommandeur der 95. Division, die an der Überwindung der Befestigungsanlagen von Metz beteiligt war. »Jetzt, da wir im Gefecht stehen, können wir auf eine Menge praktischer Erfahrungen zurückgreifen. Es braucht nicht viel, um die Männer dazu zu bringen, den Boches Arme und Beine auszureißen. Wir vermeiden es, zu dick aufzutragen, und weisen nur darauf hin, dass der Deutsche eine Art wildes Tier ist, das kein Erbarmen kennt und vernichtet werden muss.«[56]

5. Kapitel

Der Hürtgenwald

Hemingways Freund und Held, Oberst Buck Lanham von der 4. US-Division, fand sich bald in einer Welt fern vom Komfort des Ritz wieder. Ende Oktober gab General Eisenhower seine Befehle für den Herbstfeldzug aus. Während die kanadische 1. Armee letzte Aktionen zur Sicherung der Scheldemündung und zur Öffnung des Hafens von Antwerpen ausführte, sollten die anderen sechs ihm unterstehenden Armeen der Alliierten zum Rhein vorrücken. Ihre nächsten Ziele waren die Industrieregionen an Ruhr und Saar.

Als die 1. US-Armee den Westwall um Aachen durchbrochen hatte, stand sie nur noch 30 Kilometer vom Rhein entfernt – auf der Karte eine verlockend kurze Distanz. Rund 15 Kilometer weiter östlich floss die Rur, die zuerst überquert werden musste. Der linke Flügel der 1. Armee bereitete sich gemeinsam mit der 9. Armee im Norden auf den Übergang vor, sobald Collins' VII. Korps und Gerows V. Korps den Hürtgenwald und die anschließenden Frontabschnitte gesichert hatten.

Generalleutnant Courtney H. Hodges wählte den altehrwürdigen Kurort Spa zu seinem Stabsquartier. Dort hatten sich gegen Ende des Ersten Weltkriegs Generalfeldmarschall Paul von Hindenburg und Kaiser Wilhelm II. eingerichtet. Im November 1918 hatte die Führung des Zweiten Reiches in Spa den plötzlichen Zusammenbruch ihrer Macht als das Resultat von Revolten in Deutschland erlebt: den »Dolchstoß«, den Hitler jetzt, 26 Jahre später, mit allen Mitteln zu verhindern suchte. Hodges übernahm das Grand Hotel Britannique, während sein Stab die Klapptische und Kartenständer unter den Kronleuchtern des Casinos aufstellte. Die Parks des Städtchens standen voller Jeeps und anderer Militärfahrzeuge, die die Rasenflächen in eine Schlammwüste verwandelt hatten. Der Kriegshistoriker Forrest Pogue notierte, dass kaum 30 Kilometer von der Front entfernt niemand daran dachte, eine Waffe oder eine Felduniform zu tragen.

Das Stabsquartier der 1. Armee war kein fröhlicher Ort. Verbitterung und Frust über das langsame Vorankommen in diesem umkämpften Herbst waren mit Händen zu greifen. Hodges, ein Mann mit kurz getrimmtem Schnurrbart, trat stets sehr offiziell auf, hielt sich kerzengerade und lächelte selten. Er sprach in dem schleppenden Tonfall der Südstaatler, scheute rasche Entschlüsse und hatte wenige Ideen in Bezug auf die Truppenführung. Sein Credo war es, direkt auf den Feind loszugehen. Eher ein hochrangiger Geschäftsmann als ein Militär, kam er der Front kaum näher, als es für den Befehlshaber einer Division nötig war. Sein Entschluss, geradewegs durch den Hürtgenwald anzugreifen, um den Rhein zu erreichen, geriet zum grausigsten Teil des ganzen Feldzuges in Nordwesteuropa.

Der im Südosten von Aachen gelegene Hürtgenwald war eine mit dichtem Kiefernbestand, Eichen und Buchen bedeckte Mittelgebirgsgegend mit ein paar Viehweiden an den Rändern. Bevor der Lärm des Krieges seine unheimliche Stille störte, waren dort nur das Rauschen des Windes in den Bäumen und die Schreie der über ihnen kreisenden Bussarde zu hören. Der Hürtgenwald, den tiefe Schluchten diagonal durchziehen, weist allzu viele schwindelerregende Hänge auf – viel zu steil für Panzer und zermürbend für schwer beladene Infanteristen, die zwischen Schlamm, Steinen und Wurzeln dahinstolperten und ausglitten. Der Kiefernwald war so dicht und finster, dass er wie ein unheimlicher Märchenwald wirkte, dem nur noch die Hexen und Riesen fehlten. Hier spürten die Männer, dass sie Eindringlinge waren, und redeten nur noch im Flüsterton miteinander, als könnte der Wald sie belauschen.

Fahrwege und Feuerschneisen boten in dem Gebiet von knapp 150 Quadratkilometern nur wenig Orientierung. Man stieß auch kaum auf Zeichen menschlicher Besiedlung, wenn man von der Handvoll Dörfer absah, die aus ein paar Häuschen von Holzfällern und Bauern mit Fundamenten aus dem graubraunen Stein der Gegend und Wänden in Fachwerkbauweise bestanden, daneben jeweils ein überdachter Stapel ordentlich aufgeschichtetes Brennholz.

Nach den ersten Vorstößen der 3. Panzer- und der 1. Infanteriedivision in den Wald in der zweiten Septemberwoche hätten Hodges und sein Stab eigentlich wissen müssen, was sie ihren Soldaten hier zumuteten. Die darauf folgenden Erlebnisse der 9. Infanteriedivision in der zweiten Hälfte des Septembers und im Oktober hätten eine weitere Warnung sein können. Zunächst kamen die US-Truppen in Richtung Südosten bis zur wichtigsten Ortschaft Schmidt gut voran. Diesen Überraschungserfolg erklärte der Kommandeur der deutschen Division, die ihnen gegenüberlag, mit den Worten: »Niemand erwartete, dass die Amerikaner versuchen könnten, durch dieses ausgedehnte Waldgebiet, das schwer zu überblicken war und nur wenige Straßen aufwies, den Weg zur Rur zu finden.«[1] Als die deutsche Infanterie Unterstützung von ihrer Korpsartillerie erhielt, gerieten die Kämpfe in der bewaldeten Gegend zu einer schrecklichen Zermürbungsschlacht.

Die Deutschen führten Scharfschützen heran, die von Hochsitzen in den Bäumen aus agierten. Weiter unten war die Sicht zu schlecht. Zuvor waren sie in einer Scharfschützenausbildungskompanie in Munsterlager gewesen, wo man sie täglich eine halbe Stunde lang mit Hasspropaganda bearbeitet hatte. »Diese bestand im Wesentlichen aus heftigem Gebrüll der ausbildenden Unteroffiziere, das gewöhnlich folgende Form annahm:

Unteroffizier: ›Jeder Schuss muss einen jüdischen Bolschewiken töten!‹
Alle: ›Jeder Schuss!‹
Unteroffizier: ›Tötet die britischen Schweine!‹
Alle: ›Jeder Schuss muss töten!‹«[2]

Die 9. US-Infanteriedivision griff an dem Frontabschnitt an, der von der deutschen 275. Infanteriedivision unter Generalleutnant Hans Schmidt gehalten wurde. Die Befehlsstände seiner Regimenter waren Blockhütten im Wald. Die Division zählte nur 6500 Mann und hatte sechs selbstfahrende Sturmgeschütze zur Verfügung. Einige der Soldaten hatten eine Vorstellung von Kämpfen im Wald, andere wie die vom Luftwaffenfestbataillon XX waren ohne jede Infanterieerfahrung. Eine seiner Kompanien kam von der Dolmetscherschule der Luftwaffe, deren Angehörige nach Schmidts Auffassung »absolut frontuntauglich« waren.[3] Im Monat darauf »lief nahezu die gesamte Kompanie zum Feind über«.[4] Seine Soldaten waren mit Gewehren verschiedenster Typen bewaffnet, die man in früheren Kriegsphasen bei Truppen anderer Länder erbeutet hatte.

Die Kämpfe im Hürtgenwald, so räumte Schmidt ein, stellten »die höchsten Anforderungen an das physische und psychische Durchhaltevermögen [der Soldaten]«.[5] Sie überlebten auf deutscher Seite nur, weil die Amerikaner ihre gewaltige Übermacht bei Panzern und Flugzeugen nicht nutzen konnten und die Artilleriebeobachtung außerordentlich erschwert war. Auf deutscher Seite hingegen litten der Nachschub und die rückwärtigen Dienste schwer unter den Angriffen alliierter Jagdbomber. Da es kaum möglich war, warme Mahlzeiten nach vorn zu bringen, erhielten die deutschen Soldaten nur noch »in unregelmäßigen Abständen kalte Rationen«.[6] Tagelang mussten die Männer bei Temperaturen nahe dem Gefrierpunkt in durchnässten Uniformen in ihren Schützenlöchern ausharren.

Am 8. Oktober erhielt die Division Verstärkung durch das Arbeitsbataillon 1412, das aus alten Männern bestand. »Es war wie ein Tropfen auf den heißen Stein«, bemerkte Schmidt.[7] Im Grunde wurde das ganze Bataillon an einem einzigen Tag vernichtet. Auch ein Offiziersschülerbataillon der Luftwaffe wurde in Stücke gerissen. Als die Division am 9. Oktober bereits 550 Mann Verluste zu beklagen hatte, »die große Zahl der Kranken nicht mitgezählt«[8], wurde ein Polizeibataillon aus Düren östlich von Wittscheide ins Gefecht geworfen. Die Männer im Alter von 45 bis 60 Jahren trugen noch ihre grünen Polizeiuniformen und hatten seit dem Ersten Weltkrieg keine Ausbildung mehr erhalten. »Der Einsatz der alten Familienväter war schmerzlich«, bekannte Schmidt. Die Verluste waren so groß, dass Stabsoffiziere und ausbildende Unteroffiziere des Feldersatzbataillons, ihrer Reserve- und Ausbildungseinheit, an die Front geschickt werden mussten, um die Befehlsstände zu besetzen. Selbst Funker, die man dringend brauchte, wurden als Infanteristen nach vorn geschickt.[9]

Nur die schweren Regenfälle am 10. Oktober gaben der 275. Division Gelegenheit, die Frontlinie wiederaufzubauen. Schmidt war beeindruckt von der 9. US-Infanteriedivision. Er fragte sich, ob sie eine Spezialausbildung im Waldkampf erhalten habe. Als die Kommandeure von Korps und Armee am Nachmittag die Truppen aufsuchten, waren sie von ihrem Zustand so erschüttert, dass sie Verstärkung versprachen.

Die traf auch ein, aber nicht, um die Frontlinie zu stabilisieren, sondern um zum Gegenangriff vorzugehen. Sie bestand aus einem gut bewaffneten Ausbildungsregiment von 2000 Mann, die Hälfte Offiziersanwärter, unter dem Befehl von Oberst Helmuth Wegelein. In dieses wurden große Hoffnungen gesetzt. Der Angriff begann am 12. Oktober um 7.00 Uhr morgens mit starker Artillerieunterstützung. Aber zur Bestürzung der deutschen Offiziere blieb er im sehr wirksamen Feuer der Amerikaner stecken. Offenbar verwirrte das die Bataillonskommandeure des Elite-Ausbildungsregiments, und die ganze Attacke versank im Chaos. Auch ein zweiter Versuch am Nachmittag schlug fehl. Das Ausbildungsregiment Wegelein verlor binnen zwölf Stunden 500 Mann, der Befehlshaber selbst fiel am nächsten Tag. Am 14. Oktober mussten sich die Deutschen zurückziehen, um sich neu aufzustellen. Aber wie General Schmidt erleichtert vermutete, war auch die 9. US-Division total ausgelaugt.

Deren schmerzvoller und verlustreicher Vormarsch kam am 16. Oktober zum Stehen, nachdem sie inner- und außerhalb der Gefechte 4500 Mann verloren hatte – einen für jeden Meter Geländegewinn. Die amerikanischen

Der Hürtgenwald
November–Dezember 1944

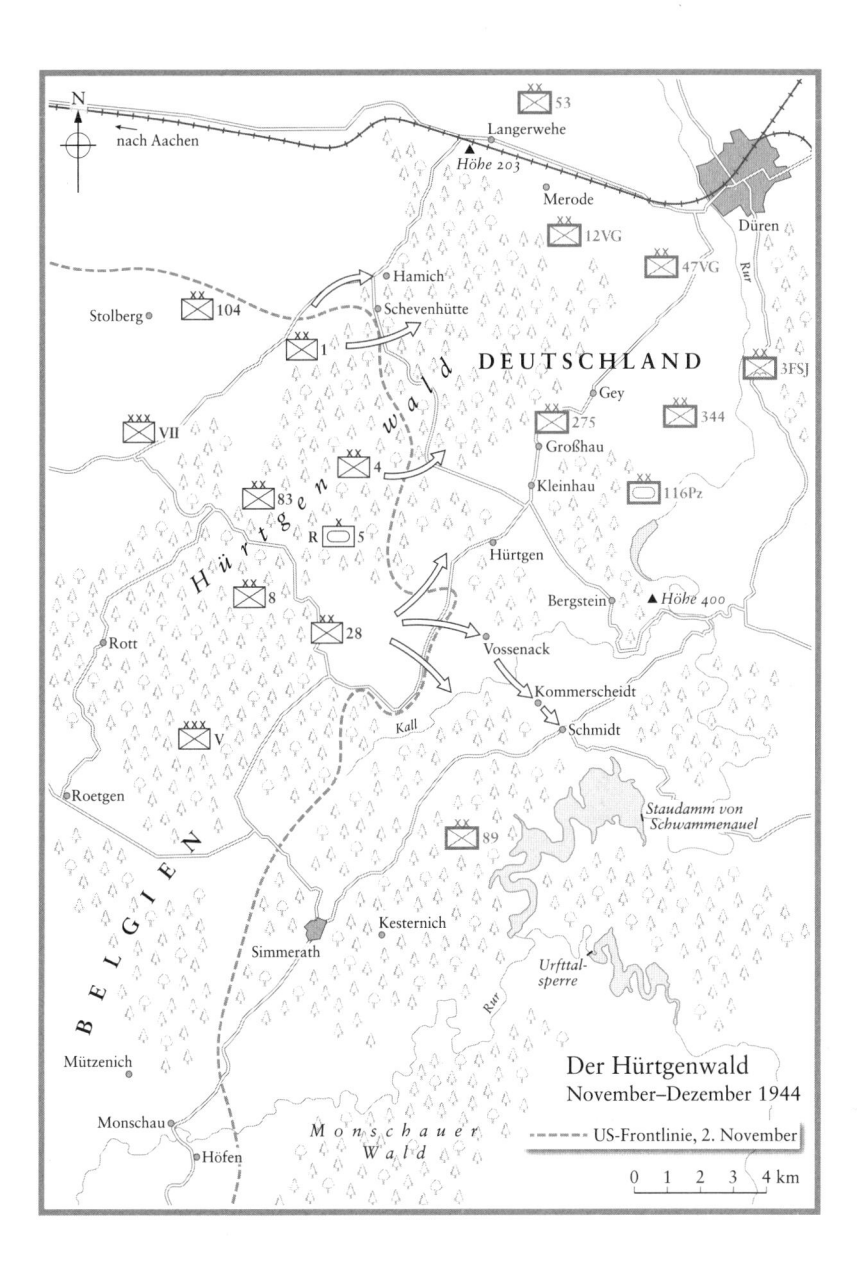

----- US-Frontlinie, 2. November

0 1 2 3 4 km

Militärärzte, die sowohl schwer verwundete GIs als auch deutsche Soldaten operierten, bemerkten einen erstaunlichen Unterschied. Die Chirurgen stellten fest, dass »der deutsche Soldat die Fähigkeit erkennen lässt, von schwersten Verletzungen wesentlich schneller zu genesen als der amerikanische«. Dieser Unterschied beruhte offenbar auf »der einfachen chirurgischen Tatsache, dass amerikanische Soldaten, die viel besser verpflegt werden als deutsche, in der Regel eine dicke Fettschicht aufweisen, die nicht nur eine Operation wesentlich schwieriger und langwieriger macht, sondern auch die Heilung verzögert. Der deutsche Soldat dagegen, der sich karger ernährt und daher schlanker ist, lässt sich besser operieren.«[10]

Zum Entsetzen der Divisionskommandeure zeigte sich der Stab der 1. US-Armee von den Verlusten bei der Offensive der 9. Division unbeeindruckt und berücksichtigte nach wie vor nicht die Bedingungen des Geländes. Erneut bestand Hodges darauf, über schwerstes Terrain und durch den dichtesten Wald anzugreifen, wo die Vorteile der Amerikaner hinsichtlich Panzer-, Luft- und Artillerieunterstützung überhaupt nicht zur Geltung gebracht werden konnten. Er dachte nicht daran, den Hauptort Schmidt über den Monschau-Korridor von Süden her anzugreifen, was eine kürzere und insgesamt leichtere Annäherung ermöglicht hätte. Das Problem war, dass weder seine Korpskommandeure noch die Stabsoffiziere es wagten, ihm zu widersprechen. Hodges stand in dem Ruf, auch hohe Offiziere zu entlassen.

In dem Plan der 1. Armee für den Hürtgenwald kamen die Staudämme von Schwammenauel und Urft südlich von Schmidt überhaupt nicht vor. Er enthielt lediglich die Aufgabe, die rechte Flanke zu sichern und zum Rhein vorzustoßen. Für Erklärungen, mit welchen Problemen die Truppen dabei kämpfen mussten, hatte Hodges kein Ohr. In seinen Augen waren derartige Berichte nur Ausreden dafür, dass es an Mut fehlte. In den tiefen Tälern und den dichten Kiefernwäldern, dazu die hohe Luftfeuchtigkeit, war die Funkverbindung schlecht. Stets wurde ein Ersatzfunker gebraucht, denn die Deutschen nahmen jeden ins Visier, den sie mit einem Funkgerät auf dem Rücken entdeckten. Auch jede Nachlässigkeit bei der Funksicherheit wurde sofort ausgenutzt. Als ein Bataillonskommandeur im Klartext über Funk mitteilte: »Ich bin in einer halben Stunde zurück«, kamen prompt zwei seiner Begleiter bei einem plötzlichen Mörserbeschuss seines gewohnten Weges zum Befehlsstand des Regiments ums Leben.[11]

Die Fahrwege und Feuerschneisen im Wald waren irreführend und entsprachen nicht den Karten, die unerfahrene Offiziere ohnehin nur schwer lesen konnten. »Im dichten Wald«, hieß es in einem Bericht, »kommt es nicht selten vor, dass eine Gruppe völlig die Orientierung verliert, wo die Front verläuft.«[12] Nur die Detonationen der eigenen Artillerie wiesen den Soldaten den Weg zurück. Manchmal baten sie die Artillerie per Funk, einen einzelnen Schuss auf einen bestimmten Punkt abzugeben, um die Orientierung wiederzufinden. Nachts verirrten sich Männer, die ihr Schützenloch verließen, bereits nach 100 Metern und mussten bis zum Morgengrauen warten, um festzustellen, wo sie sich befanden.

Das Schlimmste waren die Schreie jener, denen eine detonierende Tretmine einen Fuß abriss. »Ein Mann kickte einen blutverschmierten Schuh aus dem Weg«, schrieb ein Kompanieführer später. »Zu seinem Schrecken sah er, dass noch ein Fuß darin steckte.«[13] Die amerikanischen Soldaten fanden bald heraus, dass sich die Deutschen auf ihren Einfallsreichtum in diesem Bereich besonders viel einbildeten. Straßensperren waren mit Sprengfallen ausgestattet, sodass die gefällten Baumstämme, die den Weg blockierten, mit langen Seilen aus beträchtlicher Distanz beiseitegezogen werden mussten. Neuankömmlinge mussten als Erstes lernen, was »Schützen- (oder Schu-), Riegel-, Teller- und panzerbrechende Minen« waren. Besonders schwer zu entschärfen war die Riegelmine, die »mit Draht umwickelt war, damit sie bei jeder Berührung explodierte«.[14] Gern legten die Deutschen auch Minen in Granattrichter, wo unerfahrene Soldaten instinktiv Deckung suchten, wenn sie unter Beschuss gerieten. Da den Deutschen bekannt war, dass amerikanischen Soldaten bei der Taktikausbildung beigebracht wurde, bei der Annäherung an einen Hügel oder Berg vorhandene Gräben und Rinnen zu nutzen, verminten sie diese regelmäßig und bestrichen sie mit Maschinengewehrfeuer.

Das Minenlegen betrieben beide Seiten als tödliches Spiel. »Wenn Minen entdeckt werden«, hieß es in einem Bericht, »dann legt die Einheit eigene Minen um die des Gegners herum, um Suchtrupps eine Falle zu stellen. Die Deutschen ihrerseits neigen dazu, unsere Minen mit Sprengfallen zu versehen, und immer so weiter.«[15] Ein Angehöriger des 297. Kampfpionierbataillons bemerkte eine deutsche Mine, die ein wenig aus dem Boden herausragte. Zu seinem Glück schöpfte er Verdacht und ging nicht direkt auf sie zu. Der Minendetektor brachte ans Licht, dass die Deutschen einen ganzen Ring von Minen rundherum gelegt hatten und er ein Bein verloren hätte.[16] »Die Deutschen vergraben auf den Wegen dieser Gegend mit ihrem tiefen Morast immer drei Minen übereinander«, berichtete Oberst Buck

Lanhams Regiment, kurz nachdem es den Hürtgenwald erreicht hatte.[17] Wenn die Pioniere eine entdeckt und beseitigt hatten, sahen sie die darunterliegenden zunächst nicht. Als ihnen dies klar wurde, brachten sie alle Minen mit Dynamit zur Detonation und schoben dann das Loch mit einem Bulldozer zu.

Eine weitere Gefahr waren zwischen den Kiefern gespannte Stolperdrähte. Offiziere klagten, dass die Soldaten bei Patrouillengängen ständig nur auf den Boden starrten, um Drähte und Minen zu entdecken, und kaum einen Blick für ihre Umgebung hatten. Auch die Amerikaner statteten ihre vorgeschobenen Stellungen mit an Stolperdrähten befestigten Leuchtraketen aus. Die Drähte spannten sie in alle Richtungen zwischen den Bäumen. Eine Ladung von einem halben Pfund TNT wurde an eine 60-mm-Mörser-Leuchtrakete mit einem Zünder geklebt. Sie stellten bald fest, dass diese improvisierten Konstruktionen mindestens 50 Meter vor den eigenen Maschinengewehrstellungen angebracht werden mussten, die die Zugänge schützten, weil sonst die Soldaten von dem gleißenden Licht geblendet werden konnten. Aber im Hürtgenwald war nichts einfach. Dazu ein anderer Offizier: »Die wirksamste Schussweite in Wäldern und Forsten liegt selten höher als 50 Meter.«[18]

Beide Seiten litten schwer unter dem eiskalten Herbstregen. Auch wenn es nicht schüttete, tropfte es unablässig von den Bäumen. Rostige Munition führte zu Ladehemmungen. Uniformen und Schuhe moderten vor sich hin. Fußbrand machte die Soldaten rasch kampfunfähig und konnte gar zur Amputation führen. Die amerikanischen Offiziere brauchten einige Zeit, um den Ernst des Problems zu erkennen. Regimenter, die auf diese Weise viele Männer verloren, waren bemüht, mit jeder Essensration ein paar trockene Socken auszugeben. Die Soldaten erhielten Anweisung, stets ein Paar trockene Ersatzsocken im Helm bei sich zu tragen, sich gegenseitig die Füße zu massieren und mit hochgelegten Beinen zu schlafen, um die Durchblutung anzuregen.

Die ständige Unterkühlung, der die Soldaten beim tagelangen Aufenthalt mit völlig durchnässter Kleidung in Schützenlöchern voller Wasser ausgesetzt waren, führte den Bataillonsoffizieren die Notwendigkeit vor Augen, dass jene sich wenigstens einmal am Tag aufwärmen mussten. Nun wurden hinter den Linien beheizte Rundzelte aufgebaut, in denen es heißen Kaffee und warmes Essen gab. In weiteren derartigen Zelten wurden Uniformen getrocknet. Aber nur allzu oft wurden die Soldaten in den vordersten Linien durch die ständigen Attacken und aggressiven Patrouillenaktivitäten der Deutschen daran gehindert, ihre Stellungen zu verlassen. Die Fälle von Fußbrand nahmen sprunghaft zu, da es vor dem Frieren im strömenden Regen bei kalter Verpflegung einfach kein Entrinnen gab. Manche benutzten zum Heizen und Kochen Dosen der eisernen Ration, die sie mit benzingetränkter Erde füllten und in ein selbst ausgegrabenes 30 Zentimeter tiefes Loch im Boden legten. Darauf stellten sie dann das Essen und die Getränke der größeren Dose der Ration Nr. 10, in deren Deckel sie Löcher gebohrt hatten.

Unter diesen Umständen brauchte es eine hoch belastbare mentale und physische Konstitution, vor allem, als es im November in den höheren Lagen zu schneien begann. »Männer über dreißig sind zu alt, um diese Gefechtsbedingungen durchzustehen«, bemerkte ein Offizier des VII. Korps, »Männer unter zwanzig dagegen geistig und körperlich nicht reif genug.«[19] Leider war der größte Teil der Nachrücker entweder unter zwanzig oder über dreißig Jahre alt.

Auch der Schutz der Doppelschützenlöcher von oben barg Gefahren. Die deutsche Artillerie schoss absichtlich so, dass die Granaten in den Kronen der hohen Kiefern explodierten, sodass ein dichter Hagel an Holz- und Metallsplittern nach unten prasselte. Die Schützenlöcher mussten also teilweise mit Baumstämmen und einer dicken Schicht Erde abgedeckt und mit Moos oder Zweigen getarnt werden. Aber die Stämme mit Axtschlägen zu bearbeiten war riskant. Die waren im Wald weit zu hören, und die Deutschen, die nun wussten, dass die Männer die Deckung verlassen hatten, reagierten augenblicklich mit Trommelfeuer ihrer Mörser. Man konnte also nur mit Handsägen arbeiten.

Wie bereits in der Normandie und an der Ostfront praktiziert, hatten auch hier die Deutschen die vordersten Linien nur mit leichter, automatischer Bewaffnung ausgestattet. Ihre besten Einheiten hingegen setzten sie für Konterattacken mit Panzerunterstützung ein. Und wenn die Amerikaner angriffen, scheuten sich die Deutschen nicht, die eigenen Stellungen mit Artilleriefeuer zu bestreichen. Den Amerikanern wurde bald klar, dass sie das Gleiche tun konnten, denn da die Granaten von hinten kamen, traf der nach vorn gerichtete Hagel von Holz- und Granatsplittern in erster Linie die Angreifer und nicht die eigenen Männer, die noch in ihren Schützenlöchern saßen. »Dafür brauchte man Mumm, aber es funktionierte«, bemerkte ein Oberst.[20]

Am 1. November erschien Hodges in Begleitung von Gerow, dem Kommandeur des V. Korps, beim Stab der 28. Division in Rott. »Dutch« Cota, der so stolz den Paradenmarsch seiner Männer durch Paris abgenommen hatte, teilte er mit, er habe am nächsten Morgen als Erster anzugreifen, bevor das VII. Korps zu seiner Linken in Aktion trete. Der Plan, so versicherte Hodges, sei »exzellent«.[21] Tatsächlich war der Plan so untauglich, wie es schlimmer kaum sein konnte. Nicht nur sollte die 28. Division über die steilsten Bergketten hinweg und durch die engsten Täler hindurch angreifen, sondern Hodges befahl Cota auch noch, seine Division aufzuspalten und in mehreren Richtungen vorgehen zu lassen, wodurch die Angreifer eine wesentlich schwächere Streitmacht darstellten als die Verteidiger. Die zentrale Ortschaft Schmidt sollte von nicht einmal einem ganzen Regiment angegriffen werden. Taktvoll versuchte Cota auf diese Schwächen hinzuweisen, aber seine Einwände wurden ignoriert.

Sturheit und die Unfähigkeit zuzuhören waren an der Spitze des Dritten Reiches eher noch stärker ausgeprägt. Am nächsten Morgen stattete General Kreipe, den man als Stabschef der Luftwaffe zum Rücktritt gezwungen hatte, Reichsmarschall Göring in dessen Sonderzug in der »Wolfsschanze« seinen Abschiedsbesuch ab. Dabei kam das Gespräch auch auf den Ausgang dieses Krieges. »Gewiss, es kommt zum Nibelungenkampf«, erklärte der Reichsmarschall, »aber wir werden an der Weichsel, an der Oder und an der Weser widerstehen.« Kreipe bezweifelte, dass man von der Zivilbevölkerung erwarten könne, sich auf einen so selbstmörderischen Krieg einzulassen. Er flehte Göring an, »beim Führer durchzusetzen, dass die Politik nun wieder zum Handeln käme. Göring schwieg lang«, schrieb er in sein Tagebuch, »dann sagte er, das könne er nicht, damit würde er dem Führer den Glauben an sich selbst nehmen.«[22]

Am 2. November um 9.00 Uhr morgens – exakt zu der Zeit, als Kreipe Göring aufsuchte – rückte die 28. US-Infanteriedivision aus einem kleinen Frontbogen heraus in östlicher Richtung durch den in Nebel gehüllten Wald vor. Das 110. Infanterieregiment zur Rechten erlitt schwere Verluste durch Maschinengewehre in Bunkern des Westwalls, die man zuvor nicht ausgeschaltet hatte. Ein ähnliches Unglück ereilte die 109. Infanteriedivision zur Linken, die unter heftigem Beschuss geradewegs in ein unmarkiertes Minenfeld lief. Die deutsche 275. Infanteriedivision, die diesen Frontabschnitt verteidigte, hatte inzwischen viel Erfahrung im Waldkampf erworben, war aber so stark dezimiert, dass ihr Kommandeur, Generalleutnant Schmidt, dringend ihre Ablösung forderte. Einige Soldaten, die sich den Amerikanern ergaben, behaupteten, die Minen vor ihnen und in ihrem Rücken seien gelegt worden, um sie am Überlaufen zu hindern. Mehrere Kameraden, die das versucht hätten, seien bereits erschossen worden.

Im zentralen Frontabschnitt stürmte das 112. US-Infanterieregiment über den Sattel einer Bergkette 200 Meter oberhalb der Schlucht des Flusses Kall gegen das Dorf Vossenack im Tal vor. Die meisten Häuser wurden durch konzentriertes Artilleriefeuer mit weißen Phosphorgranaten in Brand geschossen. Sherman-Panzer feuerten auf den Kirchturm in der Annahme, dort müssten ein deutscher Artilleriebeobachter oder zumindest Scharfschützen postiert sein. Da der Kommandeur nach der Einnahme des Dorfes eine Konterattacke erwartete, befahl er seinen Männern, sich einzugraben und ihre Gewehre bereitzuhalten. Zu seiner Überraschung kommentierte dazu »ein riesiger, älterer Bursche vom Lande: ›Das letzte Mal, als ich mit diesem Ding geschossen habe, hat es mich 18 Mäuse Strafe gekostet. Da hatte ich mich mit Calvados besoffen.‹«[23]

Am 3. November im Morgengrauen begann das 112. Infanterieregiment vorzurücken, zuerst den sehr steilen Abhang zum Fluss Kall hinab und dann den ebenso steilen Aufstieg auf der südöstlichen Seite des Tales zum Dorf Kommerscheidt hinauf. Ein Bataillon, das besondere Ausdauer bewies, eilte bis zur Ortschaft Schmidt voraus, die es zur Überraschung der völlig unvorbereiteten deutschen Truppen besetzte. Feldwebel John M. Kozlosky hielt einen Pferdewagen mit Munition an. »Als der Kutscher hörte, dass Kozlosky Polnisch sprach, sprang er vom Wagen und küsste Kozlosky auf beide Wangen.«[24] Er war einer der vielen Polen, die man zur Wehrmacht gepresst hatte. Unterhalb von Schmidt lag der große, gewundene Stausee von Schwammenauel samt Staudamm zweieinhalb Kilometer von der Position des 112. Regiments entfernt. Cota genoss die Glückwünsche, die er zu diesem Triumph erhielt, wenn er es auch noch gar nicht recht glauben konnte.

Erst wenige Tage zuvor war Stabsoffizieren der 1. Armee plötzlich bewusst geworden, dass die Deutschen die Staudämme öffnen konnten, wenn amerikanische Truppen flussabwärts die Rur zu überqueren versuchten. Dann würde die Flutwelle die Pontonbrücken fortreißen, und die Soldaten in den Brückenköpfen am Ostufer wären abgeschnitten. Hodges hatte das gerade erst erfahren, da traf die Nachricht von der Eroberung der Ortschaft Schmidt ein. Aber es war bereits zu spät, etwas zu unternehmen. Schlimmer noch, Hodges hatte gerade Collins ermutigt, einen Angriff mit seinem VII. Korps zurückzuhalten, bis eine vierte Division zur Stelle sei, um seinen Vormarsch zu verstärken. Damit stand die 28. Division völlig ungeschützt da.

Cotas Division konnte für eine so hoffnungslose Aufgabe kaum schlechter gerüstet sein. Die schweren Verluste der letzten Zeit bedeuteten, dass die meisten ihrer Soldaten Neulinge waren. Daher kam es zu besonders vielen Fällen von Selbstverstümmelung und Fahnenflucht. Zur Abschreckung wurde der Soldat Eddie Slovik, der mehrmals versucht hatte zu desertieren, dazu auserwählt, als einziger Angehöriger der U.S. Army in Europa für ein solches Vergehen hingerichtet zu werden.

Die Deutschen waren überrascht worden, denn sie begriffen den Grund für die heftigen Attacken der Amerikaner im Hürtgenwald »nach dem wirksamen Widerstand der Deutschen« gegen die 9. Division im Monat zuvor nicht.[25] Aber wie es im Krieg manchmal so kommt, hielt Generalfeldmarschall Model, der Oberbefehlshaber der Heeresgruppe B, zur selben Zeit auf Schloss Schlenderhan bei Quadrath-Ichendorf westlich von Köln eine Kartenbesprechung ab. Dort erörterte er mit seinem Stab die Möglichkeit, dass die Amerikaner an dem Frontabschnitt zwischen der 5. Panzerarmee und der 7. Armee angreifen konnten. Als die Nachricht von der Besetzung der Ortschaft Schmidt eintraf, verlor Model keine Zeit. Er schickte Generalleutnant Straube, den Befehlshaber des LXXIV. Korps, in dessen Bereich dieser Frontabschnitt lag, sofort zu seinem Stab zurück. Dann ging er zusammen mit General Brandenberger von der 7. Armee und dem General der Panzertruppen Hasso von Manteuffel von der 5. Panzerarmee und weiteren anwesenden Offizieren daran, die beste Reaktion darauf auszuarbeiten.

Die 116. Panzerdivision erhielt Befehl, zusammen mit der 89. Infanteriedivision in Höchstgeschwindigkeit gegen die Nordflanke der Amerikaner vorzugehen. Die 116. Panzerdivision wurde jetzt von Generalmajor Siegfried von Waldenburg kommandiert. Man hatte ihn eingesetzt, nachdem sein Vorgänger, Generalleutnant Graf von Schwerin, mit dem Stopp der Evakuierung von Aachen einen regelrechten Sturm der Empörung ausgelöst hatte. Waldenburg verließ zusammen mit seinem Einsatzoffizier, Major Prinz zu Holstein, bald darauf die Lagebesprechung und fuhr zur Division zurück. Model, den das Führerhauptquartier angewiesen hatte, die 116. Panzerdivision nicht einzusetzen, sah sich gezwungen, diese Weisung zu ignorieren, »um die amerikanischen Truppen daran zu hindern, die Wälder zu verlassen und offenes Terrain zu gewinnen«.[26]

Die Männer des 3. Bataillons des 112. US-Infanterieregiments, das die

Ortschaft Schmidt hielt, waren an diesem Abend total erschöpft. Anstatt sich einzugraben, zogen sie sich zum Schlafen in die Häuser zurück. Die Offiziere konnten sich nicht vorstellen, dass die Deutschen sofort angreifen würden. Daher setzten sie weder Patrouillen in Marsch, noch stellten sie Wachposten auf. So war das Bataillon total überrascht, als nach einem unvermittelten Artilleriebeschuss im Morgengrauen deutsche Infanterie und Panzer auftauchten. Ohne Bazooka-Munition und schockiert durch den unerwarteten Angriff aus drei Richtungen, geriet der größte Teil des Bataillons in Panik. In der Verwirrung liefen etwa 200 Mann den Deutschen, die von Südosten her anrückten, direkt in die Arme. Ganze 67 waren später noch am Leben. Die Offiziere verloren die Kontrolle über ihre Männer. Der Rest des Bataillons ließ die Verwundeten im Stich und zog sich in größter Eile nach Kommerscheidt zurück, um sich dem 1. Bataillon anzuschließen.[27]

Cota auf seinem Befehlsstand in Rott, etwa 13 Kilometer westlich von Schmidt, hatte zunächst keine Ahnung davon, welche Katastrophe sich gerade für seine Division anbahnte. Am 8. November war er von einem Großaufgebot hoher Befehlshaber überrollt worden. Als General Hodges eintraf, fand er »General Eisenhower, General Bradley und General Gerow in einer Lagebesprechung mit General Cota vor. Man tauschte Nettigkeiten aus, bis die Offiziellen abfuhren«, berichtete Hodges' Adjutant. »Dann nahm General Hodges General Cota beiseite und führte mit ihm ein kurzes, hartes Gespräch über die ausbleibenden Fortschritte der 28. Division. ... Keine Frage, General Hodges ist über die Leistung der 28. Division in höchstem Maße enttäuscht.«[28] Hodges machte auch Korpskommandeur Gerow Vorwürfe, obwohl der angeblich so »exzellente« Plan, eine einzige Division allein in den Hürtgenwald zu schicken und auch noch aufzuteilen, vom Stab seiner eigenen 1. Armee stammte. Hodges zwang Cota, er möge dem 112. Infanterieregiment den Befehl erteilen, Schmidt zurückzuerobern, womit er nur seine totale Unkenntnis dessen bewies, was an der Front vorging.

Sherman-Panzer, die gegen die deutschen Panther und Panzer IV vorgeschickt wurden, konnten die steilen, gewundenen Wege, die Minen und den Schlamm nicht bewältigen. Tief hängende Wolken und Regen hinderten die Jagdbomber am Aufsteigen. Während dieser Zeit waren die beiden in Kommerscheidt abgeschnittenen amerikanischen Bataillone dem Trommelfeuer der Panzer und aller Artilleriebataillone ausgesetzt, die Model von benachbarten Korps zusammengezogen hatte. Am 7. November gab das 2. Bataillon in Vossenack auf und ergriff die Flucht. Cota schickte das 146. Pionierbataillon als Infanterie vor, das den westlichen Teil von Vossenack gegen deutsche Panzergrenadiere und Panzer halten konnte. Die Lage war so ernst, dass ein Teil der 4. Infanteriedivision zur Verstärkung der 28. Division anrücken musste.

In der Nacht zum 9. November belegte die amerikanische Artillerie die Gegend um Kommerscheidt mit schwerem Beschuss, um den Überlebenden der beiden Bataillone die Möglichkeit zu geben, sich durch die Kall-Schlucht zurückzuziehen. Die 28. Infanteriedivision wurde fast auf ihre Ausgangsposition zurückgeworfen, wobei sie innerhalb und außerhalb der Gefechte 5684 Mann verlor. Für Cota, der beim Vorbeimarsch seiner Division in Paris so stolz gewesen war, muss dies einer der bittersten Tage seines Lebens gewesen sein. Das 112. Infanterieregiment hatte allein Verluste von 2000 Mann zu beklagen und zählte jetzt kaum noch 300 Soldaten. Dazu bemerkte einer von Bradleys Stabsoffizieren: »Wenn die Stärke der Truppe eines Frontabschnitts unter ein bestimmtes Maß sinkt, dann wird es schlimm, und ihre Leistung fällt stark ab. Es sind einfach nicht mehr genügend erfahrene Männer da, die der Ablösung – der ›Verstärkung‹ – sagen können, was zu tun ist.«[29]

Die deutsche Propaganda verlor keine Zeit, den erfolgreichen Gegenangriff zu rühmen, ebenso die Rückeroberung von Goldap in Ostpreußen und das Scheitern des Versuchs der Roten Armee, Budapest einzunehmen. »Die eingekesselte amerikanische Task Force wurde vernichtet. Die Dörfer Vossenack und Kommerscheidt wurden von kleinen Gruppen gesäubert, die sich verzweifelt verteidigten, schließlich aber den sinnlosen Widerstand aufgaben.«[30]

General Hodges lehnte es ab, einen anderen Plan ins Auge zu fassen. Obwohl er die Bedeutung der Staudämme nun kannte, hatte er nicht die Absicht, nach Süden einzuschwenken. Er befahl die 1., 8. und 104. Infanteriedivision, dazu die 5. Panzerdivision und was von der 4. Division noch übrig war, in den Hürtgenwald. Sie sollten die rechte Flanke der gemeinsamen Offensive von 9. und 1. Armee bilden. Am 12. November startete die britische 2. Armee ihre Offensive aus dem Frontbogen von Nijmegen heraus in Richtung Osten. Trotz Regen, Morast und Minen vertrieben sie die Deutschen vom Westufer der Maas bis nach Venlo und Roermond nahe der deutschen Grenze. Am selben Tag verließ die 1. Division ihren Ruheraum westlich von Aachen und fuhr mit ihren Lkw zum nördlichen Teil des Waldgebietes.

Die dritte Offensive in den Hürtgenwald begann nach mehrmaligem Aufschub am 16. November. Inzwischen war in den höheren Lagen der Schneeregen in Schneefall übergegangen. Die 1. Division im Norden sollte vom Stolberg-Korridor in Richtung der Stadt Düren vorrücken, die wie auch Eschweiler und Jülich von den 9700 Tonnen Bomben, die die Flugzeuge der Alliierten dort abgeworfen hatten, fast vollständig dem Erdboden gleichgemacht worden war. Düren wurde außerdem allnächtlich von amerikanischer Artillerie beschossen.

Sobald die Spitzen der 1. Division in die Kiefernwälder eindrangen, gerieten sie samt ihrer Panzerunterstützung unter schweren Beschuss von Artillerie und Kleinfeuerwaffen der 12. Volksgrenadierdivision. »Ein Strom von verwundeten Soldaten ergoss sich aus den Wäldern«, schrieb der frisch eingetroffene Maschinengewehrschütze Arthur Couch. »Ich sah, wie ein Mann mit seinen Armen den Bauch umschlang, damit seine Gedärme nicht aus einer großen Wunde quollen. Ein Frontsanitäter eilte herbei, half ihm zu Boden, legte einen riesigen Verband um seinen Bauch und spritzte ihm Morphium. Ein alter Feldwebel riet mir, mich hinter großen Steinen zu Boden zu werfen und dann im Trichter der letzten deutschen Artilleriegranate Deckung zu suchen. Das sei am sichersten, meinte er, da die deutschen Artilleristen die Kurbel an ihrem Geschütz nach jeder Salve etwas weiterdrehten und die Schussrichtung veränderten. Ich rannte los und warf mich in den letzten Granattrichter. Das nächste Geschoss landete 30 Meter weiter. Dieser Rat rettete mir das Leben.«[31]

Wieder versuchten die Deutschen, wie ein Offizier der 1. Infanteriedivision beobachtete, die amerikanischen Angreifer mit dem Feuer von Kleinwaffen niederzuhalten und »uns dann mit Artillerie und Mörsern die Seele aus dem Leib zu schießen«.[32] Die Neulinge hatte man angewiesen, sich hinter dicke Bäume zu stellen, die ein wenig Schutz vor Holzsplittern boten. Auf jeden Fall sollte man sich nicht flach auf den Boden legen, weil man dann eher von dem Hagel aus Stahl- und Holzsplittern getroffen werden konnte. Auf der amerikanischen Seite versuchte man mit schweren 100-mm-Mörsern Unterstützung zu geben, aber die Artilleristen sahen bald, dass ihre Granaten wegen der Wirkung des kalten, nassen Wetters auf die Treibsätze weit verstreut niedergingen. Und wenn der Untergrund aufgeweicht war, dann versank die Grundplatte des Geschützes mit jedem Schuss immer tiefer im Morast.[33]

»Die deutsche Artillerie«, schrieb Couch, »hatte sich auf die Forstwege eingeschossen, und ihre Granaten explodierten, wenn sie einen Baumwipfel trafen, sodass die Granatsplitter von oben auf uns niedergingen. Dadurch gab es viele Schwerverwundete und Tote. Ich habe zahlreiche von ihnen gesehen. ... Anfangs bin ich niedergekniet und habe versucht, sie anzusprechen, aber das wurde mir bald unerträglich. Ich denke, der Anblick dieser Wunden schwächte meinen eigenen Schutzpanzer.« Seine größte Bewunderung galt den Sanitätern, die den Verwundeten zu Hilfe eilten – »selbst bei schwerem Artillerie- oder Maschinengewehrfeuer, während wir in Deckung blieben«.[34]

Im Wald verloren die deutschen Soldaten ihre Furcht vor Panzern. Diesen konnten sie mit der Panzerfaust entgegentreten. Auf etwas größere Entfernung nutzten sie den Panzerschreck, auch »Ofenrohr« genannt, eine etwas größere Version der amerikanischen Bazooka. Im Wald setzten die Landser die Panzerfaust auch als Artillerie für das Schießen aus kurzer Entfernung ein. Es sei nicht verwunderlich, bemerkte der Stabschef der deutschen 7. Armee, dass es den Deutschen »leichter fiel, sich im Wald zu verteidigen, als auf freiem Feld«, weil die amerikanischen Panzer dort auf solche Schwierigkeiten stießen.[35] Zwar räumten Pioniere die Minen von den engen, schlammigen Wegen, aber die eine oder andere wurde doch übersehen und setzte den ersten Panzer außer Gefecht, der dann den Weg blockierte.

Das 1. US-Infanterieregiment stieß auf massive Gegenwehr und schweren Artilleriebeschuss. »Kurz vor Tagesanbruch«, fuhr Couch fort, »setzte heftiges Feuer ein, das vor allem auf die Baumwipfel über uns zielte. Da es noch dunkel und in der Tat gefährlich war, wurde den neuen Soldaten angst und bange. In Panik begannen sie hin und her zu laufen. Ich versuchte einen oder zwei festzuhalten und rief ihnen zu, in den Schützenlöchern zu bleiben, wenn sie nicht sterben wollten. ... Es war das erste Mal, dass ich eine solche Panik im Gefecht erlebte. Jetzt verstand ich besser, weshalb manche Männer an Traumata oder Kriegsneurosen litten. ... Später wurden solche Fälle zur Behandlung nach hinten geschickt. Es ist zu gefährlich für die Übrigen, solche Störungen in den eigenen Reihen zu haben, wenn sie vorwärtsgehen sollen.«[36]

Die 4. Division mit Oberst Buck Lanhams 22. Infanterieregiment im Zentrum ging längs des großen Höhenzuges nach Osten in Richtung Schmidt vor. Sie sollte zunächst Großhau nahe der höchsten Erhebung angreifen, während die 8. Division zu ihrer Rechten die Dörfer Hürtgen und danach Kleinhau zu attackieren hatte. Aber die Verluste, die jeder Meter Geländegewinn forderte, waren erschreckend. Die amerikanischen Kommandeure wussten nicht, dass die Deutschen sich so hartnäckig verteidigten, weil sie einen Durchbruch der Amerikaner nördlich der Ausgangslinie für die geplante Ardennen-Offensive verhindern wollten.

Auch das winzigste Dorf, oft nicht größer als ein Weiler, besaß eine eigene Kirche mit festen Mauern aus dem grauen und braunen Stein der Region. Die 275. deutsche Infanteriedivision unter Generalleutnant Hans Schmidt hatte eine Anzahl Soldaten zu einem Intensivlehrgang für Scharfschützen abkommandiert.[37] Die amerikanischen Offiziere mussten ihre Feldstecher unter dem Hemd tragen, um nicht als Ziel ausgemacht zu werden. Aber wie Oberst Luckett von der 4. US-Division feststellte, konnte man selten mehr als 75 Meter weit sehen, was Scharfschützen am Boden die Sache sehr erschwerte.[38] Die Deutschen hatten südwestlich von Mariaweiler auch eine Flakbatterie mit 88-mm-Kanonen in Stellung gebracht. Sie feuerten auf Bomber der Alliierten, die deutsche Städte anflogen. Ein vorgeschobener Beobachtungsposten teilte ihnen mit, wann sie auf Panzerbekämpfung umzuschalten hatten.

Schmidts Offiziere konnten sich bei der Aufklärung auf die örtlichen Förster stützen, was ihnen einen großen Vorteil verschaffte. Diesen fiel auf, dass die Amerikaner nur dann Aufklärung betrieben, wenn sie einen Angriff an einem bestimmten Frontabschnitt vorbereiteten. Damit enthüllten sie unwissentlich das Ziel für den nächsten Tag. Die deutschen Offiziere und Unteroffiziere waren sehr erfahren in der Ausnutzung von Fehlern der Amerikaner. Junge amerikanische Kommandeure ließen sich oft dazu verleiten, sich über Nacht von bereits erobertem Gelände zurückzuziehen. Die Deutschen rückten sofort nach und waren am nächsten Tag kaum noch von dort zu vertreiben. Die GIs drängten sich nicht nur bei Angriffen dichter zusammen. Auch wenn ein Gefangener gemacht wurde, »sammeln sich sofort 12 bis 20 Mann um ihn, was große Verluste mit sich bringen kann«.[39]

Die Deutschen hatten ihre Panzer gut eingegraben und sorgfältig getarnt. Sie nutzten sie zumeist als psychologische Waffe. »Tagsüber«, berichtete ein amerikanischer Offizier, »verhalten sie sich relativ ruhig. Aber in der Morgen- und Abenddämmerung, zuweilen auch nachts, werden sie aktiv. Sie fahren hin und her und schießen, was ausreicht, um unsere Soldaten fast in den Wahnsinn zu treiben.«[40] Daher waren die amerikanischen Offiziere bestrebt, die Panzerjäger in vorgeschobenen Stellungen zu belassen, um ihren Männern ein Gefühl der Sicherheit zu geben. Die Infanterie neigte zu Panik und Rückzug, sobald die unterstützenden Panzer abfuhren, um betankt und aufmunitioniert zu werden. Wann immer möglich, musste also ein Reservezug Panzer bereitstehen, der ihren Platz einnehmen konnte. Das war nicht leicht, denn gepanzerte Fahrzeuge galten in den dunklen Wäldern als sehr verletzlich. Jeder Zug leichter Panzer benötigte als Begleitung eine Gruppe Infanterie und eine Gruppe Pioniere zum Minenräumen. Panzerbesatzungen schienen sich im Wald noch mehr zu ängstigen als Infanteristen. »Einmal sind wir vier Tage lang nicht aus den Panzern herausgekommen«, berichtete ein Soldat. »Schwere Artillerie, 88er, Mörser, und ständig flogen ›kreischende Mimis‹ um uns herum.* Wer sich zum Pinkeln aus dem Panzer wagte, war schon verloren. Wir machten in unsere verdammten Helme und leerten sie dann aus dem Turm heraus.«[41]

Als Oberst Lanhams 22. Infanterieregiment sich einen Weg durch den dichten Wald zum Weiler Kleinhau hinauf bahnen musste, stellte es fest, dass die Deutschen die unteren Äste der Bäume auf der dem Feind zugewandten Seite abgeschlagen hatten, um für ihre Maschinengewehre MG 42 ein besseres Schussfeld zu bekommen. Mit einer unerwarteten Salve wurden ihre Vorposten in die Flucht geschlagen, aber bald darauf versperrte den Amerikanern ein »mit Stacheldrahtverhauen und Sprengfallen gespickter Streifen von 25 Metern Tiefe« den Weg. Als der vorderste Zug das Hindernis untersuchen wollte, geriet er unerwartet in einen Hagel von Mörsergranaten. Damit begann sein Golgatha. Alle drei Bataillonskommandeure von Lanhams Regiment fielen.[42] Bei einem der entsetzlichsten Zwischenfälle nahmen drei deutsche Soldaten einem schwer verwundeten Amerikaner alle seine Habseligkeiten fort und legten ihn auf eine Sprengladung, die detonieren musste, wenn man ihn zu bergen versuchte. Erst nach 72 Stunden wurde er gefunden, hatte aber immer noch die Kraft, seine Retter zu warnen.

Die 4. Infanteriedivision stellte sich nach und nach auf die Gefechte im Wald ein. Jede Kompanie wurde in zwei Angriffsgruppen und zwei Unterstützungsgruppen aufgeteilt. Die Männer der Angriffsgruppen trugen nur ihre persönlichen Waffen und Handgranaten. Die Unterstützungsgruppen folgten in Sichtweite mit Mörsern und Maschinengewehren. Die Aufklärer und die vorderste Angriffsgruppe mussten exakt nach dem Kompass vorgehen, denn in diesen Wäldern verlor man sehr leicht die Orientierung. Beim Vorrücken rollte die Unterstützungsgruppe Telefonkabel aus, die

---

* So nannten GIs die Geschosse der deutschen »Nebelwerfer«-Mörser wegen ihres durchdringenden Fluggeräuschs – d. Ü.

auch Läufer, Munitionsträger und Sanitäter mit ihren Tragen wie Hänsel und Gretel im Märchen als Orientierungshilfe nutzten.

Die amerikanischen Divisionen, die sich im Wald bewegten, fanden bald heraus, dass Pfade, Feuerschneisen und Forstwege nicht als Grenzen zwischen den Einheiten, sondern als mittlere Orientierungslinien zu nutzen waren. Die Truppen durften sie nicht betreten, sondern hatten jeweils seitlich davon vorzurücken, denn die Wege selbst waren mit Sprengfallen gespickt, und die deutsche Artillerie hatte sich exakt darauf eingeschossen. Ihre Mörser waren auf jeden Pfad eingestellt, wie ein Teil der 1. Infanteriedivision schmerzlich erfahren musste. Um die Verluste zu minimieren, griff die Division nun mitten durch den Wald an. Auch ihre Befehlsstände errichtete sie stets abseits der Wege, auch wenn das mehr Zeit kostete.[43]

Mitte November wurde es sehr kalt. Viele der erschöpften Männer hatten ihre schweren, von Regenwasser und Schlamm durchtränkten Wollmäntel weggeworfen. »Es schneite stark, und bald war der ganze Wald 60 oder mehr Zentimeter hoch mit Schnee bedeckt«, schrieb Arthur Couch vom 1. Infanterieregiment. »Eines Tages marschierten wir durch einen Frontabschnitt, wo eine andere Kompanie bereits einen Angriff vorgetragen hatte. Ich sah eine Reihe von etwa sechs Soldaten, die nach vorn gebeugt und mit angelegtem Gewehr im tiefen Schnee standen, als wollten sie angreifen. Dann fiel mir auf, dass sie sich überhaupt nicht bewegten. Ich sagte zu einem Kameraden: Die müssen tot sein und sind festgefroren, so wie sie getroffen wurden. Zur Vorsicht hatte ich eine Menge deutscher Münzen in meine linke Brusttasche gestopft, um eine Kugel oder einen Splitter von meinem Herzen abzulenken, aber ich wusste, dass das kindisch war.«[44]

Weiter südlich drängte General Patton seine Kommandeure permanent zum Angriff. Am 11. November, einem Samstag, witzelte der Tagebuchführer der 12. Armeegruppe, es sei »der Waffenstillstandstag [des Ersten Weltkriegs – d. Ü.] und Georgie Pattons Geburtstag: Beides ist nicht miteinander zu vereinbaren.«[45] Genau eine Woche später kreiste Pattons 3. Armee endlich Metz ein, und nach weiteren vier Tagen gab die befestigte Stadt ihren Widerstand auf. Pattons geradezu besessenes Streben, die Stadt zu erobern, hatte bei seinen eigenen Truppen zu schweren Verlusten geführt. Wesentlich verantwortlich dafür waren seine Arroganz und Ungeduld nach den Blitzsiegen des Sommers. Endloser Regen, der die Mosel über ihre Überflutungsflächen hinaus anschwellen ließ, machten den Übergang südlich von

Metz zu einem nassen Albtraum. Patton berichtete Bradley, wie eine seiner Pionierkompanien zwei Tage lang verzweifelt gekämpft hatte, um eine Pontonbrücke über den reißenden Fluss zu legen. Eines der ersten Fahrzeuge, das hinüberfuhr, ein Panzerjäger, blieb an einem Kabel hängen, das dabei zerriss. Ihrer Verankerung beraubt, wurde die Brücke den Fluss hinabgespült. »Die ganze verdammte Kompanie ließ sich in den Schlamm fallen«, schilderte Patton, »und heulte wie Babys.«[46]

Im Süden eröffnete ein Angriff der 7. US-Armee auf den Col de Saverne [die Zaberner Steige, ein Pass über die Vogesen – d. Ü.] für die französische 2. Panzerdivision die Chance, durch die deutsche Front zu stoßen und danach bis Straßburg und schließlich bis zur Rheinbrücke bei Kehl vorzustürmen. An der rechten Flanke der 6. Armeegruppe befreite General de Lattres 1. Armee Belfort, Altkirch, Mülhausen und marschierte in den Süden von Colmar, wo sie durch deutschen Widerstand an einem Ort gestoppt wurde, der als der »Kessel von Colmar« bekannt wurde.

Die Verteidigung von Straßburg war kein Ruhmesblatt in der Geschichte des deutschen Militärs. Die SS hatte die Stadt vor ihrem Abzug geplündert. Laut einem General, der an der Verteidigung Straßburgs beteiligt war, erhielten die Soldaten Befehl, »bis zur letzten Patrone« zu kämpfen. Das führte dazu, dass die meisten noch vor dem Gefecht den größten Teil ihrer Munition wegwarfen, um sich wegen Munitionsmangels ergeben zu können.[47] Generalmajor Vaterrodt, der Stadtkommandant der Wehrmacht, hatte für das Verhalten hoher Offiziere und Funktionäre der Nazi-Partei nur Spott und Verachtung übrig. »Ich bin überrascht, dass Himmler in Straßburg nicht alle aufgehängt hat«, sagte er nach der Gefangennahme zu Offizierskameraden. »Sie sind abgehauen – Kreisleiter, Ortsgruppenleiter, städtische Behörden, der Bürgermeister und sein Stellvertreter. Sie alle haben Fersengeld gegeben, auch Regierungsbeamte, und sind geflohen. … Als es morgens etwas lebhaft wurde, sind sie über den Rhein gegangen.« Der Landgerichtspräsident von Straßburg wurde gesehen, wie er mit einem Rucksack zum Rhein lief. Für ihn hatte Vaterrodt mehr Mitgefühl. »Er hat das Richtige getan. Er musste so viele Hinrichtungsbefehle und Massenurteile unterschreiben – es war einfach furchtbar.«[48] Der Richter war Elsässer und in Straßburg geboren. Er wäre als Erster abgeurteilt oder gleich umgebracht worden.

Viele deutsche Offiziere hatten ihre französischen Geliebten dabei und behaupteten: »Ich habe meine Einheit verloren.« »Das waren alles Deserteure!«, polterte Vaterrodt. Der spektakulärste Fall war Generalleutnant Schreiber, der in Vaterrodts Büro auftauchte und erklärte: »Mein Stab ist dort unten.« Vaterrodt schaute aus dem Fenster. »Da standen zehn brandneue Luxuswagen voller Mädchen, Staatsangestellter und dickbäuchiger Beamter, dazu riesige Mengen von Gepäck – zumeist Delikatessen oder andere feine Sachen.« Schreiber kündigte an, dass er über den Rhein fahren werde. »Dann bin ich zumindest für den Augenblick sicher.«[49]

Die Befreiung Straßburgs durch General Leclercs 2. Panzerdivision wurde in Frankreich mit Jubel begrüßt. Leclerc löste damit das im nordafrikanischen Koufra gegebene Versprechen ein, dass über dem Münster wieder die Trikolore wehen werde. Für diese Männer war die Befreiung Straßburgs und des Elsass, das die Deutschen 1871 und 1940 zweimal erobert hatten, das Endziel Frankreichs in diesem Krieg. Hohe amerikanische Offiziere mochten und bewunderten Leclerc. Das galt nicht für den launischen und extravaganten General de Lattre de Tassigny, der es für seine Pflicht hielt, ständig zu klagen, dass seine 1. französische Armee am Südende der Front nicht genügend Nachschub an Uniformen und Waffen erhielt. Gerechterweise muss man einräumen, dass es für ihn ein immenses Problem darstellte, etwa 137 000 unausgebildete und undisziplinierte Mitglieder der französischen Résistance in seine Armee eingliedern zu müssen. De Gaulle wollte Truppenteile aus den Kolonien zurückziehen und der 1. Armee einen stärker französischen Charakter verleihen. Ohnehin hatten die Einheiten aus Nordafrika und Senegal in der Kälte der Vogesen schwer gelitten. In tiefem Schnee hatte Lattres 1. Armee schließlich die Burgundische Pforte überwunden und war nördlich der schweizerischen Grenze bis zum Rhein vorgestoßen.

Am 24. November trafen Eisenhower und Bradley bei Generalleutnant Jacob L. Devers, dem Befehlshaber der 6. Armeegruppe, ein, die aus General Alexander M. Patchs 7. US-Armee und Lattres 1. französischer Armee bestand. Devers war ein ehrgeiziger junger General, der bereits viele Vorgesetzte, darunter auch Eisenhower, gegen sich aufgebracht hatte. Bisher war es ihm nicht gelungen, seine Pläne beim SHAEF zu besprechen, vor allem weil Eisenhower an seiner Südflanke wenig Interesse zeigte. Devers war überzeugt, dass er ungeachtet einiger Konterattacken an seiner linken Flanke den Rhein bei Rastatt, südwestlich von Karlsruhe, leicht überschreiten könne. Er glaubte, Eisenhower werde von der Möglichkeit begeistert sein, jenseits des Rheins einen Brückenkopf zu errichten. Aber bei der Darstellung der Operation argumentierte Devers ungeschickt und war tief deprimiert, als der Oberbefehlshaber seinen Plan rundweg ablehnte. Damit beging Eisenhower einen Fehler, denn er konzentrierte sich nur auf das Ruhrgebiet und Berlin und hatte bisher nicht wirklich darüber nachgedacht, welche Strategie er im Süden verfolgen wollte. Ihm ging es vor allem darum, das Westufer des Rheins von der Nordsee bis zur Schweizer Grenze in die Hand zu bekommen. Bei dieser Entscheidung zeigte er einen bedauerlichen Mangel an Vorstellungsvermögen. Ein Brückenkopf auf dem rechten Rheinufer bei Rastatt hätte, rasch errichtet, eine günstige Gelegenheit schaffen und Hitlers Pläne für die Ardennen-Offensive durchaus zum Scheitern bringen können.

Während die Kämpfe im Hürtgenwald sich hinzogen, verließen sich beide Seiten mehr und mehr auf die Artillerie. Allein Schmidts Division wurde von insgesamt 131 Geschützen unterstützt, wenn auch die Artillerieregimenter mit einem Gemisch aus deutschen, russischen, italienischen und französischen Waffen ausgerüstet waren, was den Nachschub an Munition erschwerte. Auf der amerikanischen Seite war die Konzentration von Feuerkraft noch höher.

Das Ergebnis war ein albtraumhaftes Chaos aus von Kanonen und Mörsern zerschmetterten, zerfetzten und zerrissenen Bäumen, von Minen zerfleischten Leichen, weggeworfenen Stahlhelmen, verrosteten Waffen, ausgebrannten Fahrzeugen, Munitionskisten, Essensrationen, Gasmasken und nassen, schlammverkrusteten Uniformmänteln, die man wegen ihres Gewichts fortgeworfen hatte. »Besonders erschreckend war der Zustand der Bekleidung der Soldaten«, bekannte der deutsche Korpskommandeur General Straube.[50] Bei dem nasskalten Wetter litten seine Männer unter Unterkühlung, Fußbrand, Erfrierungen und verschiedenen Erkrankungen. Die schlimmsten Verluste richteten jedoch die Mörser auf beiden Seiten an.

Viele deutsche Offiziere waren überzeugt, dass die Kämpfe im Hürtgenwald schrecklicher seien als die des Ersten Weltkriegs oder der Ostfront. Einer beschrieb sie als »eine offene Wunde«.[51] Generalmajor Rudolf Freiherr von Gersdorff nannte sie eine »Todesfabrik«.[52] Hemingway, der sich erneut Lanhams 22. Infanterieregiment zugesellt hatte, erlebte diese Szenen von Schnee, Morast und zerfetzten Kiefern. Er meinte, der Hürtgenwald sei »Passchendaele plus berstende Bäume«.[53]

Hemingway trug ungeachtet kürzlicher Ermittlungen wegen seines martialischen Auftretens wieder eine Thompson-MP, außerdem zwei Feldflaschen, die eine mit Kornschnaps, die andere mit Cognac gefüllt. Bei mehreren Gelegenheiten bewies er seine Furchtlosigkeit unter Feuer und nahm sogar an einem Gefecht teil. Seine Tätigkeit als Korrespondent bedeutete ihm nicht viel. Sich selbst bezeichnete er ironisch als »Ernie mit den Hämorrhoiden – der Pyle des armen Mannes«, ein freundlicher Seitenhieb gegenüber Ernie Pyle, dem berühmtesten amerikanischen Frontberichterstatter. Doch er beobachtete die Männer um sich herum und ihr Verhalten unter Beschuss sehr genau, denn er plante, *den* großen amerikanischen Kriegsroman zu schreiben. Dazu sein Biograph: »Ernest sonnte sich in seiner Rolle als älterer Freund und Ratgeber der Offiziere und Soldaten.«[54] Er war fasziniert vom Wesen der Tapferkeit und spottete über die Ansichten von Psychiatern bezüglich der nervlichen Belastbarkeit eines Mannes.

J. D. Salinger, der sich weniger als zwei Kilometer entfernt von ihm beim 12. Infanterieregiment befand, schrieb während dieser Höllenschlacht besessen Kurzgeschichten, wann immer – wie er seinen Lesern mitteilte – er ein »leerstehendes Schützenloch« finden konnte.[55] Damit hat zumindest Salinger seinen eigenen seelischen Zusammenbruch bis zum Kriegsende hinausgeschoben.

Schlachtneurose [engl. *combat exhaustion*] – ein Euphemismus des Militärs für den nervlichen und seelischen Zusammenbruch – breitete sich rasch aus. »Nach fünf Tagen fängst du an, mit den Bäumen zu reden«, lautete einer der wenigen einschlägigen Witze. »Am sechsten kriegst du Antworten von ihnen.«[56] Möglicherweise mit zynischer Übertreibung schrieb einer von Bradleys Stabsoffizieren, der diesen Frontabschnitt inspizierte: »Die jungen Bataillonskommandeure, die aus dem Hürtgenwald herauskamen, waren so nahe an brabbelnden Idioten, wie Menschen nur sein können, ohne dafür weggeschlossen zu werden.« Einer soll zu ihm gesagt haben: »Also, es ist noch auszuhalten, solange die Jungs nicht total erledigt sind. Wenn sie dann von der vordersten Linie kommen und auf einen Kumpel aus ihrer eigenen Einheit stoßen, der vor ihnen tot auf dem Rücken liegt, dann sind sie zu gottverdammt schlapp, um über ihn hinwegzusteigen, und treten ihm mitten ins Gesicht. Was, zum Teufel, soll's…«[57]

Bei diesem Stress gierten die Männer nach Nikotin und Alkohol. Die meisten Offiziere waren großzügig genug, ihre eigenen Sonderrationen an Whisky und Gin zu teilen, aber wenn Gerüchte die Runde machten, Quartiermeister in der Nachhut hätten Zigarettenrationen unterschlagen, um sie auf dem Schwarzmarkt zu verkaufen, dann konnte das beinahe eine Meuterei auslösen. »Die Männer akzeptieren ohne Murren schlechte oder knappe Verpflegung«, bemerkte ein Offizier der 4. Division, »aber sie würden selbst auf das Essen verzichten, um mehr Zigaretten zu bekommen.«[58]

Auch die Zahl der Gefallenen schoss in die Höhe. »Du fährst am Morgen an den Zelten des Verbandsplatzes vorbei zur Front, und da liegen zwei, drei Leichen am Boden. Du kommst am Nachmittag zurück, und es sind dreißig oder vierzig. ... Die Gefallenenbergungsgruppe hat zu wenig Leute.«[59] In den ersten drei Tagen der Offensive verlor das 22. Infanterieregiment der 4. Division 391 Mann im Gefecht, darunter 28 Offiziere und 110 Unteroffiziere.[60] Zuweilen überlebten frische Kompanie- und Zugführer nur so kurze Zeit, dass ihre Soldaten nicht einmal ihren Namen kannten.

Auch die Verluste der Deutschen waren schwer. Model, entschlossen, »die Schlüsselpunkte des Geländes in der Hand zu behalten«, warf ein hastig zusammengewürfeltes Bataillon oder Regiment nach dem anderen in die Schlacht.[61] Immer mehr ältere Polizisten und kaum ausgebildetes Bodenpersonal der Luftwaffe wurden in den Tod geschickt. Viele starben im Artilleriefeuer der Amerikaner, bevor sie überhaupt die Frontlinie erreichten. Wenn es aufklarte, belegten amerikanische Jagdbomber die Batterien der deutschen Artillerie mit Phosphorbomben. Die in ihren dünnen Uniformen frierenden und wegen knapper oder ausbleibender Rationen hungernden deutschen Landser hielten durch, weil es für sie keine Alternative zu geben schien.

Die permanenten Konterattacken der Deutschen gegen die 1., 4. und 8. US-Infanteriedivision konnten das Vorrücken der Amerikaner durch die zerstörten Wälder zwar verzögern, doch sie kamen unter Schmerzen langsam voran – trotz aller Verluste, des eiskalten Regens, des Morasts und der Minen, die die Panzer daran hinderten, sie zu unterstützen. Unter den amerikanischen Soldaten breitete sich Verbitterung aus. »Unsere Männer scheinen die nötige psychologische Einstellung zum Gefecht voll entwickelt zu haben«, schrieb ein Feldwebel in sein Tagebuch. »Sie sind Killer. Sie hassen die Deutschen, und es macht ihnen gar nichts aus, sie zu töten.«[62]

Für den 23. November, Thanksgiving, hatte Eisenhower befohlen, dass jeder Soldat unter seinem Befehl ein komplettes Truthahnessen erhalten sollte. Die Bataillonsköche im Hürtgenwald versuchten den Befehl auszuführen, und sei es nur mit Truthahn-Sandwiches. Doch als die Männer aus den Schützenlöchern kletterten, um anzutreten, traf sie das Feuer der deutschen Artillerie. Ein Major, der Augenzeuge der schweren Verluste dieses Tages war, bekannte, dass er später nie wieder an einem Thanksgiving-

Essen teilnehmen konnte. Wenn es dazu kam, »stand er auf, ging auf den Hof und heulte wie ein Baby«.⁶³

Keinem war nach Feiern zumute. Die US-Truppen brauchten weitere sechs Tage mit schwersten Verlusten, um Kleinhau und Großhau zu nehmen. Der 8. Division gelang es schließlich, mit einem tollkühnen Angriff in das Dorf Hürtgen einzudringen, worauf ein heftiger Häuserkampf mit Handgranaten, Gewehren und Maschinenpistolen folgte.

Die 4. Infanteriedivision wurde nach und nach durch die 83. Division ersetzt. Auch die Neuen waren erschüttert davon, was »der Beschuss der Baumkronen anrichtete, wenn es aus allen Richtungen Splitter hagelte«. In Vorbereitung des Sturms auf das Dorf Gey organisierte die Artillerie konzentriertes Feuer aller Geschütze zur gleichen Zeit auf dasselbe Ziel. Trotzdem hatten die Soldaten »zermürbende Häuserkämpfe« zu bestehen, als sie in das Dorf eindrangen.⁶⁴ Am Ende der ersten Dezemberwoche kamen die Amerikaner endlich aus dem Wald heraus und blickten auf das offene Gelände des Tales der Rur vor ihnen. Jedoch die Ortschaft Schmidt und die Staudämme hatten sie immer noch nicht erobert. Nach wiederholter Aufforderung unternahm das Bomberkommando der RAF schließlich drei Versuche, die Staudämme zu zerstören. Diese mussten wegen schlechten Wetters fünfmal verschoben werden. Der Schaden war gering, und das Bomberkommando weigerte sich, es weiter zu versuchen. Schließlich entschied Hodges, sie mit der 2. Infanteriedivision von Südwesten her anzugreifen, was aber durch die Großoffensive der Deutschen bald vereitelt wurde. Die Dämme konnten erst im Februar 1945 eingenommen werden.

Für all diese Kämpfe zahlten beide Seiten einen horrenden Preis – mit zahlreichen Toten, Nervenzusammenbrüchen, Erfrierungen, Fußbrand und Lungenentzündungen. Im Oktober mussten 37 Prozent der US-Soldaten wegen allgemeiner Erkrankungen der Luftwege behandelt werden – die höchste Zahl im ganzen Krieg. Die Kämpfe im Hürtgenwald hatten auf amerikanischer Seite 8000 Fälle von psychischem Zusammenbruch zur Folge.⁶⁵ Da dies bei der deutschen Wehrmacht nicht als berechtigter Grund für eine Befreiung vom Fronteinsatz galt, wurden keine diesbezüglichen Statistiken geführt. »Es gab nur wenige Fälle von Schlachtneurose«, erklärte der führende deutsche Truppenarzt später. »Da diese Männer nicht vom Dienst suspendiert wurden, kann ich nicht sagen, wie viele Prozent der Gesamtverluste sie darstellten.«⁶⁶ »In manchen Fällen«, schrieb der Stabschef der 7. Armee, »fand man Soldaten, die in ihren Schützenlöchern an Erschöpfung gestorben waren.«⁶⁷

Im Hürtgenwald-Feldzug verlor die U.S. Army von insgesamt 120 000 Beteiligten 33 000 Mann. Allein die 4. Infanteriedivision hatte Verluste von »über 5000 Mann im Gefecht und über 2500 Mann außerhalb der Kämpfe zu beklagen«.[68] Damit die Division sich regenerieren konnte, befahl ihr General Hodges, zu dem »ruhigen« Frontabschnitt des VIII. Korps jenseits der Ardennen zu wechseln. In den darauffolgenden zwölf Tagen übernahmen drei Regimenter der 4. Division die Stellungen der 83. Infanteriedivision und wurden dem Befehl von Troy Middletons VIII. Korps unterstellt, dessen Stab sich in Bastogne befand. Die 4. Division hatte einen Frontabschnitt von 56 Kilometer Länge zu verteidigen. Dabei besaß sie nur noch die Hälfte ihrer Sollstärke, als wenige Tage später die Ardennen-Offensive der Deutschen einsetzte.

6. Kapitel

Die Deutschen bereiten sich vor

Am 20. November 1944 bestieg Hitler seinen Sonderzug, der getarnt auf einem Abstellgleis der »Wolfsschanze« stand. Er bestand aus einem Flakwaggon vorn und hinten mit je zwei Kanonen Vierling 38, zwei gepanzerten Salonwagen und dazwischen sechs Personenwagen – alle in Dunkelgrau.

Hitler muss sich klar gewesen sein, dass er nicht mehr nach Ostpreußen zurückkehren werde, aber in der für ihn typischen Realitätsverweigerung ordnete er an, die Bauarbeiten an den Verteidigungsanlagen fortzusetzen. Sein Stab und mit ihm auch seine Sekretärin Traudl Junge bestiegen den Zug »mit dem schmerzlichen Gefühl eines endgültigen Abschieds«.[1] Hitler sprach nur noch im Flüsterton. Er war nervös, denn am nächsten Tag sollte ein Spezialist einen Polypen von seinen Stimmbändern entfernen. Traudl Junge gestand er, dass er fürchte, seine Stimme zu verlieren. »Er wusste wohl«, schrieb sie, »dass seine Stimme ein wichtiges Instrument seiner Macht war und dass seine Worte das Volk betörten und mitrissen. Wie sollte er die Massen halten, wenn er nicht mehr reden konnte? Seit Wochen lagen ihm seine Mitarbeiter schon in den Ohren: ›Mein Führer, Sie müssen wieder einmal zum deutschen Volk sprechen. Die Menschen sind mutlos geworden und zweifeln an Ihnen. Es gehen Gerüchte um, Sie seien nicht mehr am Leben.‹«[2]

Hitler wollte bei Nacht in Berlin eintreffen. Er behauptete, das sei nötig, um seine Anwesenheit geheim zu halten. Aber seine Umgebung wusste, dass er die Auswirkungen der Bombenangriffe der Alliierten nicht sehen wollte. Als sie am Bahnhof Grunewald ausstiegen und zur Reichskanzlei fuhren, »suchte die Autokolonne ihren Weg durch möglichst unzerstörte Straßen«, schrieb Traudl Junge. »Hitler hatte wieder keine Gelegenheit, Berlins Wunden zu sehen. Die abgeblendeten Scheinwerfer streiften nur Schuttberge rechts und links der Straße.«[3]

Vor allem kehrte Hitler nach Berlin zurück, um die Planung für die Ardennen-Offensive zu beaufsichtigen – die Vision, die ihm gekommen war, als er in der zweiten Septemberhälfte in der »Wolfsschanze« das Bett hüten musste. Er litt an Gelbsucht und konnte nicht an den Lagebesprechungen teilnehmen. »Hitler hatte den ganzen Tag, um nachzudenken«, erinnerte sich Generaloberst Jodl später. »Ich suchte ihn auf, als er im Bett lag – er mochte es gar nicht, dass ihn jemand so sah außer seinen engsten Mitarbeitern –, da äußerte er diese Idee. Ich entwarf eine grobe Kartenskizze mit der Stoßrichtung des Angriffs, seines Umfangs und der dafür benötigten Truppen.«[4]

Hitler war entschlossen, nicht zu verhandeln. Das wusste Göring genau, als er General Kreipes Bitte zurückwies, den »Führer« zu überzeugen, er möge nach einer politischen Lösung suchen. Hitler redete sich weiter ein, das »unnatürliche« Bündnis zwischen den kapitalistischen Staaten des Westens und der Sowjetunion werde zerbrechen. Daher rechnete er sich aus, dass eine letzte Großoffensive bessere Chancen auf Erfolg biete als die endlosen Zermürbungsschlachten an der Ost- und der Westfront. »Wenn wir in der Defensive blieben, konnten wir nicht hoffen, dem uns drohenden schlimmen Schicksal zu entgehen«, erklärte Jodl später. »Es war ein Akt der Verzweiflung, aber wir mussten alles riskieren.«[5]

An der Ostfront wäre ein konzentrierter Angriff mit 32 Divisionen von den gewaltigen Kräften der Roten Armee aufgefangen und erstickt worden. Ein Blitzsieg an der Italienfront hätte nichts geändert. Aber wenn er im Westen in Richtung Antwerpen nach Norden vorstieß, so glaubte Hitler, konnte er mit zwei Panzerarmeen die Westalliierten aufspalten, die Kanadier aus dem Krieg drängen und vielleicht sogar den Briten ein »neues Dünkirchen« bereiten. Auch die Bedrohung der Rüstungsindustrie des Ruhrgebiets wäre dann abgewendet worden.[6]

Hitler hatte den Frontabschnitt in den Ardennen für den Durchbruch ausersehen, weil dort nur wenig amerikanische Truppen standen. Natürlich hatte er dabei auch den erfolgreichen Angriff von 1940 in dieser Gegend im Kopf, den er wiederholen wollte. Der große Vorteil war die dichte Bewaldung der Eifel auf der deutschen Seite der Grenze, die den Truppen und Panzern Tarnung gegen die Flugzeuge der Alliierten bot. Alles hing davon ab, dass die Überraschung gelang und die Führung der Alliierten nicht schnell genug reagierte. Hitler ging davon aus, dass Eisenhower sich mit seinen politischen Vorgesetzten und den Befehlshabern der anderen alliierten Truppen abstimmen musste, was mehrere Tage dauern konnte.

Bis zu Hitlers unerwarteter Ankündigung am 16. September in der »Wolfsschanze« hatte nur Jodl von den Plänen des »Führers« gewusst. Jetzt aber mussten alle, die Kenntnis davon erhielten, ein Papier unterschreiben, dass sie standrechtlich erschossen würden, sollten sie gegenüber nicht ausdrücklich Befugten etwas darüber verlauten lassen. Mit seinem kleinen Stab arbeitete Jodl die Einzelheiten des Planes nach Hitlers Wünschen aus. Keitel, theoretisch der Chef des OKW, war nicht in die Planung einbezogen, sondern hatte lediglich Treibstoff und Munition für die Operation bereitzustellen. Rundstedt, der Oberbefehlshaber West, wurde gar nicht erst informiert. Daher war er später so irritiert, als die Amerikaner ständig von der »Rundstedt-Offensive« sprachen, als ob dies sein Plan gewesen wäre.

Am 22. Oktober wurden Rundstedts Stabschef, General der Kavallerie Siegfried Westphal, und Models Stabschef, General der Infanterie Hans Krebs, in die »Wolfsschanze« befohlen. Sie befürchteten eine Standpauke Hitlers wegen des Falls von Aachen und gingen davon aus, dass ihre Bitte um mehr Divisionen zornig zurückgewiesen werde. Daher waren sie überrascht, als man sie bei Strafe des Todes eine Geheimhaltungsverpflichtung unterschreiben ließ, bevor sie den Lageraum betraten. Jodls Stellvertreter stellte dort eine Geheimstudie mit dem Titel »Wacht am Rhein« vor, einem Codewort, das den Eindruck vermitteln sollte, es handle sich um eine Defensivoperation. Die Ardennenoffensive wurde zu diesem Zeitpunkt mit keinem Wort erwähnt. Es ging lediglich um eine Verlegung von Truppen an die Westfront in den Raum Aachen, angeblich, um einen bevorstehenden Ansturm der Amerikaner abzuwehren.

Nach dem Mittagessen nahmen die beiden Stabschefs an Hitlers täglicher Lagebesprechung teil. Nach der allgemeinen Lagebeurteilung wurden mehrere Offiziere gebeten, den Raum zu verlassen. Zurück blieben 15 Herren. Hitler ergriff das Wort. Die Westfront, so sagte er, habe Verstärkung angefordert. Wenn man bedenke, dass im Ersten Weltkrieg dort 130 deutsche Divisionen standen, dann leuchte das ein. Er sei bisher nicht in der Lage gewesen, sie zu verstärken, weil er nicht noch mehr Truppen für die Verteidigung bereitstellen könne. Aber jetzt lägen die Dinge anders, denn er habe den Plan für einen Überraschungsangriff in Richtung Antwerpen ausgearbeitet. Dieser werde südlich von Lüttich stattfinden und von 2000 Flugzeugen unterstützt werden – eine übertriebene Zahl, die keiner der anwesenden Offiziere auch nur einen Moment lang ernst nahm.

Er wolle den Angriff im November starten, wenn häufig Nebel herrsche, allerdings werde man den größten Teil des Monats für die Vorbereitung brauchen. Den Durchbruch werde die 6. Panzerarmee südlich des Hürtgenwaldes erzwingen. Manteuffels 5. Panzerarmee werde deren linke

Flanke unterstützen, während die 7. Armee sie gegen Konterattacken von Pattons 3. US-Armee im Süden abschirmen werde. Westphal wollte Jodl anschließend noch viele Fragen stellen, aber der »wimmelte ihn ab«. Er wollte Jodl sagen, dass die vorgesehenen Truppen eindeutig nicht ausreichten, um auch nur bis zur Maas zu gelangen. Doch er wusste, hätte er derartige Einwände vorgebracht, dann wäre ihm »vom Wehrmachtführungsstab wahrscheinlich Defätismus vorgeworfen worden«.[7]

Nach seiner Rückkehr erstattete Westphal Rundstedt auf Schloss Ziegenberg bei Frankfurt am Main, dem Stabsquartier des Oberbefehlshabers West, Bericht. Es lag in der Nähe des sorgfältig getarnten »Adlerhorsts«. Das Führerhauptquartier West hatte Albert Speer vor dem Feldzug von 1940 für Hitler gebaut. Westphal schilderte seinen Eindruck, selbst Jodl glaube wahrscheinlich nicht daran, dass sie jemals Antwerpen erreichen würden.

Wenn es Rundstedt auch gewiss nicht passte, dass man ihn zuvor nicht konsultiert hatte, so war er doch entschlossen, eine so überaus ehrgeizige Operation nicht ohne Modifikationen durchgehen zu lassen. Model, der Oberbefehlshaber der Heeresgruppe B, sah die Dinge ähnlich, als ihm sein Stabschef Bericht erstattete. Wie er die Nachricht aufnahm, dass ihm streng verboten sei, ab sofort auch nur eine der für die Großoffensive vorgesehenen Divisionen einzusetzen, darüber kann man nur spekulieren. Für Neuausrüstung, Verstärkung und Ausbildung mussten sie von der Front abgezogen werden. Kaum zwei Wochen später zwang ihn der Ansturm der Amerikaner auf den Hürtgenwald dazu, entgegen diesem Befehl die 116. Panzerdivision ins Gefecht zu schicken, um die Ortschaft Schmidt zurückzuerobern. Weitere Divisionen, die für die Offensive vorgesehen waren, wurden eingesetzt, um einen Zusammenbruch der Front im Hürtgenwald zu verhindern. Auch die 17. SS-Panzergrenadierdivision »Götz von Berlichingen«, die den Vormarsch von Pattons 3. Armee im Süden aufhalten musste, wurde nicht, wie geplant, für die Teilnahme an der Ardennenoffensive abgezogen. Diese »deutschen Divisionen wurden nach und nach zermürbt und konnten vor der Ardennen-Offensive nicht wiederhergestellt werden«, bekannte der Stabschef der 7. Armee.[8]

Der »alte Preuße« Rundstedt und der untersetzte, aggressive Model konnten äußerlich verschiedener nicht sein, aber sie waren sich darin einig, dass Hitlers »großer Schlag« oder »große Lösung« eine seiner Kartenfantasien war. Rundstedt meinte, die einzig realistische Option an der Front von den Ardennen bis Aachen sei eine Umfassung von zwei Seiten aus. Die beiden deutschen Panzerarmeen sollten innerhalb des großen Maasbogens vorstoßen, um Hodges' 1. US-Armee und Teile von Simpsons 9. Armee abzuschneiden, während die deutsche 15. Armee weiter im Norden bei Roermond einschwenken sollte, um sich mit ihnen bei Lüttich zu vereinigen. Diese Alternative wurde als »kleine Lösung« oder »kleiner Schlag« bekannt. Model war jedoch skeptisch, was die Rolle der 15. Armee betraf. Er wollte alle Reserven für das Nachsetzen nach dem Hauptangriff, für die Verbreiterung des Durchbruchs beim Vormarsch mithilfe eines »Schneepflug-Effekts« verwenden.[9]

Am 27. Oktober wurden diese Pläne bei einer Lagebesprechung in Models Stabsquartier bei Krefeld mit den Armeebefehlshabern – SS-Obergruppenführer Sepp Dietrich von der 6. Panzerarmee, Manteuffel von der 5. Panzerarmee und Brandenberger von der 7. Armee – erörtert. Model, der einsah, dass seine Version einer »kleinen Lösung« ohne Unterstützung seines Vorgesetzten vom OKW nicht akzeptiert würde, stellte sich hinter Rundstedts Plan. Aber auch Jodl gelang es bei mehreren Versuchen nicht, die Einwilligung des »Führers« in eine »kleine Lösung« zu gewinnen. Hitler ignorierte stur alle Warnungen, dass man wesentlich stärkere Kräfte brauchen werde, um Antwerpen zu erreichen, vor allem aber den Korridor gegen Konterattacken der Alliierten zu verteidigen.[10]

Da Jodl Rundstedt warnte, der »Führer« sei nicht umzustimmen, legte der Oberbefehlshaber West seine Auffassung schriftlich dar. Er konnte kein weiteres gereiztes Treffen mit Hitler riskieren, den schon der Gedanke in Wut versetzte, einer seiner Generale könnte ihm widersprechen. Auch Models späterer taktischer Vorschlag, nach erfolgreichem Durchbruch bis Antwerpen auf die »kleine Lösung« zu orientieren, wurde brüsk zurückgewiesen. Hitler war der Meinung, die amerikanischen Truppen vor Aachen seien zu stark und könnten nur geschwächt werden, wenn man sie jenseits der Maas umging und von ihrem Nachschub abschnitt.[11]

Generaloberst Heinz Guderian protestierte erneut gegen die Konzentration aller verfügbaren deutschen Truppen im Westen. Er wusste, dass die Rote Armee sich darauf vorbereitete, den nächsten Schlag gegen die Ostfront zu führen, sobald der Boden hart genug gefroren war, dass ihre Panzerarmeen von der Weichsel her weiter vorrücken konnten.[12] In der gegenwärtigen Situation, erklärte ihm Jodl am 1. November, komme man nicht umhin, »alles auf eine Karte zu setzen«.[13] Guderians Sohn sollte als Ia, als oberster Einsatzoffizier der 116. Panzerdivision, an der Ardennen-Offensive teilnehmen.

Die Feldkommandeure wussten, dass der Treibstoff das Hauptproblem sein würde, obwohl man ihnen versicherte, sie sollten alles Notwendige erhalten. Bei einer wichtigen Besprechung in Berlin am 23. November sprachen sie diese Frage an. Dietrich beklagte, von dem versprochenen Nachschub sei bislang nichts zu sehen. General Walter Buhle vom OKW suchte mit ein paar Blatt Papier zu beweisen, dass bereits geliefert worden sei, aber wegen der Bombenangriffe der Alliierten befand sich der größte Teil des Treibstoffs immer noch auf der Ostseite des Rheins. Manteuffel, der wusste, wie sich das schwere Gelände und der Morast auf den Treibstoffverbrauch auswirkten, hatte eine für 500 Kilometer ausreichende Menge angefordert, seine Armee erhielt jedoch nur Treibstoff für 150 Kilometer.[14] Keitel hortete 17,4 Millionen Liter, aber Jodl räumte später ein, Keitel habe einen Teil zurückhalten wollen – »aus Prinzip, damit die Kommandeure nicht zu großzügig damit umgehen«.[15]

Die Hoffnung schwand, dass Hitlers ursprünglicher Plan von einer Offensive im November noch eingehalten werden könne. Selbst der Zeitpunkt Anfang Dezember wurde zunehmend unsicherer. Die Verlegung von Treibstoff, Munition und Divisionen verzögerte sich. Das lag zum Teil daran, dass die Alliierten weiterhin die Transportwege bombardierten, zum Teil an den bereits genannten Schwierigkeiten, Einheiten zur Vorbereitung von der Front abzuziehen. Kaum eine Panzerdivision fand die Zeit und den Treibstoff, ihre vielen neuen Panzerfahrer entsprechend auszubilden. Die deutschen Truppen an der Westfront hatten beim Ersatz von Panzern, Sturmgeschützen und Artillerie Priorität erhalten. Den Löwenanteil der neuen Ausrüstungen und das beste Verstärkungspersonal bekamen die Divisionen der Waffen-SS, aber auch dabei handelte es sich meist um blutjunge Kräfte aus Luftwaffe und Kriegsmarine. Diese schamlose Bevorzugung der SS-Einheiten mit Hitlers Segen wurde damit begründet, dass der 6. Panzerarmee die Hauptrolle bei dem Durchbruch zufalle.[16] Jodl räumte jedoch später ein, dass die Panzerdivisionen von Manteuffels 5. Panzerarmee wesentlich größere Wirkung entfalteten. »Es gab ein gewisses Eingreifen der Politik in die Kriegführung«, bekannte er.[17]

Am 2. Dezember kam Model zusammen mit Manteuffel und Sepp Dietrich nach Berlin. Letzterer war der getreue Kommandeur von Hitlers Begleitkommando aus den Straßenkampfzeiten der Nazis. Beide Begleiter Models unterstützten die »kleine Lösung«. Hitler bestand jedoch darauf, dass der Plan des Marsches auf Antwerpen unverändert bleiben müsse. Alle Vorbereitungen sollten auf dieser Grundlage getroffen werden. Rund-

1. US-Infanterie rückt im Oktober 1944 durch eine in den Westwall gesprengte Bresche vor.

2. Eine Mörserbedienung deutscher Fallschirmjäger im Hürtgenwald. Mörser verursachten auf beiden Seiten die meisten Opfer.

3. Soldaten der 1. US-Infanteriedivision im Hürtgenwald.

4. US-Sanitäter mit einem Verwundeten.

5. Französische Truppen in den Vogesen. Die aus Nordafrika stammenden Soldaten in der französischen 1. Armee, die den Kessel von Colmar südwestlich von Straßburg angriffen, litten schwer unter der Kälte.

6. Begegnung von Bradley, Tedder, Eisenhower, Montgomery und Simpson am 7. Dezember 1944 in Maastricht.

7. Deutsche Soldaten, Anfang Dezember bei Düren im Hürtgenwald gefangen genommen.

8. Generalfeldmarschall Walter Model, Oberbefehlshaber der Heeresgruppe B.

9. Feldmarschall Montgomery scheint dem zunehmend genervten Eisenhower wieder einmal einen Vortrag zu halten.

10. General der Panzertruppe Hasso-Eccard Freiherr von Manteuffel von der 5. Panzerarmee.

11. SS-Oberstgruppenführer Sepp Dietrich von der 6. Panzerarmee mit Ritterkreuz und Eichenlaub.

12. Oberst, später Generalmajor Heinz Kokott, hochgebildeter Kommandeur der 26. Volksgrenadierdivision in Bastogne.

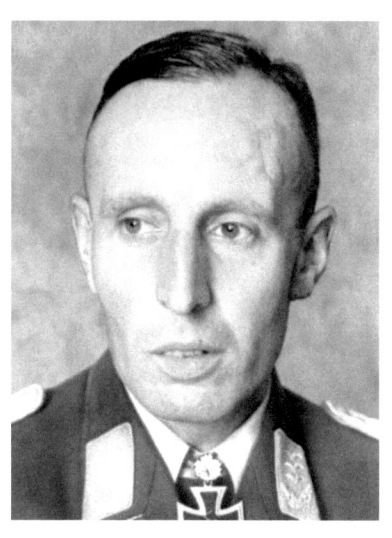

13. Oberstleutnant Friedrich Freiherr von der Heydte, der Juraprofessor, der Fallschirmjäger-Kommandeur wurde.

14. Deutsche Kommandeure von Panzereinheiten werden bei Schneetreiben unmittelbar vor der Ardennen-Offensive am 16. Dezember 1944 instruiert.

15. Zwei SS-Panzergrenadiere lassen sich erbeutete amerikanische Zigaretten schmecken.

16. 16. Dezember 1944: Ein »Königstiger«-Panzer der deutschen 6. Panzerarmee mit aufsitzenden Soldaten der 3. Fallschirmjägerdivision am ersten Tag der Ardennen-Offensive.

17. Deutsche Infanteristen einer Volksgrenadierdivision, mit MG-Patronengurten und Panzerfäusten beladen, auf dem Vormarsch.

18. Der erste Fall von Tötung amerikanischer Kriegsgefangener in Honsfeld durch Angehörige der Kampfgruppe Peiper, die anschließend die Leichname ausraubten. Den Opfern auf der linken Seite wurden bereits die Stiefel ausgezogen.

19. SS-Panzergrenadiere der Kampfgruppe Hansen vor einer Kolonne brennender amerikanischer Fahrzeuge bei Poteau.

stedt nahm an dieser Besprechung nicht teil. Er entsandte seinen Stabschef Westphal, der fast gar nicht in die Diskussion eingriff. Hitler äußerte später gegenüber Jodl »seine Verwunderung über dieses Verhalten«.[18] Damit wollte Rundstedt eindeutig signalisieren, was er von dem ganzen Projekt hielt, über das er keine Kontrolle hatte. Die Endfassungen der Befehle trugen sämtlich den Vermerk des »Führers«: »Nicht zu verändern«. Rundstedt und Model erhielten die ausdrückliche Weisung, ihre Aufgabe bestehe nur darin, die Befehle des OKW »an die ihnen unterstellten Einheiten« weiterzuleiten.[19]

Model scheint eine fatalistische Haltung eingenommen zu haben. Er war der Meinung, dies sei Hitlers Vabanquespiel, und ihm bleibe keine andere Wahl, als zu gehorchen.[20] Manteuffel erklärte später, bei der Besprechung vom 2. Dezember habe er für sich entschieden, dass sein »Endziel die Maas« sein werde und nicht Brüssel, wie Hitler von seiner Armee forderte. Er wusste, dass »die Reaktionsfähigkeit der Alliierten der Hauptfaktor« war.[21]

Manteuffel war ein zäher kleiner Kavallerist, der im Ersten Weltkrieg beim Husarenregiment von Zieten gedient hatte. Während der revolutionären Unruhen, die auf den Waffenstillstand folgten, wurde er Adjutant beim Freikorps von Oven, das an der Unterdrückung der Spartakisten in Berlin und der Münchener Räterepublik beteiligt war. Im Zweiten Weltkrieg bewies er sich bald als hervorragender Kommandeur an der Ostfront, zunächst bei der 7. Panzerdivision und danach bei der Panzergrenadierdivision »Großdeutschland«. »Überraschung, wenn sie gelingt«, erklärte er, »ist ein entscheidender Teil des Erfolges der Panzereinheit. Nachlässigkeit, Weichheit usw. muss bei allen Dienstgraden strikt unterbunden werden.«[22]

Hitlers Geheimhaltungsmanie ließ niemals nach. Bis zum Abend vor dem Angriff erhielten die beteiligten Einheiten keinerlei Information. Selbst die Regimentskommandeure wussten bis zum letzten Tag nichts. Die Artillerie konnte keine Vorbereitungen treffen. Ungeachtet der Bitten der Armeebefehlshaber bestand das OKW laut Hitlers Weisung darauf, ausschließlich Korpskommandeure, deren höchste Artillerieoffiziere und einen Stabsoffizier zu informieren. Die Kommandeure der Korpsartillerie mussten alle Geschützstellungen selbst erkunden. Viele Offiziere kamen allerdings bald zu dem Schluss, dass eine Großoffensive vorbereitet wurde, denn allein die Aufstellung der Artillerie wies darauf hin, dass es nicht um Verteidigungsaktionen ging.[23]

Die Truppeneinheiten, die in Nachtmärschen ihre Konzentrationsräume in der Eifel erreichten, mussten tagsüber in den Dörfern am Weg einquartiert werden. Alle Fahrzeuge wurden in Scheunen untergestellt. Bei Tageslicht durfte es weder Feuer noch Bewegungen geben, damit amerikanische Aufklärungsflugzeuge nichts bemerkten. Zum Kochen wurde Holzkohle ausgegeben, die wenig Rauch erzeugte. Zur Verwunderung deutscher Offiziere übersahen die Aufklärungsflugzeuge der Alliierten, dass Dörfer und Wälder mit Truppen und Fahrzeugen »zum Bersten gefüllt« waren.[24] Im Grunde erwarteten sie jeden Augenblick einen massiven Luftangriff.

Aus Sicherheitsgründen wurde Kartenmaterial erst im allerletzten Moment ausgegeben. Es hatte totale Funkstille zu herrschen, was bedeutete, dass auch Funknetze erst aufgebaut werden konnten, wenn der vorbereitende Beschuss einsetzte. Für die Bewegung zu den Ausgangsstellungen des Angriffs galt auf allen Wegen und Straßen Einbahnverkehr. Straßen durften nicht markiert werden, damit Agenten des Gegners nichts bemerkten. Für Soldaten, die ausfielen, standen Rettungswagen bereit. Nachts flogen ständig Flugzeuge der Marke Fieseler Storch in geringer Höhe umher, um die Fortschritte zu kontrollieren und verbotene Lichter aufzuspüren, aber auch um Motorengeräusche der Fahrzeuge zu übertönen.[25] Die Zivilbevölkerung wurde scharf kontrolliert. Sämtliche Telefonverbindungen in der Eifel mussten unterbrochen werden. Gestapo-Offiziere schwärmten aus, um all die Sicherheitsmaßnahmen zu kontrollieren. Volksgrenadierdivisionen wurden angewiesen, ihren Männern Soldbücher und Ausweisdokumente abzunehmen, damit man sie als Spione erschoss, falls sie desertieren sollten.[26]

Ein fiktives Stabsquartier nördlich von Aachen, das Befehle sendete, sollte den Eindruck erwecken, dort stehe die 6. Panzerarmee bereit, bei einer erwarteten amerikanischen Offensive über die Rur zurückzuschlagen. Außerdem wurde eine fiktive 25. Armee ins Leben gerufen, so wie die Alliierten vor dem D-Day eine 1. US-Armeegruppe in Ostengland erfunden hatten. Manteuffel persönlich »setzte Anfang Dezember in einem Restaurant das Gerücht in Umlauf, wir bereiteten für Januar einen Angriff an der Saar vor. Ich verkündete das während eines gemeinsamen Abendessens mehreren meiner Kommandeure mit lauter Stimme.«[27]

Währenddessen wiederholte Goebbels gebetsmühlenartig das Mantra der Nazi-Führung: »Die politische Krise im feindlichen Lager wächst von Tag zu Tag.«[28] Aber viele ihrer treuesten Gefolgsleute konnte diese Botschaft der

Hoffnung nicht überzeugen. Sie glaubten nur, dass sie keine andere Wahl hatten, als bis zum bitteren Ende zu kämpfen. Ein geheimer Mitschnitt der Äußerungen eines gefangen genommenen Standartenführers der Waffen-SS enthüllte, wie diese Unbelehrbaren damals dachten: »Wir sind doch alle schon in der Penne erzogen worden, den Kampf des Leonidas in den Thermopylen als den höchsten einer Opferung für ein Volk anzusehen«, sagte er zu einem Offizierskameraden. »Das ist nun mal aber das, woran alles andere sich knüpft, und wenn eben das ganze deutsche Volk ein Volk von Soldaten wurde, dann hat es eben unterzugehen. Denn dadurch, dass Sie als Menschen denken und sagen: ›Mensch, jetzt ist es ja aus mit unserem Volk, es hat ja keinen Zweck, das ist ja Mist‹, glauben Sie denn, dadurch sparen Sie wesentlich an Blutopfern? Glauben Sie, dadurch werden etwa die Friedensbedingungen anders? Doch wohl nicht. Auf der anderen Seite steht es fest, dass ein Volk, das einen derartigen Schicksalskampf nicht bis zum Letzten durchgefochten hat, überhaupt nicht mehr auferstanden ist als Volk.«[29]

Die Vision, Deutschland könnte wie Phönix aus der Asche neu erstehen, war unter strenggläubigen Nazis weit verbreitet. »Also das Einzige ist weiterkämpfen, durchhalten bis zum Letzten«, sagte Generalleutnant Heim, »auch wenn alles kaputtgeht. Ein Volk, das bis zum letzten Augenblick kämpft, findet gerade darin die moralische Stärke zum Wieder-Aufstehen; ein Volk, das die Flinte ins Korn wirft, ist erledigt für alle Zeiten, das beweist die Geschichte.«[30]

Die Spannungen zwischen der Waffen-SS und der deutschen Wehrmacht wuchsen, weil Hitler darauf bestand, beim Rückzug zuerst SS-Einheiten zu retten, während man Wehrmachtsdivisionen als Nachhut zurückließ. Und eine vermeintliche Beleidigung vergaß die SS nie. Ein Offizier der 17. SS-Panzergrenadierdivision behauptete, bei der Flucht aus dem Kessel von Falaise am Ende der Schlacht um die Normandie habe Generalleutnant Freiherr von Lüttwitz von der 2. Panzerdivision es abgelehnt, ein Fahrzeug bereitzustellen, das den am Bein verwundeten Kommandeur der SS-Division »Leibstandarte Adolf Hitler« evakuieren sollte. »Was für ein schmutziger Trick!«, behauptete der SS-Mann. Lüttwitz selbst sei vom Kommandeur eines SS-Panzergrenadierbataillons gerettet worden.[31]

»Vielfach wurde erklärt«, räumte General Warlimont ein, »die SS betrachte sich nicht länger als der Wehrmacht zugehörig, sondern habe ihre eigene Organisation.«[32] Sepp Dietrich verlangte, dass seine 6. Panzerarmee als SS-Panzerarmee bezeichnet werde. Das wurde jedoch abgelehnt, weil auch Nicht-SS-Einheiten unter seinem Befehl standen. Dietrich seinerseits weigerte sich, den General der Artillerie Kruse als Chef seiner Artillerie zu akzeptieren, da er nicht der Waffen-SS angehörte.[33] Wie viele andere hielt Manteuffel von Dietrich als General wenig. Er war der Meinung, die 6. Panzerarmee werde »nicht als einheitliche Formation befehligt, und ihre Truppenteile kämpften nicht mit demselben Pflichtbewusstsein wie Divisionen der Wehrmacht«.[34] Hohe Wehrmacht-Offiziere sahen in Dietrich einen schlechten Witz. Als er nach den Zielen seiner Panzerarmee am ersten und zweiten Tag der Offensive gefragt wurde, soll er geantwortet haben: »Ziele, Ziele! Wenn ich jedem Ziele stellen müsste, wo käme ich da hin? Ihr Generalstabsoffiziere!«[35]

Noch vernichtender urteilte Oberstleutnant von der Heydte, nachdem er Dietrich aufgesucht hatte, um mit ihm den Absprung seiner Fallschirmjäger im Vorfeld der 6. Panzerarmee zu besprechen. Er meinte, Dietrich posiere gern als »Volksgeneral«, sei aber »ein eingebildeter, rücksichtsloser Militärführer mit dem Wissen und den Fähigkeiten eines guten Feldwebels. Er hat keinerlei moralische Skrupel.«[36] Heydte war zwar deutscher Nationalist, verachtete aber die Nazis. Der Cousin von Oberst Claus Graf von Stauffenberg ärgerte sich furchtbar über einen Fragebogen nach dem 20. Juli, auf dem er beantworten sollte, ob er mit einem Adelsgeschlecht nichtdeutschen Blutes oder mit dem ehemaligen deutschen Herrscherhaus verwandt, ob er im Ausland oder in einem Jesuiteninstitut ausgebildet worden sei.[37] Als Heydte Dietrich nach dessen Gesamtplan fragte, konnte der nur antworten, sie stürmten bis Antwerpen »und machen dann die ganzen Engländer zur Sau«.[38]

Friedrich August von der Heydte, ehemals Kommandeur des Fallschirm-Lehrbataillons, erfuhr von seiner Mission durch Generaloberst Kurt Student am Abend des 8. Dezember in dessen Stabsquartier in Holland. »Der Führer hat einen Fallschirmjägerangriff im Rahmen einer mächtigen Offensive befohlen«, erklärte ihm Student. »Sie, mein lieber Heydte, haben Befehl, diese Aufgabe auszuführen.«[39] Er sollte eine Kampfgruppe von 1200 Mann aufstellen, die hinter den feindlichen Linien abzuspringen und wichtige Straßenkreuzungen zu besetzen hatte. Student lehnte Heydtes Vorschlag ab, dessen Fallschirmjägerregiment 6 dafür einzusetzen. Das konnte vom Feind bemerkt werden, aber Geheimhaltung sei entscheidend.

Die »Kampfgruppe Heydte« sollte am ersten Abend der Aktion südlich von Eupen abspringen. Ihr Auftrag war es, amerikanische Verstärkung aus dem südlich gelegenen Bereich Aachen aufzuhalten. In den zwei folgenden

Tagen bekam Heydte seine Männer und schickte sie für eine kurze, intensive Vorbereitung nach Sennelager. Hitlers Weigerung, nach den schweren Verlusten auf Kreta im Jahr 1941 weitere Luftlandeoperationen zuzulassen, bedeutete, dass viele der Soldaten nie eine richtige Ausbildung erhalten und selbst einige der Altgedienten seit jener Invasion kein Flugzeug mehr bestiegen hatten.

Heydte fuhr dann zu General Peltz nach Limburg, um über die Anforderungen an die Flugzeuge zu sprechen. Er war nicht beeindruckt. »Die Messe des XII. Fliegerkorps unter dem Befehl von Peltz in Limburg war voller französischer Mädchen«, notierte er.*[40] Peltz klagte über die katastrophale Lage und erklärte: »Das sind die letzten Betriebsstoffreserven, die Deutschland hat, die werden in dieses Ardennen-Unternehmen hineingehetzt.«[41] Heydte erfuhr, dass 112 Transportflugzeuge vom Typ Junkers 52 für die Mission bereitstanden. Aber die Hälfte der Piloten hatte niemals Fallschirmjäger abgesetzt, war nicht über feindlichem Gebiet geflogen oder für den Formationsflug ausgebildet. »Nur zwei Flugzeugführer waren alte Stalingradflieger«, notierte er und meinte damit ältere Piloten, die im Dezember 1942 mehrfach in den Kessel von Stalingrad geflogen waren bei dem verzweifelten Versuch, Paulus' 6. Armee, die dort festsaß, zu versorgen.[42]

Am 11. Dezember suchte Heydte in Begleitung seines erfahrensten Piloten den General der Flieger Josef Schmid auf, den unfähigsten Aufklärungsoffizier, den die Wehrmacht je hervorgebracht hatte. Schmid hatte während der Schlacht um England stets darauf beharrt, dass das Jagdkommando der Royal Air Force am Ende sei. Trotzdem hatte Göring diesen Speichellecker geschützt und befördert. Schmid, »der stark unter Alkoholeinfluss stand«, erklärte: »Erfolg oder Misserfolg des deutschen Angriffs auf Antwerpen wird den Krieg entscheiden.«[43] Schmid wies Heydte an, seine Einheit in zwei Gruppen aufzuteilen. Eine sollte westlich von Malmédy und die andere bei Eupen abspringen. Heydte erklärte, das sei lächerlich. Die beiden Teilgruppen seien zu klein, um Wirkung zu erzielen, denn viele Männer würden die Absprungzone gar nicht erreichen. Als Heydte warnte,

---

* Es ist erstaunlich, in wie vielen Berichten aus jener Zeit junge Französinnen erwähnt werden, die ihre Geliebten auf dem Rückzug nach Deutschland begleiteten, weil sie wussten, dass die Résistance an ihnen wegen »horizontaler Kollaboration« Vergeltung üben werde. Man kann sich allerdings nur schwer vorstellen, was aus ihnen geworden ist. Viele von ihnen müssen in den schweren Kämpfen der letzten sechs Kriegsmonate ihre »Beschützer« verloren haben. Und bei den deutschen Frauen, die überzeugt waren, dass die Französinnen seit 1940 nichts anderes getan hatten, als ihre Männer zu verführen, fanden sie gewiss keine positive Aufnahme.

die mangelhafte Ausbildung der Piloten und Fallschirmjäger sei so schwerwiegend, dass die Operation scheitern könnte, belegte Schmid seine beiden Besucher mit Flüchen und wies ihnen die Tür, weil sie die Fähigkeiten des Luftwaffenpersonals infrage stellten.

Nach einer langen Nachtfahrt suchte Heydte Generalfeldmarschall Model in einem Jagdhaus südlich von Münstereifel auf. Model äußerte sich ungeschminkt. Er sagte, die Operation sei nicht seine Idee, und stellte die Frage, ob die Erfolgsaussichten nicht bei eins zu zehn stünden. Heydte musste einräumen, dass dies durchaus so sein könne. Model soll geantwortet haben: »Die ganze Offensive hat nicht mehr als zehn Prozent Aussicht auf Erfolg«, aber »es ist die letzte Chance, den Krieg günstig zu beenden«.[44] Model schickte Heydte weiter zu Sepp Dietrich, dessen Stab nur eine halbe Autostunde in südlicher Richtung lag.

Während Heydte fast den ganzen Vormittag warten musste, um zu Dietrich vorgelassen zu werden, berichtete ihm eine Ordonnanz von dem Geheimplan für Sabotageoperationen einer Kampfgruppe unter Führung von Otto Skorzeny – ein erstaunlicher Verstoß gegen die Sicherheitsvorschriften, für den der Mann hätte erschossen werden können. Schließlich wurde Heydte in Dietrichs Arbeitszimmer geführt. Nach Heydtes Eindruck wirkte Dietrich wie »ein alter Unteroffizier, der dem Schnaps verfallen war«.[45] Dietrich eröffnete das Gespräch mit der Frage: »Was könnt ihr Fallschirmjäger überhaupt ausrichten?« Heydte antwortete, wenn man ihm den konkreten Auftrag mitteile, dann könne er beurteilen, ob er erfüllbar sei oder nicht. Da er keine klare Antwort erhielt, fragte er, was über die Feindlage in der Region seines Fallschirmeinsatzes bekannt sei. »Bekannt waren nur«, so Heydte, »die an der Front in vorderster Linie eingesetzten amerikanischen Verbände. Was dahinter stand – ob nur ›ein paar Etappenhengste und Judenjungen‹, wie Sepp Dietrich meinte, oder taktische und operative Reserven – konnte mir niemand sagen.«[46]

Später in der Gefangenschaft unterhielt Heydte Offizierskameraden mit seiner Version dieses Dialogs, wobei er Dietrichs starken schwäbischen Akzent nachahmte. Als er, Heydte, einige Probleme darzustellen versuchte, vor denen die Operation stand, erklärte Dietrich, er halte das für Defätismus. Die Offensive werde die Amerikaner vernichten.

»Die werden wir zur Sau machen!«, rief er aus.

»Herr Oberstgruppenführer, was ist mit dem Feind?«

»Gott, das weiß ich auch nicht, das werden Sie schon sehen.«

»Wen senden Sie dann zuerst?«

»Das kann ich jetzt nicht sagen. Wer zuerst hinkommt.«
»Als ich ihm daraufhin sagte, dass man nur bei einem bestimmten Wind springen könnte, sagte er: ›Ja, für die Unzulänglichkeit der Luftwaffe kann ich doch nichts. Da sieht man wieder, dass die Luftwaffe nichts taugt.‹«[47]
Das einzige nützliche Ergebnis dieses bizarren Gesprächs bestand darin, dass Dietrich einwilligte, Heydtes Truppe nicht aufzuteilen. Weitere Informationen erhielt er von Dietrichs Stabschef, SS-Brigadeführer Krämer, »einem total überforderten und überarbeiteten Mann«. Das konnte kaum überraschen, denn er hatte Dietrichs gesamte Arbeit zu erledigen. Krämer teilte ihm mit, die Panzerspitzen der 12. SS-Division »Hitlerjugend« würden »binnen 24 Stunden« bei ihm sein.[48] Heydte verlangte, dass ein vorgeschobener Artilleriebeobachter gemeinsam mit seinen Männern abspringen solle. Ihm wurde SS-Obersturmführer Etterich zugeteilt. Dann hörte Heydte, der Absprung sei für den 16. Dezember zwischen 4.30 und 5.00 Uhr morgens vorgesehen, unmittelbar bevor der Artilleriebeschuss einsetzen sollte. Transportmittel wurden zugesagt, um seine Einheit zu den Flugplätzen Paderborn und Lippspringe zu bringen.

Die andere Spezialoperation, die das OKW plante, war ein Kommandounternehmen, bei dem ausgewählte Männer in erbeuteten amerikanischen Fahrzeugen und Uniformen durch die Linien der Alliierten schlüpfen und in deren Hinterland für Chaos sorgen sollten. Hitler hatte SS-Obersturmbannführer Otto Skorzeny bereits am 21. Oktober nach Ostpreußen befohlen, um ihn persönlich einzuweisen, lange bevor Rundstedt oder Model etwas von der Offensive wussten. »Skorzeny«, sagte Hitler, »dieser Auftrag wird der wichtigste in Ihrem Leben sein.«[49] Skorzeny, ein Zwei-Meter-Mann mit einer großen Narbe auf der rechten Wange, überragte deutlich den gebeugten, kränklichen Führer. Heydte beschrieb den riesigen Österreicher als »eine typische üble Nazi-Erscheinung«, der »ausgesprochene SS-Methoden« anwandte. »Da hat er sich auch so ein Spezialkorps, so ein paar Leute angelacht, auch so Gesinnungsgenossen von ihm.«[50] Auch der General der Panzertruppen von Thoma sah in Skorzeny einen österreichischen Verbrecher und beschrieb ihn mit den Worten: »Das ist ein ganz rüder Hund gewesen. … Erschießen ist viel zu billig!«[51]
Skorzeny erhielt unbegrenzte Vollmachten, um seine Mission vorzubereiten. Bei dem Stichwort »Reichsführer-Befehl« bekamen seine Offiziere alles, was sie wollten.[52] Offiziere und Unteroffiziere aus Heer, Waffen-SS, Kriegsmarine und Luftwaffe, die Englisch sprachen, fast die Hälfte von der

Marine, wurden für »Dolmetscherdienste« in das Lager Schloss Friedenthal bei Oranienburg befohlen. Dort wurden sie von SS-Offizieren auf Englisch verhört. Man erklärte ihnen, sie sollten einer als Panzerbrigade 150 bezeichneten Sondereinheit angehören. Sie wurden auf strikte Geheimhaltung eingeschworen. Sie hatten ein Blatt zu unterschreiben, auf dem stand: »Alles, was ich über den Einsatz der Panzerbrigade 150 weiß, ist geheim. Auch nach dem Krieg besteht Geheimhaltung. Zuwiderhandlung wird mit dem Tode bestraft.«[53] Ihr Kommandeur, ein Oberstleutnant mit dem wunderbaren Namen Musculus, hatte blondes Haar und die Blessuren aus seiner Zeit in einer schlagenden Studentenverbindung im Gesicht. Er versprach, dass die Aktionen von Panzerbrigade 150 »entscheidende Wirkung auf den Kriegsverlauf« haben würden.[54]

Leutnant zur See Müntz, ein junger Marineoffizier, wurde mit allen anderen nun in das schwer bewachte Lager Grafenwöhr verlegt. Er erhielt den Auftrag, bis zum 21. November aus Kriegsgefangenenlagern 2400 amerikanische Uniformen, darunter zehn Generals- und 70 Offiziersuniformen, zu beschaffen. Zunächst suchte Müntz die für die Kriegsgefangenen zuständige Behörde in Berlin auf. Dem verantwortlichen Offizier, Oberst Meurer, verschlug es fast die Sprache, als ihm ein von Hitler persönlich unterzeichneter Führerbefehl vorgelegt wurde. Er erwähnte, nach internationalem Recht sei eine solche Aktion illegal, fertigte aber schriftliche Anweisungen an alle Lagerkommandanten aus. Mit einem Lkw und mehreren Helfern machte sich Müntz auf den Weg, Uniformen, Personalpapiere, Soldbücher und Ähnliches einzusammeln. Allerdings stießen sie auf große Schwierigkeiten, in den Gefangenenlagern das Nötige zu erhalten. In Fürstenberg an der Oder weigerte sich der Lagerkommandant, 80 amerikanischen Soldaten die Uniformjacken abzunehmen. Müntz wurde nach Grafenwöhr zurückbeordert. Man befürchtete, das Rote Kreuz könnte von dem Streit erfahren und die Alliierten informieren. Seine Mission scheiterte zum Teil auch deswegen, weil Winteruniformen bei der U.S. Army rar waren, worunter bereits die GIs im Hürtgenwald, in Lothringen und im Elsass gelitten hatten.[55]

In Grafenwöhr hatten alle Ränge den militärischen Gruß nur noch auf amerikanische Art zu erweisen; sie erhielten Rationen der U.S. Army und wurden in die wenigen Uniformen gesteckt, die Müntz und seine Gruppe beschafft hatten. Befehle wurden ausschließlich auf Englisch gegeben. Man führte ihnen amerikanische Filme und Wochenschauen vor, damit sie idiomatische Wendungen wie »chow-line« [»Schlange zum Essenfassen« – d. Ü.]

kennenlernen und ihre Aussprache verbessern konnten. Täglich wurden ihnen zwei Stunden lang amerikanisches Englisch und amerikanische Sitten beigebracht, zum Beispiel, wie man beim Essen »das Messer ablegt und nur die Gabel benutzt«. Man zeigte ihnen, wie Amerikaner mit der Zigarette gegen die Packung klopfen. Sie erhielten eine Ausbildung in den üblichen Aktivitäten von Kommandotruppen – Nahkampf, Zerstörung und Gebrauch von Feindwaffen.[56]

Als immer mehr Einzelheiten über die bevorstehende »Operation Greif« – so nannte man das Unternehmen – mitgeteilt wurden und bei manchen Auserwählten Zweifel aufkamen, ob sie in amerikanischen Uniformen agieren könnten, drohte ihnen SS-Obersturmbannführer Hadick. Er »hob hervor, dass Führerbefehle bedingungslos ausgeführt werden müssen und jeder, der sie verweigert, zum Tode verurteilt wird«. Die Stimmung sank weiter, als Cyanidampullen »in einem billigen Feuerzeug versteckt, ausgegeben wurden«.[57]

Männer, die von SS-Einheiten kamen, verehrten Skorzeny nach seinen Erfolgen in Italien und Budapest geradezu als Superhelden, während sein Verhalten ihnen gegenüber »von betonter Kameradschaft« geprägt war.[58] Einer schrieb später: »Er war unser Piratenkapitän.«[59] Im Lager schwirrten Gerüchte darüber umher, was ihre wahre Aufgabe sein werde. Manche glaubten, sie seien Teil einer Luftlandeoperation, um Frankreich erneut zu besetzen. Skorzeny selbst behauptete später, er habe verbreitet, dass einige Gruppen den Auftrag erhielten, sich nach Paris durchzuschlagen und General Eisenhower zu entführen.

Die »Kampfgruppe Skorzeny« wurde in eine Kommandotruppe, die Einheit Steilau, und die Panzerbrigade 150 aufgeteilt. Für die Kommandoeinheit wählte Skorzeny unter den 600 Englischsprechern 150 Mann aus. Zumeist mit Jeeps und amerikanischen Uniformen ausgerüstet, waren dies Sabotagegruppen, die Munitions- und Brennstofflager, ja sogar Brücken sprengen sollten, ferner Aufklärungsgruppen, welche die Wege in Richtung Maas zu erkunden und die Stärke des Gegners zu ermitteln hatten. Dazu weitere Teams, die durch das Kappen von Leitungen und die Verbreitung falscher Befehle Durcheinander im Kommunikationsnetz der Amerikaner schaffen sollten. In jedem Jeep saßen vier Mann, was sich als Fehler herausstellte, denn das war für amerikanische Fahrzeuge ungewöhnlich. Jedes Team hatte einen »Sprecher«, dessen Amerikanisch am besten klang. Als die deutschen Soldaten in amerikanischen Uniformen auf den Start ihrer Jeeps warteten, waren sie natürlich nervös. Um sie zu beruhigen, teilte ihnen ein

Stabsoffizier mit, dass »laut deutschem Rundfunk hinter den deutschen Linien US-Soldaten in deutschen Uniformen gefasst wurden. … Man wird nachsichtig mit ihnen umgehen und sie wie Kriegsgefangene behandeln.«[60]

Die Panzerbrigade 150 war wesentlich stärker. Die Unterstützungseinheiten eingerechnet, gehörten ihr fast 2000 Mann an. Sie bestand aus einem Bataillon Fallschirmjäger, zwei Kompanien Panzer mit einer Mischung aus Sherman M-4 und leidlich getarnten Panthern sowie mehreren Kompanien Panzergrenadiere. Für den Fall, dass sie eine der Maasbrücken in Andenne, Huy oder Amay zu sichern hatte, war sie mit schweren Mörsern und panzerbrechenden Geschützen ausgerüstet. Laut Plan sollte sie nach Erreichen des Plateaus des Hohen Venns auf der Höhe von Spa den Panzerspitzen über Seitenstraßen und Wege vorauseilen. Bei Tageslicht sollte sie sich versteckt halten, nur bei Dunkelheit mit Höchstgeschwindigkeit in Richtung der drei Brücken fahren und diese besetzen.[61]

Skorzeny hatte auch Pläne, die fünf Brücken über den Oberrhein in Basel zu sprengen, falls die Alliierten in die Schweiz eindringen sollten, um die deutsche Verteidigung im Süden zu umgehen.[62] Das SHAEF erkundete am 5. Dezember in der Tat die Möglichkeit, die deutschen Truppen im Süden über Schweizer Gebiet zu umgehen, aber Eisenhower verwarf diese Idee.[63] (Stalin, der die Schweizer hasste, hatte die Alliierten auf der Konferenz von Teheran ein Jahr zuvor gedrängt, Süddeutschland über die Schweiz anzugreifen.)

Als der Tag X für die Ardennen-Offensive näher rückte, wurde das Codewort »Wacht am Rhein« durch »Herbstnebel« ersetzt. Da die Verzögerungen bei der Anlieferung von Treibstoff und Munition immer größer wurden, musste der Angriff auf den 16. Dezember im Morgengrauen verschoben werden. Insgesamt waren 1050 Militärzüge vonnöten, um die Divisionen zu den Konzentrationsräumen zu bringen. Jede Panzerdivision brauchte allein 70 Eisenbahnzüge.[64]

Bislang war unterhalb der Ebene der Korpskommandeure niemand informiert. Aber SS-Obersturmbannführer Joachim Peiper von der 1. SS-Panzerdivision »Leibstandarte Adolf Hitler« erriet, was bevorstand, als der Stabschef der 6. Panzerarmee, Krämer, am 11. Dezember eine hypothetische Offensive in der Eifelregion erörtern wollte. Er fragte Peiper, wie lange ein Panzerregiment wohl brauche, um bei Nacht 80 Kilometer zurückzulegen. Um seiner Antwort sicher zu sein, führte Peiper persönlich mit einem Panther bei Dunkelheit eine Testfahrt über diese Entfernung durch. Dabei wurde ihm klar, dass es wesentlich komplizierter sein würde, eine ganze Division über eine solche Distanz zu bewegen. Was er und seine Vorgesetzten unterschätzt hatten, waren der Zustand der Straßen und der aufgeweichte Boden in den Ardennen.

An diesem Tag fuhr Hitler mit einer langen Kolonne riesiger schwarzer Mercedes vor dem Führerhauptquartier im Westen, dem »Adlerhorst«, vor. Seine größte Sorge galt der Geheimhaltung. Er war nervös geworden, als Bomber der Alliierten die Stadt Düren, das wichtigste Kommunikationszentrum direkt hinter der Ausgangslinie der Operation, in Schutt und Asche legten. Neuerdings wurde er von ganz unvorhersehbaren Stimmungsschwankungen befallen, die von totaler Niedergeschlagenheit bis zu grundlosem Optimismus reichten. Laut seinem Luftwaffenadjutanten Oberst Below sah er »die deutschen Angriffsspitzen schon in Antwerpen«.[65]

Am nächsten Morgen wurde Sepp Dietrich in Hitlers Bunker gerufen, der unter Attrappen von Bauernhäusern versteckt war. »Ist Ihre Armee bereit?«, fragte Hitler ihn ohne Umschweife.

»Nicht für eine Offensive«, will Dietrich geantwortet haben, wie er später behauptete.

»Sie sind wohl nie zufrieden«, bemerkte der »Führer«.[66]

Am späten Nachmittag dieses Tages wurden die Divisionskommandeure in Bussen zum »Adlerhorst« gebracht, wo Hitler zu ihnen sprechen wollte. Jeder Offizier wurde von SS-Wachleuten durchsucht, musste Pistole und Aktentasche abgeben. Um 18.00 Uhr schleppte sich Hitler auf die Bühne. Diejenigen Generale, die ihn einige Zeit nicht gesehen hatten, waren schockiert über seinen körperlichen Verfall, die bleiche Gesichtsfarbe, die hängenden Schultern und das Zittern eines Armes. Von Keitel und Jodl flankiert, nahm er an einem Tisch Platz.

Er begann mit einer langen Selbstrechtfertigung, weshalb Deutschland in diesem Stadium des Krieges in einem derartigen Zustand war. Ein »Präventivkrieg« sei notwendig gewesen, um das deutsche Volk zu einen und weil »ein Leben ohne Lebensraum nicht denkbar« sei. Keine Sekunde verschwendete er an den Gedanken, wie andere Nationen darauf reagieren könnten. Jeder Widerstand galt ihm als Verschwörung gegen Deutschland.

»Entschieden werden aber die Kriege endgültig durch die Erkenntnis bei dem einen oder anderen, dass der Krieg als solcher nicht mehr zu gewinnen ist. Diese Erkenntnis dem Gegner beizubringen ist daher die wichtigste Aufgabe. Am schnellsten wird ihm diese Erkenntnis durch die Vernichtung seiner lebendigen Kraft, durch Besetzung eines Territoriums beigebracht.

Ist man selbst zur Abwehr, zur Defensive gezwungen, dann ist es erst recht die Aufgabe, von Zeit zu Zeit durch rücksichtslose Schläge dem Gegner wieder klarzumachen, dass er trotzdem nichts gewonnen hat, sondern dass der Krieg unentwegt weitergeführt wird.«

Hitler erinnerte die versammelten Generale daran, dass einige von ihnen 1940 gefürchtet hätten, den Krieg gegen Frankreich offensiv zu führen. Er behauptete, die Amerikaner hätten »in der Zeit von knapp drei Wochen etwa 240 000 Mann verloren. ... Mag der Gegner mehr Panzer zur Verfügung haben, aber wir haben in unseren neuesten Typen die besseren Panzer.« Deutschland stehe in einem Ringen, das früher oder später kommen musste. Der Angriff habe mit größter Rücksichtslosigkeit geführt werden müssen. Man müsse »dem Gegner klarmachen, dass, ganz gleich, was er auch tut, er nie auf eine Kapitulation rechnen kann, niemals, niemals«.[67]

Danach fuhren die Generale zum nahe gelegenen Schloss Ziegenberg, einem düsteren Bauwerk im neugotischen Stil, um Rundstedt in seinem Stabsquartier zum 69. Geburtstag zu gratulieren. Nach Feiern war niemandem zumute. Laut Dietrich wagten sie auch nicht, über die Offensive zu diskutieren, weil auf jegliche Erwähnung dieses Ereignisses die Todesstrafe stand.

Am 13. Dezember suchte Dietrich das Stabsquartier der Heeresgruppe B auf. Model sagte zu ihm, dies sei die am schlechtesten vorbereitete Offensive dieses Krieges.[68] Rundstedt notierte später, dass von den 32 versprochenen Divisionen vier, darunter die 11. Panzerdivision und die 17. SS-Panzergrenadierdivision, unmittelbar vor dem Angriff abgezogen wurden. Nur 22 wurden für die Eröffnung der Offensive aufgestellt. Der Rest wurde als OKW-Reserve zurückgehalten. Während die meisten Generale, was die Chancen der Operation betraf, äußerst skeptisch waren, wollten jüngere Offiziere und Unteroffiziere, insbesondere der Waffen-SS, unbedingt den Erfolg.

Peipers Regiment erhielt den Marschbefehl, sich von seinem Standort östlich von Düren zum Konzentrationsraum hinter der Front zu begeben. Nach Einbruch der Dunkelheit setzten sich die Fahrzeuge in Bewegung und folgten den gelben Pfeilen, die ihren Weg markierten. Sie trugen keinerlei Divisionsembleme oder -nummern. Die Nacht und der darauffolgende Morgen waren neblig, was es ihnen ermöglichte, von der alliierten Luftaufklärung unbemerkt die Konzentrationsräume zu erreichen. Auch andere Divisionen entfernten unmittelbar vor dem Ausrücken die Divisionsembleme von den Fahrzeugen.[69]

Joachim oder »Jochen« Peiper war 29 Jahre alt und sah mit seinem straff zurückgekämmten brünetten Haar sehr gut aus. In der Waffen-SS galt er als das Idealbild eines Panzertruppenführers, ein überzeugter Nazi ohne jedes Erbarmen. In der Sowjetunion hatte er sich dadurch einen Namen gemacht, dass er Dörfer niederbrennen und sämtliche Bewohner töten ließ. Am 14. Dezember kurz vor Mittag meldete er sich im Stabsquartier der 1. SS-Panzerdivision »Leibstandarte Adolf Hitler«, wo Brigadeführer Wilhelm Mohnke die Befehle für den Tag X am 16. Dezember ausgab. Die Division war durch ein Flakregiment mit 88-mm-Kanonen, ein Bataillon mit schweren Haubitzen und ein eigenes Pionierbataillon für die Reparatur von Brücken verstärkt worden. Jede Kampfgruppe wurde von einer Einheit Skorzenys mit erbeuteten Shermans, Lkw und Jeeps begleitet, über die die Division jedoch keine Kontrolle hatte. Bei seiner Rückkehr informierte Peiper in einer Forsthütte seine Bataillonskommandeure.[70]

Erst am Abend des 15. Dezember war es den Offizieren gestattet, ihre Truppen zu benachrichtigen. Hauptmann Bär, ein Kompanieführer in der 26. Volksgrenadierdivision, sagte zu seinen Männern: »In zwölf oder vierzehn Tagen sind wir in Antwerpen, oder wir haben den Krieg verloren.« Dann fuhr er fort: »Was euch an Ausrüstung fehlt, nehmen wir amerikanischen Gefangenen ab.«[71] In den SS-Einheiten herrschte Hochstimmung wegen der Aussicht, Revanche nehmen zu können. Besonders Unterführer schienen danach gedürstet zu haben. Paris werde zurückerobert, versicherten sie einander. Viele bedauerten, dass die französische Hauptstadt der Zerstörung entgangen war, während Berlin zerbombt wurde. Die 10. SS-Panzerdivision »Frundsberg« ergriff, nachdem sie über die Offensive informiert worden war, »ein ungewöhnlicher Optimismus. Der Führer hatte... den großen Schlag im Westen befohlen.« Dort glaubte man, dass »eine erfolgreiche Offensive... auch schwerwiegende Folgen für die Moral und Kampfkraft der feindlichen Truppen« haben werde.[72] Laut der Aussage eines Offiziers der sehr erfahrenen 2. Panzerdivision war »die Kampfmoral besser als in den Tagen des Kriegsbeginns«.[73] Allein Dietrichs 6. Panzerarmee zählte über 120 000 Mann, etwa 500 Panzer und Sturmgeschütze sowie 1000 Artilleriewaffen. Manteuffels 5. Panzerarmee war mit weiteren 400 Panzern und Sturmgeschützen ausgerüstet. Das Oberkommando der Alliierten hatte nicht die geringste Ahnung, was ihm an seinem schwächsten Frontabschnitt bevorstand.

7. Kapitel

Das Versagen der Aufklärung

Hitlers Vorhersage von Spannungen im Lager der Alliierten traf ein, aber natürlich nicht in dem Maße, wie er es erhofft hatte. Sowohl Feldmarschall Sir Alan Brooke, der Chef des britischen Generalstabes, als auch Montgomery waren erneut besorgt über den langsamen Vormarsch der Alliierten, den sie Eisenhowers Unvermögen als Heerführer zuschrieben. Beide wollten einen einzigen Oberbefehlshaber der Bodentruppen, am liebsten in Person von Bernard Law Montgomery. Brooke meinte allerdings, Montgomery dränge zu sehr darauf. Er sah die politische Realität, die alles verändert hatte. Der Krieg in Nordwesteuropa war zu einer Sache der Amerikaner geworden, da Großbritannien mit aller Kraft bemüht war, weiterhin rund um den Globus Armeen zu unterhalten. Wenn es also ein einziger Oberbefehlshaber der Bodentruppen sein musste, dann sollte es nach Brookes Auffassung Bradley und nicht Montgomery sein. Aber der zart gebaute Feldmarschall hatte nichts gelernt und nichts vergessen außer sein Eisenhower gegebenes Versprechen, dass von ihm zum Thema Oberbefehl nichts mehr zu hören sein werde.

Am 28. November traf Eisenhower im Stabsquartier der 21. Armeegruppe im belgischen Zonhoven ein. Montgomery gab sich stets als viel zu beschäftigt, um seinen Oberbefehlshaber aufsuchen zu können, auch wenn an seiner Front kaum etwas passierte. Das hätte Eisenhower sich nicht bieten lassen dürfen. Nun saß er in Montys Kartenwagen, während der, auf und ab schreitend, ihm drei Stunden lang einen Vortrag darüber hielt, was alles schiefgegangen war und weshalb ein einziger Kommandeur der Bodentruppen gebraucht wurde. Montgomery war der Meinung, die natürliche Trennlinie seien die Ardennen, und er sollte alle Truppen der Alliierten nördlich davon kommandieren. Damit hätte er den größten Teil der 1. US-Armee und die gesamte 9. Armee von Generalleutnant William H. Simpson in die Hand bekommen. Leider erweckte Eisenhowers Zurückhaltung – er brachte vor Erschöpfung und Überdruss kein Wort heraus – bei Montgomery den Eindruck, das sei schweigende Zustimmung zu seiner Einschätzung, die Alliierten hätten einen »strategischen Rückschlag« erlitten, weil sie noch nicht den Rhein erreicht hatten und im Hürtgenwald ein sinnloses Blutbad hinnehmen mussten. Nach dem Gespräch behauptete der Feldmarschall zum Erstaunen seines eigenen Militäradjutanten in einem Funkspruch an Brooke in London, Eisenhower sei mit allem einverstanden gewesen, was er dargelegt habe. Und in einem Telegramm an Eisenhower vom 30. November legte Montgomery noch einmal dar, worüber sie sich nach seiner Meinung geeinigt hatten.

Am nächsten Tag suchte Eisenhower Bradley in dessen Hauptquartier im Hotel Alfa in der Stadt Luxemburg auf. Der lag im Bett und bot einen erbarmungswürdigen Anblick, denn er litt an Grippe und einem juckenden Ausschlag. Zwar war Eisenhower wütend über Montgomerys Behauptung von einem »strategischen Rückschlag«, aber der Brief, den er als Antwort diktierte, war nicht deutlich genug, um Montgomerys Panzer der Selbstgefälligkeit zu durchdringen. Für den 7. Dezember wurde ein Treffen in Maastricht vereinbart.

Am Mittwoch, dem 6. Dezember, war Eisenhower erneut in Bradleys Stabsquartier. Diesmal hatte er seinen Stellvertreter, den britischen Luftmarschall Tedder, mitgebracht, um sich vor dem Treffen mit Montgomery über die Taktik abzusprechen. Bradleys Adjutant, Major Chester B. Hansen, fürchtete, dass sein General »jämmerlich allein« dastand. »Es ist sein Wissen um diesen kritischen Augenblick, das die Nervosität verursacht hat, die sich bei ihm zum ersten Mal zeigt. Er ist nicht reizbar, aber brüsker als gewöhnlich, er wirkt erschöpft, und die leichten körperlichen Irritationen haben ausgereicht, um ihn physisch und seelisch niederzudrücken.« Eisenhower hörte ihm zu, »das ganze Gesicht in Falten, wenn er die Stirn runzelte, den Kopf tief in den Pelzkragen seiner Fliegerjacke gezogen«.[1]

Auch Bradley war verzweifelt darüber, dass die Alliierten so geringe Fortschritte machten. »Wenn wir gegen ein vernünftiges Volk kämpften, dann hätte das längst aufgegeben«, sagte er. »Aber diese Leute sind nicht vernünftig.« In seinem Tagebuch fügte Hansen hinzu: »Der Deutsche hat sich jedoch als unerwartet widerständig erwiesen und wehrt sich mit aller Kraft gegen das Sterben. ... Goebbels hat ihm erklärt, dies sei ein Kampf auf Leben und Tod, und die Schwachen fänden ihr Ende in den Arbeitslagern Sibiriens. Daher ist es kaum verwunderlich, dass sie, wie wir sehen, sich wie wild gegen unser Vorrücken wehren und wir sie in großer Zahl töten müssen.«[2] Um deutsche Soldaten davon abzuhalten, sich im Westen zu ergeben, hatte Goebbels in der Tat verbreiten lassen, die Amerikaner hätten vereinbart, alle Kriegsgefangenen den Sowjets für den Wiederaufbau ihres Landes zu übergeben. Daher seine Losung: »Sieg oder Sibirien!«[3]

Am nächsten Tag diskutierte Eisenhower mit Montgomery, Hodges und Simpson in Maastricht die nächste Etappe. Er sprach von »Hammerschlägen, die sie [die Deutschen] über die Rur und bis zum Ufer des Rheins zurückwerfen werden«. Dann äußerte Eisenhower Sorge hinsichtlich der Überquerung des Rheins. Er befürchtete, dass Minen oder Eisschollen die Pontonbrücken zerstören und so die Truppen in den zu errichtenden Brückenköpfen abschneiden könnten.[4] Feldmarschall Brooke war entsetzt gewesen, als Eisenhower ihm bereits Mitte November erklärte, die Alliierten würden den Rhein nicht vor Mai 1945 überqueren. Diese Bemerkung am Ende von Brookes Frontbesuch hatte viel zu seiner Auffassung beigetragen, Eisenhower sei der Aufgabe des Oberbefehlshabers nicht gewachsen.

Montgomery legte ein weiteres Mal seine Argumente dafür dar, nördlich des Ruhrgebiets einen konzentrierten Vorstoß über den Rhein zu unternehmen, während alle anderen amerikanischen Armeen in ihrem Vormarsch innehalten sollten. Zähneknirschend wiederholte Eisenhower seinen Standpunkt, ein Vorstoß in Richtung Frankfurt sei ebenfalls von Bedeutung, und er denke nicht daran, Patton zu stoppen. »Feldmarschall Montgomery«, heißt es in dem Vermerk über das Gespräch, »konnte nicht zustimmen, dass ein Vorstoß von Frankfurt aus irgendeinen Erfolg verspreche. Sollte er unternommen werden, dann werde weder er noch der Angriff nördlich des Ruhrgebiets stark genug sein. ... Feldmarschall Montgomery erklärte, diese Differenz über den Vorstoß in Richtung Frankfurt-Kassel sei grundsätzlicher Natur.« Um einen Konflikt zu vermeiden, suchte Eisenhower Montgomery zu überzeugen, dass ihre Differenz nicht allzu groß sei. Ohnehin werde Montgomerys 21. Armeegruppe mit Simpsons 9. Armee unter seinem Kommando die Hauptrolle zufallen.[5]

Bradley musste seinen Zorn zügeln, als Montgomery anschließend erklärte, dass »alle Operationen nördlich der Ardennen unter einem Befehl und alle südlich der Ardennen unter einem anderen stehen sollten«. Das hätte bedeutet, dass Bradley nur noch die 3. Armee geblieben wäre. Eisenhower hielt dagegen, künftige Operationen erforderten es, dass die Ruhr die Trennlinie darstellen sollte.[6] Kurz darauf sagte Bradley Eisenhower klar und deutlich seine Meinung. Sollte seine 12. Armeegruppe Montgomery unterstellt werden, so halte er sich wegen Versagens als Kommandeur von seinen Pflichten für entbunden.

Die meisten Aktionen an der Front spielten sich zu dieser Zeit im Abschnitt der 3. Armee ab. Pattons Truppen überschritten an mehreren Orten die Saar, und wenige Tage später wurde die letzte Festung in der Region von Metz genommen. »Ich denke, nur Attila [der Hunnenkönig] und die 3. Armee haben je Metz im Sturm erobert«, schrieb er mit Befriedigung in sein Tagebuch.[7] Nun bereitete Patton eine Großoffensive vor, die am 19. Dezember starten sollte. Es wäre jedoch falsch, anzunehmen, dass Montgomery nur aus Neid auf Patton gehandelt habe, wie manche vermuten. Er war viel zu sehr auf sich selbst konzentriert, um neidisch zu sein. Zudem scheint er auch kaum in der Lage gewesen zu sein, die Reaktionen anderer auf seine Worte einzuschätzen. Man kann sich durchaus fragen, ob Montgomery nicht an etwas litt, das man heute als ein hochgradiges Asperger-Syndrom bezeichnen würde.

Immer wütender machte Patton ein Element, das er nicht kontrollieren konnte – der nicht nachlassende Regen. Am 8. Dezember rief er den Geistlichen der 3. Armee, James O'Neill, an. »Hier ist General Patton. Haben Sie nicht ein wirksames Gebet für gutes Wetter?« Der Geistliche fragte, ob er zurückrufen dürfe. Da er in seinen Gebetbüchern nichts fand, verfasste er selbst das Gewünschte. »Allmächtiger und barmherziger Vater, wir flehen dich demütig an, in deiner grenzenlosen Güte diesen übermäßigen Regen zu bändigen, dem wir ausgesetzt sind. Gib uns gutes Wetter für die Schlacht. Höre in deiner Gnade uns Soldaten, die wir dich anrufen, damit wir mit deiner Macht von Sieg zu Sieg schreiten, die Willkür und Sündhaftigkeit unserer Feinde zerschmettern und dein Recht unter Menschen und Staaten errichten. Amen.« Als Patton das gelesen hatte, stimmte er sofort zu. »Lassen Sie das 250 000-mal drucken, und sorgen Sie dafür, dass jeder Mann der 3. Armee dieses Blatt erhält.« Dann wies er O'Neill an, alle sollten beten. »Wir müssen Gott bitten, diesen Regen zu stoppen. Der Regen entscheidet über Sieg oder Niederlage.«[8] Als O'Neill Patton das nächste Mal begegnete, war der General in optimistischer Stimmung. »Well, Padre«, sagte Patton, »unsere Gebete haben gewirkt. Ich wusste, dass es so kommt.« Und er klopfte ihm mit seiner Reitpeitsche auf den Helm, um seinen Worten Nachdruck zu verleihen.[9]

Im Süden stellte sich die bisher vernachlässigte 7. US-Armee im Elsass in Richtung der Nordflanke ihres Frontbogens neu auf, um Pattons Offensive in Lothringen zu unterstützen und selbst in Richtung Bitche anzugreifen. Das bedeutete, dass sich die benachbarte französische 1. Armee unter General de Lattre de Tassigny zu ihrer Linken alleingelassen fühlte. Lattre hielt seine Einheiten für unterbesetzt, zum Teil, weil so viele französische Truppen nach wie vor deutsche Garnisonen an der Atlantikküste belagerten. Das, so behauptete er, sei der Grund dafür, dass seine Armee bis dahin nicht in der Lage war, den Kessel von Colmar zu liquidieren, obwohl man ihm eine US-Infanteriedivision beigegeben hatte – ein Misserfolg, der die amerikanischen Offiziere zu zahlreichen unfreundlichen Bemerkungen veranlasste. Dazu kam, dass bei der bitteren Kälte in den Bergen der Vogesen die Moral seiner Truppen stark gelitten hatte.

Eine der großen Debatten über die Ardennen-Offensive dreht sich um die Frage, wieso die Alliierten nicht in der Lage gewesen waren, den Angriff vorauszusehen. In der Tat lagen viele einzelne Informationen vor, die auf die Absichten der Deutschen hätten hindeuten können, aber wie bei fast jeder Aufklärungspanne verwarfen hohe Offiziere alles, was nicht in ihre eigene Sicht der Dinge passte.

Hitlers Anordnung, totale Geheimhaltung zu wahren, kann von Anfang an nicht umfassend befolgt worden sein. Von einer bevorstehenden Offensive war selbst unter hohen deutschen Offizieren in britischen Gefangenenlagern die Rede. In der zweiten Novemberwoche sagte der General der Panzertruppen Eberbach laut einem geheimen Mitschnitt, dass ein gewisser Generalmajor Eberding, der nur wenige Tage zuvor gefangen genommen wurde, von einer bevorstehenden Offensive im Westen mit 46 Divisionen gesprochen habe.* Eberbach meinte, das treffe zu, und es sei ein letzter Versuch.[10] Selbst ein Leutnant von der Goltz, der bei der Eroberung der Scheldemündung auf der Insel Zuid-Beveland gefangen genommen wurde, hatte gehört, dass »jetzt im November die große Gegenoffensive kommen soll, für die sie 46 Divisionen bereitgestellt haben«.[11] Diese insgeheim aufgezeichneten Gespräche wurden von MI 19a am 28. November an das Kriegsministerium in London berichtet, das sie an das SHAEF weitergab. Aber diese hochwichtige Information scheint man dort nicht ernst ge-

---

* Das geheime Abhören der Gespräche ausgewählter deutscher Kriegsgefangener wurde vom Combined Services Detailed Interrogation Centre (CSDIC) veranlasst. Dolmetscher, meist jüdische Flüchtlinge aus Deutschland, hörten die von versteckten Mikrofonen aufgenommenen und auf Wachsplatten aufgezeichneten Gespräche ab. Niederschriften relevanten Materials wurden seit 1944 an das britische Kriegsministerium, das Marineministerium, den Geheimdienst SIS, verschiedene Ministerien und auch an das SHAEF weitergeleitet.

nommen zu haben. Zweifellos wurde sie als ein verzweifelt optimistisches Gerücht unter gefangenen Offizieren abgetan, vor allem weil die Zahl von 46 Divisionen so unmöglich hoch erschien.

In der ersten Novemberwoche sagte ein deutscher Deserteur im Verhör aus, dass Panzerdivisionen, die nach Westfalen verlegt wurden, der 6. Panzerarmee angehörten.[12] In diese Richtung wies auch die Tatsache, dass die Aufklärung des SHAEF seit mehreren Wochen nichts von der 5. Panzerarmee gehört hatte. Das SHAEF und Bradleys 12. Armeegruppe gingen davon aus, dass die Deutschen einen starken Gegenangriff vorbereiteten für den Fall, dass die Amerikaner die Rur überschreiten wollten. Ein deutscher Störangriff vor Weihnachten wurde ebenfalls für möglich gehalten, aber kaum jemand erwartete ihn aus Richtung Eifel und durch die Ardennen, obwohl die Deutschen diesen Weg 1870, 1914 und 1940 genommen hatten.

Die Alliierten konnten einfach nicht glauben, dass die Deutschen in diesem geschwächten Zustand eine ambitionierte strategische Offensive wagen würden, da sie ihre Kräfte für den Ansturm der Roten Armee unter Winterbedingungen schonen mussten. Ein solches Vabanquespiel passte einfach nicht zum Stil des Oberbefehlshabers West, Generalfeldmarschall Gerd von Rundstedt. Das traf zu, aber das alliierte Oberkommando hatte Hitlers manischen Zugriff auf die Hebel der militärischen Macht stark unterschätzt. Hohe Offiziere wurden stets dazu angehalten, sich in ihren Gegner hineinzuversetzen, aber es kann sich als Fehler herausstellen, wenn man von sich auf den Feind schließt. Jedenfalls war man im SHAEF der Meinung, dass es den Deutschen an Treibstoff, Munition und Kraft fehle, einen gefährlichen Vorstoß zu wagen. Außerdem war die Luftüberlegenheit der Alliierten so hoch, dass eine deutsche Offensive ins freie Gelände ihnen sicherlich in die Hände spielen würde. Auch das *Joint Intelligence Committee* (Gemeinsames Geheimdienstkomitee) in London war zu dem Schluss gekommen, dass »Deutschlands lähmende Ölknappheit die größte Einzelschwäche seiner Widerstandsfähigkeit darstellt«.[13]

Truppenbewegungen der Wehrmacht in die Eifel bei Bitburg wurden zwar festgestellt, aber andere Divisionen schienen weiterzuziehen, sodass man annahm, dieser Raum sei nur eine Zwischenstation oder ein Ort, an dem neue Einheiten vorbereitet wurden. Unglücklicherweise maß man den Ardennen nur geringe Priorität bei der Luftaufklärung zu, und wegen des schlechten Wetters wurden nur wenige Flüge dorthin unternommen. Ganze sechs Tage vor dem Großangriff in den Ardennen kam der Stab von Troy H. Middletons VIII. Korps in Bastogne zu dem Schluss: »Die gegenwärtige Praxis des Feindes, neue Divisionen in diesen Sektor zu bringen, um Fronterfahrung zu sammeln und sie dann für den Einsatz andernorts abzuziehen, weist darauf hin, dass er diesen Frontbereich ruhig und inaktiv halten will.«[14] Frei nach dem bekannten Spielkartentrick »Find the Lady« tauschten die Deutschen ihre Einheiten gegeneinander aus, um die Aufklärung der Alliierten zu verwirren.

Der Stab von Pattons 3. Armee bemerkte den Abzug deutscher Panzereinheiten von seinem Frontabschnitt, und ihr Chefaufklärer, Oberst Oscar W. Koch, fürchtete, dass das VIII. Korps in den Ardennen sehr angreifbar sei. Daraus zogen viele, auch General Bradley, den Schluss, dass die Deutschen einen Störangriff vorhaben könnten, um Pattons Generaloffensive zu sabotieren, die am 19. Dezember beginnen sollte. Einige andere Aufklärungsoffiziere taten im Nachhinein schlau und behaupteten, sie hätten eine deutsche Großoffensive vorhergesagt, aber niemand habe auf sie gehört. In der Tat sagten manche beim SHAEF und in Bradleys 12. Armeegruppe einen Angriff voraus, und einige wenige kamen dem Zeitpunkt sogar sehr nahe, aber keiner identifizierte die Ardennen rechtzeitig als den bedrohten Frontabschnitt.

Eisenhowers oberster Aufklärungsoffizier Generalleutnant Strong nannte eine Offensive in den Ardennen als eine von mehreren Optionen. Damit hatte er Eisenhowers Stabschef Bedell Smith in der ersten Dezemberwoche stark beeindruckt. Bedell Smith beauftragte Strong, nach Luxemburg zu fahren und Bradley zu warnen, was Strong auch tat. In dem Gespräch sagte Bradley, er sei sich »der Gefahr bewusst«, und habe einige Divisionen dafür vorgesehen, in die Ardennen einzurücken, falls der Feind dort angreifen sollte.[15]

Die umstrittenste Kassandra war Oberst B. A. Dickson, der G-2 (oberster Aufklärungsoffizier) der 1. US-Armee. Dickson, eine schillernde Persönlichkeit, fand kein großes Vertrauen bei seinen Vorgesetzten, weil er einmal das Pech hatte, deutsche Divisionen im Westen zu vermuten, die dann an der Ostfront auftauchten. In einem Bericht vom 10. Dezember wies er auf eine gewisse Hochstimmung unter deutschen Kriegsgefangenen hin, die er als eine neue Selbstsicherheit deutete. Zwar stellte er eine Konzentration von Panzern in der Eifel fest, sagte aber voraus, dass der Angriff am 17. Dezember weiter nördlich in der Gegend von Aachen erfolgen werde. Mehrere Kriegsgefangene hatten von einem Angriff zur Rückeroberung Aachens »als Weihnachtsgeschenk für den Führer« gesprochen.[16] Am 14. Dezember erhielt Dickson das Protokoll der Aussage einer Deutsch sprechenden Frau, die von Truppenkonzentrationen und Brückenbauausrüstungen hinter den feindlichen Linien in der Eifel berichtete. Nun war Dickson überzeugt, dass der Angriff definitiv zwischen Monschau und Echternach in den Ardennen erfolgen werde. Brigadegeneral Sibert von Bradleys 12. Armeegruppe, der von Dickson genervt war (welcher die Antipathie erwiderte), tat diesen Bericht als reine Vermutung ab. Dickson wurde am 15. Dezember für ein paar Tage Urlaub nach Paris geschickt.

Hitlers Befehl an die am Angriff beteiligten Einheiten, totale Funkstille zu wahren, wurde befolgt. Daher hatten die Analytiker von Bletchley Park keine Möglichkeit, sich anhand von mit dem »Ultra«-System entschlüsselten Funksprüchen ein Bild zu machen. Leider verließ sich das SHAEF viel zu sehr auf die »Ultra«-Informationen, die man dort für die Quelle allen Wissens hielt. Allerdings war man in Bletchley Park am 26. Oktober auf »Hitlers Befehle zum Aufbau einer Spezialtruppe für eine Sonderaktion im Westen – Kenntnis der englischen und amerikanischen Sprache für Freiwillige wesentlich« – gestoßen.[17] Am 10. Dezember stellte man fest, dass für alle SS-Einheiten Funkstille befohlen war. Jetzt hätten beim SHAEF die Alarmglocken schrillen müssen.

Im Unterschied zum deutschen Heer ging es bei der Luftwaffe wieder einmal unglaublich lax zu, aber das SHAEF scheint auf entsprechende Mitschriften aus Bletchley nicht reagiert zu haben. Bereits am 4. September hatte der japanische Botschafter in Berlin nach Gesprächen mit Ribbentrop und Hitler berichtet, die Deutschen planten für November eine Offensive im Westen, »sobald die Auffüllung der Luftwaffe abgeschlossen« sei.[18] Die nachfolgende Untersuchung der Aufklärungspanne führte zu dem Ergebnis: »Material aus der GAF [German Air Force – Luftwaffe] zeigt, dass seit der letzten Oktoberwoche Vorbereitungen liefen, um deren Großteil auf Flugplätze im Westen zu verlegen.«[19]

Am 31. Oktober »zitierte JG [Jagdgeschwader] 26 Görings Befehl, dass die Umrüstung aller Jagdflugzeuge zu Jagdbombern binnen 24 Stunden möglich sein muss«. Das war wichtig, denn es konnte auf die Vorbereitung eines Angriffs zur Unterstützung von Bodentruppen hinweisen. Am 14. November schrieb Bletchley: »Jagdfliegereinheiten im Westen sollen keine Geschwaderembleme oder Einheitskennzeichen tragen.« Am 1. Dezember erfuhr man dort, dass Lehrgänge für nationalsozialistische Führungsoffiziere wegen einer »bevorstehenden Spezialoperation« gestrichen worden waren. Da die Nazis das Wort »spezial« sehr häufig gebrauchten, ging man dem offenbar nicht weiter nach. Und am 3. Dezember wurde von der »Luftflotte Reich« ein Bericht angefordert »über Maßnahmen der technischen Versorgung der Einheiten, die für Operationen im Westen eingetroffen sind«. Am nächsten Tag wurden Jagdfliegerkommandeure zu einer Besprechung in den Stab von Jagdkorps II befohlen. Kurz darauf wurde das gesamte SG 4, ein auf den Bodenkampf spezialisiertes Geschwader, von der Ostfront nach Westen verlegt. Das hätte auffallen müssen.

Der Chef des britischen Secret Intelligence Service (SIS) fand es »schon etwas alarmierend, dass die Deutschen aus ihrer Funkaufklärung einen besseren Überblick über die US-Schlachtordnung hatten als wir aus unserer Quelle [»Ultra«] von der Schlachtordnung der Deutschen«. Der Grund war für ihn klar. »Seit D-Day war der US-Funkverkehr stets eine große Hilfe für den Feind. Es wurde darauf hingewiesen, dass die Deutschen von etwa 30 US-Divisionen im Westen ständig den Standort und häufig auch die Pläne von allen bis auf zwei oder drei kannten. Sie wussten, dass der Südflügel der 1. US-Armee mit einem Frontabschnitt von etwa 120 Kilometern mehrheitlich von neuen oder erschöpften Divisionen gehalten wurde.«[20]

Die verständlicherweise erschöpfte 4. und 28. US-Infanteriedivision leckten nach den Schrecken des Hürtgenwaldes ihre Wunden. Man hatte sie zur Erholung in die südlichen Ardennen geschickt, eine als »luxemburgische Schweiz« bekannte Gegend mit steilen Berghängen, die als »ruhiges Paradies für müde Soldaten« beschrieben wurde. Für einen Angriff schien das der am wenigsten wahrscheinliche Frontabschnitt zu sein. Nach den extremen Strapazen in den Schützenlöchern des Hürtgenwaldes hatte man die Männer in festen Häusern einquartiert.[21]

Im rückwärtigen Raum richteten sich Soldaten und Mechaniker bei Familien ein, und die Läden wurden mit Waren der U.S. Army bestückt. »Bei dem dichten Verkehr im tiefen Morast bot jedes Dorf bald das gleiche trostlose, mit Schlamm bespritzte Bild. An jedem Ort, wo es zu essen und zu trinken gab, herrschte eine Atmosphäre wie in den Städtchen der Wildwestfilme, wo die Männer sich abends versammeln, um ihr Leben mit Schnaps zu verschönern. Diese Soldaten waren zum größten Teil mit der Armee im Reinen. Sie fürchteten nicht um ihr Leben, aber sie wollten das Beste daraus machen.«[22]

Ungeachtet aller Befehle, die eigene Erkundungen verboten, hatten die Deutschen ein ziemlich klares Bild von bestimmten Frontabschnitten, besonders von jenen mit schwachem Truppenbesatz wie dem der 4. US-Infanteriedivision im Süden. Deutsche Zivilisten konnten dort hin und her wechseln. Sie schlüpften zwischen den Vorposten am Fluss Sauer hindurch. So konnten sie leicht Beobachtungspunkte und Geschützstellungen ausmachen. Feuer auf die feindlichen Batterien war ein wesentlicher Bestandteil ihres Plans, die eigenen Pontonbrücken über die Sauer in den ersten, entscheidenden Stunden des Angriffs zu schützen. Erfahrenere Agenten mischten sich gar unter die amerikanischen Soldaten, wenn diese in den Dörfern hinter der Front ihre freien Stunden verbrachten. Nach ein paar Bier waren viele Soldaten froh über einen Schwatz mit Luxemburgern oder Belgiern, die ein wenig Englisch sprachen.

Die Ortsbewohner, die bereit waren, sich auf die Seite des Westens zu stellen, wurden mit der Zeit weniger. Die Freude über die Befreiung im September und die anfängliche Großzügigkeit der Amerikaner war im Herbst bald dahin, als Kollaborateure angeklagt wurden, und das Misstrauen zwischen der wallonischen und der Deutsch sprechenden Bevölkerungsgruppe wuchs. Widerstandsgruppen stellten an die Bauern zunehmend ungerechtfertigte Forderungen nach Lebensmitteln und anderen Versorgungsgütern. Aber die größte Betroffenheit in den östlichen Kantonen in unmittelbarer Nähe der Kämpfe längs des Westwalls löste die Entscheidung der amerikanischen Verwaltung aus, den Großteil der Zivilbevölkerung zwischen dem 5. und 9. Oktober zu evakuieren. In jedem Dorf sollte nur eine kleine Zahl von Auserwählten bleiben dürfen, um das Vieh zu versorgen. Das sollte sich bald als eine Maßnahme der Fürsorge herausstellen, denn sonst wären noch mehr Mitglieder der Bauersfamilien getötet worden.[23]

Die Grenzregionen zwischen Eupen und St. Vith waren in den letzten 150 Jahren je nach Kriegsglück immer wieder zwischen Frankreich, Preußen, Belgien und dem Deutschen Reich hin und her gewechselt. Bei den belgischen Wahlen vom April 1939 hatten über 45 Prozent der Bevölkerung in den hauptsächlich Deutsch sprechenden »Ostkantonen« für die »Heimattreue Front« gestimmt, die den Anschluss dieses Gebietes an das Reich forderte. Aber 1944 hatte das einstige Privileg, dem Reich zuzugehören, bereits einen bitteren Beigeschmack. Die Deutschsprachigen der Ostkantone wurden im Reich als Bürger zweiter Klasse behandelt und als »Rucksackdeutsche« belächelt. Man hatte sie nach dem ersten Vorstoß durch die Ardennen 1940 zusammengetrieben und evakuiert. So viele ihrer jungen Männer waren an der Ostfront gefallen oder verwundet worden, dass die meisten Deutschsprachigen jetzt die Befreiung durch die Feinde des Reiches herbeisehnten. Doch waren immer noch genügend Getreue des Dritten Reiches übrig, aus denen sich eine beträchtliche Zahl potenzieller Informanten und Spione für die deutsche Aufklärung rekrutierte, die man »Frontläufer« nannte.[24]

Gruppen aus den in den Ardennen stationierten Divisionen wurde es gestattet, in das Ruhelager des VIII. Korps in Arlon oder nach Bastogne zu fahren, wo Marlene Dietrich vor den GIs auftrat. Sie hauchte ihre Songs mit ihrer rauchigen Stimme in einem langen, mit Pailletten besetzten Kleid, das so eng war, dass sie keine Unterwäsche trug. Fast immer sang sie »Lili Marleen«. Der schmachtende Refrain rührte die Herzen der alliierten Soldaten, obwohl das Lied deutscher Herkunft war. »Die blöden Heinis!«, schrieb ein amerikanischer Soldat. »Wenn sie dich nicht töten, dann bringen sie dich zum Heulen.«[25]

Die Dietrich genoss die Reaktionen der Soldaten, während sie von den Stabsoffizieren, mit denen sie zu tun bekam, wesentlich weniger angetan war. »Die Dietrich nörgelte nur herum«, schrieb Hansen in sein Tagebuch. »Ihre Tour durch die Korps der 1. Armee lief peinlich genau nach Plan ab. Sie mochte die 1. Armee nicht. Sie hielt auch nichts von dem Wettstreit zwischen Korps, Armeen und Divisionen. Am wenigsten mochte sie die Obersten und Generale von Eagle Main [dem Sitz des Stabes der 12. Armeegruppe] bei Verdun, wo sie sich nur von Lachs ernährte, weil ihre Essenszeiten nicht mit den Kantinenmahlzeiten übereinstimmten und sich niemand für sie interessierte.« Sie behauptete auch, sie hätte sich Läuse geholt, aber das hinderte sie nicht daran, General Bradleys Einladung zu Cocktails, Abendessen »und einem schlimmen Film« im Hotel Alfa in Luxemburg Folge zu leisten. General Patton, mit dem sie geschlafen haben will, war offensichtlich mehr nach ihrem Geschmack. »Patton glaubt ernsthaft an eine Walhalla für Krieger«, bemerkte Hansen ebenfalls an diesem Tag.[26]

Am Abend des 10. Dezember, einem Sonntag, gab es heftigen Schneefall. Am nächsten Morgen fuhr Bradley, teilweise wiederhergestellt, nach Spa, um Hodges und Simpson aufzusuchen. Das sollte ihre letzte Begegnung für einige Zeit sein. Nach langer Fahrt über Bastogne kehrte er am Nachmittag zurück. Die ganze Gegend lag unter einer geschlossenen Schneedecke. Nach einem Schneesturm in der Nacht zuvor waren die Straßen voller Schneematsch. In seinem Quartier erwarteten ihn ein paar Jagdflinten, die er bestellt hatte. General Hodges schien die gleiche Idee gehabt zu haben. Drei Tage später verbrachte er »einen großen Teil des Nachmittags« mit Monsieur Francotte, einem bekannten Büchsenmacher in Lüttich, um ein Jagdgewehr ganz nach seinen Wünschen zu ordern.[27]

Was die unmittelbar bevorstehende Zeit betraf, so herrschte in Bradleys Stab nach wie vor ruhiger Optimismus. Die Stabsoffiziere kamen in dieser Woche zu folgender Einschätzung: »Es ist jetzt sicher, dass die Zermürbung permanent an der Stärke der deutschen Truppen an der Westfront zehrt und die Kruste der Verteidigung dünner, spröder und verletzlicher ist, als es auf unseren G-2-Karten oder unseren Fronttruppen erscheint.«[28] Bradleys Hauptsorge galt der Lage beim Truppenersatz. Seiner 12. Armeegruppe fehlten 17 581 Mann. Er beabsichtigte, deswegen bei Eisenhower in Versailles vorstellig zu werden.[29]

Auf einer Pressekonferenz am 15. Dezember, bei der Bradley das IX. Taktische Luftkommando lobte, schätzte er, die Deutschen hätten an der ganzen Front nicht mehr als 600 bis 700 Panzer zur Verfügung. »Wir denken, dass sie überall ziemlich schwach aufgestellt sind«, erklärte er. Was die Luftunterstützung betraf, so notierte Hansen: »Wenig los heute. ... Wetter hindert daran, auch nur ein Viertel der Zeit aktiv zu sein.«[30] Die schlechte Sicht, die das Fliegen behinderte, wie es sich Hitler gewünscht hatte, hielt tagelang an. Das scheint allerdings Maschinen der Artillerieaufklärung nicht an inoffiziellen Aktionen in den Ardennen gehindert zu haben. Bei Bradley gingen Klagen ein, dass »GIs in ihrer Lust auf gegrilltes Schwein im Tiefflug mit Thompson-Maschinenpistolen Wildschweine jagen«.[31]

Ebenfalls am 15. Dezember erklärte der G3-Truppeneinsatzoffizier beim täglichen Briefing des SHAEF, aus dem Frontabschnitt Ardennen sei nichts zu berichten. Feldmarschall Montgomery fragte bei General Eisenhower an, ob dieser etwas dagegen habe, dass er in der folgenden Woche über Weihnachten ins Vereinigte Königreich fliege. Sein Stabschef, General Freddie de Guingand, war schon an diesem Morgen abgereist. Mit bedauerlichem Timing stellte Montgomery direkt am Vorabend des deutschen Ansturms fest, dass der Mangel an »Personalstärke, Ausrüstung und Ressourcen bei den Deutschen jegliche Offensivhandlung ihrerseits ausschließt«.[32] Andererseits meldete das VIII. Korps in den Ardennen das Eintreffen frischer deutscher Einheiten und Truppenbewegungen in Richtung Front.

Im Norden des Frontabschnitts des VIII. Korps hatte die neu eingetroffene 106. US-Infanteriedivision gerade die Stellungen der 2. Infanteriedivision auf einer flachen Bergkette in der Schnee-Eifel übernommen. »Meine Männer waren erstaunt darüber, welchen Anblick die Jungs von der anrückenden Einheit boten«, schrieb ein Kompaniechef der 2. Division. »Sie hatten einen Haufen Ausrüstung bei sich, wie nur Frischlinge aus den Staaten sie ihr Eigen zu nennen wagen. Und das Schlimmste – sie trugen sogar Krawatten! General Patton lässt grüßen!«*[33] Bei der Übergabe erklärte ein Regimentskommandeur der 2. Division Oberst Cavender vom 423. Infanterieregiment: »Hier oben war es bisher sehr ruhig, und Ihre Männer werden es sich bald gemütlich machen.«[34] Die erfahrenen Soldaten der 2. Division nahmen beim Abmarsch alle ihre Öfen mit. Den grünen Neulingen blieb nichts, womit sie ihre Socken trocknen konnten, und in dem nassen Schnee kam es bald zu zahlreichen Fällen von Fußbrand.

In den darauffolgenden Tagen hörten die Männer der 106. Division immer wieder Panzer und andere Fahrzeuge in Richtung ihrer Front rollen, doch wegen mangelnder Erfahrung waren sie nicht sicher, was das zu bedeuten hatte. Aber selbst die erfahrene 4. Division weiter südlich nahm an, die Motorengeräusche kämen davon, dass eine Volksgrenadierdivision durch eine andere abgelöst werde. In Wirklichkeit rollten in den dunklen Kiefernwäldern vor ihnen sieben Panzer- und 13 Infanteriedivisionen zu den Ausgangspositionen allein der ersten Welle des bevorstehenden Angriffs.

Besonders in den Einheiten der Waffen-SS herrschten riesige Begeisterung und Ungeduld. Ein Angehöriger der 12. SS-Panzerdivision »Hitlerjugend« schrieb am Vorabend der Schlacht an seine Schwester: »Teure Ruth, mein täglicher Brief fällt heute sehr kurz aus, kurz und lieb. Ich schreibe während einer der großen Stunden vor einem Angriff – voller Unruhe und voller Erwartung, was die nächsten Tage bringen werden. Jeder, der in den letzten beiden Tagen und Nächten (besonders den Nächten) hier war, der miterlebt hat, wie sich unsere Elitedivisionen Stunde um Stunde versammeln, der die Panzerketten hat klirren hören, der weiß, dass etwas im Gange ist und wir den eindeutigen Befehl erwarten, der die Spannung löst. Wir tappen alle im Dunkeln über das ›Wo‹ und ›Wie‹, aber das ist nicht zu ändern! Es genügt zu wissen, dass wir angreifen und den Feind aus unserem Vaterland hinauswerfen werden. Das ist ein heiliger Auftrag!« Auf der Rückseite des gesiegelten Kuverts fügte er noch ein schnelles Postskriptum hinzu: »Ruth! Ruth! Ruth! WIR MARSCHIEREN!!!« Das muss er hingekritzelt haben, als sie sich schon in Bewegung setzten, denn der Brief fiel während des Gefechts den Amerikanern in die Hände.[35]

---

* General Patton war dafür bekannt, dass er seine Militärpolizisten anwies, jeden Soldaten ohne Krawatte wegen Verletzung der Kleiderordnung zu bestrafen.

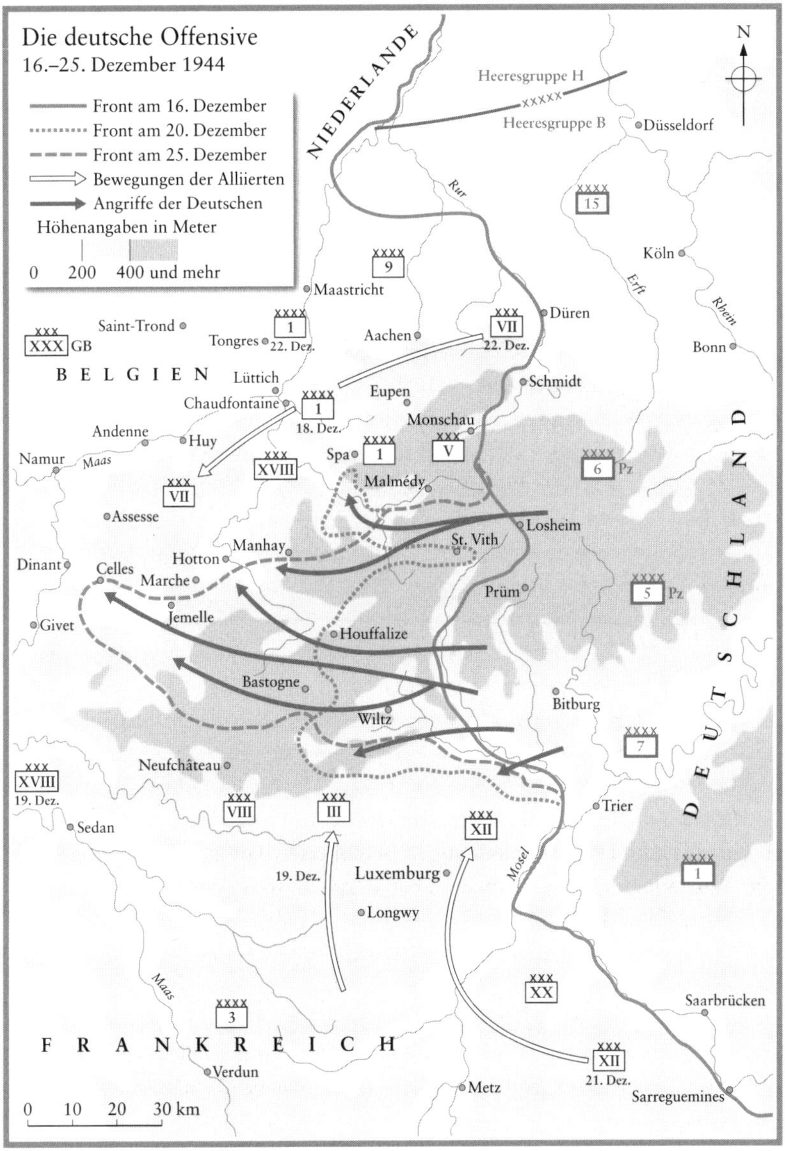
Die deutsche Offensive
16.–25. Dezember 1944
Front am 16. Dezember
Front am 20. Dezember
Front am 25. Dezember
Bewegungen der Alliierten
Angriffe der Deutschen
Höhenangaben in Meter
0 200 400 und mehr
N
NIEDERLANDE
BELGIEN
DEUTSCHLAND
FRANKREICH
Heeresgruppe H
Heeresgruppe B
Düsseldorf
Rur
Köln
Erft
Rhein
Bonn
Maastricht
Düren
Saint-Trond
Tongres
22. Dez.
Aachen
Lüttich
Chaudfontaine
18. Dez.
Eupen
Schmidt
Monschau
Andenne
Huy
Namur
Maas
Spa
Malmédy
Pz
Assesse
Losheim
St. Vith
Manhay
Hotton
Dinant
Celles
Marche
Jemelle
Givet
Prüm
Houffalize
Bastogne
Wiltz
Bitburg
Neufchâteau
19. Dez.
Trier
Sedan
Luxemburg
Mosel
Longwy
Saarbrücken
Verdun
Metz
21. Dez.
Sarreguemines
0 10 20 30 km

8. Kapitel

Samstag, 16. Dezember

Am 16. Dezember um 5.20 Uhr, zehn Minuten vor der »Stunde null«, eröffnete die Artillerie von Sepp Dietrichs 6. Panzerarmee das Feuer. Die meisten amerikanischen Soldaten schliefen in Bauernhäusern, Forsthütten, Scheunen und Kuhställen, um der Kälte im nassen Schnee während der 16 Stunden ohne Tageslicht zu entgehen. Erst gegen 8.30 Uhr wurde es hell. Entlang nahezu der gesamten Front südlich des Monschauer Waldes erinnerte die Gegend an den Hürtgenwald – dichte Forste, felsige Schluchten, kleine Bäche, wenige Straßen und aufgeweichte Feuerschneisen mit so tiefem Morast, dass sie für Fahrzeuge nahezu unpassierbar waren.

Die Kommandeure der deutschen Artillerie, die wussten, dass die amerikanischen Soldaten sich gern ins Trockene flüchteten, zielten bevorzugt auf Häuser.[1] Wachtposten waren angewiesen, sich nicht in Häusern und auch nicht in der Nähe von deren Eingängen aufzuhalten. Sie sollten in einem Schützenloch in der Nähe Deckung suchen, um bei Überraschungsangriffen der Deutschen Schutz zu geben. Als mehrere Wachen es am Horizont wie Blitze aufleuchten sahen, stürzten sie in die Häuser, um die drinnen Schlafenden zu wecken. Aber erst als bereits rundum Granaten detonierten, arbeiteten sich die Männer in Panik aus ihren Schlafsäcken heraus, griffen nach Stahlhelmen, Waffen und Ausrüstungsgegenständen.

Es hatte auch früher gelegentlich Beschuss gegeben, aber dieser war wesentlich heftiger. Die wenigen Zivilisten, denen man erlaubt hatte, im frontnahen Bereich zu bleiben, um das Vieh zu versorgen, wurden in Angst und Schrecken versetzt, als sie sahen, wie Heuschuppen in Brand geschossen wurden und das Feuer auf die Wohnhäuser übergriff. Da sie nichts gegen die Brände tun konnten, flohen sie mit ihren Familien ins Hinterland. Einige fielen dem Beschuss zum Opfer. In dem Dörfchen Manderfeld starben fünf Personen, darunter drei kleine Kinder.[2]

Am Frontabschnitt der deutschen 5. Panzerarmee weiter südlich schwieg die Artillerie. Manteuffel hatte Hitlers Beharren auf einem langen Eröffnungsbeschuss ignoriert. Er hielt dies für »ein Konzept aus dem Ersten Weltkrieg, das bei der schwach besetzten Front in den Ardennen völlig deplatziert war. ... Dieser Plan würde nur als Alarmsignal für die amerikanischen Truppen wirken, die sich so auf den nachfolgenden Angriff bei Tageslicht einstellen konnten.«[3] Einige Tage zuvor hatte sich Manteuffel inkognito nach vorn begeben, um das tiefe Tal des Flusses Our und den Fluss Sauer am südlichen Ende seines Frontabschnitts zu inspizieren. Die Sauer betrachtete er als »ein bedeutendes Hindernis wegen ihrer steilen Ufer und wenigen Übergänge«.[4]

Dabei fragte er auch seine Soldaten und Offiziere über die Gewohnheiten der ihnen gegenüberliegenden Amerikaner aus. Da die »Amis« sich nach Einbruch der Dunkelheit in ihre Häuser und Scheunen zurückzogen und erst eine Stunde vor der Morgendämmerung wieder ihre Stellungen einnahmen, entschied er, den Fluss zu überqueren und in ihre Frontlinie einzusickern, ohne sie aufzuwecken. Erst als der Angriff tatsächlich begann, benutzte seine Armee Scheinwerfer und ließ dabei die Strahlen von den niedrig hängenden Wolken reflektieren, um künstliches Mondlicht zu erzeugen. Das half seinen Infanteriespitzen, in den dunklen Wäldern ihren Weg zu finden. Inzwischen hatten seine Pionierbataillone mit dem Brückenbau am Fluss Our begonnen, sodass drei Panzerdivisionen, die 116., die 2. und die Panzer-Lehr-Division, vorstürmen konnten.

Hitler hatte genauestens vorgeschrieben, dass der Durchbruch von Infanteriedivisionen erkämpft werden sollte, damit die kostbaren Panzerdivisionen völlig intakt in Richtung der Maasbrücken rollen konnten. Die ersten Berichte, die im »Adlerhorst« eintrafen, waren überaus ermutigend. Jodl berichtete Hitler, dass »die Überraschung vollständig gelungen« sei.[5] Das traf tatsächlich zu, aber nun brauchten die Deutschen Durchschlagskraft, um aus der Überraschung einen lähmenden Schock werden zu lassen. Ein paar amerikanische Soldaten verloren in der Tat den Kopf und suchten nur sich selbst zu retten. In vielen Fällen flehten geängstigte Zivilisten sie an, sie begleiten zu dürfen. Einige Deutsch sprechende Bewohner, die noch loyal zum Reich hielten, betrachteten die chaotischen Szenen hingegen mit offener Befriedigung. »Wenn es mancherorts Panik gab«, berichtete ein Offizier der 99. US-Infanteriedivision, »so gab es andernorts auch größtes Heldentum.«[6] Dieses außergewöhnlich tapfere Engagement bremste den Ansturm der Deutschen – mit kritischen Folgen.

Die Nordflanke
16.–22. Dezember 1944

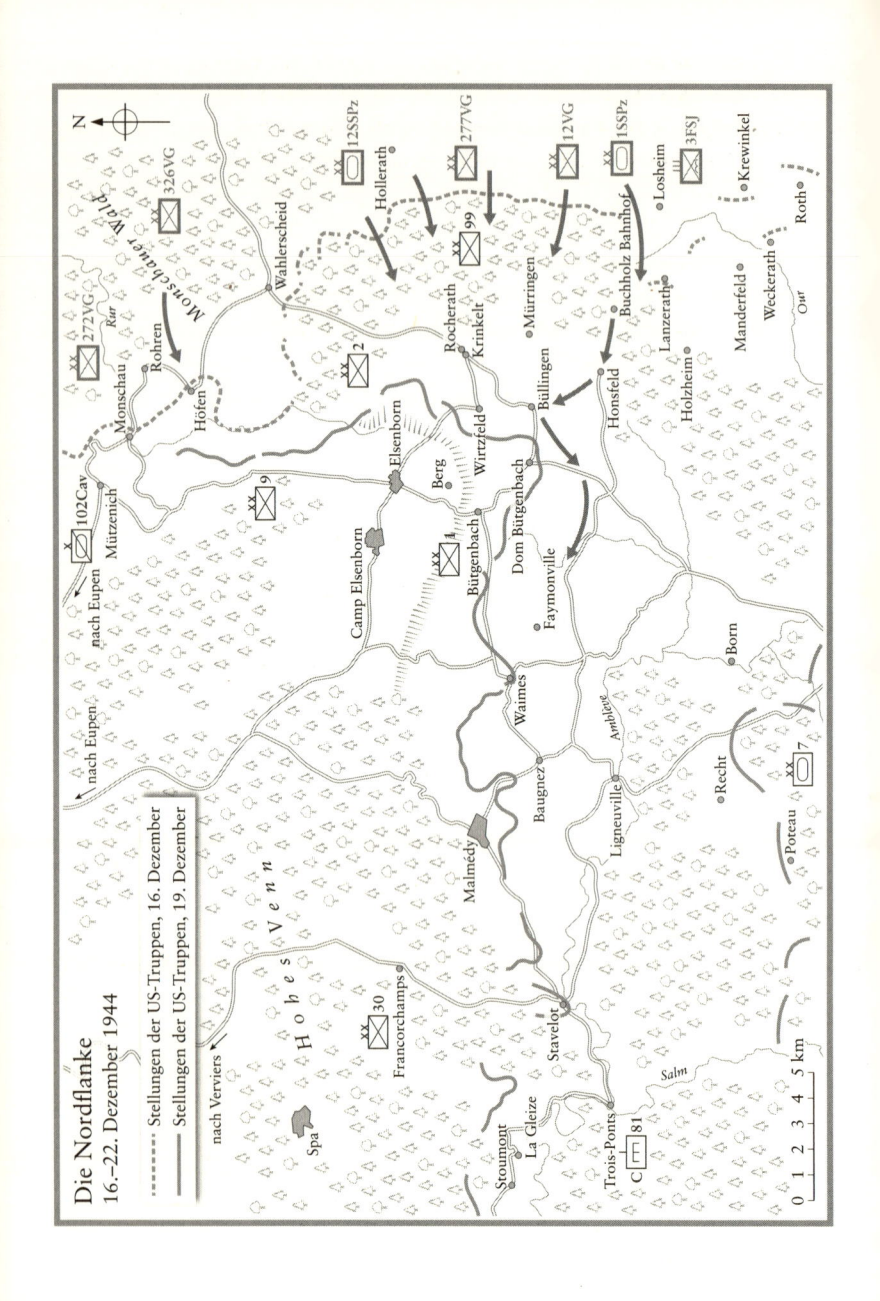

----- Stellungen der US-Truppen, 16. Dezember
—— Stellungen der US-Truppen, 19. Dezember

Vier Kilometer nördlich von Manderfeld lag der Weiler Lanzerath gegenüber dem Losheimer Graben, wo die von der Kampfgruppe Peiper angeführte 1. SS-Panzerdivision vorstieß. Hier, nahezu an der höchsten Stelle eines Bergrückens, hatte man einen großartigen Blick nach Deutschland hinein. Auf einer Anhöhe, von der man die Häuser und die Straße überschaute, hatte ein Vorposten von 18 Soldaten des Aufklärungszuges des 394. Regiments der 99. US-Division auf einer Weide am Hang in Schützenlöchern Stellung bezogen. Rechts hinter ihnen bot dichter Kiefernwald einen Rückzugsraum, aber auch einen Weg für angreifende Truppen, um sie zu umgehen. Die Bedeutung dieser Stellung verdankte sich der Tatsache, dass sich nur einige hundert Meter zur Linken eine Kreuzung befand, von wo aus die Straße in nordwestlicher Richtung nach Honsfeld und von dort ins Tal des Flusses Amblève führte.

Obwohl die unerfahrene 99. Division zum V. Korps gehörte, besetzte dieser Zug unter dem Befehl von Leutnant Lyle J. Bouck Jr. einen Frontabschnitt, der etwas in den Bereich des VIII. Korps hineinreichte, dessen nördliches Ende mit der 14th Cavalry Group nur schwach besetzt war. Ein paar Panzerjäger dieser Einheit standen weiter unten zwischen den Häusern. Als am östlichen Horizont das Mündungsfeuer Hunderter Geschütze aufleuchtete, duckten sich die Männer des Aufklärungszuges in ihre Schützenlöcher. Lanzerath bot sich als Ziel für die deutsche Artillerie geradezu an. Jetzt waren die Soldaten dankbar für die Abdeckung der gut gebauten Schützengräben, welche die 2. Division vor ihnen angelegt hatte. Als der Beschuss einsetzte, sahen sie, wie die Panzerjäger aus dem Dorf an ihnen vorüberfuhren und dann nach links in die Straße nach Honsfeld einbogen. »Die hätten uns wenigstens zum Abschied zuwinken können«, bemerkte einer der Männer.[7]

Bouck funkte eine Meldung über den Beschuss an seinen Regimentsstab. Der befahl ihm, eine kleine Patrouille nach Lanzerath zu schicken, um die Lage zu erkunden und zu beobachten. In der Morgendämmerung stieg er mit drei Mann hinunter, um sich umzuschauen. Als sie in ein Haus traten, hörten sie einen Mann Deutsch sprechen. Lanzerath, das dicht an der belgisch-deutschen Grenze lag, gehörte zu den deutschsprachigen östlichen Kantonen des Landes. Boucks Männer waren überzeugt, dass der Mann mit dem Feind redete, und er musste sie daran hindern, ihn zu töten. Als es an diesem stark bewölkten Morgen etwas heller wurde, sahen sie in der Ferne eine beträchtliche Zahl von Gestalten in einer Kolonne heranmarschieren. Sie kamen die Straße herauf, die an der Stellung des Zuges vorbeiführte. Bouck rannte zurück und forderte per Funk Artilleriefeuer auf die Straße unterhalb von Lanzerath an, aber im Regimentsstab glaubte man ihm nicht.

Durch seinen Feldstecher erkannte Bouck, dass es sich um eine Zwillingskolonne deutscher Fallschirmjäger in ihren typischen Helmen und Mänteln handelte, die in je einer Reihe auf jeder Seite der Straße näher kamen. Sie hatten die Waffen umgehängt, waren nicht in Bereitschaft und hatten keine Späher, die ihnen voraus oder an den Seiten liefen. Es sah aus, als wären sie auf einem Marsch. Es handelte sich um Regiment 9 der 3. deutschen Fallschirmjägerdivision, deren Aufgabe es war, die Front für die Kampfgruppe Peiper aufzubrechen. Der Zug wartete gespannt ab. Maschinengewehre und andere automatische Waffen waren für den perfekten Hinterhalt bereit. Bouck wollte, dass der Hauptteil der Kolonne in ihrem Schussfeld lag, bevor die Männer das Feuer eröffneten. Dann sichtete er eine kleine Gruppe, die offenbar aus Offizieren bestand. Er befahl seinen Männern Feuerbereitschaft. Aber im letzten Augenblick kam ein blondes Mädchen von etwa 13 Jahren aus einem Haus herausgelaufen und zeigte auf die Anhöhe mit der Stellung des Aufklärungszuges. Bouck zögerte, weil er das Mädchen nicht töten wollte, aber der deutsche Offizier brüllte einen Befehl, und seine Männer warfen sich in die Gräben zu beiden Seiten der Straße.

Der Hinterhalt mochte fehlgeschlagen sein, aber die Gelegenheit, die kaum ausgebildeten deutschen Teenager zu töten, blieb wegen der Sturheit ihres Kommandeurs erhalten. Er schickte sie in einen Frontalangriff nach dem anderen. Die MG-Schützen des Aufklärungszuges mähten sie einfach nieder, als sie versuchten, auf dem Feld direkt unterhalb der amerikanischen Stellungen einen Schneezaun zu überklettern. Die Distanz war so kurz, dass sie ihre Gesichter deutlich erkennen konnten. Bouck funkte ein zweites Mal und verlangte dringend Artillerieunterstützung. Man antwortete ihm, die Geschütze hätten andere Aufträge. Da fragte er, was er tun solle.[8] »Um jeden Preis halten!«, kam die Antwort.[9] Mehrere seiner Männer wurden getroffen, konnten aber weiterkämpfen.

Angewidert von den Bergen von Toten und Verwundeten auf den Feldern unter ihnen, konnte Bouck kaum glauben, dass der deutsche Regimentskommandeur die vergebliche Opferung seiner Männer weitertrieb, ohne den Versuch zu unternehmen, ihre Stellung zu umgehen. Als eine weiße Flagge gezeigt wurde, befahl Bouck eine Feuerpause, damit die deutschen Sanitäter die Verwundeten bergen konnten. Dann setzte das Gefecht erneut ein und hielt bis nach Einbruch der Dunkelheit an. Da hatten Bouck und seine Männer fast keine Munition mehr. Erst im Schutz der Dunkelheit versuchte der deutsche Kommandeur, die Verteidiger von der Flanke her anzugreifen. Ihre Stellung wurde überrannt. Bouck und fast alle seine Männer wurden gefangen genommen. Sein Zug hatte einen Tag lang ein ganzes Regiment aufgehalten, über 400 Fallschirmjäger getötet und verwundet und dabei selbst nur einen einzigen Toten und mehrere Verletzte hinnehmen müssen. Am meisten aber zählte der Zeitgewinn, den sie erreicht hatten.

Peiper wusste, dass es ein Fehler gewesen war, die Infanterie als Erste vorzuschicken, und das machte ihn wütend. Seine Kampfgruppe war schon aufgehalten worden, weil die Brücke über die Eisenbahnlinie nordwestlich von Losheim, welche die Deutschen bei ihrem Rückzug drei Monate zuvor gesprengt hatten, noch nicht wiederhergestellt war. Dafür brauchte man an diesem Abend bis 19.30 Uhr. So geriet die von Pferden gezogene Artillerie der 12. Volksgrenadierdivision auf der Straße vor Peipers Kolonne, was seinen Vormarsch weiter verzögerte. Die Straßen waren verstopft, aber Peiper befahl seinen Fahrzeugen, »so schnell wie möglich vorzustoßen und alles niederzuwalzen, was sich ihnen in den Weg stellte«. In seiner Ungeduld, schneller voranzukommen, befahl er den Panzerkommandeuren sogar, durch ein amerikanisches Minenfeld zu fahren. Dabei wurden fünf Panzer außer Gefecht gesetzt.[10]

Sein Divisionsstab befahl ihm, nach Lanzerath abzubiegen und sich dort mit demjenigen Teil der 3. Fallschirmjägerdivision zu vereinigen, der zurückgeschlagen worden war. Peiper sollte das Regiment übernehmen und angreifen. Laut einem Bewohner von Lanzerath waren Peipers Männer hochgradig erregt, als sie in das Dorf einfuhren. »Sie haben gebrüllt, sie werden die Amerikaner bis in den Ärmelkanal jagen«, und behauptet, ihre Truppen hätten bei Lüttich bereits die Maas erreicht.[11]

Peiper zeigte offen seine Verachtung für die Offiziere des Fallschirmjägerregiments, die behaupteten, die Stellungen der Amerikaner seien sehr stark, obwohl sie sich ihnen noch gar nicht genähert hatten. Außerdem war er genervt von der Einheit der Kampfgruppe Skorzeny mit vier Sherman-Panzern, Lkw und Jeeps, die seiner Truppe zugeordnet war. »Die hätten auch zu Hause bleiben können«, sagte er später, »denn sie waren nie auch nur in der Nähe der Spitze der Kolonne, wo sie eigentlich hätten sein sollen.«[12] Peiper befahl seinen Männern und den Fallschirmjägern, nach Buchholz und Honsfeld vorzustoßen.

Die kleine Truppe von der 99. Division, die beim Bahnhof Buchholz eingeschlossen wurde, schlug die Angriffe des Fallschirmjägerregiments 3 zurück. Ein junger Offizier der vorgeschobenen Beobachtungsstelle hatte den Auftrag, die Artillerieunterstützung zu lenken. »Wir verließen mit unserem Jeep die Straße und fuhren in eine Scheune hinein«, schrieb er später nieder. »Es war eine stille, kalte Nacht. ... Wir konnten die Rufe der SS-Panzersoldaten, das Heulen der Panzermotoren und das Quietschen der Laufräder deutlich hören.« Aus ihrem Funkgerät SCR-536 tönten die deutschen Funker, die sie auf Englisch nachäfften: »Come in, come in, come in. Danger, danger, danger. We are launching a strong attack. Come in, come in, anyone on this channel?« [«Kommen, kommen, kommen. Gefahr, Gefahr, Gefahr. Wir greifen mit starken Kräften an. Kommen, kommen. Ist denn überhaupt jemand auf diesem Kanal?«][13] Die Verteidiger des Bahnhofs Buchholz waren verloren, als Peipers Flakpanzer eintrafen. Sie hatten 20-mm-Vierlingsflak aufmontiert, die in der Lage war, die Verteidiger auszulöschen, die nicht über Schutz durch Beton oder Panzerung von mehreren Zoll Stärke verfügten.

An Peipers rechter Flanke kämpfte sich die 12. SS-Panzerdivision »Hitlerjugend« mit großer Mühe in Richtung der Zwillingsdörfer Rocherath und Krinkelt voran. Diese Division, die in der Normandie von Briten und Kanadiern aufgerieben worden war, hatte sich davon nie wieder völlig erholt. »Sie hatte Kerle, die soldatisch etwas angeknackst waren«, bemerkte ein Offizier aus einer anderen SS-Einheit. »Das waren so Pfadfindertypen und so Schweinehunde, denen es gar nichts ausmachte, einen Hals durchzuschneiden.«[14] Der Division »Hitlerjugend« schien es auch an technischen Fertigkeiten zu mangeln. Sie wies eine hohe Rate an technischen Ausfällen ihrer Panzer V »Panther« auf.

Am nördlichen Ende des Frontabschnitts der 99. US-Infanteriedivision hielt das 3. Bataillon des 395. Infanterieregiments das Dorf Höfen südlich von Monschau. Der kleine Frontbogen von Höfen im Monschauer Wald bot sich als Angriffsziel geradezu an. Generalfeldmarschall Model wollte zu beiden Seiten von Monschau durchbrechen, um die Straßen nach Eupen und Aachen zu blockieren und so amerikanische Verstärkung aus nördlicher Richtung aufzuhalten. Dabei verbot er jeglichen Beschuss des Ortes Monschau selbst. In Höfen stellten die Soldaten des amerikanischen Bataillons fest, dass sich das künstliche Mondlicht zu ihren Gunsten auswirkte. Als die 326. Volksgrenadierdivision durch den Dunst vorrückte, hob das Licht die Silhouetten der anrückenden Infanteristen deutlich hervor. »Um 6 Uhr kamen die Deutschen«, berichtete ein Offizier. »Aus dem Nebel tauchten sie vor der Stellung des Bataillons auf. Sie schienen ausgeschwärmt zu sein und näherten sich in dem für sie typischen langsamen Schritt. Das künstliche Mondlicht bildete die anrückenden Deutschen perfekt vor der Schneefläche ab, und das Bataillon eröffnete aus allen seinen Waffen das Feuer. ... Die Verluste der Deutschen waren erschreckend, und um 6.55 Uhr traten sie den Rückzug an.«[15] Auch die zehn 81-mm-Mörser des Bataillons wurden eingesetzt, und als die Kommunikation zum 196. Feldartillerieregiment wiederhergestellt war, kam dessen Feuer hinzu.

Kaum zwei Stunden später folgte ein noch stärkerer Angriff mit Unterstützung von Panzern und Panzerwagen. »Am Frontabschnitt der K-Kompanie gingen deutsche Infanteristen den Panzern voraus. Brüllend wie die Wilden, stürmten sie gegen die Stellung der Kompanie vor.« Der Angriff konnte erst zurückgeschlagen werden, als Mörser und Artillerie – die 155-mm-Feldhaubitzen »Long Tom« – den Frontabschnitt ins Visier nahmen. Um 9.30 Uhr folgte die nächste Attacke. Einer großen Zahl von Deutschen gelang es, vier Häuser zu erobern. Da befahl der Bataillonskommandeur seinen zwei 57-mm-Geschützen, die Mauern mit panzerbrechenden Granaten zu durchlöchern. Feuer aus Karabinern und Maschinenpistolen wurde auf alle Fenster konzentriert, um die Deutschen daran zu hindern, auf die Geschützbedienungen zu schießen. »Die Schreie, die drinnen ertönten, ließen klar erkennen, dass die panzerbrechenden Geschosse Chaos auslösten.« Ein Reservezug kroch nach vorn und begann mit weißem Phosphor gefüllte Handgranaten durch die Fenster zu werfen. Bald darauf ergaben sich die Überlebenden. Drinnen sollen um die 75 Tote gefunden worden sein.[16]

Das 2. Bataillon des 393. US-Infanterieregiments war der 2. Division zugeordnet, die gerade einen neuen Vorstoß des V. Korps in Richtung Norden zu den Rur-Dämmen bei Schmidt gestartet hatte. Als von Süden her heftiger Geschützdonner zu ihnen drang, glaubten sie, die übrige Division habe sich ihrem Angriff angeschlossen. Von der Offensive der Deutschen ahnten sie noch nichts.

Ein Sanitäter namens Jordan begann mit Unterstützung einiger Schützen in der relativen Deckung einer tief liegenden Straße Verwundete zu verbinden. »Wir verabreichten einem Jungen Plasma, dessen rechter Arm nur noch an einigen Fleischfetzen hing«, berichtete ein Soldat. »Um ihn zu beruhigen, hielten wir ihm eine Zigarette hin. Er war bereits im Schock und zitterte heftig am ganzen Körper. Bei jedem Einschlag einer Granate Hunderte Meter entfernt fuhr er zusammen. ›Bringt mich weg! Bringt mich um Gottes willen von hier weg! Die war knapp. Und die war zu knapp, verdammt noch mal. Schafft mich von hier fort!‹, rief er immer wieder.« Der Sanitäter Jordan bekam eine Kugel in den Kopf.»Später an diesem Tag hörten wir, unsere Jungs hätten als Vergeltung einen deutschen Sanitäter erschossen, was nur dadurch in etwas milderem Licht erschien, dass er eine Luger getragen hatte.«[17] Da erhielten sie Befehl, das Feuer einzustellen und sich zurückzuziehen. Sie wussten nicht, was vorging, und waren wütend, weil sie Gelände aufgeben sollten, das sie bei ihrem Vorstoß zu den Dämmen gerade erobert hatten. Der neue Befehl lautete, in südwestlicher Richtung nach Krinkelt zurückzugehen und sich dort der 12. SS-Panzerdivision in den Weg zu stellen.

Während der größte Teil der 99. Division sich tapfer in diese hoffnungslosen Kämpfe stürzte, »brachen ein paar Männer unter der Belastung zusammen«, bekannte ein Offizier. »Sie machten sich in die Hosen, erbrachen sich oder zeigten andere ernste physische Symptome.« Auch »die Zahl der angeblich zufälligen Schüsse durch Hand oder Fuß, zu denen es meist beim Waffenreinigen kam, stieg steil an.« Einige Männer waren so verzweifelt, dass sie bereit waren, sich auch schwerer zu verstümmeln. Ein schreckliches Beispiel in der 99. Infanteriedivision war ein Soldat, von dem berichtet wird, er habe sich »neben einen großen Baum gelegt, ihn umfasst und eine Handgranate in seiner Hand explodieren lassen«.[18]

Die frisch eingetroffene und noch weniger erfahrene 106. US-Infanteriedivision weiter südlich in der Schnee-Eifel sollte in den drei folgenden Tagen von der deutschen Offensive vernichtet werden. Sie wurde rasch umgangen, als die 14th Cavalry Group im Losheimer Graben, die den Frontabschnitt zwischen der 99. Division und der 106. Division verteidigte, sich ohne Warnung zurückzog. Damit wurde auch die rechte Flanke der 99. Division entblößt. Als deren 395. Infanterieregiment in höchster Eile abzog, ging den verbitterten Soldaten die Devise durch den Kopf: »Die amerikanische Armee weicht nie zurück!«[19] Da sie keine Rationen erhalten hatten, öffneten sie gewaltsam ein paar Fässer mit trockenen Haferflocken. Sie waren so ausgehungert, dass sie versuchten, sie sich mit den Händen in den Mund zu stopfen und ihre Taschen zu füllen. Ein Offizier berichtete, ein Soldat habe gar 75 Dollar für eine Dose Campbell-Suppe, Einkaufspreis 13 Cent, geboten.

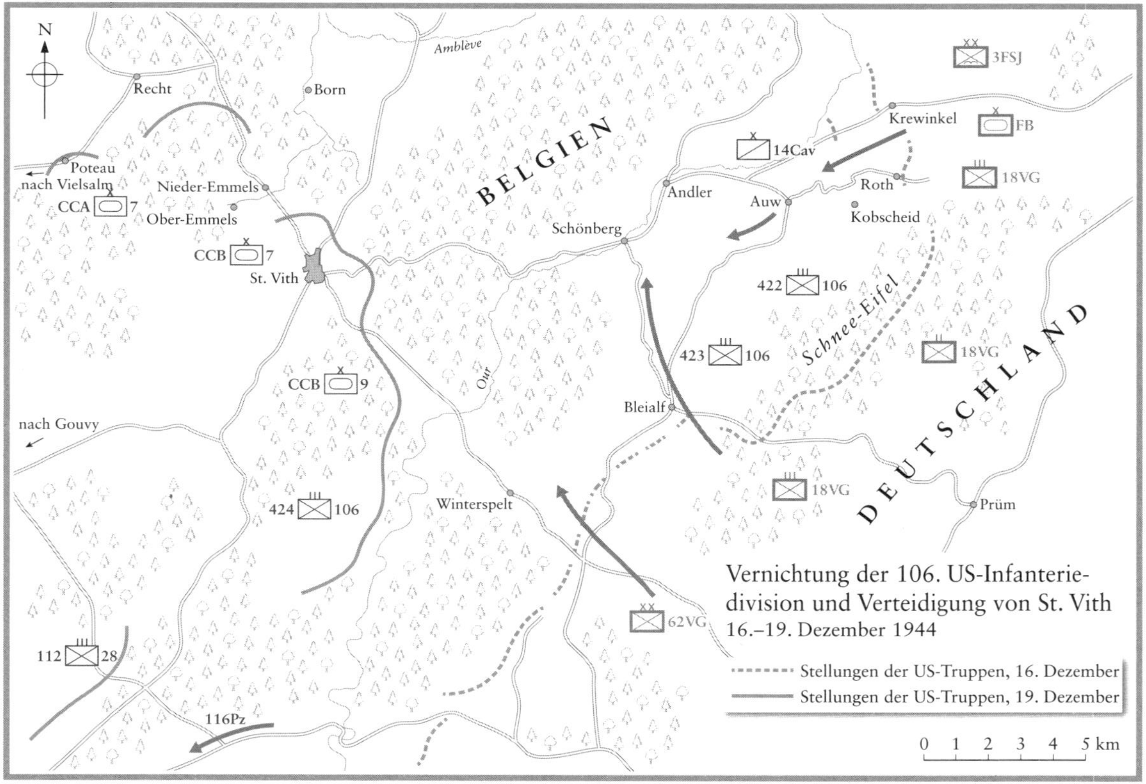
Vernichtung der 106. US-Infanteriedivision und Verteidigung von St. Vith
16.–19. Dezember 1944
Stellungen der US-Truppen, 16. Dezember
Stellungen der US-Truppen, 19. Dezember
0 1 2 3 4 5 km
N
BELGIEN
DEUTSCHLAND
Amblève
Our
Schnee-Eifel
Recht
Born
Poteau
nach Vielsalm
Nieder-Emmels
Ober-Emmels
CCA 7
CCB 7
St. Vith
CCB 9
nach Gouvy
424 106
112 28
116Pz
Winterspelt
62VG
Bleialf
423 106
422 106
Schönberg
Andler
Auw
14Cav
Krewinkel
Roth
Kobscheid
3FSJ
FB
18VG
18VG
18VG
Prüm

Der 14th Cavalry Group war eine fast unmögliche Aufgabe gestellt. Über einen Frontabschnitt von fast neun Kilometern in isolierten Stellungen verstreut, konnten ihre Züge nur versuchen, feste Positionen in Dörfern und Weilern zu verteidigen. Es gab keine durchgehende Frontlinie, und die Brigade war zu stationärer Verteidigung weder personell in der Lage noch dazu ausgebildet oder ausgerüstet. Sie verfügte lediglich über Maschinengewehre, die sie von ihren Aufklärungsfahrzeugen abgebaut hatte, ein paar Panzerabwehrgeschütze und ein Bataillon mit 105-mm-Haubitzen zu ihrer Unterstützung. Das erst kurz zuvor erfolgte Eintreffen der 106. Infanteriedivision bedeutete, dass es keinen abgestimmten Plan für die Verteidigung gab.

In den Tagen vor der Offensive hatten deutsche Patrouillen am Frontabschnitt der 14th Cavalry Group eine Lücke von fast zwei Kilometer Länge zwischen den Dörfern Roth und Weckerath entdeckt. Vor Tagesanbruch marschierte daher die Masse der 18. Volksgrenadierdivision, unterstützt von einer Brigade mit Sturmgeschützen, geradewegs auf dieses Loch in der Front der Amerikaner zu, das an der nördlichen Grenze zum Bereich der deutschen 5. Panzerarmee lag. Manteuffels erstes Ziel war die Stadt St. Vith, 15 Kilometer hinter der amerikanischen Frontlinie an der Straße aus Richtung Roth.

Als ein trüber Tag heraufzog, musste die 14th Cavalry Group in Roth und Weckerath feststellen, dass die Deutschen, von tief hängenden Wolken und Nieselregen verborgen, bereits durch die Frontlinie geschlüpft waren und sich jetzt hinter ihnen befanden. Alle Kommunikation brach zusammen, als Telefonleitungen von detonierenden Granaten zerrissen wurden und die deutschen Abhörstationen auf den Frequenzen, die die Amerikaner für den Funkverkehr nutzten, Schallplattenmusik in maximaler Lautstärke spielten. Die eingekreisten Panzersoldaten in Roth hielten sich kämpfend fast den ganzen Tag, mussten sich aber nachmittags ergeben.

Die 106. Infanteriedivision brach nicht sofort zusammen. Da sie über 30 Kilometer Frontlinie zu verteidigen hatte, darunter einen breiten Frontbogen unmittelbar vor dem Westwall, war sie in sehr nachteiliger Position, vor allem als ihre linke Flanke an der Nahtstelle zum Frontabschnitt der 14th Cavalry Group bei Roth aufgerissen wurde. Mit Unterstützung von acht Bataillonen der Korpsartillerie fügte sie den Volksgrenadieren, die als Kanonenfutter zur Öffnung der Front für die Panzerdivisionen vorgeschickt wurden, schwere Verluste zu. Aber die 106. Division tat wenig, um Gegenangriffe gegen die Flanke der durchbrechenden Kräfte der Deutschen zu ihrer Linken zu führen, was am nächsten Tag verheerende Folgen haben sollte.

Models Artilleriechef musste bald feststellen, dass das unwegsame Gelände im dichten Wald den Vormarsch der deutschen Infanterie bremste und es seiner Artillerie sehr erschwerte, Ziele zu identifizieren. Außerdem wussten die Volksgrenadierdivisionen nicht, wie man Artillerieunterstützung wirksam nutzte.[20] Der strenge Befehl, Funkstille zu wahren, machte die Sache auch nicht besser, denn dadurch hatten vor Beginn des Beschusses keine Funknetze aufgebaut werden können.

Noch schlechter sah es mit der Kommunikation auf der amerikanischen Seite aus. Der Stab von Middletons VIII. Korps in Bastogne hatte keine klare Vorstellung vom Ausmaß der Offensive. Und General Hodges von der 1. Armee in Spa glaubte gar, die Deutschen inszenierten »nur ein lokales Ablenkungsmanöver«, um den Druck des Vorstoßes des V. US-Korps in Richtung der Rur-Dämme abzuschwächen.[21] Und obwohl inzwischen V1-Flugkörper, von den Amerikanern »Buzz Bombs« genannt, alle paar Minuten in Richtung Lüttich vorüberflogen*, begriff Hodges immer noch nicht, was die Stunde geschlagen hatte. Ungeachtet des Drängens von General Gerow lehnte er es ab, den Vorstoß der 2. Division nach Norden zu stoppen. Im Stab der 12. Armeegruppe berichtete der Verantwortliche für den Truppeneinsatz bei der Einweisung um 9.15 Uhr, dass es keine Veränderungen am Frontabschnitt Ardennen gebe. General Bradley war unterdessen bereits auf dem Weg nach Versailles, wo er mit General Eisenhower über den Personalmangel reden wollte.

Ein Tagebuch, das Leutnant Matt Konop vom Stab der 2. Division führte, vermittelt eine Vorstellung davon, warum die Amerikaner, selbst jene, die sich in der Nähe der Front befanden, so lange brauchten, um das Ausmaß und die Bedeutung der deutschen Offensive zu begreifen. Konops Eintrag für den 16. Dezember beginnt so: »5.15 Uhr: Im Schlaf – mit sechs weiteren Offizieren im Little Red House – höre ich laute Explosionen. Das muss ein Traum sein. ... Ich glaube immer noch, es ist ein Traum. ... Vielleicht unsere eigene Artillerie. ... Nicht möglich, das hier dröhnt viel lauter herein.« Er stand auf, tappte im Dunkeln in langen Unterhosen zur Tür und öffnete sie. Als draußen eine Explosion krachte, wankte er zurück, um

---

* Das größte Unheil richtete ein V1-Flugkörper an, der in Antwerpen an diesem Abend ein Kino traf, wobei fast 300 britische und kanadische Soldaten getötet und weitere 200 verletzt wurden. Außerdem gab es viele zivile Opfer.

die anderen zu wecken. Noch in der Unterwäsche stürzten alle in den Keller, wobei sie mit Taschenlampen leuchteten. Als der Beschuss etwas nachließ, gingen sie wieder nach oben. Konop rief die Einsatzzentrale im Stab an und fragte nach, ob es etwas Ungewöhnliches zu berichten gebe. »Nichts Ungewöhnliches«, war die Antwort, »nur wurden wir hier gerade beschossen. Von den vordersten Linien wird aber bisher nichts Ungewöhnliches gemeldet.« Konop legte sich wieder auf seine Matratze, konnte aber nicht mehr einschlafen.[22]

Als er um 7.15 Uhr seinen Befehlsstand in Wirtzfeld erreichte, war es noch dunkel. Nach der Lagekarte schien die 2. Division ausreichend vorangekommen zu sein. Ihr 9. Infanterieregiment hatte gerade das Dorf Wahlerscheid eingenommen. Eine Stunde später schaute er sich in Wirtzfeld um. Opfer des Beschusses gab es keine, nur der Misthaufen hatte einen Volltreffer abbekommen, der diesen »über die ganze Küche, die Kantine und die Offiziersmesse des Pionierbataillons verteilt hatte«. Am Vormittag kam Konop mit dem katholischen Kaplan der Division überein, dass nach dem Beschuss an diesem Morgen überlegt werden sollte, ob man am nächsten Tag die Messe in der Kirche abhalten könne, weil sie ein offensichtliches Ziel darstellte.

Um 17.30 Uhr erhielt Konop einen Bericht, in dem es hieß, dass deutsche Panzer bei der 106. Infanteriedivision durchgebrochen seien. Dies wurde als »lokale Feindaktion« beschrieben. Da er nichts mehr zu tun hatte, zog er sich in sein Zimmer zurück, um zu lesen. Den Abend verbrachte er im Gespräch mit zwei Frontkorrespondenten, die zum Schlafen in das Haus gekommen waren. Bevor er sich »aufs Ohr legte«, zeigte er den beiden Journalisten die Tür zum Keller, falls es am nächsten Morgen wieder Beschuss geben sollte.[23]

Cotas 28. Division, die sich der 106. in südwestlicher Richtung anschloss, wurde wegen der schlechten Sicht zunächst überrascht. Aber das künstliche Mondlicht, das die Deutschen erzeugten, erwies sich als ein Fehler. »Sie richteten ihre Scheinwerfer auf den Wald und dann auf die Wolken über unseren Stellungen, wodurch ihre [eigenen] Sturmtruppen wie Silhouetten vor uns erschienen. Das machte sie zu leichten Zielen für unsere Maschinengewehrschützen.«[24]

Zum Glück hatte die Division vor Beginn der Offensive Offiziere und Unteroffiziere der Infanterie als vorgeschobene Beobachter für die Artillerie ausgebildet. Eine Kompanie des 109. Infanterieregiments der Division feuerte bei einem Großangriff mit ihren 155-mm-Haubitzen nur 50 Meter vor die eigenen Stellungen. Später meldete sie von dort 150 tote Deutsche bei keinem einzigen Verlust auf amerikanischer Seite.[25]

Der Drang, die eigenen Erfolge und die Stärke der Kräfte des Feindes zu übertreiben, war weit verbreitet. »Aus zehn Deutschen wird eine ganze Kompanie«, klagte ein Bataillonskommandeur in der Division, »aus zwei Panzern IV ein Großangriff durch Panzer VI. Es ist fast unmöglich für einen Kommandeur, rasch die richtigen Entschlüsse zu fassen, wenn der Bericht nicht das enthält, was der Berichterstatter gesehen oder gehört hat, sondern das, was er sich einbildet.«[26]

Das 112. Infanterieregiment von Cotas 28. Division stellte fest: »Am Morgen des ersten Angriffs gab es starke Anzeichen dafür, dass die deutsche Infanterie recht großzügig dem Alkohol zugesprochen hatte. ... Die Soldaten lachten und brüllten unseren Männern zu, nicht zu schießen, als sie unsere Stellungen entdeckten. Wir erfüllten diesen Wunsch, bis die Spitze der Kolonne 25 Meter vor unserer Front auftauchte. Schwere Verluste waren die Folge. Eine Überprüfung der Feldflaschen, die einige Tote bei sich trugen, ergab eindeutig, dass sie kurz zuvor noch Kognak enthalten hatten.«[27]

Waldenburgs 116. deutsche Panzerdivision griff an der Nahtstelle zwischen der 106. und der 28. US-Division an. Aber sie konnte keine Lücke finden, stattdessen stießen das äußerste rechte Bataillon der 106. US-Division und ein Zug Panzerjäger in die Flanken der Deutschen. Im Wald westlich von Berg, berichtete Waldenburg, wurde die Sturmkompanie seines Panzergrenadierregiments 60 nicht nur gestoppt, sondern «fast vernichtet», da die Amerikaner »sehr tapfer und erbittert kämpften«.[28] Die Deutschen schickten in aller Eile Artillerie vor, um die Flussübergänge zu sichern, aber Wälder und Berge machten die Beobachtung sehr schwierig, und an den steilen Hängen gab es kaum Möglichkeiten, ihre Batterien in Stellung zu bringen.

Dagegen kam Waldenburgs Panzergrenadierregiment 156 im Süden rasch bis Oberhausen voran. Dann musste er feststellen, dass die »Drachenzähne« der Verteidigungsanlagen des Westwalls es dem Panzergrenadierregiment unmöglich machten, die vorgeschriebene Route einzuhalten. Er musste die Genehmigung seines Korpsstabes einholen, um dem erfolgreichen Panzergrenadierregiment 156 nachzusetzen, das Übergänge über den Fluss Our erobert hatte. Die schweren Regen- und Schneefälle in den Ardennen hatten den Boden so aufgeweicht, dass Panzereinheiten nur noch befestigte Straßen benutzen konnten. Die Panzerketten pflügten den Morast kleinerer Straßen fast metertief auf, sodass Radfahrzeuge und selbst andere Panzer dort nicht mehr durchkamen. Das schlechte Wetter, das sich Hitler gewünscht hatte, um seine Truppen vor den Luftangriffen der Alliierten zu bewahren, forderte jetzt einen hohen Preis, ebenso die wilde, waldreiche Gegend, die seine Offensive hatte verbergen sollen.

Weiter südlich war der 26. Volksgrenadierdivision die Aufgabe gestellt, für Manteuffels erfahrenste Einheiten, die 2. Panzerdivision und die Panzer-Lehr-Division, die Front zu öffnen. Sie hofften, Bastogne, das weniger als 30 Kilometer Luftlinie in westlicher Richtung lag, in dieser Nacht oder am nächsten Morgen zu erreichen. Aber Generalmajor Heinz Kokott, den Befehlshaber der 26. Volksgrenadierdivision, erwartete eine unangenehme Überraschung. Die 28. US-Division kämpfte weiter, auch als ihr Frontabschnitt auf dem Hochplateau längs der »Skyline Drive« genannten Straße durchbrochen war. Er hatte nicht erwartet, so schrieb er später, »dass die Reste der geschlagenen Einheiten den Kampf nicht aufgaben. Sie blieben, wo sie waren, und blockierten weiterhin die Straße.« Die Deutschen mussten sich damit abfinden, dass »die Infanterie sich den Weg freikämpfen musste« und nicht einfach die Front für den Vorstoß der Panzerdivisionen bis zur Maas öffnen konnte. »Am Ende des ersten Tages der Offensive hatte die [5. Panzer-]Armee keines der ihr gesetzten Ziele erreicht.« Die »hartnäckige Verteidigung von Hosingen« hielt bis zum späten Vormittag des zweiten Tages an.[29]

Zwar konnte die 26. Volksgrenadierdivision schließlich die Weiterfahrt auf der Straße erzwingen, aber die Reparatur der Brücke bei Gemünd war erst um 16 Uhr abgeschlossen, als es bereits dunkel wurde. Die Fahrzeuge der 26. Volksgrenadierdivision und der Panzer-Lehr-Division stauten sich, denn die Amerikaner hatten die Straße nach Hosingen mit riesigen Kratern und Barrieren von gefällten Bäumen blockiert. Die deutschen Pionierbataillone hatten die ganze Nacht zu tun, um sie passierbar zu machen. Die 26. Volksgrenadierdivision verlor am ersten Tag 230 Soldaten und acht Offiziere, darunter zwei Bataillonskommandeure.

An der rechten Flanke der 28. US-Division schickte die deutsche 7. Armee die 5. Fallschirmjägerdivision vor, um die Flanke von Manteuffels 5. Panzerarmee bei deren Vorstoß nach Westen bis zur Maas zu sichern. Aber die 5. Fallschirmjägerdivision war der deutschen Schlachtordnung in letzter Minute beigefügt worden und kämpfte entsprechend schlecht. Ihre 16 000

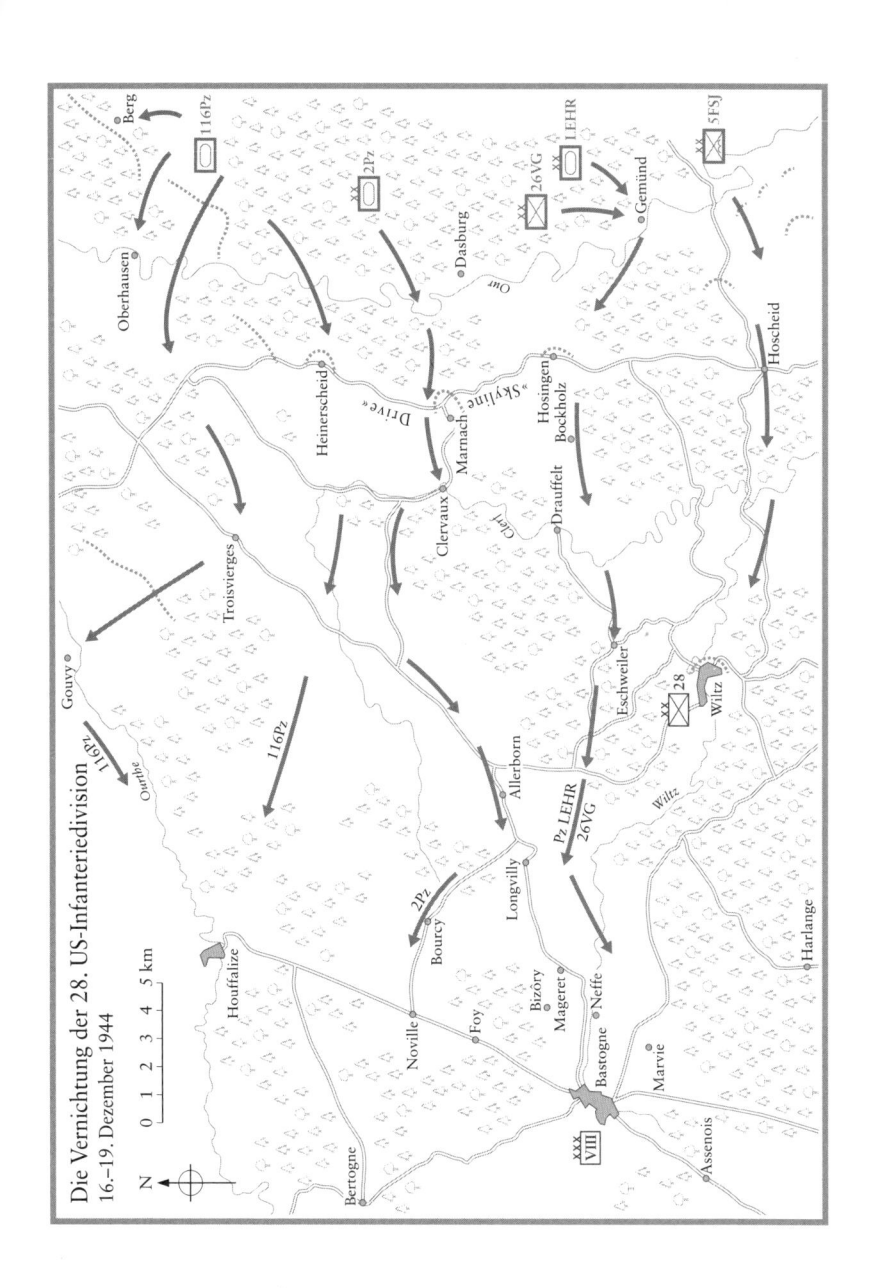

Die Vernichtung der 28. US-Infanteriedivision
16.–19. Dezember 1944

Offiziere und Soldaten hatten nur wenig Infanterieausbildung erhalten. Ein Bataillon des Fallschirmjägerregiments 13, das von dem Fluglehrer Major Frank befehligt wurde, hatte zwölf Offiziere ohne jede Gefechtserfahrung. In einem Gespräch nach seiner Gefangennahme, das insgeheim aufgezeichnet wurde, berichtete er einem anderen Offizier, dass seine Unteroffiziere »willig, aber unfähig« gewesen seien. Ganz anders seine 700 Soldaten, zumeist nur 16, 17 Jahre alt. »Wunderbar waren die Burschen!«

»Gleich am ersten Tag der Offensive stürmten wir Führen [das von Kompanie E des 109. US-Infanterieregiments gehalten wurde]. Es war ein befestigtes Dorf. Als wir uns dem Bunker bis auf 25 Meter genähert hatten, ging es nicht mehr weiter, und meine besten Kompaniechefs wurden getötet. Ich saß dort zweieinhalb Stunden lang fest, und fünf meiner Melder waren tot. Man konnte von dort nicht mehr führen, denn alle Melder, die zurückkommen wollten, wurden abgeschossen. Nach zweieinhalb Stunden kroch ich Zentimeter für Zentimeter zurück. Das war ein Ding für junge Kerle, völlig flaches Gelände ohne jede Unterstützung durch schwere Waffen zu überwinden! Ich entschloss mich, auf einen vorgeschobenen Beobachter zu warten. Der Regimentskommandeur sagte: ›Machen Sie weiter. Nehmen Sie dieses Dorf ein, es wird nur noch von ein paar Soldaten gehalten.‹

›Das ist Wahnsinn‹, sagte ich zu dem Regimentskommandeur.

›Nein, nein, es ist ein Befehl. Machen Sie, wir müssen das Dorf vor Einbruch der Dunkelheit nehmen.‹ Ich sagte: ›Das werden wir auch. Die Stunde, die wir auf den Beobachter warten, mache ich danach doppelt und dreifach wieder wett. ... Geben Sie mir wenigstens die Sturmgeschütze, dass sie den Bunker von Norden her vernichten.‹

›Nein, nein, nein.‹

Wir nahmen das Dorf ohne jede Unterstützung. Kaum waren wir drin, da begannen unsere schweren Geschütze es zu beschießen. Ich brachte insgesamt 181 Gefangene heraus. Als ich die letzten 60 eingekreist hatte, landete eine Salve von Mörsergranaten von einer unserer Mörserbrigaden mitten unter den Gefangenen und denen, die sie bewachten. 24 Stunden später beschoss unsere eigene Artillerie immer noch das Dorf. Unsere Kommunikation war eine einzige Katastrophe.«[30]

Der Divisionskommandeur, Generalmajor Ludwig Heilmann, hatte offenbar keinerlei Empathie für seine Truppen. Heydte beschrieb ihn als »einen äußerst ehrgeizigen, rücksichtslosen Soldaten ohne alle moralische Skrupel«. Er meinte, dieser Mann hätte keine Division befehligen dürfen.³¹ Seine Soldaten nannten ihn den »Schlächter von Cassino« wegen der schrecklichen Verluste, die seine Männer in jener Schlacht zu verzeichnen hatten.³² Am ersten Tag der Ardennen-Offensive litten seine Einheiten schwer unter amerikanischem Mörserfeuer, als sie sich über den Fluss Our mit seiner starken Strömung und seinem schlammigen Grund quälten.³³

Südlich davon hielt die 9. US-Panzerdivision einen schmalen Frontabschnitt von drei Kilometern, wurde aber von der 212. Volksgrenadierdivision zurückgedrängt. Zu ihrer Rechten übersahen die Vorposten der 4. Infanteriedivision westlich und südlich von Echternach, wie deutsche Truppen vor Tagesanbruch den Fluss Sauer überquerten. An Steilhängen oder auf Bergrücken hoch über dem Flusstal postiert, hätten sie bei klarem Wetter eine sehr gute Sicht haben müssen, aber nachts und an nebligen Tagen waren sie wie blind. So wurden die meisten Männer in diesen vorgeschobenen Stellungen sehr rasch eingekreist und gefangen genommen, weil vorgeschickte deutsche Patrouillen durch die Front geschlüpft und in ihren Rücken gelangt waren. Als ein Kompaniechef über das Feldtelefon seinem Bataillonskommandeur Einzelheiten des Angriffs melden wollte, hatte er zu seinem Erschrecken eine andere Person in der Leitung. Eine Stimme verkündete mit starkem deutschen Akzent: »We are here!«³⁴ Eine Gruppe in Lauterborn wurde völlig überrascht und gefangen genommen. Aber die allzu selbstsicheren Deutschen marschierten mit ihnen die Straße entlang an einer Mühle vorbei, die zufällig von Amerikanern einer anderen Kompanie gehalten wurde. Die eröffneten das Feuer. Die Gefangenen warfen sich in den Straßengraben, wo sie sich mehrere Stunden lang verbargen, bis sie sich wieder ihrer Einheit anschließen konnten.³⁵

Erneut wurden Feldtelefonleitungen zu den Beobachtungsposten von Granaten zerfetzt, und beim Funk gab es Ausfälle wegen des bergigen Geländes und der hohen Luftfeuchtigkeit. Die Funkverbindungen gestalteten sich auch deshalb so chaotisch, weil nachlässige oder in Panik geratene Funker den ganzen Verkehr lahmlegten. So erfuhr Generalleutnant Raymond O. Barton, der Befehlshaber der 4. Infanteriedivision, erst um 11 Uhr, dass das 12. Infanterieregiment beiderseits von Echternach sich eines heftigen Angriffs zu erwehren hatte. Ohne weiter Zeit zu verlieren, schickte ihm Barton ein Reservebataillon und eine Kompanie des 70. Panzerbataillons zu Hilfe. Als es am späten Nachmittag dunkelte, hielt das 12. Infanterieregiment nach wie vor fünf wichtige Dörfer längs des »Skyline Drive«. Dort lagen die hochwichtigen Kreuzungen, an denen der Vormarsch der Deutschen blockiert wurde. »Die Ortschaften und Straßenkreuzungen erwiesen sich als entscheidend in dieser Schlacht«, lautete die Schlussfolgerung einer Analyse.[36]

Die 4. Infanteriedivision hatte ebenfalls hohe Kiefern über die Straße stürzen lassen und daraus mit Minen und Sprengfallen bestückte Sperranlagen gebaut. Die Leistung der Division ist umso bemerkenswerter, wenn man bedenkt, dass sie nach den kürzlichen Gefechten im Hürtgenwald hinsichtlich Personal und Bewaffnung sehr geschwächt war. Seit den Kämpfen in der Normandie hatten die Soldaten dieser Division viele Panzerfäuste erbeutet, die sie nun gegen die Deutschen einsetzten. Zwar betrug ihre Reichweite nur circa 40 Meter, aber es stellte sich heraus, dass sie beim Durchschlagen der Panzerung des Panthers wesentlich wirksamer waren als die eigenen Bazookas. 43 ihrer 54 Panzer befanden sich noch zur Reparatur in Werkstätten im Hinterland. Das erwies sich allerdings als nicht so verheerend, wie man erwarten konnte. Manteuffel hatte Brandenbergers 7. Armee eine Panzerdivision beigeben wollen, um die Front an der Südkante des Bergrückens aufzubrechen, aber alle wurden andernorts gebraucht.

General Bradleys Fahrt über die eisigen Straßen von Luxemburg nach Versailles dauerte an diesem Tag länger als geplant. Bei seinem Eintreffen fand er Eisenhower in Feierlaune vor, denn der hatte gerade erfahren, dass er seinen fünften Stern erhalten sollte. Bradley gratulierte ihm. »Mein Gott«, antwortete Eisenhower, »jetzt warte ich auf den Tag, da ich zum ersten Mal als Armeegeneral unterschreiben kann.«[37]

Major Hansen, der Bradley begleitet hatte, stieg im Hotel Ritz ab, wo er Hemingway bei einem Trinkgelage mit zahlreichen Besuchern antraf. »Überall in dem Zimmer mit zwei Messingbetten«, schrieb Hansen, »selbst auf dem Fußboden lagen Bücher und Schnapsflaschen herum, die Wände waren mit Ansichten von Paris bedeckt, die man mit Nägeln und Reißzwecken nachlässig angepinnt hatte.« Hansen plauderte eine Weile mit den Gästen, »verließ sie dann und ging erschöpft zum Lido, wo wir barbusigen Mädchen bis spät in die Nacht beim Hootchy Kootchie zuschauten«.[38]

Am späten Nachmittag, als Eisenhower und Bradley zusammen mit anderen hohen SHAEF-Offizieren das Problem des Truppennachschubs diskutierten, wurden sie von einem Stabsoffizier unterbrochen. Er händigte Generalleutnant Strong eine Nachricht aus, der diese las und dann eine Karte des Frontabschnitts des VIII. Korps verlangte. Dort waren die Deutschen an fünf Punkten durchgebrochen. Die bedrohlichste Stelle schien

Die Südflanke
16.–19. Dezember 1944

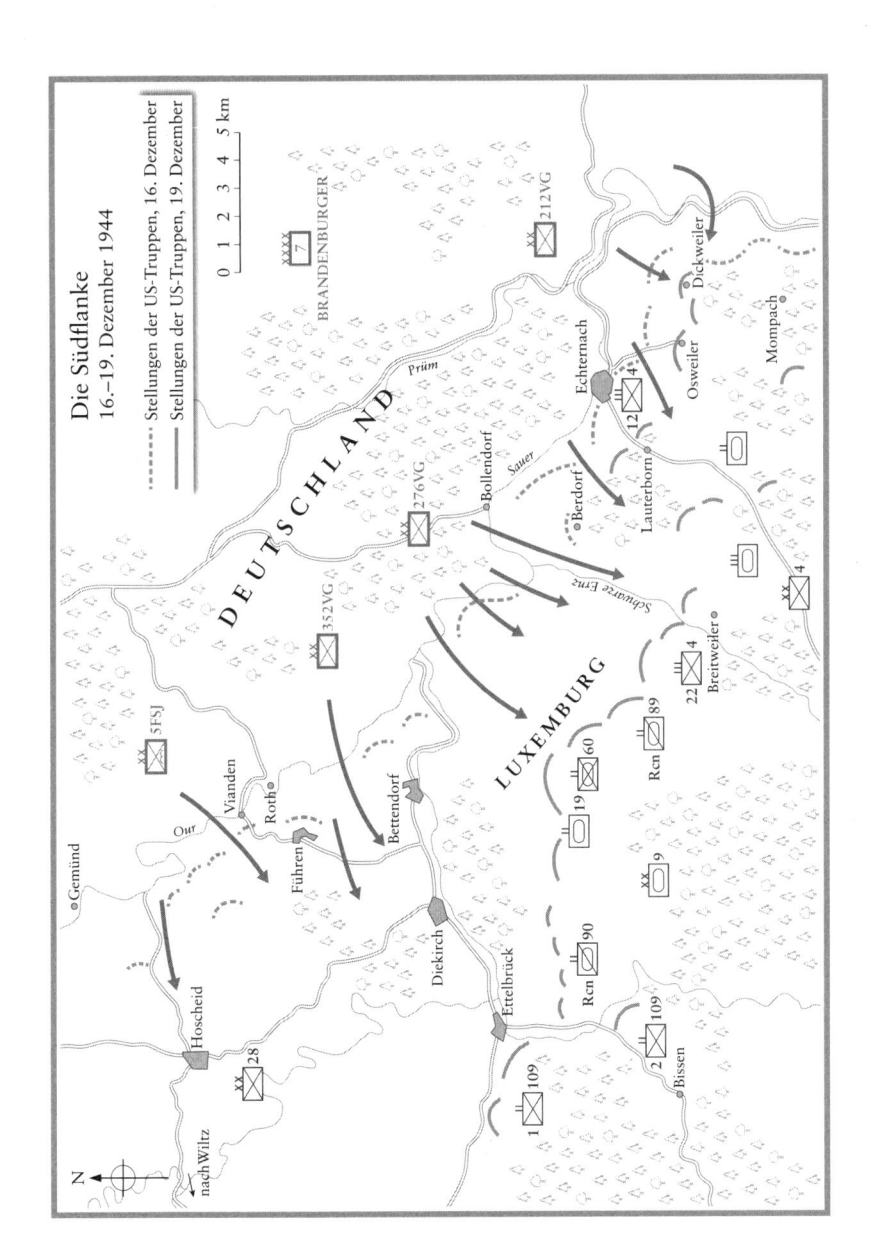

der Durchbruch durch den Losheimer Graben zu sein. Noch wusste man kaum Einzelheiten, doch Eisenhower spürte sofort, dass dies eine ernste Angelegenheit war, obwohl sich in den Ardennen keine offensichtlichen Ziele befanden. Bradley dagegen glaubte, es handle sich um das Störmanöver gegen Pattons Offensive in Lothringen, das er im Grunde bereits erwartet hatte. Nach dem Studium der Karte verlor Eisenhower keine Zeit. Er gab Befehl, dass die 9. Armee die 7. Panzerdivision in Marsch setzen sollte, um Troy Middleton in den Ardennen zu Hilfe zu kommen, und dass Patton seine 10. Panzerdivision zur Verfügung zu stellen hatte. Bradley bemerkte, Patton werde nicht erfreut darüber sein, seine Offensive aufzugeben, die in drei Tagen starten sollte. »›Sagen Sie ihm‹, knurrte Eisenhower, ›dass in diesem Krieg Ike [Spitzname von Eisenhower – d. Ü.] das Sagen hat.‹«[39]

Bradley musste Patton auf der Stelle anrufen. Wie vorausgesagt, beschwerte der sich bitter und erklärte, der deutsche Angriff sei lediglich ein Versuch, seine Operation zu stören. Da Eisenhower ihn scharf anschaute, musste Bradley Patton einen direkten Befehl erteilen. In der 10. Panzerdivision war man entsetzt darüber zu hören, dass die Einheit von Pattons 3. Armee in die Reserve der 1. Armee verlegt werde. »Das brach uns das Herz, denn, wissen Sie, die 1. Armee – verdammt noch mal, wir gehörten zur 3. Armee.«[40] Patton spürte jedoch nach dem Telefonanruf instinktiv: »Das sieht aus, als ob es stimmt.«[41] »Es erinnert mich sehr an den 25. März 1918 [Ludendorffs Offensive]«, schrieb er an einen Freund, »und ich denke, es wird genauso ausgehen.«[42]

Danach rief Bradley seinen Stab in Luxemburg an und befahl, mit der 9. Armee Kontakt aufzunehmen. Dort erwartete er keinerlei Probleme. Generalleutnant William H. Simpson, ein hochgewachsener, ruhiger Texaner, war als der »Soldatengeneral« bekannt und allgemein beliebt. Er hatte ein einnehmendes längliches Gesicht, einen kahlen Kopf mit abstehenden Ohren und ein kantiges Kinn. Simpson studierte gerade den Plan der Luftunterstützung für die Überquerung der Rur, als er laut Kriegstagebuch seines Stabes um 16.20 Uhr einen Anruf von Generalleutnant Allen, dem Stabschef der 12. Armeegruppe, erhielt. »Hodges hat etwas Ärger an seiner Südflanke«, sagte Allen. »Und südlich von Ihnen blitzt es ein bisschen.«[43] Simpson willigte sofort ein, die 7. Panzerdivision der 1. Armee zur Verfügung zu stellen. Genau zwei Stunden später überzeugte sich Simpson per Telefon, dass die Vorausabteilung der 7. Panzerdivision aufgebrochen war.

Nachdem Eisenhower und Bradley die beiden Divisionen in Gang gesetzt hatten, tranken sie eine Flasche Champagner auf den fünften Stern. Der Oberbefehlshaber hatte gerade eine Sendung Austern erhalten, die er sehr liebte, aber Bradley war allergisch dagegen und aß deshalb Rührei. Dann spielten sie fünf Runden Bridge, denn Bradley wollte erst am nächsten Morgen nach Luxemburg zurückfahren.

Während die beiden amerikanischen Generale sich in Versailles aufhielten, wurde Oberstleutnant von der Heydte in Paderborn vom Klingeln des Telefons aus tiefem Schlaf gerissen. Er war erschöpft, denn am Abend zuvor war alles schiefgegangen, und er hatte keinen Schlaf gefunden. Seine Kampfgruppe hatte an diesem Morgen in aller Frühe starten sollen. Aber die meisten Lkw, die seine Männer zum Flugfeld zu transportieren hatten, konnten nicht rechtzeitig aufgetankt werden, weshalb die Operation verschoben wurde. Dann sah es fast so aus, als werde sie ganz abgesetzt. Nun aber sagte ihm Luftwaffengeneral Peltz am Telefon, sie sei wieder auf der Tagesordnung, da man beim Start der Offensive nicht so schnell wie erhofft vorangekommen sei.

Als Heydte am Flugfeld eintraf, wurde ihm mitgeteilt, der Wetterbericht der Luftflotte West schätze die Windgeschwindigkeit über dem Absprunggebiet auf 20 Stundenkilometer. Das war das erlaubte Maximum für einen Absprung bei Nacht über bewaldetem Gebiet. Heydte wurde absichtlich desinformiert, damit er die Operation nicht absagte. Als bereits alle Fallschirmjäger in die betagten Transportmaschinen vom Typ Junkers 52 geklettert waren, lief ein »sehr gewissenhafter Meteorologe« zu Heydtes Flugzeug, das zur Startbahn rollen sollte, und sagte: »Ich halte es für meine Pflicht, Ihnen mitzuteilen: Meldungen aus unseren Quellen besagen, dass die Windgeschwindigkeit 58 Stundenkilometer beträgt.«[44]

Die ganze Operation geriet zu einem Fiasko. Da die meisten Piloten »neu und nervös« waren und keine Erfahrungen mit Nachtflügen hatten, wurden circa 200 seiner Männer bereits in der Gegend von Bonn abgeworfen. Nur wenige Absetzer hatten diese Aufgabe vorher schon einmal erfüllt, und nur zehn Maschinen gelang es, ihre Gruppen über der Absprungzone südlich von Eupen abzusetzen, die mit zwei Magnesiumfackeln markiert war. Der Wind wehte so stark, dass einige Fallschirmjäger in die Propeller der nachfolgenden Flugzeuge getrieben wurden. Die Überlebenden der Landung fanden sich in der Dunkelheit mithilfe von Pfeifsignalen zusammen.[45] Als der Morgen graute, wusste Heydte, dass seine Mission »gründlich fehlgeschlagen« war.[46] Er brachte lediglich 150 Mann zusammen, eine »erbärmlich kleine Zahl«, wie er es nannte, und auch nur sehr wenige Waffencontainer wurden gefunden. Von 500 abgeworfenen Panzerfäusten bargen sie nur acht und auch nur einen einzigen 81-mm-Mörser.[47]

In einer Botschaft rief Hitler das deutsche Volk zur Zuversicht auf. Er sagte den Sieg voraus, eine so fanatisch kämpfende Nation könne nur siegreich sein.[48] Generalfeldmarschall Model erklärte in einem Tagesbefehl an die Truppen der Heeresgruppe B, die deutschen Truppen würden siegen, weil sie an Adolf Hitler und das Großdeutsche Reich glaubten.[49] Doch in derselben Nacht starben etwa 4000 deutsche Zivilisten bei einem Bombenangriff der Alliierten auf Magdeburg, der bereits vor der Offensive geplant worden war.

Die belgische Zivilbevölkerung hatte zumindest die Chance, vor dem Ansturm zu fliehen. Doch manche der Bewohner blieben auf ihren Höfen bei ihrem Vieh und richteten sich auf eine weitere deutsche Besatzung ein. Sie wussten allerdings nicht, dass der SS-Sicherheitsdienst den Einheiten der Waffen-SS auf dem Fuße folgte. In deren Augen waren die Bewohner der östlichen Kantone Belgiens deutsche Staatsbürger, und man wollte feststellen, wer im September den Befehl missachtet hatte, sich samt Familie und Vieh hinter den Westwall zurückzuziehen. Anwohner, die sich vor dem Dienst in der Wehrmacht gedrückt oder im Herbst mit den Amerikanern zusammengearbeitet hatten, mussten mit Verhaftung und in einigen Fällen gar mit Erschießung rechnen. Vor allem aber richtete sich die Aktion gegen die jungen Belgier der Résistance-Gruppen, die den deutschen Truppen auf dem Rückzug im September heftig zugesetzt hatten.

General Hodges, dem die Gefahr nun endlich bewusst wurde, befahl der 1. Division, die sich in einem Ruheraum hinter den Linien befand, sich zum Aufbruch zu rüsten. »Wir hörten etwas wie eine Sirene«, schrieb Arthur Couch, »und die Mitteilung, dass alle amerikanischen Militärangehörigen zu ihren Einheiten zurückkehren und sich zum Abmarsch fertig machen sollten – es habe einen Großangriff der Deutschen im Bereich der Ardennen gegeben. Wir griffen nach unserer Gefechtsausrüstung und stiegen auf die Lkw, die uns zur neuen Frontlinie bringen sollten. Es hieß, deutsche Panzer hätten den Frontabschnitt einer unerfahrenen, direkt aus Amerika eingetroffenen neuen Division durchbrochen. Die Division sei auf einem chaotischen Rückzug.«[50] Um 22 Uhr wurde die 2. Division in einem weiteren Befehl des Stabes der 1. Armee angewiesen, ihren Angriff im Norden einzustellen und sich auf den Rückzug zur Ostflanke der Elsenborner Höhen vorzubereiten, um dort den Vormarsch der 12. SS-Panzerdivision aufzuhalten.[51]

Nach all den Verzögerungen am ersten Tag zwang Peiper seine Männer an diesem Abend, bis nach Honsfeld vorzustoßen. Seiner Kampfgruppe hatte man »die entscheidende Rolle bei dieser Offensive« zugewiesen, und er hatte nicht die Absicht zu versagen. »Ich sollte mich nicht um meine Flanken kümmern, sondern in hohem Tempo bis zur Maas rollen und dabei das Überraschungsmoment voll nutzen.«[52] Seine Kolonne aus Panzern, Halbkettenfahrzeugen und anderen Fahrzeugen zog sich fast 25 Kilometer auseinander. Da die Straßen so schmal waren, konnte er die Marschordnung nicht verändern. Daher hatte er entschieden, eine kampfstarke Gruppe aus Panzergrenadieren auf Halbkettenfahrzeugen, gefolgt von einer Kompanie Panther und Panzer IV an die Spitze zu setzen. Das Bataillon der schweren Tiger sollte dahinter fahren.

Vor Beginn der Offensive hatte Peiper wirklich geglaubt, sollte es der deutschen Infanterie gelingen, im Morgengrauen des 16. Dezember wie geplant durchzubrechen, dann sei er in der Lage, in gut 24 Stunden die Maas zu erreichen. Jetzt wusste er, dass seine vor der Offensive durchgeführte Testfahrt mit einem Panzer über 80 Kilometer ein großer Selbstbetrug gewesen war. Die ihm zugewiesene Route verlief über schlammige Feldwege. Dass der »Führer« persönlich sie festgelegt hatte, war unter diesen Umständen ein schwacher Trost. Wie von Manteuffel vorhergesagt, war der Treibstoffverbrauch in diesem Gelände doppelt so hoch, wie Keitel und das OKW geschätzt hatten. Da man ihn bei der Einweisung der Division informiert hatte, dass zwei Zugladungen Treibstoff nicht eingetroffen seien und die Spitzenverbände sich aus erbeuteten Beständen versorgen müssten, studierte Peiper die Karte. Der Aufklärungsoffizier der Division hatte die amerikanischen Treibstofflager in Büllingen und Stavelot eingezeichnet. Das größte Depot der U.S. Army in Francorchamps zwischen Malmédy und Spa, wo über sieben Millionen Liter lagerten, war dort aber nicht eingetragen.

9. Kapitel

Sonntag, 17. Dezember

Dass etwas nicht stimmte, bemerkte Leutnant Matt Konop vom Stab der 2. Infanteriedivision am nächsten Morgen, als kurz vor 7 Uhr das Telefon neben seiner Matratze klingelte. Der Einsatzoffizier teilte mit, man habe Meldung erhalten, dass südlich von Eupen Fallschirmjäger gelandet seien und dass etwa 30 deutsche Panzer westlich von ihnen die Frontlinie durchbrochen hätten. Er schaltete das Licht ein und griff nach der Karte, um sich klarzumachen, ob etwas Wichtiges im Gange sei. Ein paar Minuten später klingelte das Telefon erneut.

»Also, Konop, ich will, dass Sie sofort alle Mann wecken.« Konop erkannte die Stimme nicht. »Schnappen Sie sich alle Waffen, Mann, und was Sie sonst noch brauchen, um den Befehlsstand der Division zu verteidigen! Feindliche Panzer sind durchgebrochen und bereits auf dem Weg nach Büllingen.«

»Zu Befehl, Sir«, antwortete Konop. »Und mit wem spreche ich?«

»Hier ist General Robertson«, antwortete sein Divisionskommandeur, ein Mann, der für seine ruhige, überlegte Art bekannt war. Konop hielt es für seine Pflicht, den General daran zu erinnern, dass seine einzigen verfügbaren Soldaten »die Männer sind, die die Lkw fahren, dazu ehemalige Fälle von Schlachtneurose«. Robertson befahl ihm, jeden aufzubringen, den er finden konnte. Konop stellte also einen improvisierten Verteidigungszug aus Köchen, Büroangestellten und Kraftfahrern zusammen, dazu jeden Mann, der eine Waffe halten konnte. Mit ihnen machte er sich, so schnell sie konnten, auf den Weg nach Wirtzfeld. In der Ferne hörte Konop bereits Maschinengewehrfeuer. Er platzierte Bazooka-Teams und seine beiden 57-mm-Panzerabwehrkanonen so, dass sie alle Seitenwege abdeckten, die ein Panzerkommandant benutzen konnte. Einen Koch im Range eines Feldwebels und den Fahrer seines Jeeps stellte er an ein 12,7-mm-Maschinengewehr und richtete Beobachtungsposten mit Funkgeräten ein. Ein Offizier der Militärpolizei mit 20 Mann stieß zu ihm, und obwohl seine

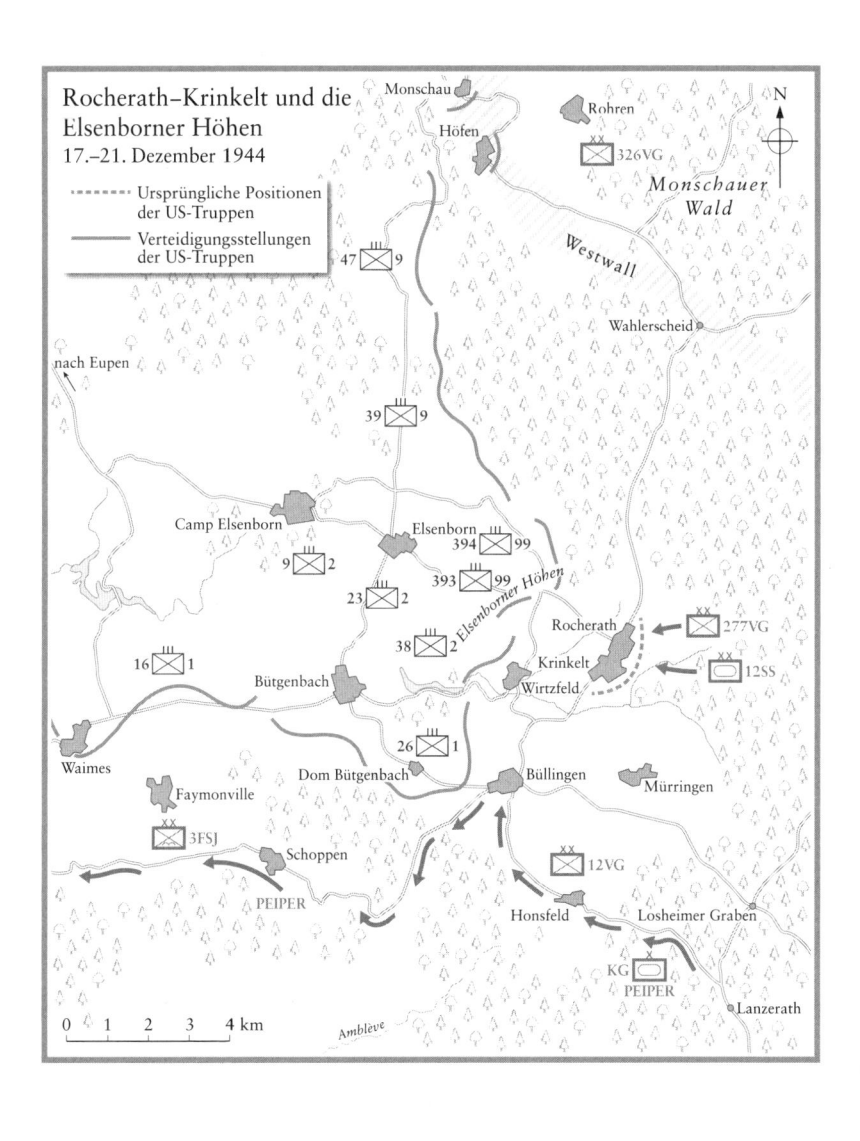

Rocherath–Krinkelt und die Elsenborner Höhen
17.–21. Dezember 1944

- .... Ursprüngliche Positionen der US-Truppen
- ———— Verteidigungsstellungen der US-Truppen

»Schneeglöckchen« [engl. *snowdrop*, scherzhafte Bezeichnung für Mitglieder der US-Militärpolizei, was sich auf deren weiße Helme bezog – d. Ü.] nur mit Pistolen bewaffnet waren, wurden auch sie in die Verteidiger eingereiht.[1]

Endlich hatte man auch General Hodges dazu gebracht, sich der Realität zu stellen. Am 17. Dezember um 7.30 Uhr, 24 Stunden nach dem Start der deutschen Offensive, gestattete er schließlich General Gerow, dem Befehlshaber des V. Korps, den Angriff der 2. Division von Wahlerscheid in Richtung Norden zu stoppen. Gerow wollte sie zu den Zwillingsdörfern Rocherath-Krinkelt zurückziehen, die jetzt bedroht waren. Die 99. US-Division war von der 277. Volksgrenadierdivision und der 12. SS-Panzerdivision »Hitlerjugend« zum Rückzug gezwungen worden. Gerow und General Robertson waren sich einig, dass die Straße von Rocherath-Krinkelt nach Wahlerscheid im Norden geschützt werden musste, damit er seine zwei Regimenter aus der Gefahrenzone herausführen konnte.

Gerow hielt nichts von der hohlen Losung, dass die U.S. Army sich nie zurückziehe. Er hatte sofort gespürt, dass es vor allem darauf ankam, den Durchbruch an der Nordflanke aufzuhalten. Der Schlüssel dazu waren die Elsenborner Höhen, die sich westlich von Rocherath-Krinkelt erhoben. Sie mussten die Zwillingsdörfer lange genug halten, um längs der Höhen feste Stellungen zu errichten, wohin er bereits seine Artillerieregimenter in Marsch gesetzt hatte.

Robertson befahl seine einzige Reserve, ein Bataillon des 23. Infanterieregiments, auf Lastwagen von Elsenborn aus nach vorn. Die Männer stiegen östlich von Rocherath ab und beäugten mit düsterer Vorahnung die dichten Kiefernwälder. Sie wussten nur, dass eine Einheit der 99. Division, der man »die Seele aus dem Leib geschossen hatte«, gerade vor der 12. SS-Panzerdivision »Hitlerjugend« davonlief.[2] Hinter sich hörten sie Flak auf Halbkettenfahrzeugen knattern, die den über ihre Köpfe hinwegfliegenden V1 hinterherschossen. »Die Straßenkreuzung war von kürzlichem heftigen Beschuss mit einer Mischung aus Schnee und Schlamm bedeckt«, schrieb der Kompaniechef Charles MacDonald.[3]

Er führte seine Männer vorwärts bis zum Waldrand. Bei dem feuchten Nebel betrug die Sicht auch in freiem Gelände nicht mehr als 100 Meter. Vor sich hörten sie Handfeuerwaffen schießen, mehr das schnelle Knattern deutscher Maschinenpistolen als das langsamere, bedächtigere Tempo amerikanischer Modelle.

Plötzlich wurde eine Salve Granaten von Mörsern, den sogenannten

Nebelwerfern, abgeschossen [wegen ihres schrecklichen Geräuschs von den GIs nur *screaming meemie* – »kreischende Mimi« genannt]. Als MacDonalds Männer die Artillerie schießen hörten, sprangen sie hinter dicke Kiefern, um den Splittern von Schüssen in die Baumwipfel zu entgehen. Mit wenig Elan, allein aus Selbsterhaltungstrieb ging MacDonalds Kompanie daran, Schützenlöcher auszuheben. Wegen der vielen Baumwurzeln unter dem nassen Schnee war das mit den kleinen Feldspaten ein mühseliges Unterfangen.

Die Bedrohung des Stabes der 2. Division in Wirtzfeld, den Leutnant Konop an diesem Morgen zu verteidigen hatte, ging nicht von der SS-Panzerdivision »Hitlerjugend« im Osten aus, sondern von Peipers Kampfgruppe im Süden. Der, entsetzt über den Zustand der Wege, die er nehmen sollte, hatte kurzerhand entschieden, die Befehle und die von Hitler vorgegebene Route zu ignorieren. Sein Korpskommandeur stimmte ihm später zu. »Bei dem erbärmlichen Zustand der Wege«, schrieb er, »mussten die Radfahrzeuge mancherorts über beträchtliche Entfernungen geschleppt werden.«[4]

Bevor am 17. Dezember der Morgen graute, startete die Kampfgruppe Peiper einen Angriff auf Honsfeld. Ihre Fahrzeuge an der Spitze folgten einfach der zurückgehenden Kolonne der Amerikaner. Obwohl die Kampfgruppe die kleine amerikanische Truppe überrascht hatte, verlor sie zwei Panther, erbeutete aber eine große Zahl Lkw und Halbkettenfahrzeuge. Peipers SS-Panzergrenadiere erschossen auf einem Feld 19 amerikanische Gefangene. Zwei Dorfbewohner wurden an eine Wand gestellt und mit Genickschuss getötet. Die Panzergrenadiere mögen sich wie an der Ostfront gefühlt haben, wo sie wahllos Gefangene und Zivilisten niedergemetzelt hatten. Dann gingen sie daran, die Häuser und die Kapelle zu plündern. Peiper befahl einer kleinen Gruppe, in dem Dorf zu bleiben und die Nachschubwege zu sichern. Zwei Tage später zwangen fünf dieser Panzergrenadiere Erna Collas, eine hübsche 16-Jährige, ihnen den Weg zu einem Bauernhof zu zeigen. Sie verschwand auf Nimmerwiedersehen, bis ihre Leiche fünf Monate später in einem Schützenloch gefunden wurde. Sie war von Kugeln durchsiebt, nachdem man sie sicher vergewaltigt hatte.[5]

Peiper beschloss, wegen der morastigen Wege die meisten Lkw in Honsfeld zurückzulassen. Der Kommandeur des 9. Fallschirmjägerregiments erhielt Befehl, in dem Ort zu bleiben, die Gegend vom Feind zu säubern und zu sichern. Statt wie befohlen weiter in Richtung Westen zum Tal der

Amblève zu fahren, stieß Peiper nach Norden in Richtung Büllingen vor, wo auf seiner Karte das Treibstoffdepot der 2. US-Division eingezeichnet war. Die Kampfgruppe nahm das Dorf an diesem Sonntagmorgen kurz nach 8.30 Uhr ein, ohne auf Widerstand zu stoßen. Sie zerstörte zwölf amerikanische Leichtflugzeuge, die auf einem Landestreifen geparkt waren. Ein Zivilist mit Hakenkreuz-Armbinde begrüßte sie. Er erwies jedem vorbeirollenden Fahrzeug den Hitlergruß und zeigte dann den SS-Männern, wo die Amerikaner den Treibstoff lagerten.[6] Die Panzergrenadiere ließen ihre Gefangenen die Fahrzeuge auftanken und gefüllte Kanister auf die Halbkettenfahrzeuge laden. Ein verwundeter Amerikaner wurde mit Kopfschuss getötet, aber laut Zeugen aus der Zivilbevölkerung hatten die übrigen Gefangenen mehr Glück als ihre Kameraden in Honsfeld. In der offiziellen amerikanischen Geschichtsschreibung hingegen heißt es, dass in Büllingen 50 amerikanische Gefangene erschossen wurden.[7]

Westlich von Büllingen wurde die Kompanie B des 254. US-Pionierbataillons von deutschen Panzern überrollt. Diese »bügelten« die Schützenlöcher nicht einfach platt, indem sie darüberfuhren, sondern sie blieben darauf stehen und rückten mehrmals vor und zurück, damit die Wände einstürzten und die Insassen unter Schlamm und Schnee begraben wurden.[8] Zum Glück war Hilfe unterwegs. Nach einer Lkw-Fahrt in den frühen Morgenstunden erreichte das 26. Infanterieregiment der 1. US-Division gegen 9 Uhr das auf den Höhen gelegene Camp Elsenborn. Ein Bataillon wurde sofort in südlicher Richtung nach Bütgenbach weitergeschickt.

Auf dem Weg nach unten lieferte es sich ein Scharmützel mit einer Patrouille des Aufklärungsbataillons des Fallschirmjägerregiments 3. Nachdem die amerikanischen Soldaten die Zivilbevölkerung von Bütgenbach gedrängt hatten, in den Kellern Schutz zu suchen, rollten sie in Richtung des Weilers Dom Bütgenbach, zwei Kilometer westlich von Büllingen, weiter. Nun erfuhren sie, dass SS-Männer das Dorf bereits eingenommen hatten. Auf einer Anhöhe neben der Straße stießen sie auf eine zusammengewürfelte Truppe von etwa 50 Zivilangestellten und Nachschubpersonal der 99. US-Infanteriedivision, an deren Spitze sich ein Hauptmann eines Panzerjägerbataillons gestellt hatte. Das Bataillon des 26. US-Infanterieregiments hatte irrtümlich angenommen, die feindliche Truppe in Büllingen gehöre zur 12. SS-Panzerdivision »Hitlerjugend«. Die Amerikaner konnten nicht begreifen, warum diese nicht weiter in Richtung Norden gegen sie vorging. Aber der Grund für die Gefechtspause war, dass Peipers Vorhut bereits in südwestlicher Richtung der Straße dem Tal der Amblève zustrebte.[9]

Ungeachtet der Verzögerungen beim ersten Frontdurchbruch herrschte bei den Deutschen Hochstimmung. »Ich denke, dass der Krieg im Westen sich gerade wieder wendet«, schrieb ein Gefreiter der 3. Panzergrenadierdivision, der auf den weiteren Vormarsch wartete. »Die Hauptsache ist, dass der Krieg bald entschieden sein wird, ich wieder nach Hause zu meiner lieben Frau komme und wir ein neues Haus bauen können. Das Radio spielt gerade Glockengeläut aus der Heimat.«[10]

General Bradley, der an diesem Morgen in seinem graugrünen Cadillac von Paris nach Luxemburg zurückfuhr, wurde in Verdun von einer Eskorte Jeeps mit aufmontiertem Maschinengewehr erwartet, weil es Berichte über die Landung deutscher Fallschirmjäger gab. Hansen stellte die Frage, ob man das Stabsquartier der 12. Armeegruppe nicht verlegen sollte, da deutsche Divisionen bereits weniger als 30 Kilometer nördlich stünden. »Ich verlege meinen Stab nie zurück«, antwortete Bradley. »Da steht zu viel Ansehen auf dem Spiel.«[11] Diese trotzige Haltung sollte ihn in den nächsten Tagen noch teuer zu stehen kommen.

Beide Männer spürten, dass eine erneute Besetzung des Großherzogtums Luxemburg brutal ablaufen werde, nachdem dessen Bewohner die Amerikaner kaum drei Monate zuvor so begeistert begrüßt hatten. Als sie in die Stadt Luxemburg hineinfuhren, sah Bradley an einem Haus das Sternenbanner hängen. »Ich hoffe, die müssen es nicht wieder abnehmen«, murmelte er. Der Stadt waren die wirklichen Schrecken des Krieges bisher erspart geblieben. Sie galt als »der letzte Luftschutzraum Europas«, weil weder die RAF (Royal Air Force) noch die USAAF (United States Army Air Forces) sie bisher bombardiert hatten.[12]

Der Cadillac fuhr beim Stabsquartier der 12. Armeegruppe, »Eagle Tac« genannt, vor, das nur vier Häuserblöcke von der Residenz des Generals im Hotel Alfa entfernt lag. Bradley lief die Treppe hinauf. Vor der Lagekarte blieb er stehen und starrte erschrocken darauf. »Entschuldigen Sie den Ausdruck«, sagte er, »ich denke, die Lage rechtfertigt ihn: Wo, zum Teufel, nimmt der Hurensohn diese Stärke her?«

Bradley und sein Stab waren erschüttert, wie genau die deutsche Aufklärung den schwächsten Punkt der gesamten Front herausgefunden hatte. Da die Strategie der USA sich auf Angriff orientierte, waren ihre Frontlinien nicht tief gestaffelt und mit Reserveeinheiten ausgestattet. Aber Bradley wollte immer noch daran glauben, dass eine grundsätzliche Umgruppierung vermieden werden könnte. Die 1. Armee fragte sich an diesem Tag, »ob der 12. Armeegruppe der Ernst der Lage voll bewusst ist«.[13] Auch die 3. Armee scheint von der langsamen Reaktion überrascht gewesen zu sein. »Der Befehlshaber der Armeegruppe rief General Patton an«, notierte der Stabschef, »und erklärte ihm, er müsse ihm weitere zwei Divisionen abverlangen. Für diese Entscheidung hatte man 48 Stunden gebraucht.«[14]

Beim Stab der 9. Armee scheint niemand eine Vorstellung vom Ausmaß der Offensive gehabt zu haben. Die Stabsoffiziere konnten nur spekulieren. Ein Angriff der Luftwaffe an ihrer Front führte zu der Annahme, dies sei »ein Manöver, um von einer größeren Gegenoffensive im Bereich der 1. Armee abzulenken«. Stabsoffiziere der 9. Armee erklärten Frontberichterstattern, die auf Informationen drängten, dass »alles davon abhängt, was für Truppen Rundstedt zur Verfügung hat«.[15]

Beim SHAEF wurde man sich der Gefahr nun deutlicher bewusst, weil man Befehle der deutschen Truppen erbeutet hatte. Jetzt ordnete Eisenhower an, alle Reserveeinheiten zu aktivieren. Bedell Smith, Strong und Generalleutnant John Whiteley, der Chef des britischen Einsatzplanungsstabes, wurden angewiesen, die Dinge im Einzelnen zu organisieren. Im Büro des Stabschefs standen die drei Männer um eine riesige Karte herum, die man auf dem Fußboden ausgebreitet hatte. Mit einem deutschen Zeremonienschwert wies Strong auf Bastogne. Die Stadt war das Drehkreuz des zentralen Teils der Ardennen, wo sich die wichtigsten Straßen kreuzten, die zur Maas führten. Dieser Ort bot sich geradezu an, um den Vormarsch der Deutschen in Richtung Maas aufzuhalten, da waren sich alle Anwesenden einig.

Die direkte Reserve des SHAEF bestand aus der 82. und der 101. Luftlandedivision, die sich nach Einsätzen in Holland in Reims erholten. Die Frage war, ob sie in Bastogne sein konnten, bevor Manteuffels Panzerspitzen die Stadt von Osten her erreichten. Strong hielt das für möglich, und die Abmarschbefehle wurden umgehend erteilt.

Es war absurd, dass Bradleys Stab in Luxemburg einen Hinterhalt von Heydtes Fallschirmjägern befürchtet hatte, denn die waren mehr als 100 Kilometer Luftlinie weiter nördlich abgesprungen. Und Heydte, der einsehen musste, dass er mit einer so schwachen Truppe kaum etwas ausrichten konnte, entschied, dass der größte Teils seiner Männer sich im Wald verborgen halten sollte. Er schickte permanent Streifen aus, die die

Hauptstraßen von Eupen nach Malmédy und von Verviers zu überwachen hatten. Sie hatten einzelne Jeeps und Melder abzufangen. Sollte sich der Schlachtenlärm nähern, so waren seine Männer vielleicht in der Lage, eine Schlüsselposition zu besetzen, bevor Dietrichs Panzer eintrafen. Bald hatten seine Patrouillen eine Reihe Gefangener und eine Menge Informationen über die Schlachtordnung der Amerikaner beisammen, aber da ihnen die Funkgeräte beim Absprung verloren gegangen waren, hatte Heydte keine Möglichkeit, seine Nachrichten weiterzugeben. Er hatte Sepp Dietrich um Brieftauben gebeten, aber der Oberstgruppenführer hatte ihn nur ausgelacht.

Am Abend des 17. Dezember war Heydtes Truppe durch weitere Versprengte und eine große Zahl derer, die zu weit nördlich abgesprungen waren und zu ihnen zurückgefunden hatten, auf 300 Mann – das Doppelte ihrer ursprünglichen Stärke – angewachsen. In dieser Nacht entließ er alle Gefangenen und schickte sie samt ihrer Verwundeten auf den Weg. Dann wechselte er seinen Standort. Heydte und seine Männer hatten keinerlei Informationen, was vorging. Nur von den Elsenborner Höhen, über ein Dutzend Kilometer südlich von ihnen, hörten sie Artilleriefeuer.[16]

Während die 99. US-Division östlich von Rocherath-Krinkelt schwer geschlagen wurde, erging es der 106. Division, die weiter südlich von der 18. und der 62. Volksgrenadierdivision angegriffen wurde, noch wesentlich schlimmer. Generalleutnant Alan W. Jones, der glücklose Befehlshaber der 106. Division, saß hilflos in einer Schule von St. Vith, wo er seine Kommandostelle eingerichtet hatte. Zwei seiner Regimenter, das 422. und das 423., waren in der Schnee-Eifel so gut wie eingekesselt, während sein drittes Regiment, das 424., zusammen mit einer Brigade der 9. Panzerdivision die Frontlinie weiter südlich hielt. Sein Sohn gehörte dem Stab der eingeschlossenen Regimenter an, was seine Sorge noch verstärkte.*

Am Tag zuvor hatte Jones den Ernst des deutschen Durchbruchs durch die Stellungen der 14th Cavalry Group an seiner Nordflanke nicht erfasst und nicht reagiert, als deren Kommandeur, Oberst Mark Devine, ihn warnte, er müsse sich zurückziehen. Er fügte hinzu, er werde versuchen, mit der 32nd Cavalry Squadron einen Gegenangriff zu starten. Der wurde jedoch am Nachmittag abgeschlagen, und der größte Teil seiner Einheit zog sich nach Nordwesten zurück, weil sie nicht in der Lage war, den sich

---

* Siehe Karte Seite 133.

ausweitenden Durchbruch wieder zu schließen. Nur einige wenige Panzer blieben im Tal der Our, wo sie versuchten, die Straße nach St. Vith zu blockieren. Jones schickte sein letztes Reservebataillon nach Schönberg in diesem Tal, aber es verirrte sich in der Dunkelheit und schlug die falsche Richtung ein. Zur Rechten des Frontabschnitts der 106. US-Division hatte die 62. Volksgrenadierdivision Jones' 424. Regiment auf das Dorf Winterspelt und das Our-Tal zurückgeworfen.[17]

General Jones, der von den Geschehnissen überrollt worden war, tendierte dazu, sich auf versprochene Hilfe von außen zu verlassen, statt selbst etwas zu unternehmen. Er erwartete Brigade B der 7. Panzerdivision am Sonntag, dem 17. Dezember, 7 Uhr in St. Vith. Mit ihr wollte er einen Gegenangriff starten und seine beiden Regimenter freikämpfen. Als General Bruce C. Clarke, »ein Bär von einem Mann«, um 10.30 Uhr an seinem Befehlsstand eintraf, bat ihn Jones, unverzüglich zur Attacke vorzugehen. Clarke musste ihm sagen, dass er allein gekommen war. Seine Panzer steckten in dem Verkehrschaos fest, das in Panik zurückflutende US-Einheiten verursacht hatten. Jetzt bereute Jones bitter, die Brigade der 9. Panzerdivision am Abend zuvor zu seiner rechten Flanke ins Gefecht geschickt zu haben. Die beiden Männer konnten nur sitzen und warten.[18]

Zu seinem Erstaunen hörte Clarke Jones dem Korpskommandeur in Bastogne am Telefon sagen, die Lage sei unter Kontrolle. Jones' Stimmung wechselte ständig zwischen irrationalem Optimismus und Verzweiflung. Noch größere Sorge bereitete Clarke, dass zu den zwei Regimentern draußen in der Schnee-Eifel kaum noch Funkkontakt bestand, von ihrer Bitte um Nachschub aus der Luft einmal abgesehen.*[19] Da erschien Oberst Devine von der 14th Cavalry Group im Befehlsstand und behauptete, deutsche Panzer seien ihm auf den Fersen. Als Jones und Clarke sahen, wie entnervt Devine war, riet ihm Jones, dies General Middleton in Bastogne zu melden. Aber Devine hatte sich die deutschen Panzer nicht eingebildet. Eine weitere SS-Kampfgruppe durchbrach zehn Kilometer nördlich gerade die Frontlinie.**[20]

---

* Ein vergeblicher Versuch wurde am nächsten Tag unternommen, aber wegen schlechter Koordinierung mit dem Kommando der Transportflugzeuge fand der Abwurf nicht statt.
** Stabsoffiziere beschrieben Devine, er sei »erregt, nervös und fahrig gewesen, habe pausenlos geredet, sein Handeln kaum kontrollieren können und auf kleinste persönliche Angriffe übertrieben reagiert. Zu keiner Zeit wirkte er wie ein fähiger Befehlshaber.« Devine wurde in einem Lazarett mit Beruhigungsmitteln behandelt und dort am 19. Dezember wieder entlassen. Dann traf man ihn an, als er in La Rochen-Ardenne versuchte, einem Panzerbataillon die Umkehr zu befehlen und das dadurch entstehende Verkehrschaos zu ordnen. Daraufhin erhielt er erneut Beruhigungsmittel und wurde abgezogen.

Um 14.30 Uhr hörten Jones und Clarke, dass mit Handfeuerwaffen geschossen wurde. Sie stiegen zur dritten Etage der Schule hinauf und sahen deutsche Truppen in einiger Entfernung aus dem Wald heraustreten. Jones bat Clarke, er möge die Verteidigung von St. Vith übernehmen. Clarke willigte ein, fragte sich aber, welche Truppen ihm, abgesehen von den beiden Pionierkompanien und dem Stabspersonal, die bereits auf der Straße Richtung Osten nach Schönberg unterwegs waren, noch zur Verfügung standen. Eine halbe Stunde später wurde diese Truppe, der sich wie durch ein Wunder ein Zug von Panzerjägern angeschlossen hatte, von den Deutschen angegriffen. Den Panzerjägern gelang es, den deutschen Panzern einen Schreck einzujagen und sie in den Wald jenseits der Straße zurückzutreiben. Der Hauptgrund dafür, weshalb die deutschen Truppen am 17. Dezember so langsam vorankamen, waren allerdings der Zustand der Straßen und die Verkehrsstaus, die der Artillerie und weiteren Panzereinheiten den Weg versperrten.

Die Einheiten der Volksartillerie kamen nicht voran, weil ihre Zugpferde die schweren Geschütze nicht durch den tiefen Morast ziehen konnten, den Panzerketten aufgewühlt hatten. Sogar einige Selbstfahrlafetten der 1. SS-Panzerdivision mussten wegen Treibstoffmangels zurückgelassen werden. Model und Manteuffel schäumten vor Ungeduld. Als Model feststellte, dass mehrere Artilleriebataillone immer noch an ihren Ausgangspositionen standen, befahl er dem General der Panzertruppen Horst Stumpff, die Kommandeure vors Kriegsgericht zu stellen. »Als ich ihm sagte, dass sie wegen Treibstoffmangels und des Zustands der Straßen festsäßen, nahm er den Befehl zurück.«[21] Aus purer Frustration begann Manteuffel schließlich selbst den Verkehr an einer Kreuzung zu regeln. »Ich hatte erwartet, dass das Korps zur Rechten St. Vith am ersten Tag nehmen werde«, bekannte er später.[22] Wie Bastogne war auch St. Vith mit seinem Netz gepflasterter Straßen entscheidend für ein rasches Vorankommen bis zur Maas.

Während die Deutschen östlich von St. Vith innehielten und sich nur noch auf ein paar Scharmützel einließen, schickte Clarke seinen Einsatzoffizier in westlicher Richtung auf die Straße nach Vielsalm, wo er seine Brigade erwartete. Welche Szenen sich unterwegs abgespielt hatten, schockierte die Offiziere der 7. Panzerdivision. »Jeder dachte nur noch an sich; es war ein Rückzug, eine wilde Flucht«, schrieb ein Offizier. »Es war nicht geordnet, es war nicht militärisch, es war kein schöner Anblick – wir haben amerikanische Soldaten weglaufen sehen.«[23] An einer Stelle brauchte die

Brigade zweieinhalb Stunden, um fünf Kilometer voranzukommen. Dabei musste sie andere Fahrzeuge von der Straße schieben.

In Malmédy stieß die Artillerie der Brigade auf Zivilisten, die in den verschiedensten Fahrzeugen flüchteten, während »in Panik geratene Soldaten über den Platz in Richtung Westen rannten. ... Ein Feldlazarett nördlich von Malmédy wurde evakuiert, und Sanitätsfahrzeuge fuhren hin und her. Ein Lkw mit Krankenschwestern raste mit Höchstgeschwindigkeit über den Platz. Das Haar der Frauen flatterte im Wind.« Einen guten Kilometer vor St. Vith bog ein Teil von Clarkes Brigade um eine Kurve und sah plötzlich drei deutsche Panzer und eine Kompanie Infanterie auf sich zukommen. Rasch wurde ein Hinterhalt gelegt – »direkt hinter der Straßenbiegung in nächster Nähe«. Die drei Panzer wurden ausgeschaltet, die Infanterie lief auseinander, wobei sie 50 Mann verlor.[24]

Clarke selbst fuhr zur Straße nach Vielsalm, wo er zu seiner Bestürzung sah, wie ein Bataillon Feldartillerie floh und dabei seine Geschütze zurückließ. Er fragte seinen Einsatzoffizier, weshalb dieser es zugelassen hatte, dass das Bataillon die Straße blockierte. Er antwortete, der kommandierende Oberstleutnant des Bataillons habe ihm gedroht, ihn zu erschießen, wenn er eingreife. Clarke machte diesen ausfindig und erklärte ihm seinerseits, er werde ihn erschießen lassen, wenn seine Lkw nicht sofort die Straße räumten. Eingeschüchtert durch Clarkes Rang und Erscheinung, tat er schließlich, was ihm befohlen wurde.

Ein anderer Artillerieoffizier verhielt sich völlig anders. Oberstleutnant Maximilian Clay erschien mit einem Bataillon selbstfahrender 105-mm-Geschütze und erklärte, er wolle helfen. Sein 275. gepanzertes Feldartilleriebataillon hatte bisher die 14th Cavalry Group unterstützt, die jetzt viel weiter nördlich stand. Clarke hieß ihn herzlich willkommen und wies ihm seinen Einsatzort zu. Schließlich traf um 16 Uhr auch Clarkes eigene Aufklärungskompanie ein, gefolgt vom Rest seiner Brigade. Clarke schickte alle sofort zur Verstärkung der dünnen Verteidigungslinie am östlichen Stadtrand vor. Wenig später stieß Clarkes Divisionskommandeur, Brigadegeneral Robert W. Hasbrouck, zu Jones und Clarke, um die Lage zu besprechen. Auch er war besorgt wegen des »anhaltenden Stromes von Soldaten, die in Panik ›Sicherheit‹ im rückwärtigen Raum suchten«.[25] Zu Jones' Verzweiflung schloss Hasbrouck eine Konterattacke zur Rettung der beiden eingeschlossenen Regimenter aus. Er hielt es für viel wichtiger, St. Vith zu halten. Verbittert wandte Jones ein, kein General der amerikanischen Armee hätte eine Division so schnell aufgegeben. Am späten Nachmittag schloss sich die Zange der 18. Volksgrenadierdivision um Schönberg, womit die beiden Regimenter vollständig eingekesselt waren.

Die Verteidigungsstellungen um St. Vith waren in der Form eines riesigen Hufeisens angelegt. Die Stadt selbst liegt auf einer kleinen Anhöhe, umgeben von einem Kreis höherer bewaldeter Berge in einigen Kilometern Entfernung, welche die Infanterie, der Aufklärungszug und die zusammengewürfelten Einheiten mit Unterstützung von Panzern verteidigen sollten. »Der Aufbau eines Verteidigungsrings um die Stadt«, schrieb Hasbrouck, »erfolgte Stück um Stück, wobei die Einheiten so angeordnet wurden, wie sie in St. Vith eintrafen.«[26] Zu diesem Zeitpunkt war noch nicht bekannt, dass die Kampfgruppe Hansen, die vom SS-Panzergrenadierregiment 1 gebildet wurde, nördlich von ihnen durchgebrochen war und Brigade A der 7. US-Panzerdivision bei dem Dorf Recht [heute Ortsteil von St. Vith – d. Ü.] angegriffen hatte. Das war die Panzereinheit, die Oberst Devine in solche Unruhe versetzt hatte. Das Gefecht zwischen den Amerikanern und der SS tobte die ganze Nacht. Manchen Dorfbewohnern gelang es, sich in das nahe gelegene Schieferbergwerk zu flüchten, während ihre Häuser von beiden Seiten beschossen wurden. Diese unglückseligen »Grenzbelgier« wurden von den amerikanischen Soldaten mit Misstrauen gesehen, weil sie Deutsch sprachen und gerahmte Fotos ihrer Söhne in Wehrmachtuniformen in den Häusern hatten. Die Deutschen trauten ihnen auch nicht, weil sie sich im September geweigert hatten, sich auf deutsches Gebiet hinter den Westwall zurückzuziehen. Etwa einhundert Männer aus St. Vith fielen während des Krieges in den Reihen der Wehrmacht. Andere waren desertiert und wollten sich nicht von der Feldgendarmerie oder dem SD festnehmen lassen, die den vordersten deutschen Einheiten auf dem Fuße folgten.

Peipers lange Kolonne fuhr inzwischen mit wachsender Geschwindigkeit in Richtung Westen. Gegen Mittag hatte sie die Kreuzung bei Baugnez, fünf Kilometer südöstlich von Malmédy, fast erreicht. Peiper schickte eine kleine Truppe Panzergrenadiere und Panzer zur Aufklärung nach Baugnez aus. Seine Truppen wären beinahe auf Brigade R der 7. US-Panzerdivision gestoßen, die unterwegs nach Süden war, um bei der Verteidigung von St. Vith zu helfen.

Ohne die vor ihr lauernde Gefahr zu ahnen, folgte die nächste Einheit der 7. Panzerdivision, ein Teil des 285. Feldartillerie-Beobachtungsbataillons, in derselben Richtung durch Malmédy. Als die Männer in ihren offenen Lkw die Stadt passierten, versuchten Ortsbewohner, denen Flüchtlinge von dem plötzlichen Vorstoß der Deutschen berichtet hatten, sie zu warnen. In die Richtung weisend, in die die Amerikaner fuhren, riefen sie: »Boches! Boches!« Aber die amerikanischen Soldaten kannten das Wort [abfällige Bezeichnung für die Deutschen – d. Ü.] nicht und winkten nur zurück. Mit heulenden Motoren rollten sie der Kreuzung bei Baugnez entgegen, wo die ganze Kolonne auf die Halbkettenfahrzeuge und Panzer der SS stieß.

Die Deutschen eröffneten das Feuer. Lkw gingen in Flammen auf, und Soldaten taumelten herab, um Deckung zu suchen oder sich in den Wald zu flüchten. Die Panzergrenadiere nahmen etwa 130 Mann gefangen und führten sie auf ein Feld unweit der Straße. Die SS nahm den Gefangenen Ringe, Zigaretten, Uhren und Handschuhe ab. Als einer der Offiziere das Feuer eröffnete, begannen sie die Gefangenen mit ihren automatischen Waffen zu erschießen. Feuer kam auch von den Maschinengewehren der Panzer. Einige amerikanische Soldaten konnten den Wald erreichen, andere stellten sich tot. Viele ereilte ein Kopfschuss aus den Pistolen der Offiziere. Zwar fand dieser Massenmord bei Baugnez statt, aber er hat als das Massaker von Malmédy grausige Berühmtheit erlangt. Insgesamt wurden 84 Amerikaner getötet, dazu mehrere Zivilisten, die versuchten, Fliehende zu verstecken.

Peiper, der inzwischen die Fahrt nach Ligneuville fortgesetzt hatte, war bei der Tötung der Gefangenen nicht anwesend. Wenn man aber die Ermordung der Gefangenen in Honsfeld bedenkt, von seinem extrem brutalen Verhalten an der Ostfront gar nicht zu reden, dann vermag man sich kaum vorzustellen, dass er Einwände gehabt hätte. Später behauptete er, es sei erst geschossen worden, als mehrere Gefangene in den Wald zu flüchten versuchten. Die wenigen Soldaten, die dem Massaker entkamen, erreichten die amerikanischen Linien am späten Nachmittag.

Die Patrouille eines US-Pionierbataillons in Malmédy kam noch am selben Tag, als die SS bereits abgefahren war, nach Baugnez und fand die Leichen. Ein deutscher Militärpolizist, der den Verkehr an der Kreuzung regeln sollte und Augenzeuge der Geschehnisse geworden war, wurde zum Stab der 1. US-Armee in Spa gebracht. Er schilderte Hodges und dessen versammelten Offizieren, wie die Gefangenen »auf ein Feld getrieben wurden, ein SS-Offizier zwei Schüsse aus seiner Pistole abgab, worauf Maschinenpistolen und Maschinengewehre zu feuern begannen und ganze Gruppen kaltblütig niedergemäht wurden«. Die Stabsoffiziere in Spa waren

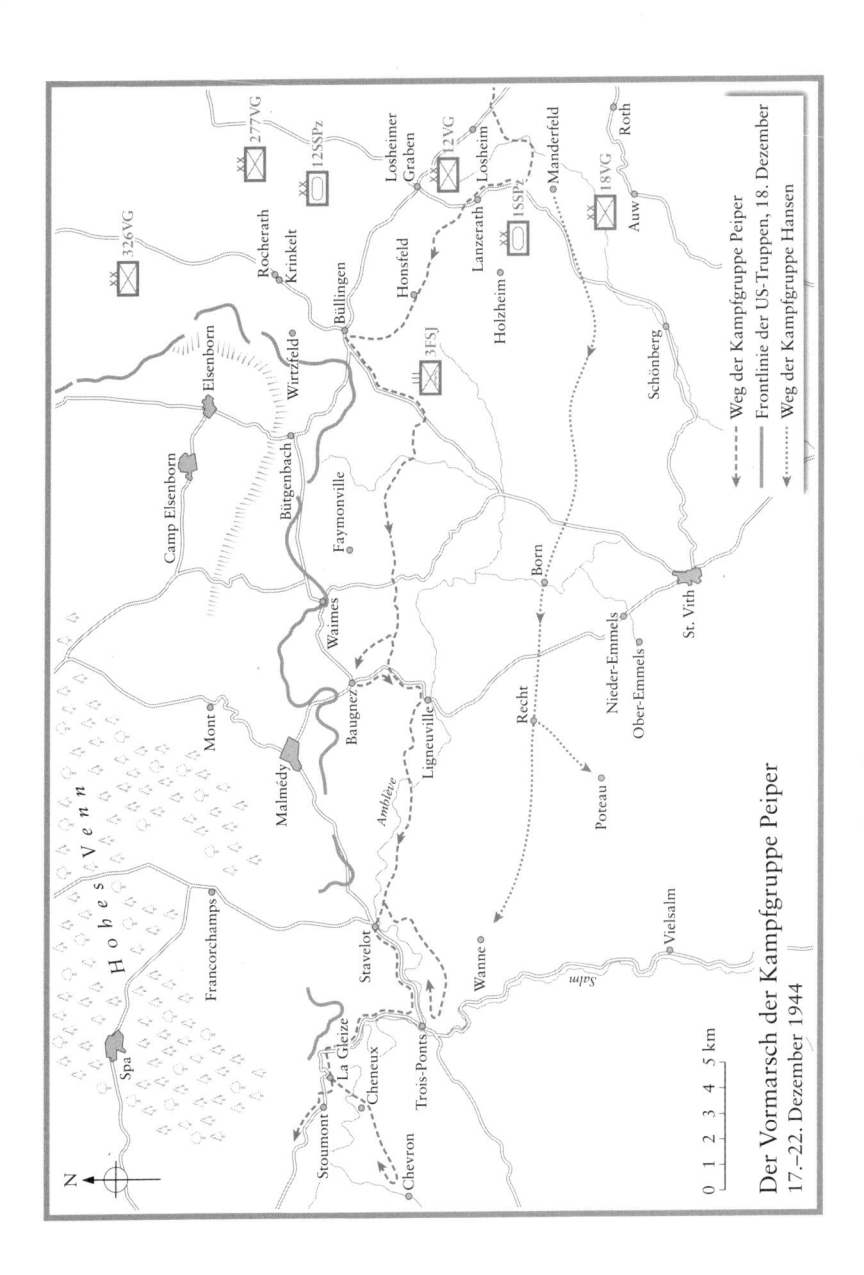

Der Vormarsch der Kampfgruppe Peiper
17.–22. Dezember 1944

erschüttert und zornig. »Diese Geschichte muss sofort an die Öffentlichkeit«, notierte General Hodges' Stabschef.[27] Die Nachricht verbreitete sich wie ein Lauffeuer über alle Kommandostellen bis zum SHAEF und zur 12. Armeegruppe in Luxemburg, wo Hansen notierte, dass »es allen im Raum für einen Moment die Luft nahm, als hätte er sich plötzlich in ein Vakuum verwandelt«.[28] Generalleutnant Elwood R. Quesada vom IX. Taktischen Luftkommando sorgte dafür, dass seine Piloten am nächsten Morgen ausführlich informiert wurden. Der Tagesbefehl konnte nur Vergeltung sein.*[29]

Peipers Speerspitze stürmte weiter gegen Ligneuville vor, wo sie zum ersten Mal auf starken Widerstand amerikanischer Panzer stieß. Nach einem kurzen, heftigen Gefecht brannten ein Panther und zwei Halbkettenfahrzeuge. Die Amerikaner verloren zwei Shermans und einen Panzerjäger M-10. Peipers Männer erschossen weitere acht amerikanische Gefangene. In der Ortschaft Stavelot an der Amblève, die noch vor ihnen lag, mussten die Bürger entsetzt zusehen, wie ihre amerikanischen Befreier in ihren Fahrzeugen flohen. Viele Einwohner begannen Wertsachen und ein paar Lebensmittel zusammenzupacken. Nach den Aktionen der Résistance und dem Widerstand im September befürchteten sie Racheakte der Deutschen. Im nahe gelegenen Werbomont hatten deutsche Truppen und russische Hilfskräfte bereits 22 Männer und Frauen getötet.[30] Der Drang der Menschen in Richtung Maas und das Chaos, das dies auf den Straßen auslösen konnte, veranlassten die amerikanischen Behörden, jeglichen Zivilverkehr zu verbieten. Zum Glück für die Amerikaner und die fliehenden Belgier ließ Peiper seine Kolonne bei Einbruch der Dunkelheit kurz vor Stavelot halten.

Da die Hauptstraße längs eines sehr steilen Berges verlief, hatten Peipers Panzer keinerlei Manövrierraum. Und die steile Kurve unmittelbar vor der Einfahrt in den Ort bedeutete, dass die Verteidiger ihr Panzerabwehrfeuer auf einen Punkt konzentrieren konnten. Peiper zog seine Kampfgruppe etwas zurück und belegte den Ort zunächst mit Mörser- und Artilleriefeuer. In der Zwischenzeit schickte er einige seiner Panzer aus, um herauszufinden, ob man die Salm bei Trois-Ponts überqueren und so Stavelot von

---

* Als die Nachricht von dem Massaker England erreichte, waren die dort in Gefangenschaft sitzenden deutschen Generale erschüttert. »Was für ein Wahnsinn, schutzlose Männer niederzuschießen!«, sagte einer. »Das kann doch nur bedeuten, dass die Amerikaner an unseren Jungs Rache nehmen.« Ein anderer fügte hinzu: »Die SS und die Fallschirmjäger sind doch einfach verrückt, denen kann man nicht mit Vernunft kommen.«

Süden her umgehen konnte. Als ihnen weitere Fahrzeuge folgten, gerieten sie in einen Gegenangriff der Amerikaner, die sie ihrerseits von Stavelot her umgangen hatten. Dieser wurde zurückgeschlagen, aber nun befahl Peiper einen Angriff auf den Ort durch Panzergrenadiere zu Fuß. Als fast 30 von ihnen gefallen waren, entschied Peiper zu warten, bis sein gesamtes Panzergrenadierbataillon aufgeschlossen hatte. Als es dunkel war, konnte die Kampfgruppe in der Ferne die Lichter amerikanischer Militärfahrzeuge sehen, die in Richtung Westen flohen. Peiper ließ die Straße aus seinen Panzerkanonen mit maximaler Reichweite beschießen.[31]

Während die Kampfgruppe Peiper sich durch das Tal der Amblève Richtung Westen vorwärtskämpfte, trafen weitere Bataillone der 1. US-Division ein, um die Verteidigung des Zugangs zu den Elsenborner Höhen von Süden her zu verstärken. Das 2. Bataillon des 26. Infanterieregiments baute an diesem Nachmittag Verteidigungsstellungen vor Büllingen. Dann stand es bereit, den vorrückenden Deutschen, die bisher durch den Beschuss amerikanischer Artillerie von den Höhen hinter ihnen aufgehalten wurden, mit Unterstützung von vier Panzerjägern M-10 entgegenzutreten.

Die Schlacht um die Höhen tobte bereits an der Ostflanke um die Zwillingsdörfer Rocherath-Krinkelt. General Robertson von der 2. Division, der schon sein 23. Infanterieregiment an den Frontabschnitt östlich der Ortschaften geworfen hatte, als die 99. Division zurückgeschlagen wurde, führte jetzt sein 38. Infanterieregiment auf der Straße von Wahlerscheid heran. Sperrfeuer der amerikanischen Artillerie hielt die Deutschen nieder, die sich aus ihren vorderen Positionen zurückzuziehen versuchten. In einer derart unübersichtlichen Situation war Eigenbeschuss eine reale Gefahr. An diesem Vormittag hatte der Pilot einer Thunderbolt P-47 bereits seine Bomben über dem 3. Bataillon ausgeklinkt, um sich mit einer Messerschmitt einen Luftkampf zu liefern. Das Ergebnis waren zwölf Tote.[32]

Da frisch verstärkte Züge jetzt die Ostseite der Straße von Wahlerscheid nach Rocherath absicherten, fuhr General Robertson persönlich hinaus, um die Bataillone auf Lastwagen in Empfang zu nehmen und zu ihren neuen Stellungen bei Rocherath zu geleiten.

Wenigstens die äußerste linke Flanke des Frontabschnitts etwa 14 Kilometer nördlich von Elsenborn machte einen stabilen Eindruck. Zwar hatte die 326. Volksgrenadierdivision zu beiden Seiten von Monschau wiederholt Angriffe gestartet, aber sie waren sämtlich von der amerikanischen Artillerie vereitelt worden. Die neuen, noch hochgeheimen Annäherungszünder [von den Amerikanern mit dem Codewort »pozit fuze« bezeichnet – d. Ü.] wurden hier zum ersten Mal ohne die Genehmigung höherer Stellen, aber mit großem Erfolg in Granaten verwendet. Sie lösten unmittelbar über den Angreifern exakte Luftdetonationen aus.

Ein gepanzertes Infanteriebataillon der 5. US-Panzerdivision traf kurz nach Einbruch der Dunkelheit zur Verstärkung der Frontlinie in Mützenich ein. Hinter ihm begann das 18. Regiment der 1. Infanteriedivision die Wälder südlich von Eupen zu durchkämmen, um dort verstreut niedergegangene Fallschirmjäger von Heydtes Einheit aufzuspüren. General Gerow war verwundert, dass die deutsche 6. Panzerarmee nicht in viel größerer Stärke an der Nordflanke angegriffen und stattdessen die Kräfte südlich der Elsenborner Höhen konzentriert hatte. Darauf hatte Hitler bestanden, aber Manteuffel war immer noch der Meinung, Dietrich habe einen großen Fehler begangen, als er sich auf eine so schmale Frontlinie mit so geringem Manövrierfeld festlegen ließ.

Östlich von Rocherath-Krinkelt arbeiteten sich die Männer von Robertsons 2. Division bei schwindendem Tageslicht und sich näherndem Geschützdonner ab, um die Schützenlöcher unter dem Schnee tief genug auszuheben, bevor die Panzer der SS-Division »Hitlerjugend« sie erreichten. Der Schweiß kühlte sich sofort stark ab, sobald sie innehielten. Als das 1. Bataillon des 9. US-Infanterieregiments unter Beschuss die bewaldeten Höhen im Osten verlassen und in seine Stellungen einrücken musste, spielten sich chaotische Szenen ab. Viele Männer der geschlagenen 99. Division liefen um ihr Leben und ignorierten den Befehl, abzuwarten und sich wieder in die Verteidigungslinie einzureihen. »Vor diesem demoralisierenden Hintergrund rückte das Bataillon mit dem Befehl ein, die Stellungen zu halten«, berichtete der Kommandeur, Oberstleutnant McKinley. »Ströme von Männern und Fahrzeugen ergossen sich in wilder Konfusion und Unordnung aus den Waldwegen. Die Kontrolle über die 99. Division war unwiederbringlich verloren. Versprengte riefen sich zu, ihre Einheiten seien eingekesselt und vernichtet worden. Auch eines unserer Bataillone vom 23. Infanterieregiment ließ sich in diese wilde Flucht ins Hinterland hineinziehen.«[33]

McKinleys Männer legten »Gänseblümchenkränze« oder »Halsketten« aus jeweils sechs panzerbrechenden Minen über jeden Weg und jede Anfahrt, die von deutschen Panzern benutzt werden konnten. Der erste Angriff erfolgte bei Einbruch der Dunkelheit. Nach dem »Geschrei aufseiten der Feinde«[34] zu urteilen, tat der Artilleriebeschuss des Anfahrtsweges in seiner ganzen Länge die beabsichtigte Wirkung. Als eine kurze Pause eintrat, schlichen sich Männer nach vorn, um weitere von dem Panzerjägerbataillon erhaltene Minen auszulegen. Bazooka-Teams aus jeweils zwei Mann suchten sich günstigere Positionen, um die Straße zu beschießen, obwohl sie genau wussten, dass sie damit in das Schussfeld ihrer eigenen Artillerie gerieten.

Die 57-mm-Panzerabwehrgeschütze der amerikanischen Infanterie hatten kaum eine Chance, einen deutschen Panther auszuschalten, es sei denn, sie trafen ihn aus kurzer Entfernung seitlich oder von hinten. Panzerabwehreinheiten mit von Fahrzeugen geschleppten Geschützen waren bei diesem Morast und Schnee ein großer Nachteil, wenn man sie beim Rückzug aus den Stellungen holen musste. »Bei schweren Nahkämpfen«, hieß es in einer Analyse, »wurde oft die Zugmaschine zerstört, während das eingegrabene Geschütz unversehrt blieb.«[35]

Oberstleutnant Barsanti vom 38. US-Infanterieregiment instruierte seine Zugführer, dass die Männer der geschlagenen 99. Division durch ihre Stellungen flüchten würden. Sie sollten also nicht das Feuer eröffnen, bevor sie nicht zweifelsfrei erkannt hatten, dass es sich um Gegner handelte. In der Dunkelheit war das erst auf sehr kurze Entfernung möglich. So gelang es zwei deutschen Panzern, die Stellungen seiner Kompanie K zu durchbrechen, weil sie die Männer, die aus ihren Schützenlöchern schauten, mit den Scheinwerfern blendeten. Doch die beiden Panzer wurden ausgeschaltet – einer von der Artillerie und der andere von einem Bazooka-Team. Dicht hinter ihnen folgten Panzergrenadiere. »Ein feindlicher Soldat kam so nahe an die Stellung heran, dass er den Lauf eines leichten Maschinengewehres packte. Der Schütze war gezwungen, ihn mit seiner Pistole Kaliber 45 zu erledigen.«[36]

Die Angehörigen einer Kompanie, die zum Rückzug aus ihrer vorgeschobenen Position in einem Wald gezwungen wurde, »stolperten« durch das dichte Gestrüpp kleiner Tannen. Kugeln flogen hinter uns her«, schrieb der Kommandeur, »und zerfetzten die Bäumchen ringsum. Ich fragte mich, ob ich schon getroffen sei. Ich spürte keinen Schmerz, konnte mir aber nicht vorstellen, wie ein Mensch in diesem Kugelhagel unverletzt bleiben sollte.« Später beschrieb er ihre Flucht zurück nach Rocherath: »Ich kam mir vor, als wären wir alle hilflose Käferchen, die blind durcheinanderflitzten, da ein Riese den Baumstamm angehoben hatte, unter dem wir uns versteckten.«[37]

Die SS-Panzergrenadiere griffen mit automatischen Waffen an und warfen Stielhandgranaten. Ein SS-Mann packte einen Gefangenen und schob ihn vor sich her. Aber er und sein glückloser menschlicher Schild wurden niedergeschossen. Einige Versprengte der 99. US-Division wurden allerdings bei diesem Nachtgefecht rechtzeitig identifiziert und nicht von eigenem Feuer getötet. Auch ein Sanitäter der 99. Division tauchte auf, doch er war ein Gefangener, den die Deutschen geschickt hatten. In dem Bereich, den die Bataillone der US-Feldartillerie auf den Elsenborner Höhen beschossen, sollen 150 Amerikaner von 200 Deutschen eingekesselt worden sein. »Die Deutschen hatten ihn zu den US-Stellungen geschickt, um zu erreichen, dass die Amerikaner sich ergaben, weil sie sonst die gefangenen GIs töten würden.«[38]

Während einer Gefechtspause tauchte zum Erstaunen der Verteidiger eine lange Kolonne Lkw voller Soldaten der 99. Division auf. Ihre Offiziere fragten nach dem Weg zum Feldlager Elsenborn. Es war wie ein Wunder, dass sie mitten zwischen den deutschen Einheiten hindurchgefahren waren, ohne als Amerikaner erkannt zu werden.

In der anhaltenden Schlacht vor Rocherath-Krinkelt wurden Bazooka-Gruppen nach vorn geschickt, um sich mit den Panzern zu befassen. Wenn sie eines der Fahrzeuge trafen und die Deutschen gezwungen waren herauszuspringen, »wurden die Besatzungen von amerikanischen Schützen in Empfang genommen«, beobachtete Oberst McKinley.[39] Gegen 22 Uhr packten sich zwei Sergeanten seines Bataillons einen Kanister mit Benzin und kletterten in der Dunkelheit auf einen deutschen Panzer, der zwar bereits manövrierunfähig geschossen war, aber mit seinem Maschinengewehr und der Kanone noch schwere Verluste verursachte. Sie übergossen den Panzer mit Benzin und zündeten es an. Fünfzehn Minuten später verfolgte ein Leutnant einen Tiger-Panzer und schaltete ihn mit seiner Bazooka aus. Aber die Deutschen griffen während der ganzen Nacht immer wieder in Wellen an. Der Hauptschlag folgte kurz vor dem Morgengrauen.

Im Süden war Manteuffels 5. Panzerarmee gegen Cotas 28. Infanteriedivision östlich von Bastogne erfolgreicher. Der 28. Division, die bereits im Hürtgenwald sehr gelitten hatte, fehlte es nach wie vor an Männern und Waffen. Obwohl von der deutschen 116. Panzerdivision, der 2. Panzerdivision und der Panzer-Lehr-Division stark dezimiert, fügten Cotas Männer dem Feind beträchtliche Verluste zu und hielten dessen Vormarsch auf, indem sie Kreuzungen und Dörfer so lange verteidigten, wie es nur irgend möglich war. Der deutsche Korpskommandeur betrachtete die 28. als eine »mittelmäßige Division ohne besonderen Ruf als Kampfeinheit«.[40] Obwohl die Division sicher den größten Teil ihrer erfahrenen Männer im Hürtgenwald verloren hatte, schlugen sich einige Kompanien geradezu heldenhaft und spielten eine entscheidende Rolle.

Bei der Verteidigung einer kleinen Ortschaft östlich von Wiltz sichteten Soldaten von Cotas 109. Infanterieregiment Panzer. Sie glaubten, es seien deutsche Tiger, aber es hätten auch deutsche Panzer IV sein können, die ähnlich aussahen, aber wesentlich kleiner waren. Die Männer hatten kein Panzerabwehrgeschütz. »Eine Gruppe, die in der Nähe lag, war mit ein paar Bazookas und Munition ausgerüstet«, berichtete ein Offizier später. »Aber sie sagten, sie könnten sie nicht bedienen. Ich packte mir eine, und als ich um die nächste Ecke bog, fuhr ein Tiger direkt auf mich zu. Obwohl er ganz nahe vor mir war, drückte ich ab und traf ihn genau in die Frontseite. Der Panzer blieb stehen, war aber unbeschädigt und feuerte seine 88er-Kanone auf das Haus, hinter dem ich in Deckung gegangen war. Ich lief in den zweiten Stock des Nachbarhauses und stand nun seitlich über dem Panzer. Ich feuerte die Bazooka noch zweimal auf ihn ab. Beim ersten Mal traf ich ihn schräg von hinten. Das Geschoss explodierte, aber der Panzer schien das gar nicht zu bemerken. Mit dem dritten Schuss traf ich den Turm direkt über der Stelle, wo er mit der Wanne verbunden ist. Das Geschoss schlug nicht durch, aber Funken sprühten und müssen die Besatzung so irritiert haben, dass das Fahrzeug sich plötzlich 800 Meter weit zu der Stelle zurückzog, von wo es uns zuvor beschossen hatte.«[41] Die Bazooka war nicht so stark wie die Panzerfaust, das von der Schulter abzufeuernde Gegenstück der Deutschen. Von vorn konnte sie höchstens eine Panzerkette zerreißen. Aber wenn es Soldaten gelang, mit einer Bazooka hinter einen Tiger oder Panther zu kommen, dann gab es eine Chance. Insgesamt herrschte jedoch die Meinung vor, dass die Bekämpfung von Panzern mit dieser Waffe eine gefährliche Zeitverschwendung sei.

An der Nordflanke der 28. Division geriet die mittelalterliche Stadt Clervaux am Fluss Clerf in Gefahr. Der Angriff der deutschen 116. Panzerdivision in nördlicher Richtung drängte das 112. US-Infanterieregiment der 28. Division in den Frontabschnitt der 106. US-Division hinein, wo sie nun zur äußerst rechten Flanke bei der Verteidigung von St. Vith wurde. Clervaux, wo Oberst Fuller, der die 110. Infanteriedivision befehligte, in einem Hotel seinen Kommandostab eingerichtet hatte, profitierte zum Teil von der entschlossenen Verteidigung von Marnach durch eine seiner Kompanien. Aber die 2. deutsche Panzerdivision umging dieses Hindernis. Am 17. Dezember um 5 Uhr morgens wurde eine Batterie US-Feldartillerie fünf Kilometer nordöstlich von Clervaux von Panzergrenadieren überrannt.

Vor dem Morgengrauen erreichten deutsche Patrouillen Clervaux, das bereits von einer Artilleriebeobachtergruppe mit Funkgerät infiltriert worden war. Dann schlüpften deutsche Infanteristen unbemerkt in die Stadt und zogen sich in eine Apotheke direkt unterhalb der aus dem 15. Jahrhundert stammenden Burg, deren runde Türme und Turmspitze an Hexenhüte erinnerten, zurück.[42] Die Burg steht heute noch auf einem Felssporn mitten in der Stadt, die wie ein Hufeisen um sie herum angelegt ist. Um 9.30 Uhr traten die Kanonen deutscher Panther und Selbstfahrlafetten von den Höhen rund um Clervaux aus in Aktion. General Cota schickte Fuller, der nur das Personal seines Regimentsstabes und sechzig aus einem Erholungszentrum der Division herbeigeholte Männer zur Verfügung hatte, einen Zug Sherman-Panzer und etwas Infanterie zu Hilfe. Als es Nacht wurde, berichtete Fuller an Cota in Wiltz, die Stadt sei umstellt; ein deutscher Panzer »steht direkt vor meiner Tür und feuert darauf«.[43] An einer Sanitätsstation rief jemand: »Wenn jüdische GIs unter euch sind, dann werft eure Hundemarken weg, denn hier sind SS-Truppen.« Mindestens ein Soldat warf seine Marke mit einem »H« für »Hebrew« in einen Kanonenofen.[44]

Das Stabspersonal zog sich zusammen mit den Soldaten aus dem Erholungszentrum auf die Burg zurück, wo sie noch den ganzen folgenden Tag durchhielten. Unter den Zivilisten, die in der Burg Zuflucht gesucht hatten, war der 16-jährige Jean Servé, der schildert, wie in einem Raum ein GI Klavier spielte, während ein amerikanischer Scharfschütze, eine Zigarette im Mundwinkel, in aller Ruhe einen Deutschen nach dem anderen abschoss. Servé sah, wie eines der Opfer den Berg hinter dem Hôtel du Parc hinabrollte.[45] Während der Kämpfe wurden die Verwundeten in den Kellern bei Zivilisten untergebracht. Aber als den Verteidigern die Munition ausging und die Burg Feuer fing, blieb ihnen keine andere Wahl, als sich zu ergeben.

Neben der 28. US-Division an der Südflanke stand General Bartons 4. Infanteriedivision. Auch sie war im Hürtgenwald wesentlich geschwächt worden, aber dort waren die Angreifer weniger furchterregend als Manteuffels Panzerdivisionen. Bartons 12. Infanterieregiment hielt die Dörfer Dickweiler, Echternach, Osweiler, Lauterborn und Berdorf gegen die 212. Volksgrenadierdivision. Barton hatte den Plan, den Deutschen die Benutzung des Straßennetzes westlich des Flusses Sauer zu verwehren, indem er Dörfer und Weiler an wichtigen Straßenkreuzungen mit jeweils einer Kompanie besetzte. Der Hauptschlag traf das 2. Bataillon des 22. Infanterieregiments, aber dieses hielt seine Stellung. Fast alle Verteidigungsstellungen wurden eingekesselt. Doch mit dem Eintreffen von Task Forces der 10. US-Panzerdivision am Abend des 17. Dezember stabilisierte sich die Situation wieder, und die betroffenen US-Einheiten konnten bald darauf entsetzt werden.

Am 17. Dezember rollten die »Tiger der Zehnten« [Spitzname der 10. Panzerdivision der US-Armee – d. Ü.] durch Luxemburg in Richtung Norden. Die Nachricht, dass sie den Widerstand gegen die Offensive anführen sollten, wurde bejubelt, denn ihre Männer hatten bereits befürchtet, sie sollten die Nachhut bilden. Am späten Nachmittag rollte Brigade A unter Brigadegeneral Edwin W. Piburn »direkt in eine sehr überraschte deutsche Truppe« nahe der Schlucht der Schwarzen Ernz.[46] Die Kämpfe tobten drei Tage lang, doch der Vormarsch der Deutschen wurde gestoppt. Die Südkante war gesichert.

Im Stabsquartier der 1. Armee in Spa herrschte am Abend des 17. Dezember jedoch gedrückte Stimmung. Die Kampfgruppe Peiper drängte nach Westen, und die 28. Division war nicht in der Lage, Manteuffels Panzerdivisionen aufzuhalten. »In der G2-Einschätzung von heute Abend«, lautete der Eintrag im Kriegstagebuch, »heißt es, dass der Feind in der Lage ist, den Versuch zu unternehmen, seine Anfangsgewinne auszunutzen, durch unsere rückwärtigen Gebiete vorzustoßen und am gegenüberliegenden Ufer der Maas Brückenköpfe zu errichten.«[47]

Am meisten bedroht war Bastogne. Die Panzer-Lehr-Division rollte in westlicher Richtung dem südlichen Stadtrand entgegen, während die 2. Panzerdivision die Stadt von Norden zu umgehen versuchte. Die 26. Volksgrenadierdivision sollte die Stadt einnehmen. Sie alle erhielten ihre Befehle vom General der Panzertruppen Heinrich Freiherr von Lüttwitz, der das XLVII. Panzerkorps kommandierte.[48] Die 5. deutsche Fallschirmjägerdivision im Süden wurde bei Wiltz von Cotas 28. Division aufgehalten. In ihren Befehlen, die sie von der 7. Armee erhielt, war von Bastogne keine Rede. Darin hieß es nur, sie hätte »so schnell wie möglich vorzustoßen, um für General von Manteuffels 5. Panzerarmee ausreichenden Manövrierraum zu schaffen«.[49] Aber an diesem Nachmittag wurde

Lüttwitz plötzlich bewusst, wie wichtig Bastogne für die Amerikaner war. Sein Stab fing einen Funkspruch ab, in dem es hieß, eine US-Luftlandedivision sei in einer Lkw-Kolonne nach Bastogne unterwegs. Er stammte offenbar vom Funknetz der US-Militärpolizei, die unverschlüsselt sendete und den Deutschen einige der nützlichsten Informationen preisgab. Lüttwitz war sich sicher, dass seine Panzerdivisionen in der Lage seien, als Erste Bastogne zu erreichen.

Die 82. und die 101. US-Luftlandedivision erholten sich nach dem ausgedehnten Gefechtseinsatz in Schützenlöchern voller Wasser in Holland jetzt im französischen Camp von Mourmelon-le-Grand in der Nähe von Reims. Während ihrer Ruhezeit spielten die Soldaten Fußball, versuchten sich beim Glücksspiel, tranken billigen Champagner und prügelten sich in Bars mit Angehörigen der jeweils anderen Division. Die an diesem Morgen in Versailles getroffene Entscheidung, das XVIII. Luftlandekorps aus der SHAEF-Reserve der 1. Armee zuzuteilen, löste zunächst beträchtliche Verwirrung aus. Einige hohe Offiziere waren abwesend. Der Korpskommandeur Generalleutnant Matthew B. Ridgway hielt sich gerade in England auf. Der Befehlshaber der 101. Division, Generalleutnant Maxwell D. Taylor, befand sich in den USA. Sein Stellvertreter, Brigadegeneral Gerald J. Higgins, war ebenfalls nach England geflogen, wo er Vorträge über »Operation Market Garden« hielt. So musste Brigadegeneral Anthony C. McAuliffe, der Artilleriekommandeur der 101. Division, die Männer ins Gefecht führen.

Als McAuliffe um 20.30 Uhr den Befehl erhielt, den Abmarsch vorzubereiten, rief er sofort die Kommandeure aller Einheiten und Stäbe zu einer Besprechung zusammen. »Über die Lage weiß ich nur«, sagte er ihnen, »dass es einen Durchbruch gegeben hat und wir dorthin verlegt werden.«[50] Viele der Soldaten waren auf Urlaub in Paris, wo sie sich auf die zwanglose Art der Fallschirmjäger amüsieren wollten, besonders jene, die nach guter Fronttradition Briefe von treulosen Geliebten an das Schwarze Brett der Einheit gepinnt hatten. Die Militärpolizei in Paris erhielt Befehl, alle Luftlandesoldaten einzusammeln, während ein Offizier einen Eisenbahnzug beschlagnahmte, der sie zurückbringen sollte. Viele derer, denen man das Urlaubsvergnügen verdorben hatte, sahen sehr lädiert aus. Und »wenn man sie so reden hörte«, bemerkte Louis Simpson, »dann hatten die meisten einen *Coitus interruptus* erlebt.«[51] Sie wurden von jenen beneidet, die schon vorher all ihren Sold verspielt hatten und nicht nach Paris hatten fahren können.

Die 101. Luftlandedivision hatte ihre Sollstärke noch nicht erreicht und war auch noch nicht neu ausgerüstet worden. Bei den Kämpfen in Holland hatte sie etwa 3500 Mann verloren und während der Zeit in Mourmelon relativ wenig Ersatz erhalten. Als der Marschbefehl kam, wurden daher Männer, die Disziplinarstrafen absaßen, meist weil sie einen Unteroffizier angegriffen oder geschlagen hatten, aus der Haft geholt und sofort zu ihren Kompanien zurückbeordert. Offiziere suchten das Lazarett auf und appellierten an Kameraden, die so gut wie gesund waren, sich selbst zu entlassen. Andererseits rieten einige Kommandeure ihren Offizieren, Männer, die nervlich immer noch mitgenommen waren, zurückzulassen. In den zehn Tagen zuvor hatte es wegen Schlachtneurose mehrere Selbstmordfälle gegeben. Darunter war auch der Stabschef der Division, der sich seine 45er-Pistole in den Mund gesteckt und abgedrückt hatte.

Die 82. Division hatte nach den Verlusten in Holland mehr Zeit gehabt, Nachrücker einzugliedern und auszurüsten. Dagegen fehlte es der 101. Division an allem, besonders an Winterkleidung. In dieser Nacht versuchte jeder zu erbitten, auszuleihen oder zu stehlen, woran es ihm fehlte. Die Quartiermeister öffneten ihre Vorratslager. Die Logistiker von Com Z brachten es fertig, genügend Zehntonner-Lkw zusammenzuziehen, um zwei Divisionen transportieren zu können. Die erschöpften Fahrer, die man vom *Red Ball Express* geholt hatte, waren nicht gerade begeistert von der Aussicht, Luftlandetruppen an die Front in die Ardennen zu transportieren. Aber dann taten sie mehr als ihre Pflicht.

Zwar versuchte man beim SHAEF, Nachrichten über den Vormarsch der Deutschen zu unterdrücken, doch diese machten bald die Runde. Gerüchte wollten wissen, das Ziel der Deutschen sei Paris. Französische Kollaborateure, die in Gefängnissen einsaßen, gerieten in Feierlaune und verhöhnten ihre Wächter. Das war unklug. Von denen kamen viele aus der Résistance und schworen, jeden Insassen zu erschießen, bevor die Deutschen auftauchten.

Zum Teil weil es an eindeutigen Informationen mangelte, nahm die Angst in Paris fieberhafte Züge an. General Alphonse Juin erschien in Begleitung weiterer hoher französischer Offiziere beim SHAEF in Versailles, um über den Durchbruch zu sprechen. Sie wurden von General Bedell Smith empfangen. »Als wir die Korridore entlanggingen«, schrieb Letzterer später, »bemerkte ich, dass die Franzosen sorgfältig in unsere Büros blickten. Schließlich sagte einer der Generale zu unserem Chef der Aufklärung, General Strong: ›Warum packen Sie nicht zusammen?‹«[52]

Ernest Hemingway hörte von dem Angriff der Deutschen im Hotel Ritz an der Place Vendôme, wo er sich mit seiner Geliebten, Mary Welsh, einquartiert hatte. Sie war gerade von einem Abendessen mit dem Befehlshaber der Air Force, Generalleutnant »Tooey« Spaatz, zurück, während dem die Untergebenen des Generals ständig mit dringenden Nachrichten herein- und hinausgelaufen waren. In der Lobby des Ritz herrschte Chaos, Offiziere rannten wild durcheinander. Hemingway war zwar von der Bronchitis, die er sich im Hürtgenwald geholt hatte, noch nicht vollständig genesen, wollte sich aber unbedingt der 4. Infanteriedivision anschließen. Er begann zu packen und seine illegalen Waffen zusammenzusuchen. »Es hat einen kompletten Durchbruch gegeben«, sagte er zu seinem Bruder Leicester, der gerade auf der Durchreise in Paris war. »Jetzt geht es um alles. Ihre Panzer dringen vor. Die machen keine Gefangenen. ... Lade diese Magazine. Wische jede Patrone sorgfältig ab.«[53]

10. Kapitel

Montag, 18. Dezember

Der Hauptangriff gegen das letzte Bataillon der 2. US-Infanteriedivision vor Rocherath-Krinkelt begann um 6.45 Uhr, über eine Stunde bevor es hell wurde. Die Deutschen behielten ihre übliche Praxis bei, bei Nachtangriffen maximalen Lärm zu veranstalten. Dazu gehörten »Schreie, Pfiffe, das Schlagen auf Kochgeschirre und viele andere Geräusche«.[1] Die Schlacht zog sich über vier Stunden hin. Die amerikanische Feldartillerie führte ein Feuerkommando nach dem anderen zur Unterstützung der vorderen Linien der Infanterie in ihren Schützenlöchern aus. In einigen Fällen forderten Kompanien, die überrannt wurden, den Beschuss ihrer eigenen Stellungen an. Oberstleutnant McKinleys 1. Bataillon des 9. Infanterieregiments gab anderen Einheiten Deckung, als diese sich zu den Zwillingsdörfern zurückzogen.

Beim ersten Frühlicht tauchten erneut zwölf Panzer, jeder von einem Zug Panzergrenadiere begleitet, aus dem Nebel auf, bis sie von Artilleriefeuer gestoppt wurden. Die 2. US-Division war der Meinung, beim Panzerjägerzug ein Dutzend Bazooka-Teams zu haben wäre viel nützlicher gewesen als drei »schwerfällige« 57-mm-Panzerabwehrkanonen, »deren Leistung überhaupt nicht befriedigen konnte. Einen einzigen wirksamen Treffer auf den Turm eines feindlichen Panzers« hatten sie zustande gebracht, wie aus einem Bericht nach dem Gefecht hervorgeht. Ein anderer Offizier nannte sie eine »praktisch nutzlose Waffe«. Oberstleutnant McKinley war der Meinung, diese Waffe habe »keinen Platz in einem Infanteriebataillon«, weil sie im Schlamm so schwer zu bewegen war und bei Feindberührung nicht schnell genug in Stellung gebracht werden konnte. Er wollte Jagdpanzer als integralen Bestandteil einer Infanterieeinheit, damit sie nicht verschwinden konnten, wenn es der Besatzung gerade gefiel.[2] Doch an diesem Tag bei Rocherath-Krinkelt setzten sowohl Jagdpanzer als auch Sherman-Panzer, Bazookas und die Artillerie eine ganze Anzahl Panther und Panzer IV außer Gefecht.

Die Amerikaner waren stets bemüht, die Deutschen daran zu hindern, ausgefallene Panzer zu bergen und zu reparieren oder als zeitweilige Feuerstellungen unmittelbar vor ihren Linien zu benutzen. Wenn sie also die SS-Panzergrenadiere zurückgedrängt hatten, »dann wurden Panzer, die zwar außer Gefecht gesetzt, aber noch nicht zerstört waren, mit einem Gemisch aus Benzin und Öl vernichtet, das man über sie goss und anzündete, oder mit Thermitgranaten, die in Kanonenrohre gesteckt wurden und sich brennend durch sie hindurchfraßen«.[3]

Doch beim nächsten Angriff wurde die Frontlinie überrannt. Deutsche Panzer feuerten in Schützenlöcher, blieben darüber stehen, fuhren vor und zurück, um die Männer unter sich zu begraben. Von einem Zug aus etwa 30 Mann blieben nur zwölf am Leben. Dem linken Zug einer Kompanie ging die Panzerabwehrmunition aus, und sechs, sieben Mann wollten verzweifelt davonlaufen. McKinley hielt sie auf und schickte sie zu ihrem Zug zurück. Sanitäter leisteten Heldenhaftes, um die Verwundeten im Schnee zu bergen. Aus zerfetzten Bretterstücken nagelten sie skiartige Kufen zusammen, um die Krankentragen zu transportieren.

Zu gegebener Zeit erhielt das Bataillon den Befehl zum Rückzug, aber die Gefechtszone war so nahe, dass McKinley nicht mehr glaubte, noch einen einzigen seiner Männer herausholen zu können. Im kritischen Augenblick tauchten jedoch vier Shermans vom 741. Panzerbataillon auf. Sie brachten es fertig, den Rückzug zu sichern und sogar noch drei deutsche Panzer zu treffen. »Als das Bataillon sich in Rocherath wieder zusammenfand«, berichtete McKinley, »stellten wir fest, dass von den 600 Mann, mit denen wir den Kampf begonnen hatten, 197 übrig geblieben waren, später Hinzugestoßene eingeschlossen.« Von der gesamten 2. Division hatten sich ganze neun Mann nach hinten abgesetzt. Sie wurden von der US-Militärpolizei als »Versprengte« aufgegriffen. Die meisten Männer stellten fest, dass sie in der Hitze des Gefechts nicht »das Zittern« bekommen hatten. Das passierte ihnen erst später, als das Feuer abgeebbt war.[4]

Die heroische Standhaftigkeit des 1. Bataillons des 9. Infanterieregiments trug dazu bei, den Rest der 2. Division zu retten und einen Durchbruch der 12. SS-Panzerdivision zu vereiteln. Aber selbst McKinley bekannte später, dass es »die Artillerie war, die den Job gemacht hat« und damit seine Einheit vor der völligen Vernichtung rettete.[5] Während der ganzen Zeit schlüpften Überlebende der 99. US-Division, die der erste Schlag getroffen hatte, durch die amerikanischen Linien. Sie wurden zum Camp Elsenborn geleitet, wo man sie verpflegte und mit Munition ausrüstete.

Danach bildeten sie eine neue Verteidigungslinie hinter Rocherath-Krinkelt. Ein Bataillonskommandeur, dem seine eigenen Offiziere »Feigheit und Unfähigkeit« vorwarfen, wurde abgezogen.[6]

Gegen 10 Uhr tauchte eine Gruppe von sieben amerikanischen Lkw auf. Ein Jagdpanzer feuerte aus einer Entfernung von 500 Metern eine Granate über das Führungsfahrzeug hinweg und brachte es damit zum Halten. Eine Patrouille sollte feststellen, ob es sich um echte und nicht vom Feind erbeutete Lastwagen handelte. Aber als sie sich der Kolonne näherte, wurde von dort das Feuer eröffnet. Man hatte in der Art eines Trojanischen Pferds versucht, in dem Chaos durch die amerikanischen Linien zu schlüpfen. Etwa 140 deutsche Soldaten sprangen von den Fahrzeugen und wollten in den Wald flüchten. Mörser und schwere Maschinengewehre des Bataillons eröffneten das Feuer, nach Schätzungen des Bataillonskommandeurs wurden dabei drei Viertel der gegnerischen Soldaten getötet. Einige mögen sich tot gestellt haben und später davongekrochen sein. Mehrere Verwundete wurden gefangen genommen. Es waren Angehörige der 12. SS-Division »Hitlerjugend«. Einer der Schwerverletzten weigerte sich, am Verbandsplatz eine Transfusion mit Blut von Amerikanern zu akzeptieren.[7]

Die Schlacht um die Zwillingsdörfer ging weiter. Die Dorfbewohner saßen in ihren Kellern fest, von den Explosionen fast ertaubt. Als sich der Nebel gegen 8.30 Uhr etwas lichtete und es ein wenig heller wurde, trat der Wald hinter den Schneefeldern langsam hervor. Weitere deutsche Panther und Panzer IV, immer begleitet von Gruppen von Panzergrenadieren, rückten vor. Einige drangen in Rocherath-Krinkelt ein. Der Mörserkommandeur des 38. US-Infanterieregiments bildete vier Bazooka-Teams, die die deutschen Panzer im Dorf verfolgen sollten. Einige der Männer trugen Schutzbrillen gegen den Blitz des Abschusses. Die Verbrennungen an ihren Gesichtern bemerkten sie erst später. Das Schlimmste war, wenn eine Granate in der Bazooka stecken blieb und der feindliche Panzer sein Kanonenrohr auf einen drehte. Man musste zu Tricks greifen. »Ein Panzer wurde beobachtet, wie er sich auf einer Straße näherte«, heißt es in einem Bericht des V. Korps. »Ein Feldwebel postierte je einen Bazooka-Schützen im Hinterhalt auf jeder Straßenseite und trieb dann eine Herde Kühe vor den Panzer. Der blieb stehen, wurde mit Bazooka-Feuer vernichtet, und die Besatzung wurde beim Herausspringen mit dem Feuer von Kleinwaffen getötet.«[8]

Nun begannen die deutschen Panzer die Häuser aus nächster Nähe zu beschießen. Manche steckten gar das Kanonenrohr durch ein Fenster.

»Bajonette wurden wenig benutzt«, berichtete ein anderer amerikanischer Offizier später, »nicht einmal bei Nahkämpfen in Rocherath, wo Gewehrkolben oder die nackten Fäuste offenbar bevorzugt wurden.« Zwei Sherman-Panzer, die am Befehlsstand des Bataillons in Rocherath postiert und mit einer Mischung aus »Schützen, Fahrern, Hilfsfahrern, Köchen und Mechanikern besetzt waren«, leisteten Widerstand. Oberstleutnant Robert N. Skaggs sah plötzlich, wie ein deutscher Tiger sich mehreren amerikanischen Soldaten näherte, die Kriegsgefangene bewachten. Skaggs machte die beiden Shermans darauf aufmerksam, und die eröffneten das Feuer. Aber sie trafen nicht. Der Tiger blieb stehen und drehte seinen Turm, um auf beide zu schießen, aber auch er verfehlte beide Male das Ziel. Nun hatten die zusammengewürfelten Besatzungen der Shermans eine zweite Chance, und sie schossen nicht noch einmal daneben. Der Tiger ging in Flammen auf.[9] War ein deutscher Panzer getroffen, so rissen die amerikanischen Infanteristen sofort die Gewehre hoch, um schussbereit zu sein, wenn die Besatzung aus Turm oder Wanne zu entkommen versuchte. Wenn deutsche Soldaten Feuer gefangen hatten und schrien, dann erlöste man die armen Bastarde einfach von ihren Leiden. Hauptmann MacDonald von der 2. Division »sah, wie ein Soldat beim Schein der Leuchtspurgeschosse einen Kanister mit Benzin auf einen Panzer schleuderte. Der Panzer brannte lichterloh.«[10]

Bei einem anderen Zwischenfall in den Zwillingsdörfern beobachtete die Besatzung eines Sherman-Panzers des 741. US-Panzerbataillons »einen Panzer VI [Tiger], der sich von vorne näherte. Der Kommandant des Sherman wusste, wie schwer es war, die Frontpanzerung des Tigers zu durchschlagen, und wollte daher die größere Beweglichkeit seines Turms nutzen. Rasch befahl er seinem Fahrzeug, zu wenden und sich hinter eine kleine Häusergruppe zurückzuziehen, um die Flanke oder das Heck des Tigers beschießen zu können. Der Deutsche, der das Manöver durchschaute, setzte ihm nach, und nun jagten die beiden Panzer einander im Kreis, um in die beste Schussposition zu kommen. Ein anderer Sherman beobachtete das Ganze, und als der Tiger bei der Jagd um die Häuser ihm sein Heck darbot, feuerte er und setzte ihn außer Gefecht.« Die beiden Panzerkommandanten sprangen heraus, schüttelten sich triumphierend die Hände, kletterten in ihre Kampfwagen zurück und machten sich wieder an die Arbeit.[11]

Erneut erwiesen sich Panzerabwehrgranaten als nutzlos. Nur ein Panzer wurde damit außer Gefecht gesetzt. Ein Feldwebel sah, wie »ein Mann von einer anderen Einheit« sechs oder sieben Panzerabwehrgranaten auf einen deutschen Panzer feuerte, und obwohl sie das Ziel trafen, blieb jegliche Wirkung aus. Auch in anderen Fällen »prallten sie einfach ab«.[12]

In Krinkelt nahm ein Panzer VI [Tiger] vor der Kirche den Kommandostand des Bataillons unter Feuer. Oberstleutnant Barsanti schickte fünf Bazooka-Teams mit dem Befehl aus, den Panzer zu verfolgen. Sie landeten zwei Treffer, die den Tiger aber nur leicht beschädigten. Trotzdem entschied der Panzerkommandant, er sei im Dorf zu angreifbar, und schickte sich an, sich nach Wirtzfeld zurückzuziehen. Als er mit vollem Tempo um eine Ecke bog, walzte er einen Jeep nieder. Die beiden Insassen hatten gerade noch rechtzeitig in einen Graben springen können. Der Tiger verlor jedoch an Tempo, sodass die Besatzung einer 57-mm-Panzerabwehrkanone auf ihn feuern und den Drehmechanismus des Turms zerstören konnte. Als der Tiger weiterrollte, feuerte ein Sherman auf ihn, verfehlte ihn aber. Erst ein Panzerjäger weiter unten an der Straße brachte ihn mit zwei Salven zum Stehen. Schützen schnappten sich die in schwarze Uniformen gekleidete Besatzung, als sie fliehen wollte. »Nicht einer kam davon.«[13]

Die 2. Division nahm später für sich in Anspruch, bei den ausgedehnten Gefechten um Rocherath-Krinkelt 73 deutsche Panzer durch Shermans, Bazookas, Panzerjäger und Artillerie sowie zwei Panzer VI durch Bazookas ausgeschaltet zu haben. Das waren während dieses Ansturms der Deutschen natürlich seltene Erfolge. Die Amerikaner erlitten sehr schwere Verluste an Menschen und Panzern. Andererseits stellte die Entschlossenheit, sich zu wehren und den Feind für jeden Schritt vorwärts teuer bezahlen zu lassen, den vielleicht wichtigsten Beitrag dazu dar, wie die Ardennen-Offensive schließlich endete. Die 6. deutsche Panzerarmee hatte sowohl die Feuerkraft der amerikanischen Artillerie als auch die Bedeutung der Schlüsselstellung auf den Elsenborner Höhen unterschätzt. Den SS-Divisionen mit ihrer überheblichen Geringschätzung der angeblich minderen Qualität der amerikanischen Infanterieeinheiten wurde eine schmerzliche Lehre erteilt.

Die Kämpfe hielten den ganzen Tag lang und auch noch in die Nacht hinein an. Dabei gerieten mehr und mehr Häuser in Brand. Der Artilleriebeobachter der 99. US-Division, den man bereits am ersten Abend in vorgeschobener Position in Buchholz postiert hatte, musste beim Anblick der Feuersbrunst in Rocherath-Krinkelt an eine Verszeile aus einem Gedicht von Alan Seeger denken: »Ich habe ein Rendezvous mit dem Tod um Mitternacht in einer brennenden Stadt.«[14]

Während die Gefechte in Rocherath-Krinkelt ihrem Höhepunkt zustrebten, konnte ein Teil der 1. US-Infanteriedivision fünf Kilometer weiter südwestlich seine Position konsolidieren und schickte Patrouillen aus, um Richtung und Stärke des deutschen Vormarsches festzustellen. Sepp Dietrich, frustriert vom heftigen Widerstand der Amerikaner in den Zwillingsdörfern, befahl der 277. Volksgrenadierdivision, dort weiter anzugreifen. Die 12. SS-Panzerdivision sollte inzwischen weiter in Richtung Südwesten rollen, Büllingen nehmen und nach Westen in Richtung Waimes vorgehen. In der Ortschaft Waimes waren das 47. Feldlazarett und ein Teil des Sanitätsbataillons der 99. Division stationiert. General Gerow befahl einer gemischten Truppe der 1. Division mit Panzerjägern, leichten Panzern und Pionieren, das medizinische Personal und die Verwundeten rechtzeitig zu evakuieren.

Die SS-Panzerdivision »Hitlerjugend« musste feststellen, dass der Südhang der Elsenborner Höhen genauso stark verteidigt wurde wie der Osthang. Allein die 1. US-Division hatte die Unterstützung von sechs Bataillonen Artillerie und einer Batterie 203-mm-Kanonen. Außerdem hatten die Amerikaner auch in anderer Hinsicht Glück. Der Boden war an manchen Stellen so aufgeweicht, dass die deutschen Panzer abseits der Wege so gut wie nicht mehr manövrieren konnten. Wenn die amerikanischen Panzerabwehrkanonen und Panzerjäger einen an der Spitze befindlichen Panzer auf der Straße ausschalteten, dann blockierte er den gesamten Verkehr. Halbkettenfahrzeuge mit dem 12,7-mm-Vierlings-Fla-MG, auch »Fleischwolf« genannt, waren dann eine sehr wirksame Waffe, um die SS-Panzergrenadiere zurückzutreiben.

Weder General Gerow noch General Hodges konnten sich vorstellen, dass Hitler der 6. Panzerarmee verboten hatte, in Richtung Norden nach Lüttich vorzustoßen. Da Hitler den im Raum Aachen konzentrierten amerikanischen Truppen ausweichen wollte, hatte er allen SS-Panzerdivisionen befohlen, sich nach Westen in Richtung Maas zu orientieren und von dieser Route keinesfalls abzuweichen. Aber die Stoßrichtung von Peipers Division hatte das amerikanische Oberkommando bereits davon überzeugt, dass es die nördliche Flanke in Richtung Westen ausbauen musste. General Ridgways XVIII. Luftlandekorps erhielt Befehl, von Stavelot her eine Verteidigungslinie zu errichten und dort sowohl die erfahrene 30. Infanteriedivision als auch die 82. Luftlandedivision einzusetzen, die bereits nach Werbomont unterwegs war.

Nach dem Massaker von Malmédy am Vortag gab das amerikanische

Oberkommando an alle Truppen eine dringende Warnung aus: »Es ist jederzeit gefährlich, sich deutschen Panzerbesatzungen zu ergeben, vor allem wenn die Panzer nicht von Infanterie begleitet werden, ebenso jeglichen Einheiten, die einen schnellen Vorstoß unternehmen. Diese haben kaum eine Möglichkeit, sich mit Gefangenen abzugeben, daher ist die übliche Lösung, sie einfach zu töten.« Das hieß: »Wer durchhielt und kämpfte, erlitt weniger Verluste. Wer sich ergab, hatte keine Chance.«[15]

Peiper startete seinen Angriff auf Stavelot im Morgengrauen. Während der Nacht hatte er seinen erschöpften Männern Schlaf gegönnt. Major Paul J. Solis war mit einer Kompanie des 526. gepanzerten Infanteriebataillons, einem Zug Panzerabwehrkanonen und einem Zug Panzerjäger in den frühen Morgenstunden eingetroffen. Er war noch dabei, seine Männer und Geschütze in Stellung zu bringen, als sie von zwei deutschen Panthern und einer Kompanie Panzergrenadiere überrascht wurden, die auf der Straße zur Brücke über die Amblève um eine Anhöhe bogen. Der erste Panzer wurde getroffen und fing Feuer, hatte aber solchen Schwung, dass er in die Panzersperre raste, die sie über die Straße gelegt hatten. Der zweite Panzer fuhr weiter und besetzte, rasch gefolgt von den Panzergrenadieren, die Brücke in Stavelot.[16]

Die Amerikaner hatten keine Zeit gehabt, die Brücke zu sprengen. Solis' Truppe wurde in die Stadt zurückgedrängt. Peipers Männer behaupteten völlig grundlos, belgische Zivilisten hätten auf sie gefeuert. Das nahmen sie zum Anlass, 23 Zivilpersonen, darunter Frauen, zu erschießen. Nach heftigen Kämpfen, die den ganzen Vormittag anhielten, musste Solis' kleine Truppe ein Stück auf der Straße nach Francorchamps und Spa zurückgehen. Das Haupttreibstofflager der Amerikaner in Francorchamps war auf Peipers Karte nicht vermerkt, daher entschloss er sich, im Tal der Amblève weiter nach Westen zu rollen. General Lees Com-Z-Truppen hatten den größten Teil des Treibstoffvorrats, der nun potenziell in Peipers Reichweite lag, abtransportieren können. Vom 17. bis zum 19. Dezember brachten amerikanische Versorgungstrupps über elf Millionen Liter Treibstoff aus der Region Spa-Stavelot in Sicherheit. Der größte Verlust der Amerikaner waren 1,5 Millionen Liter, die am 17. Dezember durch den Einschlag einer V1 in Lüttich vernichtet wurden.[17]

An diesem Nachmittag erreichte Hodges' Stab die irreführende Nachricht, Spa sei bedroht. General Joe Collins, der neben dem Befehlshaber der 1. Armee saß, hörte, wie sein Chefaufklärer Hodges ins Ohr flüsterte:

»General, wenn Sie die Stadt nicht ganz schnell verlassen, wird man Sie gefangen nehmen.«[18]

»Die Lage verschlechterte sich rasch«, hieß es im Tagebuch seines Stabes. »Gegen 15 Uhr gingen Meldungen ein, dass [deutsche] Panzer von Stavelot in Richtung Spa rollen. Zwischen ihnen und unserem Stab standen nur noch eine kleine Straßensperre und ein paar Halbkettenfahrzeuge.«[19] Um 16.05 Uhr rief Hodges den Befehlshaber der 9. Armee, Simpson, an. »Er sagt, dass die Lage ziemlich schlecht ist«, notierte Simpson. »Er ist bereit, seine Einrichtung abzuziehen. Er ist in Gefahr, sagt er.«[20] Spa wurde evakuiert und der gesamte Stab der 1. Armee zum rückwärtigen Hauptquartier in Chaudfontaine bei Lüttich verlegt, das man gegen Mitternacht erreichte. Später wurde bekannt, dass nach dem Abzug der Amerikaner aus Spa »sofort alle US-Flaggen, Bilder des Präsidenten und die übrigen Insignien der Alliierten abgenommen wurden und der Bürgermeister 20 der Kollaboration mit den Deutschen verdächtigte Personen aus dem Gefängnis freiließ«.[21]

Zuvor hatten zwei Offiziere der 7. Panzerdivision bei der Rückkehr aus dem Urlaub an diesem Abend feststellen müssen, dass ihre Einheit Maastricht verlassen hatte. Auf der Suche nach ihr fuhren sie zunächst nach Spa. In Hodges' verlassenem Stab starrten sie verblüfft auf die Lagekarten, die man in der Eile zurückgelassen hatte. Sie nahmen sie ab und brachten sie nach St. Vith, wo sie sie Brigadegeneral Bruce Clarke übergaben. Der studierte sie aufmerksam und war entrüstet. Sie enthüllten ohne jeden Zweifel, wie wenig man beim Kommando der 1. Armee begriffen hatte, was vorging. »Wenn diese Schlacht vorüber ist«, sagte Clarke, »dann wird es, verdammt noch mal, schon genug Generale geben, die vors Kriegsgericht gehören. Ich habe keine Lust, noch mehr Ärger zu machen.« Damit vernichtete er die Karten.[22]

Um eine alternative Route zu finden, hatte Peiper zwei Kompanien zur Aufklärung südlich der Amblève nach Trois-Ponts geschickt, einem Dorf am Zusammenfluss von Amblève und Salm. Offenbar verirrten sie sich in der Dunkelheit hoffnungslos. Von Trois-Ponts führt die Straße geradewegs nach Werbomont. Nachdem Peiper die Amerikaner aus Stavelot vertrieben hatte, ließ er eine kleine Besatzung zurück, weil er annahm, dass dort Truppen der 3. deutschen Fallschirmjägerdivision ankommen mussten. Er selbst machte sich auf den Weg nach Trois-Ponts.

Das 51. US-Pionierbataillon, das in Marche-en-Famenne Sägemühlen betrieb, hatte am Abend zuvor Befehl erhalten, nach Trois-Ponts zu fahren und die drei Brücken in dem Ort zu sprengen. Kompanie C traf dort ein, während Peipers Truppen Stavelot angriffen. Die Kompanie ging daran, an der Brücke über die Amblève und an den beiden Brücken über die Salm Sprengladungen anzubringen. Außerdem bauten die Pioniere Sperren über die Straße, auf der sie die Kampfgruppe Peiper erwarteten. Dafür setzten sie aus eigenem Antrieb eine 57-mm-Panzerabwehrkanone samt Besatzung sowie eine Kompanie des 526. gepanzerten Infanteriebataillons ein, die auf dem Weg nach St. Vith war, um sich dort der 7. US-Panzerdivision anzuschließen.

Um 11.15 Uhr hörten die Verteidiger von Trois-Ponts das Klirren von Ketten sich nähernder Panzer. Peipers Vorhut bestand aus 19 Panthern. Die Bedienmannschaft der 57-mm-Panzerabwehrkanone war bereit und traf mit dem ersten Schuss eine Raupe des Führungspanzers, der halten musste. Nun eröffneten die übrigen deutschen Panzer das Feuer, zerstörten die Kanone und töteten die meisten Männer der Bedienmannschaft. Als der Feuerwechsel einsetzte, sprengten die Pioniere die Brücken. Damit war Peiper der Weg nach Werbomont versperrt. Die Verteidiger, die sich in Häusern am Westufer verschanzt hatten, schossen auf die Panzergrenadiere, die den Fluss zu überqueren suchten. Mit verschiedenen Tricks, zum Beispiel einem Lkw, der klirrende Ketten hinter sich herschleppte, um Panzerraupen vorzutäuschen, oder Infanterie, die Bazookas abfeuerte und damit Artillerie imitierte, gelang es den Verteidigern, gegenüber Peipers Truppen eine wesentlich größere Kampfkraft vorzutäuschen, als sie in Wirklichkeit hatten.

Wütend über diesen Rückschlag entschied Peiper, nach Stavelot zurückzufahren und stattdessen die Straße am Nordufer der Amblève zu nehmen. Nun donnerte seine Kolonne in Richtung La Gleize. Die steilen, bewaldeten Hänge am Nordufer des Flusses boten keinerlei Manövrierraum. Peiper glaubte, wenn er nur genug Treibstoff hätte, »wäre es ein Einfaches gewesen, an diesem Tag noch bis zur Maas zu kommen«.[23]

Da Peiper in La Gleize auf keinerlei Widerstand stieß, schickte er einen Erkundungstrupp voraus, der in Cheneux auf eine intakte Brücke über die Amblève stieß. Aber die Kolonne wurde von einem amerikanischen Aufklärer entdeckt, der unterhalb der Wolkendecke flog. Kampfbomber des IX. Taktischen Luftkommandos wurden alarmiert und flogen kurz darauf trotz der schlechten Sicht ihre Angriffe. Dabei verlor die Kampfgruppe drei Panzer und fünf Halbkettenfahrzeuge. Nur der frühe Einbruch der Dunkelheit um 16.30 Uhr rettete Peipers Kolonne vor größeren Schäden.

Doch nun wussten die Amerikaner exakt, wo diese sich befand. Das erfuhr aber auch, weil es den ungeschützten Funkverkehr der Amerikaner abhören konnte, das I. SS-Panzerkorps, das den Funkkontakt zu Peiper verloren hatte.

Im Schutz der Dunkelheit drängte Peiper weiter vorwärts. Aber als sein Fahrzeug an der Spitze der Kolonne eine Brücke über die Lienne, einen kleinen Nebenfluss der Amblève, erreichte, wurde diese vor seinen Augen vom 291. Kampfpionierbataillon in die Luft gesprengt. Peiper, der Herzprobleme hatte, muss bei diesem erneuten Rückschlag sicher fast der Schlag getroffen haben. Er schickte eine Panzerkompanie in Richtung Norden aus, um eine andere Brücke zu finden. Als diese glaubte, sie hätte eine unbewachte entdeckt, wurde sie aus einem gut getarnten Hinterhalt heraus angegriffen. Dabei stellte sich heraus, dass sie einen nutzlosen Umweg genommen hatten, denn die Brücke war für die 72 Tonnen schweren Tiger zu schwach. Da die Suche nach weiteren Brücken sinnlos war, wendete die Kolonne unter großen Schwierigkeiten auf der schmalen Straße und fuhr nach La Gleize zurück, um dort wieder ins Tal der Amblève einzubiegen, in dem drei Kilometer entfernt Stoumont lag. Peiper brachte die Kolonne zum Stehen, um ihr eine Ruhepause zu gönnen, bevor er am nächsten Morgen Stoumont angreifen wollte. Dadurch erhielten zumindest die Zivilisten im Dorf Stoumont die Gelegenheit, sich in Sicherheit zu bringen.

Peiper ahnte nicht, dass amerikanische Truppen dabei waren, ihn einzukreisen. Ein Regiment der 30. US-Infanteriedivision blockierte bereits die Talstraße etwa zweieinhalb Kilometer vor seiner Kolonne. Zugleich startete die 82. Luftlandedivision aus Richtung Werbomont. Auch hinter ihm schloss sich die Falle. Ein Bataillon eines anderen Regiments der 30. Infanteriedivision kam, unterstützt von Panzern und Panzerjägern, Major Solis' Männern nördlich von Stavelot zu Hilfe. Gemeinsam kehrten sie an diesem Abend kämpfend in den nördlichen Teil des Ortes zurück.

Während die 82. US-Luftlandedivision von Werbomont her weiter vorrückte, machte sich in Mourmelon-le-Grand die 101. Division startklar. Eine lange Reihe von 380 Zehntonner-Lkw wartete darauf, je 50 Mann aufzunehmen. In den Kompanien wurde die Anwesenheit kontrolliert. Die Männer, eingepackt »in ihre Wintersachen, sahen aus wie eine Horde Bären«. Vielen fehlte es jedoch nach wie vor an Mänteln und sogar an Springerstiefeln. Ein Oberstleutnant, der gerade erst von einer Hochzeit in London zurückgekehrt war, marschierte noch in seiner Paradeuniform in Bastogne ein. Die Divisionskapelle, die Befehl hatte, zurückzubleiben, versammelte sich voller Zorn. Die Männer baten den Feldgeistlichen, sich beim Kommandeur des 501. Fallschirminfanterieregiments dafür einzusetzen, dass sie ebenfalls mitgehen dürften. Er sagte ihnen, der Oberst sei zu beschäftigt, hätte aber seine Zustimmung angedeutet, dass sie zusammen mit den anderen aufsteigen könnten. Er wusste, dass man jeden Mann brauchen würde.[24]

Die ersten Lkw starteten um 12.15 Uhr mit den Luftlandepionieren, dem Aufklärungszug und einem Teil des Divisionsstabes. Sie hatten Befehl, in Richtung Werbomont zu fahren. Brigadegeneral McAuliffe brach auf, so rasch er konnte, und zwei Stunden später folgte der erste Teil der Hauptkolonne. Insgesamt zogen 805 Offiziere und 11 035 Soldaten ins Gefecht. Niemand wusste exakt, wohin es ging, und vielen erschien es seltsam, dass sie nicht ins Kampfgebiet absprangen, sondern wie gewöhnliche Bodentruppen gefahren wurden. Dicht an dicht auf den offenen Ladeflächen sitzend, zitterten sie vor Kälte. Da die Kolonne unterwegs nicht anhielt und auch kein Platz war, um sich nach draußen zu erleichtern, wurde ein leerer Kanister herumgereicht. Als es am späten Nachmittag dunkel wurde, schalteten die Fahrer die Scheinwerfer ein. So schnell wie möglich voranzukommen schien höhere Priorität zu haben als das Risiko, von einem deutschen Nachtjäger entdeckt zu werden.

Als McAuliffe Neufchâteau, 30 Kilometer südwestlich von Bastogne, erreichte, wurde sein Kommandofahrzeug von einem Militärpolizisten mit Flagge gestoppt. Er erhielt eine Nachricht aus dem Stab von Middletons VIII. Korps, in der es hieß, das 101. Luftlanderegiment sei seinem Befehl unterstellt worden, und die ganze Division habe sich unverzüglich nach Bastogne zu begeben. Die Vorausabteilung, die von dieser Änderung nichts wusste, war 40 Kilometer Luftlinie vor ihnen bereits auf dem Weg nach Werbomont. McAuliffe und seine Stabsoffiziere fuhren nun in Richtung Bastogne und trafen kurz vor Einbruch der Dunkelheit im Stabsquartier von General Troy Middletons Korps in einer ehemaligen deutschen Kaserne am Nordwestrand der Stadt ein. Die Szenen mit Fahrzeugen und Soldaten, die in Panik zu Fuß nach Westen flohen, waren kein ermutigender Anblick.

Als McAuliffe bei Middleton eintraf, informierte der gerade Oberst William L. Roberts vom Gefechtskommando B der 10. Panzerdivision, einer der beiden Formationen, die Eisenhower am ersten Abend in die Ardennen beordert hatte. Roberts wusste bereits besser als McAuliffe, wie verzweifelt die Lage war. An diesem Morgen hatte ihm General Norman Cota die dringende Bitte geschickt, seiner schwer geprüften 28. Division bei Wiltz zu Hilfe zu eilen, wo die deutsche 5. Fallschirmjägerdivision angriff. Aber Roberts hatte strikten Befehl, direkt nach Bastogne zu fahren, und musste ablehnen. Die Panzer-Lehr-Division und die 26. Volksgrenadierdivision waren bereits nördlich von Bastogne durchgebrochen und hielten direkt auf die Stadt zu.

»Wie viele Teams können Sie bereitstellen?«, fragte Middleton Roberts.

»Drei«, antwortete der.

Middleton befahl ihm, ein Team in die Gegend südöstlich von Wardin und ein weiteres nach Longvilly zu schicken, um die Panzer-Lehr-Division bei ihrem Vorstoß aufzuhalten. Das dritte sollte in nördlicher Richtung nach Noville eilen, um die 2. deutsche Panzerdivision zu stoppen. Obwohl es Roberts gar nicht gefiel, seine Truppe in so kleine Teile aufzuspalten, widersprach er Middletons Entscheidung nicht. »Fahren Sie mit Höchstgeschwindigkeit«, ordnete Middleton an. »Halten Sie diese Positionen, koste es, was es wolle.«[25]

Bei dem Rennen nach Bastogne brachte jede Stockung auf den Straßen die Gemüter im deutschen XLVII. Panzerkorps in Wallung. Aber die größte Störung des Zeitplans verursachte der Mut einzelner Kompanien der 28. US-Infanteriedivision. Ihre Verteidigung von Straßenkreuzungen in den Dörfern Heinerscheid, Marnach und Hosingen längs der Straße auf dem Höhenzug von Norden nach Süden, die sie nur »Skyline Drive« nannten, hatte das ganze Vorhaben ins Wanken gebracht. »Der lang anhaltende Widerstand in Hosingen«, bekannte Generalmajor Heinz Kokott, »verzögerte den gesamten Vorstoß der 26. Volksgrenadierdivision und damit auch der Panzer-Lehr-Division um eineinhalb Tage.«[26] Die Verteidigung von Hosingen durch Kompanie K bis zum Vormittag des 18. Dezember, das räumte auch der Kommandeur der Panzer-Lehr-Division ein, verlangsamte den Vorstoß seiner Division so stark, dass sie »zu spät im Raum Bastogne eintraf.«[27] Da jede Stunde zählte, sollte das für die Schlacht um Bastogne entscheidende Bedeutung erlangen.

General Cota in Wiltz wusste, dass seiner Division die Vernichtung drohte. Er befahl, Weihnachtspost unsortiert zu vernichten, damit sie nicht den Deutschen in die Hände fiel. Briefe, Karten und Päckchen wurden also in einem Hof auf einen Haufen geworfen, mit Benzin übergossen und in Brand gesteckt. Im Lauf des Nachmittags zogen sich die Reste

Bastogne
19.–23. Dezember 1944

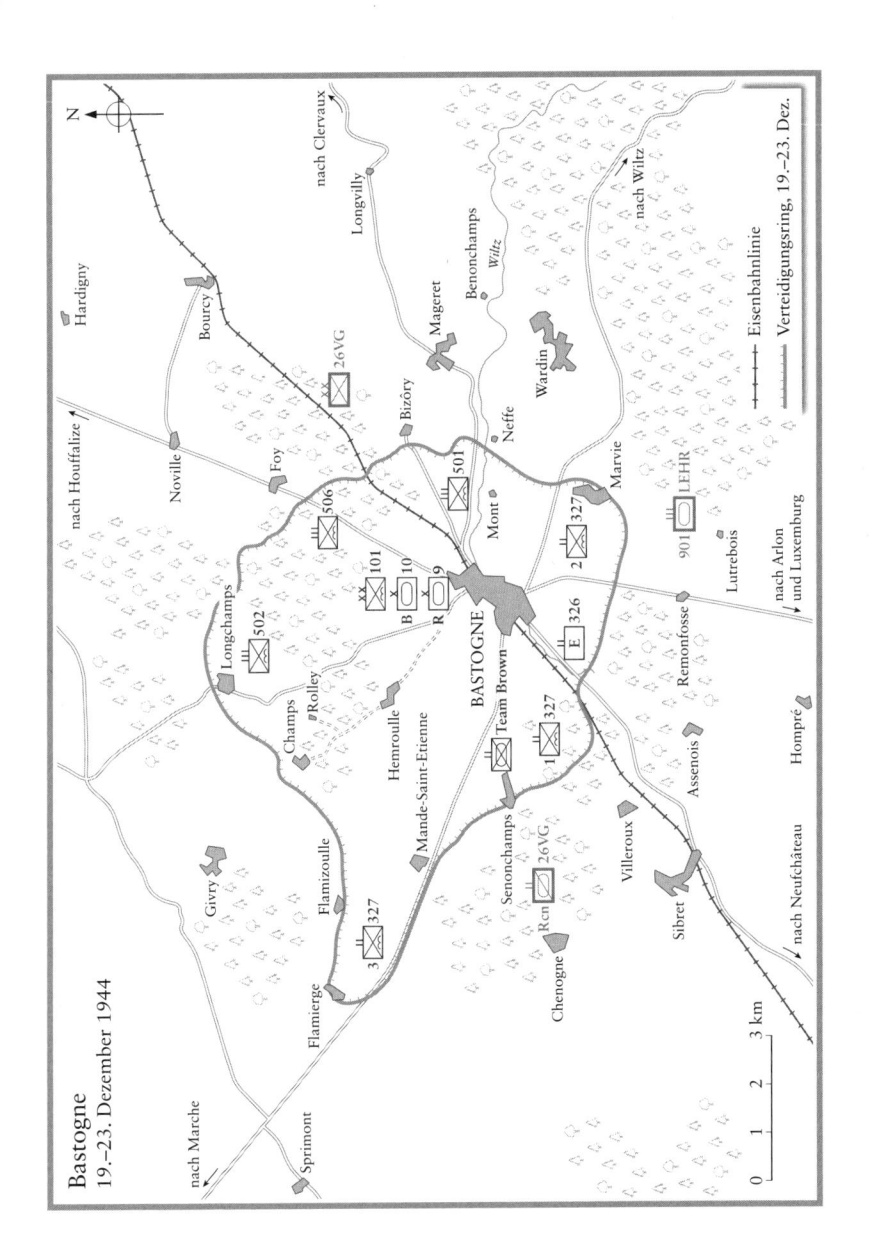

des 3. Bataillons des 110. Infanterieregiments nach Wiltz zurück. Die ausgehungerten und erschöpften Männer formierten sich neu, um die Haubitzen eines Bataillons Feldartillerie südöstlich von Wiltz zu verteidigen, während Cota sich darauf vorbereitete, den Befehlsstand der Division nach Sibret südwestlich von Bastogne zu verlegen.[28]

An diesem Morgen hatte die Spitze der Panzer-Lehr-Division bei Nebel und Nieselregen die Brücke über den Fluss Clerf bei Drauffelt endlich überquert, während die 2. deutsche Panzerdivision ihn bei Clervaux passierte. Sie war durch die Verteidigung von Stadt und Burg aufgehalten worden. Danach verstopften liegen gebliebene Panzer die Straßen. Der Panther war nach wie vor sehr pannenanfällig. Und die von Pferden gezogenen Geschütze einer Infanteriedivision kämpften mit demselben schlammigen Weg, auf dem sich bereits gepanzerte Einheiten furiose Szenen lieferten.

Der Befehlshaber der Panzer-Lehr-Division, Generalleutnant Fritz Bayerlein, ein kleinwüchsiger, aggressiver Veteran der Feldzüge in Nordafrika und der Normandie, warf seinem Korpskommandeur vor, dass er dieses Chaos zugelassen hatte. Die Straßen waren so verstopft, dass die 26. Volksgrenadierdivision Niederwampach zu Fuß etwa zur gleichen Zeit erreichte wie die Panzertruppen mit ihren Panzern und Halbkettenfahrzeugen. Wenn die Fahrzeuge im Morast stecken blieben, nahmen die Infanteristen ihre schweren Maschinengewehre und Mörser von den Fahrzeugen und schleppten sie auf den Schultern weiter.[29]

Als es am 18. Dezember dunkelte und die Panzer-Lehr-Division sich Bastogne näherte, wurde Bayerlein Augenzeuge eines Panzergefechts bei Longvilly. »Die Panzer-Lehr-Division, die Kanonenrohre nach Norden ausgerichtet«, schrieb er, »rollte in der Dämmerung an diesem eindrucksvollen Schauspiel vorüber, dem die Leuchtspurgeschosse einen fantastischen Charakter verliehen.« Tatsächlich war auch eine seiner eigenen Einheiten betroffen. Middleton hatte Gefechtskommando R von der 9. US-Panzerdivision befohlen, die Hauptstraßen zu verteidigen, die aus östlicher Richtung nach Bastogne führten. Nach einigen ersten Scharmützeln an Straßensperren und Vorposten am späten Nachmittag gerieten die Shermans und Halbkettenfahrzeuge der Task Forces Rose und Harper zwischen die Spitzen der 2. deutschen Panzerdivision, ein Artillerieregiment der 26. Volksgrenadierdivision und eine Kompanie Panzer der Panzer-Lehr-Division. Als die amerikanischen Panzer, die zuerst ins Visier der Deutschen gerieten, in Flammen aufgingen, feuerten die deutschen Kanoniere auf die übrigen Fahrzeuge, die von den Flammen erleuchtet wurden.

Bayerlein schrieb den Erfolg der Zielgenauigkeit und größeren Reichweite der Kanone des Panthers zu.[30] Die amerikanischen Besatzungen verließen daraufhin ihre Fahrzeuge, ob sie getroffen waren oder nicht, und flohen nach Longvilly.

Die Deutschen brüsteten sich später, bei dieser Aktion hätten sie 23 Sherman-Panzer, 14 Panzerwagen, 15 Selbstfahrlafetten, 30 Jeeps und 25 Lkw – sämtlich unbeschädigt – erbeutet.[31] Wenn dieser Erfolgsbericht der Deutschen auch übertrieben war, so stellte das einseitige Gefecht bei Longvilly für die Amerikaner doch einen sehr schmerzlichen Schlag dar.

Das einzige positive Ereignis an diesem Abend in Bastogne war das Eintreffen des 705. US-Panzerjägerbataillons, das sich von Norden her durchgekämpft hatte. Oberst Roberts von der 10. Panzerdivision hatte seine drei Teamchefs bereits eingewiesen und auf den Weg geschickt. Jedes bestand aus einer Mischung von Sherman-Panzern, Panzerwagen und Halbkettenfahrzeugen mit aufgesessener Infanterie. Das Team O'Hara fuhr nach Wardin, wo es auf einer Höhe südlich des Dorfes Stellung bezog. Dort war von Deutschen keine Spur, nur Grüppchen erschöpfter Soldaten der 28. US-Division, verschmutzt und voller Bartstoppeln nach einem dreitägigen Gefecht, zogen in Richtung Bastogne vorüber.

Major William R. Desobry vom 20. Panzerinfanteriebataillon war nach Noville im Norden beordert worden. Da sie keine Karten besaßen, fuhr ein Militärpolizist in einem Jeep voraus, um der Einheit den Weg zu weisen. Am Stadtrand von Bastogne sagte er: »Noville ist zwei Dörfer weiter, immer geradeaus auf dieser Straße.« Daraufhin schickte Desobry einen Aufklärungszug durch Foy in Richtung Noville vor. Beide Dörfer waren verlassen.[32]

Desobry ließ an der Nord- und der Ostseite von Noville Verteidigungsstellungen errichten. Diese bestanden aus Trupps von Infanterie und jeweils zwei Sherman-Panzern an den Einfallstraßen. Kurz nach Mitternacht gönnte er sich etwas Schlaf. Er wusste, dass ihn ein schweres Gefecht erwartete. »Von Osten und Norden hörten wir bereits Kanonendonner und sahen Blitze am Horizont. Auch die Strahlen von Scheinwerfern waren zu erkennen. Während der Nacht zogen sich mehrere kleinere Einheiten und viele Versprengte auf unsere Stellungen zurück. Sie erzählten Horrorgeschichten, wie ihre Einheiten von riesigen deutschen Verbänden mit zahlreichen Panzern, von Deutschen in amerikanischen Uniformen, von Deutschen in Zivil überrannt worden seien, und ähnliche Schauermärchen.«[33]

Roberts hatte Desobry Vollmacht gegeben, Versprengte festzuhalten und unter seinen Befehl zu stellen. Wie er aber feststellen musste, war deren »körperliche und mentale Verfassung derart«, dass es leichter war, sie ins rückwärtige Gebiet zu schicken. Die einzigen Gruppen, die in der Lage schienen weiterzukämpfen, waren ein Zug Infanterie der 9. Panzerdivision und ein Zug Pioniere. Doch auch die Pioniere schickte Desobry am nächsten Morgen weiter. Er sollte Verstärkung durch Luftlandetruppen erhalten, aber sein Gefühl sagte ihm, dass der Angriff der Deutschen bereits vor deren Eintreffen erfolgen werde.

Oberstleutnant Henry T. Cherrys Truppe, der das 3. Panzerbataillon, eine Kompanie Infanterie, ein paar Pioniere und ein Zug der 90. Panzerkompanie angehörten, fuhr von Bastogne dem Gefechtslärm entgegen in Richtung Longvilly. Kurz vor dem Dorf mussten sie halten, da die schmale Straße von Nachschubfahrzeugen des Gefechtskommandos R verstopft war. Oberstleutnant Cherry ging zu Fuß weiter, um herauszufinden, was da vor sich ging. Aber keiner der Offiziere an dem zeitweiligen Befehlsstand schien die Lage zu überblicken. Wie bei Wardin zogen sich auch hier Versprengte der 28. Division nach Bastogne zurück.

Cherry brachte seine Panzer und seine Infanterie einen Kilometer westlich von Longvilly in Stellung und fuhr zurück, um Oberst Roberts in Bastogne Bericht zu erstatten. Als er sich kurz vor Mitternacht wieder auf den Rückweg zu seinen Männern machte, hörte er über Funk, dass die Reste des Gefechtskommandos R der 9. Panzerdivision vollständig abgezogen waren. Als Cherry das Dorf Neffe erreichte, warnte ihn ein verwundeter Soldat, die Straße vor ihm sei bei Mageret von einem Aufklärungstrupp der Panzer-Lehr-Division unterbrochen worden. Cherry befahl einem seiner Offiziere per Funk, eine kleine Truppe nach rückwärts zu schicken und die Deutschen von dort zu vertreiben. Doch als das Halbkettenfahrzeug mit zwei Gruppen Infanterie Mageret erreichte, stellten sie fest, dass die deutsche Truppe aus drei Panzern und einer Kompanie Infanterie bestand.

Als Oberst Cherry erfuhr, was sie herausgefunden hatten, wusste er, dass Longvilly trotz Oberst Robertsons Ermahnung, den Ort zu verteidigen, »koste es, was es wolle«, nicht zu halten war. Er befahl seiner Truppe, sich nach Neffe zurückzuziehen, auch kämpfend, sollte das notwendig sein. Als er in der Umgebung eine alte Burg mit dicken Mauern entdeckte, entschied er, dort seine Kommandostelle einzurichten. Wie Desobry spürte auch er, dass das eigentliche Gefecht am Morgen beginnen werde.

Obwohl seine Panzerdivisionen im Süden endlich durchbrechen konnten, war der General der Panzertruppen von Manteuffel erzürnt darüber, dass sich die Einnahme von St. Vith so lange hinzog. Das Problem wurde zum Teil dadurch verursacht, dass die einzigen Straßen nach Westen über diese Stadt führten und die Grenze zur 6. Panzerarmee nur secks Kilometer weiter nördlich lag. Da Dietrichs Armee nach Manteuffels Ansicht an einem viel zu schmalen Frontabschnitt angriff, waren einige von dessen Einheiten auf die Straßen der 5. Panzerarmee ausgewichen und hatten dort das Verkehrschaos noch verstärkt.

Kurz nach Tagesanbruch griffen die Deutschen Hasbroucks Verteidigungslinie vor St. Vith an. Die Panzer feuerten in die Baumwipfel und lösten damit einen Hagel von Holzsplittern aus, der die Amerikaner tief in ihre Schützenlöcher zwang. Volksgrenadiere gingen mit Dauerfeuer aus automatischen Waffen vor. Die 18. Volksgrenadierdivision war wesentlich erfahrener als die 62., die südlich von St. Vith vorrückte. Eine zweite Attacke am Vormittag wurde von einem massiven Ferdinand-Jagdpanzer unterstützt, aber ein Sherman schoss 25 Meter vor den amerikanischen Stellungen eine panzerbrechende Rakete auf ihn, die seine Wanne durchdrang und ihn damit außer Gefecht setzte.

Ein Panzerwagen vom Typ Greyhound, der zwischen Bäumen versteckt stand, setzte sich auf der Straße nach Schönberg hinter einen deutschen Tiger, sodass er seine kümmerliche 37-mm-Kanone aus kürzester Entfernung auf ihn abfeuern konnte. Als der Kommandant des Tigers ihn entdeckte, versuchte er seinen Turm herumzudrehen, um auf ihn zu zielen, aber die Besatzung des Greyhound war inzwischen auf 25 Meter herangekommen und schoss dreimal auf das nur schwach geschützte Heck des deutschen Panzers. »Es gab eine dumpfe Detonation, gefolgt von Flammen, die aus dem Turm und aus dem Motorraum schlugen.«[34]

Der dritte Angriff kam am Nachmittag. Daran war ein Bataillon Infanterie, unterstützt von vier Panzern und acht selbstfahrenden Sturmgeschützen, beteiligt. Dieser Angriff wurde erst durch das Flankenfeuer einiger Shermans zum Stehen gebracht. An diesem Tag fiel die Temperatur stark ab, es gab sogar ein paar Schneeschauer.

Als Manteuffel erkannte, wie wenig er bisher vorangekommen war, entschloss er sich, seine Reserve der von Oberst Otto Remer befehligten Führer-Begleit-Brigade anzuschließen. Remer erhielt an diesem Nachmittag Befehl, nach St. Vith vorzustoßen, doch seine Fahrzeugkolonne blieb wegen der haarsträubenden Zustände auf den Straßen ebenfalls bald stecken.

Einer von Remers Offizieren berichtete, dass »die Führer-Begleit-Brigade in einem gewaltigen Verkehrsstau mit zwei anderen Infanterieeinheiten steckte, die alle die Straße für sich beanspruchten«. Remer befahl seinen Männern, »vorwärtszudrängen und sich nicht mit Kleinigkeiten abzugeben«.[35] Als Remer Befehl erhielt, eine Umgehung nach Norden zu nehmen, »lehnte er es zunächst ab, in diese Richtung zu fahren«, ging aber schließlich in einem Wald südlich von Born in Stellung.[36] Als Favorit des »Führers« konnte er sich ein Verhalten leisten, das jeden anderen Offizier vor das Kriegsgericht gebracht hätte. Remers selbstherrliches Auftreten während der Offensive wurde zum Gegenstand böser Witze unter den anderen Kommandeuren.

In allen wichtigen amerikanischen Stäben fehlte es an Informationen über die tatsächliche Lage. Der Stab von Hodges' 1. Armee, der jetzt in Chaudfontaine saß, erschien angesichts der Katastrophe wie gelähmt. Im Hauptquartier von Simpsons 9. Armee in Maastricht waren die Offiziere dagegen sehr optimistisch. »In den amerikanischen Stäben ist angesichts des Angriffs keine Spur von Nervosität zu spüren«, schrieb der australische Frontberichterstatter Godfrey Blunden. »Im Gegenteil, man ist froh darüber, dass der Feind sich entschlossen hat [im offenen Feld] zu kämpfen, statt hinter einer Barriere von Schlamm und Wasser zu liegen.«[37] Berichte von Luftkämpfen zwischen P-47 Thunderbolts und Focke-Wulf 190 sowie Me 109 über den Wolken in einer Höhe von bis zu 6000 Metern lösten große Begeisterung aus.

General Bradley hatte keine Ahnung, dass General Hodges sein Hauptquartier in Spa aufgegeben hatte. Um 22.30 Uhr rief Bradley Patton an und forderte, er möge so bald wie möglich zu einer Besprechung nach Luxemburg kommen. Patton machte sich mit drei hohen Stabsoffizieren binnen zehn Minuten auf den Weg. Als er eintraf, sagte Bradley erneut zu ihm: »Ich glaube, es wird Ihnen nicht gefallen, was wir tun werden, aber ich fürchte, es ist notwendig.«[38] Bradley war überrascht, wie gelassen Patton die Verschiebung seiner Offensive zur Saar hinnahm. »Was soll's«, sagte er. »Wir werden ja immer noch Krauts killen.«[39]

Auf der Karte demonstrierte Bradley, wie tief die Deutschen vorgedrungen waren, wesentlich weiter, als Patton sich vorgestellt hatte. Bradley fragte ihn, was er tun könne. Patton antwortete, er werde die 4. Panzerdivision stoppen und bei Longwy konzentrieren, bevor sie weiter nach Norden vorrückte. Die 80. Infanteriedivision könne er am nächsten Morgen auf der Straße nach Luxemburg haben, und die 26. Infanteriedivision könne ihr binnen 24 Stunden folgen. Patton rief seinen Stabschef an und befahl ihm, die notwendigen Befehle auszugeben sowie Transportmittel für die 80. Division bereitzustellen. Er bekannte, in der Nacht zurückzufahren, ohne zu wissen, wie weit die Deutschen bereits vorgedrungen waren, beunruhige ihn. »Eine sehr gefährliche Operation, wie ich sie gar nicht mag«, schrieb er in sein Tagebuch.[40]

Als Patton nach seiner Rückkehr wieder in Luxemburg anrief, sagte Bradley: »Die Situation dort oben ist viel schlimmer als zu der Zeit, da ich mit Ihnen gesprochen habe.« Er bat Patton, die 4. Panzerdivision unverzüglich in Marsch zu setzen. »Finden Sie und ein Stabsoffizier sich zu einer Besprechung mit mir und General Eisenhower gegen 11 Uhr in Verdun ein.«[41]

II. Kapitel

Skorzeny und Heydte

Acht von Obersturmbannführer Skorzenys neun Gruppen, die mit Jeeps unterwegs waren, schlüpften in der Nacht zum 17. Dezember durch die amerikanischen Linien. Es waren die besten Englischsprecher, aber selbst sie erwiesen sich als nicht gut genug. Einige trugen Fläschchen mit Schwefelsäure bei sich, die sie Wachtposten ins Gesicht schütten sollten, wenn diese sie stoppten. Einige zerschnitten Leitungen und verübten weitere kleinere Sabotageakte. So drehten sie zum Beispiel Wegweiser um. Dabei gelang es einer dieser Gruppen sogar, ein ganzes Infanterieregiment in die falsche Richtung zu lenken. Im Vergleich zu Heydtes katastrophaler Absprungaktion bei Eupen bestand der größte Erfolg dieser Operation jedoch darin, dass sie bei den Amerikanern eine Überreaktion erzeugte, die an Paranoia grenzte.

Ein Jeep mit vier Mann wurde vor einer Brücke am Stadtrand von Lüttich von Militärpolizei angehalten. Die vier Soldaten im Wagen trugen Uniformen der U.S. Army und sprachen amerikanisches Englisch. Als man ihren Dienstauftrag verlangte, hatten sie nur ein paar Vordrucke bei sich. Die Militärpolizisten ließen sie aussteigen. Im Fahrzeug fanden sie deutsche Waffen und Sprengstoff. Unter der Uniform trugen die Männer Hakenkreuz-Armbinden. Es stellte sich heraus, dass der Jeep bei Arnheim von den Briten erbeutet worden war.[1]

Der Offizier, Leutnant Günther Schultz, wurde der Mobilen Feldvernehmungseinheit Nr. 1 übergeben. Schultz erweckte den Eindruck, er wolle voll kooperieren. Er gab zu, Teil von Skorzenys Einheit Steilau zu sein. Vor dem Vernehmungsteam des Counter Intelligence Corps (CIC), der damaligen US-Spionageabwehr, sagte er aus, laut seinem Vorgesetzten Major Schrötter laute »der Geheimbefehl der Fernaufklärer, sich nach Paris durchzuschlagen und dort General Eisenhower und andere hohe Offiziere gefangen zu nehmen«. Dies ging auf das Gerücht zurück, das Skorzeny im Lager Grafenwöhr in Umlauf gesetzt hatte. Es ist nicht klar, ob Schultz es selbst glaubte, ob er damit Chaos zu stiften hoffte oder ob er den riskanten Versuch unternahm, seine Vernehmer zu beeindrucken und damit seine Haut zu retten.

Schultz berichtete von einer »Aktion Eisenhower«, die eine »Spezialeinheit« unter dem Befehl von »Oberleutnant Schmidhuber« ausführen sollte, die Skorzeny direkt unterstehe. An der Verschwörung, General Eisenhower zu entführen oder zu ermorden, seien etwa 80 Personen beteiligt. Ihr Treffpunkt sei das Café de l'Epée oder das Café de la Paix in Paris, welches von beiden, wisse er nicht genau. Er behauptete, darunter seien auch Kommandos von Untergrundkämpfern, sogenannte Brandenburger, die bereits vor der Invasion vom Juni 1941 in die Sowjetunion eingesickert waren.[2] In einem anderen Bericht wird behauptet, die Deutschen »hätten eine List angewandt und einen Offizier festnehmen lassen, um ihn – angeblich zum Zwecke des Verhörs – in höhere Stäbe einzuschleusen«.[3] Obwohl es sehr unwahrscheinlich klang, wie 80 deutsche Soldaten sich in einem Pariser Café treffen sollten, glaubte das CIC Schultz' Bericht. Am nächsten Morgen wurden die Sicherheitsmaßnahmen für Eisenhower in einem Maße hochgefahren, dass er sich fast wie ein Gefangener vorkam.

Wenn General Bradley das Haus verließ, achtete er darauf, dass vor ihm stets ein weiterer Jeep mit Maschinengewehr und hinter ihm ein Panzerjäger vom Typ »Hellcat« fuhr. Das CIC, durch die Mordgerüchte in höchste Aufregung versetzt, wies ihn an, bei der Benutzung seines Wagens nicht mehr vor dem Haupteingang des Hotels Alfa in Luxemburg, seinem Stabsquartier, ein- oder auszusteigen. Stattdessen sollte er den Kücheneingang an der Hinterfront benutzen. Er musste in ein Zimmer ganz im Inneren des Hotels umziehen. Alle Schilder mit Generalssternen mussten von Fahrzeugen entfernt werden, und selbst die an seinem Stahlhelm wurden übermalt.[4]

Die Vorstellung, deutsche Kommandos trieben sich in ihrem Hinterland herum, ließ für die Amerikaner Albträume wahr werden. An allen Straßen wurden Sperren errichtet, die den Verkehr stark behinderten, denn die Posten mussten die Insassen daraufhin kontrollieren, ob sie nicht Deutsche waren. Überhastet ausgegebene Instruktionen lauteten: »Frage den Fahrer, denn wenn er ein Deutscher ist, wird er am wenigsten Englisch sprechen und verstehen. ... Manche dieser als GIs verkleideten Deutschen geben sich als hohe Offiziere aus. Einer soll als Brigadegeneral auftreten. ... Lasse sie auf keinen Fall die amerikanische Uniform ablegen. Bringe sie stattdessen zum nächsten Sammelpunkt von Kriegsgefangenen, wo sie befragt und schließlich vor ein Erschießungskommando gestellt werden.«[5]

Posten an amerikanischen Straßensperren und die Militärpolizei dachten sich eigene Fragen aus, um herauszufinden, ob die Insassen eines Fahrzeugs wirklich die waren, als die sie sich ausgaben. Sie bauten in ihren Fragenkatalog ein Baseball-Quiz, den Namen des Hundes des US-Präsidenten, den des aktuellen Ehemanns von Betty Grable [damals in den USA populäre Schauspielerin und Pin-up-Girl – d. Ü.] und Sinatras Vornamen ein.[6] Brigadegeneral Bruce Clarke gab eine falsche Antwort zu den Chicago Cubs [einem bekannten Baseball-Team]. »Nur ein Kraut würde so einen Fehler machen«, erklärte der Militärpolizist. Da er angewiesen war, »nach einem Kraut, der als Ein-Sterne-General aufgemacht ist«, Ausschau zu halten, war er überzeugt, er habe den Mann gefunden, und Clarke wurde eine halbe Stunde lang festgehalten.[7] Selbst General Bradley wurde gestoppt und kurze Zeit festgesetzt, obwohl er auf die Frage nach der Hauptstadt von Illinois richtig geantwortet hatte. Der Militärpolizist sah das anders.

Britisches Personal erregte während dieser Panik im Hinterland der amerikanischen 9. Armee vielfach Verdacht. Der bekannte Filmschauspieler David Niven, damals Offizier des Aufklärungsregiments »Phantom« in britischer Uniform, wurde von einer amerikanischen Patrouille gestoppt. »Hände über den Kopf, Freundchen. Okay – wer hat denn 1940 die World Series im Baseball gewonnen?«, fragte ihn der GI. »Keine Ahnung«, will ihm Niven gewohnt lässig geantwortet haben. »Ich weiß nur, dass ich mit Ginger Rogers 1938 einen Film gedreht habe.« »Okay, Dave, geht schon in Ordnung«, gab der GI. zurück, »aber pass verdammt noch mal auf unterwegs!«[8]

Auf höherer Ebene wurde Generalleutnant Allan Adair, der Kommandeur der britischen Gardepanzerdivision, in Begleitung seines Adjutanten an einem amerikanischen Kontrollpunkt angehalten, der von afroamerikanischen Soldaten besetzt war. Adairs sehr beliebter, aber für seine Schusseligkeit berühmter Adjutant Hauptmann Aylmer Tryon konnte ihre Personaldokumente nicht finden. Nach langer, fruchtloser Suche sagte der riesige Unteroffizier schließlich zu Adairs Vergnügen: »General, wenn ich Sie wäre, dann würde ich mir einen neuen Adjutanten suchen.«[9]

Manchmal befahlen Kontrolleure einem verdächtigen Soldaten oder Offizier, die Hose herunterzulassen, um nachzuschauen, ob er die Unterwäsche der U.S. Army trug. Ein deutscher Jude, der bald nach Hitlers Machtantritt nach England geflohen war, bat seinen Vorgesetzten im Royal Army Service Corps, der Nachschubeinheit der britischen Armee, um die Genehmigung, Brüssel besuchen zu dürfen. Als Gerhardt Unger geboren, hatte er wie viele Soldaten deutsch-jüdischer Herkunft seinen Namen anglisiert, falls es zu einer Festnahme durch die Nazis kommen sollte. Am Abend des 16. Dezember ließ sich Gerald Unwin oder Gee, wie man ihn allgemein nannte, in einer Bar in ein Trinkgelage mit mehreren amerikanischen Soldaten von der 1. Armee ein. Sie erzählten ihm von ihrem deutsch-jüdischen Aufklärungsoffizier, einem Leutnant Gunther Wertheim. Gunther war sein Cousin, der sich aus Deutschland nach Amerika gerettet hatte. Kurz entschlossen entschied er sich, seine neuen Freunde am nächsten Morgen in aller Frühe zu ihrer Einheit zu begleiten.

Als sie sich der Ardennenfront näherten, hörten sie in der Ferne starkes Artilleriefeuer und erlebten panische Szenen. An einer Straßensperre bei Eupen wurde Gee festgenommen. Er hatte keinen Marschbefehl oder eine andere Genehmigung, sich in dieser Gegend aufzuhalten. Und obwohl er eine britische Uniform trug, so sprach er doch mit erkennbar deutschem Akzent. Man brachte ihn in einen improvisierten Zellenblock in der Schule des Ortes, und Gee hatte Glück, in diesem durch Heydtes Fallschirmjäger verursachten Klima von Gerüchten und Ängsten nicht gleich erschossen zu werden. Für den Augenblick rettete ihn die Tatsache, dass er die vorgeschriebene Unterwäsche der britischen Armee trug. Trotzdem wurde er in der Schule eingesperrt, um am nächsten Tag verhört zu werden. Als er zum Verhör kam, blieb dem Aufklärungsoffizier vor Erstaunen fast die Luft weg: »Gerd?«, fragte er. »Gunther!«, rief Gee erleichtert aus, als er seinen Cousin erblickte.[10]

Eines von Skorzenys Teams wurde am 18. Dezember abends in Aywaille, knapp 20 Kilometer vor der Maas, festgenommen. Bei den drei Männern fand man deutsche Papiere sowie große Summen amerikanischer Dollar und britischer Pfund. Fünf Tage später wurden sie vor Gericht gestellt und abgeurteilt. Insgesamt 16 Angehörige der Einheit Steilau nahm man fest und verurteilte sie zum Tod durch Erschießen. Eine Gruppe bat um Gnade, weil sie Befehle ausgeführt hätten und deren Verweigerung ihren sicheren Tod bedeutet hätte. »Wir sind zum Tode verurteilt«, hieß es in ihrem Gesuch, »und wir sterben jetzt für ein paar Verbrecher, die nicht nur uns, sondern, was schlimmer ist, auch unsere Familien auf dem Gewissen haben. Daher bitten wir den kommandierenden General um Gnade. Wir sind nicht ungerecht verurteilt worden, aber wir sind de facto unschuldig.«[11] General Bradley lehnte das Gesuch ab und bestätigte das Urteil.

Einer aus der in Aywaille festgenommenen Gruppe sprach ebenfalls von dem Plan, General Eisenhower zu ergreifen oder zu töten, womit er die schlimmsten Befürchtungen des CIC bestätigte.[12] Es gab auch Berichte von einer Gruppe Franzosen, ehemaliger Mitglieder der »Milice« des Vichy-Regimes und der SS-Division »Charlemagne«, die den Auftrag hatte, hinter die Front der Alliierten zu gelangen, um dort Sabotageakte an Treibstofflagern und Eisenbahnzügen zu verüben. Es hieß, sie trügen amerikanische Uniformmäntel und behaupteten, aus einer Fabrik entkommene Zwangsarbeiter zu sein.[13]

Drei weitere Angehörige der Einheit Steilau, die am 23. Dezember in Eupen exekutiert werden sollten, äußerten unmittelbar vor ihrer Hinrichtung einen letzten Wunsch. Deutsche Krankenschwestern, die in der Nähe interniert waren, sollten ein paar Weihnachtslieder für sie singen. Während das Erschießungskommando stramm stand, »sangen die Frauen mit starken, klaren Stimmen«. Die amerikanischen Soldaten blickten auf die Verurteilten, und offensichtlich »ließen sie, beeindruckt von dieser rührseligen Atmosphäre, die Köpfe hängen«. Der kommandierende Offizier »befürchtete fast, sie könnten beim Feuerbefehl nicht auf den Mann, sondern an die Wand schießen«.[14]

Als britische Truppen von der 29. Panzerbrigade am Morgen des 23. Dezember in Dinant die Brücke über die Maas bewachten, war wegen des Nebels »die Sicht fast gleich null«, schrieb der kommandierende Offizier des 3. Königlichen Panzerregiments. »Ein anscheinend amerikanischer Jeep fuhr durch eine der Straßensperren am Ostufer des Flusses. Diese war wie alle anderen von der 8. Schützenbrigade vermint worden. Die Minen waren beweglich und konnten über die Straße gezogen werden, sollte ein Fahrzeug die Sperre in voller Fahrt durchbrechen. Da wir inzwischen Kontakt zu den Amerikanern hatten, wurde dieser Jeep nicht beschossen, aber als er nicht anhielt, wurden die Minen über die Straße gezogen, und er flog in die Luft.« In dem Jeep fand man drei Deutsche. Zwei waren tot, einer wurde gefangen genommen.[15]

Das war offenbar derselbe Zwischenfall, den General Bradleys Adjutant Chester Hansen mit ein paar literarischen Ausschmückungen beschrieb. Demnach verloren vier Deutsche in einem Jeep an einer bewachten Brücke die Nerven und versuchten durchzubrechen. Ein Wachposten zog eine Minenkette über die Straße, und der Jeep wurde in die Luft gejagt. Drei der Deutschen waren sofort tot, der vierte verwundet. Die Wachen traten heran, erschossen auch den vierten, kippten den Jeep samt den Leichen in den Fluss, »säuberten die Brücke« und gingen wieder auf ihre Posten.[16]

Skorzenys Panzerbrigade 150 war ein kompletter Fehlschlag. Ihre Panzer, meist deutsche Panzer IV und Panther, waren wenig überzeugend als Shermans hergerichtet worden. Sie trugen das triste Oliv und den weißen Stern der Alliierten, bei dem man in einigen Fällen aber die umgebende Kreislinie weggelassen hatte. Skorzeny selber wusste, dass man damit Amerikaner nicht hinters Licht führen konnte, höchstens bei Nacht. Im Morast und in den riesigen Verkehrsstaus, die sich hinter der 1. SS-Panzerdivision aufgebaut hatten, gab er den Plan, bis zu den Brücken über die Maas vorzudringen, bald auf. Am Abend des 17. Dezember bat er Sepp Dietrich stattdessen, seine Truppe als reguläre Panzerbrigade einsetzen zu dürfen. Dietrich gab seine Erlaubnis und befahl Skorzeny, sich nach Ligneuville zu begeben.[17] Dietrich hatte einen Grund, so rasch zuzustimmen. Der kommandierende General des I. SS-Panzerkorps hatte gefordert, Skorzenys Truppe zurückzuziehen, da sie »das Handeln des Korps behindert, weil sie zwischen die Fahrzeuge hineinfährt und macht, was sie will«.[18]

Am 21. Dezember griff die Panzerbrigade 150 bei Frost und Nebel nach Norden in Richtung Malmédy an. Sie drängte ein Regiment der 30. US-Infanteriedivision zurück, bis die amerikanische Artillerie eingriff und die neuen, noch hochgeheimen Granaten mit Annäherungszünder einsetzte, die erst in einem bestimmten Abstand zum Ziel explodieren. Bei den Gefechten an diesem Tag wurden über 100 Mann getötet und 350 verwundet, darunter Skorzeny, der von einem Splitter im Gesicht getroffen wurde und fast ein Auge verlor. Die Panzerbrigade 150 wurde komplett aus der Offensive herausgenommen. »Operation Greif« war damit beendet. Doch bei ihrer einzigen Aktion gelang es der Einheit durch reinen Zufall, ähnlich wie der Einheit Steilau, Verwirrung zu stiften. Der Angriff auf Malmédy überzeugte die amerikanische 1. Armee, dass die deutsche 6. Panzerarmee einen Vorstoß nach Norden vorbereite.

Dem eigentlichen Auslöser der Konfusion bei den Alliierten, Oberstleutnant von der Heydte, sank in dem Waldversteck seiner Kampfgruppe südlich von Eupen zunehmend der Mut. Er war verbittert über die »laienhafte, fast frivole Haltung auf den höheren Kommandoebenen, woher die Befehle für derartige Operationen kamen«.[19] Dietrich hatte ihm versichert, er werde mit seiner Truppe binnen eines Tages entsetzt werden. Aber es gab keinerlei Anzeichen, dass bei Monschau ein Durchbruch bevorstand. Die amerikanische Artillerie auf den Elsenborner Höhen südlich von ihnen schoss munter weiter. Ohne Funkverbindung hatte er keine Möglichkeit festzustellen, wie sich die Kämpfe entwickelten.

Seine 300 Fallschirmjäger hatten wenig zu essen, denn sie waren nur mit Notrationen abgesprungen. Was hieß: zwei Rollen gepresster Schinken, zwei Portionen Wurst, zwei Päckchen »Sojafleischbrot«, Traubenzuckertabletten, etwas von dem bei der deutschen Wehrmacht üblichen Dauerbrot, Marzipan und Pervitin, ein Medikament, welches das inzwischen verbotene Benzedrin ersetzte. Im Schutz der Dunkelheit waren einige seiner Männer in der Nacht auf den 18. Dezember zu einer amerikanischen Artilleriebatterie geschlichen und hatten dort ein paar Kisten mit Lebensmitteln gestohlen. Aber aufgeteilt auf 300 Mann reichte das nicht lange.[20]

Heydtes Posten in der Nähe der Straße griffen nie eine Kolonne an, sondern nur einzelne Fahrzeuge. Die Amerikaner stellten fest, dass für Jeepfahrer Drähte in Halshöhe über die Straße gespannt wurden. Das wurde Heydtes Männern zugeschrieben und führte zu der Entscheidung, vor der Frontscheibe der Jeeps eine angewinkelte eiserne Vorrichtung anzubringen, die über Straßen oder Wege gespannte Drähte zerriss. Vorkommnisse dieser Art waren relativ selten, aber man hielt es für nötig, den Fahrern Sicherheit zu geben, vor allem als die Alliierten auf deutsches Gebiet vordrangen und Gerüchte über »Werwolf«-Widerstandsgruppen die Runde machten, die sich aus Fanatikern der Hitlerjugend, aber auch aus jüngeren Angehörigen von SS, Gestapo und Volkssturm zusammensetzten.[21]

Am 17. Dezember überholte Sergeant Inber vom 387. Luftabwehrartillerieregiment südlich von Eupen mit Leichtigkeit eine Lkw-Kolonne, die sehr langsam fuhr. Nur 400 Meter weiter wurde er »aus dem Hinterhalt überfallen und von der Straße gezerrt, bevor das Führungsfahrzeug der Kolonne auftauchte«. Inber wurde etwa einen Kilometer in den Wald hinein zu Heydtes Versteck geführt, wo die deutschen Fallschirmjäger ihn gut behandelten. Heydte erklärte Inber, er würde ihn laufen lassen, wenn er bereit wäre, zwei verwundete Deutsche zu einem amerikanischen Verbandsplatz zu bringen. Die amerikanischen Verwundeten, die sie gefangen genommen hatten, wurden an der Straße abgelegt, wo ein Sanitätsfahrzeug sie aufnehmen konnte.[22]

Einzelne Fallschirmjäger und Besatzungsmitglieder der Flugzeuge, die an der missglückten Absprungaktion beteiligt waren, fielen bald den Amerikanern in die Hände. Ein Überlebender der Junkers 52, die hinter der 9. Armee heruntergeholt worden war, sagte im Verhör aus, sie seien »in dem Glauben gestartet, dies sei ein Übungsflug, erfuhren aber in der Luft, dass sie einen Sonderauftrag zu erfüllen hatten«.[23]

Nachdem Heydte sein Versteck gewechselt hatte, lieferte sich seine

Truppe am 19. Dezember Schusswechsel mit Soldaten des 18. Infanterieregiments der 1. US-Division, die den Wald durchkämmten. Dabei gab es insgesamt etwa ein Dutzend Tote. Manche US-Soldaten meldeten die Fallschirme nicht, die sie bei der Suche gefunden hatten, sondern fertigten sich daraus Seidenschals an.[24]

Heydte, der sich krank fühlte und an Fußbrand litt, gab alle Pläne auf, sich nach Eupen durchzuschlagen, und beschloss stattdessen, in östlicher Richtung nach Monschau zu gehen. Seine Männer waren von Mangelernährung sichtbar geschwächt. Sie kämpften sich durch Wälder und Sümpfe und wurden vom eiskalten Wasser der Helle durchnässt, die sie durchwaten mussten. Nach einer heftigeren Schießerei am 20. Dezember befahl Heydte seinen Männern, sich in kleinen Gruppen zu den deutschen Linien durchzuschlagen. Dabei wurden 36 Mann gefangen genommen, die übrigen konnten sich in Sicherheit bringen. Die 37 Toten der Kampfgruppe waren sämtlich Opfer des Flakbeschusses in der ersten Nacht.[25]

Am 22. Dezember ging Heydte, inzwischen sehr krank und völlig erschöpft, allein nach Monschau und brach in ein Haus ein. Als er von einem Zivilisten entdeckt wurde, war er erleichtert, als der Mann ihm sagte, dass er ihn den amerikanischen Militärbehörden melden müsse. Nach einem Lazarettaufenthalt wurde Heydte in ein Gefangenenlager nach England gebracht. Es war komfortabel, aber er und die anderen gefangenen Offiziere ahnten nicht, dass ihre Gespräche aufgezeichnet wurden.

12. Kapitel

Dienstag, 19. Dezember

Am 19. Dezember griff Peipers Kampfgruppe mit einem Bataillon Panzergrenadiere, einer Kompanie Fallschirmjäger und Panzern zur Unterstützung auf der Straße im Morgengrauen Stoumont an. Der erste Sturmangriff schlug fehl. Stoumont schien solide verteidigt zu werden. Das 119. Infanterieregiment der 30. US-Division ging an seiner rechten Flanke zum Gegenangriff vor. Aber etwas später im dicken Morgennebel funktionierte der Trick der Panther, mit Höchstgeschwindigkeit in den Ort zu rasen, ein weiteres Mal. Bei der schlechten Sicht hatten die Männer an den Panzerabwehrkanonen keine Chance. Nur die Bazooka-Teams, die die deutschen Panzer in dem Nebel wie Gespenster verfolgten, konnten durch Schüsse ins Heck mehrere von ihnen ausschalten. Eine 90-mm-Flak, die man verzweifelt nach Stoumont geworfen hatte, setzte einen Tiger der Schweren Panzerabteilung 501 außer Gefecht.

Peipers Kampfgruppe eroberte Stoumont dennoch. Die Infanteriekompanie, die es verteidigte, wurde überwältigt.[1] Zwei Züge Shermans kamen zu spät und mussten sich zurückziehen. Peipers Truppe rückte weitere vier Kilometer nach Westen in Richtung der Bahnstation Stoumont vor. Gerade noch zur rechten Zeit konnten amerikanische Offiziere eine Notmannschaft aus dem Boden stampfen. Sie bestand aus dem Reservebataillon des 119. Infanterieregiments, 15 nicht komplett ausgerüsteten Shermans, die aus dem Nachschubdepot des gerade erst eingetroffenen 740. Panzerbataillons geholt wurden, einer Batterie Haubitzen und einer weiteren 90-mm-Flak. Wegen der flachen Felsen an der Nordseite der Straße, die in steile, bewaldete Berghänge übergingen, und einem steilen Abfall an der Südseite zum Schienenstrang am Flussufer konnte ihre Position nicht umgangen werden. Obwohl man im Stab der 1. US-Armee fürchtete, Peipers Truppe werde sich nach Norden in Richtung Lüttich wenden, sollte sie über den Bahnhof Stoumont nicht hinauskommen. Der Rest der 30. Infanteriedivision und General Jim Gavins 82. Luftlandedivision wurden gerade noch rechtzeitig in der Gegend zusammengezogen: die 30., um gegen die deutschen Panzerspitzen vorzugehen, und die 82., um von Werbomont aus vorzurücken und die Verteidiger von St. Vith zu unterstützen.

Um den Kämpfen in Stoumont zu entgehen, waren etwa 260 belgische Zivilisten in die Keller des Sanatoriums Saint-Edouard geflüchtet, das, an einem steilen Berghang gelegen, das Tal der Amblève überblickte. Nun besetzten die Deutschen das Gebäude als ihren Stützpunkt. Priester hielten Messen ab, um die verängstigten Frauen und Kinder zu beruhigen, als die Amerikaner sich bei einem Gegenangriff am nächsten Tag den Zugang erkämpften.

Die Zivilisten glaubten, sie seien gerettet, und hießen die GIs voller Freude willkommen, aber in der Nacht kamen die Deutschen zurück. »Die Schwester Oberin ließ die Menge für die im Kampf Gefallenen zwölf Rosenkränze beten.« Erneut griffen die Amerikaner an. Shermans feuerten aus nächster Nähe auf das Sanatorium. Das Dach brach ein, Außenmauern barsten, und im Erdgeschoss fiel ein Teil der Decke in einer Wolke von Staub und Rauch herab. Der Priester erteilte Generalabsolution, aber wie durch ein Wunder kam von den Frauen und Kindern niemand zu Schaden.[2]

Am Morgen des 19. Dezember hörte Peiper, die Amerikaner hätten in seinem rückwärtigen Raum Stavelot zurückerobert. Damit war seine Kampfgruppe von jedem Nachschub abgeschnitten, und das zu einem Zeitpunkt, da ihm der Treibstoff ausging. Er schickte sein Aufklärungsbataillon, um die Kleinstadt zurückzuerobern. Peiper witterte eine Niederlage. Er bedauerte immer noch, dass man ihn am ersten Tag der Offensive gezwungen hatte, abzuwarten, bis die Infanterie ihm den Weg öffnete. Nach seiner Meinung hätte man einen Überraschungsangriff ohne Artillerievorbereitung, dafür mit gepanzerten Gefechtskommandos und Infanterie durchführen sollen. Beim weiteren Vormarsch nach Westen hatte sich auch die überlange Kolonne als großer Fehler erwiesen. Vorteilhafter wären viele kleine Gruppen gewesen, die unabhängig voneinander nach intakten Brücken und fahrbaren Wegen hätten suchen können.

Peipers Soldaten von der Waffen-SS töteten weiterhin bei fast jeder Gelegenheit Gefangene. In La Gleize blieb beim Rückzug des 741. US-Panzerbataillons, das bei einem Angriff der Deutschen am Vortag abgeschnitten worden war, ein Soldat zurück und verbarg sich in der Kirche. »Von seinem Versteck«, hieß es in einem Bericht, »beobachtete dieser Soldat, wie [deutsche] Panzer und Infanterie einen US-Panzerwagen anhielten. Die Insassen ergaben sich und mussten aussteigen. Während sie noch mit erhobenen Händen dastanden, wurden sie mit Maschinenpistolen niedergemäht. Die Deutschen nahmen das Fahrzeug und fuhren davon.«[3] Rottenführer Straub vom Aufklärungsbataillon erzählte später Mitgefangenen der 26. Volksgrenadierdivision von einem ähnlichen Vorfall. »Unser Bataillon stieß nach Stavelot und danach La Gleize vor. Von dort fuhren wir zurück nach Stavelot. Unser Sturmführer hat [die Gefangenen] auf der Stelle erschossen. ... Beim ersten Mal waren es zwölf. Er hat sie einfach umgelegt, weil sie ihm im Weg waren.«[4]

Die SS-Panzergrenadiere erzählten sich gegenseitig die wildesten Geschichten, um ihre Aktionen zu rechtfertigen. Ein 18-jähriger Soldat der 1. SS-Panzerdivision berichtete einem Mitgefangenen, ihr Oberscharführer sei so bekannt dafür gewesen, unbewaffnete Männer zu erschießen, dass sie es mit Amerikanern zu tun bekamen, die so taten, als wollten sie sich ergeben, in Wirklichkeit aber auf Rache aus waren. »Mehrere sind uns entgegengekommen«, sagte er, »und haben eine weiße Fahne geschwenkt. Dabei wussten wir ganz genau, dass sie hinter unserem Oberscharführer her waren, weil er so viele von ihnen getötet hat. Wir haben also unsere Maschinenpistolen gegriffen und sie erschossen, bevor sie etwas tun konnten. So läuft das bei uns.«[5]

Am 19. Dezember gelang es amerikanischen Soldaten vom 105. Pionierbataillon, am Abend nach Einbruch der Dunkelheit in Stavelot einzudringen und trotz Beschusses durch feindliche Panzer und Maschinengewehre die größte Brücke über die Amblève zu sprengen. Peiper raste vor Zorn, denn ein Teil seiner Truppe war nun nördlich des Flusses abgeschnitten, und es gab kaum Anzeichen dafür, dass er von seiner Division Brückenbauausrüstung erwarten konnte.[6]

Die 3. Fallschirmjägerdivision, deren Aufschließen Peipers Kampfgruppe erwartete, war nur eine von Sepp Dietrichs Einheiten, die sich erfolglos am Südrand der Elsenborner Höhen abmühten. Der Stab des I. SS-Panzerkorps hatte den Fallschirmjägern befohlen, Faymonville und danach Waimes zu nehmen, von wo das amerikanische Feldlazarett evakuiert worden war. Aber der Großteil der 3. Fallschirmjägerdivision kam nie weiter als bis Faymonville.[7]

Dass es bei der 6. Panzerarmee nicht voranging, hatte eine Welle der Kritik von Hitler und dem OKW über Rundstedt und Model bis hinunter zu dem wütenden, frustrierten Dietrich ausgelöst. Der unternahm einen neuen Versuch und befahl der 12. SS-Panzerdivision, von Rocherath-

Krinkelt einen Bogen zu schlagen und die Stellungen der 1. US-Infanteriedivision von Büllingen her anzugreifen. Die Deutschen mussten dringend die Straße in Richtung Westen nach Malmédy frei bekommen. Am frühen Morgen versammelten sich in Büllingen Panzergrenadiere der SS-Division »Hitlerjugend«, Bataillone der 12. Volksgrenadierdivision und Panzer, um das 26. US-Infanterieregiment zu vernichten. Die Schlacht um Dom Bütgenbach sollte so heftig werden wie die um Rocherath-Krinkelt nordöstlich davon.

Um den Ansturm auf Rocherath-Krinkelt und Wirtzfeld fortzusetzen, schickte Dietrich seine Reserve, die 3. Panzergrenadierdivision, vor, die die 12. und die 277. Volksgrenadierdivision unterstützen sollte. Das Dröhnen der Geschütze steigerte sich noch, als die konzentrierten amerikanischen Artillerieregimenter auf den Elsenborner Höhen jedes Dorf in ihrer Reichweite, das jetzt von den Deutschen gehalten wurde, in Grund und Boden schossen. Erste Priorität hatte an diesem Morgen des 19. Dezember, die erneuten Attacken auf Rocherath-Krinkelt zu vereiteln. Bei der Erfüllung dieses Auftrages glänzten die 155-mm-Feldhaubitzen, von allen nur »Long Tom« genannt. Aber die Todesrate unter den jungen Artillerieoffizieren, die als vorgeschobene Beobachter agierten, war sehr hoch.

In den zerstörten Zwillingsdörfern wehrten die verbliebenen Einheiten der 2. US-Division sowie die Züge der Shermans und Panzerjäger weiterhin die angreifenden Volksgrenadiere und Panzergrenadiere ab. Sie bereiteten ihren Rückzug in neue Stellungen seitlich der Elsenborner Höhen vor. Im Lauf des Nachmittags zerstörten sie Fahrzeuge, Geschütze und Ausrüstungen, die sie zurücklassen mussten. Sie leerten Kühler und Ölwannen und ließen die Motoren so lange laufen, bis sie sich festfraßen. Artilleristen schoben Thermitgranaten in die Geschützrohre. Um 17.30 Uhr, eine Stunde nach Einbruch der Dunkelheit, begannen die ersten Einheiten mit dem Rückzug. Zu beiden Seiten der zerschossenen Straße hatten Pioniere TNT-Pakete an die Bäume geklebt, die sie fällen wollten, um jegliche Passage zu verhindern.

Ausgelaugt von den dreitägigen Gefechten um Rocherath-Krinkelt, welche die deutsche 6. Panzerarmee enorm geschwächt hatten, rutschten die Männer in dem glitschigen Schneematsch aus, fluchten und schwitzten. Sie waren so müde, dass sie auf festerem Untergrund beim Vorwärtstrotten einschliefen. Spätnachts schlich sich eine kleine Patrouille an den Rand der Zwillingsdörfer. Bei ihrer Rückkehr berichteten sie, dort befänden sich jetzt etwa eintausend Deutsche mit rund einhundert gefangenen Amerikanern.

Ein Dutzend Kilometer weiter südlich suchten die beiden unglückseligen Regimenter der 106. US-Division, die in der Schnee-Eifel östlich von St. Vith eingeschlossen waren, sich zu den amerikanischen Linien durchzukämpfen. Die unerfahrenen Offiziere und Soldaten waren völlig demoralisiert. Sie hatten kaum noch Munition, ihr Funkkontakt war hauptsächlich wegen der deutschen Störsender unterbrochen, und die Katastrophe schien ihnen unfassbar zu sein. Viele versuchten sich gegenseitig mit der Hoffnung aufzurichten, dass eine Truppe unterwegs sein musste, um sie herauszuhauen.

Kurt Vonnegut, der damals dem 423. Infanterieregiment angehörte, schilderte seine Kameraden als eine Mischung aus College-Schülern und solchen, die sich gemeldet hatten, um dem Gefängnis zu entgehen. Viele waren »körperliche Schwächlinge«, die »nie hätten zur Armee gehen dürfen«. Die wenigsten waren als Infanteristen ausgebildet. Vonnegut diente als Bataillonsaufklärer. Mit Waffen kannte er sich nur deshalb aus, weil sein »Vater ein Waffennarr war und er von ihm wusste, wie diese ganze Scheiße funktionierte«.[8]

Einige versuchten mit Fahrzeugen zu entkommen, aber als die Deutschen mit Panzerabwehrkanonen auf sie schossen, ließen sie sie stehen und machten die verbliebenen fahruntauglich. Ihre Vorgesetzten, die ohne jede Information agieren mussten, schickten Späher aus, um festzustellen, was vor sich ging, aber die fanden nicht einmal das Artilleriebataillon, das die Infanterie hätte unterstützen sollen. Die Deutschen hatten Lautsprecher aufgestellt, aus denen sie Musik von Benny Goodman, Artie Shaw und anderen amerikanischen Musikern erschallen ließen. Dazwischen versprachen sie »Duschen, warme Betten und Pfannkuchen zum Frühstück, wenn ihr euch ergebt«. Das löste aber nur Wutgeheul aus. Ein Soldat in einem Graben schluchzte laut auf und schrie: »Das kannst du dir alles in den Arsch stecken, du deutscher Hurensohn!«[9]

Als deutsche Artillerie die US-Truppen von allen Seiten beschoss, beschlossen die beiden Regimentskommandeure zu kapitulieren. Um 16 Uhr ging ein Offizier vor und schwenkte ein Schneecape. Offiziere und Soldaten wurden mit erhobenen Händen, stolpernd und strauchelnd abgeführt. Ihre Bewacher befahlen ihnen später, den Inhalt ihrer Taschen in das Futter ihrer Stahlhelme zu entleeren, sodass sie sich herausnehmen konnten, was ihnen gefiel. Eine große Zahl wurde in einen von einer Steinmauer umgebenen Bauernhof getrieben. Bei Einbruch der Dunkelheit rief eine Stimme: »Versucht nicht zu fliehen. Wenn ihr flieht, werdet ihr mit dem Maschinengewehr erledigt.« In der langen, kalten Nacht konnten sie nur eng zusammenrücken, um sich gegenseitig zu wärmen.[10]

Vonnegut nannte dies »die größte Kapitulation von Amerikanern unter Waffen in der Militärgeschichte Amerikas«.[11] (Tatsächlich mussten sich auf der philippinischen Halbinsel Bataan im Jahr 1942 sehr viel mehr Amerikaner ergeben, aber die Kapitulation von circa 8000 Mann der 106. Division war sicher die umfangreichste in Europa.) Vonnegut und ein Dutzend anderer versuchten durch den verschneiten Wald einen Weg zurück zu den amerikanischen Linien zu finden, doch Angehörige der 18. Volksgrenadierdivision, die die Gegend durchkämmten, stießen in einem Bachbett auf sie. Über Lautsprecher befahlen sie ihnen, sich zu ergeben. Damit sie nicht lange überlegten, feuerten die Deutschen drei Salven über ihre Köpfe hinweg. Da sie einsahen, dass es keine andere Möglichkeit mehr gab, nahmen die in die Enge getriebenen Amerikaner ihre Waffen ab und warfen die Funktionsteile weg. Dann traten sie mit erhobenen Händen aus der Deckung. So begann ihre Gefangenschaft, die Vonnegut bis nach Dresden und in den Feuersturm vom Februar 1945 führen sollte, die er in seinem Buch *Schlachthof 5 oder Der Kinderkreuzzug* beschrieben hat.

Die Offiziere im Stab des VIII. US-Korps in Bastogne waren entsetzt, als sie von der Kapitulation erfuhren. Der stellvertretende Stabschef »kam zu dem Schluss, dass die beiden umstellten Regimenter hätten entschlossener kämpfen müssen. Für ihn war eine Truppe von dieser Größe wie ›zwei Wildkatzen in einem Busch‹, die dem Feind zumindest hätten Kratzer zufügen müssen, statt sich zu ergeben.«[12]

Die Deutschen konnten gar nicht glauben, wie viele Männer sie eingekesselt hatten. Einer ihrer Offiziere schrieb in sein Tagebuch: »Endlose Kolonnen von Gefangenen ziehen vorbei, zuerst etwa hundert, später weitere tausend. Unser Fahrzeug bleibt auf der Straße stecken. Ich steige aus und gehe ein Stück. Model selbst dirigiert den Verkehr. (Er ist ein kleiner, unauffälliger Mann mit einem Monokel.) Die Straßen sind übersät von zerstörten amerikanischen Fahrzeugen, Kraftwagen und Panzern. Eine weitere Kolonne Gefangene kommt vorbei. Ich zähle über eintausend Mann. In Andler ist eine Kolonne von 1500 Mann mit etwa 50 Offizieren und einem Oberstleutnant, der die Kapitulation erklärt hat.«[13]

Zu Models Enttäuschung kam die deutsche Kolonne östlich von St. Vith kaum voran. Die Artillerie der 7. US-Panzerdivision beschoss permanent alle Anfahrtswege. Nach dem gescheiterten Versuch vom Vortag, St. Vith zu erobern, wollten die Deutschen vor allem das 31. Panzerbataillon umgehen. Das 38. Bataillon gepanzerter Infanterie »leckte seine Wunden« nach den Schäden, die es erlitten hatte. Züge mussten zusammengelegt werden, weil sie so dezimiert waren.[14] Und doch schienen die Deutschen die größten Verluste erlitten zu haben.*

Zwischen den Bäumen vor ihnen, berichteten die Soldaten des 38. US-Bataillons, »waren die einzigen Jerrys [Spitzname der Deutschen – d. Ü.], die wir gefunden haben, Tote. Die meisten hatte es erwischt, als sie versuchten, sich hinter einem Baum oder einem umgestürzten Stamm einzugraben. Wer keinen Spaten hatte, mühte sich, mit Helmen, Bajonetten oder bloßen Händen flache Mulden zu scharren.« In einer Feuerschneise, die schwere Maschinengewehre der Einheit an der rechten Flanke geschaffen hatten, wurden »19 Fallschirmjäger gefunden, hingestreckt in jeweils fünf Meter Abstand wie zu einer Parade, jeder mit mindestens fünf bis acht Kugeln in Brust und Hals.« Laut Major Boyer wurden später »Fallschirmjäger« gefunden mit der Uniform und den Insignien der SS-Division »Großdeutschland« »unter ihren Springerjacken«.[15] Bei einem weiteren Angriff an diesem Nachmittag gelang es den 90-mm-Kanonen eines Panzerjägerzuges, einen deutschen Panther und eines der beiden Sturmgeschütze auszuschalten, welche die Infanterie unterstützt hatten.

Die Hauptgefahr für Brigadegeneral Hasbroucks Verteidigungslinie lag im Norden, wo die 18. Volksgrenadierdivision und die Führer-Begleit-Brigade umherstreiften. Obwohl die Führer-Begleit-Brigade sich selbst als Eliteeinheit sah, hatte auch sie ihre psychischen Opfer. Ein Stabsoffizier, Rittmeister von Möllendorf, war laut Berichten »hysterisch und ein Nervenbündel. Wenn Hitlers Name genannt wird, fängt er an zu weinen.«[16]

Eine noch größere Gefährdung für Hasbroucks rückwärtigen Raum ergab sich, als die 9. SS-Panzerdivision »Hohenstaufen« derselben Route etwas weiter nördlich über Recht und Poteau folgte, die die Kampfgruppe Hansen zuvor genommen hatte. In den Kämpfen bei Poteau erlitt ein Melder der SS eine Bauchverletzung, als eine amerikanische Granate explodierte. Als seine Kameraden ihn auf eine Trage legten, während die Innereien bereits herausquollen, versuchte einer, ihm den Stahlhelm abzu-

---

* Siehe Karte: »Vernichtung der 106. US-Infanteriedivision und Verteidigung von St. Vith«, Seite 133.

nehmen. Doch der Verwundete bat darum, das nicht zu tun. Im Kompaniestab versuchte es ein Unterscharführer erneut, aber der Mann protestierte schreiend. Als sie den Verbandsplatz erreichten, war er kaum noch bei Bewusstsein. Ein Sanitäter »hob den Kopf des Mannes leicht an, löste das Kinnband und nahm den Helm ab. Dabei fiel die Schädeldecke samt Hirn herunter. Der Mann muss gespürt haben, dass ein weiterer Splitter unter dem Rand seines Helms eingedrungen war und ihm die Schädeldecke abgerissen hatte. Er lebte noch, solange der Helm nicht abgenommen wurde.«[17]

Hasbrouck wusste, sollten die Deutschen sich nach Süden wenden und Vielsalm und Salmchâteau etwa zehn Kilometer westlich von St. Vith einnehmen, waren seine Truppen abgeschnitten. Aber sowohl die 9. SS-Panzerdivision als auch die 116. Panzerdivision 20 Kilometer weiter südwestlich hielten auf die Maas zu, wobei sie St. Vith wie einen Wellenbrecher von beiden Seiten umgingen. Er wusste nun, dass es seine Aufgabe war, die 18. und die 62. Volksgrenadierdivision aufzuhalten. Nachdem diese mit den beiden in der Schnee-Eifel eingekesselten amerikanischen Regimentern abgerechnet hatten, konnten sie nun all ihre Kräfte gegen St. Vith konzentrieren.

Verdun war nach Aussage eines von Bradleys Stabsoffizieren »eine hässliche herkömmliche Garnisonsstadt« mit einer Bevölkerung, die auf die Amerikaner feindselig wirkte. Das Stabsquartier der Rückwärtigen Dienste der 12. Armeegruppe lag »hinter einem mächtigen Stacheldrahtzaun, an dem Posten patrouillierten«.[18]

Eisenhower traf zusammen mit Luftmarschall Tedder im gepanzerten Cadillac des Oberbefehlshabers ein. Patton erschien in seinem »legendären Jeep mit Türen aus Plexiglas und aufmontiertem Kaliber-30-Maschinengewehr«. Zusammen mit den Kommandeuren der beiden US-Armeegruppen Bradley und Devers versammelten sie sich mit einem Gefolge von Stabsoffizieren im Obergeschoss der aus grauem Stein erbauten Kaserne. Da der lang gestreckte Raum nur von einem einzigen Kanonenofen beheizt wurde, wurde wenig Oberbekleidung abgelegt.[19]

Entschlossen, den richtigen Ton zu treffen, eröffnete Eisenhower die Besprechung. »In der derzeitigen Lage müssen wir eine Chance und keine Katastrophe erblicken«, erklärte er. »Ich möchte an diesem Tisch nur heitere Gesichter sehen.«

»Zum Teufel noch mal, wir müssen den Schneid haben, die Hurensöhne bis ganz nach Paris herankommen zu lassen«, platzte Patton am Tisch heraus. »Dann können wir sie uns richtig schnappen und bearbeiten.« Damit erntete er lediglich nervöses Lachen. Pattons Neigung, den feindlichen Frontbogen an der Basis abzuschneiden, erhielt nur wenig Unterstützung. Eisenhower fand das gar nicht lustig. »In Ordnung, George«, entgegnete er. »Aber wir dürfen auf keinen Fall zulassen, dass der Feind die Maas überschreitet.«[20]

Dank frisch von »Ultra« abgefangener deutscher Funksprüche hatte das SHAEF nun ein wesentlich klareres Bild davon, was die Deutschen mit »Operation Herbstnebel« erreichen wollten. Eisenhower war entschlossen, den Anforderungen an einen Feldkommandeur gerecht zu werden und nicht als entrückte Galionsfigur über der Schlacht zu schweben. Darin mag er durch die Ahnung bestärkt worden sein, in den vergangenen Monaten nicht genügend Tatkraft gezeigt zu haben.

Vor der großen Karte der Ardennen an der Wand informierten Stabsoffiziere die versammelten Generale über die Lage. Dann zählte Eisenhower die Divisionen auf, die nach Frankreich übergesetzt wurden. Kommandeure konnten Gelände aufgeben, wenn es notwendig war, aber von einem Rückzug hinter die Maas durfte keine Rede sein. General Devers' 6. Armeegruppe im Elsass sollte nach Norden rücken und einen Teil des Frontabschnitts von Pattons 3. Armee übernehmen. So würden Pattons Divisionen für einen Gegenangriff von Süden her freigesetzt.

»Wann können Sie starten?«, fragte Eisenhower und wandte sich Patton zu.

»Sobald Sie hier mit mir fertig sind.«

Eisenhower wollte es etwas genauer haben. Patton konnte der Versuchung nicht widerstehen, ein bisschen auf die Pauke zu hauen. »Am 21. Dezember frühmorgens mit drei Divisionen«, antwortete er.* »Die 4. Panzerdivision, die 26. und die 80. Infanteriedivision.« Was Patton nicht sagte: Ein Gefechtskommando der 4. Panzerdivision und ein Korpsstab waren bereits unterwegs; der Rest sollte an dem angegebenen Morgen aufbrechen. Die Vorstellung, dass die Hauptmasse einer Armee binnen drei Tagen um 90 Grad gedreht werden könnte, um in einer ganz neuen Richtung anzugreifen, löste an dem Beratungstisch ungläubiges Staunen aus.

---

* In den meisten Berichten von dieser Zusammenkunft nannte Patton den 21. Dezember morgens, aber er selbst trug in sein Tagebuch den 22. Dezember ein. Es kann nicht mehr eindeutig festgestellt werden, ob er glaubte, er habe bei der Besprechung tatsächlich dieses Datum genannt, oder ob er seine Meinung änderte, weil er einsah, dass Eisenhower recht hatte. [*PP*, S. 599]

»Seien Sie nicht albern, George«, sagte Eisenhower. »Wenn Sie so zeitig starten wollen, dann sind nicht alle drei Divisionen bereit, und Sie müssen es stückchenweise tun. Starten Sie am 22., denn ich möchte von Ihnen einen starken Erstschlag sehen!«[21] Eisenhower hatte recht, wenn er besorgt war, dass ein übereilter Angriff nicht die gewünschte Wirkung haben könnte. Aber es gibt auch kaum Zweifel, dass die Energie und die Stabsarbeit der 3. Armee eine der schnellsten Umgruppierungen in der Geschichte der Kriegführung hervorgebracht haben.

Pattons Vorgesetzter, General Bradley, sagte während der ganzen Zusammenkunft kaum ein Wort. Er litt bereits an Stress und Nesselsucht und wurde nun auch noch von seinen Nebenhöhlen gequält. Bradley sah sich in der Defensive, weil es seine Entscheidung gewesen war, die Ardennen ohne starke Verteidigung zu lassen. Er fühlte sich komplett an den Rand gedrängt, denn Eisenhower fasste alle Entschlüsse und gab Patton alle Befehle über seinen Kopf hinweg. Zudem hatte sich Bradley auch noch dadurch isoliert, dass er sich weigerte, sein Stabsquartier aus der Stadt Luxemburg abzuziehen, weil das angeblich die Bewohner ängstigen würde. Doch sicher spielte Stolz dabei eine wesentliche Rolle. Auf jeden Fall führte es dazu, dass er beim Vormarsch der Deutschen vom Stab der 1. Armee unter Hodges' Befehl bei Lüttich abgeschnitten wurde. Weder er noch einer seiner Stabsoffiziere hatte seit Beginn der Offensive einen anderen amerikanischen Stab aufgesucht. Seine Stimmung sank weiter, als er Eisenhower nach der Zusammenkunft zum Mittagessen einlud und dabei brüskiert wurde. Der Oberbefehlshaber lehnte die Einladung mit den Worten ab, er werde auf der Rückfahrt nach Versailles im Auto ein Sandwich essen.

Als Eisenhower schon in den Wagen steigen wollte, wandte er sich noch einmal Patton zu. »Jedes Mal, wenn ich einen neuen Stern erhalte, werde ich angegriffen«, scherzte er und hatte dabei offenbar seine letzte Beförderung im Sinn, auf die Rommels überraschende Offensive bei Kasserine in Tunesien gefolgt war.

»Und jedes Mal, wenn Sie angegriffen werden, haue ich Sie raus«, gab Patton zurück, denn er hielt sich eindeutig für den Größten.[22] Dann griff er zum Telefon und rief seinen Stab in Nancy an, um den Marschbefehl für seine Divisionen zu bestätigen, wobei er ein abgesprochenes Codewort benutzte. Er steckte sich eine Zigarre an und trat auf Bradley zu, der laut seinem Adjutanten Chester Hansen »vor Wut kochte«.

»Ich will keine von Ihren Sachen [Truppeneinheiten] einsetzen, außer wenn ich muss«, sagte Bradley zu Patton. »Ich will sie für einen verdammt guten Hieb aufheben, wenn wir zurückschlagen, und wir werden diesen Bastard hart treffen.«[23] Das hieß, Bradley verübelte Eisenhower immer noch die Entscheidung, dass Patton einen raschen Gegenangriff führen sollte. Als aber Bradley und sein Gefolge nach Luxemburg zurückfuhren, überholten sie eine Kolonne von Pattons III. Korps, das sich bereits auf dem Marsch befand. Der Stab der 3. Armee hatte keine Minute Zeit verloren.

Eisenhower hatte recht, als er Pattons instinktive Reaktion verwarf, die deutsche Offensive an ihrer Basis abzuschneiden. Auch wenn man die amerikanischen Truppen in den Ardennen inzwischen auf fast 190 000 Mann, das Doppelte, aufgestockt hatte, war das immer noch viel zu wenig für eine so ehrgeizige Operation. Die 3. Armee sollte die Südflanke und die Stadt Luxemburg absichern, vor allem aber sollte sie in Richtung Norden nach Bastogne vorrücken, wo die 101. Luftlandedivision und Teile der 10. Panzerdivision von Einkesselung bedroht waren.

Die Lage in der ganzen Region war chaotisch. Oberst Herman von der 7. Panzerjägergruppe übernahm die Verteidigung von Libramont südwestlich von Bastogne. Niemand wusste, was dort eigentlich vorging. Daher hielt er alle Versprengten fest und stoppte sogar eine Artilleriekolonne, die durch die Stadt fuhr. »Wohin fahrt ihr?«, fragte er.

»Wir ziehen uns zurück, Sir«, kam die Antwort.

»Einen Teufel werdet ihr tun«, sagte Herman. »Ihr werdet auf der Stelle umkehren und kämpfen.« Am 19. Dezember um Mitternacht hatte Herman eine Truppe von etwa 2000 Mann aufgestellt, der er am nächsten Morgen ein weiteres führungsloses Bataillon hinzufügte.[24]

Widerstand wurde nach wie vor in Wiltz geleistet, obwohl die Straße in Richtung Westen nach Bastogne bereits von deutschen Patrouillen gesperrt war, die damit die Versorgung der Reste der 28. Division in der Stadt mit Verpflegung und Munition blockierten. Um 14.30 Uhr griff die 5. deutsche Fallschirmjägerdivision, unterstützt von 40 Panzern und Selbstfahrlafetten, die Stadt von mehreren Seiten gleichzeitig an. Bei Einbruch der Dunkelheit waren die Verteidiger in das Zentrum der Stadt zurückgedrängt, wo bereits Häuser in Flammen standen. General Cota schickte ihrem Kommandeur die Botschaft: »Macht denen die Hölle heiß!« Die Überlebenden erhielten in dieser Nacht jedoch Befehl, sich in kleinen Gruppen in Richtung Bastogne durchzuschlagen. Eine Kolonne von 30 Fahrzeugen versuchte auszubrechen, geriet aber unter schweren Beschuss, und die Fahrzeuge wurden aufgegeben. Die letzte Pioniereinheit verließ Wiltz erst am nächsten Tag um 11 Uhr, nachdem sie alle Brücken gesprengt hatte.[25]

Die Lastwagen mit Anhängern, die mit Luftlandetruppen vollgeladen in Richtung Bastogne fuhren, wurden nach Mande-Saint-Etienne, circa sechs Kilometer westlich, geleitet, um die Zufahrtswege zur Stadt nicht zu verstopfen. Die Ausfallstraßen von Bastogne waren voll von Armeefahrzeugen, deren Fahrer in Panik zu fliehen versuchten. Selbst Offiziere mussten mit vorgehaltener Pistole dazu gebracht werden, mit ihren Fahrzeugen die Straßen zu verlassen, damit die 101. Luftlandedivision durchkam. Die Männer, von der langen Fahrt völlig durchgefroren, stiegen steifbeinig ab.[26] Jeder wusste, dass Eile geboten war, da zwei deutsche Panzerdivisionen und eine Infanteriedivision sich anschickten, den Ring um Bastogne zu schließen. Jene Soldaten, die Rohre und Bodenplatten von Mörsern nach Bastogne zu tragen hatten, kämpften sich unter der Last voran wie »Steine schleppende ägyptische Sklaven«. So beschrieb sie der Schriftsteller Louis Simpson, der sich dem 327. Gleiterinfanterieregiment angeschlossen hatte.[27]

Die Luftlandetruppen der 101. Division, die nicht wussten, welch entscheidende Rolle die zerschlagene 28. Division gespielt hatte, beäugten angewidert die bärtigen, schmutzigen Versprengten, die durch die Stadt nach Westen flohen. Sie nahmen ihnen Munition, Handgranaten, Schanzwerkzeuge und selbst Waffen ab oder holten diese aus verlassenen Fahrzeugen, um den Mangel an Ausrüstung auszugleichen. Belgische Anwohner kamen aus ihren Häusern, brachten den Soldaten heiße Suppe oder Kaffee und begleiteten sie ein Stück des Weges.

Das erste Regiment, das in Bastogne eintraf, Oberst Julian Ewells 501. Luftlandeinfanterieregiment, marschierte noch vor dem Morgengrauen ostwärts nach Longvilly, um dort das Team Cherry von der 10. Panzerdivision zu unterstützen. Durch den feuchten, kalten Nebel hörten die Männer Gefechtslärm. Bald kamen ihnen traumatisierte Überlebende der Vernichtung von Gefechtskommando R am Abend zuvor entgegen. Sie sagten nur: »Wir sind ausgelöscht worden.«[28]

Oberst Cherry hatte das Schloss südlich von Neffe in der Nacht vom 18. auf den 19. Dezember erreicht. Aber bei Tagesanbruch war jede Hoffnung dahin, dort seinen Befehlsstand einzurichten. Der Aufklärungszug des 3. Panzerbataillons und Teile des 158. Pionierbataillons, die Straßenkreuzungen in Neffe verteidigten, waren von einer Vorausabteilung der Panzer-Lehr-Division angegriffen worden. Ein Bazooka-Team hatte einen

Panzer IV ausgeschaltet, aber unter der Wucht des Maschinengewehr- und Geschützfeuers, das über dem Aufklärungszug niederging, mussten die Männer sich auf die Straße zurückziehen, die durch ein Tal nach Bastogne führte.

Zwei Soldaten konnten Cherry im Schloss berichten, was geschehen war. Weitere vier Panzer, darunter ein Tiger, ein Schützenpanzerwagen und 100 Panzergrenadiere wurden im Anmarsch aus östlicher Richtung gesichtet. Cherry und seine Handvoll Stabspersonal schickten sich an, das Schloss, ein quadratisch angelegtes festes Gebäude mit Turm, zu verteidigen. Sie montierten die Maschinengewehre von ihren Fahrzeugen ab und stellten sie in den Fensteröffnungen auf. Für Cherry war das ein entsetzlicher Augenblick. Seine Hauptkräfte waren zwischen Mageret und Longvilly abgeschnitten und steckten zusammen mit den Resten des Gefechtskommandos R der 9. US-Panzerdivision in einem Stau. Cherry konnte nur zusehen, wie die Deutschen ihre Falle aufbauten.

Gegen 13 Uhr kam Gefechtslärm auf. Das deutsche Grenadierregiment 77 der 26. Volksgrenadierdivision griff die festsitzende Fahrzeugkolonne an. Artillerie, Sturmgeschütze und eine Kompanie Panzer der Panzer-Lehr-Division schlossen sich an.»Die Überraschung war komplett«, notierte der recht professorale Generalmajor Kokott. Die Amerikaner wurden umzingelt, und es brach Chaos aus, als Fahrzeuge, die vergeblich zu fliehen suchten, ineinanderfuhren. Nach eineinhalb Stunden war alles vorüber. Nur wenigen Fahrzeugen gelang die Flucht in Richtung Norden. Mehrere Offiziere und 100 Soldaten wurden gefangen genommen.[29]

Als sich Oberst Ewells 1. Bataillon des 501. US-Luftlandeinfanterieregiments Neffe näherte, waren durch Nebel und Nieselregen deutlich Schüsse zu hören. Ewell ließ seine Männer zu beiden Seiten der Straße ausschwärmen und befahl ihnen, sich einzugraben. Während sie noch Schützenlöcher anlegten, waren bereits Panzer zu hören. Aufgeregt wurde nach Bazooka-Teams gerufen.

Das 2. Bataillon war inzwischen nach Bizôry, zwei Kilometer nördlich von Neffe, unterwegs, um diesen Ort zu verteidigen. Auch er erlebte bald heftige Gefechte und hieß deswegen bei den Amerikanern nur noch *Misery* [»Unheil«]. Die beiden sehr erfolgreichen Überfälle auf Kolonnen amerikanischer Panzerfahrzeuge hatten die Deutschen in Hochstimmung versetzt, aber auch sie sollten bald eine heftige Enttäuschung erleben. Später am Nachmittag wurden das Aufklärungsbataillon der 26. Volksgrenadierdivision und das Grenadierregiment 78 bei Mageret und Bizôry in schwere

Kämpfe verwickelt. Für sie endete der Angriff auf Bizôry mit »schmerzlichen Verlusten«.[30] Teile der Panzer-Lehr-Division wurden in Neffe ebenfalls hart angegriffen. Die Verstärkungskräfte der Amerikaner hatten den Wettlauf um Bastogne gewonnen.

Oberst Ewell errichtete auf einer Anhöhe knapp drei Kilometer westlich des Marktplatzes von Bastogne eine Verteidigungslinie. »Der Feind hatte die Zeit gut genutzt!«, räumte der Befehlshaber der 26. Volksgrenadierdivision kleinlaut ein.[31] Und die Panzer-Lehr-Division benötigte so dringend Treibstoff, dass sie die Tanks erbeuteter oder zerstörter Fahrzeuge leeren musste.[32]

Dieser »Tag der Überraschungen« brachte Bayerlein die Erkenntnis, dass die Vorstellungen höherer Befehlshaber, Bastogne könne auf dem Marsch so nebenbei eingenommen werden, jetzt nicht mehr zu realisieren waren.[33] Doch der Befehlshaber des XLVII. Panzerkorps, Generalleutnant Freiherr von Lüttwitz, gab ihm die Schuld für die fehlgeschlagene Eroberung der Stadt. Bayerlein wehrte sich und verwies auf die 26. Volksgrenadierdivision sowie Lüttwitz selbst, der entgegen dem ursprünglichen Plan die Panzer-Lehr-Division östlich des Flusses Clerf zum Angriff vorgeschickt und damit das Vorankommen seiner eigenen Einheiten behindert hatte. Bayerlein erklärte auch, Lüttwitz' Führung sei »nicht ausreichend schlüssig und energisch«. Er habe es versäumt, die drei Divisionen zu einem Großangriff zusammenzuführen, und zugelassen, dass sie »auseinandergejagt« wurden.[34]

Als es in dieser Nacht zu regnen begann, gruben die erschöpften Deutschen sich ein. »Munition und Verpflegung wurden gebracht«, notierte der Befehlshaber der 26. Volksgrenadierdivision. »Hier und da war noch nervöses Maschinengewehrfeuer oder das Donnern von Mörsern zu hören, das ein paar Minuten anhielt und nach einigen Salven wieder erstarb.«[35]

Acht Kilometer nördlich von Bastogne hatte der 26-jährige Major William Desobry, der das 20. Bataillon gepanzerter Infanterie befehligte, in Noville eine unruhige Nacht verbracht. Der hochgewachsene, athletische Desobry erwartete mit seinen 400 Mann den Ansturm einer Einheit, die sich später als die Hauptkraft der 2. deutschen Panzerdivision herausstellen sollte. Um 4 Uhr morgens fiel Desobrys Männern auf, dass keine Versprengten mehr vorüberkamen. Bald darauf hörten sie die ersten Schüsse. Der Vorposten an der Straße nach Bourcy hatte das Feuer eröffnet und sich dann, wie befohlen, in die Ortschaft zurückgezogen. Sein Feldwebel, der einen

Schuss in den Mund abbekommen hatte, stieß nur mit Mühe hervor, die Deutschen seien mit Halbkettenfahrzeugen angerückt.

Nun hörte auch Desobry von Norden das typische Geräusch deutscher Panzerfahrzeuge. Zwar wusste er, dass »Geräusche nachts lauter klingen und näher erscheinen«, als sie es tatsächlich sind, aber das war eindeutig eine starke Streitmacht, der, nach dem Klirren der Ketten zu urteilen, auch Panzer angehörten. »O Bruder!«, sagte sich Desobry. »Da kommt etwas auf uns zu.«

Von Nordosten war starkes Feuer aus automatischen Waffen und Panzerkanonen zu hören. Dort wurde das dritte Team des Gefechtskommandos R der 9. Panzerdivision zusammengeschossen. Dieses war auf seinem Rückzug unglücklicherweise der 2. deutschen Panzerdivision direkt in den Weg geraten. Wie bereits in der Nacht zuvor in Longvilly konnten die deutschen Panther hervorragend zielen, sobald die ersten Fahrzeuge brannten. Dem amerikanischen Kommandeur, Oberstleutnant Booth, wurde ein Bein von einem seiner eigenen Halbkettenfahrzeuge zerquetscht, als er versuchte, seine festsitzende Kolonne umzudirigieren. Überlebende ließen ihre Panzerfahrzeuge stehen und flohen querfeldein nach Bastogne. Die Verluste betrugen etwa 200 Mann, außerdem gingen alle Shermans und Halbkettenfahrzeuge verloren.

Der Feldwebel, der Desobrys Vorposten an der Straße nach Norden in Richtung Houffalize befehligte, glaubte jedoch, da zuvor mehrere amerikanische Panzer auf dem Rückzug an ihren Stellungen vorübergefahren waren, erst die Lage prüfen zu müssen, bevor er das Feuer eröffnen könne. Er rief also die Parole in die Dunkelheit, und obgleich ihm auf Englisch geantwortet wurde, begriff er sofort, dass er einen Fehler begangen hatte. Ein deutscher Panzer eröffnete das Feuer und schaltete einen der Shermans aus. Die anderen Fahrzeuge zogen sich rasch nach Noville zurück. Desobry beorderte sofort die dritte Gruppe nach Nordwesten. Auch das anbrechende Tageslicht trug wenig zur Klärung der Lage bei, denn es herrschte dicker Bodennebel. Doch bald waren deutsche Panzer zu hören, die sich im Norden auf der Straße nach Houffalize näherten. Die amerikanischen Verteidiger stellten ihre 57-mm-Panzerabwehrkanonen und Bazooka-Teams auf einem Friedhof am Rand von Noville bereit. Als die feindlichen Fahrzeuge aus dem Nebel auftauchten, feuerten sie mit allem, was sie hatten, auf die Panther und die Panzergrenadiere.

Zwei der Panther wurden bewegungsunfähig geschossen und bildeten eine gute Straßensperre. Doch um sicherzugehen, dass kein Abschleppteam der Deutschen auftauchte, schickte Desobry eine kleine Gruppe mit Sprengstoff vor, um die Ketten und die Bordwaffen zu zerstören. Der Boden war überall so aufgeweicht, dass es den Deutschen schwerfallen würde, ihre Panzer das Hindernis, das die Panther darstellten, umfahren zu lassen. Dann erhielt Desobrys kleine Truppe Unterstützung durch fünf Panzerjäger Hellcat M-18, die aus Bastogne eintrafen. Die hielt er zunächst einmal in Reserve.[36]

Als sich am Vormittag der Nebel zu lichten begann, sahen die Amerikaner zu ihrem Schrecken, dass der gesamte Höhenzug im Norden und Nordosten voller deutscher Panzer und Halbkettenfahrzeuge stand. Jetzt begann die eigentliche Schlacht. Viele Panzer rollten bis auf 100 Meter an die amerikanischen Stellungen heran, einer brach sogar durch, bevor er von einem Treffer zum Stehen gebracht wurde. Nach zwei Stunden heftigen gegenseitigen Beschusses zogen sich die Deutschen hinter den Höhenzug zurück. Dann versuchten sie Angriffe aus verschiedenen Richtungen. Die waren nicht schwer zurückzuschlagen, aber der Beschuss der deutschen Artillerie und Mörser begann seine Opfer zu fordern.

Den Befehl aus Bastogne, eine Patrouille nach Houffalize zu schicken, ignorierte Desobry, denn »um dorthin zu kommen, hätte sie durch die ganze gottverdammte deutsche Armee fahren müssen«. Da Noville halb von Höhenzügen umgeben war, schlug er dem Stab seines Gefechtskommandos in Bastogne vor, seine Truppe sollte sich besser zurückziehen und die Höhen zwischen Noville und Foy verteidigen. Oberst Roberts teilte ihm mit, das könne er selbst entscheiden, aber ein Bataillon der 101. Luftlandedivision sei bereits auf der Straße von Bastogne zu ihm unterwegs. Kurz vor Mittag schickte Desobry dessen Kommandeur, Oberstleutnant James LaPrade, einen Jeep entgegen. LaPrade und Desobry kamen überein, den Höhenzug vor ihren Stellungen zu besetzen, um Noville zu halten.[37]

Wie anderen Bataillonen der 101. Luftlandedivision fehlte es LaPrades Einheit an Waffen und Munition. Die Nachschubkompanie der 10. Panzerdivision belud also ihre Lkw, fuhr auf der Straße bis zu den Fallschirmjägern und warf ihnen herunter, was sie brauchten: Gurte mit Munition für Gewehre und Maschinengewehre, Granaten für Geschütze, Mörser und Bazookas, sogar Ersatzwaffen. Als das Luftlandebataillon Noville erreicht hatte, forderte Desobry das ihn unterstützende Artilleriebataillon auf, den Höhenzug zu beschießen. Die Fallschirmjäger schwärmten aus und gingen sofort zum Angriff über, unterstützt durch das Feuer von Desobrys Shermans. »Sie schwärmten über die Felder aus«, schrieb er. »Wenn diese Jungs angriffen, dann taten sie das in einem Todeslauf. Sie rannten 50 Meter, warfen sich hin, standen wieder auf und rannten weiter.« Doch stellte sich heraus, dass die Deutschen für dieselbe Zeit ebenfalls einen Angriff geplant hatten, sodass beide Seiten »frontal aufeinanderprallten«. Eine Kompanie erreichte den Höhenrücken, wurde aber durch deutsche Panzer und Panzergrenadiere von der anderen Seite her angegriffen. Alle Kompanien erlitten so schwere Verluste, dass LaPrade und Desobry übereinkamen, sie wieder ins Dorf zurückzurufen. Die Zahl der schwer verwundeten Männer überforderte den im Dorf eingerichteten winzigen Verbandsplatz völlig.[38]

In dieser Nacht berieten Desobry und LaPrade auf ihrem Befehlsstand in der Schule von Noville, was sie tun konnten, um das Dorf zu halten. General McAuliffe in Bastogne hatte General Middleton, dem befohlen wurde, den Stab des VIII. Korps nach Neufchâteau zurückzuverlegen, gefragt, ob er seine Truppe aus Noville abziehen dürfe, aber Middleton hatte das abgelehnt. Während Desobry und LaPrade im ersten Stock die Karte studierten, fuhr der Instandsetzungsoffizier der 10. Panzerdivision, der für die Bergung beschädigter Fahrzeuge verantwortlich war, vor und parkte seinen Wagen am Haus. Das widersprach der üblichen Praxis, denn so war der Standort einer Kommandostelle leicht zu auszumachen. Nun konzentrierten die Deutschen ihr gesamtes Feuer auf dieses Gebäude. LaPrade und ein Dutzend weiterer Personen im Haus wurden getötet. Desobry war völlig von Staub bedeckt und am Kopf verletzt. Ein Auge hing ihm halb aus der Augenhöhle.

Desobry wurde in einem Jeep fortgebracht. Unterwegs in Foy wurden sie von einer Patrouille der 26. deutschen Volksgrenadierdivision gestoppt. Als die Volksgrenadiere sahen, in welchem Zustand der Mann war, ließen sie den Jeep großzügig passieren. Trotz seiner Schmerzen stellte Desobry erschüttert fest, dass die Deutschen die Straße hinter seiner Truppe in Noville gesperrt hatten. Südlich von Foy grub sich gerade die Easy Company des 506. Luftlandeinfanterieregiments ein, als aus dem Nebel Motorengeräusch zu ihnen drang. Ein Soldat sagte zu Leutnant Jack Foley: »Wissen Sie, das klingt wie Motorfahrzeuge.« »Fahrzeuge?«, rief ein anderer Soldat. »Teufel noch mal, das sind Panzer!« Ihre Angst wurde größer, weil sie nicht sehen konnten, »was es war«. «Man konnte nur die Ohren spitzen.«[39]

Desobry hatte zwar großes Glück gehabt, dass die Deutschen ihn passieren ließen, aber das Kriegspech verfolgte ihn weiter. Einer der schwersten Fehler bei der Verteidigung von Bastogne war es, dass man die 326. Luftlandesanitätskompanie an einer Straßenkreuzung bei Sprimont, ein Dutzend Kilometer nordwestlich der Stadt, zurückgelassen hatte. Sie schlug dort ihre Zelte auf und behandelte bereits die ersten Verletzten, als immer mehr Flüchtende vorbeiliefen. Die Kompanie stand an einem so exponierten Ort, dass ein Arzt nach Bastogne ging und General McAuliffe um die Erlaubnis bat, in die Stadt umziehen zu dürfen. »Gehen Sie wieder zurück, Hauptmann«, sagte McAuliffe. »Das geht schon in Ordnung.«[40]

Als sie in dieser Nacht schwer verbrannte Männer und andere Opfer behandelten, wurden sie von einer Kampfgruppe der deutschen 2. Panzerdivision angegriffen. Maschinengewehrfeuer durchschlug die Zelte, tötete und verwundete viele der Männer, die dort auf Tragen abgestellt waren. Da er keine Truppen zu seiner Verteidigung zur Verfügung hatte, blieb dem höchsten amerikanischen Offizier nichts anderes übrig, als sich sofort zu ergeben. Die Deutschen gaben ihnen 45 Minuten, um alle Verwundeten, Ausrüstung und Material auf ihre Lkw zu laden.[41]

Die Deutschen eskortierten sie nach Houffalize. Bei einem Zwischenhalt erlangte Desobry das Bewusstsein zurück. Als er deutsche Stimmen hörte, glaubte er, sie hätten viele Gefangene gemacht. Dafür wurde er von seinem amerikanischen Fahrer schmerzlich eines Besseren belehrt. Desobry wollte ihn überzeugen, er möge doch zu fliehen versuchen, aber der Fahrer war nicht bereit, dieses Risiko auf sich zu nehmen. Jetzt erst begriff Desobry die bittere Wahrheit. Er war ein Kriegsgefangener.*[42]

Für die Deutschen von der 2. Panzerdivision war es ein großer Coup, so viel Ausrüstung und medizinisches Material, besonders Morphium, erbeutet zu haben. Für die 101. US-Luftlandedivision hingegen war es ein Desaster. Ihre Verwundeten waren nun dazu verdammt, in stinkenden Kellern und der Garage einer Kaserne von Bastogne zu leiden, wo es den wenigen Sanitätern an Morphium und anderen Medikamenten fehlte. Die äußeren Umstände waren primitiv, es gab keine Latrine und in dem großen Garagenraum nur eine einzige Glühbirne. Die Verwundeten wurden »in Reihen auf Sägespänen abgelegt, über die man Decken gebreitet hatte«. Jene, die kaum eine Chance zum Überleben hatten, erhielten einen Platz an der Wand. »Wenn sie tot waren, brachte man sie in ein anderes Gebäude«, das als Leichenhaus diente.[43]

---

* Während seiner Gefangenschaft hatte Desobry einige paradoxe Erlebnisse. So hörte er in einem Lazarettzug bei Münster eine Aufnahme von Bing Crosbys »White Christmas«, während britische Bomber die Stadt in Schutt und Asche legten. Dann saß er in einem Ausbildungsobjekt der Panzergrenadiere in Hohne ganz in der Nähe des KZ Bergen-Belsen ein – zusammen mit britischen Luftlandesoldaten, die man bei Arnheim gefangen genommen hatte.

Montgomery in seinem taktischen Hauptquartier bei Zonhoven in Belgien war tief verstört darüber, dass er von den Schlachten, die südlich von ihm tobten, nichts erfuhr. Am 19. Dezember schickte er vormittags zwei seiner jungen Verbindungsoffiziere, die er als altmodische »Meldereiter« einsetzte, aus, um Informationen über die Lage bei diesen Kämpfen einzuholen. Sie wurden von Oberstleutnant Tom Bigland, seinem Verbindungsmann zu Bradley, begleitet. In einem Jeep fuhren sie durch dichten, frostigen Nebel zu General Hodges' vorgeschobenem Stabsquartier in Spa.

»Wir treffen im Hauptquartier der 1. Armee ein, das in einem Hotel untergebracht ist«, notierte Hauptmann Carol Mather, »und finden es verlassen vor. Offenbar hat in aller Eile eine Evakuierung stattgefunden. Die Tische im Speisesaal sind für eine Weihnachtsfeier gedeckt. Die Büros sind verlassen.« Man kam sich vor wie auf der »Mary Celeste«.* »Die Wahrheit beginnt uns zu dämmern. Der deutsche Angriff ist ernster, als wir geglaubt haben, denn die Evakuierung des Hauptquartiers weist alle Anzeichen einer Panikaktion auf.« Sie sammelten ein paar herumliegende geheime Papiere ein zum Beweis, dass sie dort gewesen waren, falls man ihnen später keinen Glauben schenken sollte.[44]

Montgomery wartete nicht erst Instruktionen vom SHAEF ab. Seine Stabsoffiziere begannen detaillierte Befehle an den *Special Air Service* und die *Phantom*-Aufklärungsteams, Einheiten der britischen Militäraufklärung, auszugeben. Drei-Sterne-General Brian Horrocks' XXX. Korps erhielt eine Vorwarnung, sich auf die Verteidigung der Maas einzustellen. Brigadegeneral Roscoe Harvey, der Kommandeur der 29. Panzerbrigade, wurde von der Schnepfenjagd zurückgeholt. Er beschwerte sich, dass seine Brigade »keinen einzigen verdammten Panzer hat, die sind alle abgegeben worden«.[45] Das traf zu. Man wartete auf die Anlieferung des neuen Comet, des ersten Panzers, der in fünf Kriegsjahren in Großbritannien hergestellt wurde und es mit dem Tiger beziehungsweise dem Panther aufnehmen sollte. Jetzt erhielt Harvey Befehl, die alten Shermans, die noch liefen, zurückzuhalten und mit Höchstgeschwindigkeit nach Dinant zu eilen, um genau die Übergänge über die Maas zu blockieren, die Generalmajor Erwin Rommel 1940 erobert hatte.

Inzwischen rollten Montgomerys »Meldereiter« durch eine »merkwürdig verlassene ländliche Gegend« auf Hodges' rückwärtiges Hauptquartier

---

* Eine Brigantine, die 1872 auf halbem Weg zwischen den Azoren und Portugal verlassen im Atlantik aufgefunden wurde. Warum sie dort trieb, ist bis heute ungeklärt. [d. Ü.]

in Chaudfontaine südöstlich von Lüttich zu, wo sie ihn schließlich fanden. »Er ist reichlich erschüttert«, berichtete Mather, »und kann nicht zusammenhängend berichten, was passiert ist. Er hat auch keinen Kontakt zu General Bradleys 12. Armeegruppe. Die Kommunikation scheint völlig zusammengebrochen zu sein.«[46] Während Bigland sich auf Umwegen zu Bradleys Hauptquartier in Luxemburg begab, fuhren die beiden Hauptleute, so rasch es die vereisten Straßen erlaubten, nach Zonhoven zurück.

Montgomery war »sichtlich erschrocken«, als die beiden jungen Offiziere berichteten, was sie gesehen hatten. Er befahl Mather, sofort zum Hauptquartier der 1. Armee zurückzufahren. »Sagen Sie Hodges, dass er die Brücken über die Maas blockieren muss!« Mather fragte, wie er einen solchen Befehl übermitteln könne, da Hodges gar nicht der 21. Armeegruppe unterstehe.

»Sagen Sie es ihm einfach«, befahl Montgomery. »Besonders die Übergänge in Lüttich müssen um *jeden* Preis verteidigt werden. Er *muss* die Brücken mit allen Mitteln sperren. Und die [für die Verbindungswege zuständigen] *L[ine] of C[ommunications] Troops* anfordern. Alle Hindernisse benutzen, die er finden kann, selbst Bauernwagen! Er muss die Brücken morgen den ganzen Tag über verteidigen und sicherstellen, dass Offiziere alles überwachen. Das können Sie ihm von mir sagen!« Außerdem sollte Mather Hodges übermitteln, dass Phantom- und SAS-Teams in Jeeps unverzüglich zu den Brücken entsandt würden. Das britische XXX. Korps werde mit Höchstgeschwindigkeit zum Nordufer der Maas fahren, um die Straßen nach Antwerpen zu sperren. Montgomery bestand darauf, dass er Hodges am nächsten Morgen sehen wolle. »Wenn möglich, bringen Sie ihn gleich mit, wenn Sie heute Abend zurückkommen!«[47] Eisenhower, der bezüglich der Maas-Übergänge ebenfalls äußerst hart reagierte, hatte bereits Befehle an den Stab der Logistikzentrale *Com Z* unter General Lee ausgegeben. Er sollte jede verfügbare Pioniereinheit einsetzen, um die Brücken zu verminen, und aus den rückwärtigen Diensten zusätzliche Bataillone zusammenstellen. Auch die Franzosen boten sieben Bataillone an, die aber schlecht bewaffnet und ausgebildet waren.

Montgomery war bereits – größtenteils zu Recht – überzeugt, dass Bradley in Luxemburg die 1. Armee nicht führen konnte, die jetzt auf der Nordseite des deutschen Frontbogens abgeschnitten war, an der »Beule« oder »Ausbuchtung«, wie man dies bald nennen sollte [weshalb die Ardennenschlacht im englischsprachigen Raum »Battle of the Bulge« genannt wird – d. Ü.]. Er befahl Generalleutnant Whiteley, dem höchsten britischen

Einsatzoffizier beim SHAEF, er möge Eisenhower mitteilen, er solle ihn als Befehlshaber aller Truppen der Alliierten nördlich des deutschen Frontbogens einsetzen. Whiteley, der kein Bewunderer des Feldmarschalls und seiner Forderungen nach mehr Vollmachten war, meinte diesmal, dass Montgomery recht habe. Er besprach die Lage mit Generalleutnant Strong, Eisenhowers Aufklärungschef und ebenfalls Brite. Beide suchten noch in der Nacht SHAEF-Stabschef Bedell Smith auf.

Bedell Smith, den man aus dem Schlaf gerissen hatte, wurde wütend, weil er ein britisches Komplott vermutete. Er beschimpfte die beiden Generale als »britische Bastarde« und erklärte, sie sollten sich als entlassen betrachten. Dann aber dachte er nach und änderte seine Meinung.[48] Der Zustand von Hodges' Stab der 1. Armee und dessen Verhältnis zu Bradleys 12. Armeegruppe beeindruckte ihn wenig, aber echte Sorge bereitete ihm, dass Bradley den Kontakt zu den Vorgängen verloren hatte. Er rief Eisenhower an, um mit ihm darüber zu sprechen, ob man Montgomery mit dem Befehl über die Nordfront beauftragen solle. Er deutete an, das werde auch die 21. Armeegruppe veranlassen, britische Kräfte an den Kämpfen zu beteiligen.

Eisenhower stimmte dem Vorschlag zu, zum Teil deswegen, weil Bradley nichts unternommen hatte, um Eisenhowers Befehl zur Verstärkung der Frontlinie an der Maas umzusetzen. Anhand der Karte überlegte er, wo die Grenzlinie gezogen werden könnte. Er entschied, sie sollte von Givet an der Maas nördlich an Bastogne vorbei bis Prüm hinter den deutschen Linien verlaufen. Montgomery sollte alle Truppen der Alliierten nördlich davon befehligen, womit Bradley lediglich Pattons 3. Armee und das dieser angeschlossene VIII. Korps von Middleton blieben.

Bedell Smith rief Bradley in Luxemburg an und informierte ihn, Eisenhower denke darüber nach, den Befehl über die 9. und die 1. Armee Montgomery zu übertragen. Laut Bedell Smith räumte Bradley ein, er habe zwei oder drei Tage lang keinen Kontakt zu Hodges und der 1. Armee gehabt. »Natürlich, wenn Montys Kommando ein amerikanisches wäre«, gab Bradley offenherzig zu, »dann würde ich mit Ihnen voll übereinstimmen. Das müsste man logischerweise tun.«[49]

Am nächsten Morgen rief Eisenhower Bradley an, um seine Entscheidung zu bestätigen. Inzwischen hatte sich Bradley in wilden Zorn gesteigert. »Bei Gott, Ike, ich kann nicht die Verantwortung vor dem amerikanischen Volk übernehmen, wenn Sie das tun. Ich trete zurück.«

»Brad, ich bin dem amerikanischen Volk gegenüber verantwortlich, nicht

Sie«, antwortete Eisenhower. »Ihr Rücktritt hat deswegen absolut keine Bedeutung.« Dann handelte er weitere Beschwerden ab und beendete das Gespräch mit den Worten: »Nun gut, Brad, das ist mein Befehl.«[50]

Ein hoher Offizier der RAF, der im Stab der 12. Armeegruppe anwesend war, beschreibt, wie nach dem Gespräch ein »absolut geladener« Bradley »im Raum hin und her lief und auf Monty fluchte«.[51] Bedell Smith kam es später merkwürdig vor, dass »Montgomery lange glaubte, Bradley möge ihn sehr. Er wusste nicht, dass der ihn nicht ausstehen konnte.«[52] Seine Abneigung ging noch viel weiter. Bradley empfand Montgomery »als die personifizierte Quelle all seines Ärgers«, wie ein amerikanischer Stabsoffizier bemerkte. »Bei ihm hatte sich seit Langem ein Widerwille gegen den kleinen Mann mit dem Barett und der bellenden Stimme entwickelt.«[53] Der gekränkte Bradley, der immer mehr zur Paranoia neigte, sah in Eisenhowers Entscheidung die Absicht, »mich zu vernichten«.[54]

13. Kapitel

Mittwoch, 20. Dezember

Um Mitternacht verließ Hauptmann Carol Mather ein weiteres Mal Montgomerys Stabsquartier, beklommen wegen des »äußerst delikaten« Auftrages, der General Hodges betraf.[1] Die Fahrt, die durch Eis und Straßensperren wegen der Fahndung nach Gruppen von Skorzeny immer wieder verzögert wurde, dauerte etwa zwei Stunden. Von Zeit zu Zeit flogen V1-Flugkörper am Nachthimmel in Richtung Lüttich. Bei Mathers Eintreffen im Stab der 1. Armee in Chaudfontaine führte ihn ein Militärpolizist geradewegs ins Schlafzimmer von Hodges' autoritärem Stabschef, Generalleutnant Bill Kean. Für viele war Kean der eigentliche Befehlshaber der Armee. Der, im Pyjama und eine Decke um die Schultern, telefonierte gerade.

Mather übergab ihm Montgomerys handgeschriebenen Brief. Während einer Pause verdeckte Kean den Hörer mit der Hand und fragte nach Montgomerys Stabschef Generalleutnant Freddie de Guingand. Dann gingen sie beide eine Tür weiter, um Hodges zu wecken. Mather beschrieb, wie der Befehlshaber der 1. Armee sich im Bett aufsetzte, ebenfalls eine Decke um die Schultern, um Montgomerys Brief zu lesen. Mather hatte den Eindruck, Hodges habe zu den Geschehnissen rings um ihn »völlig den Kontakt verloren«. Jede Frage gab er an Kean weiter. »Zu der wichtigen Frage der Übergänge über die Maas«, notierte Mather, »hatte General Hodges nichts zu sagen. Er deutete an, sie sei nicht von besonderer Bedeutung, man habe sich darum gekümmert oder werde es tun.«[2]

Mather, der dringend Schlaf brauchte, war lange vor dem Morgengrauen wieder bei Montgomery zurück. Der Feldmarschall setzte sich im Bett auf, schlürfte eine Tasse Tee und hörte Mather zu. Er wollte Hodges an diesem Tag persönlich treffen, aber zunächst benötigte er ein genaues Bild von dem Durchbruch der Deutschen. Fünf Verbindungsoffiziere, darunter zwei Amerikaner, die seinem Stab beigegeben waren, machten sich sofort in Jeeps auf den Weg. Gegen die Kälte trugen sie die gerade frisch ausgegebenen hellbraunen Overalls. Diese machten jedoch die nervösen amerikanischen Soldaten an den Straßensperren nur noch misstrauischer.

An diesem Morgen des 20. Dezember erhielt Montgomery einen Anruf von Eisenhower. Laut General Miles Dempsey, dem Befehlshaber der britischen 2. Armee, der im Moment des Anrufs bei Montgomery war, verlief das extrem kurze Gespräch folgendermaßen:

»Monty, wir stecken ein wenig in der Klemme.«

»Das habe ich mir gedacht«, antwortete der Feldmarschall.

»Wie wäre es, wenn Sie im Norden übernehmen?«

»Gut.«[3]

Nun fuhr Montgomery nach Chaudfontaine, um die Situation zu klären. Mathers Bericht hatte ihn davon überzeugt, dass Hodges kurz vor einem Zusammenbruch stand. Laut der beeindruckenden Schilderung eines seiner Stabsoffiziere erschien der Feldmarschall im Stab der 1. Armee »wie Christus, der gekommen ist, den Tempel zu reinigen«, wenn auch »Unser Herr« nicht in einem dunkelgrünen Rolls-Royce mit flatternden Wimpeln und einer Motorradeskorte erschienen wäre.[4]

Mather, eigentlich einer der loyalsten Mitarbeiter, hatte den Eindruck, dass Montgomery die Amerikaner unnötig gegen sich aufbrachte, als er deren Generale ignorierte und stattdessen seine Verbindungsoffiziere um sich scharte, die mit Berichten von den Kämpfen zurückkamen. »Wie ist die Lage?«, fragte er, als sie sich mit ihren Karten um die Kühlerhaube eines Jeeps versammelt hatten. General Hodges und General Simpson, der Befehlshaber der 9. Armee, konnten nur peinlich berührt zuschauen. »Für diesen Tag war das eine sehr unangebrachte Herabsetzung«, schrieb Mather.[5]

Damit hatte Montgomery den Oberbefehl über alle Armeen der Alliierten nördlich der Linie von Givet an der Maas bis Prüm übernommen. Hodges bereitete ihm große Sorge. Bei seiner Rückkehr rief Montgomery Bedell Smith an und sagte ihm, als britischer Offizier habe er nicht vor, einen amerikanischen General zu entlassen, aber Eisenhower sollte das in Erwägung ziehen.* Bedell Smith bat um 24 Stunden Aufschub. Am nächsten Tag kam von Montgomery die Nachricht, die Dinge könnten bleiben,

---

* Über Hodges' Zusammenbruch zu dieser Zeit existieren mehrere Berichte. Einen schrieb sein Adjutant drei Tage später in sein Tagebuch. »Der General ist jetzt in einem Privathaus gut untergebracht. Da er sich dort ausruhen kann und gut verpflegt wird, fühlt er sich offensichtlich wohler und besser in der Lage, mit dem permanenten Druck von Arbeit und Stress fertigzuwerden.« [PWS, 23.12.1944]

wie sie seien, wenngleich Hodges kaum der Mann sei, den er ausgewählt hätte. Dieser Auffassung war auch Bedell Smith. Auch er sah in Hodges »den schwächsten Kommandeur, den wir hatten«.[6]

Später behauptete Bradley, Montgomery und das SHAEF hätten die Gefahr für ihre eigenen Zwecke stark übertrieben, um ihm die 1. Armee wegzunehmen. Aber die Situation wirkte aussichtslos. Hodges war einem Zusammenbruch nahe, und Kean hatte übernommen. Selbst der erklärte am nächsten Tag, sie wüssten erst am Freitag, »ob wir standhalten werden oder uns auf eine Verteidigungslinie wie die Maas zurückziehen müssen«.[7]

Bradley bedauerte, für sein Stabsquartier die Stadt Luxemburg ausgewählt zu haben, wo er sich jetzt wie in einer Falle fühlte. Das war nicht nur eine Frage des Ansehens der Amerikaner, wie er zu Hansen gesagt hatte. Wenn er abzog, würden die Luxemburger glauben, er überlasse sie der Rache der Deutschen. Und wenn er selbst auch versuchte, die Bedrohung durch die feindliche Offensive herunterzuspielen, so nahmen seine Stabsoffiziere sie doch sehr ernst. »Wir legten Thermitgranaten zwischen unsere geheimsten Papiere«, schrieb einer, »um sie sofort vernichten zu können, sollten graue Uniformen über den Hügeln auftauchen.«[8] Was sie nicht wussten: Generaloberst Jodl hatte Hitler überzeugt, die Stadt Luxemburg nicht als Ziel von »Operation Herbstnebel« zu bestimmen.

Wie dem auch sei, die Hauptstadt des Großherzogtums Luxemburg wurde von der 4. Infanteriedivision an der Südflanke des Durchbruchs gekonnt verteidigt. Ihr Befehlshaber, Generalleutnant Barton, erklärte während der Gefechte beherzt, wenn auch nicht sehr originell: »Die beste Art, mit diesen Heinis fertigzuwerden, ist, gegen sie zu kämpfen.«[9] Barton hatte sich geweigert, seinen Artilleriebataillonen den Rückzug zu gestatten. Sie hatten den Auftrag, auf die Brücken über die Sauer zu feuern, und er sorgte dafür, dass sie durch Infanterie gut geschützt waren. Das hinderte die Deutschen daran, ihre schweren Waffen, vor allem ihre Panzerabwehrkanonen, nach vorn zu bringen. Daher waren sie auch nicht in der Lage, die 10. US-Panzerdivision wirksam abzuwehren, die zur Unterstützung der 4. Infanteriedivision herangeführt wurde.

Wie General Cota von der 28. Infanteriedivision nutzte Barton frisch verstärkte Kompanien, um wichtige Dörfer zu halten und damit Straßenkreuzungen zu blockieren. Oberst Lucketts Task Force wurde zusammen mit der 9. Panzerdivision zu seiner Linken zwar durch die Schlucht der Schwarzen Ernz zurückgedrängt, hielt aber das Dorf Müllerthal und vereitelte damit den Versuch der Deutschen, in den Rückzugsraum der Division einzudringen.

In Berdorf, mitten im östlichen Teil der Schlucht, hatten eine kleine gemischte Truppe von 250 Mann der 10. Panzerdivision und zwei Kompanien der 4. Infanteriedivision drei Tage lang ausgehalten. Nach einem schweren Angriff blieb ihnen nur noch wenig Munition. Viele Verwundete mussten evakuiert werden. Sie hatten drei Sturmangriffe mit Unterstützung von Nebelwerferraketen und Artillerie abgeschlagen. Doch als die kleine Streitmacht bereits fürchtete, einen weiteren Angriff nicht zu überstehen, schlug sich eine Gruppe von zwei Sherman-Panzern und drei Halbkettenfahrzeugen mit Munition und Nachschub zu dem Dorf durch und fuhr mit den Schwerverwundeten wieder zurück. Später erhielt der Kommandeur der Panzer in Berdorf, Hauptmann Steve Lang vom 11. Panzerbataillon, den Befehl zum Rückzug. Jeder Panzer transportierte 15 Infanteristen – »vier saßen drinnen, und elf klammerten sich auf Leben und Tod draußen an«.[10] Die Artillerie schoss Sperrfeuer, um die Motorengeräusche der abziehenden Panzer zu übertönen, und der kleinen Schar gelang es zu entkommen, bevor die Deutschen merkten, was da vorging.

Am 20. Dezember wurden die deutschen Angriffe an diesem Frontabschnitt schwächer. Die Ankunft weiterer Einheiten von General Pattons III. Korps bedeutete, dass die 212. und die 276. Volksgrenadierdivision nicht mehr weiter nach Süden vorankamen. Nur dichter Nebel hinderte die Amerikaner daran, zum Gegenangriff überzugehen. Die standhafte Verteidigung an der südlichen Flanke der deutschen Offensive bot den Angreifern keinerlei Manövrierraum, und die 3. US-Armee konnte ihre Kräfte nun darauf konzentrieren, die Einkesselung von Bastogne zu verhindern.

Hemingway, der die große Schlacht auf keinen Fall verpassen wollte, obwohl er an Grippe litt, brachte es fertig, bis zu Oberst Buck Lanhams Befehlsstand bei Rodenbourg zu gelangen. Das Haus hatte einem Priester gehört, den man verdächtigte, ein Sympathisant der Deutschen zu sein. Hemingway trank mit großem Genuss dessen Messwein aus und urinierte dann in die leeren Flaschen. Er behauptete, er habe sie als »Schloss Hemingstein 1944« umetikettiert und später selbst aus Versehen einen Schluck daraus genommen.[11]

Die Deutschen hatten inzwischen festgestellt, dass ihr Frontbogen zu eng war und dass man in Bastogne die Kontrolle über das Straßennetz hatte. Sowohl Bayerlein von der Panzer-Lehr-Division als auch Kokott von der 26. Volksgrenadierdivision argumentierten, da der Versuch, Bastogne in einem Handstreich zu nehmen, gescheitert sei, müssten die Verteidiger der Stadt vom ganzen Korps vernichtet werden. Aber General von Lüttwitz, der Befehlshaber des XLVII. Panzerkorps, hatte strengen Befehl, seine beiden Panzerdivisionen sollten Bastogne umgehen und direkt bis zur Maas vorstoßen.

Dem geplanten Vorstoß der Deutschen zur Maas war auch damit nicht gedient, dass die 116. Panzerdivision Order erhielt, ihre Stoßrichtung nach Nordwesten zu verändern. Das »verursachte beträchtlichen Zeitverlust«, schrieb deren Kommandeur, Generalmajor Siegfried von Waldenburg, und löste auf den überfüllten Straßen Chaos aus. Diese Entscheidung, so behauptete er, »wurde der Division zum Verhängnis«.[12]

Die gemischte US-Streitmacht aus Luftlandetruppen und 10. Panzerdivision in Noville nördlich von Bastogne wurde weiterhin von Panzern und Panzergrenadieren angegriffen, die wieder und wieder aus dem Nebel auftauchten. Die Männer wussten, dass die Straße hinter ihnen von einer anderen deutschen Einheit abgeschnitten war, aber sie wussten nicht, dass man das Bataillon des 506. Luftlandeinfanterieregiments südlich von Foy weiter zurückgedrängt hatte. Das sollte für sie ein Entkommen sehr erschweren. Im Lauf des Vormittags hob sich der Nebel, und die 2. deutsche Panzerdivision eröffnete den Beschuss von den Höhen her. Als der Funkkontakt zu der eingeschlossenen Truppe in Noville endlich wiederhergestellt war, befahl General McAuliffe den Männern, einen Ausbruch vorzubereiten. Er hatte sich entschlossen, dass er entgegen dem Befehl General Middletons, sie nicht zurückzuziehen, etwas für die Rettung der Männer tun musste, oder sie waren verloren. Er befahl Oberst Sink, mit seinen Fallschirmjägern des 506. Regiments Foy erneut anzugreifen, um die Straße frei zu bekommen. Deutsche Panzer schossen drei Salven in den Wald südlich von Foy, um die Fallschirmjäger dort am Boden zu halten. Die Easy Company des 506. Luftlanderegiments besaß keine Panzerabwehrkanonen, aber zum Glück gingen die Deutschen niemals mit einem echten Panzerangriff gegen sie vor.[13]

Als die Verteidiger von Noville gerade abziehen wollten, kam zu ihrem Glück wieder Nebel auf. Die Infanterie ging zu Fuß, die Verwundeten und der Leichnam von Oberstleutnant LaPrade wurden auf Halbkettenfahrzeuge geladen, die Shermans nahmen so viele Männer wie möglich auf, und die Hellcat-Panzerjäger bildeten die Nachhut. Sprengladungen in der Kirche ließen, wie geplant, den Turm auf die Straße stürzen. Aber als sie Foy erreichten, klappte der gepanzerte Schirm an dem vorderen Halbkettenfahrzeug herunter und nahm dem Fahrer die Sicht. Der stoppte abrupt, wodurch die nachfolgenden Halbkettenfahrzeuge aufeinander auffuhren. Drei deutsche Panzer, die seitwärts standen, hatten nun stehende Ziele. Das Spitzenfahrzeug fing Feuer. Ein Soldat, der weiter hinten in der Kolonne saß, notierte später,»der Nebel vor uns verfärbte sich in strahlendes Orange«. Die Besatzungen sprangen heraus, und derselbe Soldat sah aus dem Graben, wie die Deutschen auf die Kolonne feuerten. »Überall auf der Straße und in den Gräben lagen Tote herum. Einige hingen aus den Fahrzeugen heraus, erschossen, bevor sie die Deckung erreichen konnten. Unsere Lkw und Halbkettenfahrzeuge standen entweder in Flammen oder waren von Geschossen zerfetzt.«[14]

Ein komplettes Chaos konnte verhindert werden, als es einem Sherman mit Fallschirmjägern am Geschütz gelang, einen der Panzer auszuschalten, worauf die anderen beiden sich rasch zurückzogen. Die Truppe von Desobry und LaPrade, die Noville gehalten hatte, verlor in weniger als zwei Tagen 212 Mann und 11 von 15 Sherman-Panzern.[15]

General Troy Middletons Entschlossenheit, die Front von der Stadt fernzuhalten, hatte einen hohen Preis gefordert. Doch der plötzliche Rückzug der Amerikaner aus Noville schien Lüttwitz in dem Glauben zu bestärken, die Eroberung von Bastogne könne jetzt unmittelbar folgen. Generalmajor Kokott sagte aus, dass Lüttwitz beim Besuch des Stabes der 26. Volksgrenadierdivision in Wardin an diesem Vormittag erklärt habe: »Die 2. Panzerdivision hat Noville genommen. Der Feind zieht sich fluchtartig nach Süden zurück. Die 2. Panzerdivision folgt ihm auf den Fersen. Der Fall von Foy kann jeden Moment erwartet werden, wenn er nicht schon geschehen ist. Nach der Einnahme von Foy wird sich die 2. Panzerdivision befehlsgemäß nach Westen wenden und durch freies Gelände rollen.«[16] Lüttwitz, ein massiger, glatt rasierter Panzergeneral mit feistem Gesicht und Monokel, redete sich auch ein, die Panzer-Lehr-Division habe Marvie am südöstlichen Stadtrand von Bastogne eingenommen. Er behauptete später steif und fest, er habe die 5. Panzerarmee gedrängt, zuerst Bastogne zu erobern, und Bayerlein habe seine Version geglaubt.*

---

* Bayerlein sagte aus, dass er nach dem Scheitern des ersten Angriffs am 19. Dezember Lüttwitz davon überzeugt habe, das ganze Korps gegen Bastogne zu konzentrieren, wenn es sich nicht leisten konnten, einen wichtigen Verkehrsknotenpunkt in ihrem Hinterland unbesetzt zu lassen. Lüttwitz soll diesen Vorschlag nach oben weitergegeben haben, bekam aber eine klare Ablehnung. Bayerlein habe von ihm gehört, dass man weiter oben »Bastogne für ein Kinderspiel hält«. [FMS A-941]

Kokott argumentierte, die Entscheidung, die 2. Panzerdivision weiterzuschicken, sei der Hauptfehler gewesen, weshalb die Eroberung von Bastogne misslang. Er warf den Führungsebenen der 5. Panzerarmee und des XLVII. Korps einen Mangel an klarem Denken vor. »Soll Bastogne erobert werden? Oder nur eingekesselt werden, um weiter zur Maas vorzustoßen?«[17] Nur wenn die 2. Panzerdivision von Norden und Westen, die Panzer-Lehr-Division und der größte Teil der 26. Volksgrenadierdivision von Südwesten angegriffen hätten, wäre man mit dieser »Eiterbeule« fertiggeworden. Aber selbst Manteuffel hatte bei dieser Sache wenig zu sagen. Und das Führerhauptquartier duldete keinerlei Änderung des Planes.

Am nächsten Tag wurden kategorische Befehle ausgegeben. Die 2. Panzerdivision und die Panzer-Lehr-Division hatten mit dem größten Teil ihrer Kräfte weiter nach Westen vorzugehen, während die 26. Volksgrenadierdivision und ein Regiment Panzergrenadiere der Panzer-Lehr-Division auf sich allein gestellt Bastogne einkesseln und erobern sollten. »Die Division äußerte brav ihre Zweifel«, schrieb Kokott, aber Lüttwitz verwarf sie, wahrscheinlich mit der Begründung, die amerikanischen Kräfte in Bastogne könnten nicht sehr stark sein – nur »Teile einer Luftlandedivision« und »die Reste der feindlichen Divisionen, die an der Our schwer geschlagen wurden und sich nach Bastogne geflüchtet haben«.[18] Auch im Stab des Korps glaubte man offenbar, »gestützt auf Aussagen von Kriegsgefangenen, dass die kämpferischen Qualitäten der Truppen in Bastogne nicht sehr hoch zu bewerten« seien.

Die 26. Volksgrenadierdivision, die Bedarf an Artillerieunterstützung für den befohlenen Angriff auf Bastogne angemeldet hatte, bekam zumindest Zeit, ihr Regiment 39 in Stellung zu bringen, das bisher die Südflanke geschützt hatte, während der größte Teil der 5. Fallschirmjägerdivision noch im Tal der Wiltz festsaß. Kokott irritierte Lüttwitz' Optimismus. Seine beiden Regimenter, die den Amerikanern im Bereich von Foy und Bizôry gegenüberstanden, hatten bei diesen keinerlei Schwäche ausmachen können. Der Rest seiner Division wurde nach Lutrebois und Assenois verlegt, um Bastogne von Süden anzugreifen. Doch als der Nebel sich etwas lichtete, erspähte er amerikanische Fahrzeuge, die mit Höchstgeschwindigkeit von Neffe in südlicher Richtung nach Marvie rollten. Von Norden war »das tiefe Grollen der Artillerie zu vernehmen, aus dem Waldgebiet westlich von Wardin schallte zusätzlich zu dem Krachen der Mörser das schnelle Stakkato deutscher Maschinengewehre und das langsamere Rattern amerikanischer Modelle herüber«.[19] Straßen und Forstwege waren von

Granattrichtern übersät, sodass die Soldaten ihre schweren Waffen von den Fahrzeugen nehmen und sie selbst schleppen mussten.

Gegen 13 Uhr stellten amerikanische Artilleriebeobachter die Konzentration von Fahrzeugen rund um den Divisionsstab der 26. Volksgrenadierdivision in Wardin fest. Nun schossen US-Bataillone ihre Salven in das Dorf »mit verheerender Wirkung auf diese Ansammlung von Menschen und Maschinen«, berichtete Kokott.[20] An diesem Nachmittag hörte er, dass sein Aufklärungsbataillon beim Übergang über die Straße in südlicher Richtung nach Arlon Feindkontakt gehabt hatte. Das Chaos, das Fahrzeuge der Panzer-Lehr-Division und der 26. Volksgrenadierdivision auf den Straßen und Wegen südlich von Bastogne anrichteten, machte die Sache nicht besser. Nun kam auch noch eine Vorausabteilung des Fallschirmjägerregiments 5 hinzu, die ebenfalls nach Westen wollte, aber hoffnungslos stecken blieb. Junge Männer des Regiments mussten ihre wenigen Fahrzeuge selbst schieben, wenn diese liegen blieben.

Einem von Kokotts Volksgrenadierbataillonen gelang es, aus nordöstlicher Richtung entlang einer Eisenbahnstrecke, die von wenig mehr als einer stärkeren Patrouille bewacht wurde, weil sie an der Grenze zwischen den Frontabschnitten des 506. und des 501. Luftlandeinfanterieregiments lag, in Bastogne einzudringen. Der Widerstand der Patrouille verzögerte jedoch das Vorankommen der Volksgrenadiere. Sowohl Oberst Sink, der südlich von Foy stand, als auch Oberst Ewell reagierten rasch und schickten je eine Kompanie, um den Durchbruch aufzuhalten. Bald mussten sie feststellen, dass die feindliche Truppe größer war als erwartet. Weitere Einheiten mussten im Eiltempo herangeholt werden, darunter auch Männer, die an diesem Tag gerade erst aus Noville entkommen waren, was kaum jemand glauben wollte. Das Gefecht hielt bis weit in den nächsten Tag hinein an.

Bei einem weiteren Angriff im Bereich Neffe an diesem Abend schlug der Panzer-Lehr-Division konzentriertes Artilleriefeuer entgegen. McAuliffe hatte jetzt elf Artilleriebataillone zur Verfügung, mehrere von der 101. Division, dazu einige von Divisionen, die sich über Bastogne zurückgezogen hatten, darunter zwei Bataillone afroamerikanischer Artilleristen. Das waren insgesamt etwa 130 Geschütze, allerdings sollte der Mangel an Munition bald zu einem Problem werden. Hellcats vom 705. Panzerjägerbataillon, deren Maschinengewehre mit Leuchtspurgeschossen feuerten, dazu die Maschinenpistolenschützen von Ewells 1. Bataillon, stellten die zwei Bataillone Panzergrenadiere im offenen Feld im tödlichen Licht von Leuchtfackeln. Bei diesem nächtlichen Angriff waren die Deutschen von den Stacheldrahtzäunen der Viehweiden aufgehalten worden. Es gab ein schreckliches Gemetzel. Der nächste Morgen bot den grässlichen Anblick von Leichen, die im Stacheldraht hingen wie von einem Unwetter hineingeworfene Vogelscheuchen.

General Middleton wartete im Stabsquartier seines VIII. Korps in Neufchâteau, etwa 30 Kilometer südwestlich von Bastogne, ungeduldig auf den Start von Pattons Gegenangriff aus südlicher Richtung. Das Gefechtskommando B der 4. Panzerdivision hatte Vaux-les-Rosières auf halbem Weg zwischen den beiden Städten erreicht. Zur Verwirrung des Kommandeurs des III. Korps hatte Middletons Stab ihm befohlen, eine Brigade sofort nach Norden zu schicken und nicht erst den von Patton versprochenen Großangriff abzuwarten. Auch Patton war wütend und befahl seinerseits, die Brigade wieder zurückzurufen. Ob eine so kleine Truppe die Straße hätte absichern können, steht zur Diskussion, doch einige Historiker glauben, sie hätte beim Vormarsch der amerikanischen Einheiten von Süden die Zahl der Verluste an Menschenleben und Panzern wesentlich verringern können. Jedenfalls war die Stadt Bastogne an diesem Abend von Süden her abgeschnitten, kurz nachdem General McAuliffe von einer Besprechung mit Middleton zurückgefahren war. Die Stadt war nicht gänzlich eingeschlossen, aber die meisten Menschen nahmen das an.

Für die Fallschirmjäger der 101. US-Division gehörte das Agieren inmitten feindlicher Kräfte zu ihrem Job. Louis Simpson, der Dichter und Kompaniemelder, wurde mit einer Nachricht zum Bataillonsstab geschickt. Unterwegs kam er an einem Sherman-Panzer vorbei, auf dem ein Feldwebel der 10. Panzerdivision »lässig im Turm saß wie auf dem Sattel eines Pferdes«. Fünfzig Meter weiter auf der Straße brannte ein deutscher Panzer. Er fragte den Mann, was passiert sei. »Die wollten hier durch«, antwortete der in gelangweiltem Ton und wandte sich ab. Simpson fiel ein, dass sie sich hinter der Frontlinie der eigenen Kompanie befanden. Die wäre abgeschnitten worden, wenn der »so schrecklich lässige« Feldwebel nicht als Erster geschossen hätte. »Vor meinem geistigen Auge sah ich Tolstois Sergeanten bei Borodino, wie er, die Pfeife im Mundwinkel, das Feuer seiner Batterie lenkte. Männer wie diese waren die Stützen der Schlacht. Sie sahen sich selbst in keiner dramatischen Rolle. Sie leisteten Großes, wurden beschimpft, wenn sie einen Fehler machten, und hielten das für normal.«

Im Bataillonsstab hörte er, dass sie außerhalb des Stadtgebietes nun eingeschlossen seien. Als er zu seinem Schützenloch im Schnee zurückkehrte, rief sein Nebenmann zu ihm herüber: »Willkommen zu Hause! Was gibt's Neues?«

»Wir sind eingeschlossen.«

»Und was gibt's Neues?«[21]

Die 1. Armee und Montgomerys Stab hatten keine klare Vorstellung von der Lage um St. Vith. Montgomerys Gefühl sagte ihm, man sollte Hasbroucks Truppen zurückziehen, bevor sie vernichtet wurden, aber die U.S. Army hatte für das Aufgeben eroberten Terrains nur stolze Verachtung übrig. Die 1. Armee wollte die 82. Luftlandedivision zur Verstärkung der Verteidiger in Marsch setzen. Am 20. Dezember mittags, als sie das Problem diskutierten, erreichte Generalleutnant Bill Kean ein Brief von Hasbrouck aus St. Vith mit einer Schilderung seiner kritischen Situation. Seine hufeisenförmige Frontlinie reichte von Poteau im Nordwesten von St. Vith um die Stadt herum bis zur Bahnstation Gouvy im Südwesten. Seitdem die 116. deutsche Panzerdivision in Richtung Houffalize vorgerückt war, waren seine Südflanke und sein rückwärtiger Raum nun völlig entblößt.

Montgomery war überzeugt, dass die Verteidigung von St. Vith ihren Zweck erfüllt hatte. Die Bedrohung hatte sich weiter nach Westen verlagert, wo drei deutsche Panzerdivisionen der Maas zustrebten. Allerdings stimmte er zu, dass die 82. Luftlandedivision ihren Marsch zur Salm fortsetzen sollte, aber nur, um beim Abzug von Hasbroucks Truppen durch die Lücke zwischen Vielsalm und Salmchâteau zu helfen.

Am Nachmittag rückte das 504. Luftlandeinfanterieregiment der Division nach Cheneux vor, das vom leichten Flakbataillon der SS-Division »Leibstandarte Adolf Hitler« und einem Bataillon ihrer Panzergrenadiere gehalten wurde. Der Regimentskommandeur Oberst Reuben H. Tucker schickte zwei Kompanien durch den Nebel zum Angriff vor. Da ihnen schweres Feuer von Maschinengewehren und 20-mm-Flak entgegenschlug, gingen die Männer zu Boden und hatten zahlreiche Verluste zu beklagen. Beim Einbruch der Nacht zogen sie sich in den Wald zurück. Als der Regimentskommandeur das erfuhr, befahl er ihnen erneut anzugreifen. In der Dunkelheit konnten sie sich tatsächlich näher heranarbeiten, wurden aber von Stacheldrahtzäunen aufgehalten, die sich quer über die Felder erstreckten. Jetzt schlug den Männern, die an dem Stacheldraht festsaßen, von allen Seiten noch konzentrierteres Feuer entgegen. Der Angriff wollte schon stocken, da brüllte Oberfeldwebel George Walsh: »Holen wir uns diese Hurensöhne!« Bei der Straßensperre am Rand des Dorfes kamen nur noch wenige Männer an. Einer warf eine Handgranate in ein Halbkettenfahrzeug der Flak, und ein anderer schnitt einem Schützen die Kehle durch. Aber die beiden Kompanien mussten 232 Mann Verluste hinnehmen, darunter 23 Tote.[22] Sie hatten heldenhaft gekämpft, doch Tuckers draufgängerische Entscheidung hatte den Kompanien erschreckende Verluste eingebracht. Am nächsten Tag schickte Tucker ein weiteres Bataillon gegen die Flanke der Deutschen vor, was er als Erstes hätte tun sollen. Bei relativ geringen Verlusten eroberte das 3. Bataillon das Dorf, dazu 14 Flakwagen, weitere sechs Halbkettenfahrzeuge und eine Batterie Selbstfahrlafetten.

Am 20. Dezember strebten die Kämpfe um St. Vith ihrem Höhepunkt zu, als Model und Manteuffel die Stadt mit einem Generalangriff einnehmen wollten. Die Deutschen setzten ihre »Nebelwerfer« genannten Raketenwerfer ein. Sie zielten auf die Stellungen amerikanischer Mörser, die in den Reihen der Volksgrenadierbataillone grausam wüteten. Unter schwerem Granatenbeschuss kauerten viele Soldaten in Embryonalstellung am Boden ihrer Schützenlöcher und beteten wie ein Mantra unablässig den 23. Psalm, um sich »im Tal der Schatten des Todes« zu beruhigen.

Die Sicht war »immer noch sehr schlecht«, berichtete Hasbrouck. »Der Feind trug von Norden, Osten und Süden 21 Angriffe vor. Von Infanterie begleitete Panzer rollten aus allen Richtungen an.« Die fünf Bataillone amerikanischer Feldartillerie verschossen allein an diesem Tag über 7000 Granaten. »Die einzige Möglichkeit, Munition zu beschaffen, bestand darin, längs der Frontlinie liegen gelassene Vorräte zu suchen und zu finden. ... Vom 434. Feldartilleriebataillon wurde berichtet, es habe sogar alte Propagandagranaten [für den Transport von Flugblättern gedacht] verschossen, damit den Deutschen weiter Projektile um die Ohren pfiffen.«[23]

Ein Angriff wurde von SS-Panzergrenadieren der »Leibstandarte Adolf Hitler« angeführt, die ein erbeutetes amerikanisches Halbkettenfahrzeug an die Spitze ihrer Kolonne setzten, um die Verteidiger zu täuschen. Aber Shermans und Bazooka-Teams wurden mit ihnen fertig. »Bei den Kämpfen in den Wäldern rund um die Stadt hämmerten wir jedem Mann ein«, schrieb Major Boyer vom 38. Panzerinfanteriebataillon, »dass ›keine Munition vergeudet werden darf, dass jeder Schuss eine Leiche bringen muss‹ und erst gefeuert werden darf, wenn die Deutschen auf 25 Meter herangekommen sind«.[24] Mit diesem Befehl sollten die Männer auch davon abgehalten werden, durch zu frühes Schießen ihren Standort zu verraten.

Oberst Otto Remers Führer-Begleit-Brigade tat schließlich, wie ihr geheißen, und startete auf der Straße nach Büllingen einen Angriffsversuch gegen St. Vith. Remer schätzte jedoch den Widerstand der Amerikaner als »zu stark« ein und lenkte seine Brigade nach Norden in die dichten Wälder unterhalb von Born. Er beschloss, die Hauptstraße nach Westen in Richtung Vielsalm zu nehmen, musste aber zu seinem Zorn feststellen, dass man ihn wieder zurück nach Süden beorderte. Er behauptete, er habe nicht genügend Treibstoff für seine Panzer, doch die Ziele, die man ihm zuwies, die Zwillingsdörfer Nieder-Emmels und Ober-Emmels, waren nur gut fünf Kilometer von seinem Standort entfernt.[25]

Als der Beschuss an diesem Abend abflaute, hörten Hasbroucks Männer Panzergeräusche. Nun wussten sie, dass die Deutschen mit ziemlicher Sicherheit für die Morgendämmerung des nächsten Tages einen noch größeren Ansturm vorbereiteten.

Da seine Kampfgruppe nun von allen Seiten angegriffen wurde, berief Peiper seinen Vorposten westlich von Stoumont zurück. Dann verließ er mit seinen Einheiten die Stadt und zog sich zurück, um eine Konterattacke gegen das 117. Infanterieregiment der 30. US-Division zu führen. Peiper war verbittert darüber, dass er von seiner eigenen Division keine Unterstützung erhielt. Später sagte er aus, dass man ihn habe wissen lassen, bevor er nicht über den Stand seiner Treibstoffvorräte berichte, erhalte er keine neuen. Er hatte keinen Funkkontakt mehr gehabt, bis in der Nacht zuvor ein Offizier der »Leibstandarte« durchgekommen war und ihm ein neues, stärkeres Funkgerät gebracht hatte. Nun erfuhr Peiper, dass die Division das SS-Panzergrenadierregiment 2 vorgeschickt hatte, um einen Weg zu öffnen. Das hatte Brückenausrüstung bei sich, und noch vor dem Morgengrauen wateten die Männer, geschützt durch das Sperrfeuer von Maschinengewehren und Panzern, »bis zum Hals« in das schnell fließende, eiskalte Wasser der Amblève hinein. Aber im Licht der Leuchtspurgeschosse zielten amerikanische Soldaten aus den Fenstern von Häusern, die freien Blick auf den Fluss gewährten, auf einzelne SS-Pioniere und Panzergrenadiere. »Wir haben die Bastarde hochspringen lassen«, sagte einer später. Dreimal wurden die Amerikaner aus ihren Stellungen in den Häusern am Fluss »durch direktes Feuer von Panzern vertrieben, und dreimal kam die Infanterie zurück und warf die SS-Männer hinaus.«[26]

Peipers Panzergrenadiere töteten nach wie vor wahllos Zivilisten. Sie hatten bereits zwei Frauen und einen Mann »in einer nahe gelegenen Straße ohne ersichtlichen Grund« ermordet. Später stellten sie weitere zehn Männer an Hauswände und erschossen auch sie. Ein SS-Soldat in einem Panzerwagen »entleerte sein Maschinengewehr in ein Haus«, wobei ein 14-jähriger Junge getötet wurde. Das Morden ging weiter, manche Leichen wurden erst mehrere Tage später gefunden. Auch auf der Straße nach Trois-Ponts wurden belgische Zivilisten umgebracht: Man fand fünf mit Kopfschüssen, während eine Frau im Bett ermordet wurde. Am Abend des 19. Dezember wurden 20 Personen, zumeist Frauen und Kinder, mit vorgehaltener Waffe aus einem Keller geholt und an einer Hecke erschossen. In und um Stavelot wurden insgesamt über 130 Zivilisten, zumeist Frauen und Kinder, ermordet. Die jungen Männer waren über die Maas geflohen, um Vergeltungsaktionen für Angriffe der Résistance im September oder der Rekrutierung zur Zwangsarbeit in Deutschland zu entgehen. Die Behauptungen der Waffen-SS, die Tötungen seien Rache für den Beschuss durch Partisanen gewesen, waren völlig haltlos.[27]

Um 11.15 Uhr versuchten Peipers Truppen erneut, einen Brückenkopf jenseits des Flusses zu errichten. Panzergrenadiere schwammen und wateten hinüber. Mit Schnellfeuer- und Maschinengewehren wurden viele von ihnen getötet, und die Leichen trieben den Fluss hinab. Nur wenige gelangten an das Nordufer und wurden ebenfalls bald erledigt. Gleichzeitig wurde ein Angriff aus westlicher Richtung gestartet, der das 1. Bataillon der 117. US-Infanteriedivision mehrere hundert Meter zurückdrängte, wo es aushielt, bis der Beschuss gegen 16 Uhr bei Einbruch der Dunkelheit verebbte.[28]

Peipers Probleme verstärkten sich von einer anderen Seite. Das Gefechtskommando B der 3. US-Panzerdivision erreichte an diesem Morgen über Waldwege aus Richtung Spa das Tal der Amblève. Eine Task Force unter dem Befehl von Oberstleutnant William B. Lovelady trat aus dem Wald auf die Straße zwischen La Gleize und Trois-Ponts heraus und überraschte und vernichtete dort eine Kolonne deutscher Lkw, die Treibstoff geladen hatten und von Sturmgeschützen und Infanterie begleitet wurden.

Die prekäre Lage der Kampfgruppe Peiper war nicht allein auf den tapferen Widerstand der 30. US-Infanteriedivision, der Panzerbataillone und Pioniereinheiten zurückzuführen. Die starke Verteidigung der Elsenborner Höhen östlich davon hatte den Rest der 1. SS-Panzerdivision und der 12. SS-Panzerdivision »Hitlerjugend« daran gehindert, Peipers Kräfte auf ihrem Vormarsch zu verstärken. Das II. SS-Panzerkorps und die 9. SS-Panzerdivision »Hohenstaufen« waren parallel zum I. SS-Panzerkorps vorgerückt. Die 2. SS-Panzerdivision »Das Reich« hätte laut Plan folgen sollen, aber die einspurigen Straßen waren so vom Verkehr verstopft, dass sie sich weiter südlich einen Weg suchen musste.

Die 6. Panzerarmee schrieb diese Fehlschläge der Tatsache zu, dass die einzige Straße »wegen des Morasts größtenteils unpassierbar« war.[29] Vielerorts reichte der Schlamm bis zu den Achsen der Fahrzeuge, doch im Grunde war es die entschlossene Verteidigung von Bütgenbach durch die amerikanische 1. Infanteriedivision, die das I. SS-Panzerkorps daran hinderte, die wesentlich bessere Straße weiter nördlich zu benutzen. So waren die 12. SS-Panzerdivision und die 12. Volksgrenadierdivision gezwungen, sich an der Südflanke der Elsenborner Höhen vorwärtszukämpfen, während die 3. Panzergrenadierdivision und die 277. Volksgrenadierdivision den Ostrand der Höhen oberhalb der Zwillingsdörfer Rocherath-Krinkelt und von Wirtzfeld attackierten. Die 2. US-Infanteriedivision musste weiterhin feststellen, dass »bei fast pausenlosem schweren feindlichen Artilleriebeschuss Kommunikationsleitungen ausfielen, sobald sie neu gelegt oder repariert worden waren, und fast nur noch Funkverbindung existierte«.[30]

Camp Elsenborn war ein typischer Militärstandort mit Offizierswohnungen nahe dem Haupttor, um die sich eingeschossige Kasernen, Garagen und Waffenarsenale gruppierten. Es befand sich mitten in einer abgelegenen, windigen Gebirgsgegend, umgeben von Schießplätzen. In den Kasernen wimmelte es zu dieser Zeit von erschöpften, schmutzigen, bärtigen Versprengten, die hier verpflegt wurden, sich kurz erholen durften und dann zur Frontlinie zurückgingen. Ärzte und Sanitäter erwiesen den Verwundeten Erste Hilfe, bevor man sie ins Hinterland evakuierte, erst recht nachdem das 47. Feldlazarett in Waimes gerade noch rechtzeitig verlegt worden war. Männer fanden Kameraden wieder, die sie bereits tot geglaubt hatten, und fragten nach anderen, die vermisst waren. Sie erzählten sich Geschichten davon, wie die SS Verwundete getötet und Gefangene hingerichtet hatte. Am stärksten wirkte das Massaker bei Baugnez, das die Entschlossenheit aller verstärkte, Widerstand zu leisten, koste es, was es wolle. Das Dorf Elsenborn füllte sich mit Flüchtlingen, denen die amerikanischen Truppen mit tiefem Misstrauen begegneten, weil sie in ihnen potenzielle Sympathisanten der Deutschen sahen. Aber bis sie am ersten Weihnachtsfeiertag evakuiert wurden, war ihr Schicksal angesichts des Artilleriebeschusses der Deutschen wenig besser, als wenn sie in ihren Bauernhöfen und Häusern weiter unten geblieben wären.

Die Männer der 2. Infanteriedivision und die Überlebenden der 99. Division quälten sich bei den Schachtarbeiten im Schiefergestein der Ostseite der Elsenborner Höhen gewaltig ab. Daher füllten sie bald leere Munitionskisten mit Erde und deckten ihre Schützenlöcher mit Türen ab, die sie in den Kasernen herausgerissen hatten. Da sie kaum noch Tragen hatten, erbettelten sie sich einige im Camp Elsenborn, an denen noch Blut klebte und die schlecht rochen, wenn sie ins Warme kamen.[31] An dem ungeschützten Berghang zitterten sie vor Kälte in ihren von Schlamm und nassem Schnee feuchten Uniformen. Sie versuchten ihre Schützenlöcher zu heizen, indem sie entweder mit Benzin getränkte Erde in einer Dose benutzten oder Holzstückchen in einem Kanister verbrannten, in den sie unten als Ofentür ein großes Loch geschnitten hatten. Diese Erfindungen verbargen zwar die Flammen vor den Blicken feindlicher Beobachter, aber die unrasierten Gesichter der Insassen der Schützenlöcher bedeckten sich bald mit schwarzem, öligem Ruß. Manche versuchten den warmen Mief in ihrem Schützenloch zu halten, indem sie das Öfchen und das ganze Loch mit einem wasserdichten Cape abdeckten. Einige erstickten dabei. Fast alle aber litten an dumpfem Kopfschmerz, den das ständige Dröhnen der eigenen Feldartillerie hinter ihnen auslöste. Auch die Tatsache, dass diese Detonationen von eigenen Geschützen kamen, bewahrte die Männer, die bereits seit Tagen unter schwerem Feindbeschuss lagen, nicht davor, immer wieder zusammenzuzucken.

Erneut hatten sie es mit der 3. Panzergrenadierdivision zu tun, die in ihrer Gesamtstärke wenig mehr darstellte als eine große Kampfgruppe, außerdem mit der 277. Volksgrenadierdivision, die von früheren Kämpfen zermürbt war. Diese beiden Verbände griffen nördlich von Rocherath-Krinkelt über eine Kreuzung an, die bei den Deutschen »Sherman-Ecke« hieß, weil dort ein paar zerstörte Sherman-Panzer mit herabhängenden Kanonenrohren standen. Aber als sie das schmale Tal der Schwalm hinauffuhren, wurden sie von der Macht des amerikanischen Artilleriefeuers förmlich erdrückt. »Das konzentrierte Artilleriefeuer des Feindes aus dem Bereich Elsenborn war so stark«, schrieb der Kommandeur der Panzergrenadiere, »dass alle Wege zur Front, alle Bereitstellungsräume damit bedeckt wurden und alle unsere Angriffe zum Stillstand kamen.«[32]

Die Elsenborner Höhen lieferten den Amerikanern perfekte Feuerstellungen für ihre 16 Bataillone Feldartillerie mit 155-mm-Feldhaubitzen »Long Tom« und 105-mm-Haubitzen sowie für die sieben Bataillone Korpsartillerie mit 114-mm-Geschützen und 203-mm-Haubitzen. Die Artilleriebatterien mit der größeren Reichweite waren in der Lage, Dörfer und Kreuzungen in bis zu 16 Kilometer Entfernung im Hinterland der Deutschen zu beschießen. Die unglückliche belgische Zivilbevölkerung, die in der Falle saß, konnte nur in ihren Kellern seufzen und beten, während die Häuser unter den Detonationen erbebten. »Die Bauern lernten es, ihr Vieh während der extrem kurzen Zeiten ohne Beschuss in aller Frühe zu versorgen, die bald als die ›Kaffeepause‹ der Amerikaner bekannt wurden.«[33] Es war unmöglich, die Toten zu begraben, solange ein Gefecht tobte. Die meisten wurden in Tücher gehüllt und in den Kirchen am jeweiligen Ort abgelegt. Als zwei Tage vor Weihnachten die Temperatur unerwartet sank, konnte in dem hart gefrorenen Boden niemand mehr Gräber ausheben.

In der Nacht vom 20. zum 21. Dezember unternahmen die Deutschen ihren umfangreichsten Angriff bei Dom Bütgenbach an der Südflanke gegen das 26. US-Infanterieregiment der 1. Infanteriedivision. Unterstützt von über 30 Panzern und Sturmgeschützen wurden zwei Bataillone der SS-Division »Hitlerjugend« ins Gefecht geschickt. Ein belgischer Bauer beobachtete, wie 20 völlig erschöpfte junge Deutsche, zwischen 15 und 17 Jahre alt, von Unteroffizieren heulend aus seinem Keller in Büllingen gezerrt und zur Teilnahme an den Kämpfen gezwungen wurden.

Insgesamt zwölf amerikanische Artilleriebataillone und ein Bataillon mit 107-mm-Mörsern zogen »einen stählernen Ring« um die Verteidigungsstellungen der 1. Division. Jedoch eine Gruppe von Panzern der Division »Hitlerjugend« brach an der rechten Flanke der 26. US-Infanteriedivision durch und begann die Schützenlöcher der vordersten Verteidigungslinie »platt zu machen«, indem die Panzer darüberfuhren und sie beschossen.[34] Arthur S. Couch bediente einen 60-mm-Mörser in der Nähe des Bataillonsstabes. »Bald bemerkte ich, dass Panzergranaten direkt über meinen Kopf hinwegflogen, dazu Leuchtspurgeschosse von Maschinengewehren. Es war eine neblige Nacht, sodass ich die deutschen Panzer zuerst nicht sehen konnte. Als es heller wurde, tauchten mehrere deutsche Panzer auf, die rund 200 Meter vor meiner Stellung manövrierten. Bald gingen meine Mörsergranaten zur Neige, und ich forderte beim Bataillonsstab in einem Gutshaus etwa 400 Meter links von mir per Funk Nachschub an. Zu meiner freudigen Überraschung kamen zwei Männer vom Stab gelaufen und brachten in einem Handwagen eine große Menge frischer Granaten. Die deutschen Panzer schienen zu wissen, dass vor ihnen eine Mörserstellung lag, aber sie konnten bei dem Nebel nicht genau sehen. In einem Anruf wurde mir mitgeteilt, eines meiner Geschosse habe einen deutschen Panzer getroffen und in die Luft gesprengt. Ein paar Minuten später konnte ich erkennen, dass ein deutscher Panzer ganz allein unsere Frontlinie abfuhr und direkt in die Schützenlöcher feuerte. Ich schoss weiter, denn mir machte Sorge, dass deutsche Infanterie bald in der Lage sein würde, die 200 Meter bis zu meiner Stellung zu überwinden, wenn ich sie nicht stoppte. Per Telefon wurde mir mitgeteilt, deutsche Panzer seien bereits bis zum Bataillonsstab vorgestoßen.«[35]

Mehrere dieser Panzer wurden von Panzerabwehrgeschützen und Shermans ausgeschaltet, aber erst als ein Zug von Panzerjägern mit der 90-mm-Schnellfeuerkanone auftauchte, konnte der Angriff zurückgeschlagen werden. Die Division »Hitlerjugend« musste katastrophale Verluste hinnehmen. Eine Einheit der Gefallenenbergungsstelle zählte 782 tote Deutsche. Die 26. US-Infanteriedivision erlitt Verluste von 250 Mann.[36]

Es gab noch weitere Angriffe auf die Höhen, aber Rundstedt und Model wurde klar, dass Hitlers geliebte 6. Panzerarmee kläglich versagt hatte – sowohl bei Monschau im Norden, wo die amerikanischen Stellungen jetzt durch die 9. US-Infanteriedivision verstärkt wurden, vor allem aber auch an der Front bei Elsenborn. Ihr Befehlshaber Sepp Dietrich war zornig und empört, weil er spürte, dass man das Fehlschlagen des Plans des »Führers« nicht ihm anlasten konnte.

Als die Ardennen-Offensive startete, wurden britische Offiziere der 21. Armeegruppe von belgischen Freunden mit der Bemerkung aufgezogen, ihre Résistance-Gruppen könnten ihnen beim Untertauchen helfen. Als sie antworteten, das werde nicht nötig sein, denn es sei alles im Griff, erhielten sie zur Antwort: »Das habt ihr 1940 auch gesagt, und am nächsten Tag habt ihr uns im Stich gelassen.«[37] Montgomery hatte nicht die Absicht, etwas Ähnliches noch einmal zuzulassen.

Am 19. Dezember, dem Tag bevor Eisenhower ihm den Befehl über alle alliierten Truppen im Norden übergab, hatte Montgomery um 17.30 Uhr Drei-Sterne-General Brian Horrocks' XXX. Korps befohlen, die Übergänge über die Maas zu sichern.[38] Das 61. Aufklärungsregiment in Brügge »lud daraufhin Bomben auf, tankte voll, saß auf und startete in die Nacht«. Verstärkt durch eine Panzerjägertruppe, rollte eine Kompanie auch zu der Brücke bei Dinant. Sie sollten nach »als Yankees verkleideten Deutschen« Ausschau halten und feindliche Froschmänner unschädlich machen.[39] Nun schossen sie mit ihren Maschinengewehren auf alles, was im Fluss trieb. Während die Brücken zur Sprengung vorbereitet wurden, überwachte das

3. Königliche Panzerregiment gemeinsam mit amerikanischen Militärpolizisten in Dinant den Verkehr und »das geringfügige, aber ständige Einsickern versprengter amerikanischer Soldaten«.[40]

SAS- und Phantom-Aufklärungsgruppen hatten bereits Stellung bezogen. Auf Befehl de Gaulles folgten ihnen die sieben schlecht bewaffneten französischen Bataillone unter Divisionsgeneral André Dody sowie mehrere rasch zusammengekratzte Einheiten der Versorgungstruppen von General Lees Logistikzentrale Com Z. General Bedell Smith war sehr erleichtert darüber, dass auch das XXX. Korps einbezogen wurde. Später erklärte er: »Ich war der Meinung, dass wir das Richtige taten, sollten [die Deutschen] sich nach Norden wenden. Denn sollten sie Lüttich-Namur zum Ziel haben, dann stand dort Horrocks' Korps mit vier altgedienten Divisionen. Wir kannten Horrocks und wussten, dass er gute Männer hatte.«[41]

Da sie so viele Panzer verloren hatten, baten die Amerikaner auch die britische 21. Armeegruppe um Ersatz. Diese schickte insgesamt etwa 350 Sherman-Panzer. Die erste Partie von 80 Fahrzeugen wurde von der Gardepanzerdivision gebracht. Die Funkgeräte waren bereits abmontiert, weil die Amerikaner eine andere Technik benutzten.

Während man die Front an der Maas sicherte, wurde die strikte Anordnung des SHAEF, Nachrichten über die Ardennen-Offensive zu zensieren, scharf kritisiert. Das war der zum Teil vergebliche Versuch des Militärs zu verschleiern, dass es von dem Angriff überrascht worden war. Bald darauf schrieb das Magazin *Time*, das SHAEF und die 12. Armeegruppe »übten eine Zensur aus, dicker als der Nebel, in den der große Gegenangriff der Deutschen eingehüllt war«.[42] Und als schließlich doch darüber berichtet wurde, »lagen die Kommuniqués 48 Stunden hinter den Geschehnissen zurück« und waren absichtlich vage formuliert. Manche hohe SHAEF-Offiziere sahen in Korrespondenten einfach ein unnötiges Übel. Bedell Smith äußerte gegenüber dem Stab der 3. Armee am Telefon: »Ich persönlich würde sie am liebsten alle erschießen.«[43]

Nicht nur Korrespondenten beschwerten sich. Auch hohe britische Offiziere beim SHAEF waren der Meinung, diese Politik wirke sich »verheerend auf die Moral in Belgien und Frankreich, wenn nicht gar bei allen Verbündeten des Westens aus. ... Es untergräbt die Glaubhaftigkeit unserer eigenen Verlautbarungen; es ermuntert die Menschen, deutsche Rundfunksendungen zu hören, um die Wahrheit zu erfahren, und es löst eine ganze Flut von Gerüchten aus. ... Die gegenwärtige Politik des SHAEF kann in der Öffentlichkeit nur den Eindruck erwecken, hier werde schwerwiegendes Versagen vertuscht.«[44]

In Paris glaubten viele, der Angriff der Deutschen ziele auf die französische Hauptstadt. Wilde Gerüchte schwirrten umher. Die Kommunisten behaupteten gar, die Amerikaner seien so wütend über den französisch-sowjetischen Vertrag, den General de Gaulle Anfang des Monats in Moskau unterzeichnet hatte, dass sie die Deutschen durchließen, um den Franzosen einen Schreck einzujagen.

Hitler in seinem »Adlerhorst« war noch in Hochstimmung, obwohl der Vormarsch bei Weitem nicht nach Plan lief. Nun wurde in Deutschland von dem großen Gegenangriff berichtet. »Das schönste Weihnachtsgeschenk für unser Volk«, schrieb ein Stabsoffizier der Heeresgruppe Oberrhein, »ist die gänzlich unerwartete Winteroffensive in den Ardennen. Also können wir doch noch! ... Wir hatten gedacht, dass diese sechste Kriegsweihnacht wenig festlich und froh sein würde.«[45] Schlecht für die Nazis: Da die Menschen so sehr an etwas Positives glauben wollten, wurden allzu hohe Erwartungen geweckt. Viele redeten sich ein, Frankreich werde zurückerobert werden und der Krieg ein Ende finden.

Manche Frauen wurden in dieser Selbsttäuschung durch Briefe ihrer Männer von der Front bestärkt. »Du kannst Dir nicht vorstellen, war für ruhmreiche Stunden und Tage wir jetzt erleben«, schrieb ein Leutnant an seine Frau. »Es sieht so aus, als könnten die Amerikaner unserem wichtigen Vorstoß nicht standhalten. Heute haben wir eine flüchtende Kolonne überholt und erledigt. ... Es war ein herrliches Blutbad, Rache für unsere zerstörte Heimat. Unsere Soldaten haben immer noch den alten Schneid. Immer vorrücken und alles zerschlagen. Der Schnee muss sich rot färben von amerikanischem Blut. Der Sieg war noch nie so nahe wie jetzt. Die Entscheidung wird bald fallen. Wir werden sie ins Meer schmeißen, diese arroganten, großmäuligen Affen aus der Neuen Welt. Sie werden nicht in unser Deutschland kommen. Wir werden unsere Frauen und Kinder vor aller feindlichen Herrschaft bewahren. Wenn wir alle zarten und schönen Seiten unseres Lebens erhalten sollen, dann können wir in den entscheidenden Augenblicken dieses Kampfes gar nicht brutal genug sein.«[46]

Goebbels notierte in seinem Tagebuch, nach Ankündigung der Offensive sei in Berlin der gesamte Schnapsvorrat für Weihnachten ausgetrunken worden. Skeptische Berliner waren hingegen weniger beeindruckt. Mit typischem Galgenhumor witzelten sie, dass ein wenig festliches Weih-

20. Von der 1. SS-Panzerdivision »Leibstandarte Adolf Hitler« gefangen genommene Amerikaner.

21. 17. Dezember: Ein Teil des 26. US-Infanterieregiments der 1. Infanteriedivision trifft gerade rechtzeitig zur Verteidigung von Bütgenbach am Fuß der Elsenborner Höhen ein.

22. Angehörige desselben Regiments schieben eine Panzerabwehrkanone durch morastiges Gelände, als sich die Deutschen nähern.

23. Belgische Flüchtlinge verlassen Langlir südwestlich von Vielsalm, als die deutsche 5. Panzerarmee anrückt. Die meisten wollen über die Maas, um den Kämpfen und der Vergeltung der Deutschen für frühere Aktionen der Résistance in diesem Jahr zu entgehen.

24. Als die Deutschen nach der Einkesselung der 106. US-Infanteriedivision auf St. Vith vorrücken, suchen die Einwohner von Schönberg in Höhlen Schutz vor den Kämpfen.

25. Amerikanische Sanitäter bauen aus Skiern Behelfsschlitten, um die Verwundeten auf Tragen bis zu einer Stelle zu transportieren, wo sie auf Jeeps geladen werden können.

26. Amerikanische Truppen an einem Waldrand graben sich hastig ein, um beim Beschuss von Baumkronen nicht von Holzsplittern getroffen zu werden. Im Vordergrund ein bereits tödlich getroffener Soldat.

27. Als die Deutschen sich Bastogne nähern und die ersten Angehörigen der 101. US-Luftlandedivision zur Verteidigung der Stadt eintreffen, flüchtet die Bevölkerung in Bauernwagen.

28. Ein Zug von US-Panzerjägern mit dem Typ M-36 taucht bei Werbomont aus dem Nebel auf, um die 82. US-Luftlandedivision zu unterstützen, die ebenfalls in langen Lkw-Kolonnen eintrifft.

29. Bei den Kämpfen um die Zwillingsdörfer Rocherath-Krinkelt gefangen genommene Volksgrenadiere.

30. US-Brigadegeneral Robert W. Hasbrouck, der die 7. Panzerdivision befehligte und die Verteidigung von St. Vith organisierte, empfängt aus den Händen von Generalleutnant Courtney Hodges den Tapferkeitsorden »Silver Star«.

31. Aufgeschreckt durch das Auftauchen von Otto Skorzenys verkleidetem Kommando hinter den amerikanischen Linien, kontrolliert US-Militärpolizei bei Marche-en-Famenne die Papiere belgischer Flüchtlinge.

32. Belgische Flüchtlinge strömen nach Dinant, um über die Maas zu gehen und sich vor den Kämpfen und der Vergeltung der Deutschen in Sicherheit zu bringen.

nachten bevorstehe: »Denk praktisch, schenk einen Sarg.«[47] Ihre Gedanken waren mehr auf die Gefahr aus dem Osten gerichtet, und viele beteten heimlich, die Amerikaner sollten durchbrechen und die Hauptstadt vor der Roten Armee erreichen.

Unter den deutschen Generalen, die in Großbritannien als Kriegsgefangene interniert waren, löste die Nachricht von der Offensive sehr unterschiedliche Reaktionen aus. Aus einem insgeheim mitgeschnittenen Gespräch geht hervor, dass Generalleutnant Ferdinand Heim, der in Boulogne gefangen genommen wurde, Generaloberst Ramcke, der lang gediente Fallschirmjäger, der die Verteidigung von Brest geleitet hatte, und Standartenführer Kurt Meyer, ehemaliger Befehlshaber der 12. SS-Panzerdivision »Hitlerjugend«, begeistert waren. Heim nannte sie »die Schlacht der langen Nächte«. »Nur rammeln bei Nacht«, rief er, »nur rammeln!«[48]

»Panzermeyer« stimmte ihm zu. »Der alte Panzergrundsatz: ›Fahren, fahren, fahren.‹ Ja, jetzt kommt nämlich die Überlegenheit der deutschen Führung, des deutschen Unterführers vor allen Dingen.«[49] Als Panzerführer bereitete ihm jedoch Sorge, dass die frisch eingetroffenen Panzerschützen nicht genügend Erfahrung hatten. Er lag mit sich selbst im Widerstreit darüber, ob die Offensive nicht zu ehrgeizig und daher kontraproduktiv sein könnte. Ramcke wollte davon nichts wissen. »Diese Offensive ist ungeheuer!«, beharrte er. »Das deutsche Volk ist nicht unterzukriegen. Sie werden es sehen, durch ganz Frankreich werden wir die Alliierten jagen und in die Biskaya schmeißen!«[50]

Andere äußerten sich wesentlich kritischer. Der General der Panzertruppen Heinrich Eberbach sagte über Hitler: »Der Mann, der hört nicht mit Illusionen auf. Wenn er unten am Galgen steht, dann gibt er sich noch der Illusion hin, er wird nicht daran hochgezogen.« Und Generalleutnant Otto Elfeldt, der im Kessel von Falaise gefangen genommen wurde, gab seinen Zuhörern zu bedenken: »Heute haben wir Mittwoch, und wenn sie binnen fünf Tagen nur 40 Kilometer vorangekommen sind, dann kann ich nur sagen, das ist keine Offensive. Eine langsam kriechende Offensive ist überhaupt nicht gut, denn sie ermöglicht es dem Gegner, viel zu schnell Reserven heranzuführen.«[51]

14. Kapitel

Donnerstag, 21. Dezember

Am Morgen des 21. Dezember war die Kampfgruppe Peiper in einer verzweifelten Lage, »eingeschlossen ohne ausreichend Nachschub«, wie ihr Kommandeur es ausdrückte.[1] Er erhielt einen Funkspruch der 1. SS-Panzerdivision, dass diese vorhabe, über Trois-Ponts bis zu ihm vorzustoßen und ihn zu entsetzen. Aber Peipers geschwächte Truppe konnte nicht einmal Stoumont und Cheneux halten, und die Entsatzkräfte kamen nicht durch. Die wutentbrannten Soldaten plünderten das Château de Detilleux südlich der Amblève und zerstörten, was sie nicht mitnehmen konnten. Andere ermordeten in Wanne fünf Männer und eine Frau mit der Behauptung, die Dorfbewohner hätten für die amerikanische Artillerie Ziele markiert. Weitere neun SS-Leute erzwangen in einem Haus in Refat Verpflegung und vergewaltigten dort drei Frauen, nachdem sie sich den Magen gefüllt hatten.[2]

In Stavelot versuchten am Vormittag des 21. Dezember weitere einhundert deutsche Soldaten über den Fluss zu schwimmen, um am Nordufer Fuß zu fassen. Achtzig wurden dabei von Soldaten der 117. US-Infanteriedivision erschossen, die sich mit ihrem »Entenschießen« brüsteten. Die übrigen kehrten um.[3] Peipers Lage wurde noch kritischer, als es amerikanischen Pionieren gelang, die Straße von Stoumont nach La Gleize zu sperren, indem sie Bäume quer darüberfallen ließen und sie verminten. Jetzt hatte er keine andere Wahl, als den größten Teil seiner verbliebenen Truppen in das Dorf La Gleize zurückzuziehen, das die Artillerie der 30. US-Infanteriedivision zu beschießen begann.

Nun nahm die Auseinandersetzung mit der Kampfgruppe brutalen Charakter an. »Der Anblick der toten Zivilisten in Stavelot veränderte die Männer«, berichtete ein amerikanischer Soldat. »Sie wollten alles pulverisieren, was sich jenseits des Flusses befand. Das war kein unpersönlicher Zorn, das war Hass.«[4] Nur wenige SS-Leute wurden lebend gefangen genommen. Offenbar nutzten Offiziere der Waffen-SS die Nachricht von dem Massaker in Malmédy dazu aus, ihren Männern solche Angst einzujagen, dass sie bis zum letzten Atemzug kämpften. Sie erklärten ihnen, sollten sie gefangen genommen werden, werde man sie zuerst foltern und dann töten.

»Die Chance auf Gefangenschaft ist im Moment sehr gering«, notierte ein Offizier im Stab der 1. US-Armee. »Unsere Truppen kennen die Gräueltaten, die der Feind verübt hat, und wissen, dass es jetzt um Leben und Tod geht, entweder wir oder sie.«[5] Mehrere hohe Offiziere stellten klar, dass sie Tötung als Vergeltungsmaßnahme billigten. Als General Bradley bald darauf hörte, dass Gefangene der 12. SS-Panzerdivision »Hitlerjugend« von ihren schweren Verlusten berichtet hätten, hob er skeptisch die Augenbrauen. »Gefangene von der 12. SS?«

»O ja, Sir«, antwortete der Offizier. »Wir haben ein paar Musterexemplare gebraucht. Nur die haben wir genommen, Sir.« Bradley lächelte. »Das ist gut«, sagte er.[6]

Bradley war erleichtert, als er sah, dass Pattons Truppen nach Norden rollten, um Manteuffels Südflanke anzugreifen. Am 21. Dezember stand er zusammen mit Offizieren seines Stabes vor dem Hotel Alfa in Luxemburg und schaute zu, wie die Fahrzeuge der 5. Infanteriedivision »schlammverkrustet« den ganzen Tag lang durch die Stadt fuhren. »Die GIs sahen durchgefroren aus«, schrieb Hansen in sein Tagebuch. »Eingepackt in braune Sachen gegen den Winterwind, der durch ihre offenen Fahrzeuge pfiff, saßen sie mit versteinerten Gesichtern auf dem Gepäck in ihren Lkw, als sie durch die Stadt rollten, und starrten mit leerem Blick auf die Zivilisten, die ihnen mit ernster Miene nachschauten.«[7]

Montgomery, der ganz genau wusste, wie entschlossen die Deutschen waren, mit ihren Panzerdivisionen die Maas zu überschreiten, sah ein, dass die 1. Armee ihre Frontlinie über den Abschnitt der 30. Division hinaus, welche die Kampfgruppe Peiper blockierte, viel weiter nach Westen ausdehnen musste. Generalleutnant Matthew B. Ridgway, ein hochgewachsener, Respekt einflößender Fallschirmjäger, der nie ohne angehängte Handgranaten an beiden Schultergurten auftrat, hatte den Befehl über das XVIII. Luftlandekorps westlich der Salm übernommen. Außerdem bestand Montgomery darauf, dass der junge Generalleutnant J. Lawton Collins das Kommando über das VII. Korps bekam, dessen Frontabschnitt sich bis zur Maas erstreckte. Montgomery hielt ihn für einen der besten amerikanischen Korpskommandeure, und auch Hodges schätzte ihn sehr. Der Chronist der 1. Armee notierte, dass »General Collins gewöhnlich von irischem Kampfgeist nur so strotzt«. Collins wurden die 3. Panzerdivision, die 84. Infanteriedivision und die 2. Panzerdivision, Pattons alte Truppe, bekannt als »Hölle auf Rädern«, zugeteilt.[8]

Ridgway, unterstützt vom Stabschef der 1. Armee, Kean, und jetzt auch Collins argumentierten, dass sie nach St. Vith fahren sollten, solange die Verteidiger dort noch aushielten. »Monty erschien fast jeden Tag auf meinem Befehlsstand«, berichtete Collins. »Er rief Ridgway herbei, um mit uns beiden über die Lage zu sprechen. ... Ich kannte Monty inzwischen gut genug, und irgendwie verstanden wir uns. Ich konnte mit ihm reden und ihm widersprechen, ohne dass er wütend wurde.« Montgomery war dagegen, mit dem ganzen Korps in Richtung St. Vith anzugreifen. Das begründete er zum Teil damit, dass eine einzige Straße für ein ganzes Korps nicht ausreiche. »Joe, Sie können kein Korps über eine einzige Straße versorgen«, sagte er und dachte dabei zweifellos an die Straße nach Arnheim.[9]

»Vielleicht können Sie das nicht, Monty, doch wir können es«, gab Collins zurück.

Aber sowohl Hasbrouck, der Befehlshaber der 7. Panzerdivision, als auch Bruce Clarke von Gefechtskommando B waren strikt gegen den Plan, St. Vith zu entsetzen. Später erkannten sie, dass Montgomery recht gehabt hatte, als er dessen Verteidiger hatte abziehen wollen. Außerdem waren sie der Meinung, Ridgway sei unnötig draufgängerisch und verstehe als Fallschirmjäger nichts vom Einsatz gepanzerter Einheiten.[10]

Als die Verteidiger von St. Vith in der Nacht vom 20. auf den 21. Dezember Panzerlärm hörten, erwarteten sie einen Angriff im Morgengrauen. Aber er kam erst kurz vor Mittag. Deutsche Volksgrenadiere fingen an, amerikanische Maschinengewehrnester mit Handgranaten und der »schrecklichen Panzerfaust« auszuschalten. Sie kamen so nahe heran, dass die amerikanischen MG-Schützen ihre Waffen beim Schießen ständig in alle Richtungen schwenken mussten. Obwohl Hasbroucks Artilleriebataillonen die Munition knapp wurde, reagierten sie auf Rufe nach Feuerschlägen binnen zwei bis vier Minuten, und »ihre Geschosse landeten kaum 50 Meter vor unseren eigenen Leuten«.[11]

Um 15.15 Uhr ebbte das Gefecht ab, aber Major Boyer vermutete, das sei »nur die Ruhe vor dem Sturm«. Sie hatten keinerlei Reserven mehr.[12] Eine halbe Stunde später eröffneten die deutschen Nebelwerfer unvermittelt erneut das Feuer. Bäume wurden zerfetzt. »Überall um uns herum hörten wir das Krachen und Brechen von Baumwipfeln und ganzen Stämmen, als ein gnadenloser Stahlhagel durch den Wald peitschte. Immer wieder erklangen

Schmerzensschreie von Männern, die getroffen wurden, und alles, was wir tun konnten, war, uns in die Schützenlöcher zu kauern, den Rücken an die vordere Wand gepresst, und zu hoffen, dass wir keinen Volltreffer abbekamen. Wenn das kreischende Metall rundum herunterfuhr, hatte man das Gefühl, als würden einem die Nerven aus dem Leib gerissen.«

Von dem Beschuss gedeckt, gingen die Deutschen durch den Wald zum Angriff vor. »Köpfe hoch!«, brüllte Boyer, als die Einschläge aufhörten. Seine Infanteristen eröffneten das Feuer, als die Deutschen versuchten, über die von Bäumen blockierte Straße zu kommen. Einem Amerikaner gelang es, mit einer Bazooka ein selbstfahrendes Sturmgeschütz auszuschalten. Und »ein Panther wurde zerstört, als ein Soldat mit einer Bazooka aus dem Schützenloch sprang, zu dem Panzer lief, das Rohr seiner Waffe gegen die Seitenschürze drückte und abzog. Dabei fiel er tot um.«

Nun begannen zwei Panther die Schützenlöcher eines nach dem anderen mit direktem Feuer zu belegen. Einer von Boyers Offizieren rief über Funk »mit tränenerstickter Stimme«, wo die Panzerjäger blieben, um gegen die Panther vorzugehen. »Gott verdammt, die haben zwei schwere Panzer hier oben auf dem Kamm, und sie schießen meine Männer einen nach dem anderen in ihren Schützenlöchern zusammen.« Aber an ihrem Frontabschnitt gab es keine Shermans oder Panzerjäger. Bald nach Einbruch der Dunkelheit berichtete Boyer, er glaube, sie könnten sich über Nacht halten. Doch kurz nach 19 Uhr setzte das Gemetzel wieder ein, und erneut erledigten die Deutschen mit ihren Nebelwerfern und Panzern ein Schützenloch nach dem anderen.

Sie attackierten aus drei Richtungen längs der Einfallstraßen in die Stadt, von Norden, Osten und Südosten. Die Verteidiger waren bald überwältigt. Jedes Maschinengewehr in Boyers Bataillon war mit mehreren Bedienungen besetzt. »Wenn ein Team vernichtet war, sprang ein anderes ein.« Gegen 22 Uhr »hatten deutsche Panzer eine Lücke in den mittleren Frontabschnitt geschossen und rollten nach St. Vith hinein«.[13] Damit war das 38. Bataillon gepanzerter Infanterie im Südosten der Stadt nach fünf Tagen Gefechten ohne Schlaf und ausreichendes Essen und mit zahlreichen Fällen von Erfrierungen abgeschnitten. Von den 670 Mann, die Boyers Bataillon ursprünglich zählte, konnten sich noch 185 auf den Beinen halten. Die übrigen waren tot oder schwer verwundet. Nun setzte auch noch starker Schneefall ein.

Brigadegeneral Clarke von Gefechtskommando B erließ folgenden Befehl: »Gruppieren Sie sich um. Nehmen Sie die Fahrzeuge, bei denen das möglich ist, greifen Sie in Richtung Westen durch St. Vith hindurch an. Wir bauen westlich der Stadt eine neue Frontlinie auf.« Da Boyer diesen Befehl für nicht durchführbar hielt, befahl er seinen Männern, Gruppen von vier bis fünf Mann zu bilden und nur die persönlichen Waffen mitzunehmen. Er schickte einen Melder zu dem Mörserzug mit der Weisung, die Fahrzeuge zu zerstören, aber die Mörser und Zweibeine zu bergen. Ein Sanitäter meldete sich freiwillig, bei den Verwundeten zu bleiben. Die erschöpften Männer trotteten durch den herabfallenden Schnee in den Wald. Vorn ging einer, der mit dem Kompass den Weg wies. Die Soldaten hatten Befehl, sich an der Ausrüstung des Vordermanns festzuhalten.[14]

Die Straßen von St. Vith waren mit Trümmern und zerbrochenen Glasscheiben übersät. Das Schlachthaus stand in Flammen, und aufgeschrecktes Vieh rannte herum. Während des schweren Beschusses am Vortag hatten sich viele Zivilisten der Stadt mit ein paar Habseligkeiten in die massiven Kellergewölbe des St.-Josef-Klosters geflüchtet. Als der Beschuss immer stärker wurde, beschloss Pater Goffart, sich den Flüchtlingen in den Kellern anzuschließen. »Er nahm einen Altarkelch und Oblaten mit und errichtete in einem der unterirdischen Lagerräume einen kleinen Altar.« Während des Generalangriffs der Deutschen waren diese so überfüllt, dass eigentlich niemand mehr hineinpasste. Viele waren verwundete amerikanische Soldaten, die sich dorthin geschleppt hatten und die Zivilisten zwangen, ihnen Platz zu machen.[15]

Unter den sich durch die Stadt zurückziehenden Soldaten war der Nachrichten- und Aufklärungszug des 423. Infanterieregiments der unglückseligen 106. Division. »In der Dunkelheit konnten wir nicht viel sehen«, schrieb ein Angehöriger dieser Einheit, »nur Silhouetten im Schnee, außer wenn das blendende Licht von Leuchtkugeln und Mündungsfeuer es ringsum taghell werden ließ.« Die letzten drei Shermans von St. Vith, begleitet vom Informations- und Aufklärungszug, »bogen vorsichtig in die Rodterstraße ein, die nach Nordwesten führte. Am Stadtrand kletterten einige Männer auf die Fahrzeuge, machten sich so flach, wie sie nur konnten, und hielten sich an allem fest, was ihnen in die Hände kam, während der Rest der Gruppe die Panzer zu Fuß flankierte. Sie rollten los im mörderischen Kreuzfeuer, das von allen Seiten über der Straße niederging – vor allem aus Maschinengewehren, die mit roten Leuchtspurgeschossen feuerten und uns zu Tode ängstigten. Zum Glück hielten die Deutschen zu hoch, und die Geschosse pfiffen mehrere Fuß über unsere Köpfe hinweg. Auf einer kleinen Anhöhe etwa eineinhalb Kilometer westlich der

Stadt schwenkten wir von der Straße ab. Die Panzer bezogen am Rand eines kleinen Waldstücks Stellung. Wir vom Aufklärungszug gingen ein paar Schritte den Abhang der Anhöhe hinab, schwärmten aus und gruben uns ein, so gut wir konnten.«[16] Während des Schneesturms war die Temperatur stark gesunken.

Die unterkühlten und ausgehungerten Deutschen der 18. und der 62. Volksgrenadierdivision stürmten in die Stadt, gierig auf der Suche nach einer Unterkunft und Essbarem in Häusern und verlassenen Lagern der Amerikaner. Hasbrouks Truppen hatten sich auf eine neue Linie westlich von St. Vith zurückgezogen, und nun war es an den Bataillonen der amerikanischen Feldartillerie, die dem Untergang geweihte Stadt zu beschießen.

Nordwestlich davon hatte Generalmajor Siegfried von Waldenburgs 116. Panzerdivision Befehl, östlich der Ourthe weiter in Richtung Hotton vorzugehen. Am Tag zuvor hatte Waldenburgs Panzergruppe Samrée und Dochamps angegriffen. Die 560. Volksgrenadierdivision zu seiner Rechten hatte ein härteres Gefecht zu bestehen. Seine Panther konnten dabei etwa ein Dutzend amerikanische Panzer außer Gefecht setzen, aber der Treibstoff war inzwischen so knapp geworden, dass das Panzergrenadierregiment 156, die Artillerie und das Aufklärungsbataillon gestoppt werden mussten. Die Lage entspannte sich ein wenig nach der Einnahme von Samrée, wo ein Treibstofflager mit fast 100 000 Litern entdeckt wurde, das Waldenburg als »Gottesgabe« bezeichnete. Amerikanische Gefangene teilten den Deutschen mit, bei einem Sabotageakt sei der Treibstoff mit Zucker verdorben worden, aber der General behauptete, dass er »den deutschen Motoren sehr gut bekommt«.[17]

»Von dem lange erwarteten II. SS-Panzerkorps war nichts zu sehen«, klagte er, tatsächlich aber war die 2. SS-Panzerdivision »Das Reich« dicht hinter ihnen. Nachdem das permanente Verkehrschaos bei St. Vith sie aufgehalten hatte, war sie nach Süden ausgewichen und gerade dabei, den Frontabschnitt der 82. US-Luftlandedivision in nördlicher Richtung anzugreifen, musste dann aber ebenfalls auf Nachschub an Treibstoff warten. Die Division »Das Reich« brannte vor Ungeduld wegen dieser Verzögerung. »Es wird bekannt, dass die 2. Heeres-Panzerdivision ohne größeren Feindwiderstand weit nach Westen vorgestoßen ist und bereits unmittelbar vor Dinant steht. Keine Fliegertätigkeit – der Weg zur Maas steht offen –, aber die gesamte Division liegt wegen B-Stoffmangel 24 Stunden unbeweglich fest!«[18] Montgomery hatte fast sicher recht damit gehabt, die Nordflanke der eigenen Verteidigungslinie zur Abwendung der Gefahr nach Westen zu verlängern und einen Vormarsch auf St. Vith abzulehnen, wie Ridgway und die 1. Armee ihn wollten.

Die 116. deutsche Panzerdivision griff Hotton im weiteren Verlauf dieses Tages an, wobei das Panzergrenadierregiment 156 von Panzern unterstützt wurde. Ein Bataillon des 325. Gleiterinfanterieregiments der 82. US-Luftlandedivision, ein Zug Panzerjäger und mehrere Panzer von Generalleutnant Maurice Rose' 3. US-Panzerdivision, die in den Morgenstunden eingetroffen war, schlugen die Attacke jedoch zurück. Der Befehlshaber der 116. Panzerdivision musste anerkennen, dass die Amerikaner gut gekämpft hatten. Seine Kampfgruppe verlor mehrere Panzer, und die Männer waren erschöpft. »Den Truppen wurde allmählich bewusst, dass der große Plan fehlgeschlagen sein musste oder dass ein Sieg nicht möglich war. Darunter litten Moral und Leistungsfähigkeit.«[19]

Die 2. deutsche Panzerdivision war inzwischen erst bis Champlon, 18 Kilometer Luftlinie südlich von Hotton, vorangekommen. Sie war an einer Straßenkreuzung südöstlich von Tenneville von einer einzigen Kompanie des 327. Gleiterinfanterieregiments aufgehalten worden, und Lüttwitz wollte den Divisionskommandeur, Oberst Meinhard von Lauchert, später wegen Feigheit anklagen lassen. Aber wie bei der Schlacht um Noville war die Verzögerung auch dem verspäteten Eintreffen von Treibstoffnachschub geschuldet. Einige Einheiten hatten gerade erst die Gegend nördlich von Bastogne passiert.[20]

Als die Kämpfe abgeflaut waren, kam die Zivilbevölkerung von Bourcy und Noville aus den Kellern hervor. Rundum lag alles in Trümmern, es roch nach kaltem Rauch, verkohlten Mauern, verbranntem Eisen und dem versengten Fleisch von Haustieren, die der Granatenhagel getötet hatte. Aber selbst die relative Erleichterung darüber, dass dieser nun aufgehört hatte, war nicht von langer Dauer. Jetzt kam eine der Gruppen des SS-Sicherheitsdienstes (SD) über sie. Brutale Verhöre setzten ein, um zu ermitteln, wer in der belgischen Résistance mitgekämpft und wer die Amerikaner im September willkommen geheißen hatte. Von letzterem Ereignis hatten die SD-Offiziere Zeitungsfotos dabei. In Bourcy wurde ein Mann zuerst heftig geschlagen, dann nach draußen geführt und mit Hämmern getötet. In seinem Keller hatten sie eine selbst gefertigte amerikanische Flagge gefunden. Die Gruppe zog weiter nach Noville, wo sie sieben Männer ermordete, darunter den Priester, Pater Delvaux, und den Dorfschullehrer.

Patton hatte mit der Umgruppierung seiner 3. Armee im Eiltempo Wunder vollbracht, aber dass er sich auf den Entsatz von Bastogne konzentrieren sollte, gefiel ihm gar nicht. Er hätte es vorgezogen, sofort nach St. Vith zu rollen und dort die Deutschen abzuschneiden. Außerdem wollte er nicht warten, bis er noch stärkere Kräfte zur Verfügung hatte, wie Eisenhowers Befehl lautete. »Ike und [Generalleutnant] Bull [Assistant Chief of Staff, abgekürzt G3, der für den Truppeneinsatz Verantwortliche beim SHAEF] sind nervös, dass ich zu früh mit zu schwachen Kräften angreifen könnte«, schrieb er am 21. Dezember in sein Tagebuch. »Ich habe alles, was ich kriegen kann. Wenn ich warte, geht mir das Überraschungsmoment verloren.« Patton, der wahrlich nicht unter zu großer Bescheidenheit litt, schrieb am selben Tag an seine Frau: »Wir müssen dem Feind einen Tiefschlag versetzen und seine Nachschublinien kappen. Das Schicksal hat immer nach mir gerufen, wenn es eng wurde. Vielleicht hat Gott mich für diese Aktion bewahrt.«[21] Aber Pattons Selbstüberschätzung sollte ihn in den nächsten Tagen in Verlegenheit bringen, als der Durchbruch nach Bastogne sich als viel mühevoller herausstellte, als er gedacht hatte.

Das von Major Rolf Kunkel befehligte Aufklärungsbataillon und das Füsilierregiment 39 von Kokotts 26. Volksgrenadierdivision nahmen bereits Dörfer längs des südlichen Verteidigungsrings von Bastogne ein. Ihnen folgte die vorderste Kampfgruppe der Panzer-Lehr-Division. General Cota von der 28. US-Division mit Stab in Sibret, etwa sieben Kilometer südwestlich von Bastogne, versuchte, mit einer zusammengewürfelten Truppe Versprengter dort die Verteidigung zu organisieren. Die aber brach unter der Wucht des Angriffs zusammen, und Cota musste sich rasch zurückziehen. Kokott, der diesen Frontabschnitt inspizierte, sah versprengte Soldaten der 28. US-Division und glaubte, sie kämen aus Bastogne. Ein Belgier, mit dem er in Sibret sprach, versicherte ihm, die Einheiten, die Bastogne verteidigten, seien in Auflösung begriffen. Kokott schöpfte neue Hoffnung und meinte, vielleicht habe Lüttwitz' Optimismus trotz allem seine Berechtigung.[22]

Kunkels Kampfgruppe drängte weiter nach Norden vor und löste damit in McAuliffes Stab beträchtliche Unruhe aus, denn die Artillerie des VIII. Korps rund um Senonchamps war verwundbar. Bei einem Bataillon der Feldartillerie gerieten Soldaten in Panik und flohen. Aber noch zur rechten Zeit tauchte eine rasch improvisierte Truppe auf, die von Halbkettenfahrzeugen mit 12,7-mm-Vierlingsflaks unterstützt wurde. Die »Fleischwölfe« taten ihr grausiges Werk, und Kunkels Angriff brach zusammen.

Die ausgehungerten deutschen Truppen besetzten Bauernhöfe und Dörfer, froh darüber, dass sie bei den stark sinkenden Temperaturen ein Dach über dem Kopf fanden. Sie schlachteten Schweine und Rinder, raubten den Familien die Lebensmittel und brachen in Jubel aus, wenn sie zurückgelassene Ausrüstung und Verpflegung der Amerikaner entdeckten. Sie behandelten die Dorfbewohner mit ebenso viel Misstrauen wie die amerikanischen Soldaten die Belgier innerhalb des Belagerungsrings.

Weiter südlich hatte die 5. deutsche Fallschirmjägerdivision die Straße von Bastogne nach Arlon erreicht und stand bereit, sich Pattons Vormarsch in den Weg zu stellen. Die anderen deutschen Divisionen waren nur wenig zuversichtlich, einen großen Gegenangriff aufhalten zu können.

Die Gefechte zur Vereitelung des deutschen Vorstoßes längs der Bahnlinie nach Bastogne zwischen Bizôry und Foy gingen im Nebel weiter. Züge der US-Luftlandetruppen schlichen vorsichtig durch den dicht gepflanzten Kiefernwald, der frei von Unterholz war. »Das war wie eine riesige Halle mit einem grünen Dach, das auf zahllosen braunen Säulen ruhte«, schrieb Major Robert Harwick, der Kommandeur des 1. Bataillons des 506. Luftlandeinfanterieregiments, das am Tag zuvor aus Noville entkommen war.[23] An jeder Feuerschneise und jedem Forstweg blieben sie stehen und beobachteten die Gegend, bevor sie sich hinüberwagten. Befehle wurden nur flüsternd oder per Gesten gegeben. Von Zeit zu Zeit detonierten deutsche Granaten in den Baumwipfeln.

Die Deutschen hatten ihre Stellungen gut getarnt, sodass die US-Fallschirmjäger nicht wussten, woher auf sie geschossen wurde. Als sie die feindlichen Schützenlöcher schließlich entdeckt hatten, gingen die Männer, weit ausgeschwärmt, in kurzen Sprüngen vor, während Kameraden ihnen Feuerschutz gaben. Da sie aus zwei Richtungen angegriffen wurden, gerieten einige Volksgrenadiere in Panik. Manche liefen Harwicks Männern direkt in die Arme und ergaben sich. »Zwei Gefangene tauchten auf«, schrieb Harwick. »Sie waren furchtbar verängstigt und zogen die Köpfe ein, wenn die Kugeln pfeifend vorbeisausten. Bei einem schweren Einschlag in der Nähe sprangen sie in ein Schützenloch. Der Bewacher riskierte nichts und warf eine Handgranate auf sie. Dann trat er an das Schützenloch, gab vier Schüsse aus seinem Karabiner ab und kehrte ins Gefecht zurück. ... Dieses war kurz und erbittert, wie das bei Nahkämpfen immer ist. Ganz in meiner Nähe lag ein Verwundeter. Ich kroch zu ihm hin. Er brauchte dringend Hilfe. Bei ihm war ein Sanitäter, der noch eine Binde in der Hand hielt. Aber eine Kugel hatte ihn am Kopf getroffen.«[24]

Als das Gefecht tatsächlich zu Ende war, brachten seine Männer weitere Gefangene. »Einer fiel auf die Knie, stammelte etwas auf Deutsch, und seine Augen rollten angstvoll hin und her. Dann wiederholte er immer wieder auf Englisch: ›Don't shoot me!‹ Schließlich brach er schluchzend zusammen und schrie auf, als wir ihn hochzerrten. Die Übrigen zeigten eine Reaktion irgendwo zwischen jener dieses Mannes und jener des absolut unnahbaren Leutnants, der so abgehoben wirkte, dass er irgendwann eins kräftig auf die Nase bekam.«[25] Die Gefangenen wurden gezwungen, die verwundeten Amerikaner zum nächsten Verbandsplatz zu schleppen.

Die Stadt Bastogne war relativ gut mit Lebensmitteln versorgt, vor allem lagerten hier große Mehlvorräte. Es herrschte aber eine gewisse Knappheit an Verpflegungsrationen für die Soldaten an der Front. Die eisernen Rationen für die ersten drei Tage waren bald aufgebraucht, sodass sich die Soldaten in der Hauptsache von Pfannkuchen ernähren mussten.

Die größte Sorge bereitete McAuliffe der Mangel an Artilleriegeschossen, vor allem den 105-mm-Granaten für die kurzläufigen Haubitzen der Feldartillerie der 101. Luftlandedivision. Auch an Treibstoff herrschte inzwischen großer Mangel. Die Panzerjäger und Shermans verbrauchten sehr viel, waren für die Verteidigung aber von entscheidender Bedeutung. Seit dem Verlust des Feldlazaretts galt jedermanns Sorge allerdings der wachsenden Zahl von Verwundeten und dem Mangel an Ärzten. Die niedrige Wolkendecke bewirkte, dass auch aus der Luft keine Hilfe kommen konnte. Wie Patton und Bradley in Luxemburg, im Grunde genommen wie jeder amerikanische Kommandeur und Soldat in den Ardennen betete das Sanitätspersonal um Flugwetter.

Die deutsche Artillerie schoss sich an diesem Tag auf die Stadt Bastogne ein. Dass sie dabei so gut traf, löste unter der US-Militärpolizei den unberechtigten Verdacht aus, unter den Flüchtlingen und der Zivilbevölkerung in der Stadt gebe es eine fünfte Kolonne, die das Feuer der Deutschen leitete. Doch die Stadt war ein leichtes Ziel, und jene, die in den Kellern des Institut de Notre-Dame saßen, spürten, wie die Erde bebte. Als ein Geschoss ein kleines Munitionslager traf, gab es eine mächtige Detonation. McAuliffe musste seinen Stab unter die Erde verlegen. Gerade war Oberst Roberts bei ihm eingetroffen, der bisher die Operationen des Gefechtskommandos seiner 10. Panzerdivision selbstständig befehligt hatte, jetzt aber McAuliffe verstand. Die beiden Männer kamen gut miteinander aus, und McAuliffes Erfahrung als Artillerist war von großem Nutzen bei einer Verteidigung, die so sehr von dieser Waffenart abhing.

Da der 26. Volksgrenadierdivision jetzt nur noch eine Kampfgruppe der Panzer-Lehr-Division blieb, mit der zusammen sie Bastogne erobern sollte, befahl General Lüttwitz als Korpskommandeur General Bayerlein, einen Unterhändler in die Stadt zu schicken, der die Kapitulation fordern sollte, um eine totale Vernichtung zu vermeiden. Lüttwitz hatte strikten Befehl vom Führerhauptquartier, für die Einnahme von Bastogne keinerlei zusätzliche Truppen einzusetzen. Die Forderung nach Kapitulation, die am nächsten Tag überbracht werden sollte, war also reiner Bluff.[26]

Die Verteidigungslinie um Bastogne war, gelinde gesagt, durchlässig, wie der Vorstoß längs der Eisenbahnstrecke bewiesen hatte. Die langen dunklen Nächte und die schlechte Sicht bei Tage machte es Gruppen deutscher Soldaten leicht, hindurchzuschlüpfen und eine Straße hinter den vorgeschobenen Positionen der Amerikaner zu sperren, um so deren Rückzug zu provozieren. Wo immer das geschah, wurden Reservezüge ausgeschickt, um die Deutschen zu vertreiben. In den feuchten Wäldern waren also zahlreiche »Rattenjagden« im Gange, wenn US-Patrouillen nach Überlebenden suchten. Bei dem Bodennebel kam es immer wieder vor, dass diese bei der Rückkehr von den eigenen Leuten beschossen wurden oder dass Soldaten beider Seiten irrtümlich auf vom Feind gehaltenes Terrain gerieten. Hauptmann Richard Winters, der Versorgungsoffizier des 2. Bataillons des 506. Regiments, stieß bei Foy sogar einmal auf einen deutschen Soldaten mit heruntergelassenen Hosen, der sich direkt hinter dem amerikanischen Befehlsstand erleichterte. »Als er fertig war, schnarrte ich in meinem besten Deutsch: ›Kommen Sie hier!‹ Das tat er. In seinen Taschen hatte der arme Kerl nur ein paar Fotos, Glücksbringer und einen Kanten Schwarzbrot, das schon sehr hart war.«[27]

Die einzige Reserve, die in Bastogne für Notfälle zurückgehalten wurde, war ein zusammengewürfeltes Bataillon von 600 Mann, das überall nur »Team SNAFU« (Situation Normal All Fucked Up – Lage normal: alle im Arsch) genannt wurde. In dieser Einheit hatte man Versprengte der 28. Infanteriedivision, Überlebende des östlich von Bastogne vernichteten Gefechtskommandos der 9. Panzerdivision und Fälle von Schlachtneurose zusammengefasst. Ein Vorteil der Einkesselung bestand darin, dass die Verteidiger über die inneren Linien bedrohte Frontabschnitte längs der Ausfallstraßen von Bastogne rasch verstärken konnten. Team SNAFU wurde in dieser Zeit vor allem dafür benutzt, Straßensperren nahe der Stadt zu besetzen und einzelne Ausfälle in Fronteinheiten zu kompensieren.

In dieser Nacht begann es erneut zu schneien, strenger Frost wurde erwartet. Das sollte sich als zweifelhafter Segen sowohl für Hasbroucks Truppe, die immer noch im Westen von St. Vith aushielt, als auch für die 101. US-Luftlandedivision in Bastogne herausstellen.

15. Kapitel

Freitag, 22. Dezember

Der unablässig fallende Schnee hätte es Hasbroucks ausgelaugter Truppe westlich von St. Vith ermöglicht, sich vom Gegner zu lösen, aber für einen Rückzug kam keine Erlaubnis. General Ridgway verlangte, dass sie weiterhin zwischen St. Vith und der Salm aushielten.

In den frühen Morgenstunden griff Remers Führer-Begleit-Brigade die Gemeinde Rodt etwa vier Kilometer westlich von St. Vith an. Rodt wurde von Zivilbeschäftigten der U.S. Army – Kraftfahrern, Köchen und Funkern – verteidigt. Am späten Vormittag hatte Remers gut bewaffnete Truppe den Ort vom Gegner gesäubert.

Einige von Hasbroucks Männern, zu denen der Kontakt abgebrochen war, standen noch im Nordosten von St. Vith. Von dem allgemeinen Rückzug wussten sie nichts. Gegen 16 Uhr empfing eine Kompanie gepanzerter Infanterie einen Funkspruch, den das 275. Feldartilleriebataillon übermittelt hatte. »Ihr Befehl lautet: Nach Westen. Nach Westen. Nach Westen.« Der Kompaniechef befahl seinen Zügen, einer nach dem anderen von ihren Außenposten zurückzukommen – in einer Reihe, wobei »jedermann das Koppel oder einen Gurt des Vordermanns fest in der Hand zu behalten hat«. Bei dem dichten Schneefall konnte man kaum die Hand vor Augen sehen. Mithilfe des Kompasses zogen sie nach Westen. Unterwegs im Schnee lösten sich die Kompanien auf, die meisten Männer wurden getötet oder gefangen genommen. Jene, die durch die Wälder und kleinen Schluchten und über steile Abhänge entkamen, erreichten schließlich die Kolonne leichter Panzer und Panzerwagen, die die Nachhut der 7. US-Panzerdivision bildeten.[1]

Der völlig erschöpfte Nachrichten- und Aufklärungszug der 106. Division, der mit seinen drei Shermans aus St. Vith entkommen war, wurde noch vor dem Morgengrauen geweckt, als die Motoren angelassen wurden. Die Panzerbesatzungen hatten Befehl zum Rückzug erhalten, aber nicht daran gedacht, den Infanteriezug zu informieren, der sie bisher geschützt hatte. »Müde kletterten wir aus den provisorischen Schützenlöchern und versammelten uns am Waldrand. Einige Jungs mussten beim Stehen gestützt werden, und ein Mann hatte Schmerzen beim Gehen. Unsere Beine waren über Nacht steif geworden und die fast erfrorenen Füße stark geschwollen, als wir unsere Verteidigungsstellungen einnahmen.«[2]

Als sie die Straße nach Vielsalm erreichten, wurden die Panzer von deutschem Feuer empfangen, was bedeutete, dass der Feind sie bereits überholt hatte. »So hielten wir also bei kaltem Wind und Schneetreiben erneut vorsichtig auf das Waldstück südwestlich von uns zu.« Sie konnten die heftigen Kämpfe in Rodt hören, wo die Führer-Begleit-Brigade angriff. »Das Buschwerk und den allgegenwärtigen Nebel nutzend, bewegten wir uns über Feldwege weiter nach Südwesten, bis wir zu dem kleinen Ort Neundorf gelangten. Über eine kleine Brücke erreichten wir eine Gruppe Bauernhäuser am Dorfrand.«

»Als wir über diese Brücke kamen«, berichtete ein anderer Soldat derselben Einheit, »wurden wir von einer großen Gruppe Belgier – Männer, Frauen und Kinder – in Empfang genommen. Ich erklärte, wer wir seien und was in St. Vith geschehen war. Ich werde mein Leben lang nicht vergessen, wie diese Menschen reagiert haben. Da standen sie nun, zwischen einer vorrückenden deutschen und einer fliehenden amerikanischen Armee. Und was taten sie? Sie teilten uns sehr schnell in kleine Gruppen auf und nahmen uns mit nach Hause. Die Gruppe, in der ich mich befand, kam in das Haus einer wunderbaren belgischen Dame. Ich weiß nicht, wie in aller Welt sie das fertiggebracht hat, aber binnen Minuten hatte sie einen langen Tisch mit guten Sachen gedeckt. Da stand ein riesiger Topf geschmortes Rindfleisch, zwei Krüge mit Milch, gekochte Kartoffeln und mehrere Laibe noch warmes Brot. Ihr könnt euch vorstellen, was passierte. Wir haben einfach nur gefressen. Im Kamin brannte ein Feuer, und es dauerte nicht lange, bis der Ire [Gefreiter John P. Sheehan] in einem alten Schaukelstuhl vor dem Kamin eingeschlafen war. Wir hörten erst auf zu essen, als kurz hinter uns deutsche Maschinengewehre zu knattern begannen. Als wir uns aufrappelten, um zu gehen, kratzten wir alles Geld, das wir in den Taschen hatten, zusammen, und legten es mitten auf den Tisch. Weniger konnten wir für diese wunderbaren Menschen nicht tun.«[3]

Der Vorstoß der Führer-Begleit-Brigade hatte Hasbroucks Streitmacht in zwei Teile aufgespalten, sodass er noch weiter zurückweichen musste, um einer Einkreisung zu entgehen. Hasbrouck war wütend auf Ridgway und dessen Stab des XVIII. Luftlandekorps, der von ihm verlangte, östlich der Salm eine Verteidigungslinie in Form eines Gänseeis aufzubauen. Vor allem die Südflanke bereitete Hasbrouck große Sorgen, weil er in der Nacht Meldung erhalten hatte, dass seine Task Force zur Rechten einen deutschen Offizier der 2. SS-Panzerdivision »Das Reich« gefangen genommen hatte. Wenn »Das Reich« auf Gouvy zuhielt, wie der Gefangene ausgesagt hatte, dann gab es für die sehr schwache Truppe dort keine Chance. Später, am Vormittag des 22. Dezember, wurde eine deutsche Einheit in der Gegend von Recht, nördlich von Poteau, als Teil der 9. SS-Panzerdivision »Hohenstaufen« identifiziert. Wenn diese zur Salm marschierte, wie es den Anschein hatte, dann drohte sie dem Gefechtskommando A der 7. US-Panzerdivision den Rückzugsweg abzuschneiden. Dessen Kommandeur Oberst Rosebaum reagierte schnell. Er zog seine Panzer, die bisher gegen die Führer-Begleit-Brigade gekämpft hatten, zurück und konzentrierte seine Kräfte um Poteau, um der SS-Panzerdivision »Hohenstaufen« den Weg zu versperren.

An diesem Vormittag erschien ein britischer Verbindungsoffizier Montgomerys auf Hasbroucks Befehlsstand in Commanster, zwölf Kilometer südwestlich von St. Vith. Er fragte Hasbrouck, was seiner Meinung nach zu tun sei. Hasbrouck antwortete, wenn das Oberkommando es für wesentlich erachte, eine Rundumverteidigung aufrechtzuerhalten, dann werde er das tun, solange es möglich sei. Seiner Meinung nach sei es aber besser zurückzugehen, da die Gegend wegen der Wälder und der fehlenden Wege so gut wie unmöglich gehalten werden könne. Das wurde Montgomery berichtet.

Eine ausführliche Einschätzung seiner Lage schickte Hasbrouck an Ridgway. Die deutsche Artillerie werde bald in der Lage sein, seine Truppen von allen Seiten zu beschießen, und sein Nachschubweg über Vielsalm sei mit dem Vorrücken der SS-Panzerbrigade »Das Reich« in Gefahr. Er argumentierte, die ihm verbliebenen Kräfte brächten größeren Nutzen, wenn sie den Widerstand der 82. US-Luftlandedivision gegen »Das Reich« verstärkten. Die Verluste vor allem bei der Infanterie seien so groß, dass er Zweifel habe, ob er in der Lage sein werde, einem weiteren Großangriff standzuhalten. In einem Postskriptum fügte er hinzu: »Ich biete das Letzte auf, um [die Deutschen] aufzuhalten. ... Meine Meinung ist: Wenn wir vor Einbruch der Nacht hier nicht abziehen und an die Nordseite der 82. wechseln, dann wird es keine 7. Panzerdivision mehr geben.«[4]

Ridgway weigerte sich, den Befehl zum Rückzug zu geben, aber Montgomery widersprach ihm bei einem Besuch im Stab der 1. Armee am

Nachmittag. An Hasbrouck sandte er folgenden Funkspruch: »Sie haben Ihre Mission sehr gut erfüllt. Es ist Zeit zum Rückzug.«[5] Das traf in der Tat zu. Hasbroucks sehr gemischter Truppe war es gelungen, den Vormarsch der deutschen 5. Panzerarmee fast eine ganze Woche lang aufzuhalten.

Zum Glück für die Amerikaner hatte der deutsche Sturm auf St. Vith massive Verkehrsstaus ausgelöst. Viele Fahrzeuge waren in der Schnee-Eifel erbeutete amerikanische Jeeps und Lastwagen, und die neuen Besitzer lehnten es ab, sich von ihnen zu trennen. Die Feldgendarmerie verlor die Kontrolle, ein wütender Generalfeldmarschall Model war gezwungen, auszusteigen und zu Fuß in die Ruinen der Stadt zu gehen, für deren Eroberung seine Truppen so lange gebraucht hatten. Das Chaos um diese hochwichtige Straßenkreuzung bedeutete, dass die deutschen Kommandeure eine gewisse Zeit brauchten, um ihre Truppen umzugruppieren. Diese Atempause gab Brigadegeneral Clarke die Chance, sein Gefechtskommando B auf eine neue Frontlinie zurückzuziehen. Dann geschah ein noch größeres Wunder. Hasbroucks Artillerie hatte gerade ihre letzten Granaten verschossen, als an diesem Vormittag über Nebenstraßen unerwartet eine Kolonne von 90 Lkw eintraf und 5000 Granaten für die 105-mm-Haubitzen brachte.

Der Nachrichten- und Aufklärungszug schloss sich dem 424. Infanterieregiment an, dem einzigen der gesamten 106. Infanteriedivision, das entkommen war und den rechten Flügel von Hasbroucks Streitmacht bildete. Zum ersten Mal hörten die Soldaten von dem Massaker bei Malmédy. »Die Truppen in der vordersten Linie haben geschworen, in ihrem Bereich keine Gefangenen mehr zu machen«, schrieb einer. »Zwei Mann vom Zug stellten Verbindung zu einer Kompanie her und suchten ein Schützenloch nach dem anderen eines Schützenzuges auf. Da tauchte 50 Meter vor ihnen im Wald eine weiße Flagge auf. Ein Feldwebel erhob sich und winkte den Deutschen, sie sollten herüberkommen. Etwa 20 Mann traten aus dem Wald heraus. Als sie näher heran waren, gab der Feldwebel Befehl, das Feuer zu eröffnen. Es wurden keine Gefangenen gemacht.«[6]

Nur die deutschen Truppen, die St. Vith umgangen hatten, konnten weiter vorrücken. An diesem Abend griffen deutsche Panzer und Infanterie längs der Eisenbahnstrecke nach Crombach an. Um Crombach entflammten erbitterte Kämpfe. Eine Kompanie verschoss in 20 Minuten 600 Granaten aus ihren 81-mm-Mörsern. Dabei »rissen die Grundplatten, die auf Halbkettenfahrzeugen angeschweißt waren«.[7] Deutsche Panzerbesatzungen wandten den Trick an, gleißende Leuchtkugeln abzufeuern, um die amerikanischen Schützen zu blenden und somit ihre Granaten als Erste abzuschießen, was eine verheerende Wirkung hatte.

Wie von Hasbrouck vorausgesagt, geriet jetzt fast die gesamte Division unter schweren Beschuss. Es wurde Befehl für den Rückzug gegeben, den die Artillerie gegen Mitternacht begann. Klirrender Frost setzte ein. Zum freudigen Erstaunen von Brigadegeneral Clarke war der Boden endlich fest genug, um nicht nur querfeldein zu fahren, sondern auch die stark zerfurchten Waldwege zu benutzen. Das war entscheidend, um all die verschiedenen Komponenten durch die drei Kilometer breite Lücke zwischen Vielsalm und Salmchâteau zu bugsieren und den Fluss über die beiden Brücken hinter sich zu lassen. Deutsche Nachtangriffe hinderten allerdings die beiden Gefechtskommandos daran, im Schutz der Dunkelheit abzuziehen. Der sorgfältig ausgearbeitete Plan des Rückzugs geriet aus dem Takt, aber trotz vieler Nachhutgefechte gelang es dem größten Teil der zurückweichenden Truppen, am 23. Dezember die Salm zu überqueren.[8]

Ein Überlebender einer Infanteriekompanie, dem es gelang, mit dem 17. Panzerbataillon zu fliehen, berichtete, wie sie nach mehreren Feuerwechseln unterwegs schließlich die Linien der 82. Luftlandedivision erreichten. Ein Fallschirmjäger, der gerade ein Schützenloch aushob, ließ den Spaten sinken und sagte: »Vor wem um alles in der Welt lauft ihr Kerle denn weg? Wir sind schon zwei Tage hier und haben noch keinen Deutschen gesehen.« Der erschöpfte Infanterist gab zurück: »Bleib doch, wo du bist, Kumpel. Noch ein Weilchen, und dein Warten hat ein Ende.«[9]

Am Südhang der Elsenborner Höhen versuchte die 12. SS-Panzerdivision »Hitlerjugend« ein weiteres Mal, mit Panzern nach Bütgenbach durchzubrechen. Die amerikanischen Verteidiger trieben die Zivilbevölkerung in die Keller des Klosters und versorgten sie mit Nahrungsmitteln. In den Häusern vor dem Dorf und an seinem Rand hockten Frauen und Kinder in ihren eigenen Kellern, während die Häuser darüber bei den heftigen Kämpfen mehrfach den Besitzer wechselten. Bazooka-Teams verfolgten Panzer, denen es gelungen war, in den Ort einzudringen. Amerikanische Kampfbomber griffen an. Von einer Explosion wurde eine Kuh auf ein Dach geschleudert. Als die Kämpfe endeten, lagen in Decken gehüllt die Leichen von 21 Zivilisten da, bereit, begraben zu werden, wenn Gelegenheit dafür war. Zumeist handelte es sich um ältere und behinderte Bewohner eines Pflegeheims.[10]

Dies war der letzte große Versuch, die amerikanische Verteidigung der

Elsenborner Höhen zu durchbrechen. Die 12. SS-Division »Hitlerjugend« erhielt Befehl, sich zurückzuziehen und umzugruppieren, bevor sie der 5. Panzerarmee weiter südlich zugeteilt wurde. Gerows V. Korps hatte den Durchbruchversuch der 6. deutschen Panzerarmee vereitelt.

In den frühen Morgenstunden des 22. Dezember warfen deutsche Transportmaschinen vom Typ Junkers 52 für Peipers Kampfgruppe Treibstoff, Verpflegung und Munition ab, aber nur etwa ein Zehntel davon konnte in der kleinen Abwurfzone geborgen werden. Die Luftwaffe weigerte sich, auf Antrag der 6. Panzerarmee weitere Flüge zu starten. Versuche der 1. SS-Panzerdivision, durchzubrechen, um Peiper zu unterstützen und zu versorgen, wurden von einem Regiment der 82. US-Luftlandedivision, das die Frontlinie an der Salm kurz unterhalb des Zusammenflusses mit der Amblève verteidigte, bei Trois-Ponts vereitelt. General Ridgway wusste, dass er die Kampfgruppe Peiper in dem Kessel von La Gleize und Stoumont so bald wie möglich eliminieren musste, um die 30. Infanteriedivision und die 3. Panzerdivision umgruppieren zu können. Mit dem Vormarsch der 116. deutschen Panzerdivision auf Hotton und der 2. Panzerdivision zu ihrer Linken wuchs die Gefahr im Westen.

Nach dem strengen Frost in der Nacht zuvor hatte Ridgway an diesem Tag klaren Himmel erwartet. Bald aber musste er hören, dass kein Flugzeug zu ihrer Unterstützung aufsteigen werde. Schließlich konnte die Infanterie der 30. Division mit Unterstützung von Sherman-Panzern zumindest Stoumont vom Feind säubern. Die Deutschen zogen ab und ließen die Verwundeten aller drei Bataillone des 2. SS-Panzergrenadierregiments zurück.[11] Aber westlich von Stavelot gelang es einer Kompanie Panzergrenadiere, die Straße zu sperren und einen Verbandsplatz der Amerikaner zu besetzen. Dieser wurde am nächsten Tag von Pionieren und Panzern zurückerobert.

Peiper sah ein, dass seine Lage »sehr ernst« war. In La Gleize tobten Kämpfe von Haus zu Haus. Einige hatte die amerikanische Artillerie mit Phosphorgeschossen bereits in Brand gesetzt. Peiper behauptete, dass die Kirche von La Gleize, die »deutlich sichtbar mit einem roten Kreuz markiert war«, von US-Panzern und Artillerie beschossen worden sei.[12] Seine Männer, zumeist Jugendliche, waren erschöpft und halb verhungert. Die meisten trugen inzwischen amerikanische Uniformteile, die sie Toten und Gefangenen abgenommen hatten, weil ihre eigenen bereits zerfielen. Da alle Durchbruchversuche von Entsatzkräften seiner Division bisher gescheitert waren, entschied Peiper an diesem Abend, dass seine Kampfgruppe sich selbst einen Rückzugsweg erkämpfen musste.

Während Peipers Moral sank, wurde Generalmajor Kokott südlich von Bastogne zusehends optimistischer. In seinem Befehlsstand der 26. Volksgrenadierdivision waren gerade Nachrichten von dem raschen Vorstoß der Panzerdivisionen in Richtung Maas eingegangen. Man begann zu glauben, dass der Stab von Lüttwitz' Korps gut über den Zustand der amerikanischen Verteidiger von Bastogne informiert gewesen sein musste, sonst hätte er nicht nur »einer einzigen Infanteriedivision« befohlen, die Stadt einzukreisen und zu erobern.[13] Lüttwitz, den am Abend zuvor der General der Panzertruppen Brandenberger aufgesucht hatte, erhielt die Zusicherung, dass die 5. Fallschirmjägerdivision die Südflanke gegen Pattons Vorstoß von Arlon nach Norden halten könne.

Bei bitterkaltem Wetter, weiteren Schneefällen und hart gefrorenem Boden startete Kokott einen konzentrischen Angriff. Sein 39. Regiment stieß gegen Mande-Saint-Etienne im Westen vor, während sein Aufklärungsbataillon, die Kampfgruppe Kunkel, in der Umgebung von Senonchamps und Villeroux, südwestlich von Bastogne, kämpfte. »Im Lauf des [Tages]«, notierte Kokott, »kam Nachricht vom Korps[-stab], dass der Kommandeur der Truppen in Bastogne eine Kapitulation bemerkenswert kurz abgelehnt hat.«[14]

Als Soldaten des 327. Gleiterinfanterieregiments vier Deutsche auf sich zukommen sahen, die eine weiße Flagge schwenkten, glaubten sie, diese wollten sich ergeben. Ein deutscher Offizier, der Englisch sprach, erklärte, nach der Genfer und der Haager Konvention hätten sie das Recht, ein Ultimatum zu stellen. Sie ließen sich die mitgebrachten Augenbinden anlegen und wurden zum Befehlsstand der Kompanie geführt. Ihr Brief wurde an den Divisionsstab weitergegeben. Brigadegeneral McAuliffe, der die ganze Nacht kein Auge zugetan hatte, holte gerade im Keller ein wenig Schlaf nach. Der diensthabende Stabschef rüttelte ihn wach und teilte ihm mit, die Deutschen hätten Emissäre geschickt, die die Verteidiger von Bastogne aufforderten zu kapitulieren, andernfalls würden sie durch Artilleriefeuer vernichtet. McAuliffe, noch halb im Schlaf, murmelte: »Quatsch!« Da man nicht wusste, was man als Antwort empfehlen sollte, schlug ein Mitglied des Stabes der 101. Division vor, das zu antworten, was McAuliffe seinem Stabschef gesagt hatte. So ging also an den nicht identifizierten »deutschen Kommandeur« – es war tatsächlich Lüttwitz – die Botschaft zurück, die aus diesem einen Wort bestand. Manteuffel war sehr wütend auf Lüttwitz, als er von dem Ultimatum hörte. Er hielt es für einen dummen Bluff, denn die Deutschen hatten gar nicht die Artilleriemunition, um die Drohung auszuführen. McAuliffe hingegen konnte nicht sicher sein, dass es nur ein Bluff war.

Der Wetterwechsel bedeutete, dass die Uniformen sich jetzt scharf vom Schnee abhoben. In Bastogne und den umliegenden Dörfern fragten die amerikanischen Offiziere bei den Bürgermeistern nach, ob sie Bettlaken zur Tarnung erhalten könnten. In Hemroulle ging der Ortsvorsteher auf der Stelle zur Kirche und läutete die Glocken. Als die Dorfbewohner angelaufen kamen, ordnete er an, sie sollten ihre Bettlaken bringen, weil die amerikanischen Soldaten sie brauchten. Etwa 200 Stück wurden angeliefert. Die Fallschirmjäger zerschnitten sie und fertigten daraus Helmbedeckungen oder Streifen an, mit denen sie die Mündungsrohre von Gewehren und Maschinengewehren umwickelten. Jene, die sich ponchoähnliche Capes für Patrouillengänge anfertigten, mussten bald feststellen, dass diese von innen feucht wurden und vereisten. Sie knisterten und raschelten bei jeder Bewegung. Andere Soldaten suchten in Bastogne und den umliegenden Dörfern nach weißer Farbe, um ihre Fahrzeuge und Panzer damit anzustreichen.

In den Schützenlöchern rund um Bastogne hatten die schlecht ausgerüsteten Fallschirmjäger der 101. Division bei dem strengen Frost schwer zu leiden, besonders weil ihre Füße in durchnässten Schuhen steckten. Einige Soldaten entdeckten in einem Laden von Bastogne einige tausend Jutesäcke. Diese und weitere wurden rasch unter die Soldaten verteilt, um daraus Fußlappen zu schneiden. Trotzdem nahmen nicht kampfbedingte Ausfälle durch Fußbrand und Erfrierungen bald alarmierende Ausmaße an.

Die Fallschirmjäger überraschten die Deutschen damit, dass sie trotz dieser widrigen Umstände an diesem Tag so heftige Gegenangriffe starteten. Die Deutschen hatten im Morgengrauen am Frontabschnitt Mande-Saint-Etienne mit Attacken begonnen. Während der Kämpfe suchte eine Familie von Flüchtlingen zusammen mit anderen Zuflucht im letzten Haus des Dorfes. Die beiden Brüder, denen der Bauernhof gehörte, molken die Kühe und brachten den Gästen Krüge mit Milch in den angrenzenden Stall. Plötzlich sprang die Tür auf, und zwei deutsche Soldaten mit Maschinenpistolen »Schmeisser« MP-40 stürzten herein. Die Flüchtlinge drängten sich an der Wand zusammen, weil die beiden Männer betrunken zu sein schienen. Während der eine seine Waffe auf die Zivilisten hielt, trat der andere an die Krüge mit Milch heran, öffnete seine Hose und urinierte in beide hinein. Die beiden fanden das wohl sehr lustig.[15]

Die 26. Volksgrenadierdivision verlor bei ihren Angriffen an diesem Tag um die 400 Mann. Vom Versorgungsbataillon der Division und dem Artillerieregiment mussten Ersatzleute zum Einsatz als Infanteristen geschickt werden. Wegen der Konterattacken nahm Generalmajor Kokott gar an, die Verteidiger könnten einen Ausbruch wagen. Von Zivilisten, die aus Bastogne geflohen waren, hatten seine Männer gehört, in der Stadt herrsche große Aufregung, und Fahrzeuge würden beladen. In der Nacht hatten deutsche Granaten die Befehlsstelle der 101. Division getroffen und mehrere Offiziere in ihren Schlafsäcken getötet.

Ein Abwurf aus der Luft an diesem Tag musste wegen der schlechten Sicht abgesagt werden. Der 101. Division ging die Artilleriemunition aus, und die Zahl der Verwundeten, die kaum noch behandelt werden konnten, wuchs stark an. Aber die Moral war hoch, besonders als die Nachricht von der knappen Ablehnung einer Kapitulation die Runde machte. Einige hohe Offiziere beim SHAEF, vor allem Generalleutnant Strong, der britische Aufklärungschef, befürchteten, die 101. Luftlandedivision könnte nicht mehr in der Lage sein, Bastogne zu verteidigen. »Ich habe mir über diese Operation nie Sorgen gemacht«, erklärte Bedell Smith später. »Strong allerdings schon. Er fragte mich dreimal am Tag, ob ich glaube, dass wir Bastogne halten könnten. Ich meinte [wir könnten]. Er sagte: ›Woher wollen Sie das wissen?‹ Darauf ich: ›Weil das die Kommandeure vor Ort glauben.‹ Wir hatten unsere beste Division in Bastogne. Wenn der Kommandeur sagte, dass sie o.k. seien, dann habe ich ihm geglaubt, dass er auch [durchhalten] kann.«[16]

Generalleutnant Collins – »Lightning Joe«, »Joe der Blitz« – ging sofort daran, sein VII. Korps zum Widerstand gegen den Vorstoß der deutschen Panzerdivisionen in Richtung Maas zu organisieren. Im Augenblick stand ihm dafür nur die 84. Infanteriedivision zur Verfügung, aber die 2. Panzerdivision war unterwegs und die 75. Infanteriedivision ebenfalls. In einem Panzerwagen fuhr er zu der Ortschaft Marche-en-Famenne. »Der Nebel hing direkt über den Baumwipfeln«, berichtete er später.[17] In dem Ort fand er Brigadegeneral Alex Bolling, den Befehlshaber der 84. Infanteriedivision, vor, der Aufklärungskräfte ausgeschickt hatte, um die Anmarschroute des Feindes zu erkunden. Dass er Bolling »sehr gelassen« antraf, beruhigte ihn, aber das Gespräch brachte ihn zu dem Schluss, dass Bradley fälschlicherweise glaubte, sein gesamtes Korps könne für einen Gegenangriff in Reserve gehalten werden. In Wirklichkeit stand das VII. Korps kurz vor einem »Kampf auf Leben und Tod«.[18] Collins entschied, den Stab seines Korps im Schlösschen von Méan, 15 Kilometer nördlich von Marche, einzurichten.

Die vorderste Kampfgruppe der 2. deutschen Panzerdivision war am 22. Dezember frühmorgens in Richtung Marche gestartet. Sie stieß auf keinerlei Widerstand, bis sie in einer hügeligen Landschaft von Feldern und Wäldern an einer Kreuzung zwei Kilometer südlich von Marche mit einer Abteilung von Bollings 335. Infanterieregiment aneinandergeriet. Während eine Truppe von Panzergrenadieren das Gefecht fortsetzte, bogen die Spitzen der 2. Panzerdivision in Richtung Westen nach Dinant ab.[19] Aufregung löste ein unbestätigter Bericht eines britischen Regiments der 23rd Hussars vom Maas-Übergang bei Givet aus, wonach in Vonêche, nur ein Dutzend Kilometer südöstlich davon, deutsche Panzer gesichtet worden seien.[20]

Die Spitzen der 2. deutschen Panzerdivision waren zu dieser Zeit nur noch 25 Kilometer von der Maas-Brücke in Dinant entfernt, aber ständige Attacken von Bollings Division zwangen die Deutschen, immer wieder Truppen für den Flankenschutz abzustellen. Ein Angriff amerikanischer Infanterie von Marche aus am Vormittag schlug fehl, aber bei einem massiveren Versuch am Nachmittag mit Panzerunterstützung konnten die Höhen südwestlich der Stadt zurückerobert werden. Einen generellen Rückschlag konnte die 2. Panzerdivision verhindern, als ihr Flakbataillon die amerikanischen Shermans auf offenem Feld angriff. Dabei mussten die Deutschen allerdings schwere Verluste hinnehmen. In dieser Nacht gelang es Panzergrenadieren, einen Teil der Höhen wieder zu besetzen und damit den Weg nach Westen zu öffnen.[21]

Nun begriffen die amerikanischen Versorgungstruppen und andere Einheiten in der Gegend, in welcher Gefahr sie schwebten. Eine Gruppe, die sich selbst im altehrwürdigen Château d'Hargimont zwischen Marche und Rochefort einquartiert hatte, legte sich in Uniform und Schuhen, mit Handgranaten in Reichweite zum Schlafen nieder, falls sie in der Nacht von einem Vorstoß der Deutschen überrascht werden sollten. Als sie Artilleriefeuer hörten, sprangen sie in ihre Fahrzeuge und zogen sich nach Dinant zurück. Das taten auch die meisten jungen Belgier entweder per Fahrrad oder zu Fuß. Zu Recht fürchteten sie Vergeltung für die Angriffe der Résistance im September. Außerdem wussten sie, wenn sie blieben, riskierten sie, als Zwangsarbeiter nach Deutschland deportiert zu werden.

Die belgischen Zivilisten, die beim Beginn des Artilleriebeschusses in Kellern Zuflucht suchten, hatten keine Vorstellung davon, wie die Kämpfe verliefen. Allerdings konnten sie die Geräusche unterscheiden, die die Gummisohlen der amerikanischen Stiefel einerseits und die beschlagenen »Knobelbecher« der Deutschen andererseits auf ihren Straßen erzeugten. Wenn die Deutschen anrückten, zogen sie sich zurück, und das nicht nur, weil sie Gewalt fürchteten, sondern weil sie auch wussten, wie verlaust die feindlichen Soldaten waren. Diese suchten beim Vormarsch überall nach versteckten Amerikanern oder Résistance-Kämpfern. Jeder junge Belgier, der dumm genug war, ein paar Schuss Munition auf der Straße aufzuheben, musste damit rechnen, als »Terrorist« erschossen zu werden, wenn man ihn durchsuchte. Und wenn die Deutschen entschieden, sich irgendwo einzuquartieren, dann stellten sie ihre Gewehre und Panzerfäuste, nervös beäugt von den Zivilisten, in eine Ecke. Die Leute sprachen untereinander Wallonisch, weil sie wussten, dass die Soldaten das nicht verstanden, es sei denn, es war ein Eingezogener aus den östlichen Kantonen Belgiens darunter.

In den Kellern, die nur von Sturmlaternen oder Kerzen beleuchtet waren, sangen die Ardennenbewohner in längeren Kampfpausen manchmal Volkslieder. Wenn der Beschuss wieder einsetzte, beteten sie mit schnellen Lippenbewegungen den Rosenkranz. Bei längerem Beschuss verschlechterten sich die Bedingungen rasch, und die Gefahr der Ansteckung mit Ruhr stieg. Kübel konnten nur nach oben gebracht und auf dem nächsten Dunghaufen geleert werden, wenn nicht geschossen wurde. Dann liefen auch die Bauern und ihre Söhne nach draußen, um die Kühe im Stall zu melken und die Schweine zu füttern. Sie brachten Krüge mit Milch für die unten Eingeschlossenen mit, damit sie einmal etwas anderes als Kartoffeln zu sich nehmen konnten. Wenn die Zeit ausreichte, zerlegten sie rasch Vieh, das von den Granaten getötet wurde. Glücklichere brachten sogar einen Ardennenschinken mit, der dann unter allen aufgeteilt wurde. Manche stopften Schnee in Krüge und Flaschen und warteten darauf, dass er schmolz, denn Wasser von der Pumpe zu holen war gefährlich. Jene, die in die Wälder flohen, wenn ihre Häuser beschossen wurden, konnten nichts anderes tun, als eng zusammenzurücken und einander zu wärmen. Mit Wasser versorgten sie sich, indem sie Eiszapfen lutschten.

Überall in den Ardennen kümmerte man sich gemeinschaftlich um die

Alten und Kranken. Beispiele von Egoismus scheinen selten gewesen zu sein. Menschen mit Kellern aus Stein brachten Nachbarn bei sich unter, deren Kellerräume nur mit Dielenbrettern bedeckt waren. Und der Eigentümer eines Schlosses mit Gewölben tief unter der Erde forderte die Dorfbewohner auf, dort Zuflucht zu suchen. Aber solche auffälligen Gebäude zogen rasch das Interesse von Artilleriebeobachtern auf sich, sei es auf alliierter oder auf deutscher Seite.

Generalmajor von Waldenburg, der Kommandeur der 116. Panzerdivision, war an diesem Morgen in schlechter Stimmung. Bereits um 4.00 Uhr früh hatte er von seinem Korpskommandeur Befehl erhalten, den Angriff auf Hotton westlich der Ourthe einzustellen, das von einem amerikanischen Pionierbataillon und Versorgungstruppen beherzt verteidigt wurde. Manteuffel erlag dem Irrtum, die Verteidigung sei zu stark und werde Waldenburgs Division aufhalten. Er befahl der 560. Volksgrenadierdivision, bei Hotton weiter anzugreifen, während die 116. Panzerdivision zunächst über Samrée und La Roche zurückfahren, sich dann nach Nordwesten wenden und auf der anderen Seite der Ourthe zwischen Hotton und Marche durchbrechen sollte. Waldenburg war überzeugt, hätte man ihm diesen Weg früher befohlen, so stünde er jetzt bereits weit jenseits von Marche.[22] Dieser Umweg gab General Collins mehr Zeit, seine Verteidigungslinie weiter westlich zu organisieren.

In der Stadt Luxemburg stellte General Bradleys Stab fest, dass der General jetzt seinen Schlafraum oder das Büro nur noch selten verließ. Als Hansen an diesem Morgen in Bradleys Büro trat, fand er den General allerdings auf den Knien über eine Karte gebeugt vor, die er auf dem Fußboden ausgebreitet hatte. Mit seiner bifokalen Brille studierte er das Straßennetz, das die Deutschen benutzten, und markierte bestimmte Routen mit einem braunen Stift. Das war der Tag, an dem General Patton zum Angriff auf Bastogne aus südlicher Richtung startete, wobei er zuerst das III. Korps einschließlich der 4. Panzerdivision sowie der 26. und der 80. Infanteriedivision rechts davon einsetzte. Das XII. Korps, das der 4. Infanteriedivision an der Südflanke folgte, sollte zusammen mit der 5. Infanteriedivision und Teilen der 10. Panzerdivision ebenfalls nach Norden vorstoßen.

Nach den heftigen Schneefällen in der Nacht beschrieb Hansen den Blick aus dem Hotel als »eine echte Postkartenansicht mit winzigen schneebedeckten Häuschen«.[23] Der Nebel hatte sich gelichtet, und die Temperatur war gefallen, aber die niedrige Wolkendecke verhinderte weiterhin den Einsatz der Luftwaffe der Alliierten in ihrer ganzen Stärke. Da unter der Bevölkerung der Stadt Luxemburg immer noch Angst herrschte, beschloss der Offizier der 12. Armeegruppe für zivile Angelegenheiten, Prinz Jean, den Sohn von Großherzogin Charlotte, in einem Wagen durch die Stadt zu fahren, um der Bevölkerung zu demonstrieren, dass er bei ihr geblieben war. Bradleys Stab war verärgert darüber, dass Radio Luxemburg, das den stärksten Sender in Europa besaß, den Betrieb eingestellt hatte, weil die Mitarbeiter in Panik geflohen waren und den größten Teil der technischen Ausrüstung mitgenommen hatten.

Die Angst vor Skorzenys Kommando war noch nicht abgeflaut. Die Spionageabwehr der Alliierten sei »überaus besorgt um die Sicherheit unserer Generale«, schrieb Hansen in sein Tagebuch. »Deutsche Agenten in amerikanischen Uniformen sollen an ihren rosa oder blauen Schals, an der Grußerweisung mit zwei Fingern und an dem geöffneten obersten Knopf ihrer Mäntel und Jacken zu erkennen sein. Als Charlie Wertenbaker [vom Magazin *Time*] heute Abend kam, haben wir auf seinen weinroten Schal gewiesen und ihn auf einen Stich ins Rosa aufmerksam gemacht. Er hat ihn prompt abgelegt.«[24]

Eisenhower, der sich in Versailles ebenfalls durch die Sicherheitsvorkehrungen eingeengt fühlte, erließ einen Tagesbefehl an alle Truppen. »Der Feind unternimmt höchste Anstrengungen, um sich aus der Zwangslage zu befreien, in die ihr ihn durch eure glänzenden Siege im Sommer und Herbst gebracht habt. Er führt einen brutalen Kampf, um sich all das zurückzuholen, was ihr erkämpft habt. Und er nutzt jeden heimtückischen Trick, um euch zu täuschen und zu töten. Er setzt alles auf eine Karte, aber in diesem Kampf habt ihr mit eurer beispiellosen Tapferkeit schon viel getan, um seine Pläne zu vereiteln. Angesichts eures erwiesenen Mutes und eurer Stärke wird er eine vollständige Niederlage erleiden.«[25]

Am Tag zuvor hatte Eisenhower in einem Versuch, Bradley vor jedem Verdacht in Schutz zu nehmen, er habe sich in den Ardennen überrumpeln lassen, dessen Beförderung zum Vier-Sterne-General empfohlen. An General Marshall schrieb er, der Befehlshaber der 12. Armeegruppe habe »in bemerkenswerter Weise einen kühlen Kopf bewahrt und [sei] der Situation methodisch und energisch gerecht geworden. Nirgendwo gibt es eine Tendenz, Bradley etwas vorzuwerfen.«[26]

Laut Bedell Smith redete sich Bradley, von seinem Stab angestachelt, ein, Montgomery sei in Panik verfallen. Diese völlig irrige Auffassung demonstrierte mehr als alles andere, dass sein Hauptquartier in Luxemburg völlig den Kontakt zur Realität vor Ort verloren hatte. »Wir haben erfahren, dass die ganze britische Armee sich auf dem Rückzug befindet«, schrieb einer seiner Stabsoffiziere. »Montgomery beließ nur ein schwaches Gerüst von Truppen an der Frontlinie und verlegte die Masse der britischen 2. und der kanadischen 1. Armee mit bemerkenswerter Behändigkeit für einen Mann, der oft so vorsichtig handelt, von Holland zu einem halbkreisförmigen Verteidigungsring um Antwerpen, bereit für die letzte verzweifelte Schlacht, die er offenbar dort führen zu müssen glaubte.«[27] Bradleys Stab wusste offenbar nicht, dass Horrocks XXX. Korps an der Maas stand, dass dessen 29. Panzerbrigade sich bereits am Ostufer befand, bereit, zum rechten Flügel von Collins' VII. Korps aufzuschließen.

16. Kapitel

Samstag, 23. Dezember

Überall in den Ardennen starrten die amerikanischen Kommandeure am Morgen des 23. Dezember staunend auf den wolkenlosen blauen Himmel und die blendende Wintersonne. Die Temperatur war noch weiter gesunken, denn ein »russisches Hoch« mit kristallklarem Wetter war aus dem Osten herangezogen. Die Flugleiter meldeten voller Freude »unbegrenzte Sicht« und drängten die Jagdbomber P-47 Thunderbolt, auf Panzerjagd zu gehen.[1] General Patton rief seinem stellvertretenden Stabschef übermütig zu: »Verdammt noch mal! Dieser O'Neill hat sehr wirksam gebetet. Holen Sie ihn her, ich will ihm eine Medaille anheften.« Tatsächlich wurde Kaplan O'Neill aus Nancy nach Luxemburg geschafft, sodass Patton ihm am nächsten Tag den »Bronze Star« verleihen konnte.[2]

Wie viele Bewohner der Stadt Luxemburg liefen die Mitarbeiter von Bradleys Stab auf die Straße, um gegen das helle Licht zu den Kondensstreifen der schweren Bomber der Alliierten hinaufzublinzeln, die Angriffe auf Trier und dessen Rangierbahnhof flogen. In den Schützenlöchern stieg die Moral, als die Männer den Bombern und Jagdbombern nachblickten, die jetzt über sie hinwegdonnerten und dabei glitzerten wie Schwärme von Silberfischen.

Die Luftunterstützung der Alliierten brachte noch einen weiteren Vorteil mit sich. Die Geschützbatterien der Deutschen wagten nicht durch Feuer ihre Stellungen zu verraten, solange Jagdbomber in der Nähe waren. »Sobald die Luftwaffe des Feindes auftauchte, sank die Wirkung der Artillerie auf 50 oder 60 Prozent«, meldete Models Artilleriekommandeur.[3]

Am späteren Vormittag löste im Stab der 12. Armeegruppe die Nachricht Aufregung aus, dass ein Teil der 2. deutschen Panzerdivision auf Jemelle östlich von Rochefort zuhielt. Dort stand der Funkverstärker der Armeegruppe, der nur von einem Zug Infanterie und ein paar Panzerjägern bewacht wurde. Bradley rief sofort im Stab der 1. Armee an, um nach Verstärkung zu fragen, aber »während er noch sprach, war die Leitung plötzlich tot«. Die Soldaten, die die Verstärkerstation bewachten, hatten gerade alle Röhren abgeschaltet. Als die Deutschen näher kamen, zogen sie sich zurück, zerstörten aber die Technik nicht, weil sie hofften, dass die Station bald wieder zurückerobert werden könnte.[4]

Jetzt war es zumindest möglich, durch Aufklärungsflüge die Bewegungen der deutschen Panzerdivisionen nach Nordwesten in Richtung der Maas festzustellen. Beim Stab der 1. Armee war man allerdings noch immer überzeugt, dass die Deutschen nach Lüttich durchbrechen wollten. Dort wusste man nicht, dass Hitler auf einem Vorstoß nach Westen bestanden hatte.

General Rose, dessen Kommandostelle sich in der umkämpften Stadt Hotton befand, war gezwungen, seine 3. US-Panzerdivision in alle Richtungen aufzuspalten. Ein Gefechtskommando war nach wie vor damit beschäftigt, die Kampfgruppe Peiper bei La Gleize zu vernichten, während ein anderes von Eupen her zu ihm unterwegs war. Den Rest der Division bildeten drei Task Forces. Zwei standen bereit, sich dem Vormarsch der 2. SS-Panzerdivision »Das Reich« an der Straße von Houffalize nach Manhay, die nach Lüttich führte, in den Weg zu stellen. Die Task Force Hogan hingegen war bei Marcouray, zehn Kilometer südöstlich von Hotton, eingekesselt und hatte keinen Treibstoff mehr. An diesem Tag wurde versucht, Nachschub abzuwerfen, aber die Lasten an den Fallschirmen verfehlten sie um sechs Kilometer und am nächsten Tag um fast zehn Kilometer.[5]

Baraque-de-Fraiture, an der Chaussee Houffalize–Lüttich gelegen, bestand aus nur drei Bauernhäusern an einer Kreuzung in der Nähe des Dorfes Fraiture. Die Kreuzung lag an der Grenze zwischen der 82. US-Luftlandedivision und der 3. Panzerdivision und war übersehen worden. Major Arthur C. Parker III., ein Überlebender der Katastrophe, die die 106. Division in der Schnee-Eifel ereilt hatte, erkannte, wie wichtig dieser Punkt war. Sofort ging er daran, dort mit seinen eigenen Geschützbedienungen und unterschiedlichen kleineren Gruppen, die sich auf dem Rückzug befanden, eine Verteidigungsstellung anzulegen. Darunter waren vier Halbkettenfahrzeuge der Luftabwehr mit dem 12,7-mm-Vierlings-Fla-MG, dem berüchtigten »Fleischwolf«.

Die kleine Truppe an der »Parker-Kreuzung«, als die Baraque-de-Fraiture bald bekannt wurde, war am 21. Dezember vor dem Morgengrauen von einer starken Gefechtspatrouille der 506. Volksgrenadierdivision angegriffen worden. Doch die »Fleischwölfe« hatten sie in Stücke gehackt. Unter den

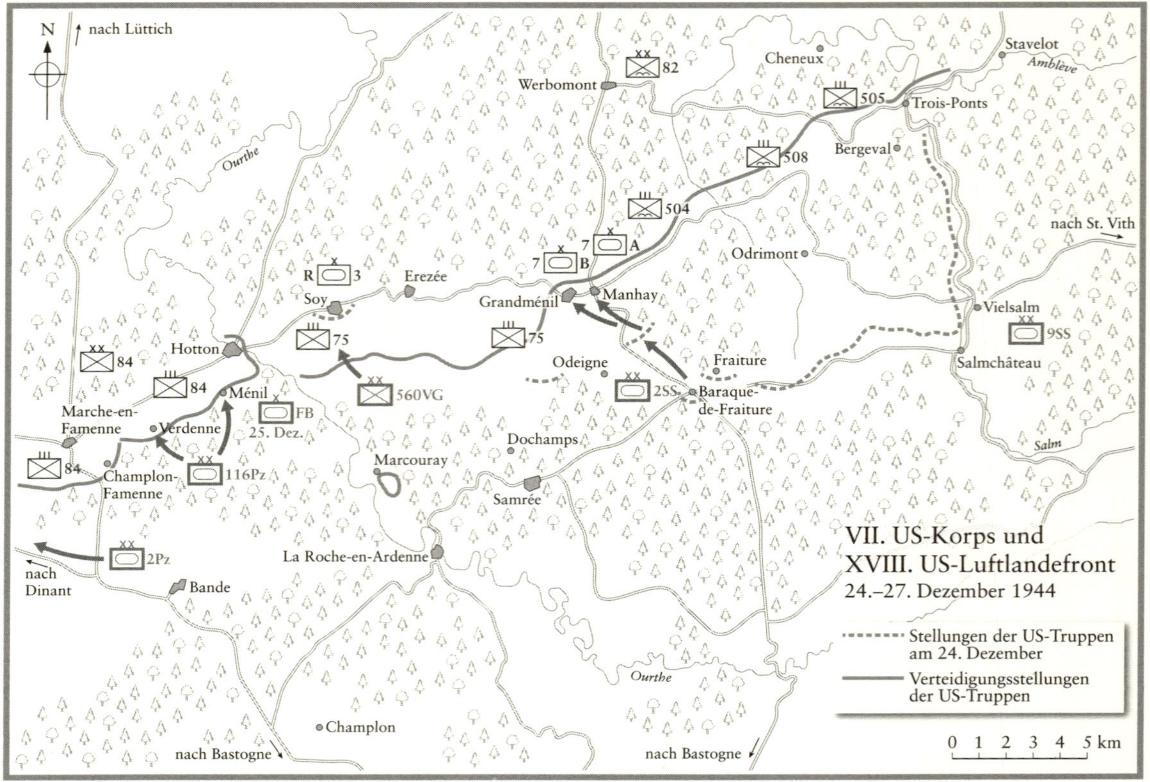

VII. US-Korps und
XVIII. US-Luftlandefront
24.–27. Dezember 1944
Stellungen der US-Truppen am 24. Dezember
Verteidigungsstellungen der US-Truppen
0 1 2 3 4 5 km
N
nach Lüttich
nach St. Vith
nach Dinant
nach Bastogne
nach Bastogne
Stavelot
Amblève
Cheneux
Werbomont
82
505
Trois-Ponts
Bergeval
508
504
7 A
7 B
Odrimont
R 3
Erezée
Soy
Grandménil
Manhay
Vielsalm
9SS
Salmchâteau
Salm
75
75
Hotton
84
84
84
Odeigne
Fraiture
2SS
Baraque-de-Fraiture
Ourthe
Ourthe
Ménil
FB
25. Dez.
560VG
Marche-en-Famenne
Verdenne
Dochamps
Marcouray
116Pz
Champlon-Famenne
Samrée
2Pz
La Roche-en-Ardenne
Bande
Champlon

Verwundeten wurde ein Offizier der SS-Division »Das Reich« identifiziert. Die Task Force Kane, die Manhay nördlich von ihnen verteidigte, schickte einen Aufklärungszug. Und General Gavin, dem die Gefahr nun endlich bewusst wurde, setzte ein Bataillon der 82. Luftlandedivision nach Fraiture in Marsch, um Parkers linke Flanke zu schützen. Auch eine Kompanie des 325. Gleiterinfanterieregiments traf ein.

Am 22. Dezember passierte wenig, denn »Das Reich« wartete auf Treibstoffnachschub und darauf, dass Remers Führer-Begleit-Brigade zu ihr aufschloss. Doch am 23. Dezember im Morgengrauen griff das SS-Panzergrenadierregiment 4 die Kreuzung und die US-Fallschirmjäger bei Fraiture an, die beim Frühstück überrascht wurden. Der Großangriff auf Parkers Kreuzung erfolgte am späten Nachmittag mit dem gesamten SS-Panzergrenadierregiment 4 und zwei Panzerkompanien. Der Schnee hatte die Stellungen der Verteidiger nicht verhüllt, sondern eher noch sichtbarer gemacht, und ihre Shermans hatten keinerlei Manövrierraum. Die deutschen Panzerschützen schalteten die US-Panzerwagen aus und beschossen gezielt ein Schützenloch nach dem anderen. General Gavin hatte den Verteidigern befohlen, die Stellung um jeden Preis zu halten, aber Parkers Truppe war kurz nach Einbruch der Dunkelheit überwältigt. Drei Shermans entkamen, und ein paar Männer konnten in den Wald fliehen, als die Deutschen wie eine wild gewordene Rinderherde über sie herfielen.

Gavin und Rose, in Sorge darüber, dass »Das Reich« bis Manhay und in ihren rückwärtigen Raum vorstoßen könnte, kratzten zusammen, was sie an Truppen finden konnten. General Ridgway geriet angesichts der unerwarteten Gefahr außer sich und befahl den erschöpften Überlebenden der 7. Panzerdivision, die sich gerade über die Salm gerettet hatten, Manhay zu halten. Seit Hasbrouck und Clarke mit Unterstützung Montgomerys seinen Plan abgelehnt hatten, westlich von St. Vith weiterzukämpfen, war er in gnadenloser Stimmung.

In den frühen Morgenstunden des 23. Dezember ging im Stab des I. SS-Panzerkorps ein Funkspruch der Kampfgruppe Peiper ein. »Position beträchtlich verschlechtert. Nur noch karge Bestände an Infanteriemunition. Gezwungen, Stoumont und Cheneux in der Nacht aufzugeben. Dies ist die letzte Chance auszubrechen.«[6] Amerikanische Artillerie und Panzer beschossen weiter La Gleize. Ohne Treibstoff und Munition war die so gefürchtete Kampfgruppe Peiper jetzt nicht mehr in der Lage zu reagieren.

Peiper hielt über 150 Amerikaner gefangen, darunter Major Hal Mc-

Cown. Peiper hatte bereits versucht, McCown zu verhören, ihm seinen Glauben an den Nationalsozialismus und seine Gründe für die Teilnahme an diesem Krieg zu erklären. An diesem Morgen hatte man McCown zusammen mit vier weiteren amerikanischen Offizieren in einen kleinen Keller verlegt. Am Nachmittag schlug dort eine amerikanische 105-mm-Granate in die Mauer ein, riss ein großes Loch auf und schleuderte den deutschen Posten durch den halben Raum. Ein weiteres Geschoss ging in unmittelbarer Nähe nieder, Splitter und Steine flogen durch den Keller. Ein amerikanischer Leutnant wurde tödlich getroffen, drei Deutsche erlitten Verletzungen.

Später wurde McCown noch einmal zu Peiper gebracht. Der erklärte ihm, er werde mit seinen Leuten zu Fuß ausbrechen, wisse aber nicht, was er mit den amerikanischen Gefangenen anfangen solle. Soeben habe er die Genehmigung erhalten, sich zu den deutschen Linien durchzuschlagen. Er bot einen Handel an. Er wolle alle Gefangenen und seine eigenen Verwundeten zurücklassen und nur McCown als Geisel mitnehmen. McCown würde freigelassen, sobald der amerikanische Befehlshaber die deutschen Verwundeten freigebe. McCown antwortete, er sei nicht in der Lage, Vereinbarungen über Kriegsgefangene zu treffen. Das Einzige, was er tun könne, sei, ein Papier zu unterschreiben, dass er Peipers Vorschlag zur Kenntnis genommen habe. In dieser Nacht bereiteten Peipers Männer alles vor, um die noch funktionierenden Fahrzeuge unbrauchbar zu machen. Sie mussten im Schutz der Dunkelheit durch die Amblève waten, um in den Wald am Südufer zu gelangen.

Der Kommandeur der 9. Armee, General Bill Simpson, war stolz darauf, wie gnadenlos sich seine 30. Division gegen die Kampfgruppe Peiper zur Wehr gesetzt hatte. »Die amerikanischen Truppen weigern sich jetzt, weitere SS-Leute als Gefangene zu nehmen«, schrieb sein Adjutant, »und das kann durchaus auf alle deutschen Soldaten ausgedehnt werden. Wir können das nicht befehlen, doch der CG [Kommandierende General] hofft persönlich, dass jeder GI diese Geschichten hört und dies wie die 30. Division zu seinem Kampfgrundsatz macht.« Mit Genugtuung erfuhr Simpson, dass die Deutschen seine Division jetzt »Roosevelts Schlächter« nannten. Er hatte auch einen Bericht erhalten über deutsche Gefangene bei Malmédy, deren Aussagen zufolge ihre Kommandeure ihnen »versprochen hatten, dass sie bei diesem neuen Gefecht nicht gegen die 30. Division kämpfen müssen. So sehr fürchten sie die.«[7]

Von den Elsenborner Höhen aus belegte die amerikanische Artillerie die Dörfer und Ortschaften in der Ebene auch dann noch mit Phosphor- und Sprenggranaten, als die großen Angriffe bereits abgeflaut waren. Der kleine Ort Faymonville an der Südseite, den eine Abteilung der 3. Fallschirmjägerdivision besetzt hielt, war Tag für Tag permanentes Ziel gewesen. Der Pastor des Ortes bat einen deutschen Offizier, einen Waffenstillstand auszuhandeln, damit die Zivilbevölkerung evakuiert werden konnte. Stattdessen ordneten die Deutschen am Morgen des 23. Dezember einfach an, dass die 600 Zivilisten, die sich noch in Faymonville befanden, sich nach Schoppen, einem Dorf hinter den deutschen Linien, zu begeben hätten. Ein Offizier teilte den Leuten mit, wer versuche, in Richtung der amerikanischen Stellungen zu gehen, werde erschossen. Der Pastor drängte die Deutschen, das noch einmal zu überdenken. Doch die antworteten, dass man beginnen werde, seine Gemeindemitglieder in Fünfergruppen zu erschießen, wenn sie sich weigerten zu gehen.

Um 11 Uhr zogen die geängstigten Dorfbewohner ins freie Gelände hinaus. Unglücklicherweise sah der Pilot einer amerikanischen Aufklärungsmaschine die Kolonne, die sich mit Mühe durch den tiefen Schnee quälte, und hielt sie für eine Konzentration feindlicher Truppen. Die amerikanische Artillerie auf den Elsenborner Höhen eröffnete das Feuer. Als überall Granaten einschlugen, liefen die alten Männer, die Frauen und Kinder in Panik nach allen Richtungen auseinander. Der Pastor rannte nach Faymonville zurück, um die Deutschen zu bitten, die Amerikaner per Funk zur Feuereinstellung aufzufordern. Doch die weigerten sich, etwas zu unternehmen. Schätzungsweise acht Personen wurden getötet oder starben später, viele weitere erlitten Verletzungen, bevor sie das relativ sichere Schoppen erreichten.[8]

Die deutschen Belagerer von Bastogne glaubten immer noch, die Amerikaner könnten versuchen, der Einkesselung zu entkommen. Am 23. Dezember versuchten sie ihre Präsenz westlich der Stadt zu verstärken. Sie griffen weiter bei Senonchamps und Mande-Saint-Etienne an, um den Ring um die Stadt enger zu ziehen und alle weiteren »Ausbruchsversuche« zu vereiteln. Hitler, der »Manteuffels Bericht, er könne Bastogne mit den vorhandenen Kräften nicht einnehmen«, einfach nicht glauben wollte, schickte am 23. Dezember einen Kontrolloffizier. Der bestätigte jedoch Manteuffels Einschätzung.[9]

Die belagerten Verteidiger von Bastogne litten an Lebensmittelknappheit, aber sie waren offenbar immer noch besser versorgt als Kokotts Volksgrenadiere. Deren Lage war so schlecht, dass »bis zu zehn Mann sich einen halben Laib Brot teilen mussten«.[10] Aber während die amerikanischen Fallschirmjäger bei der strengen Kälte wegen fehlender Winteruniformen litten, hatten sie zumindest Dörfer in ihrer Umgebung, wo sie sich aufwärmen konnten. Ihre Gegner von der Volksgrenadierdivision waren schlechter dran, weshalb sie gefallenen Amerikanern stets Schuhe und Kleidung für sich selbst abnahmen. Und bei der wachsenden Spannung, die Skorzenys Kommandos ausgelöst hatten, wurden einige Deutsche mit amerikanischen Uniformteilen, die sich ergaben, sofort erschossen. Neben Waffen war das einzige Stück der Ausrüstung der Deutschen, dem amerikanische Soldaten nachjagten, die bei der Wehrmacht übliche, genial einfache Kombination von Messer, Gabel und Löffel. Die Deutschen hatten auch etwas mehr Voraussicht bewiesen, als sie weiße Tarnanzüge ausgaben, während die Amerikaner improvisieren mussten.

»Die ersten feindlichen Jagdbomber«, notierte Generalmajor Kokott, »tauchten gegen neun Uhr morgens auf, stürzten sich auf Verbindungswege und Dörfer, schossen Fahrzeuge und Bauerngehöfte in Brand.« Zum Leidwesen der US-Fallschirmjäger am südwestlichen Teil des Verteidigungsrings erhielten sie wenig Unterstützung aus der Luft. Bei dem jähen Temperatursturz in der Nacht waren die Drehmechanismen im Turm vieler Panzer und Panzerjäger eingefroren. Selbst Panzerabwehrgeschütze konnten nicht bewegt werden, weil sie am Boden festgefroren waren. Schwierig war es auch für die Infanterie, auf freiem Feld voranzukommen, weil der verharschte Schnee 50 Zentimeter hoch lag.

Um den Ring zu brechen, starteten die Deutschen ihre Hauptangriffe am Mittag gegen den Bereich Flamierge im Nordwesten und danach mit dem Panzergrenadierregiment 901 der Panzer-Lehr-Division gegen Marvie im Südosten. Am späten Vormittag tauchte jedoch eine unerwartete Gefahr für die Deutschen von Süden her auf. Die 5. Panzerarmee hatte sich nicht vorstellen können, dass General Patton in der Lage sei, einen seiner Truppenteile so rasch nach Norden zu bringen.

»Gegen Mittag«, schrieb Kokott, »tauchten in der Nähe des Befehlsstandes der Division in Hompré, erst vereinzelt, dann in Gruppen Männer von der 5. Fallschirmjägerdivision auf. Sie kamen von der Frontlinie und liefen nach Osten. Kaum ein Offizier war in Sicht. Wenn man sie fragte, schrien sie: ›Der Feind ist durchgebrochen! Die rollen mit Panzern nach Norden und haben bereits Chaumont eingenommen!‹«[11] Chaumont lag kaum drei Kilometer südlich von Kokotts Stabsquartier.

Den Versprengten folgten bald Fahrzeuge und die Pferdewagen der Fallschirmjägerdivision. Im Handumdrehen hatten amerikanische Jagdbomber einen Stau in Hompré entdeckt und gingen zum Angriff über. Jeder Deutsche, der eine Waffe hatte, »feuerte wie wild« auf die anfliegenden Maschinen. »Häuser fingen Feuer, Fahrzeuge brannten, Verwundete lagen auf den Straßen, und getroffene Pferde schlugen um sich.«[12]

Das Chaos fiel mit einem massiven Abwurf von Versorgungsgütern über Bastogne zusammen. Deutsche Soldaten, die die vielen weißen und farbigen Fallschirme im Norden erblickten, gerieten in Angst und Schrecken, weil sie glaubten, den Beginn einer Großaktion feindlicher Fallschirmjäger vor sich zu haben. Wie ein Lauffeuer verbreitete sich der Schrei: »Feindliche Fallschirmjäger landen hinter unseren Linien!« Selbst Kokott erschütterte die Möglichkeit, die er nie einkalkuliert hatte. Aber nach und nach gelang es, wieder eine gewisse Ordnung herzustellen. Volksgrenadiere hielten die jungen Soldaten der 5. Fallschirmjägerdivision auf, die fliehen wollten. Die Schützen einer Flakbatterie bei Hompré bekamen den Befehl, von der Flugabwehr auf Bodenoperationen umzuschalten.

Dann stellte Kokott improvisierte Gefechtsgruppen zusammen, übernahm das Kommando über vier Panzer, die sich gerade in seiner Nähe befanden, eine Artillerieabteilung, ein paar Pioniere und reorganisierte einige der fliehenden Fallschirmjäger, die sich von »ihrem ersten Schock« erholt hatten. Er befahl ihnen, nach Süden vorzurücken und dort Straßensperren zu errichten. Bald schien die Lage wieder unter Kontrolle zu sein. Die amerikanische Panzertruppe in Chaumont war ohnehin nur eine Erkundungsabteilung der Spitze von Pattons 3. Armee gewesen, und da ihr die notwendige Stärke fehlte, zog sie sich wieder zurück.

Die ersten Anzeichen von der Abwurfaktion der Amerikaner zur Versorgung der 101. Luftlandedivision und ihr angeschlossener Einheiten erreichten die Deutschen kurz nach Mittag. Bei der 26. Volksgrenadierdivision ging der Funkspruch ein: »Achtung! Starke Feindformation im Anflug von Westen!« Sie sichteten große Flugzeuge, die in Begleitung von Jägern und Jagdbombern in niedriger Höhe anflogen.[13] Die Deutschen erwarteten ein massives Flächenbombardement, und ihre 37-mm-Flak reagierte mit heftigem Feuer.

Das erste Paar von Transportflugzeugen des Typs C-47, das um 9.55 Uhr morgens zwei Gruppen von Pfadfindern abgeworfen hatte, schienen sie nicht bemerkt zu haben. Nach ihrer Landung hatten die sich bei McAuliffes Befehlstand in Bastogne gemeldet, um die besten Orte für Abwurfzonen zu finden. Ihre Mission war wichtig für das IX. Truppentransporterkommando, denn dort gab es Befürchtungen, Bastogne könnte vielleicht schon überrannt worden sein. Die Pfadfinder platzierten ihre Markierungsleuchten knapp außerhalb des Stadtgebietes und warteten, bis sich das Motorengeräusch der anfliegenden Maschinen zu einem gewaltigen Dröhnen steigerte.[14]

»Das Erste, was man beim Anflug auf Bastogne sah«, berichtete ein Funker, der in der ersten Welle der C-47-Transporter flog, »war eine riesige, flache Ebene mit geschlossener Schneedecke, deren Weiß nur von Bäumen und ein paar Straßen unterbrochen wurde. Dann in der Ferne die Stadt. Als Nächstes fiel ein Muster von Panzerspuren im Schnee ins Auge. Wir flogen tiefer und tiefer und erreichten schließlich 150 Meter über dem Boden unsere Abwurfhöhe.«[15] Als die Fallschirme aufblühten, tauchten Soldaten aus ihren Schützenlöchern und Panzerfahrzeugen auf und »brachen in frenetischen Jubel aus wie beim Super Bowl oder der World Series«, wie es einer von ihnen formulierte.[16] Plötzlich sahen die Flugzeugbesatzungen, dass die leere Schneelandschaft zum Leben erwachte, als Soldaten herbeistürzten, um die »Fallschirmpakete« in Sicherheit zu bringen. »Diese Bündel von Versorgungsgütern und Munition herabsinken zu sehen war ein unvergesslicher Anblick«, berichtete ein weiterer Soldat. »Als die Lasten geborgen waren, haben wir als Erstes die Verpackung zerschnitten und um unsere Füße gewickelt. Erst dann haben wir die Güter dorthin gebracht, wo sie hingehören.« Die Fallschirme aus Seide gingen für Schlafsäcke weg.[17]

Die 241 Maschinen des IX. Truppentransporterkommandos, die Welle auf Welle anflogen, warfen insgesamt 334 Tonnen Munition, Treibstoff, Lebensmittel und medizinische Güter, darunter Blutkonserven, ab. »Doch die Flaschen gingen entweder bei der Landung zu Bruch oder wurden zerstört, als eine deutsche Granate in den Raum einschlug, wo sie gelagert waren.«[18] Neun Maschinen verfehlten die Abwurfzone oder mussten umkehren. Sieben wurden von feindlicher Flak abgeschossen. Einige Besatzungsmitglieder wurden gefangen genommen, andere entkamen in die Wälder und wurden in den folgenden Tagen wieder aufgelesen. Eine Handvoll schlug sich zu den amerikanischen Linien durch. »Nicht ein einziges deutsches Flugzeug war am Himmel zu sehen!«, klagte Kokott.[19] Jagdflugzeuge der deutschen Luftwaffe hatten versucht, die Abwurfaktion zu stören, aber sie waren gegenüber den US-Begleitmaschinen in der Unterzahl, wurden vertrieben und mehrere abgeschossen.

Als die Transportmaschinen verschwunden waren, wandten sich die 82 Thunderbolts ihrer Begleitung sofort den Bodenzielen zu. Sie folgten den Panzerspuren bis dorthin, wo die Deutschen ihre Panzer zu tarnen versuchten, und griffen Artilleriestellungen an. Obwohl sich die Fluglleitoffiziere die größte Mühe gaben, beschossen Thunderbolts auch mehrfach amerikanische Stellungen. In einem Fall eröffnete eine P-47 das Feuer auf eine Batterie amerikanischer Artillerie. Ein Maschinengewehrschütze schoss zurück, und bald beteiligten sich mehrere Flugzeuge an dem Angriff. Erst als ein Offizier aus der Stellung rannte und ein Erkennungszeichen schwenkte, erkannten die Piloten ihren Fehler und drehten ab.

Der Angriff des Panzergrenadierregiments 901 auf Marvie ging nach Einbruch der Dunkelheit und dem Abflug der Jagdbomber weiter. Das Artilleriefeuer wurde stärker, dann schossen die mehrläufigen Nebelwerfer ihre Raketen ab, die so furchteinflößend kreischten. Deutsche Infanterie ging hinter Gruppen von vier oder fünf Panzern vor. Das 327. US-Gleiterinfanterieregiment und das 326. Luftlandepionierbataillon schossen Leuchtkugeln in den Himmel. In ihrem Licht wurden weiß gestrichene Panther und Panzergrenadiere in Schneeanzügen sichtbar. Die Verteidiger eröffneten sofort aus Gewehren und Maschinengewehren das Feuer. Bazooka-Teams gelang es, mehrere Panzer auszuschalten. Meistens trafen sie die Ketten oder Kettenräder, was die Panzer unbeweglich machte, die Besatzungen aber nicht daran hinderte, Kanone oder Maschinengewehr weiter zu benutzen.

Ein Durchbruch auf der Einfallstraße nach Bastogne wurde erst verhindert, als McAuliffe seine letzten Reserven ins Gefecht warf und der Artillerie befahl, weiterzufeuern, obwohl ihr Munitionsvorrat gefährlich geschrumpft war. Die Verteidiger wehrten sich so wirksam, dass sie dem Gegner schwere Verluste zufügten. Daher brach Kokott die Aktion schließlich ab. Daraufhin erhielt er aus Manteuffels Stab den Befehl, am Weihnachtstag zum Großangriff vorzugehen. Dafür sollte die 15. Panzergrenadierdivision rechtzeitig eintreffen und unter sein Kommando gestellt werden. Was die Chancen betraf, so mag Kokott skeptisch gewesen sein, aber auch die Verteidiger waren in prekärer Lage, vor allem auf der Westseite der Stadt.

Die Amerikaner konnten die gesamte Frontlinie rings um die Stadt nicht mehr in nennenswerter Stärke sichern, und für den Fall eines Durchbruchs mangelte es ihnen schmerzlich an den notwendigen Reserven. Da ihre Schützenlöcher längs der Frontlinie so weit auseinanderlagen, verfielen die US-Fallschirmjäger auf eine eigene Art von Sprengfallen. Splittergranaten oder 60-mm-Mörsergranaten wurden an Bäumen befestigt und in verschiedene Richtungen Stolperdrähte gespannt. Sprengladungen an Baumstümpfen konnten mithilfe von Drähten, die zu den Stellungen der einzelnen Soldaten liefen, zur Detonation gebracht werden.

Südlich von Foy hielt ein Teil des 506. Luftlandeinfanterieregiments weiterhin seine Stellungen an einem Waldrand. Die Beobachtungsstelle befand sich in einem Haus, vor dem ein steif gefrorener toter Deutscher mit ausgestrecktem Arm lag. »Von nun an«, erinnerte sich ein Feldwebel, »wurde es zum Ritual, ihm stets die Hand zu schütteln, wenn wir das Haus betraten oder verließen. Wir stellten uns vor, solange wir ihm noch die Hand schütteln konnten, seien wir wesentlich besser dran als er.«[20] Trotz des Verpackungsmaterials und der Schlafsäcke von der Abwurfaktion litten fast alle Soldaten an Erfrierungen und Fußbrand. Wie der Schriftsteller Louis Simpson beim 327. Gleiterinfanterieregiment beobachtete, »scheint in dieser Kälte das Leben der Verwundeten zu verlöschen wie ein Streichholz«.[21]

Über den Angriff bei Flamierge schrieb Simpson: »Ich spähe den Abhang hinunter, versuche etwas zu sehen und muss doch den Kopf unten halten. Kugeln pfeifen vorbei. Zu meiner Rechten knattern Gewehre. Dort sehen sie offenbar mehr als ich. Der Schnee scheint lebendig zu werden und sich zu bewegen, er löst sich von den Bäumen am Fuß des Abhangs. Die Bewegung wird stärker. Und jetzt ist es eine Reihe Männer, die meisten in weiße Capes mit Kapuzen gehüllt. Dazwischen hier und da Männer in den graugrünen Mänteln der Deutschen. Sie gehen, laufen und werfen sich in den Schnee. Sie stehen wieder auf und kommen uns immer näher.«[22]

Bastogne hatte für die amerikanische Luftunterstützung natürlich Priorität, ebenso die 82. Luftlandedivision und die 30. Infanteriedivision, die an der Nordflanke der Front hart bedrängt wurden. Höchsten Vorrang erhielt an diesem Tag jedoch die Aufgabe, die deutschen Panzerdivisionen auf dem Weg zur Maas zu stoppen. Dafür wurde die Hälfte aller Jagdbombereinheiten der Alliierten eingesetzt.[23]

Sobald sich das Wetter besserte und die Luftstreitkräfte der Alliierten in voller Stärke in Aktion traten, nahmen die Fälle von Eigenbeschuss aus der Luft und vom Boden dramatisch zu. Flakschützen und fast jedem Soldaten mit einem Maschinengewehr schien es geradezu physisch unmöglich zu sein, nicht auf jedes auftauchende Flugzeug zu schießen. Schießregeln und Instruktionen für die Luft-Boden-Erkundung waren vergessen. Soldaten mussten daran erinnert werden, dass sie auf alliierte Flugzeuge, die sie fälschlicherweise beschossen, nicht zurückfeuern durften. In solchen Fällen hatten sie gelbe oder orangefarbene Rauchgranaten zu werfen, um dem Einhalt zu gebieten, oder ein Fallschirm-Leuchtsignal Marke Amber Star zu schießen. Die Selbstbeherrschung der 30. Infanteriedivision wurde am schmerzlichsten geprüft. Die Soldaten hatten bereits in der Normandie Angriffe eigener Flugzeuge ertragen müssen, und jetzt setzte sich das in den Ardennen fort.[24]

Bollings 84. Infanteriedivision und Teile der 3. Panzerdivision hielten unter großen Schwierigkeiten einen Frontabschnitt südlich der Straße von Hotton nach March gegen die 116. deutsche Panzerdivision und die 2. SS-Division »Das Reich«. Das Gefechtskommando A der 3. Panzerdivision wurde weiter nach Westen verschoben, wo es als Schutzschild für den Bereitstellungsraum von Collins' VII. Korps diente. Die 2. US-Panzerdivision, die »Hölle auf Rädern«, die bisher Patton unterstanden hatte, traf nach Gewaltmärschen unter großer Geheimhaltung für einen Gegenangriff ein, der für den 24. Dezember geplant war. Die 2. deutsche Panzerdivision war früher zur Stelle als erwartet. Collins war sehr erleichtert, als er von Montgomery, »gut gelaunt und selbstsicher wie immer«, erfuhr, dass die Brücken über die Maas in Namur, Dinant und Givet nun von der britischen 29. Panzerbrigade gesichert würden.[25] In dieser Nacht tötete die 8. Schützenbrigade vier Mann von Skorzenys Kommando in einem Jeep. Das größte Problem an den Brücken war der Strom von Flüchtlingen, die den Kämpfen über die Maas zu entkommen suchten. »Der Vormarsch der Deutschen hat die gesamte Bevölkerung verunsichert«, schrieb ein Offizier für zivile Angelegenheiten. »Sie scheint das Schlimmste zu befürchten. Schon strömen Flüchtlinge auf den Straßen, und wir haben alle Hände voll zu tun, damit sie den Verkehr nicht stören.«[26] Als die Belgier an den Brücken nicht mehr durchgelassen wurden, versuchten sie mit Booten über die Maas zu gelangen.

Montgomery versicherte Collins auch, dass die 29. Panzerbrigade vorrücken werde, um am nächsten Tag, dem 23. Dezember, zu Collins' rechter Flanke aufzuschließen. Aber Kompanie A des 3. Königlichen Panzerregiments unter Major Watts befand sich bereits in Sorinnes, sechs Kilometer östlich von Dinant. Watts hatte keine Ahnung, wo die Amerikaner oder die Deutschen standen, daher ließ er seine 18 Panzer ausschwärmen, um im Stil eines gepanzerten Aufklärungsregiments alle Straßen zu besetzen, die

Der Sturm zur Maas
22.–26. Dezember 1944

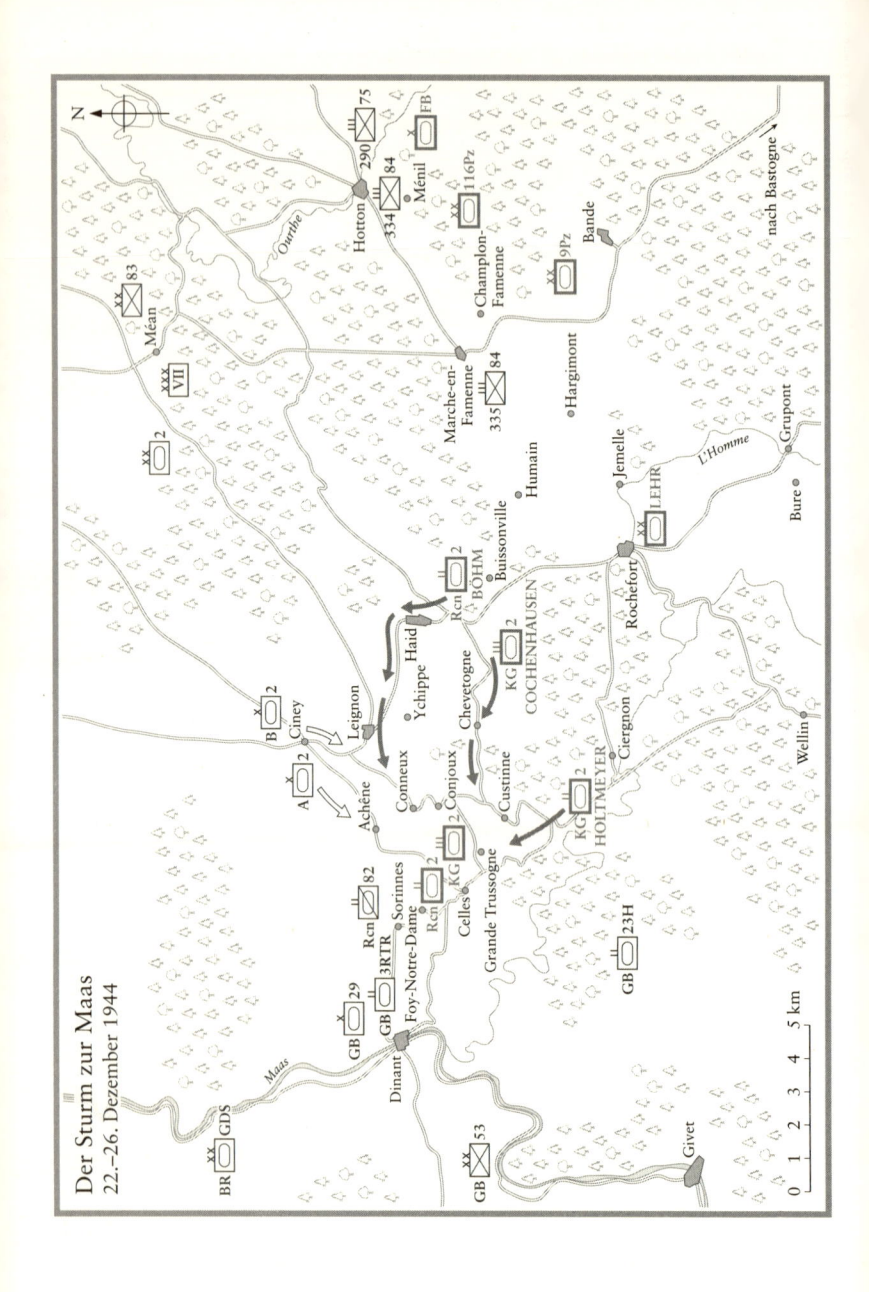

nach Dinant hineinführten. Große Frustration löste in den drei Panzerregimentern der Brigade aus, dass sie mit ihren »gefechtsmüden Shermans« in die Schlacht ziehen sollten und nicht mit ihren neuen Comet-Panzern.[27]

Auch die Briten erhielten jetzt wertvolle Hilfe von der lokalen Bevölkerung. Baron Jacques de Villenfagne vom Château in Sorinnes, drei Kilometer nördlich von Foy-Notre-Dame [nicht zu verwechseln mit dem Foy bei Bastogne], war Hauptmann bei den Chasseurs Ardennais und Chef der Résistance in dieser Region. Mit seinem Motorrad agierte er als Kundschafter für Watts' Kompanie und meldete, dass die 2. Panzerdivision der Deutschen in ihrer Richtung unterwegs sei.

Die bevorstehende Schlacht verdeutlichte den Bauern, dass sie sich für eine längere Zeit in ihren Kellern mit Lebensmitteln einzudecken hatten. Als Camille Daubois in Sanzinnes, südlich von Celles, von dem Anmarsch der Deutschen hörte, entschied er, dass die Zeit gekommen sei, seinen Prachteber, ein Exemplar von 300 Kilogramm Gewicht, zu schlachten. Weil er so riesig war, glaubte er, nicht allein damit fertigzuwerden, und bestellte einen Fleischer, der sich gerade jenseits der Maas in Sicherheit bringen wollte. Der willigte ein, lediglich beim Töten des Tieres zu helfen. Als er dann ankam und den Eber erblickte, rief er aus: »Das ist doch kein Schwein, das Vieh ist eine Kuh!« Da er mit dem Messer nichts ausrichten konnte, verlangte er nach einer Axt, mit der er den Kopf abtrennte. Sie hängten das Tier auf, um es ausbluten zu lassen, dann suchte der Fleischer das Weite. Als bald darauf eine Kampfgruppe der 2. deutschen Panzerdivision eintraf, war das geschlachtete Tier schnell verschwunden, zweifellos in deren Gulaschkanone.[28]

Oberst Meinrad von Lauchert, der Kommandeur der 2. deutschen Panzerdivision, teilte nördlich von Buissonville seine Truppe auf, um den schnellsten Weg zur Maas zu finden. Das gepanzerte Aufklärungsbataillon unter Major von Böhm rollte bald in Richtung Haid und Leignon davon, weil es als erstes aufgetankt worden war. Als die zwei Spitzenpanzer einen amerikanischen Panzerwagen sichteten, eröffneten sie das Feuer. Das Fahrzeug wurde getroffen, aber die Besatzung konnte fliehen. Der Kommandeur, Leutnant Everett C. Jones, benachrichtigte Generalleutnant Ernest Harmon, den Kommandeur der 2. US-Panzerdivision. Der kampfeslustige Harmon, der auf Angriff brannte, befahl seinem Gefechtskommando A unter Brigadegeneral John H. Collier, sofort auszurücken.

An diesem Abend erreichte die Hauptkolonne der Deutschen unter dem

Befehl von Major Ernst von Cochenhausen das Dorf Chevetogne, zwölf Kilometer nordwestlich von Rochefort. Die Bewohner hatten bisher kaum etwas zu fürchten gehabt, es sei denn die V1-Marschflugkörper, die nach Antwerpen flogen. Eine war kürzlich in einem nahen Wald abgestürzt und explodiert. Abgesehen davon schien der Krieg bisher an ihnen vorbeigegangen zu sein. Seit der Befreiung der Gegend im September hatten sie auch keine amerikanischen Truppen gesehen und nie daran gedacht, dass die Deutschen zurückkommen könnten.

Kurz nach Mitternacht vom Dröhnen der Panzer aufgeschreckt, die durch die Hauptstraße rumpelten, schlichen die Bewohner zu den Fenstern, um nachzuschauen, ob es sich um eine amerikanische oder eine deutsche Kolonne handelte. Aber die Fahrzeuge fuhren ohne Beleuchtung, und im Dunkeln war der Unterschied nicht zu erkennen. An einer Anhöhe kam die Kolonne zum Stehen, und nun hörten sie zu ihrem Schrecken, dass eindeutig deutsche Befehle gebellt wurden. Die Nachrichten über die Massaker, welche die Kampfgruppe Peiper weiter östlich unter der Zivilbevölkerung angerichtet hatte, waren auch bei ihnen angekommen. Die schwarzen Uniformen mit dem Totenkopfabzeichen deuteten für viele darauf hin, dass es sich um eine SS-Einheit handelte. Aber die 2. Panzerdivision war anders und hatte sich gegenüber der Zivilbevölkerung bisher im Wesentlichen korrekt verhalten. Als einer ihrer Offiziere in Chapois in eine Bauernküche kam, warnte er die überraschte Hausfrau, sie sollte ihre Schinken besser verwahren. Seine Soldaten seien ausgehungert und würden nicht zögern, sich zu bedienen.[29]

In den frühen Morgenstunden des 24. Dezember erreichte die Kampfgruppe Cochenhausen Celles, ein mittelalterliches Dörfchen in einer Senke nur wenige Kilometer südlich von Foy-Notre-Dame. Major von Cochenhausen wollte den Ort auf dem Weg nach Dinant rasch durchfahren, aber der vorderste Panzer geriet auf eine Mine, die amerikanische Pioniere am Vortag gelegt hatten. In dem Ort geht die Erzählung um, zwei deutsche Offiziere seien in die kleine Eckkneipe namens »Le Pavillon Ardennais« gestürmt. Die Wirtin, Madame Marthe Monrique, von der Detonation aufgeschreckt, trat ihnen im Morgenrock entgegen. Sie fragten, wie viele Kilometer es noch bis Dinant seien. Mit großer Geistesgegenwart soll sie geantwortet haben, nur ein Dutzend. »Aber die Straße ist vermint, wissen Sie! Die Amerikaner haben Hunderte Minen vergraben.« Fluchend entschieden die Deutschen, sich in die nahe gelegenen Wälder zurückzuziehen, damit Flugzeuge der Alliierten sie nicht bei Tagesanbruch im Freien entdeckten.[30]

Cochenhausen richtete seinen Befehlsstand in einer Grotte namens Trou Mairia in einem nahen Wald ein. Zu seiner Truppe gehörten das Panzergrenadierregiment 304, ein Bataillon des Panzerregiments 3, ein Panzerartillerieregiment und der größte Teil des Fla-Bataillons der Division. Auf Wegweisern zum Feldlazarett der Division war die »Wolfsangel«, das Emblem der 2. Panzerdivision, zu sehen. Damit keine Nachricht über ihre Anwesenheit zu den Alliierten gelangte, begannen Panzergrenadiere Telefonmasten zu fällen und Leitungen zu kappen. Eine weitere Abteilung der 2. Panzerdivision stand östlich von Conjoux. Das erinnerte die Dorfbewohner daran, wie der deutsche Ortskommandant vor dem Abzug im September geschworen hatte, er werde wiederkommen.

Böhms Kampfgruppe war in der Nacht hinter Leignon in Richtung Dinant abgebogen. Kurz vor Foy-Notre-Dame, in der Nähe des Bauernhofes Mahenne, lag ein britischer Sherman Firefly vom 3. Königlichen Panzerregiment auf der Lauer. Der Firefly [Leuchtkäfer] war mit der längeren und viel stärkeren 76,2-mm-Hochgeschwindigkeitskanone ausgestattet. Als der Kommandant, Feldwebel Probert, das unverkennbare Geräusch von Kettenfahrzeugen näher kommen hörte, weckte er seine Besatzung. Die erste Granate verfehlte den Spitzenpanzer, traf aber einen Lkw, der Munition geladen hatte. Das löste eine gewaltige Explosion aus, die die ganze deutsche Kolonne erschüttert haben muss. Nach schnellem Nachladen schoss Proberts Besatzung ein zweites Mal und vernichtete einen Panzer IV. Nach der Devise des Königlichen Panzerkorps, »*shoot and scoot*« [»schießen und verschwinden«], zog sie sich dann rasch zurück, bevor die Panther in der Kolonne sich auf sie einschießen konnten. Probert erstattete Major Watts in Sorinnes Bericht. Dieser Hinterhalt machte Major von Böhm unsicher darüber, wie stark die Alliierten in der Gegend waren. Da seine Fahrzeuge ohnehin fast keinen Treibstoff mehr hatten, beschloss er, in dem Dorf Foy-Notre-Dame haltzumachen. Die Besatzungen stellten ihre Fahrzeuge in Bauernhöfen ab und schwärmten in die Häuser aus, um sich aufzuwärmen und etwas zu essen zu suchen.

In der Nacht vom 23. zum 24. Dezember fiel das Thermomater auf minus 17 Grad Celsius. Der Mond beschien eine in Schnee und Eis erstarrte Landschaft. Baron de Villenfagne gelang es zusammen mit seinem Freund Leutnant Philippe le Hardy de Beaulieu, beide weiß gekleidet, mehrere wichtige deutsche Stellungen auszumachen. In Sanzinnes entdeckten sie eine Gruppe Amphibienfahrzeuge, die unter Bäumen versteckt waren. Anschließend wurde der Ort von amerikanischer Artillerie beschossen. Um 4 Uhr morgens kehrten die beiden Männer ins Château von Sorinnes zurück und ließen Major Watts wecken. Bald darauf erschien auch Oberstleutnant Alan Brown, der kommandierende Offizier des 3. Königlichen Panzerregiments. Beide wurden über die Aufstellung der Deutschen und den Standort von Cochenhausens Kommandostab informiert. Das entscheidende Ziel war der Bauernhof von Mahenne, denn wenn der neutralisiert werden konnte, war die Kampfgruppe Böhm von Cochenhausens Truppe abgeschnitten. Danach suchte der Baron noch den Kommandeur der Artillerie der 29. Brigade auf und bat ihn, die große Kirche in Foy-Notre-Dame nicht zu zerstören. Das gelang auch, als das inzwischen von Böhms Kampfgruppe übernommene Dorf beschossen wurde.

Hitler jubelte, als man ihm meldete, die Spitzen der 2. Panzerdivision stünden bereits sieben Kilometer vor Dinant. Sofort ließ er Lüttwitz und dem Divisionskommandeur Lauchert seine herzlichen Glückwünsche übermitteln. Beide müssen dabei zusammengezuckt sein, denn sie wussten, wie prekär ihre Lage und wie gering die Chance war, hier Nachschub zu erhalten. Lüttwitz, der die 2. Panzerdivision bei dem gescheiterten Gegenangriff von Avranches im August befehligt hatte, empfahl Manteuffel, sie sollten damit beginnen, die Division von der Spitze des deutschen Frontbogens zurückzunehmen. Aber er wusste, dass Hitler einen solchen Schritt niemals auch nur in Erwägung ziehen würde.

An der linken Flanke der 2. Panzerdivision war Bayerleins Panzer-Lehr-Division in Anwesenheit von General von Manteuffel von Saint-Hubert nach Rochefort vorgerückt. Ihre Artillerie beschoss am Nachmittag die Stadt. Eine Patrouille wagte sich vom Stadtrand her ein wenig hinein und meldete dann, die Stadt sei leer. Aber sie hatte sich nicht sorgfältig genug umgesehen. Dort warteten versteckt ein Bataillon der 84. US-Infanteriedivision und ein Zug Panzerjäger. Die Straße nach Rochefort verlief durch eine Felsenschlucht längs des Flusses L'Homme, wodurch der Angriff der Deutschen zu einem riskanten Unterfangen geriet. Als es dunkel wurde, gab Bayerlein seinen bekannten Befehl: »Also los, Augen zu und hinein!«[31]

In Rochefort wurde die Truppe, an der Spitze das Panzergrenadierregiment 902 unter Oberstleutnant Joachim Ritter von Poschinger, an einer größeren Straßensperre von massivem Beschuss aufgehalten. Es folgte ein heftiges Gefecht, das die ganze Nacht andauerte. Die Panzergrenadiere verloren viele Männer, und nahe dem zentralen Platz wurde ein schwerer Jagdpanzer ausgeschaltet. Doch die amerikanischen Verteidiger, die beträchtlich in der Unterzahl waren, mussten sich schließlich zurückziehen. Die Überlebenden entkamen am nächsten Tag nach Norden und schlossen sich der 2. US-Panzerdivision an.

Die Stadtbewohner hatten in ihrer Mehrzahl in den Höhlen unter den Felsen um Rochefort Unterschlupf gesucht. Dort mussten sie lange aushalten, denn die Stadt wurde nun zu einem Ziel der amerikanischen Artillerie. Als der Beschuss seinen Höhepunkt erreichte, fragten Jeanne Ory und ihre kleine Schwester die Mutter: »Mama, müssen wir jetzt sterben?« Sie antwortete: »Betet, meine Kinder.« Und alle beteten gemeinsam den Rosenkranz. Ein Mann fand einen Freund auf der eisigen Straße tot mit dem Gesicht nach unten. Eine Katze hatte sich gleichmütig auf seinem Rücken niedergelassen und wärmte sich an dem langsam erkaltenden Leichnam. Die Trappistenmönche der Abtei Saint-Remy übernahmen es, die Toten fortzuräumen.[32]

An diesem Abend schrieb Präsident Roosevelt in Washington an Josef Stalin. »Ich möchte gegenüber General Eisenhower anordnen, einen voll qualifizierten Offizier seines Stabes nach Moskau zu senden, um mit Ihnen Eisenhowers Lage an der Westfront und den Zusammenhang zur Ostfront zu erörtern, damit wir alle für die Koordinierung unserer Anstrengungen entscheidenden Informationen haben. ... Die Lage in Belgien ist nicht schlecht, aber es ist Zeit, über den nächsten Plan zu sprechen. Angesichts der Dringlichkeit bitte ich um eine rasche Antwort.«[33] Zwei Tage später teilte Stalin seine Zustimmung mit. Allein die Erwähnung des Wortes »Dringlichkeit« im letzten Satz muss er als ein Zeichen dafür genommen haben, dass die Alliierten mit dem Rücken zur Wand standen. Luftmarschall Tedder und General Bull erhielten den Auftrag, mit Stalin zu konferieren. Sie bereiteten sich darauf vor, von Frankreich nach Kairo und von dort nach Moskau zu fliegen. Da es aber lange Verspätungen gab, trafen sie Stalin erst am 15. Januar, als die Krise längst vorüber war.

17. Kapitel

Sonntag, 24. Dezember

Sonntag, der 24. Dezember, brachte wieder blauen Himmel und strahlenden Sonnenschein. Hauptmann Mudgett, der Meteorologe der 12. Armeegruppe in Luxemburg, verfiel »bei dem anhaltenden Glück mit dem Wetter beinahe in Hysterie. Stolz beschaut er den blauen Himmel, der sich über die steinernen Bollwerke und die drei Turmspitzen der Kathedrale hinweg bis hinüber nach Deutschland erstreckt.«[1]

In Bradleys Hauptquartier »Eagle Tac« (Codename der offiziellen Bezeichnung *Advanced Tactical Headquarters* – d. Ü.] machte man sich jetzt nur noch wenig Sorgen über die Verteidigung von Bastogne, da die 101. US-Luftlandedivision »sich so eisern in ihren Stellungen hielt wie die Pioniere einer Wagenburg in den Tagen der Eroberung des [amerikanischen] Westens«.[2] Die Leiden der Verwundeten in der Stadt waren den Stabsoffizieren aber durchaus bewusst. McAuliffe hatte darum gebeten, dass vier Chirurgenteams per Fallschirm über der Stadt abgesetzt werden sollten. Stattdessen plante man jedoch, sie mit Gleitern einzufliegen.

Während Pattons III. Korps der 4. Panzerdivision bei dem Versuch, von Süden her nach Bastogne durchzubrechen, auf wesentlich stärkeren Widerstand stieß als erwartet, musste Hansen über einen merkwürdigen Bericht schmunzeln: »Heute fragte ein Soldat eines Quartiermeisterbataillons, der durch Arlon fuhr, wie er auf die Straße nach Luxemburg komme. Er irrte sich und gelangte stattdessen auf die Straße nach Bastogne. Als er dort unter Beschuss geriet, gab er vor Schreck Gas und raste mitten in den Frontabschnitt der 101. Luftlandedivision hinein. Das war ihr erster Kontakt mit der Außenwelt, auch wenn er nur per Zufall zustande kam.«[3]

Ein abgehörter Funkspruch bestätigte die heftigen Kämpfe am südlichen Teil des Belagerungsrings. Die 5. deutsche Fallschirmjägerdivision forderte für die Gefechte gegen die 4. US-Panzerdivision mehr Panzerfäuste und Panzerabwehrkanonen an. Der Befehlshaber der 3. US-Armee schien jedoch bezüglich des Ergebnisses keinerlei Zweifel zu haben. »Heute war General Patton mehrere Male hier«, notierte er. »Er ist laut und übermütig, fühlt sich mitten im Gefecht offenbar ausgesprochen wohl.«[4] Tatsächlich aber überspielte Patton damit seine Betretenheit darüber, dass die 4. Panzerdivision nicht annähernd so rasch vorankam, wie er vorhergesagt hatte, und auf harte Gegenwehr stieß. Zudem musste die Division feststellen, dass die Pioniere des VIII. US-Korps beim Rückzug nach Bastogne »alles nur Erdenkliche in die Luft gesprengt hatten«, sodass ihr Vormarsch »nicht vom Feind, sondern durch die Zerstörungen und die von eigenen Pionieren unpassierbar gemachten Brücken erschwert wurde.«[5]

Die Einwohner der Stadt Luxemburg waren da zuversichtlicher. Angesichts der endlosen Truppenkolonnen der 3. Armee, die durch die Stadt strömten, glaubten sie fest daran, dass die Deutschen nicht mehr zurückkommen konnten. Merkwürdigerweise erhöhte die Aufklärung der 12. Armeegruppe unvermittelt ihre Schätzung der Zahl der deutschen Panzer und Panzerabwehrkanonen von 345 auf 905, mehr als die ursprünglich angenommene Gesamtzahl der deutschen Panzer an der gesamten Westfront.

Trotz der klirrenden Kälte, bei der die Männer in ihren Schützenlöchern zitterten, ohne etwas dagegen tun zu können, herrschte im Kessel von Bastogne nach wie vor eine hohe Moral. Zwar erwarteten die Männer der Luftlande- und der 10. Panzerdivision, von Pattons Truppen entsetzt zu werden, aber sie wiesen den Gedanken weit von sich, dass sie gerettet werden müssten. Da auch an diesem Tag ideales Flugwetter herrschte, sahen sie, wie sich der Himmel mit Maschinen der Alliierten jedes denkbaren Typs füllte. Sie hörten Bomben detonieren und Maschinengewehre rattern, wenn Jäger der Alliierten deutsche Kolonnen angriffen. Die heftigen Luftkämpfe gegen die wenigen Focke-Wulfs und Messerschmitts lösten wilden Jubel und Schreie aus, als handelte es sich um einen ultimativen Boxkampf, aber auch verzweifeltes Klagen, wenn ein Transportflugzeug der Alliierten, das Nachschub bringen sollte, von einer deutschen Flak getroffen wurde.

Die Jagdbomber der Alliierten erwiesen sich jetzt als besonders wirksam, wenn es darum ging, deutsche Truppenkonzentrationen schon vor deren Angriffsoperationen zu zerschlagen. Fliegerleitoffiziere, die in Bastogne saßen, wiesen ihnen die Ziele zu. Wenn vor einer Gefahr gewarnt wurde und die Koordinaten vom Befehlsstand eines Regiments oder von einem Aufklärungsflugzeug der Artillerie kamen, dann »war es nur eine Sache von Minuten, bis die feindlichen Truppen aus der Luft angegriffen wurden«.[6]

Da bei den Abwürfen aus der Luft Artilleriemunition Vorrang hatte, verbesserte sich die Verpflegungssituation der Truppen kaum. Viele Soldaten hingen inzwischen von der Großzügigkeit der belgischen Familien ab, die teilten, was ihnen geblieben war. Sowohl in Bastogne als auch im nördlichen Teil des Verteidigungsrings »wurden die Rationen durch Rind, Rotwild und Kaninchen aufgebessert, wenn die Tiere gegen Stolperdrähte liefen und damit Minen zur Detonation brachten«.[7] Scharfschützen erlegten Hasen und selbst Wildschweine, jedoch ging der Appetit auf Schweinefleisch stark zurück, als Hausschweine gesichtet wurden, die die Eingeweide von Gefallenen fraßen.

Der klirrende Frost und der tiefe Schnee waren nicht nur beschwerlich. Sie wirkten sich auch beträchtlich auf die Leistungen im Gefecht aus. Soldaten, die nicht ständig ein Paar trockene Socken im Stahlhelm hatten und diese häufig wechselten, litten als Erste an Fußbrand oder Erfrierungen. Die frisch an der Maas eingetroffene 11. Panzerdivision ahmte, wahrscheinlich unwissentlich, die uralte Praxis russischer Armeen nach, sich mit Fußlappen in den Stiefeln vor Frostbeulen zu schützen, wofür man Bettlaken zerriss. Besonders gefährdet waren Panzersoldaten, die unter diesen Bedingungen endlose Stunden auf Metall standen, ohne ihre Füße ausreichend zu bewegen. Zumindest aber konnten die Besatzungen von Panzern, Panzerwagen und Lkw Socken und Schuhe mit den Auspuffgasen ihrer Motoren trocknen.

Über die Zielgeräte der Panzerabwehrkanonen, über Funkmikrofone und Telefonhörer wurden Kondome gezogen, weil sie sonst durch die feuchte Atemluft sofort einfroren. Die Drehmechanismen von Panzern und Panzerabwehrkanonen mussten ständig aufgetaut werden. Wenn Schnee in Waffen und Patronengurte geriet, fror er rasch zu Eis. Am häufigsten versagten Maschinengewehre. Das schwere 12,7-mm-Maschinengewehr war unverzichtbar, um Scharfschützen auf Bäumen und in anderen Verstecken auszuschalten. Die amerikanischen Soldaten fanden bald heraus, dass die deutschen Scharfschützen immer dann schossen, wenn sie von Artillerie- oder Flakfeuer übertönt wurden.[8]

Erkenntnisse an einem Frontabschnitt wurden durch Berichte von »Gefechtsbeobachtern« rasch weitergegeben. Deutsche Patrouillen schnitten nachts Kabel durch und führten ein loses Ende zu einem Hinterhalt, um jene gefangen zu nehmen, die zur Reparatur losgeschickt wurden. Deutsche Soldaten durchschossen zuweilen vorsorglich ihren Stahlhelm, um sich im Bedarfsfall wirksam tot stellen und dann ihre Angreifer in den

Rücken schießen zu können. Häufig legten sie Minen oder Sprengfallen in ihre Schützengräben, bevor sie sich von dort zurückzogen.

Bei Feindberührung in der Nacht galt für amerikanische Patrouillen die Empfehlung: »Schießt um euch, geht in Deckung, brüllt dabei, so laut ihr könnt, als wolltet ihr einen Angriff starten, damit sie das Feuer eröffnen«, womit die Gegner ihren Standort verrieten. Bei der Verteidigung sollten sie Attrappen vor ihre Schützenlöcher legen, um die Deutschen zum vorzeitigen Schießen zu provozieren. Verteidigungswälle vor den eigenen Gräben sollten vermint, zwischen eigenen Stützpunkten vorgetäuschte Verteidigungsanlagen errichtet werden. Unmittelbar vor Beginn eines Angriffs wurden Geräusche wie von Schachtarbeiten empfohlen, um den Feind zu täuschen. Befand sich die eigene Stellung in einem Haus, so sollte man nicht direkt aus dem Fenster schießen, sondern es öffnen und aus der Tiefe des Raumes feuern.[9]

Für die Kompanien lebenswichtig und dort hoch angesehen waren die Sanitäter. Sie erhielten Kornschnaps, damit das Wasser in ihren Feldflaschen nicht gefror und sie die Verwundeten davon trinken lassen konnten. »Die belebende Wirkung des Alkohols schadet auch nicht«, hieß es in einem Bericht. Die Geistlichen, die man zu den Verbandsplätzen schickte, hatten ebenfalls Alkohol bei sich, um den Verwundeten bei der Einlieferung einen heißen Grog anbieten zu können. Unzählige Männer berichteten später, sie hätten allein dem Engagement, dem Mut und manchmal auch dem Erfindungsreichtum der Sanitäter ihr Leben zu verdanken. Der Gefreite Floyd Maquart von der 101. Luftlandedivision rettete einen Soldaten mit schwerer Gesichts- und Halsverletzung, indem er ihm mit dem Fallschirmjägermesser die Kehle aufschnitt und ihm den hohlen Teil eines Füllfederhalters in die Luftröhre steckte.[10]

Die Bedingungen für die über 700 Patienten in der Reitschule und der Seminarkapelle von Bastogne wurden immer schlechter, da nach der Einnahme des Feldlazaretts durch die Deutschen nur noch ein einziger Chirurg zur Verfügung stand. Diesem Arzt der 10. Panzerdivision assistierten zwei ausgebildete belgische Krankenschwestern – Augusta Chiwy, eine furchtlose junge Frau aus dem Kongo, und Renée Lemaire, die Verlobte eines Juden, den die Gestapo ein Jahr zuvor in Brüssel verhaftet hatte. Männer mit schweren Kopf- und Bauchverletzungen hatten die geringsten Überlebenschancen. Die Stapel steif gefrorener Leichen, die man wie Rundholz im Freien aufschichtete und mit Planen bedeckte, wuchsen ständig an. Einige Patienten litten an Gasbrand, der entsetzlich stank, aber der

Vorrat an Wasserstoffperoxid, mit dem man derartige Wunden reinigte, ging zur Neige. Das wenige Blutplasma, das man noch hatte, war festgefroren. Man taute die Beutel auf, indem sie sich jemand in die Achselhöhle steckte. Bei manchen Operationen musste ein großer Schluck Cognac die Narkose ersetzen. Auch die Beruhigungsmittel wurden langsam knapp, mit denen man die zunehmenden Fälle von Schlachtneurose behandelte – Männer, die nachts aus dem Schlaf fuhren und wild zu schreien begannen. Auch solche, die in der Normandie und in Holland große Tapferkeit bewiesen hatten, wurden schließlich Opfer von Stress und Erschöpfung. Die Kälte und der Mangel an geeigneter Nahrung taten das Ihre.

Neben den Standardangriffen, zu denen Generalmajor Kokott gezwungen wurde, starteten die Deutschen nachts zahlreiche weitere Attacken, häufig mit nur vier Panzern und einem Hundert Infanteristen. Die Soldaten in den weißen Schneeanzügen waren auf den Feldern gut getarnt, hoben sich aber vor einem dunklen Hintergrund von Bäumen oder Gebäuden umso deutlicher ab. Dann rissen sie sich die Jacken vom Leib, doch die weißen Hosen verrieten sie trotzdem.

»Um einen Panzer auszuschalten, braucht es Teamarbeit, gegenseitiges Vertrauen und Mut«, hieß es in einem Rapport des VIII. Korps. »Die Infanterie bleibt in den Schützenlöchern und kümmert sich um die feindliche Infanterie, die Panzerjäger dagegen kümmern sich um die Panzer.«[11] Wenn beide Kräfte ihre Aufgabe erfüllten, wurden die Deutschen in der Regel zurückgeschlagen. Für manchen Fallschirmjäger war es jedoch ein Kick, Panzer mit der Bazooka zu verfolgen. Die 101. Luftlandedivision behauptete, vom 19. bis zum 30. Dezember 151 deutsche Panzer und Selbstfahrlafetten sowie 25 Halbkettenfahrzeuge ausgeschaltet zu haben. Diese Zahlen waren ziemlich sicher ebenso übertrieben wie die von Jagdpiloten reklamierten Erfolge. Viele Ziele wurden zugleich auch von den Sherman-Panzern der 10. Panzerdivision und den Hellcats des 705. Panzerjägerbataillons unter Oberst Templeton bekämpft.

Die anhaltenden Gefechte gegen das Panzergrenadierregiment 901 bei Marvie wurden in den frühen Morgenstunden immer unübersichtlicher. Ein amerikanischer MG-Schütze holte zwei Infanteristen in Gleitern vom Himmel, die hinter einer Anhöhe auftauchten. Die Amerikaner wurden aus dem Dorf hinausgedrängt, konnten jedoch den Berg westlich davon halten. McAuliffes Stab in Bastogne prüfte erneut die Verteidigungsstellungen. Das Anrennen der Deutschen aus Richtung Marvie gegen die Stadt war gestoppt, aber die Westseite des Belagerungsrings blieb angreifbar. Daher wurde beschlossen, den Frontbogen von Flamierge und Mande-Saint-Etienne zu räumen und sich auch aus Senonchamps zurückzuziehen. Durch eine Verkürzung der Frontlinie sollte diese verstärkt werden. Zugleich gruppierten die Verteidiger ihre Kräfte um, indem sie Panzer und Panzerjäger den einzelnen Regimentern dauerhaft zuordneten.

In der Zwischenzeit ließen die Korpskommandeure Lüttwitz und Manteuffel Generalmajor Kokott nicht im Zweifel darüber, dass Bastogne am nächsten Tag zu nehmen war, bevor die 4. US-Panzerdivision von Süden her durchbrechen konnte. Während Kokott darauf wartete, dass sich die 15. Panzergrenadierdivision am nordwestlichen Frontabschnitt entfaltete, bereitete ihm die Verteidigungslinie des Fallschirmjägerregiments 5 im Süden wachsende Sorge. Daher hielt er es für angebracht, aus seinem eigenen Nachschubpersonal dort einen Sicherheitsschirm von »Notfall-Zügen« mit ein paar Panzerabwehrkanonen aufzubauen. Auch das Flakbataillon bei Hompré erhielt Befehl, bereitzustehen, um im Bodenkampf amerikanische Panzer zu vernichten. Für ihn war es beruhigend zu wissen, dass zumindest die Hauptstraße in Richtung Süden nach Arlon vom Panzergrenadierregiment 901 der Panzer-Lehr-Division gesichert wurde.

Die 5. deutsche Fallschirmjägerdivision war für die Aufgabe, die Südflanke der 5. Panzerarmee zu verteidigen, schlecht ausgerüstet. Ihr sehr unbeliebter Befehlshaber Oberst Ludwig Heilmann verachtete seinen Luftwaffenstab und behauptete, er habe bei der Übernahme des Kommandos dort »Korruption und Unterschlagung« entdeckt. »Diese Leute waren bisher nur in Frankreich und Holland eingesetzt«, sagte er später. »Sie haben sich mit Beutegut wohl sein lassen und waren alle Komplizen.« Er behauptete, die älteren Unteroffiziere hätten ganz offen erklärt, dass sie »nicht daran denken, jetzt am Ende des Krieges noch ihr Leben zu riskieren«. Die jungen Soldaten, die meisten unter 20 und manche gerade 16 Jahre alt, »machten einen besseren Eindruck«, obwohl sie wenig Ausbildung erhalten hatten. Heilmann wurde von seinen Vorgesetzten ständig nach den exakten Positionen seiner Regimenter gefragt. Deren Berichte seien von so geringer Zahl und so ungenau gewesen, dass er sich entschloss, persönlich nach vorn zu gehen, wenn er damit nur den »lästigen Anfragen« aus dem Stab des Korps entfliehen konnte.[12]

Doch ungeachtet ihrer sichtbaren Defizite leisteten die Soldaten der 5. Fallschirmjägerdivision, meist noch Teenager, erstaunlichen Widerstand, den die 4. US-Panzerdivision heftig zu spüren bekam. Im Mor-

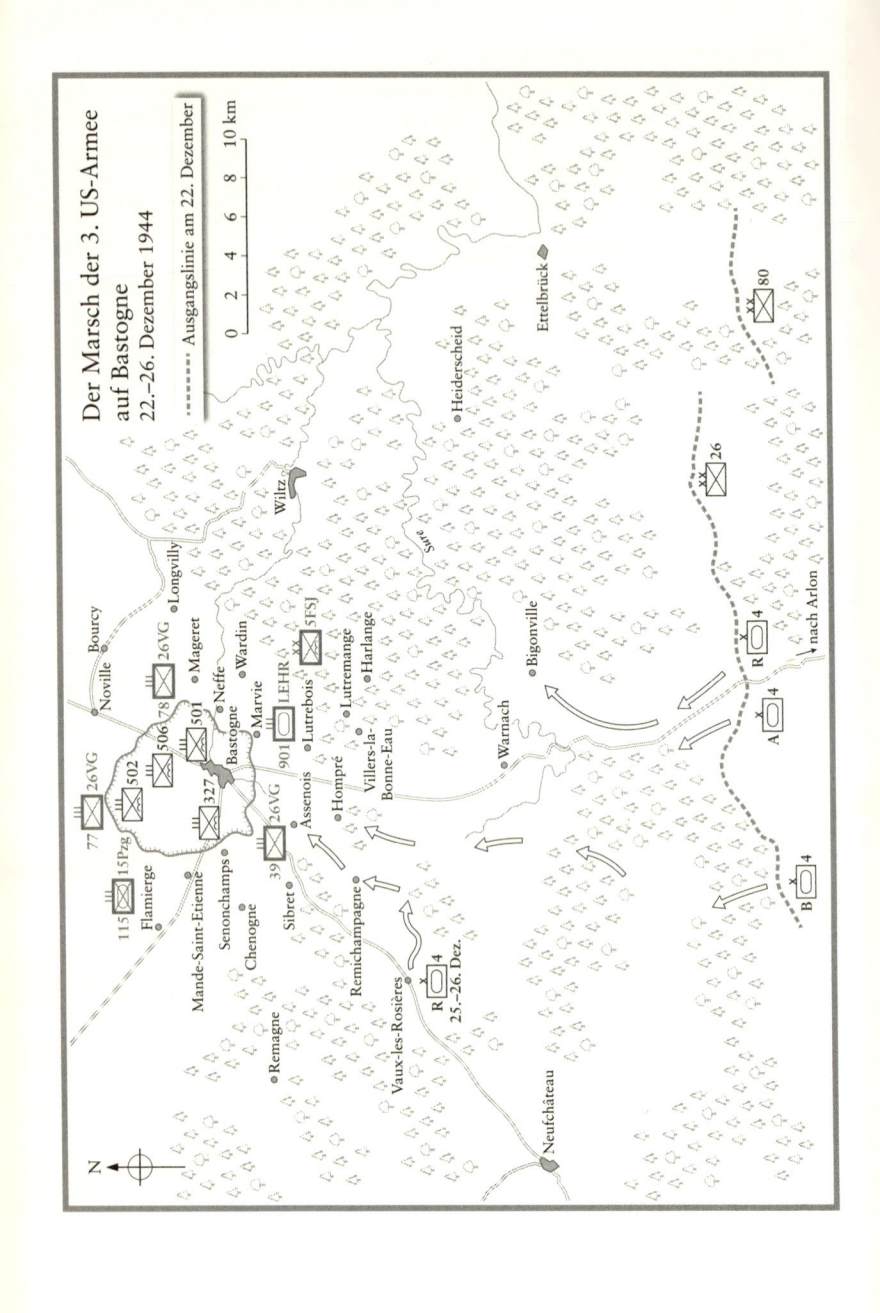

Der Marsch der 3. US-Armee auf Bastogne 22.–26. Dezember 1944

------ Ausgangslinie am 22. Dezember

gengrauen griffen das 53. Panzerinfanteriebataillon und das 37. Panzerbataillon das Dorf Bigonville an, das über 20 Kilometer südlich von Kokotts Befehlsstand lag. Die Einheiten wurden von Oberstleutnant Creighton W. Abrams angeführt, der später der Befehlshaber der US-Truppen in Vietnam werden sollte. In weniger als drei Stunden hatten sie den Ort und die Höhe dahinter eingenommen. Aber »dem Feind gelang es, wieder in die Ortschaft einzusickern, die mit weiteren Kämpfen erneut von ihm gesäubert werden musste«. Schlimmer noch, die amerikanischen Truppen wurden anschließend von Thunderbolts P-47 bombardiert und beschossen. Die drehten erst ab, als farbige Rauchgranaten aufstiegen und von den Identifikationsschildern der Schnee entfernt wurde. Die erneute Eroberung von Bigonville dauerte weitere drei Stunden und forderte schwere Verluste. Panzerkommandeure, die den Kopf aus dem Turm steckten, zogen das Feuer deutscher Scharfschützen auf sich, »die vom 37. Panzerbataillon neun abschossen, darunter den Chef von Kompanie C«.[13]

Die 4. US-Panzerdivision litt auch unter der extremen Witterung. »Unser Kompaniechef ist mit Lungenentzündung abtransportiert worden«, schrieb ein Soldat des 51. Panzerinfanteriebataillons, »und den Feldwebel unseres Zuges haben wir ebenfalls verloren, weil er sich die Füße erfroren hat.«[14] Am nächsten Tag war in der ganzen Kompanie nur noch ein einziger Offizier übrig. Pattons Hoffnung, Bastogne bis Weihnachten zu entsetzen, verflüchtigte sich rasch.

Wie den meisten deutschen Einheiten in den Ardennen wurde auch Kokotts Truppen die Munition knapp. Besonders fehlte es an Mörsergranaten. Die Luftschläge der Alliierten auf Rangierbahnhöfe und frontnahe Nachschubwege zeigten ihre Wirkung. An diesem Nachmittag stellten die Amerikaner fest, dass die Kanonen der Deutschen schwiegen. Die Verteidiger vermuteten, sie sparten Munition für einen Großangriff am ersten Weihnachtsfeiertag.

Etwa 50 Kilometer weiter nördlich hatten die Reste der Kampfgruppe Peiper in La Gleize vor ihrem Ausbruch zu Fuß über den Fluss Amblève die Zerstörung ihrer Fahrzeuge vorbereitet. Am 24. Dezember um 15 Uhr überquerte der Hauptteil der Einheit – etwa 800 Mann – den Fluss und quälte sich durch dichtes Gehölz das steile Südufer in Richtung Kamm hinauf. Peiper, der der Vorausabteilung unmittelbar folgte, hatte Major McCown bei sich. Zwei Stunden später hörten sie hinter sich Explosionen und sahen unten im Tal das zerstörte Dorf von den Flammen der brennenden Fahrzeuge erleuchtet liegen.

Peiper, der nicht wusste, wo sich die deutschen Linien befanden, führte seine Männer längs der Salm nach Süden. McCown berichtete später, dass sie als Verpflegung noch vier Zwiebäcke und zwei Schluck Cognac pro Mann bei sich hatten. Eine Stunde nach Einbruch der Dunkelheit stießen sie auf einen amerikanischen Vorposten, dessen Wachmann das Feuer eröffnete. Die Panzergrenadiere waren völlig erschöpft, besonders die zwei Dutzend Verwundeten, die zu Fuß hatten gehen müssen. Sie irrten in der Dunkelheit umher, wateten durch Bäche, um Straßen und Dörfer zu meiden. In den frühen Morgenstunden des Weihnachtstages stießen sie nördlich von Bergeval erneut auf amerikanische Stellungen, wo sie eine Respekt einflößende Reaktion auslösten. Mörser und Maschinengewehre feuerten mit Leuchtspurmunition. In der allgemeinen Verwirrung konnte McCown fliehen. Er erreichte die amerikanischen Linien und gab sich den Angehörigen der 82. US-Luftlandedivision zu erkennen. Sie brachten ihn zum Befehlsstand von General Jim Gavin.

Peiper und seine Männer stiegen ins Tal der Salm hinab und schwammen durch den eiskalten Fluss. Am Vormittag des ersten Weihnachtstages meldete das I. SS-Panzerkorps, er sei dort aufgetaucht, offenbar verwundet. Etwa um die gleiche Zeit vernichtete die 30. US-Infanteriedivision den anderen Teil seiner Truppen, der bei Stavelot eingeschlossen war. Die leisteten fanatischen Widerstand – offenbar glaubten sie, der Gegner werde keine Gefangenen machen. »Die Wellen der Angreifer wateten buchstäblich knietief durch die Reihen ihrer eigenen Toten«, hieß es später in dem Gefechtsbericht.[15] Der Kommandeur der Divisionsartillerie schätzte, dass man an einer Stelle über eintausend tote Deutsche zusammengetragen habe. Die Wälder um Stavelot und La Gleize seien voller Leichen gewesen. Die Amerikaner schätzten, in dieser Schlacht seien 2500 Angehörige der Kampfgruppe getötet sowie 92 Panzer und Sturmgeschütze zerstört worden.

Da der einzige Durchbruch der 6. Panzerarmee nun gründlich vereitelt war, richteten Hitler und das OKW ihren Blick fest auf Manteuffels Panzerdivision im Westen. Der Aufmarsch gegen die Nordflanke der Front der Alliierten wirkte überwältigend. Nachdem die 2. SS-Panzerdivision »Das Reich« die alliierten Truppen bei Baraque-de-Fraiture zerschlagen hatte, wurde sie durch die Vorausabteilung der 9. Panzerdivision verstärkt. Die

Führer-Begleit-Brigade schickte sich an, Hotton anzugreifen, die 18. und die 62. Volksgrenadierdivision attackierten mit Unterstützung der SS-Panzerdivision »Hohenstaufen« die 82. US-Luftlandedivision im Frontabschnitt Vielsalm, wo General Ridgway darauf beharrte, einen rechtwinkligen Keil in der Frontlinie zu halten.

General Bradley war empört, als er hörte, dass Montgomery Collins' VII. Korps an der Flanke platziert habe, statt es für einen großen Gegenangriff zurückzuhalten. (Dabei hatte Collins selbst seine Divisionen dorthin beordert, weil er keine andere Wahl hatte.) Dies demonstrierte wieder einmal, dass Bradley überhaupt nicht durchschaute, was vor Ort wirklich geschah. Da vier deutsche Panzerdivisionen in Richtung Norden und Nordwesten angriffen, musste zunächst eine Verteidigungslinie gesichert werden, bevor man zum Gegenangriff übergehen konnte. Der Stab der 1. US-Armee, der einen großen Rückzug an der Front des VII. Korps ins Auge fasste, berichtete an diesem Abend: »Trotz der hervorragenden Leistungen der Luftstreitkräfte am heutigen Tag ist die Lage gegenwärtig im Grunde schlechter als zuvor.«[16] Die Sorge über einen Durchbruch der deutschen Panzerdivisionen nach Westen veranlasste die 1. Armee sogar, die gesamte schwere Ausrüstung des V. Korps zurückzunehmen für den Fall, dass es zu einem plötzlichen Rückzug gezwungen sein könnte.

Ridgway war außer sich, als Montgomery ihn wieder einmal überging. Diesmal befahl er Gavins 82. Luftlandedivision, von Vielsalm zur Grundlinie des Dreiecks zwischen Trois-Ponts und Manhay zurückzugehen. Die 82. Luftlandedivision geriet unter schweren Druck der 9. SS-Panzerdivision »Hohenstaufen«, der Reste der 1. SS-Panzerdivision sowie der 18. und der 62. Volksgrenadierdivision. Doch Ridgway fühlte sich geradezu gekränkt bei der Vorstellung, US-Truppen könnte befohlen werden, auf diese Weise erobertes Gelände aufzugeben. Er schrieb diesen Schritt Montgomerys fixer Idee zu, »das Schlachtfeld zu ordnen«, und protestierte heftig bei General Hodges, »wo er jedoch offenbar wenig Verständnis fand«, wie Hansen später einräumte.[17] Auch Bradley empörte sich über Montgomerys Entscheidung und ritt eine Zeit lang immer wieder darauf herum.

Gavin begriff jedoch den Grund für diese Umgruppierung, und Montgomery hatte damit fast komplett recht. Die 82. US-Luftlandedivision hatte bereits einen überdehnten Frontabschnitt zu verteidigen, bevor die nächste Welle deutscher Truppen zu erwarten war. Diesen von 27 auf 16 Kilometer zu verkürzen bedeutete eine wesentlich stärkere Verteidigung. Der Rückzug begann in der Nacht, und »die Moral der 82. Division nahm im Grunde keinen Schaden«.[18] Bald standen Gavins Fallschirmjägern Mengen steif gefrorener deutscher Leichen zur Verfügung, die sie wie Sandsäcke für ihre neuen Stellungen benutzten. Sie weigerten sich, diese dem Gefallenenbergungsdienst zu überlassen.[19]

Die Task Force Kane und ein Regiment der neu eingetroffenen 17. Luftlandedivision wurden in Stellung gebracht, um die Kreuzung von Manhay zu verteidigen, denn im Stab der 1. Armee erwartete man nach wie vor einen Versuch der Deutschen, die amerikanischen Nachschubdepots in Lüttich anzugreifen. Die noch gänzlich unerfahrene 75. Infanteriedivision befand sich bereits auf dem Marsch, um die 3. Panzerdivision unter General Rose zu unterstützen, welche die in Marcouray eingeschlossene Task Force Hogan aus ihrer misslichen Lage befreien sollte.

Die Verteidiger von Manhay erwarteten mit Bangen den Angriff der SS-Panzerdivision »Das Reich«, aber die arbeitete sich vorsichtig durch die Wälder beiderseits der Chaussee voran und besetzte Odeigne. Sie hatte Probleme mit der Treibstoffversorgung, vor allem aber vermied sie es, sich an einem so sonnigen Tag auf offener Straße zu bewegen und als Panzerkolonne im Tageslicht zur leichten Beute für die Jagdbomber zu werden, die in der verschneiten Landschaft nach Zielen suchten.

Brigadeführer Heinz Lammerding, der die Division befehligte und für die Massaker von Tulle und Oradour-sur-Glane die Verantwortung trug, die diese Einheit im Juni auf ihrem Weg in die Normandie verübt hatte, war ein hochgewachsener, arroganter Mann mit narbigem Gesicht. Wie die meisten seiner Offiziere war er berüchtigt für seine Rücksichtslosigkeit. Dass »Das Reich« die Bewohner des falschen Oradour niedergemetzelt hatte, fanden diese Leute sogar noch lustig. »Ein SS-Führer hat mir lachend anvertraut«, äußerte Heydte später in einem Gespräch, das heimlich mitgeschnitten wurde, »dass sie das falsche Dorf erwischt hatten. ›Das hat eben Pech gehabt‹ [meinte der SS-Mann]. Später stellte sich heraus, dass in dem Dorf überhaupt keine Partisanen waren.«[20]

Sobald es dunkel wurde und die Thunderbolt- und Lightning-Jagdbomber verschwunden waren, tauchten Panzer und Halbkettenfahrzeuge der SS-Division »Das Reich« aus den Wäldern auf und rollten nach Norden Manhay entgegen. Dabei benutzten die Deutschen ihren bekannten Trick, einen erbeuteten Sherman an der Spitze der Kolonne fahren zu lassen. Die Amerikaner schossen nicht, denn es hätte eine Task Force der 3. Panzerdivision sein können. Dann feuerte die SS Blendgranaten, um den Schützen in den amerikanischen Panzern die Sicht zu nehmen. Um 21 Uhr griffen zwei Panzergrenadierregimenter nebeneinander an. Um Mitternacht hatten sie Manhay genommen. Bei dem Nachtgefecht verlor die Kampfgruppe der 7. US-Panzerdivision 19 Panzer, und die erschöpften Besatzungen mussten zu Fuß das Weite suchen. Die beiden Regimenter der Division »Das Reich« büßten keinen einzigen Panzer ein.

Die 116. deutsche Panzerdivision unter dem Befehl von General Waldenburg, die man auf Umwegen auf die Westseite der Ourthe vorgeschickt hatte, erhielt den Befehl, zwischen Marche-en-Famenne und Hotton durchzubrechen, dann in Richtung Ciney nach Westen zu schwenken, um der rechten Flanke der 2. Panzerdivision Schutz zu geben. Aber südlich der Hauptstraße von Marche nach Hotton hatte Bollings 84. US-Infanteriedivision starke Verteidigungsstellungen aufgebaut. Zwar gelang es der 116. Division, diese bei dem Dorf Verdenne zu durchbrechen, aber ihr Erfolg war nicht von Dauer. Nun setzte eine Phase »erbitterter, hin und her wogender Gefechte« ein, wie Waldenburg es nannte.[21] Häuser und Stellungen gingen viele Male verloren und wurden zurückerobert.

Jetzt war die Stadt Marche selbst bedroht. Der 21-jährige Henry Kissinger, der bei der Aufklärungseinheit G-2 der 84. US-Division Dienst tat, meldete sich freiwillig, im Untergrund zurückzubleiben, obwohl er dabei riskierte, als Jude erkannt zu werden. Aber Bollings Männer hielten stand, und seine Artillerie brachte Waldenburgs Truppen schreckliche Verluste bei. Bataillone der Feldartillerie setzten die neuen Annäherungszünder ein. Wenn nötig, gruben sie ihre Stellungen tiefer, damit die Granaten direkt über den Positionen der Deutschen detonierten. Mit wilder Schadenfreude beobachtete die amerikanische Infanterie deren Wirkung und meldete »beaucoup dead« [»viele Tote«].[22]

Auch die Jagdbomber der Alliierten waren permanent im Einsatz, bombardierten und schossen. »Von der deutschen Luftwaffe war nichts zu sehen und zu hören«, bemerkte Waldenburg zornig.[23] Marche am nächsten kamen seine Panzergrenadiere an der Baumgrenze nordwestlich von Champlon-Famenne, von wo man einen Ausblick auf die Stadt hatte. Einmal in freiem Gelände, gerieten sie jedoch ins Dauerfeuer der amerikanischen Artillerie. Bis heute kann der Besitzer dieses Waldes kein Holz verkaufen, weil in den dicken Stämmen der Nadelbäume zahllose Granatsplitter stecken.

An der westlichen Spitze des deutschen Frontbogens hatte die 2. deutsche Panzerdivision in den Gefechten mit dem 3. Königlichen Panzerregiment inzwischen drei Panzer verloren. Oberstleutnant Brown, beunruhigt darüber, dass die Deutschen der Brücke von Dinant nun so nahe waren, verstärkte die Zugänge für den Fall, dass Panzergrenadiere zu Fuß durchzuschlüpfen versuchten. Er hatte erfahren, dass die Versorgung der Deutschen mit Treibstoff katastrophal war. Daraufhin begann die britische Artillerie die Stellungen der 2. Panzerdivision bei Celles zu beschießen. Vorbereitungen wurden getroffen, am nächsten Tag von Sorinnes her vorzustoßen, um Böhms Aufklärungsbataillon in Foy-Notre-Dame zu zerschlagen. Da wusste Brown noch nicht, dass die 53. britische Division sich anschickte, die Maas zu überschreiten, und er mit starker Unterstützung rechnen konnte.[24]

Generalleutnant Harmon, an seinem mächtigen Brustkorb, dem militärischen Schnauzbart und der rauen Stimme sofort zu erkennen, brannte vor Ungeduld, endlich an den Feind heranzukommen. Er hatte Befehl von General Collins, sich so lange zurückzuhalten, bis die Zeit für eine Konterattacke reif war. Aber er konnte Collins nicht erreichen, da dieser sich um die kritische Situation an seiner Ostflanke kümmern musste. Montgomery hatte gar angewiesen, dass Collins' Korps wegen der Bedrohung durch die 2. deutsche Panzerdivision und die Panzer-Lehr-Division im Westen, »wenn nötig«, auf eine Linie zwischen Hotton und Andenne, 30 Kilometer Luftlinie nördlich von Marche, zurückfallen konnte. Das hätte ein beträchtliches Zurückweichen bedeutet, das im Unterschied zum Rückzug von Gavins 82. Luftlandedivision noch dazu ein großer Fehler gewesen wäre. Aber zum Glück hatte Montgomery Collins freie Hand gegeben, seine eigenen Entschlüsse zu fassen.[25]

Harmon vermutete eine große deutsche Panzereinheit bei Celles, hatte aber keine Bestätigung, bis zwei Mustangs P-51 Flakbeschuss aus nächster Nähe meldeten. (Zu den Briten in Sorinnes war noch kein Kontakt hergestellt.) Angesichts der beträchtlichen Konfusion zwischen den Stäben der 1. Armee und des VII. Korps in Collins' Abwesenheit wollte Harmon nicht länger warten. Er befahl seinem Gefechtskommando B, sich dem Gefechtskommando A bei Ciney anzuschließen, und schickte zwei Bataillone mit Selbstfahrlafetten nach vorn. Als Collins Harmon am Abend endlich anrief und ihm die Genehmigung gab, am nächsten Morgen anzugreifen, soll Harmon geröhrt haben: »Die Bastarde haben wir bereits im Sack!«[26] Montgomery unterstützte Collins' Entscheidung, die 2. Panzerdivision einzusetzen, auch wenn das bedeutete, dass sein Plan, das VII. Korps für einen Gegenangriff zurückzuhalten, sich damit erledigt hatte.

Die Kampfgruppe Cochenhausen, die in zwei Kesseln zwischen Celles und Conneux festsaß, war zur Rundumverteidigung übergegangen, während sie auf versprochene Verstärkung seitens der 9. Panzerdivision wartete. Aber die verspätete sich, weil sie ihrerseits auf Treibstoff warten musste. Zudem forderten die Spitzeneinheiten der 2. Panzerdivision ebenfalls Munition und Treibstoff an, aber die überdehnten Nachschublinien waren alles andere als sicher. Neue Angriffe der Amerikaner auf die Höhen südwestlich von Marche und die wachsende Zahl alliierter Jagdbomber am Himmel machten die Lage nicht besser. Die Offiziere im Stab der 2. Panzerdivision südlich von Marche schäumten vor Wut, dass ihnen all das passierte, da sie ihrem Ziel so nahe waren. Da ließ Generalfeldmarschall Model nach Foy-Notre-Dame den Befehl ergehen: »Wenn nötig, sollen Teile des Aufklärungsbataillons die Brücke von Dinant in einem Handstreich zu Fuß einnehmen« – genau so, wie der britische Oberst Brown es geahnt hatte.[27] Aber Böhms Kampfgruppe war in der schlimmsten Lage von allen, denn die britische Artillerie hatte sich auf sie eingeschossen.

Nun schlug im Stab der 2. Panzerdivision Frustration in Besorgnis um, »da beide Kessel meldeten, wegen des Mangels an Munition und Treibstoff könnten sie nicht mehr lange durchhalten«, wie Oberstleutnant Rüdiger Weiz notierte. »Und da der an der Front vorhandene Treibstoff für den Rückzug der Truppen nicht mehr ausreichte, entstand das fast unlösbare Problem, wie man den kämpfenden Elementen an der Front Hilfe bringen konnte.«[28]

Da entschied Lauchert, seine Kampfgruppe unter Major Friedrich Holtmeyer von ihrer Position bei Marche abzuziehen. Er befahl ihr, in Richtung Westen über Rochefort nach Conneux vorzustoßen und die dort eingeschlossenen Truppen zu entsetzen. Wegen der Luftüberlegenheit der Amerikaner konnte diese Operation nur bei Nacht ausgeführt werden. Lüttwitz stimmte dem Plan zu, aber zunächst musste noch die Genehmigung des Stabes der 5. Panzerarmee eingeholt werden. Lauchert erhielt diese am Nachmittag, doch da meldete sich das Aufklärungsbataillon per Funk schon nicht mehr. Am Abend machte sich Holtmeyers Truppe auf den Weg, aber ihr schwieriges Manöver bei Dunkelheit wurde von Gruppen von Amerikanern behindert, die sie attackierten, während sie sich zurückzog.

Zehn Kilometer südlich von Marche liegt das Dorf Bande auf einem Hügel oberhalb der Nationalstraße N4, die von Marche nach Bastogne führt. Wie bereits erwähnt, hatten SS-Einheiten während ihres Abzuges aus der Region im September in der Nähe des Dorfes an dieser Straße als Vergeltung für Anschläge der belgischen Résistance 35 Häuser niedergebrannt. Am 22. Dezember waren Vorausabteilungen der 2. Panzerdivision hier vorbeigekommen, und am nächsten Tag hatte man Truppenteile in dem Dorf einquartiert. Sie benahmen sich gut. Dann tauchte an Heiligabend eine ganz andere Einheit von etwa 30 Mann in grauen SS-Uniformen auf. Sie trugen das Emblem des Sicherheitsdienstes – die Buchstaben SD innerhalb einer Raute – am linken Ärmel. Die meisten der Angehörigen dieses Sondereinheitskommandos 8 waren keine Deutschen, sondern französische, belgische und niederländische Faschisten, die von einem Schweizer angeführt wurden und zur Gestapo gehörten.[29]

Sie hielten sich von den Panzergrenadieren fern und übernahmen mehrere Holzhäuser nahe der Hauptstraße. Heiligabend fiel in diesem Jahr auf einen Sonntag, sodass fast das ganze Dorf an der Messe teilnahm. Als sich danach die Kirchentüren öffneten und die Gemeinde herausströmte, wurden alle Männer im wehrfähigen Alter festgenommen, angeblich, um ihre Identitätspapiere zu prüfen. Es kamen etwa 60 Männer zusammen. Knapp die Hälfte, jene im Alter von 17 bis 31 Jahren, wurden unter Bewachung zu einem Sägewerk nahe der Hauptstraße gebracht und dort eingesperrt. Viele waren Flüchtlinge aus anderen Gegenden, aber auch sie befragte man brutal nach den Anschlägen auf zurückgehende deutsche Truppen hier in der Region vor über dreieinhalb Monaten. Dann wurden die Männer einer nach dem anderen herausgeführt und erschossen.

Es gab nur einen einzigen Überlebenden: Léon Praile, ein starker, athletisch gebauter Bursche von 21 Jahren. Er hatte andere zu überreden versucht, gemeinsam über die Bewacher herzufallen, aber keiner wollte mittun. Als er an die Reihe kam – es wurde bereits dunkel –, versetzte er seinem Begleiter unerwartet einen harten Faustschlag ins Gesicht und stürzte davon. Er sprang über eine niedrige Steinmauer und rannte in Richtung des Baches. Sie schossen ihm nach, aber er konnte entkommen.[30]

Als das Dorf im Januar 1945 endgültig von britischen Fallschirmjägern der 6. Luftlandedivision befreit wurde, führten Abbé Musty und Léon Praile die britischen Soldaten dorthin, wo man die 34 Leichen versteckt hatte, die inzwischen hart gefroren waren. »Nachdem die Tat vollbracht war«, heißt es in dem britischen Bericht, »deckten die Deutschen die Leichen nur mit Brettern und ein wenig Erde ab. An eine Hauswand schrieben sie: ›Rache für die Ehre unserer von Belgiern getöteten deutschen

Helden«. ... [Die Opfer] weisen Anzeichen dafür auf, dass sie geschlagen wurden, bevor man ihnen den Genickschuss gab.«[31]

Dieses Massaker war den Dorfbewohnern unerklärlich. Aus dem Schock entstand das Gerücht, Praile habe nur entkommen können, weil er seine Kameraden verriet. Über die Jahre wurde dies zur fixen Idee. Praile beschloss, nicht mehr in die Gegend zurückzukehren.

Generaloberst Guderian, der für die Ostfront zuständige Chef des Generalstabes des Heeres, fuhr von Zossen, südlich von Berlin, zu Hitler in den »Adlerhorst«. Für ihn war klar, dass die Ardennen-Offensive ihr Ziel verfehlt hatte und nicht weitergeführt werden durfte. Maximale Gefahr ging von Osten aus, wo die Rote Armee ihre große Winteroffensive vorbereitete. In seiner Aktentasche hatte er eine exaktere Einschätzung als gewöhnlich von Generalmajor Reinhard Gehlen, dem Leiter der Abteilung Fremde Heere Ost des Generalstabes. Der hatte sich in der Vergangenheit häufig geirrt, weshalb seine Argumente wenig Glaubwürdigkeit besaßen. Aber diesmal war Guderian überzeugt, dass seine Warnung zutraf. Gehlens Abteilung schätzte ein, dass die Rote Armee bei der Infanterie eine Überlegenheit von elf zu eins, bei den Panzern von sieben zu eins und bei der Artillerie von zwanzig zu eins besaß. Auch den Luftraum beherrschten die sowjetischen Streitkräfte inzwischen nahezu vollständig, was die Deutschen daran hinderte, Fotoaufklärung aus der Luft durchzuführen.

Im Besprechungsraum saß Guderian dem Reichsführer SS Heinrich Himmler, Generalfeldmarschall Keitel und Generaloberst Jodl gegenüber. Als er die Einschätzungen seiner Aufklärung darlegte, fiel ihm Hitler ins Wort. Er erklärte die Angaben zur Stärke der Sowjets für lächerlich. Er behauptete, die Schützenverbände der Roten Armee seien auf wenig mehr als 7000 Mann reduziert worden, die Panzerverbände hätten kaum mehr Panzer. »Das ist der größte Bluff seit Dschingis Khan«, rief er aus. »Wer hat diesen Blödsinn ausgegraben?«[32]

Guderians Versuche, Gehlens Zahlen zu verteidigen, stießen auf Verachtung. Zu seinem Entsetzen argumentierte Jodl, die Angriffe im Westen müssten fortgesetzt werden. Beim Abendessen teilte Himmler, ein militärischer Ignorant, der gerade erst Oberkommandierender der Heeresgruppe Oberrhein geworden war, im Vertrauen mit, der sowjetische Aufmarsch sei nur ein gewaltiger Bluff. Guderian blieb nichts übrig, als voller Verzweiflung nach Zossen zurückzufahren.

An der äußerst rechten Flanke von Pattons zwei Armeekorps hatte die 5. Infanteriedivision, die zunächst hinter der 4. Infanteriedivision stand, mit ihrem Vormarsch nach Nordwesten begonnen. Hemingway, der die Grippe und das Trinken des eigenen Urins überwunden hatte, stand auf einem Berg und beobachtete, mit Freunden aus seiner Division scherzend, wie die Soldaten weiter unten, zur Tarnung in Bettlaken eingehüllt, in lockerer Ordnung vorgingen und dabei ziellos um sich schossen. Gegenfeuer von den Deutschen gab es offenbar nicht. Zu Heiligabend begab er sich zum Stab des 22. Infanterieregiments in Rodenbourg, ohne zu wissen, dass der neue Kommandeur, Oberst Ruggles, auch Hemingways Ex-Frau eingeladen hatte. Ruggles ließ Martha Gellhorn mit einem Jeep aus Luxemburg abholen, weil er hoffte, beiden eine angenehme Überraschung zu bereiten. Das getrennte Paar musste sogar ein Zimmer miteinander teilen.[33]

Die Weihnachtsnacht hatte für die Soldaten auf beiden Seiten besondere Bedeutung. In Bastogne erhielten die leichter Verwundeten eine Ration Brandy und lauschten den endlosen Wiederholungen des Songs »White Christmas«, der aus einem von Zivilisten geretteten Rundfunkgerät erklang. In Foy, nordöstlich davon, versammelten sich deutsche Soldaten in Häusern und auf Bauernhöfen, um es wenigstens warm zu haben. Ein junger deutscher Soldat ließ die belgische Familie, die ihn beherbergte, im Vertrauen wissen, er wolle lebend nach Hause zurückkehren. Drei seiner Brüder seien bereits gefallen.[34] An anderen Stellen des Belagerungsrings hörten amerikanische Soldaten ihre Feinde »Stille Nacht, heilige Nacht« singen. Sie konnten sich nur gegenseitig erzählen, wie zu Hause Weihnachten gefeiert wurde, und stellten sich ihre Familien in warmen Stuben vor. Ihre glücklicheren Kameraden im Hinterland nahmen an Mitternachtsmessen teil, so in der Kapelle des Château de Rolley, die mit Flüchtlingen und der Besitzerfamilie zum Bersten gefüllt war. Meist wurde auch hier »Stille Nacht« gesungen und an zu Hause gedacht. In Bastogne versammelten sich etwa 100 Soldaten zur Messe vor einem improvisierten Altar mit Kerzen in leeren Konservendosen. Der Geistliche gab ihnen in seiner Predigt einen einfachen Rat: »Plant nichts, denn Gottes Plan wird obsiegen.«[35]

In Boisseilles zwischen Celles und Foy-Notre-Dame gesellten sich deutsche Soldaten zu den Zivilisten, die im Schloss Unterschlupf gefunden hatten. Ein Panzergrenadier der 2. Panzerdivision verkündete, möglicherweise vom Schnaps befeuert: »Morgen gehen wir über die Maas!« Ein anderer, der die Dinge realistischer sah, sagte seufzend: »Armselige Weihnachten.«[36]

Die Vorausabteilungen der 2. Panzerdivision waren total ausgehungert.

In Celles klopfte ein Soldat aus dem Elsass an eine Tür. Als die Familie vorsichtig öffnete, fiel er auf die Knie und bettelte um etwas zu essen. Der Zustand der Besatzer war so jämmerlich, dass die Bewohner sich gezwungen sahen, ihnen aus christlicher Nächstenliebe ein wenig Nahrung zukommen zu lassen. Es kam überraschend selten vor, dass Soldaten der 2. Panzerdivision mit vorgehaltener Waffe Essbares forderten. Einige mögen eine Bauersfrau angewiesen haben, als Geste zum Weihnachtsfest eine Suppe zu kochen oder aus ihren Vorräten einen Obstkuchen zu backen. Andere zwangen Frauen, ihre Socken oder ihre Unterwäsche zu waschen.

Ungeachtet des Hungers waren deutsche Soldaten eher verzweifelt darauf aus, am Weihnachtsabend ihre Sorgen im Alkohol zu ertränken. In Rochefort sah die 14-jährige Liliane Delhomme, wie ein Landser die Glastür des Café Gregoire mit der Faust einschlug und sich dabei schwer verletzte, nur um an eine Flasche zu kommen.[37] Zu Weihnachten verschlimmerte sich auch das Heimweh. Viele Soldaten betrachteten die Fotos ihrer Angehörigen und weinten still vor sich hin.

Die Infanteristen auf beiden Seiten mussten die Heilige Nacht in ihren Schützenlöchern verbringen. Die Amerikaner konnten nur mit gefrorenen Frontrationen feiern, was auf jeden Fall mehr war, als die meisten Deutschen hatten. Ein Fallschirmjäger schilderte, wie er gefrorenes Hackfleisch stückchenweise aus der Dose schnitt und es lutschend auftaute, bevor er es schlucken konnte.[38] An der äußersten Nordflanke bei Höfen schrieb ein Soldat der 99. Infanteriedivision in sein Tagebuch: »Die Kameraden telefonieren die Leitung auf und ab und wünschen einander fröhliche Weihnachten. Es ist eine sehr schöne Nacht in dieser verschneiten Gegend.«[39] Die Glücklicheren wurden von einem Offizier aufgesucht, der eine Flasche kreisen ließ.

In Kommandostellen und höheren Stäben gab es Weihnachtsbäume, die man in der Regel mit den für die Störung des Radars bestimmten Stanniolstreifen geschmückt hatte. Je höher der Stab, desto größer die Wahrscheinlichkeit, dass eine wirkliche Feier stattfand. Die Stadt Luxemburg, bislang vom Krieg unberührt, galt jetzt als sicher. Und als am Heiligen Abend Schneeflocken sacht herniederfielen, schickte sich der Kaplan der U.S. Army, Frederick A. McDonald, an, in einer von Kerzen erleuchteten Kirche den Gottesdienst zu zelebrieren. Man hatte ihm angekündigt, dass General Patton an diesem Abend erscheinen werde. Die Kirche war übervoll, aber McDonald hatte keine Mühe, »diesen General mit der strengen Miene« zu erkennen, der allein und kerzengerade im Hintergrund stand. Er trat auf ihn zu, um ihn zu begrüßen, und erwähnte dabei, dass Kaiser Wilhelm II. während des Ersten Weltkriegs in dieser Kirche Gottesdienste besucht hatte. McDonald, der zweifellos das Streben des Generals kannte, in die Geschichte einzugehen, fragte: »Möchten Sie auf der Bank des Kaisers Platz nehmen?« Patton zeigte ein Lächeln. »Führen Sie mich hin«, antwortete er.[40]

18. Kapitel

Weihnachtstag

Mit der kurzen Ruhe während der Weihnachtsnacht war es in Bastogne vorbei, als ein Bomber der Luftwaffe auftauchte und Leuchtfallschirme abwarf. Bald darauf folgten in Wellen anfliegende Junkers 88. Die Amerikaner waren bereits davon ausgegangen, dass die Luftwaffe erledigt sei. Dadurch fiel die Wirkung weit verheerender aus als selbst der stärkste Artilleriebeschuss. Flüchtlinge und Einwohner in Bastogne waren schockiert, als die Häuser über den Kellern zusammenbrachen, in die sie sich geflüchtet hatten.

Auch McAuliffes Stab erhielt Treffer. Die Hauswände wankten wie bei einem Erdbeben, und die Insassen fürchteten, von herabfallenden Mauerteilen erschlagen zu werden. In den überfüllten Kellern des Institut de Notre-Dame beteten die Menschen oder schrien in Panik auf, als sich Staubwolken herabsenkten. Einige verloren fast den Verstand.

Hauptmann Prior, der Arzt, der das Lazarett der 10. Luftlandedivision betreute, war gerade dabei, mit mehreren Kollegen, darunter die kongolesische Krankenschwester Augusta Chiwy, eine Flasche Champagner auf Weihnachten zu leeren, als eine Explosion das Gebäude erschütterte und sie alle zu Boden warf. Prior fürchtete sofort, dass das Lazarett getroffen sein könnte. Durch Wolken von Staub gelangten die Anwesenden auf die Straße. Das dreistöckige Gebäude war über den verwundeten Patienten zusammengebrochen, und die Trümmer standen in Flammen. Chiwys Kollegin, Schwester Renée Lemaire, wurde zusammen mit 25 Schwerverwundeten getötet, die in ihren Betten verbrannten. Soldaten stürzten herbei und räumten Trümmer fort, um einen Ausgang zu schaffen, aber ihre Versuche, das Feuer mit Wassereimern zu löschen, waren sinnlos und wurden bald aufgegeben. Einige Verwundete riefen aus den Flammen, man möge sie erschießen. Niedrig fliegende Bomber beschossen die Straßen, was die Fallschirmjäger mit Gewehrfeuer beantworteten. Die Stadt Bastogne hatte keine Luftabwehr, weil die 12,7-mm-Vierlingflaks sämtlich an der äußeren Verteidigungslinie eingesetzt waren.[1]

Dieses Bombardement, das ein paar Stunden später wiederholt wurde, stellte eindeutig die Eröffnung des deutschen Angriffs am Weihnachtstag dar. Auf Manteuffels Befehl war der Arko, der oberste Artilleriekommandeur, der 5. deutschen Panzerarmee eingetroffen, um die Feuerlenkung zu überwachen. Kokott hatte seinen Befehlsstand nach Givry gegenüber der Nordwestseite der Einkreisung von Bastogne verlegt. In diesem Bereich gab es weniger Wald und Dörfer, welche die Amerikaner so wirksam als Stützpunkte genutzt hatten, und das offene Gelände hielt kaum mehr Hindernisse bereit als kleine, zugeschneite Gräben. Trotz allem fürchteten die Volksgrenadiere die beginnende Schlacht, denn die Mahnungen und Versprechungen ihrer Offiziere hatten sie nicht davon überzeugt, dass sie diesmal in übermächtiger Stärke antraten.

Mit einem Zangenangriff aus nordwestlicher und südöstlicher Richtung wollten die Deutschen binnen fünf Stunden nach Bastogne durchbrechen, aber Kokott war bestürzt, als er feststellen musste, dass die 15. Panzergrenadierdivision viel schwächer war, als er erwartet hatte. Sie stellte wenig mehr als eine Kampfgruppe unter Oberstleutnant Wolfgang Maucke dar, die aus drei Bataillonen Panzergrenadieren, 20 Panzern und Sturmgeschützen sowie zwei Bataillonen mit Selbstfahrlafetten bestand. Ein kleinerer Teil der Division war noch auf dem Anmarsch und sollte erst einen Tag später eintreffen.

Der erste Angriff wurde gegen den Frontabschnitt gegenüber dem Dorf Champs gestartet. Um 5 Uhr schlich sich Kokotts Grenadierregiment 77 ohne Artillerievorbereitung über die amerikanischen Gräben und Schützenlöcher nach vorn. Erst nachdem das geschehen war, nahm die deutsche Artillerie den Beschuss der amerikanischen Geschützstellungen auf. Das Dorf Champs wurde in heftigen Kämpfen »eingenommen, verloren und wieder zurückerobert«, stellte Kokott fest.[2] Eine Kompanie US-Fallschirmjäger und zwei Jagdpanzer fügten seinen Männern schwere Verluste zu. Das intensive Üben der Amerikaner, »Waffen unter Feuer und bei Dunkelheit auseinanderzunehmen und instand zu setzen«, zahlte sich offenbar aus. Ladehemmungen an Maschinengewehren wurden in wenigen Augenblicken beseitigt und der Beschuss fortgesetzt. Der Unteroffizier Willis Fowler, der am westlichen Rand von Champs ein Maschinengewehr bediente, vernichtete eine ganze Kompanie Grenadiere, während vier deutsche Panzer hinter ihnen auf dem Berghang abwarteten. Auch der amerikanischen Artillerie gelang es sehr wirkungsvoll, Angriffe zurückzuschlagen. Gegen 9 Uhr lief die Warnung »Jabos!« durch die Reihen der Deutschen. Und schon rasten amerikanische Jagdbomber im Tiefflug heran.[3]

Die Kampfgruppe Maucke hatte inzwischen die Stellungen des 401. US-Gleiterinfanterieregiments südwestlich von Champs platt gewalzt und den Weiler Hemroulle, knappe drei Kilometer weiter vorn, erreicht. Nun bog ein Teil der Truppe nach Norden ab, um Champs anzugreifen. Um die Befehlsstellung und den Verbandsplatz des 502. Luftlandeinfanterieregiments entfalteten sich heftige Kämpfe. Beides befand sich im Schloss von Rolley, einem imposanten Gebäude aus dem 18. Jahrhundert, neben dem ein massiver Rundturm stand, der von der ursprünglichen mittelalterlichen Burg übrig geblieben war. Die Brücke zum Schloss war vermint, aber bei dem starken Frost versagten die Zünder, als die deutschen Panzer darüberrollten. Bei diesen Temperaturen und einem Wind, der Schneekristalle wie gefrorene Gischt heranblies, blieb den Fallschirmjägern nichts weiter übrig, als auf ihre Maschinengewehre zu urinieren, um die Mechanik aufzutauen.

Alle Funker, Kraftfahrer und Köche, die sich noch im Schloss befanden, griffen nach Gewehren und Bazookas und bildeten einen Verteidigungszug. Der Arzt, der die Verwundeten auf den Tragen versorgte, musste einem seiner Patienten ebenfalls ein Gewehr in die Hand drücken, weil dieser den Gedanken nicht ertragen konnte, unbewaffnet überrascht zu werden. Einige Männer riefen dem Doktor zu, er möge das Buch mit den Nummern der Erkennungsmarken der Toten verbrennen, damit der Feind nicht erfahre, wie viele Fallschirmjäger er getötet hatte.

Einem Mann aus dieser improvisierten Verteidigungstruppe, dem Feldwebel »Sky« Jackson, gelang es, mehrere Panzer auszuschalten. Ein anderer Bazooka-Schütze war so aufgeregt, dass er vergaß, seine Waffe nachzuladen. Als er abdrückte, gab es nur einen lauten Klick. Ein Hellcat-Jagdpanzer traf einen weiteren deutschen Panther. »Als die Besatzung herauskletterte, wurde sie niedergemäht«, berichtete ein Soldat. »Der Schnee ringsum färbte sich rot von Blut.« Auch aus dem Inneren eines anderen deutschen Panzers waren Schreie zu hören.[4]

Eine Kompanie des 502. US-Luftlandeinfanterieregiments sichtete etwa 150 deutsche Infanteristen und vier Panzer IV, die das Feuer eröffneten. Der Leutnant der Luftlandeinfanterie zog seine Männer an einen Waldrand zurück. Er befahl den MG-Schützen, durch Dauerfeuer die Infanterie am Boden und die Panzer »geschlossen« zu halten, während er sie mit einem weiteren Bazooka-Team von beiden Seiten angriff. Es gelang ihnen, drei der Panzer mit Bazookas zu zerstören. Den vierten erledigte die Nachbarkompanie.[5] Die Luftlandeinfanteristen hatten an diesem Tag wenig zu essen. Die meisten mussten lediglich mit einer halben Tasse Bohnensuppe auskommen.

Im Rahmen dieser totalen Offensive griff die Kampfgruppe Kunkel erneut im Südwesten bei Senonchamps in Richtung Hemroulle an. Und an der gegenüberliegenden Seite der Einkreisung schien gegen 10 Uhr morgens »der Erfolg sehr nahe« zu sein, als das Panzergrenadierregiment 901 von Südosten her eindringen konnte. Ein Sturmtrupp erreichte die Straßengabelung am Ortseingang von Bastogne, und der Durchbruch der Deutschen schien kaum noch abwendbar.[6] In McAuliffes provisorischem Stabsquartier bereiteten alle Offiziere ihre Waffen vor, und das Versorgungspersonal rüstete sich mit den verbliebenen Bazookas für den letzten Verteidigungskampf.

»Die Deutschen griffen unsere Stellungen mit Panzern an«, berichtete Obergefreiter Jackson vom 502. Luftlandeinfanterieregiment. »Ich war gerade in der Befehlsstelle, als wir die Nachricht erhielten, dass an der Front mehr Bazookas und Munition gebraucht werden. Ich nahm so viele Waffen und Munition, wie ich tragen konnte. Als ich an der Frontlinie ankam, sah ich einen Panzer, der sich gerade zurückzog, und einen deutschen Panzer IV mit neun aufgesessenen Infanteristen draußen im Feld. Als Letzterer noch 40 Meter entfernt war und mir seine Breitseite bot, sprang ich auf und schoss. Ich traf ihn in die Seite direkt über der Kette. Meine Rakete tötete oder betäubte vier der aufgesessenen Männer, der Panzer blieb stehen und ging in Flammen auf.«[7] Die Besatzung und die anderen Infanteristen wurden erschossen, als sie zu entkommen suchten.

Selbst die kurzrohrigen Haubitzen eines Feldartilleriebataillons der Fallschirmjäger griffen Panzer auf offenem Feld an. Die größte Zerstörungskraft entwickelten die Jagdbomber P-47 Thunderbolt, die Napalmbrandbomben abwarfen oder aus ihren 12,7-mm-Maschinengewehren schossen. In diesem Gefecht, das die amerikanischen Kommandeure als Kampf auf Leben und Tod ansahen, wurden auch Bauernhöfe und ihre Bewohner nicht geschont.

Shermans, Hellcat-Jagdpanzer und Bazookas fügten den Deutschen bei den Kämpfen um Champs, Rolley und Hemroulle schwere Verluste zu. Am Nachmittag meldete die 15. Panzergrenadierdivision, sie verfüge kaum noch über gefechtstüchtige Panzer. Nach Einbruch der Dunkelheit startete sie mit Unterstützung der verbliebenen Jagdpanzer des Aufklärungsbataillons einen weiteren verzweifelten Angriff. Bazooka-Teams des 502. US-Luftlandeinfanterieregiments verfolgten und zerstörten aus kürzester Entfernung die Hälfte dieser Kampfwagen, darunter auch den des Kommandeurs.

Im Südosten wurde die Sturmabteilung des Panzergrenadierregiments 901 der Panzer-Lehr-Division »abgeschnitten und vernichtet«.[8] Das Regiment hatte keine Reserven mehr, um sie zu verstärken oder herauszuholen. Fast jeder verfügbare Mann war bereits ins Gefecht geworfen. Weitere Angriffe blies Kokott nun ab. Die 15. Panzergrenadierdivision war praktisch ausgelöscht, und auch seine eigene Division hatte mehr als 800 Mann an Verlusten zu beklagen. Die meisten deutschen Kompanien zählten weniger als 20 Mann, und ein ganzes Bataillon des Grenadierregiments 78 war auf eine Stärke von 40 geschrumpft. Die schlimmsten Verluste betrafen erfahrene Offiziere und Unteroffiziere. »Wir waren 900 Meter vom Bastogner Stadtrand entfernt«, klagte ein Offizier der 26. Volksgrenadierdivision bitter, »und konnten trotzdem nicht hineingelangen.«[9]

Kokott meldete an den Stab des Korps, seine Truppen seien so dezimiert, dass weitere Angriffe auf Bastogne »verantwortungslos und undurchführbar« wären. Lüttwitz stimmte zu, die Bastogne belagernden Kräfte sollten ihre derzeitigen Positionen halten, bis die Führer-Begleit-Brigade unter Otto Remer eintreffe, was binnen 48 Stunden geschehen solle. Aber Kokott hörte auch, dass die 5. Fallschirmjägerdivision den zunehmenden Angriffen von Pattons Truppen aus Richtung Süden nicht mehr standhalten konnte. Seine Volksgrenadiere konnten höchstens noch Minenfelder legen und auf den Zugangsstraßen Panzersperren aufbauen. Die Ardennen-Offensive war gescheitert, lautete Kokotts Schlussfolgerung. Er schrieb, die große Operation sei auf einen »blutigen, dubiosen und kostspieligen Kampf um etwas hinausgelaufen, das sich am Ende als ein unwichtiges Dorf herausstellte«.[10] Offenkundig war das Führerhauptquartier allerdings nicht bereit, die Fakten zu akzeptieren.

Während im Norden und Südosten von Bastogne noch Kämpfe tobten, flog der Pilot einer leichten Beobachtungsmaschine, den Flakbeschuss missachtend, einen Chirurgen und dringend benötigtes Penizillin ein. Ein Jagdflugzeug P-38 Lightning warf Karten und eine Serie Luftaufnahmen von der Gegend ab, die dringend gebraucht wurden. Das war alles, was die Verteidiger an diesem Tag erhielten, denn schlechte Sicht über England verhinderte eine große Abwurfaktion.[11] Was schwerer wog: Der von Patton als Weihnachtsgeschenk versprochene Durchbruch nach Bastogne war nicht gelungen. Wie McAuliffe das empfand, äußerte er gegenüber dem Kommandeur des VIII. Korps, General Middleton, am Telefon unverblümt: »Man hat uns im Stich gelassen.«[12]

Pattons III. Korps war nahe. Bei Lutrebois – bis zum Zentrum von Bastogne blieben noch ganze sechs Kilometer – kämpfte das 134. Infanterieregiment der 35. US-Division mit starker Unterstützung von Artillerie und Panzerjägern. Da man in einem Wald deutsche Panzer entdeckt hatte, eröffnete die Feldartillerie das Feuer. Einige Shermans, die das Schießen hörten, griffen ebenfalls ein. Die Bazooka-Schützen brauchten nur »im Hinterhalt zu warten oder sich anzuschleichen, als wollten sie einen Elch erlegen«. Man hatte sie angewiesen, auf die Ketten der Panther zu zielen, denn an der Panzerung prallten ihre Geschosse einfach ab. Am Ende entkamen von 27 deutschen Panzern ganze drei.[13]

Die 4. US-Panzerdivision nahm sich die Fallschirmjägereinheiten der 5. deutschen Division südlich von Bastogne zwischen den Straßen nach Arlon und Neufchâteau vor. Als das Dorf Assenois von den brutalen Einschlägen der Granaten erschüttert wurde, blieben der Zivilbevölkerung nur Hoffnung und Gebete. »Wir spüren, dass wir in Gottes Hand sind«, schrieb eine Frau, »und wir ergeben uns in unser Schicksal.«[14] Die Wallonen waren zumeist sehr fromme Katholiken. Sich in die Hände des Allmächtigen zu begeben spendete ihnen zweifellos Trost, da sie so wenig über ihr eigenes Schicksal zu bestimmen vermochten. Gemeinsam den Rosenkranz zu beten half, die bohrende Angst zu dämpfen und die Nerven zu beruhigen.

Während der Schlacht um Hemroulle suchten Model und Manteuffel den Stab von Lüttwitz' Korps auf Château de Roumont nahe der Straße nach Marche auf. Lüttwitz sorgte sich besonders um seine alte Division, die bei Celles festsaß. Erneut drängte er darauf, die 2. Panzerdivision müsse gerettet werden, indem man ihr den raschen Rückzug gestattete. Model und Manteuffel »zeigten Verständnis«, hatten aber »offensichtlich keine Vollmacht, über den Rückzug der 2. Panzerdivision zu entscheiden«. Dieser Befehl konnte nur von Hitler kommen, und der war ganz sicher nicht bereit, sein Scheitern einzugestehen.[15]

Lüttwitz' größte Sorge um die Kampfgruppen Böhm und Cochenhausen bestätigte sich, als die Generale noch miteinander sprachen. Vor dem Morgengrauen hatten die Alliierten mit ihrem Gegenangriff begonnen. Die der 29. Panzerbrigade beigeordnete Artillerie nahm den Beschuss von Böhms Aufklärungsbataillon in Foy-Notre-Dame auf, wobei sie ihr Versprechen hielt, die Kirche aus dem 17. Jahrhundert zu verschonen. Amerikanische Artilleriebatterien bezogen Stellung auf den Feldern rund um die Dörfer Haid und Chevetogne. Als sie am Abend zuvor Haid erreicht hatten, feierten sie mit den Dorfbewohnern, die Galettes [eine Art Pfannkuchen] buken und aus der Milch ihrer eigenen Kühe mit geschmolzenen Hershey-Riegeln heiße Schokolade bereiteten. Danach begleiteten die amerikanischen Soldaten ihre neuen Freunde zur Mitternachtsmesse in die Kirche. Nur wenige Tage zuvor war ein 16-jähriger Elsässer, den man zur Wehrmacht eingezogen hatte, in Tränen ausgebrochen und hatte einer Bauersfrau von den Schrecken erzählt, die er durchmachen musste.[16]

In Chevetogne ging ein Offizier durch die Häuser und ermahnte die Menschen, ihre Fenster offen zu lassen, damit die Scheiben bei den Detonationen nicht zersprängen. Die Dorfbewohner sahen einen Artillerieaufklärer, den sie »Petit Jules« nannten, über den Stellungen der Deutschen kreisen. Wenig später erschienen Jagdbomber P-38 Lightning mit ihren doppelten Leitwerksträgern in beträchtlicher Stärke.

Gefechtskommando A von Harmons 2. US-Panzerdivision rückte in Richtung Süden bis Buissonville, ein Dutzend Kilometer östlich der Kampfgruppe Cochenhausen, vor. Dort stieß es auf eine Truppe der Panzer-Lehr-Division, die von Rochefort her anrollte. Die Amerikaner verfolgten eine der deutschen Kolonnen bis zum Bauerngehöft La Happe, wo das Gefecht begann. Die meisten Zivilisten in der Gegend verschwanden sofort in den Kellern, aber einige wenige kletterten auf Dachböden, um das tödliche Feuerwerk einer Panzerschlacht zu erleben. 29 Deutsche wurden getötet und viel mehr schwer verwundet. Letztere wurden in eine Scheune getragen und auf Stroh abgelegt.

Gefechtskommando B, das von Ciney kam, teilte sich. Die eine Hälfte hielt auf Conjoux zu, die andere auf Celles, um so den Hauptteil der Kampfgruppe Cochenhausen einzukesseln, die sich zwischen den beiden Dörfern befand. Die Deutschen bei Celles waren ein ortsfestes Ziel, denn sie hatten nicht einmal mehr genug Treibstoff für den Krankenwagen des Feldlazaretts. In Celles selbst hatten sich die meisten Bewohner zusammen mit den Nonnen und dem Pfarrer in die Krypta der Kirche geflüchtet. Seit den Kämpfen im September lag dort immer noch Stroh. Als der Beschuss für eine Weile abebbte, brachten Landarbeiter einen Eimer Milch für die Kinder und kochten ein Huhn, das eine Explosion getötet hatte. Weitere Bewohner hockten in ihren Kellern, während Granaten über die Häuser hinwegsausten. Die Amerikaner benutzten Phosphorgeschosse, und die Leute sorgten sich natürlich um ihre Höfe.

Die Shermans des 3. Königlichen Panzerregiments rückten mit Unterstützung des Aufklärungsbataillons der 82. US-Luftlandedivision und von Lightning-Jagdbombern aus der Luft von Sorinnes in Richtung Foy-

Notre-Dame vor. Der Ort wurde an diesem Nachmittag zurückerobert. Major Böhm und 148 seiner Männer gingen in Gefangenschaft. Nur wenige konnten durch den tiefen Schnee entkommen. Mehrere Familien blieben auch nach der Befreiung des Dorfes in ihren Kellern, weil sie immer noch Kampfeslärm hörten. Der kam von einem brennenden Halbkettenfahrzeug in einem Bauernhof, dessen Bordmunition noch lange Zeit explodierte. Die meisten begannen jedoch, als Erstes große Vierecke aus Pappe zu schneiden, mit denen sie die geborstenen Fensterscheiben notdürftig ersetzten. Aber für alle war es eine große Erleichterung, dass diese Schlacht der »Tommys« und »Sammys« gegen die »Grauen« – die Deutschen – schließlich ein Ende gefunden hatte.[17]

Ein kleines Mädchen unter jenen, die nach Sorinnes evakuiert wurden, hatte seine Schuhe verloren. Ein amerikanischer Soldat des Aufklärungsbataillons der 82. Luftlandedivision zwang einen Deutschen mit vorgehaltener Waffe, seine Schuhe auszuziehen und sie dem Mädchen zu geben. Sie waren ihm viel zu groß, aber es konnte sich damit fortbewegen, während der deutsche Soldat mit Frostbeulen an den Füßen zu rechnen hatte.

Nachdem die amerikanische und die britische Artillerie die deutschen Positionen rund um den Bauernhof Mahenne zwischen Foy-Notre-Dame und Celles beschossen hatten, machte die Geschichte die Runde, SS-Offiziere hätten den Hof in Brand gesteckt. Aber in der Gegend war keine SS gewesen, und die Zerstörungen hatte allein der Beschuss angerichtet. Ein weiteres Mal hatte man die schwarzen Overalls und das Emblem mit dem Totenschädel an der Panzerkanone für Symbole der Waffen-SS gehalten.

Auch Gefechtskommando B der 2. US-Panzerdivision rückte an diesem Nachmittag in Celles ein. Die ausgehungerten und zermürbten deutschen Panzersoldaten, die nur noch wenig Munition und keinen Treibstoff mehr hatten, leisteten nicht viel Widerstand. Die vollständige Säuberung des Ortes vom Feind nahm jedoch weitere zwei Tage in Anspruch. Etwa 2500 Deutsche wurden getötet oder verwundet, weitere 1200 gefangen genommen. Zudem wurden 82 bewaffnete Kampfwagen und 82 Stück Artillerie erbeutet oder zerstört. Dazu kamen zahlreiche weitere Fahrzeuge, darunter viele, die die Deutschen zuvor den Amerikanern abgenommen hatten. Die meisten standen ohne Treibstoff und Munition da.[18]

Major Cochenhausen löste sich mit 600 Mann von seiner Truppe und konnte zu Fuß über das flache Land fliehen. Viele waren nur allzu gern zum Aufgeben bereit. Bei Celles flehten versteckte Deutsche die Einwohner an, den Amerikanern mitzuteilen, sie seien willens zu kapitulieren. Sie befürchteten, wenn sie unvermittelt auftauchten, selbst mit erhobenen Händen, würden sie erschossen. Andere sorgten sich, da sie so viele amerikanische Uniformteile trugen, könnte man sie für Angehörige der Kampfgruppe Skorzeny halten. In einigen Fällen händigten Deutsche angesprochenen belgischen Zivilisten zum Zeichen ihres guten Willens ihre Pistolen aus, die an die Amerikaner weitergereicht wurden. Die Dorfbewohner realisierten zunächst nicht, dass sie viel Geld machen konnten, wenn sie sie stattdessen verkauften. »Die Amerikaner waren ganz verrückt danach«, berichtete ein Bauer. Viele Menschen schreckten allerdings davor zurück, deutsche Ausrüstungsstücke zu besitzen: Der Feind hätte ja noch einmal zurückkommen und sie in ihren Häusern finden können.[19]

Abgesehen von der 2. SS-Panzerdivision »Das Reich«, die der 1. US-Armee in den Kämpfen um Manhay und Grandménil nach wie vor große Probleme bereitete, erging es den übrigen deutschen Panzerdivisionen an der Nordwestflanke der Front kaum besser. Die 116. Panzerdivision hatte immer noch Befehl, östlich von Marche durchzubrechen, aber wie Generalmajor Waldenburg später berichtete, »waren die Divisionseinheiten, die in dieser Schlacht kämpften, fast vollständig vernichtet«. Die Kampfgruppe Beyer der 60. Panzergrenadierdivision war abgeschnitten. Nur wenige Männer konnten mit ihren Fahrzeugen entkommen.[20]

In dieser Nacht teilte Generalfeldmarschall Rundstedt Hitler mit, dass die Offensive gescheitert sei. Er empfahl einen Rückzug aus dem Frontbogen, bevor die Masse der Heeresgruppe B eingeschlossen werde. Hitler wies diesen Rat zornig zurück und bestand darauf, Bastogne weiter anzugreifen. Offenbar wusste er nicht, dass Verstärkung der Alliierten dorthin unterwegs war. Die 17. US-Luftlandedivision ging bereits in Stellung, obwohl ein Stabsoffizier des VIII. Korps der Meinung war, sie habe »noch viel zu lernen«.[21] An Erfahrungen mangelte es auch der frisch eingetroffenen 11. US-Panzerdivision. Das betraf vor allem die Soldaten, die die Sherman-Panzer fuhren. »Sie zogen eine Spur entwurzelter Bäume und zerrissener Telefonkabel hinter sich her«, hieß es in einem Bericht.[22]

»Eine klare, kalte Weihnacht«, schrieb Patton in sein Tagebuch, »herrliches Wetter, um Deutsche zu töten, was etwas merkwürdig erscheint, wenn man bedenkt, wessen Geburtstag dies ist.«[23] Patton hatte inzwischen sein Stabsquartier in die Industrieschule der Stadt Luxemburg verlegt. Stolz wies er auf die Beleuchtung hin: nackte Glühbirnen mit erbeuteten deutschen Stahlhelmen als Lampenschirme.

Der belgischen Bevölkerung der Ardennen bescherte dieses Weihnachtsfest wenig Freude. In einem Dorf bei Elsenborn, wo die Kämpfe abgeflaut waren, beschloss Familie Gronsfeld, den Keller zu verlassen, um Weihnachten zu feiern. Bei strahlendem Sonnenlicht setzten sich Vater, Mutter und die kleine Tochter Elfriede an den Küchentisch. Plötzlich schlug ganz in der Nähe eine deutsche Granate ein, und ein Splitter fegte durch das Fenster. »Er drang tief in Elfriede Gronsfelds Hals ein. Amerikanische Sanitäter kamen ihr zu Hilfe, aber sie konnten nichts mehr tun. Das Mädchen wurde am 29. Dezember begraben. Es war fünf Jahre alt. ›Was soll man der Mutter sagen?‹, schrieb eine Dorfbewohnerin in ihr Tagebuch. ›Sie weint und kann es nicht verstehen.‹«[24]

Ein amerikanischer Soldat auf den Elsenborner Höhen schrieb an diesem Tag an seine Frau: »Die Bomber schmücken den Himmel mit feinen, weiß gefiederten Kondensstreifen, und die Jagdflugzeuge kritzeln gewellte Muster darüber, wenn sie versuchen, einander zu töten.« Sie ließen kein Auge von den Piper-Cub-Artillerieaufklärern, die häufig zu einem halben Dutzend oder mehr gleichzeitig am Himmel waren. Wenn eine Maschine plötzlich senkrecht nach unten abtauchte, »dann wussten wir, dass es Zeit war, in Deckung zu gehen«. In einem anderen Brief schrieb er: »Ein-, zweimal täglich werden wir von unseren eigenen Flugzeugen beschossen.«[25]

Bei dem klaren Himmel fielen amerikanische Jagdbomber »wie ein Wespenschwarm« auch über St. Vith her. »Wir gehen lieber zu Fuß, statt mit einem Auto auf der Hauptstraße zu fahren«, schrieb ein deutscher Offizier in sein Tagebuch. »Die amerikanischen Jabos greifen alles an, was sich auf den Straßen bewegt. ... Wir schleichen über die Felder von Hecke zu Hecke.«[26] Aber bald war ein viel mächtigeres Dröhnen von Flugzeugmotoren zu hören. Staffeln von 76 B-26-Bombern näherten sich und machten nacheinander, was von St. Vith noch übrig war, dem Erdboden gleich. Damit wurde die Absicht verfolgt, die »Stadt auf die Straße zu bringen«, wie man es zynisch nannte, das heißt, die Straßen mit Trümmern zu füllen, damit deutsche Nachschubkolonnen diese wichtige Kreuzung nicht passieren konnten.

General Bradley, der sich wegen der Schande, den Hauptteil seiner 12. Armeegruppe an Montgomery verloren zu haben, völlig zurückgezogen hatte, war am Vormarsch von Pattons beiden Korps kaum beteiligt. Aber am Weihnachtstag flog er auf Montgomerys Einladung, begleitet von Jagdflugzeugen, nach Saint-Trond in der Nähe des Stabsquartiers der 21. Armeegruppe in Zonhoven. Er war entschlossen, Montgomery zu einer sofortigen Gegenoffensive zu drängen. »Monty wartet immer darauf, dass man zu ihm kommt«, klagte Bradley später zu Recht. »Ike hat darauf bestanden, dass ich ihn aufsuche. Ich weiß nicht, warum zum Teufel ich das tun soll.« Obwohl Montgomerys Hauptquartier, dessen Wände mit Weihnachtskarten bedeckt waren, »sehr festlich« wirkte, bekam Bradley, wie er behauptete, nur einen Apfel zum Mittagessen.[27]

Bradleys Version von dieser Begegnung war so von Groll durchtränkt, dass man sie kaum wörtlich nehmen darf. Man kann sich gut vorstellen, dass Montgomery mit seiner gewohnten Taktlosigkeit und Arroganz auftrat, was auf Bradley verletzend wirkte. Er ging sogar so weit, erneut den Oberbefehl über alle Bodentruppen für sich zu fordern und gebetsmühlenhaft zu wiederholen, alle Rückschläge hätten vermieden werden können, wenn man nur von Anfang an seiner Strategie gefolgt wäre. Aber auch Bradley demonstrierte mit seinem Vorwurf, »Monty hat das VII. Korps aufgelöst«, indem er es an die Front schickte, statt es für eine Gegenoffensive zurückzuhalten, dass er selbst keinerlei Überblick über die Ereignisse im Nordwesten besaß. Gegenüber Patton behauptete er bei seiner Rückkehr nach Luxemburg sogar, Montgomery habe gesagt, dass »die 1. Armee drei Monate lang nicht angreifen kann«.[28] Das ist wohl kaum zu glauben.

Andererseits gibt es keinen Zweifel, dass Montgomery sich von Berichten der Aufklärung beeindrucken ließ, in denen es hieß, die Deutschen planten mit verstärkten Kräften einen weiteren Ausfall gegen die Maas. Daher wollte er sich zurückhalten, bis deren Kräfte aufgebraucht waren. Doch seine Weisung an Hodges' Stab am Tag zuvor, Collins' VII. Korps im Westen solle sich darauf vorbereiten, sich in nördlicher Richtung bis Andenne an die Maas zurückzuziehen, war ein erstaunlicher Fehler, und Collins hatte vollkommen recht, diesen Befehl zu ignorieren. Während also Bradley die Bedrohung durch die Deutschen zwischen Dinant und Marche unterschätzte, überschätzte Montgomery sie. Anders als amerikanische Kommandeure erfasste er nicht, dass der Ansturm der Deutschen am Weihnachtstag seinen Höhepunkt erreicht hatte.

Bradley redete sich ein, der Feldmarschall beute die Lage für seine eigenen Zwecke aus und schüchtere das SHAEF mit seinen Berichten absichtlich ein. Zu Hansen sagte er später: »Ich bin sicher, dass es Montgomerys Alarmrufe waren, die in Paris Widerhall fanden. Ob wir das erkannten oder nicht, Paris war einfach hysterisch.«* Dann fügte er noch hinzu: »Ich bin sicher, die US-Presse hat all die panischen Informationen aus Versailles erhalten.«[29] Bradley war der Meinung, die 12. Armeegruppe sollte eine eigene Pressestelle haben, um diesen falschen Eindrücken entgegenzutreten. Vor allem britische Zeitungen schwelgten geradezu in Katastrophenszenarien mit Schlagzeilen wie: »Krieg um Monate verlängert?«[30] Am Morgen nach seiner Rückkehr rief Bradley beim SHAEF an und forderte, die 1. und die 9. Armee wieder seinem Befehl zu unterstellen. Er schlug vor, seinen Frontstab nach Namur nahe der Nordflanke zu verlegen. Der Krieg im Lager der Alliierten strebte seinem Höhepunkt zu, und Montgomery hatte keine Ahnung, dass er sein Verliererblatt sehr schlecht spielte.

---

* Das SHAEF ließ sich wohl kaum von Montgomery hinters Licht führen. General Bedell Smith räumte später ein, die Schwarzmalerei in den Telegrammen nach Washington sei Taktik gewesen. »Wissen Sie, wir haben die Ardennenkrise ausgebeutet, so gut es nur ging«, um Ressourcen und Personal zu erhalten, die ansonsten in den Pazifik gegangen wären. »Da uns Truppen fehlten, schrien wir laut. Wir verlangten alles, was wir nur kriegen konnten.« [FCP *SC*]

19. Kapitel

Dienstag, 26. Dezember

Am Dienstag, dem 26. Dezember, prägte Patton im Gespräch mit Bradley den berühmt gewordenen prahlerischen Satz: »Der Kraut hat seinen Kopf in den Fleischwolf gesteckt, und ich halte die Kurbel in der Hand.«[1] Aber dieses Auftrumpfen sollte auch die Peinlichkeit überdecken, dass sein Marsch auf Bastogne nicht verlaufen war, wie er zuvor behauptet hatte. Eisenhowers Enttäuschung und Frustration waren ihm sehr wohl bewusst.

Ebenso, dass nach der brillanten Umgruppierung seiner Truppen vom 19. bis 22. Dezember seine Handhabung der nachfolgenden Operation nicht die beste war. Er hatte das Wetter, das Gelände und den entschlossenen Widerstand unterschätzt, den die Einheiten der deutschen 7. Armee bei der Verteidigung der Südflanke des Frontbogens leisteten. Doch auch der amerikanischen Aufklärung war es nicht gelungen, die Anwesenheit der Führer-Grenadier-Brigade, eines weiteren Ablegers des Panzerkorps »Großdeutschland«, festzustellen. Und neben der 5. Fallschirmjägerdivision war die 352. Volksgrenadierdivision aufmarschiert, deren Vorgängerin den Alliierten bei Omaha Beach so schwere Verluste zugefügt hatte. Zugleich hatte Patton die Stärke seiner eigenen Truppen überbewertet. Viele Einheiten bestanden aus Neulingen, besonders die geschwächte 26. Infanteriedivision im zentralen Teil seines Frontabschnitts. Seine Lieblingseinheit, die 4. Panzerdivision, hatte Probleme mit ihren stark abgenutzten Panzern. Die Straßen waren so vereist, dass die Shermans mit ihren Metallketten ins Rutschen kamen oder ineinanderfuhren. Die ganze Gegend mit ihren Wäldern und tief eingeschnittenen Tälern war überhaupt kein gutes Panzergelände.

Pattons Ungeduld machte die Sache nicht besser. Häufig befahl er Frontalangriffe, die ihm schwere Verluste einbrachten. Am 24. Dezember bekannte er in seinem Tagebuch: »Das war ein sehr schlechter Heiliger Abend. Auf der ganzen Linie hatten wir mit heftigen Gegenangriffen zu kämpfen, von denen einer die 4. Panzerdivision bei einem Verlust von zehn Panzern mehrere Meilen zurücktrieb. Das war vielleicht mein Fehler, weil ich auf Tag- und Nachtangriffen bestanden habe.«[2] Seine Männer waren am Ende ihrer Kräfte. Auch am Morgen des 26. Dezember sah es wenig besser aus. »Der heutige Tag war ziemlich aufreibend trotz unserer Anstrengungen«, schrieb er. »Wir haben keinen Kontakt zu den Verteidigern von Bastogne herstellen können.«[3]

Die hörten den Schlachtlärm einige Kilometer weiter südlich, aber da man sie so oft enttäuscht hatte, erwarteten sie keinen Durchbruch von Pattons Truppen. Außerdem hatten sie dringend anderes zu tun. Ein weiterer Angriff im nordwestlichen Frontabschnitt erreichte Hemroulle. Die erschöpften Fallschirmjäger konnten ihn mit Feuerunterstützung der US-Feldartilleriebataillone zurückschlagen, aber diese verschossen dabei buchstäblich ihre letzten Granaten. Wenigstens hielt das kalte Frostwetter an, sodass die Kampfbomber als fliegende Artillerie agieren konnten. In der Stadt wüteten immer noch durch Beschuss verursachte Brände. Das Institut de Notre-Dame stand in Flammen. Amerikanische Pioniere versuchten, Feuerschneisen zu sprengen, über Menschenketten von Flüchtlingen, Soldaten und Nonnen wurden Eimer mit Wasser herangebracht, um die Flammen einzudämmen.[4]

Der klare Himmel machte es auch möglich, die dringend benötigte medizinische Hilfe heranzuführen. Begleitet von zwei Thunderbolts P-47 tauchte eine Transportmaschine C-47 mit einem Waco-Gleiter im Schlepp auf, der fünf Chirurgen, vier Operationsassistenten und 300 Kilogramm Ausrüstung, Instrumente und Verbandsmaterial geladen hatte. Der Gleiter wurde in etwa 100 Meter Höhe ausgeklinkt und hätte eigentlich perfekt landen sollen, aber er schoss über den vorgesehenen Landeabschnitt hinaus und schlitterte über den verharschten Schnee der deutschen Frontlinie entgegen.[5] »Das medizinische Personal sprang heraus und rannte zu den amerikanischen Linien zurück, während Soldaten nach vorn stürzten, um den Gleiter mit dem medizinischen Material zu bergen.«[6] Weitere zehn Gleiter brachten den so knapp gewordenen Treibstoff. In Wellen anfliegende C-47 warfen Bündel mit 320 Tonnen Munition, Verpflegungsrationen und sogar Zigaretten an Fallschirmen ab.

Die Chirurgen verloren keine Zeit. Sie begaben sich sofort zu dem improvisierten Lazarett in einer Kaserne und gingen daran, die 150 Schwerstverwundeten unter den über 700 Patienten zu operieren. Sie arbeiteten die ganze Nacht hindurch bis zum 27. Dezember mittags. Dabei hatten sie es mit Verletzungen zu tun, die in manchen Fällen acht Tage lang keinerlei ärztliche Behandlung erfahren hatten. Daher hatten sie »viele Amputationen« vorzunehmen. Unter diesen Umständen zeugt es von ihrer großen Leistung, dass nach den vielen Operationen nur drei Patienten starben.[7]

Wachsende Sorge bereitete General Kokott während der Artilleriegefechte am südlichen Teil der Front die Wirkung der Geschütze, die die 4. US-Panzerdivision unterstützten. Es erreichten ihn beunruhigende Gerüchte darüber, was dort geschah, doch die 5. deutsche Fallschirmjägerdivision meldete keinerlei Details. Er wusste, dass um Remichampagne heftig gekämpft wurde. Am Nachmittag erfuhr er, dass eine amerikanische Task Force Hompré eingenommen hatte. Da nun auch Assenois bedroht war, musste Kokott darangehen, eigene Kräfte nach Süden zu verlegen.

Um 14 Uhr erhielt Patton einen Anruf des Kommandeurs des III. US-Korps, der ein riskantes Manöver vorschlug. Statt Sibret anzugreifen, um den Frontbogen zu erweitern, wollte er durch Assenois nach Norden direkt bis Bastogne vorstoßen. Diesem Plan gab Patton sofort seinen Segen. Oberstleutnant Creighton Abrams, der das 37. Panzerbataillon von einem Sherman namens »Thunderbolt« (»Blitzstrahl«) aus kommandierte, erhielt den Befehl, den Durchbruch zu wagen.[8] Abrams bat Hauptmann William A. Dwight, mit einer Kolonne von fünf Shermans und einem Halbkettenfahrzeug mit Infanterie geradewegs auf der Straße vorzurücken. Die Korpsartillerie beschoss Assenois, und Kampfbomber warfen Napalm ab. Unmittelbar darauf rasten die Shermans in dichter Formation, aus allen Rohren feuernd, in das Dorf. Die Deutschen, die zu beiden Seiten der Straße verstreut lagen, riskierten, die eigenen Leute zu treffen, wenn sie zurückschossen. Hinter Assenois warfen Volksgrenadiere eilig ein paar Tellerminen auf die Straße. Eine jagte das Halbkettenfahrzeug in die Luft, aber Dwight sprang von seinem Fahrzeug ab und stieß die anderen Minen beiseite, um den Weg frei zu machen.[9]

Als Kokott vom Kommandeur des Füsilierregiments 39 erfuhr, dass amerikanische Panzer in Assenois eingedrungen waren, wusste er sofort, dass »alles vorüber war«.[10] Er erteilte Befehl, die Straße zu sperren, aber wie er befürchtete, war es bereits zu spät. Da der führende Sherman nach vorn schoss und die anderen nach den Seiten feuerten, brachte Dwights kleine Kolonne jeden Widerstand aus dem Wald zu beiden Seiten der Straße zum Schweigen. Um 16.45 Uhr, kurz nach Einbruch der Dunkelheit, kamen die Shermans an der Spitze von Abrams' Panzerbataillon in Kontakt mit dem 326. US-Luftlandepionierbataillon, das an diesem Frontabschnitt lag.

Soldaten und Panzer der übrigen Truppenteile der 4. Panzerdivision eilten herbei, um den schmalen Korridor zu sichern und einen Lkw-Konvoi mit Versorgungsgütern zu schützen, der während der Nacht diese Strecke befuhr. Generalleutnant Maxwell D. Taylor, der Befehlshaber der 101. Luftlandedivision, der sich noch in den USA aufgehalten hatte, traf bald darauf ein, um von Brigadegeneral McAuliffe das Kommando in Bastogne zu übernehmen. Die Belagerung von Bastogne war vorbei, aber viele befürchteten, dass die Hauptschlacht noch bevorstand.

Die 5. deutsche Fallschirmjägerdivision war schwer angeschlagen. Major Frank, ein Bataillonskommandeur des Fallschirmjägerregiments 13, der gefangen genommen und verhört wurde, verwies mit großem Stolz darauf, wie die jungen Soldaten gekämpft hätten. Einige waren kaum 15 Jahre alt. »Aber was für ein Kampfgeist!«, rief er später im Gefangenenlager aus. »Wir waren bereits gefangen genommen, ich war allein, man hatte mich verprügelt und führte mich aus dem Raum, da standen zwei Mann in Socken mit dem Gesicht zur Wand [und sagten]: ›Heil Hitler, Herr Major!‹ Da geht einem das Herz auf.«[11]

Lüttwitz hörte, die Führer-Begleit-Brigade werde kommen und beim Schließen des Korridors helfen, aber er und sein Stab glaubten nicht daran, dass sie für den am nächsten Morgen geplanten Angriff rechtzeitig zur Stelle sein würde. Dann wurde ihm gemeldet, ihr Treibstoff sei aufgebraucht. Lüttwitz bemerkte spitz: »Die Führer-Begleit-Brigade unter dem Befehl von Oberst Remer hat ständig Treibstoffprobleme.«[12]

Die Nachricht vom Durchbruch der 4. US-Panzerdivision verbreitete sich wie ein Lauffeuer und löste in den amerikanischen Stäben Jubel aus. Die Korrespondenten Martha Gellhorn und Leland Stowe schauten an diesem Abend bei Bradleys Stab vorbei, um Informationen zu erhalten, weil sie über die Entsetzung von Bastogne berichten wollten.[13] Das tat nahezu jeder Journalist auf dem Kontinent. Die Story erschien auf der ersten Seite fast aller Zeitungen der westlichen Hemisphäre. Die 101. US-Luftlandedivision wurde berühmt, aber die wesentliche Rolle, die Gefechtskommando B der 10. Panzerdivision, das 705. Panzerjägerbataillon und die Artilleriebataillone dabei gespielt hatten, fand in den Presseberichten kaum Erwähnung.

Um Celles und Conneux ging das Aufräumen den ganzen Tag weiter. Dabei kam es zu einigen heftigen Scharmützeln. Aber da die Panther und die Panzer IV nicht mehr über Treibstoff und panzerbrechende Munition verfügten, war das ein einseitiger Kampf. Der vorgeschobene Fliegerleitoffizier des 3. Königlichen Panzerregiments forderte einen ganzen »Taxistand« mit Raketen bestückter Typhoons an. Das Ziel wurde mit roten Rauchgranaten markiert. Da feuerten die Deutschen rasch Rauchgranaten ähnlicher Farbe in die amerikanischen Stellungen östlich von Celles. »Zum Glück ließ sich die RAF davon nicht täuschen«, berichtete Oberst Brown, »und bekämpfte das richtige Ziel.«[14] Die 29. US-Panzerbrigade, die sich noch in der Gegend befand, erhielt Mitteilung, dass sie durch die 6. Luftlandedivision verstärkt werde.

Die Kampfgruppe Holtmeyer, die in dem vergeblichen Bemühen, den Kameraden in Celles und Conneux zu helfen, aus Rochefort herbeieilte, wurde nur wenige Kilometer vor dem Ziel in Grande Trussogne gestoppt. Sie nahm erschöpfte Männer des Aufklärungsbataillons auf, das in der Nacht zuvor bei Foy-Notre-Dame überrannt worden war. In Grande Trussogne wurde die Kampfgruppe von einem durch Sherman-Panzer unterstützten Infanteriebataillon der 2. US-Panzerdivision angegriffen. Später rief ein amerikanischer Aufklärer vom Typ Piper Cub britische Typhoons herbei, deren Raketen die Kolonne gnadenlos vernichteten, wobei auch Major Holtmeyer getötet wurde.

Manteuffel befahl der Kampfgruppe, sich zu dem von der Panzer-Lehr-Division gehaltenen Brückenkopf von Rochefort zurückzuziehen.[15] Lüttwitz' Stab gab die Nachricht sofort per Funk weiter. Daraufhin befahl Holtmeyers Nachfolger, die noch vorhandenen Fahrzeuge zu sprengen. Am nächsten Tag zog er sich mit den meisten Überlebenden zu Fuß, durch Schneetreiben geschützt, nach Rochefort zurück. »Zum Glück«, schrieb Oberstleutnant Rüdiger Weiz, »setzte der Feind nur langsam nach und startete keine erwähnenswerten Angriffe auf den Rückzugsweg.«[16] Aber die amerikanische Artillerie holte sie ein und beschoss die Brücke über den Fluss L'Homme in Rochefort, was eine Reihe Opfer forderte. In dieser Nacht und am nächsten Tag gelang es etwa 600 Mann, sich in kleinen Gruppen der Division anzuschließen.

Zwischen Celles und Conneux wurden mehrere Deutsche in amerikanischer Uniform gefangen genommen. Sie gehörten zwar nicht der Kampfgruppe Skorzeny an, wurden aber trotzdem auf der Stelle erschossen. Die Unglücklichen, die unter der Kälte litten und am Verhungern waren, hatten toten Amerikanern die Uniformen ausgezogen. Verzweifelt flehten sie um ihr Leben, zeigten Eheringe und Familienfotos vor, erzählten von ihren Frauen und Kindern. Die meisten Elsässer und Luxemburger der 2. deutschen Panzerdivision ergaben sich bei der ersten Gelegenheit. Selbst einige

Österreicher hatten jeden Kampfgeist verloren. Einer murmelte einem Bewohner von Rochefort zu: »Moi, pas Allemand! Autrichien.« [»Ich bin kein Deutscher! Ich bin Österreicher.«] Er hob die Hände zum Zeichen, dass er sich ergeben wollte.[17]

Amerikanische Soldaten in Celles, die glaubten, auf der Ferme de la Cour, einem Bauernhof direkt neben der Kirche, seien noch Deutsche versteckt, griffen diesen mit Flammenwerfern an. Dort waren aber keine Deutschen, nur Vieh, das dabei zu Tode kam. Damit wurde dieser Hof schon zum zweiten Mal in diesem Krieg niedergebrannt. Das erste Mal war das 1940 beim Vormarsch der Deutschen zur Maas geschehen.

In Buissonville, zwischen Celles und Marche gelegen, richtete das amerikanische Sanitätspersonal in der Kirche einen Erste-Hilfe-Posten ein. Der Ortspfarrer und der katholische Kaplan der Amerikaner verständigten sich auf Lateinisch. In demselben Dorf ging es weniger christlich zu, als amerikanische Soldaten aus einem Halbkettenfahrzeug zwei deutsche Gefangene in den Wald führten und dort erschossen. Belgiern, die die Szene beobachteten, erklärten sie, das sei die Rache für die Ermordung amerikanischer Kriegsgefangener bei Malmédy.[18]

Einige amerikanische Offiziere berauschten sich an dem Sieg über die 2. deutsche Panzerdivision. »Die Stärke dieser Einheit vor den genannten vier Tagen wurde auf etwa 8000 Mann und 100 Panzer geschätzt«, erklärte ein hoher Offizier des VII. US-Korps. »Von den Angehörigen der Division wurden 1050 gefangen genommen und etwa 2000 bis 2500 getötet. Das erbeutete oder zerstörte Material betrug 55 Panzer, 18 Stück Artillerie, acht Panzerabwehrkanonen, fünf Sturmgeschütze und 190 Fahrzeuge. … Dieses Aufeinandertreffen der 2. US-Panzerdivision und der 2. deutschen Panzerdivision ermöglichte einen gebührenden Vergleich der Stärke von Alliierten und Deutschen.«[19] Bei diesem Siegestaumel wurde jedoch außer Acht gelassen, dass die 2. deutsche Panzerdivision keinen Treibstoff und kaum noch Munition hatte und die Männer halb verhungert waren.

Nach der Schlacht war laut Aussage von Baron de Villenfagne die ländliche Gegend um Celles »ein riesiger Friedhof von zerstörten oder verlassenen Fahrzeugen und von halb verschneitem militärischem Gerät«. Vom Krieg besessene Teenager untersuchten die ausgebrannten Panzer und die verkohlten Leichen. Einige verfielen auf gefährliche Kriegsspiele. Sie sammelten Handgranaten und bewarfen damit verlassene Halbkettenfahrzeuge. In Foy-Notre-Dame kam ein Junge zu Tode, als er mit einer Panzerfaust hantierte, die dabei explodierte.[20]

Der Rückschlag vor Dinant schien die Deutschen nur noch mehr zu verbittern. Als eine Frau in Jemelle den Mut fasste, einen deutschen Offizier zu fragen, warum sie ihr Dorf fast völlig zerstört hätten, gab er zurück: »Wir wollen in Belgien das anrichten, was in Aachen angerichtet wurde.«[21]

Westlich von Hotton wurden die meisten Versuche der 116. deutschen Panzerdivision, ihre eingeschlossene Kampfgruppe herauszuhauen, vom Feuer der amerikanischen Artillerie vereitelt. Schließlich gab jedoch ein Scheinangriff, der die Amerikaner ablenkte, den Überlebenden die Möglichkeit, auf Panzerwagen aufsitzend und Handgranaten werfend einen Durchbruch durch die amerikanischen Linien zu erreichen.[22]

Mitten im Gefecht hatte die Führer-Begleit-Brigade den Befehl erhalten, unverzüglich nach Bastogne zu eilen und dort Kokott beim Versuch der Schließung des Korridors zu helfen. Oberst Remer protestierte zweimal wegen der Verluste, die das verursachen werde, wurde aber beide Male abgewiesen. Er klagte: »Der Treibstoff war so knapp, dass fast die Hälfte der Fahrzeuge geschleppt werden musste.«[23] Es ist also schwer zu sagen, ob Lüttwitz' Vorwürfe gegen die Führer-Begleit-Brigade gerechtfertigt waren.

Östlich von Hotton wurde die von Generalleutnant Maurice Rose befehligte 3. US-Panzerdivision von Teilen des Volksgrenadierregiments 560 angegriffen, die zumeist aus »vier, fünf Panzern mit einer Kompanie Infanterie oder aus 20 Panzern mit einem Bataillon Infanterie bestanden«. Sie wurden von selbstfahrenden Sturmgeschützen und Artillerie unterstützt.[24] Doch mit der Ankunft der 75. US-Infanteriedivision wurden Rose' Task Forces gestärkt. Dieser Frontbereich wurde nun besser verteidigt, auch wenn die noch unerfahrenen Einheiten bei den Konterattacken zur Sicherung der Straße Soy–Hotton schweren Schaden nahmen. Die vereisten Wege stellten besonders für die Besatzungen der Sherman-Panzer eine große Herausforderung dar, denn ihre schmalen Metallketten boten nur wenig Halt. Rasch versuchte man, durch breitere Ketten und Stege mit spikesähnlichen Beschlägen das Problem zu lösen.

Lammerding, der Befehlshaber der 2. SS-Panzerdivision »Das Reich«, versuchte immer noch, seine Division von Manhay und Grandménil nach Westen schwenken zu lassen, um die Straße nach Hotton zu öffnen und der 3. US-Panzerdivision in den Rücken zu fallen. Aber die 9. SS-Panzerdivision »Hohenstaufen« war noch nicht nachgerückt, um seine rechte Flanke zu schützen. Da an dem zehn Kilometer langen Frontabschnitt nördlich davon 13 Bataillone amerikanischer Feldartillerie standen, war ein solches Manöver doppelt gefährlich. Außerdem gingen auch der Division »Das Reich« zunehmend Munition und Treibstoff aus. Die Bauern der umliegenden Dörfer wurden mit vorgehaltener Waffe gezwungen, mit ihren Pferdewagen Panzer- und Artilleriegranaten aus deutschen Depots herbeizuschaffen.

Am Vormittag des 26. Dezember griff das SS-Panzergrenadierregiment 3 namens »Deutschland« der Division »Das Reich« erneut von Grandménil aus in westlicher Richtung an. Aber amerikanische Artillerie, die Granaten mit Annäherungszündern verschoss, dezimierte seine Reihen, und dann ging eine verstärkte Task Force der 3. US-Panzerdivision gegen das Dorf vor. Ein Bataillonskommandeur der Deutschen wurde getötet und ein weiterer schwer verwundet. Bataillon II der Deutschen saß in Grandménil fest, und der Rest des Regiments war gezwungen, sich nach Manhay zurückzuziehen, ständig bedrängt von amerikanischen Panzern und Artillerie.[25]

General Hodges und Generalleutnant Ridgway, die fälschlicherweise immer noch glaubten, ein Angriff der Deutschen auf Lüttich stehe bevor, waren über den Verlust von Manhay sehr aufgebracht. Sie ließen Brigadegeneral Hasbrouck von der übel zugerichteten und erschöpften 7. US-Panzerdivision nicht im Zweifel darüber, dass er den Ort zurückerobern müsse, koste es, was es wolle. Ihr Sturmangriff am Weihnachtstag hatte mit schweren Verlusten geendet, was vor allem daran lag, dass sie zuvor bei ihrem Rückzug selber die Straße mit so vielen gefällten Bäumen blockiert hatten. Doch von einem frischen Bataillon des 517. Luftlandeinfanterieregiments angeführt, rückten Hasbroucks Truppen in dieser Nacht in Manhay ein.

Fünfzig Verletzte von Bataillon II des SS-Panzergrenadierregiments 3 konnten nicht mehr aus Grandménil abtransportiert werden. Die Deutschen behaupteten, amerikanische Panzer hätten sie beschossen, als sie eindeutig mit dem Roten Kreuz markierte Krankenwagen dorthin schickten. Um die Verwundeten trotzdem aus Grandménil evakuieren zu können, schickte das Regiment einen Offizier samt Dolmetscher mit einer weißen Flagge und einen Arzt mit Rotkreuzfahne und entsprechender Armbinde vor. Doch laut dem deutschen Bericht »eröffnete der Feind auf die Parlamentäre das Feuer, sodass dieser Versuch aufgegeben werden musste«.[26] Die Deutschen begriffen offenbar nicht, dass der SS nach dem Massaker von Malmédy keinerlei Kriegsrecht mehr zugestanden wurde. Der Rest des Bataillons ließ einen Sanitäter bei den Verwundeten zurück und schlich unbemerkt bis zu einer Verteidigungslinie des Regiments »Der Führer« bei Odeigne, das den ganzen Tag unter amerikanischem Beschuss lag.

Im Bereich der Elsenborner Höhen hatten die Deutschen alle Aktionen weitgehend eingestellt. Patrouillen der 99. US-Infanteriedivision gingen daher nach vorn, um zehn feindliche Panzer der 3. Panzergrenadierdivision zu zerstören, die im Morast stecken geblieben und aufgegeben worden waren. Damit wollte man deutschen Bergungstrupps zuvorkommen, die unermüdlich und häufig mit großem Einfallsreichtum bemüht waren, gepanzerte Fahrzeuge abzuschleppen und zu reparieren.

Weitere amerikanische Bergungskommandos – häufig Männer, die Anzeichen von Schlachtneurose zeigten oder ein wenig Ruhe brauchten – wurden ausgesandt, um im Gefecht weggeworfene Waffen und Munition einzusammeln. Die US-Kommandeure waren entrüstet über die unter ihren Soldaten verbreitete Tendenz des lässigen Umgangs mit Ausrüstung und der Erwartung, sie könne beliebig aus dem Füllhorn des Militärs ersetzt werden. »Wenn der Soldat etwas gerade nicht braucht, dann wirft er es weg«, hieß es in einem Bericht. »Ein Bazooka-Schütze braucht kein Gewehr. Für seinen persönlichen Schutz genügt eine Pistole. Andernfalls wird er sich der Bazooka samt Munition entledigen, weil die sperrig und schwer ist.«[27] Wintersachen wurden dagegen sorgsam gehütet. In den meisten Bataillonen wurden die Sanitäter auf den Verbandsplätzen angewiesen, den Verwundeten die wattierten »Arktis«-Mäntel abzunehmen, damit diese wichtigen Kleidungsstücke der Einheit nicht verloren gingen.

St. Vith hatte am Weihnachtstag schwer gelitten. Die Zivilbevölkerung in den Kellern glaubte, das Schlimmste sei vorüber, aber am Nachmittag des 26. Dezember flogen die schwersten Bomber der RAF an. Fast 300 Lancaster- und Halifax-Maschinen warfen 1140 Tonnen Spreng- und Brandbomben ab.

Die Detonationen sandten Druckwellen aus, die selbst in mehrere Kilometer entfernten Dörfern noch zu spüren waren. Mit Grauen erlebten die Stadtbewohner in den Kellern, wie die Häuser über ihnen einstürzten. »Die Menschen rangen noch in erstickendem Rauch und Ruß nach Atem, da schlug die nächste Bombe ein Loch in die Kellerwand, sodass sie wieder Luft holen konnten. Doch bald sickerte brennender Phosphor in die Keller. Die heimtückische Flüssigkeit sonderte giftige Dämpfe ab und setzte in den größeren Räumen die Matratzen in Brand. Mithilfe deutscher Soldaten kletterten die Menschen in Panik durch das Loch auf die von Trümmern übersäte Straße hinaus.«[28]

Im St.-Josef-Kloster brach die Kapelle zusammen. Steinblöcke und Balken fielen herab und begruben die Menschen unter sich. Die Brandbomben setzten alles auch nur ein wenig Brennbare in Flammen. Diese erfassten das Kloster und verschlangen die Alten und Behinderten in den oberen Etagen. »Die meisten verbrannten bei lebendigem Leibe. Wie eine flüssigere Form von Lava lief der Phosphor zischend in die Keller, die noch nicht zerstört waren. Durch die wenigen noch vorhandenen Luftschächte wurden Menschen mit schrecklichen Verbrennungen, Knochenbrüchen und wirren Köpfen herausgezogen. Die Letzten, die dem Inferno entkamen, waren die Nonnen, die Kopf und Schultern fest in Bettlaken eingehüllt hatten.«[29]

»St. Vith brennt immer noch«, berichtete ein deutscher Offizier von außerhalb der Stadt. »Die Bombenteppiche nähern sich unserem Dorf. So etwas habe ich in meinem ganzen Leben noch nicht gesehen. Über der ganzen Gegend liegt eine einzige riesige Wolke von Rauch und Feuer.« An diesem Abend kam er nach St. Vith zurück. »Alle Straßen brennen. … Das Vieh brüllt, Granaten explodieren, Reifen platzen. Ein starker Gestank von verbranntem Gummi liegt in der Luft.« Nach wie vor explodierten Bomben mit Zeitzündern.[30]

Rein militärisch gesehen war der Angriff erfolgreich. St. Vith war nur noch »ein riesiger Trümmerhaufen«.[31] Drei Tage lang waren alle Straßen blockiert, einige über eine Woche. Deutsche Pioniere waren gezwungen, Umgehungswege anzulegen. Die Verluste und Leiden der Zivilbevölkerung waren unsagbar. Niemand wusste genau, wie viele Menschen sich nach St. Vith geflüchtet hatten. Die Zahl der Toten wurde auf 250 geschätzt. Die Überlebenden flohen in Nachbardörfer, wo man sie aufnahm und ihnen zu essen gab.

In dieser und der nächsten Nacht griffen mittelschwere Bomber der 9. US-Luftflotte La Roche-en-Ardennes an. Da La Roche in einer engen Schlucht an einem Fluss liegt, war es ein wesentlich leichteres Ziel. Um die Straße zu blockieren, wurden nur 150 Tonnen Bomben gebraucht.[32]

»Aus heutiger Sicht wird die Lage mit jedem Tag besser«, notierte der Tagebuchführer der 1. US-Armee nach einem Treffen von Montgomery und Hodges. Aus der Vernehmung von Gefangenen ging hervor, dass die Deutschen große Nachschubprobleme hatten. »Zwar ist es für Optimismus noch zu früh, aber das Bild ist heute Abend ganz sicher wesentlich rosiger als an jedem anderen Tag, seit die Gegenoffensive begonnen hat.«[33] Bradley war jedoch mit dem aus seiner Sicht verfrühten Einsatz von Collins' VII. Korps immer noch nicht fertig. Er beklagte sich schriftlich bei

Hodges über den »tief sitzenden Konservativismus der Taktik, mit dem Monty seine Reserve verschwendet hat«.[34] Patton, der sich von Bradleys Sicht auf den Feldmarschall beeindrucken ließ, schrieb in sein Tagebuch: »Monty ist ein müder kleiner Furz. Im Krieg muss man Risiken eingehen, und das tut er nicht.«[35]

Nach einem Anruf von Manteuffel nahm General Jodl seinen ganzen Mut zusammen, um Hitler, der immer noch im »Adlerhorst« bei Ziegenberg saß, zu sagen: »Mein Führer, wir müssen den Tatsachen ins Auge sehen. Wir können die Maas nicht forcieren.« Am selben Abend traf Reichsmarschall Göring in Ziegenberg ein und erklärte: »Der Krieg ist verloren!« Er schlug vor, einen Waffenstillstand anzustreben. Wutschäumend warnte ihn Hitler, er solle nicht wagen, hinter seinem Rücken Verhandlungen zu führen. »Wenn Sie gegen meine Befehle handeln, lasse ich Sie erschießen!«[36] Von Antwerpen sprach Hitler nicht mehr. Stattdessen sollten jetzt alle Anstrengungen auf Bastogne konzentriert werden. So wie er sich im September 1942 auf Stalingrad verlegt hatte, als ihm der Sieg im Kaukasus entglitt, wurde jetzt eine Rückeroberung von Bastogne sein Ersatzsymbol für den Sieg.

Während Hitler sich weigerte, die Realitäten öffentlich zur Kenntnis zu nehmen, räumte er in seltenen Momenten ein, wie hoffnungslos die Lage war. Spätabends im Bunker von Ziegenberg deutete er gegenüber seinem Luftwaffenadjutanten Oberst Nicolaus von Below an, sich das Leben zu nehmen. Die Schuld gab er nach wie vor dem Versagen der Luftwaffe und den »Verrätern« in der Wehrmacht. Dann sagte er: »Ich weiß, der Krieg ist verloren. Die Übermacht ist zu groß. Ich bin verraten worden. Nach dem 20. Juli ist alles herausgekommen, was ich nicht für möglich gehalten habe. Es waren gerade die Kreise gegen mich, die am meisten vom Nationalsozialismus profitiert haben. Ich habe sie alle verwöhnt und ausgezeichnet. Das ist der Dank. Am liebsten schieße ich mir jetzt eine Kugel durch den Kopf. Es fehlen die harten Männer. ... Wir kapitulieren nicht, niemals. Wir können untergehen. Aber wir werden eine Welt mitnehmen.«[37]

20. Kapitel

Die Vorbereitung der alliierten Gegenoffensive

Obwohl die 4. US-Panzerdivision bis nach Bastogne durchgebrochen war, wurde an der für den 27. Dezember geplanten Abwurfaktion festgehalten. Diesmal waren die Deutschen aber besser vorbereitet. General McAuliffes Hinweis, der Anflug sollte aus einer anderen Richtung erfolgen, wurde nicht beachtet. Das Sperrfeuer aus Flak und Maschinengewehren war gewaltig, aber die Transportmaschinen C-47, die die Gleiter schleppten, blieben auf Kurs. 18 Gleiter von insgesamt 50 wurden abgeschossen und viele weitere von Kugeln durchlöchert. Einer explodierte in einem Feuerball, da ein Flakgeschoss die Munition an Bord zur Detonation brachte. Auch Benzinkanister wurden getroffen und liefen aus, aber wie durch ein Wunder fing keiner Feuer.[1]

Von den etwa 900 Flugzeugen – Transportmaschinen und Begleitjäger –, die an der Operation beteiligt waren, wurden 23 abgeschossen. Fallschirmjäger am Boden verließen ihre Schützenlöcher, um abgesprungene Piloten zu bergen. Sie verabreichten ihnen Brandy, um die durch Verbrennungen oder verrenkte Gliedmaßen verursachten Schmerzen zu lindern. Dem Piloten einer schwer getroffenen C-47 gelang eine Bauchlandung im Schnee, bei der er einen Lkw auf der Straße erfasste und herumwirbelte – zum Schrecken des Fahrers, der die Maschine nicht hatte kommen sehen.[2]

Die 40 Lkw, die während der Nacht Versorgungsgüter gebracht hatten, fuhren in Richtung Süden zurück, beladen mit den weniger schwer Verletzten, einigen deutschen Gefangenen und Gleiterpiloten. Zusammen mit 70 Krankenwagen, die die 150 schwersten Fälle transportierten, rollten sie, von leichten Panzern begleitet, durch den schmalen Korridor. Erneut kam es zu heftigen Kämpfen am Südteil des Verteidigungsrings um Bastogne, als die Amerikaner versuchten, die Bresche zu verbreitern, und die Deutschen alles unternahmen, um sie wieder zu schließen.

Am 28. Dezember schrieb General Bradley eine kurze Meldung an Eisenhower, in der er ihn drängte, Druck auf Montgomery auszuüben. »Da der feindliche Angriff in den Ardennen an Schwung verliert«, schrieb er, »kommt es darauf an, starke Konterattacken zu starten, solange seine Vorräte gering und seine Truppen erschöpft sind, solange er noch keine Zeit hat, sich einzugraben und seine Geländegewinne zu konsolidieren. Das Ziel muss es sein, ein Maximum an gegnerischen Truppen im Frontbogen einzuschließen und unsere Kräfte in günstige Positionen für die nächsten offensiven Aktionen zu bringen. ... Die Konterattacke muss sofort stattfinden. Berichte besagen, dass der Feind sich an den Flanken des Frontbogens eingräbt.«*³ Bradley nahm zu Unrecht an, dass »eine weitere Verzögerung es dem Feind ermöglichen wird, weitere Truppen in den Frontbogen zu verlegen«. Und am selben Tag erhielt die 1. Armee die Information, dass »aus hohen Geheimdienstquellen [ein Euphemismus für »Ultra«] verlautet, aus Sorge über den Vormarsch der Sowjets in Ungarn könnten deutsche Truppen von den Ardennen an die Balkanfront verlegt werden«.[4] Tatsächlich sollte bald darauf das Gegenteil von Bradleys Annahme passieren, als die Rote Armee ihre große Winteroffensive vorbereitete.

Am selben Abend hatte Bradley endlich einmal Gelegenheit, sich ein wenig abzulenken, als Leland Stowe und Martha Gellhorn, die nicht nach Bastogne durchgekommen waren, zum Abendessen ins Hotel Alfa nach Luxemburg kamen. Bradley schien »von ›Marty‹ Gellhorn hingerissen«, notierte Hansen. »Sie ist eine rotblonde Frau mit der Figur eines Covergirls, sehr lebhaft, gebildet und von brillant einstudiertem Witz. Da sitzt jede Bemerkung und wirkt doch ganz spontan.« Auch der ebenfalls anwesende General Patton »flirtete in seiner unnachahmlichen Art mit Marty«, fügte Hansen hinzu.[5]

Während Bradley immer ungeduldiger wurde, wollte Eisenhower zunächst mit Montgomery über die Lage sprechen. In gewissem Grade teilte er die Sorge des Feldmarschalls, dass die Alliierten noch nicht genügend Kraft gesammelt hatten, um den deutschen Frontbogen zu eliminieren. Dass Patton von Süden her so langsam vorankam, ganz wie Montgomery es fünf Tage zuvor prognostiziert hatte, verhieß nichts Gutes. Zugleich kannte Eisenhower nur zu gut Montgomerys angeborene Vorsicht, erst loszuschla-

---

* Hier sei darauf hingewiesen, dass Generalmajor von Waldenburg von der 116. deutschen Panzerdivision später die Meinung äußerte, »der Gegenangriff der Alliierten« sei »zu früh gestartet worden«, was die deutschen Truppen »vor der totalen Vernichtung« bewahrt habe. [FMS B-038]

gen, wenn er sich überlegen genug fühlte. Die Vernichtung der 2. deutschen Panzerdivision hatte sehr ermutigend auf ihn gewirkt.

Montgomery, der seinen Eindruck überbewertete, dass »die Amerikaner sich eine ›schrecklich blutige Nase‹ geholt« hätten, unterschätzte zugleich den Schaden, den diese ihren Angreifern zugefügt hatten.[6] Er wollte einfach nicht glauben, dass die 1. US-Armee sich inzwischen genügend erholt hatte, um eine so ehrgeizige Operation zu wagen. Vor allem war er nicht überzeugt, dass Patton im Süden erreichen könnte, was er so kampfeslustig behauptet hatte. Er befürchtete, dass die Deutschen, sollten sie eingekesselt werden, mit dem Mut der Verzweiflung kämpfen und den Alliierten noch schwerere Verluste zufügen könnten. Nach seiner Überzeugung waren die Alliierten bei massivem Einsatz von Luftkräften und Artillerie aus Verteidigungsstellungen heraus in der Lage, beim Gegner größeren Schaden anzurichten, als wenn sie sich auf einen Zermürbungskampf einließen.

Am 26. Dezember schrieb Bradley an General Hodges, die Deutschen hätten schwer gelitten, und er sehe die Lage nicht »in so düsterem Licht wie Marschall Montgomery«. Er drängte Hodges zu erwägen, den Feind zurückzuschlagen, »sobald die Lage das zu erfordern scheint«.[7] Hodges scheint diesen Zeitpunkt nicht so bald erwartet zu haben wie Bradley. Bis zum Nachmittag des Weihnachtstages hatten er und sein Stabschef noch dringend um Verstärkung gebeten, um ihre Stellungen zu halten. Und »General Hodges«, wie der Tagebuchführer seines Stabes notierte, »hat seit den letzten beiden Wochen entblößte Flanken gründlich satt«.[8]

In scharfem Gegensatz dazu wollte Patton von Luxemburg nach Norden vorstoßen und, wie bereits früher beabsichtigt, den deutschen Frontbogen an seiner Basis abschneiden. Das wurde von der 1. US-Armee verworfen, weil das Straßennetz südöstlich der Elsenborner Höhen einen derart massiven Panzereinsatz nicht zuließ. »Lightning Joe« Collins bereitete dafür drei Angriffspläne vor, die er dem Stab der 1. US-Armee am 27. Dezember vorlegte. Den Vorzug gab er der Variante, die vorsah, mit seinem VII. Korps von Malmédy nach Südosten in Richtung St. Vith vorzustoßen, sich mit Pattons 3. Armee zu vereinigen und die Deutschen dort abzuschneiden. Hodges hingegen favorisierte eindeutig »den konservativsten der drei Pläne«.[9]

Auch Montgomery bestand darauf, die Sache vorsichtiger anzugehen und zunächst nur bis Houffalize vorzustoßen. Dazu erklärte Collins Montgomery in seiner direkten Art: »Sie schieben die Deutschen wieder aus dem Kessel hinaus, wie Sie es bereits bei Falaise getan haben.«[10] Aber in Montgomerys Augen war dies nicht die sommerliche Normandie. Ein großes Einkesselungsmanöver bei diesem Gelände und diesem Wetter hielt er für absolut überambitioniert. Damit hatte er recht. Das hätte die Rote Armee wagen können, die für den Krieg im tiefsten Winter ausgerüstet war. Die breiten Ketten ihrer T-34-Panzer bewältigten Eis und Schnee, aber die Shermans hatten bereits gezeigt, wie verwundbar sie unter solchen Bedingungen waren.

Eisenhowers Treffen mit Montgomery in Brüssel musste auf den 28. Dezember verschoben werden, da die deutsche Luftwaffe seinen Eisenbahnzug bei einem Angriff zerstörte. Unmittelbar vor seiner Abreise wurde ihm mitgeteilt, dass Montgomery eine Großoffensive zumindest ins Auge fasse. »Gelobt sei Gott, von dem alles Heil kommt!«, rief er aus.[11] Zu seinem Ärger erreichte das CIC (*Counter Intelligence Corps*), das um seine persönliche Sicherheit besorgt war, dass das Treffen schließlich wegen Nebel und Eis nach Hasselt in der Nähe von Montgomerys Hauptquartier verlegt wurde. »Nach dem Schnee- und Eissturm der letzten Nacht sind die Straßen spiegelglatt«, notierte General Simpson von der 9. US-Armee an diesem Tag.[12]

Unmittelbar vor der Begegnung mit seinem Oberkommandierenden hatte Montgomery am 28. Dezember um 9.45 Uhr in Zonhoven eine Beratung mit den Kommandeuren der Armeen im nördlichen Bereich – Hodges, Simpson, Dempsey und Harry Crerar von der 1. kanadischen Armee – einberufen. Dort bestätigte Montgomery seinen Plan. Sein eigener Chef der Aufklärung, der G-2 der 1. Armee und Generalleutnant Strong vom SHAEF wiesen übereinstimmend auf einen neuen deutschen Angriff hin. Daher schlug er vor, die Deutschen zunächst ihre Menschen- und Materialreserven an der Nordfront aufbrauchen zu lassen, während Kampfbomber der Alliierten ihr Hinterland angriffen. Dazu erwartete er »als Demonstration gewisse Aktivitäten an den Fronten der britischen Truppen oder der 9. US-Armee«. Tatsächlich aber hatte Hitler die Offensive der 15. deutschen Armee in Richtung Norden bereits abgeblasen.*[13]

Montgomery wollte mit dem XXX. britischen Korps die Verteidigung des Frontabschnitts von Hotton bis Dinant übernehmen, damit Collins' VII. Korps sich umgruppieren konnte, um den Gegenschlag in Richtung

---

* Laut Hansen schien man selbst im Stab von Bradleys 12. Armeegruppe mit einem neuerlichen Angriff von »vier oder fünf deutschen Panzerdivisionen« nach Norden in Richtung Lüttich zu rechnen. Drei Tage später notierte Hansen unerwartet: »Die Amerikaner sind sehr schwach bei der Aufklärung. Wir müssen uns fast bei allem, was wir brauchen, auf die Briten verlassen.«

Houffalize anzuführen. In der Endphase der Vernichtung des deutschen Frontbogens beabsichtigte er »Operation Veritable« zu starten, die geplante Offensive der kanadischen Armee am Westufer des Niederrheins.[14]

Am 28. Dezember um 14.30 Uhr trafen sich Eisenhower und Montgomery im Bahnhof von Hasselt. Dies war ihre erste Begegnung seit Beginn der Schlacht. Dass der Oberkommandierende auf Montgomerys tägliche Telegramme über den Verlauf der Kämpfe nicht reagierte, hatte bei Montgomery Irritationen ausgelöst. Seit der Beratung von Verdun hatte Eisenhower sein scharf bewachtes Hauptquartier in Versailles nicht mehr verlassen. Daher hatte bereits Bradley bei der unglückseligen Begegnung am Weihnachtstag einräumen müssen, keine Vorstellung davon zu haben, was Eisenhower plante. Montgomery seinerseits war voller Verachtung darüber, was er als absolute Untätigkeit des Oberbefehlshabers ansah.

Eisenhower stimmte Montgomerys Plan zu, in Richtung Houffalize und nicht St. Vith anzugreifen, wie Bradley es wollte. Doch wieder einmal konnte Montgomery nicht an sich halten. Erneut erklärte er, dass »Bradley die Lage vermasselt« habe, und wenn er, Montgomery, nicht die volle operative Befehlsgewalt über alle Armeen nördlich der Mosel erhalte, werde der Marsch zum Rhein mit einem Fehlschlag enden. Der Form halber erklärte er, er werde auch unter Bradley dienen, aber das konnte nach seinen Äußerungen über diesen kaum ernst genommen werden.

Montgomery ging davon aus, sein Druck habe gewirkt und Eisenhower allen seinen Vorschlägen zugestimmt. Feldmarschall Sir Alan Brooke in London war jedoch beunruhigt, als er Montgomerys Bericht über das Treffen vernahm. »Mir scheint, Monty hat in seiner üblichen Taktlosigkeit Ike unter die Nase gerieben, was passiert ist, weil er nicht auf Montys Rat gehört hat!! Zu viel ›Das habe ich Ihnen doch gesagt‹.«[15]

In Eisenhowers Stab beim SHAEF waren alle, auch die Briten, wütend darüber, was sie von dem Treffen hörten. Doch Montgomery sollte das Ganze noch viel schlimmer machen. Da er befürchtete, Eisenhower könnte von dem, was er für vereinbart hielt, wieder abrücken, schrieb der Feldmarschall am 29. Dezember einen Brief, in dem er erneut darauf bestand, allein das operative Kommando zu übernehmen. Wieder behauptete er, die Alliierten würden scheitern, wenn sie nicht nach seinem Rat handelten. Sein Stabschef Generalleutnant de Guingand, der wieder zurück in Belgien war, übergab ihn Eisenhower am nächsten Tag. Für diesen war der Brief der Tropfen, der das Fass zum Überlaufen brachte. Der Feldmarschall war so dreist, Eisenhower diktieren zu wollen, wie der Befehl lauten sollte, mit dem er ihm »die volle operative Führung, Kontrolle und Koordinierung« über Bradleys 12. Armeegruppe beim Angriff auf das Ruhrgebiet übergab.[16]

Der Eingang von Montgomerys Brief fiel mit einem Telegramm von General Marshall aus Washington zusammen. Ihm hatte man Artikel aus der britischen Presse vorgelegt, in denen behauptet wurde, Montgomery habe die Amerikaner in den Ardennen gerettet, weshalb er zum Befehlshaber über alle Bodentruppen ernannt werden sollte. Marshall erklärte Eisenhower sehr eindeutig, was er davon hielt: »Lassen Sie sich keinesfalls auf irgendwelche Konzessionen ein. Sie haben nicht nur unser volles Vertrauen, sondern ein solcher Schritt würde in unserem Land enorme Ressentiments auslösen. Ich nehme nicht an, dass Sie ein solches Zugeständnis im Sinn hatten. Ich möchte nur, dass Sie sich unserer Haltung in dieser Sache sicher sind. Sie erfüllen Ihre Aufgabe sehr gut. Machen Sie denen weiter die Hölle heiß.«[17]

Eisenhower antwortete Montgomery in gemessenem Ton, aber das Ultimatum war unüberhörbar. »In Ihrem letzten Brief hat mich gestört, dass Sie einen ›Fehlschlag‹ voraussagen, wenn Ihre Meinung zur Übergabe des Befehls über Bradley nicht in jedem Detail befolgt wird. Ich versichere Ihnen, dass ich in dieser Sache nicht weiter gehen kann. ... Ich meinerseits fände es bedauerlich, wenn sich zwischen Ihrer und meiner Überzeugung eine so unüberbrückbare Kluft auftut, dass wir unsere Differenzen dem CC/S [*Combined Chiefs of Staff*, Vereinigte Stabschefs] vorlegen müssen.«[18] Es konnte kein Zweifel daran bestehen, wen die Vereinigten Stabschefs bei einer entscheidenden Auseinandersetzung unterstützen würden.

Als de Guingand hörte, dass Eisenhower einen Brief an Marshall schrieb, flehte er ihn an, damit zu warten. Bereits ernsthaft krank, flog er sofort nach Zonhoven und erklärte Montgomery, er renne mit dem Kopf gegen die Wand. Der wollte zunächst nicht glauben, dass es so schlecht stehe. Wer sollte ihn ersetzen? Feldmarschall Sir Harold Alexander, kam die Antwort. Als Montgomery schließlich begriff, dass dies der Wahrheit entsprach, war er tief erschüttert. Bei einer früheren Gelegenheit hatte er Eisenhower mit tiefer Überzeugung erklärt, dass »die britische Öffentlichkeit keinen Wechsel dulden wird«.[19] Nach de Guingands Worten galt das jetzt nicht mehr. Die Amerikaner hatten endgültig das Kommando übernommen. »Was soll ich tun, Freddie?«, fragte der total ernüchterte Montgomery.[20]

Da zog de Guingand den Entwurf eines Briefes aus der Tasche seines Kampfanzuges. »Lieber Ike«, hieß es dort, »ich habe mit Freddie gesprochen und verstehe nun, dass Sie in diesen schwierigen Tagen viele Gedanken sehr bedrücken. Ich habe Ihnen meine Auffassungen ganz offen dargelegt, weil ich den Eindruck hatte, dass Sie das mögen. ... Was immer Ihre Entscheidung sein wird, Sie können sich zu 100 Prozent darauf verlassen, dass ich sie umsetzen werde, und ich weiß, dass Brad das Gleiche tun wird. In höchstem Maße bekümmert darüber, dass mein Brief Sie aufgebracht haben könnte, bitte ich Sie, ihn zu zerreißen. Ihr sehr verbundener Untergebener Monty.«[21] Er unterschrieb, der Brief wurde verschlüsselt und unverzüglich per Kabel übermittelt. Wieder einmal hatte der umsichtige Freddie de Guingand seinen Chef vor dessen unerträglichem Ego gerettet. Er begab sich anschließend zum rückwärtigen Hauptquartier der 21. Armeegruppe in Brüssel, um sich den Reportern zu stellen. Dabei betonte er, Montgomerys Befehl über die zwei amerikanischen Armeen sei nur vorübergehend, und im Interesse der Solidarität der Alliierten sollten die Forderungen, Montgomery zum Befehlshaber der Landstreitkräfte zu machen, und die verdeckte Kritik an Eisenhower unterlassen werden. Die Anwesenden versprachen, mit ihren Chefredakteuren zu sprechen. Anschließend rief de Guingand Bedell Smith in Versailles an und versicherte ihm, der Feldmarschall nehme alles vollständig zurück.

Nun musste nur noch über das Datum der Offensive im Norden entschieden werden. Eisenhower war zu der Überzeugung gelangt, dass sie am Neujahrstag starten sollte. Montgomery hatte zunächst den 4. Januar favorisiert, schlug aber jetzt den 3. Januar vor. Allerdings war eine feindselige Grundstimmung nach wie vor zu spüren. Viele hohe US-Offiziere bedauerten später, dass Eisenhower die Möglichkeit nicht genutzt hatte, den Feldmarschall loszuwerden. Sie wollten einen strategischen Sieg in den Ardennen, bei dem alle beteiligten deutschen Truppen vernichtet wurden. Montgomery hingegen hielt das für praktisch undurchführbar. Er war der Meinung, die Amerikaner wollten damit nur die Peinlichkeit vergessen machen, von den Deutschen überrumpelt worden zu sein. Er konnte es nicht erwarten, mit »Operation Veritable« voranzukommen, den Reichswald einzunehmen und dann nördlich der Ruhr den Rhein zu überschreiten. Bradley und Patton hingegen hatten nicht die Absicht, bis zum 3. Januar zu warten. Sie planten ihre Gegenoffensive von Bastogne aus für den 31. Dezember.

Südlich von Bastogne traf die 35. US-Infanteriedivision, die während der Kämpfe in Lothringen sehr geschwächt worden war, ein, um die Lücke zwischen der 4. Panzerdivision und der 26. Infanteriedivision zu schließen. Sie sollte nach Nordosten in Richtung Marvie und der Straße Longvilly–Bastogne angreifen, während die 4. Division die Dörfer östlich der Straße nach Arlon vom Feind zu säubern hatte. Die Infanteristen, deren Stiefel beim Durchwaten so vieler Wasserläufe immer wieder durchnässt wurden, verloren durch Erfrierungen ebenso viele Männer wie im Gefecht. »Es war so kalt…, dass das Wasser in unseren Kochgeschirren gefror, obwohl wir sie dicht am Körper trugen«, schrieb ein Offizier des 51. gepanzerten Infanteriebataillons in sein Tagebuch. »Wir aßen Schnee oder schmolzen ihn, um das Wasser zu trinken oder Kaffee zuzubereiten.«[22] Sein Bataillon in einer Stärke von 600 Mann erlitt binnen drei Wochen 461 kampfbedingte und nicht kampfbedingte Verluste.

Im Westen rückte Gefechtskommando A der 9. Panzerdivision auf der Straße von Neufchâteau vor, die nahe an Sibret, einem wichtigen Ziel der Amerikaner, vorbeiführte. Aber auch die Deutschen brachten Verstärkung heran, als die Kämpfe um Bastogne an Heftigkeit zunahmen. Am Donnerstag, dem 28. Dezember, übernahm die Führer-Begleit-Brigade den Frontabschnitt südwestlich von Sibret. Oberst Remer behauptete, unterwegs zurück von der Nordfront sei seine Sanitätskompanie »35 Minuten lang von Kampfbombern beschossen worden, obwohl es sich sämtlich um weiße Fahrzeuge mit dem roten Kreuz handelte«.[23] Manteuffel glaubte, Remers Einheit werde eine Wende herbeiführen. Deren Panther und Panzer IV wurden unverzüglich gegen die Panzer der 9. US-Division ins Gefecht geschickt und schossen einige von ihnen in Brand.

Remer war wütend und fühlte sich tief gekränkt, als er erfuhr, dass er jetzt dem Befehl der stark dezimierten 3. Panzergrenadierdivision unterstand. Seine Führer-Begleit-Brigade erreichte zwar nicht einmal die Hälfte der Personalstärke einer Standarddivision, war aber schwer bewaffnet, während die 5. Fallschirmjägerdivision kaum noch über Artillerieunterstützung verfügte und der 26. Volksgrenadierdivision die panzerbrechende Munition völlig ausgegangen war. Remer verlegte seine Batterie von 105-mm-Flak nach Chenogne, wo sie Pattons Panzer aufhalten sollten. Seine 88-mm-Flakbatterien wurden fünf Kilometer weiter nördlich um Flamierge in Stellung gebracht, wo sie angeblich »zehn Lastensegler« abgeschossen haben sollen.[24] Doch die Führer-Begleit-Brigade kam zu spät, um das wichtige Dorf Sibret noch zu retten. Nach heftigem Artilleriebeschuss konnten die Amerikaner die Deutschen in dieser Nacht von dort vertreiben. Ein abgeschossener Gleiterpilot war in der Nähe von den Deutschen gefangen genommen worden. Bei ihrem Abzug versteckte er sich in einer Kartoffelkiste und war wieder ein freier Mann.

Der Verlust von Sibret war ein schwerer Schlag für Manteuffel und Lüttwitz, denn so verringerte sich die Chance wesentlich, den Kreis um Bastogne noch einmal zu schließen. Lüttwitz erteilte Remer Befehl, Sibret am nächsten Morgen mithilfe einer Kampfgruppe der 3. Panzergrenadierdivision zurückzuerobern. »Sollte dieser Angriff scheitern«, schrieb Lüttwitz, »dann war man im Korps der Auffassung, es sei notwendig, sofort mit dem Abzug aus dem Frontbogen zu beginnen.«[25] Aber Hitler, der es nach wie vor ablehnte, sich der Realität zu stellen, kündigte die Bildung einer sogenannten »Armeeabteilung Lüttwitz« an, die Bastogne vernichten sollte. Theoretisch sollten ihr die 2. Panzerdivision, die Panzer-Lehr-Division, die 9. Panzerdivision, die 3. und die 15. Panzergrenadierdivision, die 1. SS-Panzerdivision »Leibstandarte Adolf Hitler«, die 5. Fallschirmjägerdivision und die Führer-Begleit-Brigade angehören. Doch trotz der typisch Hitler'schen Bezeichnung waren von den meisten genannten Einheiten kaum mehr als Reste vorhanden.

Am Freitag, dem 29. Dezember, wurde die Führer-Begleit-Brigade frühmorgens am südlichen Waldrand bei Chenogne für die Konterattacke gegen Sibret zusammengezogen. Aber Remers Truppen hatten sich kaum aus dem Wald hervorgewagt, da gerieten sie schon unter massives, konzentriertes Feuer der Feldartilleriebataillone, die man für diesen erwarteten Gegenschlag in Stellung gebracht hatte. Flankenfeuer von Villeroux im Osten, das die Amerikaner nach einem schweren Gefecht am 28. Dezember eingenommen hatten, fügte den Deutschen ebenfalls zahlreiche Verluste zu. Die Wälder südöstlich von Chenogne wurden mehrfach von der einen oder der anderen Seite besetzt. Eine von Remers 105-mm-Flaks schaltete während der Gefechte mehrere amerikanische Panzer aus. Schließlich wurde ihre Bedienung, obwohl sie ihre Kanone im Stil von Infanteristen im Nahkampf verteidigte, doch überwältigt. Ein Sherman-Panzer walzte sie mit seinen Raupenketten nieder. An diesem Abend berichtete Remer, die Führer-Begleit-Brigade sei jetzt zu schwach, um einen weiteren Angriff auf Sibret zu wagen.[26]

Als das Wetter am Abend des 29. Dezember umschlug und aus Skandinavien Schnee und Nebel brachte, wurde Bastogne von Bombern der Luftwaffe angegriffen. Doch zumindest der Korridor war gesichert, sodass Hunderte Lastwagen große Mengen Nachschub für die Verteidiger des Ortes und 400 Mann Ablösung für die 101. Luftlandedivision heranführen konnten. General Taylor besuchte seine Truppen in den vordersten Linien, um ihnen zu gratulieren. Einige der Männer waren von seinem Auftreten irritiert. »Beim Abschied«, berichtete Major Dick Winters vom 506. Luftlandeinfanterieregiment, wies er uns an: »Behaltet die Wälder dort vorn im Auge! Was, zum Teufel, hat er drüben in Washington wohl gedacht, was wir hier machen?«[27]

Die Luftlandesoldaten mussten zu ihrer Enttäuschung feststellen, dass man sie zwar in der Presse als Helden pries, sie aber nicht ablöste und nach Mourmelon-le-Grand zurückzog. Wenigstens hatten sie Weihnachtspost und -päckchen von zu Hause erhalten. Den Inhalt teilten sie mit ihren Kameraden oder mit belgischen Zivilisten. Und mit den beliebten »Zehn in eins«-Rationen hatten sie jetzt auch wieder genug zu essen. Einigen von ihnen gelang es gar, den Alkoholvorrat »freizusetzen«, den der Stab des VIII. Korps zurückgelassen hatte. Sie hatten ihn entdeckt, als eine Bombe der Luftwaffe die Außenmauer eines Gebäudes zerstörte. Aber an der bitteren Kälte, an den tödlichen Scharmützeln und den gefährlichen Patrouillengängen bei Nacht änderte das nichts. Ihre Kommandeure verlangten weiterhin nach Informationen zu den gegenüberliegenden Einheiten, und so wurden Trupps zur Ergreifung einer feindlichen »Zunge« ausgeschickt, die man verhören konnte. (Die deutschen Offiziere hatten ihren Männern inzwischen die Soldbücher abgenommen, weil diese zu viele Angaben über die eigene Einheit enthielten.) Zudem war es unmöglich geworden, sich nachts geräuschlos zu bewegen, denn jeder Schritt auf dem stark verharschten Schnee war gut zu hören. Auch die steif gefrorenen weißen Capes knisterten bei jeder Bewegung. Versuche mit gebleichten Tarnanzügen waren nicht sehr erfolgreich. Die Männer beneideten die Deutschen um ihre doppelseitig zu tragenden Jacken mit weißem Futter, die wesentlich praktischer waren.

Es war allgemeine Praxis, vor den Verteidigungsstellungen Attrappen aufzustellen, um feindliche Patrouillen zu unüberlegtem Schießen zu verleiten. Jetzt stellten manche US-Fallschirmjäger hart gefrorene Leichen von Deutschen aufrecht in den Schnee. Eine tauften sie »Oskar« nach ihrem eigenen Maskottchen, das sie bei jedem Absprung begleitete. Dies diente auch zur Feuerleitung im Fall eines Überraschungsangriffs.[28] Dabei stellten die US-Soldaten zu ihrer Überraschung fest, dass die Gesichter von Männern, die bei dieser extremen Kälte starben, sich nicht wie sonst grau verfärbten, sondern weinrot anliefen, weil die Blutgefäße unter der Haut sofort gefroren.

Neben Fußbrand und Erfrierungen litten viele der verschmutzten und unrasierten Soldaten auch an Ruhr. Das lag vor allem daran, dass sie ihre Kochgeschirre nicht ordentlich reinigen konnten. Temperaturen bis -20 Grad verursachten Risse im Kühlmantel ihres schweren Maschinengewehrs. Das Mündungsfeuer dieser Waffe war weithin zu sehen, während das deutsche Äquivalent nur etwas über 100 Meter weit geortet werden konnte. Nicht nur die Luftlandesoldaten bevorzugten daher die erbeuteten deutschen MG-42. Neuankömmlinge mussten lernen, keine längeren Salven zu schießen, weil sie damit den eigenen Standort preisgaben.

Viele Soldaten stritten darüber, ob man eine Handgranate werfen sollte wie einen Baseball – mit Schwung aus dem Oberarm heraus. Das wurde von vielen abgelehnt, weil man sich dabei leicht Arm und Schulter ausrenken konnte. Um die Deutschen daran zu hindern, eine Handgranate aufzufangen und zurückzuwerfen, zogen erfahrene Soldaten den Splint, zählten bis zwei oder drei und warfen sie erst dann. Manche Soldaten trugen ihre Handgranaten, indem sie den Schalthebel am Knopfloch einhakten. Das mochten die Offiziere gar nicht gern, weil sie wussten, dass sie so leicht verloren gehen konnten, wenn die Männer sich zu Boden werfen mussten. Unerfahrene Neulinge hängten sie auch am Ring an ihre Ausrüstung, was der einfachste Weg war, um sich selber in die Luft zu sprengen. Ein zusätzlicher Kochgeschirrdeckel war in der Regel am besten für den Transport geeignet.

Am 30. Dezember traf General Patton, ausgerüstet mit seinen berühmten Revolvern mit Elfenbeingriff, in Bastogne ein. Er beglückwünschte Offiziere und Soldaten mit seiner merkwürdig hohen Stimme, verteilte Medaillen und ließ sich an den verschiedensten Orten fotografieren. Er inspizierte ausgebrannte deutsche Panzer und suchte die wichtigsten Gefechtsstellungen auf. Dazu gehörte auch das Château de Rolley, wo er sich ein paar Stunden Ruhe gönnte, bevor er seine Fahrt fortsetzte. Ein Artilleriebeobachtungsoffizier des 327. Gleiterinfanterieregiments, das deutsche Panzer bereits von einer Anhöhe aus beschossen hatten, wurde fuchsteufelswild, als er eine Gruppe entdeckte, die sich ihm von hinten näherte, ohne auf jegliche Deckung zu achten. Er brüllte ihr zu, sich zu Boden zu werfen, als er sich plötzlich General Patton gegenübersah, der in aller Ruhe seine Besichtigungstour absolvierte. Nachdem er mit einem Geschütz kurz gezielt hatte, befahl der Hauptmann seinem Bataillon »Wirkungsfeuer« auf die deutschen Panzer. Eine Granate traf tatsächlich den Turm eines Panzers, wodurch die Munition an Bord detonierte und das ganze Fahrzeug in die Luft sprengte. »Bei Gott, so muss man schießen!«, rief Patton triumphierend aus.[29] Das war für ihn ein echter Freudentag.

Während die Führer-Begleit-Brigade und die 3. Panzergrenadierdivision an diesem Tag von Westen angriffen, stieß eine Kampfgruppe der 1. SS-Panzerdivision zusammen mit dem Fallschirmjägerregiment 14 und der 167. Volksgrenadierdivision, die gerade aus Ungarn eingetroffen war, von Lutrebois aus östlicher Richtung vor. Ein Bataillon der 35. US-Infanteriedivision in Villers-la-Bonne-Eau wurde bei Nebel vor Tagesanbruch davon überrascht.[30] Zwei Kompanien wurden vollständig vernichtet, aber wiederum konnte die Situation nur dank der Feldartillerie gerettet werden. Als die Geschütze von Division und Korps Granaten mit den neuen Abstandszündern feuerten, wurden die Volksgrenadiere der 167. Division nach den Worten ihres Kommandeurs buchstäblich »in Stücke gerissen«.[31]

Als Shermans und Panzerjäger der 4. US-Panzerdivision, von dem Gefechtslärm angezogen, in die chaotischen Kämpfe eingriffen, teilte die Infanterie ihnen ihre Beobachtungen zu den deutschen Panzern im Wald mit. Das 134. Infanterieregiment meldete 27 abgeschossene Panzer. Laut Schätzungen anderer US-Einheiten stieg die Gesamtzahl auf über 50, aber das war stark übertrieben.[32] Doch die »Leibstandarte Adolf Hitler« erlitt schwere Verluste, lastete die Verantwortung für ihr Scheitern aber der 5. Fallschirmjägerdivision an. Laut deren Kommandeur, Generalmajor Heilmann, »verbreitete die SS das Gerücht, [meine] Fallschirmjäger hätten mit Amerikanern friedlich im Keller eines Hauses von Villers-la-Bonne-Eau zusammengesessen und Brüderschaft getrunken«.[33] Der Befehlshaber der »Leibstandarte«, SS-Oberführer Wilhelm Mohnke, wollte die Offiziere des Fallschirmjägerregiments 14 wegen Feigheit standrechtlich erschießen lassen. Er soll erklärt haben, dass ein »nationalsozialistischer Führungsoffizier der Fallschirmjägerdivision in den Nacken gesetzt werden« müsse.[34]

Die beiderseitige Aversion zwischen Waffen-SS und Wehrmachtseinheiten verschärfte sich. Die Panzereinheiten der SS forderten für sich die Vorfahrt auf allen Straßen, wodurch sie Chaos auslösten. »Diese Zustände auf den Straßen erreichten ihren Höhepunkt, als SS-Einheiten am Frontabschnitt Bastogne auftauchten«, schrieb Generalmajor Kokott. »Diese Formationen mit ihrem unangebracht prahlerischen und arroganten Auftreten, mit dem für sie typischen absoluten Mangel an Disziplin, ihrer bekannten Rücksichtslosigkeit und dem Fehlen jeder Logik hatten eine absolut verheerende Wirkung und stellten überall ein Hindernis für jegliche systematische Gefechtsführung dar.«[35] Diesem Hass auf die SS begegnete man nicht nur unter hohen Offizieren. Feldwebel Rösner aus Kokotts Division schilderte, wie die SS »in [der Stadt] Luxemburg in Häuser einbrach und wie die Vandalen alles kurz und klein schlug«. Sie zerstörte sogar Heiligenbilder in der deutschen Eifel, einer tiefkatholischen Gegend.[36]

Als höchst ermutigend für Pattons III. Korps erwies sich das Eintreffen der Vorausabteilungen der 6. Panzerdivision, die Ablösung für die völlig erschöpfte 4. Panzerdivision. Die 6. Division rückte in voller Stärke und mit erfahrenem Personal an, was damals durchaus selten vorkam. Einige ihrer Shermans waren mit der neuen 76-mm-Kanone bestückt, die auf der britischen 17-Pfund-Waffe beruhte. So konnten diese Panzer es endlich mit dem deutschen Panzer VI »Tiger« aufnehmen. Zwar traf die eine Kampftruppe verspätet ein, weil sie sich eine Straße mit der 11. Panzerdivision teilen musste, die andere erreichte jedoch den geplanten Standort bei Neffe im südöstlichen Frontabschnitt und war bereit, am nächsten Tag Wardin anzugreifen.

Nicht alle irrtümlichen Angriffe auf amerikanische Truppen wurden von Kampfbombern der Typen Thunderbolt und Lightning verursacht. Am 31. Dezember meldete die 3. US-Armee, dass »Bomber der 8. US-Luftflotte versehentlich das Hauptquartier der 4. Panzerdivision in der Stadt Wecker und einen Teil der 4. Infanteriedivision bei Echternach bombardiert« hatten. Eilig wurde eine Beratung mit den USAAF-Generalen Doolittle und Spaatz einberufen, um die versehentliche Bombardierung »unserer eigenen Truppen« und »umgekehrt den Beschuss unserer Flugzeuge durch eigene Flak« zu erörtern. Die »versehentlichen Bombenabwürfe« wurden vertuscht, um »das Vertrauen der Truppen nicht zu erschüttern«. Es gab Verfehlungen auf beiden Seiten, aber nach mehreren Zwischenfällen handelten viele amerikanische Soldaten erneut nach der Parole aus den Kämpfen in der Normandie: »Was fliegt, muss sterben.« Sie eröffneten das Feuer gegen jede anfliegende Maschine, ob nun in Reichweite ihrer Waffen oder nicht.[37] Auch die stark übertriebenen Schätzungen der Luftstreitkräfte zur Zahl der von ihnen vernichteten Panzer wurden bei den Bodentruppen ausgesprochen skeptisch aufgenommen. »Es ist offensichtlich, dass die Behauptungen des Air Corps übertrieben sein müssen«, hieß es bei der 12. Armeegruppe, »sonst würden die Deutschen längst keine Panzer mehr haben, wohingegen unsere Aufklärung noch jede Menge von ihnen feststellt.«[38]

Die Luftwaffe flog weiterhin nächtliche Bombenangriffe gegen Bastogne. Als deutsche Kriegsgefangene am 1. Januar unter Bewachung den zentralen Platz von Bastogne von Trümmern frei räumten, trat einer auf eine »Schmetterlingsbombe«, die in der Nacht zuvor abgeworfen worden war. Sie explodierte, und der Soldat fiel schreiend zu Boden. Soldaten des 52. Bataillons gepanzerter Infanterie der 9. Panzerdivision beobachteten die Szene. Ein Offizier schrieb später: »Man konnte unsere GIs auf den Lkw lachen hören.«[39]

An der Front der 1. US-Armee im Norden hatte Montgomery nun die 53. Welsh Division und die 83. US-Infanteriedivision zur Unterstützung der 2. US-Panzerdivision im Westen und der 84. US-Infanteriedivision bei Marche auf den Weg gebracht. Die 51. Highland Division wurde zur Reserve der 1. Armee. Da weitere Teile von Horrocks' XXX. Korps eintrafen, konnte der Rest von Collins' VII. Korps zurückgezogen und für den am 3. Januar geplanten Gegenangriff umgruppiert werden.* Die 6. britische Luftlandedivision, die östlich von Celles eintraf, versuchte dort Verteidigungsstellungen zu bauen, doch der Boden war so hart gefroren, dass man mit Spaten nichts ausrichten konnte. Daher hämmerten die Luftlandesoldaten hohle Quetschminenrohre in den Boden, füllten sie mit Sprengstoff und brachten sie zur Detonation. Bald stellten sie auch fest, dass die Entschärfung von Tellerminen unter dem Schnee eine riskante Angelegenheit war.[40]

Überall dort, wo die Deutschen am weitesten vorangekommen waren, wurden ausgehungerte und an Erfrierungen leidende Versprengte aufgegriffen. Ein Bauernsohn bei Ychippe sah im Stall nach seinen Pferden. Als er ins Haus zurückkam, klopfte ein deutscher Soldat, den er bereits hatte herbeihumpeln sehen, an die Tür. Er wies auf seine Füße und sagte: »Kaputt!« Er hatte in einer Scheune geschlafen. Er setzte sich an den Ofen, legte seine Pistole ab und zog die Stiefel aus. Da tauchte eine amerikanische Patrouille auf und nahm den Deutschen gefangen, bevor er nach seiner Pistole greifen konnte. Andere deutsche Soldaten hatten sich in Nachbarhäusern versteckt. Einer weigerte sich, aus einer Scheune herauszukommen, die bereits umstellt war. Er trug eine amerikanische Uniform und fürchtete, deshalb erschossen zu werden. Als die Amerikaner drohten, die

---

* Den von ihm am meisten geschätzten Korpskommandeur Horrocks hatte Montgomery in einen medizinischen Zwangsurlaub geschickt. Er fürchtete, die große Erschöpfung könnte dessen Urteilsvermögen beeinträchtigt haben. Horrocks hatte sich plötzlich dafür eingesetzt, die Deutschen die Maas überschreiten zu lassen und sie dann auf dem Schlachtfeld von Waterloo südlich von Brüssel zu schlagen. [siehe Hamilton, *Monty*, S. 255 f.]

Scheune in Brand zu stecken, zeigte er sich schließlich. Sie rissen ihm die amerikanischen Erkennungszeichen von der Uniform und brachten ihn in einem Jeep fort. Die Dorfbewohner erfuhren nicht, was mit ihm geschah.

An mehreren Orten wie zum Beispiel in Conjoux mussten Dorfbewohner voller Trauer zusehen, wie ihre kleinen Gärten und Hecken von amerikanischen Panzern niedergewalzt wurden. Weniger ängstlich waren sie, wenn sie amerikanische Infanterieeinheiten anmarschieren sahen, die in Einerreihen zu beiden Seiten der Wege vorrückten. Da Bauerngehöfte in dieser Gegend sehr dünn gesät waren, durfte hier nichts verschwendet werden. Die Bauern nahmen sich aus zurückgelassenen deutschen Fahrzeugen, was sie konnten, denn das war sicherlich der einzige Ausgleich, den sie sich für die Schäden an ihren Feldern, Scheunen und Häusern, für das von den Deutschen beschlagnahmte Futter, die Pferde und Wagen erhoffen konnten. Ein Kettenkraftrad war ein Hauptgewinn. Die einheimische Bevölkerung saugte Treibstoff aus zurückgelassenen Fahrzeugen ab, ließ Werkzeugkästen, Dosennahrung, Reifen, Räder, überhaupt alles mitgehen, was nicht niet- und nagelfest war. Manche griffen sich auch Handgranaten in der Hoffnung auf reichen Fischfang im nächsten Sommer.

Einige Bauern versuchten die Räder von Feldgeschützen abzumontieren, um sich daraus einen Wagen zusammenbauen zu können. Bald mussten sie aber feststellen, dass diese für ihre Zugpferde zu schwer waren. Bei einer wesentlich erfolgreicheren Improvisation gelang es einem in solchen Dingen erfahrenen Bauern, aus Teilen mehrerer deutscher Kampfwagen einen kompletten Traktor zusammenzubasteln. Den Motor entnahm er einem Halbkettenfahrzeug. Eine andere Familie baute sogar die Vordersitze eines deutschen Kübelwagens, des Wehrmacht-Äquivalents zum amerikanischen Jeep, aus und benutzte sie fast 30 Jahre lang als Wohnzimmersessel.[41] Bei Ychippe ließ man einen toten deutschen Offizier viele Tage lang zusammengesunken in einem Kübelwagen sitzen. Der damals 17-jährige Théophile Solot war fasziniert von der Tatsache, dass dessen Bart auch nach dem Tod weiterwuchs.[42]

Frauen suchten verzweifelt zu erfahren, was aus ihren Söhnen und Ehemännern geworden war. Glück hatten jene, die über die Maas fliehen konnten, denn die Deutschen nahmen zurückgebliebene Männer und junge Burschen in großer Zahl fest. Sie mussten den Schnee von den Straßen räumen und Nachschub heranschleppen. Viele waren für Schnee und Eis nicht passend angezogen. Für diese schwere Arbeit erhielten sie viel zu wenig zu essen und waren schlecht ausgerüstet. Nur wenige hatten Handschuhe oder Spaten. Sie wurden wie Gefangene behandelt und bei Nacht in Scheunen eingeschlossen. In manchen Fällen brachten die Wachposten Handgranaten an Türen und Fenstern an, um sie an der Flucht zu hindern. Viele wurden zur Zwangsarbeit nach Deutschland verschleppt, wo sie erst in der Schlussphase des Krieges wieder freikamen. Eine gewisse Zahl wurde auch von alliierten Flugzeugen getötet, denn die Piloten konnten nicht zwischen Gruppen deutscher Soldaten und belgischer Zivilisten unterscheiden. Im Schnee waren sie alle nur kleine schwarze Figuren.

In den letzten Dezembertagen dehnte das britische XXX. Korps seine neuen Stellungen zwischen der Maas und Hotton weiter aus. Ein englischer Zivilverwaltungsoffizier sah die Gegend aus ziemlich romantischer Perspektive: »Die Ardennen wirken so«, schrieb er, »wie man sich Ruritanien im ›Gefangenen von Zenda‹ vorstellt. Dazu tragen auch die Burgen und die großen, tief verschneiten Tannenwälder bei.«[43]

Da das Wetter immer schlechter wurde, war keine Luftaufklärung mehr möglich. Als die 53. Welsh Division die Amerikaner bei Marche-en-Famenne ablöste, mussten die Alliierten wissen, wie sich die Panzer-Lehr-Division und die Reste der 2. deutschen Panzerdivision nach dem Rückzug von Rochefort umgruppiert hatten. Zu diesem Zweck wurden das britische 61. Aufklärungsregiment, das der 6. Luftlandedivision zugeordnet war, dazu belgische und französische SAS-Aufklärer, insgesamt 350 Mann, in das riesige Wald- und Sumpfgebiet südlich von Rochefort und Marche geschickt.

Die französische Gruppe hielt auf Saint-Hubert zu. Ein belgischer Zug des 5. SAS-Regiments ortete am 31. Dezember einen Teil der Panzer-Lehr-Division in Bure, zehn Kilometer südlich von Rochefort. Mit ihren Jeeps, die lediglich mit Zwillings-MGs von Vickers ausgerüstet waren, konnten sie kaum mehr tun, als die Panzergrenadiere zu beunruhigen. Dabei wurden drei der besten Männer auf der Stelle von einer deutschen 88-mm-Kanone getötet. In diesem Bereich klammerten sich die Deutschen verzweifelt fest, denn fast alle Reste der 2. und der 9. Panzerdivision sowie der Panzer-Lehr-Division waren über die dort verlaufende Straße aus Rochefort abgezogen. Nachdem sich fast die gesamte Bevölkerung in die Klosterkeller geflüchtet hatte, benutzten die deutschen Soldaten deren Bettwäsche zur Tarnung. Während die Bewohner in ihrem Unterschlupf nur noch Kartoffeln zu essen hatten, schlachteten die Panzergrenadiere ihre Hühner und verzehrten sie.

Da die deutsche Artillerie jetzt Rochefort beschoss, mussten die Einwohner unter der Erde bleiben. Nur wenige wagten sich bei Feuerpausen hinaus, um etwas zu essen zu beschaffen. Alle waren Bruder Jacques »mit seinem Barett und den großen schwarzen Gummihandschuhen« unendlich dankbar, weil er die Leichen einsammelte, um ihnen ein christliches Begräbnis zu ermöglichen.[44]

Die Deutschen setzten den Beschuss von Lüttich mit V1-Flugkörpern fort. Am Silvestertag war Unteroffizier Walker vom Middlesex Regiment, der bereits in Nordafrika, auf Sizilien und in der Normandie gekämpft hatte, unterwegs zur Messe in einer Kirche südlich von Sur-le-Mont. Als eine V1 vorüberflog, blickte er auf und sah, dass sie steil herunterkam. »Ein belgisches Kind stand einige Meter von ihm entfernt, ohne die Gefahr zu bemerken«, heißt es in der Begründung für seine Medaille. »Unteroffizier Walker stürzte zu dem Kind, riss es zu Boden und schützte es mit seinem Körper. Die Bombe explodierte nur wenige Meter neben ihnen und verletzte Unteroffizier Walker schwer. Das Kind blieb unverletzt.« Das medizinische Korps der britischen Armee hatte Walker wegen der Schwere seiner Verletzungen bereits aufgegeben. Aber er überlebte, weil die Amerikaner bei ihm eine bahnbrechende Methode der Hauttransplantation anwandten. Diese Operationen wurden gefilmt und zu Lehrzwecken an andere Feldlazarette geschickt.[45]

Die amerikanischen Stäbe organisierten Partys für den Silvesterabend. In Simpsons 9. Armee wurde mit Cocktails und Truthahn gefeiert.[46] In Hodges' 1. Armee ging es bei jedem Abendessen sehr offiziell zu. »In seiner Messe«, berichtete einer seiner Offiziere, »hatten wir jeden Abend wie zum Dinner zu erscheinen: in Uniformrock, Krawatte und Kampfstiefeln.«[47] Hodges nahm in der Regel einen Bourbon sowie *Dubonnet on the Rocks* mit einem Schuss Magenbitter zu sich, aber an diesem Abend ordnete er an, die Kiste Champagner, die Collins ihm nach der Einnahme von Cherbourg geschenkt hatte, zu öffnen, um auf das neue Jahr zu trinken. Um Mitternacht brach Panik aus, als Soldaten »wie wild ihre Gewehre abfeuerten. Eine eilige Erkundung ergab, dass es sich um keinen Angriff handelte, sondern sie einfach über die Stränge schlugen«.[48]

Auch in Bradleys Stab der 12. Armeegruppe gab es eine Party. Laut Hansen »berichtete Martha Gellhorn den halben Abend lang voller Leidenschaft vom Krieg in Spanien. ... Sie ist die typische Journalistin, die an das Gute im Menschen glaubt, obwohl sie so viel Schlimmes erlebt und so viele Demütigungen an den Kriegsfronten der ganzen Welt gesehen hat.« Die

Stimmung auf der Party schien jedoch etwas getrübt zu haben, dass man mit einer offiziellen Untersuchung zu der Frage rechnete, weshalb die Aufklärung die Offensive der Deutschen nicht vorausgesehen hatte. Gerade war General William Donovan, der Gründer des OSS, aus Washington angekommen und hatte erwähnt, dass »von einer Untersuchung des Kongresses geredet wird, um festzustellen, warum wir so nachlässig waren«. Bradley befürchtete sehr, sich dafür rechtfertigen zu müssen, dass er vor dem Angriff der Deutschen als »kalkuliertes Risiko« nur vier Divisionen zur Verteidigung der Ardennen zurückgelassen hatte.[49]

In Berlin hatte die Tagebuchschreiberin Ursula von Kardorff, die in Verbindung zu den Verschwörern des 20. Juli stand, am Silvesterabend ein paar Freunde zu Gast. »Um zwölf Uhr dann der Augenblick der Stille. Wir standen mit unseren Gläsern da und wagten nicht anzustoßen, von ferne erklang scheppernd ein Armesünderglöckchen, dazu Schüsse und schwere Tritte, auf Glassplittern. Unheimlich. Es war, als striche ein Schatten über uns alle hin, streife uns mit seinen Flügeln.«[50] In den Ardennen stellten sich Deutsche und Belgier auf die Gegenoffensive der Alliierten und die zu erwartenden Kämpfe ein. »An der Schwelle des neuen Jahres«, schrieb ein junger Volksgrenadieroffizier bei St. Vith, »bete ich dafür, dass der Führer und wir genügend Stärke besitzen, um diesen Krieg siegreich zu beenden.«[51] Bereits wenige Stunden danach schlugen die Deutschen wieder zu – aus der Luft und im Elsass.

21. Kapitel

Die doppelte Überraschung

Am 1. Januar 1945 um 0.00 Uhr feuerte die amerikanische Artillerie überall in den Ardennen Salven, um der Wehrmacht mitzuteilen, dass das Jahr ihrer endgültigen Niederlage angebrochen war. Aber die Deutschen verkündeten eigene Neujahrsbotschaften. Wenige Minuten vor dem Ende des alten Jahres startete die Heeresgruppe Oberrhein unter Reichsführer SS Heinrich Himmler eine Offensive mit der Bezeichnung »Unternehmen Nordwind« gegen die linke Flanke von General Devers' 6. Armeegruppe.

Bereits am 26. Dezember hatte die Aufklärung der 7. US-Armee davor gewarnt, dass die Deutschen in den ersten Januartagen im Nordelsass angreifen könnten. Daraufhin war General Devers zu Eisenhower nach Versailles geflogen. Ihr Verhältnis war nicht besser geworden, seit Eisenhower Devers' Plan abgelehnt hatte, einen Brückenkopf jenseits des Rheins zu schaffen. Und da die Kämpfe in den Ardennen ihrem Höhepunkt zustrebten, verlangte das SHAEF von den amerikanischen und französischen Divisionen im Süden, in der Defensive zu bleiben. Seit der größte Teil von Pattons 3. Armee im südlichen Bereich des Frontbogens stand, hatte man Devers' Truppen, die bis aufs Äußerste reduziert waren, um die Ardennenfront zu stärken, gezwungen, ihren Frontabschnitt auf über 300 Kilometer auszudehnen.

Durch einen Rückzug der Truppen bis zu den Vogesen wollte Eisenhower die Front im Elsass verkürzen und dabei möglicherweise Straßburg aufgeben. Von diesem Schritt riet ihm Tedder entschieden ab. (Ironie der Geschichte: Jetzt waren die Briten dagegen, einmal erkämpftes Gebiet aufzugeben.) Das sollte zu einer heftigen Konfrontation mit den Franzosen führen, für die Straßburg höchste Bedeutung hatte.

Der zweite Angriff der Deutschen war noch viel weniger erwartet worden. Reichsmarschall Hermann Göring, der sich von der scharfen Kritik an seiner Luftwaffe stark getroffen fühlte, hatte entschieden, einen eigenen »Blitzschlag« auszuführen. Sein Plan eines Überraschungsangriffs gegen die Luftkräfte der Alliierten wurde bereits am 6. November zum ersten Mal erwähnt, als Generalmajor Christian Hitler mitteilte: »Der Reichsmarschall hat befohlen, alle in Bereitschaft stehenden neuen Einheiten an einem einzigen Tag einzusetzen, wenn das Wetter keine Probleme macht – alle zusammen in einem einzigen Schlag.«

Hitler hatte Zweifel. »Ich fürchte, wenn der Tag kommt, dann handeln die Gruppen unkoordiniert oder sie finden den Feind nicht. ... Die Hoffnung, den Feind mit einem Masseneinsatz zu schlagen, ist nicht realistisch.« Auch die Angaben der Luftwaffe zum Zahlenverhältnis der Flugzeuge auf beiden Seiten sah er mit großer Skepsis. Er war außer sich, dass seine Piloten bisher so wenige Maschinen der Alliierten abgeschossen hatten. »Immer noch werden Tonnen [von Flugzeugen] produziert!«, rief er aus. »Das ist die reine Verschwendung von Arbeit und Material.«[1]

Die Luftwaffe hatte mit zahlreichen Problemen zu kämpfen, von denen manche auf ihr eigenes Konto gingen. Ihr waren nur noch wenige erfahrene Piloten geblieben, da sie den vorhandenen zu kurze Auszeiten vom Frontdienst gewährt und nicht darauf geachtet hatte, dass sie ihre Kenntnisse als Ausbilder weitergaben. »Das sind alles junge Flieger ohne jede Erfahrung«, erklärte der Pilot einer Messerschmitt 109. »Die erfahrenen sind alle weg.«[2] »Was für eine Ausbildung bekommen die Neulinge heutzutage schon?«, meinte ein anderer. »Die ist einfach erbärmlich.«[3] Vor allem wegen der Treibstoffknappheit kamen sie bereits zum Einsatz, obwohl sie erst wenige Stunden allein geflogen waren. Kein Wunder, dass amerikanische Jagdflieger meinten, sie nähmen es lieber mit vier jungen Piloten statt mit einem älteren auf.

Die Moral bei der Luftwaffe war schlecht. Ein gefangener Offizier zählte die Vorwände auf, mit denen Piloten versuchten, Flüge oder gar Luftkämpfe zu vermeiden. Dazu gehörten »Motorschaden« oder ein »nicht einziehbares Fahrwerk«.[4] Ein Pilot, der aufstieg, eine Runde flog und keine Schüsse abgab, wurde bei der Landung festgenommen. Früher seien höhere Offiziere »ebenfalls geflogen«, erklärte ein älterer Pilot. »Damit ist jetzt Schluss. Sie machen gar nichts mehr. Sie wollen nicht den Heldentod sterben, die Zeiten sind vorbei.«[5] Blanker Zynismus hatte alle Ränge erfasst. »In unserer Staffel wurde bestaunt, wer keine Geschlechtskrankheit hatte«, berichtete ein Feldwebel. »Mindestens 70 Prozent litten an Gonorrhö.«[6]

Am zynischsten wurde der Oberbefehlshaber der Luftwaffe, Reichsmarschall Göring, beurteilt. »Er scheint die Luftwaffe mit den Methoden der Herzdame von *Alice im Wunderland* geführt zu haben«, bemerkte ein hoher

Offizier des Oberkommandos Luftwaffe, »mit dem gleichen Effekt. ... Für ihn war die Luftwaffe nur ein Spielzeug.«[7] Einer der wenigen höheren Offiziere, der an dem Großangriff am Neujahrstag teilnahm, erinnerte sich, einen Vorgesetzten gefragt zu haben: »Na, Herr General, was wird unser Reichsmarschall jetzt wohl machen?« Der General antwortete: »Der Reichsmarschall handelt gerade mit Diamanten. Für uns hat er keine Zeit.«[8] Dagegen wies der Stabschef der Luftwaffe, General der Flieger Karl Koller, Hitler die größte Schuld zu. »Der hatte keinerlei Verständnis für die Erfordernisse der Luftwaffe. In seinen Ansichten ist er sein Leben lang ein Infanterist geblieben.«[9]

Jedenfalls war Göring der Meinung, er habe keine andere Wahl, als alles auf eine Karte zu setzen. Nach Aussage eines Oberleutnants »beklagte« er den Zustand der Luftwaffe und stellte fest: »Wenn wir nicht rasch die Luftüberlegenheit gewinnen, dann haben wir den Krieg verloren.«[10] Görings Endspiel, gleichsam Hitlers Ardennen-Offensive in der Nussschale, wurde »Unternehmen Bodenplatte« genannt. Alle einsatzfähigen Kampfflugzeuge der Wehrmacht sollten aufsteigen, Flugplätze der Alliierten angreifen und deren Maschinen am Boden vernichten.

Zwar war der Plan den Offizieren der Luftwaffe seit mehreren Wochen bekannt, aber als sie am Silvesternachmittag zur Besprechung zusammengerufen wurden, löste der Einsatzbefehl Verwunderung und Schrecken aus. Den Fliegern wurde verboten, an diesem Abend Alkohol zu trinken oder bis Mitternacht wach zu bleiben, um das neue Jahr zu begrüßen. Viele fürchteten sich vor dem kommenden Tag mit der Aussicht auf eine selbstmörderische Kamikaze-Aktion japanischen Stils. Zumindest erhielt das fliegende Personal eine »Startmahlzeit« mit mehr Butter, Eiern und Weißbrot. Für die Rückkehr wurden ihnen eine Tafel Schokolade, Bohnenkaffee und ein volles »Einsatzmenü« versprochen.[11]

Kurz nach Tagesanbruch ließen etwa 1000 deutsche Flugzeuge auf 38 Flugfeldern die Motoren an. Oberstleutnant Johann Kogler, der Jagdgeschwader 6 gegen den Flugplatz Volkel in Holland führen sollte, saß im Cockpit seiner Focke-Wulf 190. Er machte sich kaum mehr Illusionen. General der Flieger Adolf Galland hatte »seinen Kummer vor mir ausgebreitet; es war ziemlich schlimm«.[12] Koglers Vorgesetzter war der unfähige General der Flieger Josef Schmid, der Göring als dessen Chefaufklärer 1940 so in die Irre geführt hatte, dass Generaloberst Franz Halder einmal bemerkte, Göring sei »der am schlechtesten informierte Offizier der ganzen Luftwaffe«.[13] Schmid, den die Verluste an Führungsoffizieren der Luftwaffe tief besorgten, hatte versucht, diese am Boden zu halten. Dagegen wandte sich Kogler aus Prinzip. »Herr General, wir fliegen doch nicht zum Vergnügen des Feindes, damit er etwas zum Abschießen hat. Wenn wir aber aufsteigen, um etwas zu unternehmen, dann bitte ich darum, dass mir gestattet wird, [meine Piloten] bei jedem Einsatz zu begleiten.«[14]

Der Kommandeur einer Staffel von Focke-Wulf 190 im Jagdgeschwader 26 fand die Auswahl der Ziele zutiefst ironisch. »Auf diesen Flugplätzen waren wir selbst einmal stationiert. Ich musste meine eigene Staffel anführen, um den Flugplatz zu beschießen, wo ich selbst einmal meinen Standort gehabt hatte.«[15] Noch wesentlich deprimierender war Görings Befehl. »Wer [zurückkehrt, ohne] den Flugplatz wirksam angegriffen zu haben, oder wer ihn nicht findet, hat sofort wieder zu starten und einen weiteren Angriff zu fliegen.«[16] Diese Festlegung sollte sich als verhängnisvoll erweisen. Jede Staffel war von einer Messerschmitt 262 zu begleiten, deren Pilot die Aufgabe hatte, all jene zu ermitteln, die bei dem Angriff zu wenig Entschlossenheit zeigten.

Zumindest manche Flieger schienen den Einsatz zu genießen, indem sie sich an frühere Erfolge erinnerten. »Wie haben wir es ihnen doch am Anfang gegeben!«, erklärte einer, der einen Flugplatz bei Gent angreifen sollte. »Sechzig Maschinen in jeder Gruppe sind aufgestiegen.« Offenbar löste auch die Demonstration von Stärke beim »Unternehmen Bodenplatte« in ihm Begeisterung aus. »Also, bei dem Einsatz am 1. [Januar] – o mein Gott! Was war da in der Luft. Ich habe selber gestaunt. Ich wusste nicht mehr, zu welchem Geschwader ich gehöre. Der Himmel war voller Maschinen. Die Zivilisten standen da wie erstarrt. Als wir die Front überflogen, standen auch die Soldaten da und staunten. Wir flogen alle tief.«[17]

Dieser sehr optimistische Eindruck blendete eine andere Seite des Chaos aus. In Ausführung von Hitlers Sicherheitsmaßnahmen vor der Ardennen-Offensive hatte Göring es abgelehnt, die deutschen Flakeinheiten vorab von »Unternehmen Bodenplatte« in Kenntnis zu setzen. Daher nahmen die Flakbatterien an, als sie unerwartet so riesige Verbände anfliegen sahen, dies könne nur der Feind sein. Sie eröffneten das Feuer. Etwa 16 deutsche Flugzeuge wurden auf dem Weg zu ihren Zielen Opfer von Eigenbeschuss.

Um 9.20 Uhr sollten zwölf britische Flugplätze in Belgien und in den südlichen Niederlanden sowie vier amerikanische in Frankreich gleichzeitig angegriffen werden. Hauptsächlich aufgrund von Navigationsfehlern wurden 13 britische Basen und nur drei amerikanische beschossen. Die Deutschen erzielten in der Tat einen Überraschungseffekt, aber nicht in allen Fällen. Das Geschwader, das den Flugplatz Sint-Denijs-Westrem bei Gent angriff, traf auf eine Staffel polnischer Spitfires, die gerade landete, weil ihr der Treibstoff ausgegangen war. Neun Maschinen wurden in der Luft und sechs weitere am Boden zerstört. Aber die Angreifer gerieten unter den Beschuss von zwei weiteren polnischen Staffeln des 131. Geschwaders, die 18 Maschinen der Angreifer abschossen und weitere fünf beschädigten, dabei selbst aber nur eine Spitfire verloren. Unter den gefangenen Focke-Wulf-Piloten war auch jener, den die riesige Anzahl der deutschen Maschinen bei diesem Angriff so begeistert hatte.

Den Amerikanern erging es besser als den Briten, denn eine Gruppe Angreifer verflog sich total und konnte ihr Ziel nicht finden. Eine Patrouille von P-47 Thunderbolts stürzte sich in die Streitmacht, die Metz anflog. Trotzdem gelang es den Deutschen, 20 von insgesamt 40 Jagdbombern am Boden zu vernichten. Die schwersten Verluste erlitten die Briten in Eindhoven, wo die Deutschen das Glück hatten, die erste Staffel Typhoons während deren Startphase beschießen zu können. Die getroffenen Maschinen blockierten die Startbahn, und die anderen Staffeln saßen in der Falle. »Ein frustrierter Typhoon-Pilot unternahm eine Vollbremsung, um das Heck seiner Maschine anheben und so die tief fliegenden Angreifer vom Boden aus beschießen zu können.«[18]

Auch in Evere wurde eine Staffel Spitfires auf dem Weg zur Startbahn überrascht und zerstört. Nur einem Piloten gelang es aufzusteigen. Er schoss einen der »Banditen« ab, wurde dann aber selbst getroffen. Die Amerikaner waren überzeugt, dass alle Maschinen der 2. Taktischen Luftflotte der Briten »in Formation parkend« getroffen wurden.[19] Das traf aber nur auf den Flugplatz Eindhoven zu, eine Basis für Fotoaufklärung aus der Luft, wo die Spitfires auf einer alten Startbahn der Luftwaffe aufgestellt werden mussten, weil es keinen anderen Platz für sie gab. Die Stützpunkte waren zumeist überfüllt, da viele Staffeln sich auf Flugplätzen mit befestigten Start- und Landebahnen konzentrierten, die leichter vom Schnee zu räumen waren. Die Nachricht, auch die persönliche Maschine von Feldmarschall Montgomery sei am Boden vernichtet worden, wurde in amerikanischen Kreisen mit unverhüllter Schadenfreude aufgenommen. »Sie haben die Briten absolut mit heruntergelassenen Hosen erwischt«, schrieb der Tagebuchführer der 1. US-Armee am nächsten Tag, »sodass General Montgomerys G2 [Chef Aufklärung] dem G2 ihrer Taktischen Luftwaffe ein paar Hosenträger als Geschenk schickte.«[20] Eisenhower stellte Montgomery großzügig sofort seine eigene Maschine zur Verfügung.

Stabsoffiziere der 9. US-Armee liefen ins Freie, um sich die Luftkämpfe anzuschauen. »Am Vormittag waren in der Gegend von Maastricht viele Luftkämpfe zu beobachten, wobei die Flak wild auf unsichtbare Maschinen in den tief hängenden Wolken feuerte.«[21] Die Verluste der Alliierten summierten sich auf 150 zerstörte und 111 beschädigte Kampfflugzeuge sowie 17 Zivilflugzeuge. Die Verluste an Piloten waren zum Glück gering, doch über 100 Angehörige des Bodenpersonals fielen den Angriffen zum Opfer.

Viele deutsche Jagdflugzeuge wurden von der Flak abgeschossen, darunter auch die Maschine von Oberstleutnant Kogler, der in Gefangenschaft geriet. Bei Brüssel wurde eine niedrig fliegende Focke-Wulf kurioserweise von einem Rebhuhn zum Absturz gebracht, »das ein großes Loch in den Kühler schlug, sodass das Kühlmittel auslief und der Motor sich festfraß«.[22] Der Stab der 9. US-Armee kam zu dem Schluss: »Jerry beging bei diesem Überraschungsangriff einen großen Fehler, der sich als verhängnisvoll erweisen sollte. Er blieb zu lange. Aus Spaß daran, die Flugplätze zusammenzuschießen, hielt er sich so lange auf, dass unsere Jäger auf rückwärtigen Stützpunkten genügend Zeit hatten, um aufzusteigen und ihn auf dem Rückflug zu erwischen. Dabei erlitt er äußerst schwere Verluste.«[23]

Piloten, die auf Görings Befehl auftanken, sich neu aufmunitionieren und wieder aufsteigen mussten, stießen dabei auf die weitaus stärkeren Staffeln der Alliierten, die entschlossen waren, sie vom Himmel zu fegen. Das Schlimmste aber war, dass die deutsche Luftverteidigung auch nach dem Angriff in völliger Unwissenheit gehalten wurde. »Einen katastrophalen Ausgang nahm der Großeinsatz der deutschen Luftwaffe am 1. Januar«, schrieb Hitlers Adjutant Nicolaus von Below. »Auf dem Rückzug gerieten unsere Flugzeuge in schweres, gut gezieltes Feuer der eigenen Flakartillerie, die aus Geheimhaltungsgründen nicht von dem Einsatz unterrichtet worden war. Die Verbände hatten hohe Verluste, die nicht mehr ersetzt werden konnten. Dies war der letzte Großeinsatz der Luftwaffe.«[24]

Am Ende war es nicht einmal ein Teilsieg. Die Verluste der Luftwaffe beliefen sich auf 271 zerstörte und 65 beschädigte Jagdflugzeuge. Die Verluste an fliegendem Personal waren verheerend. Insgesamt wurden 143 Piloten als tot oder vermisst gezählt, weitere 70 wurden gefangen genommen und 21 verwundet. Darunter waren drei Kommodores, fünf Gruppenkommodores und 14 Staffelkapitäne. Sie sollten sehr schwer zu ersetzen sein.

Die Deutschen konnten an ihrem Schicksal wenig ändern. So machten sie einfach weiter, schleppten sich wegen der von den Bombern der Alliierten zerstörten Straßenbahn- und Eisenbahngleise zu Fuß durch die Trümmer zu ihren Fabriken und Büros, die in der Regel keine Fensterscheiben und keine Stromversorgung mehr hatten. In seiner Neujahrsansprache erwähnte Hitler die Ardennen-Offensive nicht. Sein weitschweifiges Gerede machte den meisten Zuhörern klar, dass er ihnen nichts Neues mehr zu bieten hatte.

Hitler verschwieg auch »Unternehmen Nordwind«. Er hatte bis zum 21. Dezember darüber nachgedacht und der Operation am Weihnachtstag diesen Namen gegeben. Zwar bestand das offizielle Ziel darin, das VI. US-Korps im Nordelsass zu zerschlagen und damit die Verbindung zur 19. Armee im Kessel von Colmar wiederherzustellen, aber in Wirklichkeit wollte Hitler Pattons Vormarsch in Richtung Ardennen stören und den Eindruck erwecken, er behalte nach wie vor die Initiative. Am 28. Dezember hatte Hitler die Divisionskommandeure zum »Adlerhorst« gerufen, sodass er persönlich zu ihnen sprechen konnte, wie er es vor der Ardennenoffensive getan hatte.

Als Devers nach der Besprechung mit Eisenhower am 26. Dezember in Versailles zu seinem Stab zurückgekehrt war, ordnete er an, im Nordelsass Rückzugslinien zu prüfen. Als der deutsche Angriff am 1. Januar zu beiden Seiten von Bitche einsetzte, befahl Eisenhower Devers, Sicherungskräfte zurückzulassen, aber seine Hauptstreitmacht bis zu den Vogesen zurückzuziehen, sodass Straßburg ohne Verteidigung blieb. Das war ein schwerer Schlag gegen die Moral der 6. Armeegruppe. »Heute hat die Stimmung einen neuen Tiefpunkt erreicht«, schrieb ein Oberst.[25] Über einen Lautsprecher jenseits des Rheins verkündeten die Deutschen den Einwohnern von Straßburg, dass sie bald zurückkehren würden. Doch amerikanischer Artillerie, die sich am Schall orientierte, gelang es in beeindruckend kurzer Zeit, den Lautsprecher zum Schweigen zu bringen.

Es war keine Überraschung, dass sich Panik breitmachte, als bekannt wurde, dass die Amerikaner abziehen könnten. Die Stadt zählte etwa 200 000 Einwohner, von denen viele deutsche Vergeltung fürchteten. Ein amerikanischer Korrespondent schätzte, dass etwa 10 000 Menschen geflüchtet seien. »Sie benutzten meist die Eisenbahn. ... Frauen mit Kinderwagen, Güterwaggons voller Möbel.« Die Zahl derer, die in den nächsten beiden Tagen über die Straßen flüchteten, reicht von 2000 Personen laut amerikanischen bis zu 15 000 laut französischen Quellen.[26]

Die Provisorische Regierung Frankreichs in Paris gab sich kampfbereit. »Frankreich kann sich damit nicht abfinden«, erklärte de Gaulle. Sofort

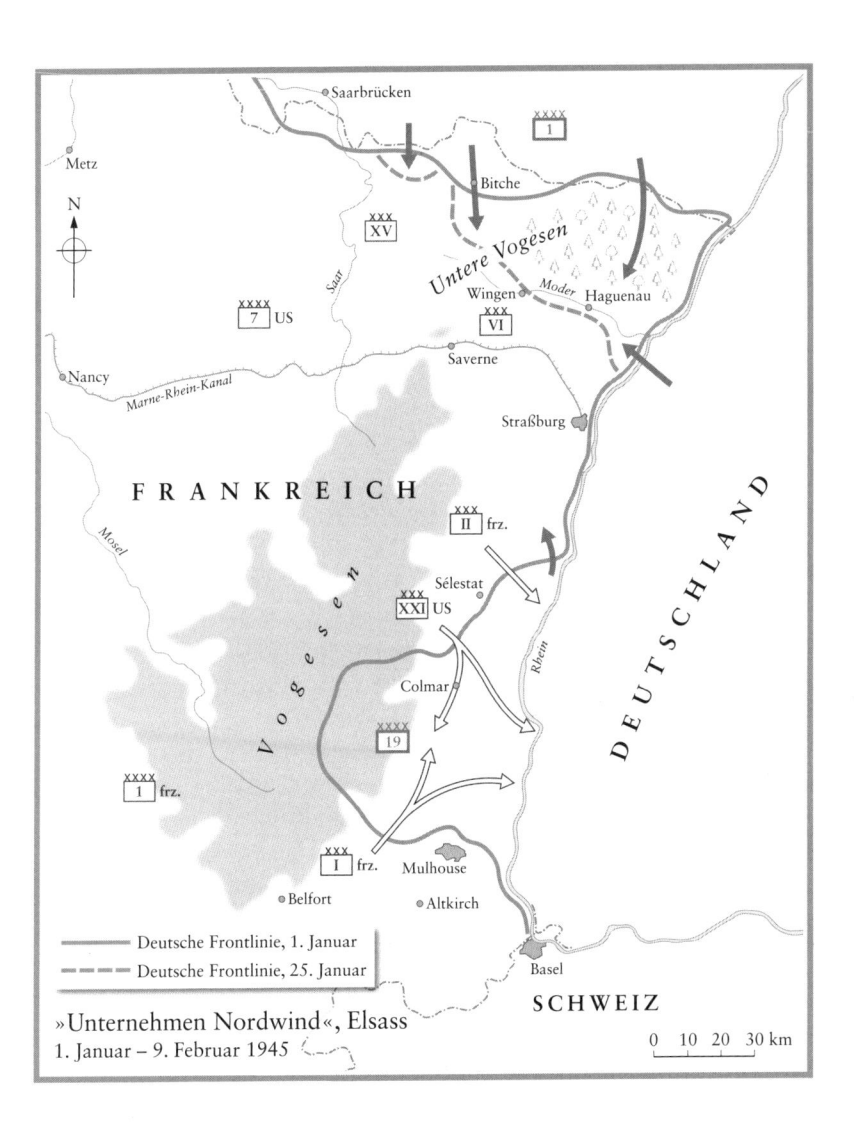

»Unternehmen Nordwind«, Elsass
1. Januar – 9. Februar 1945

― Deutsche Frontlinie, 1. Januar
-- Deutsche Frontlinie, 25. Januar

erließ er einen eigenen Befehl an General de Lattre de Tassigny, der den Oberbefehl über die 1. französische Armee am Südrand von Straßburg innehatte. »Straßburg musste verteidigt werden«, schrieb er später in seinen Memoiren. »Mir blieb kein anderes Mittel, als der 1. französischen Armee den Befehl dazu zu erteilen.« Danach erklärte er Eisenhower seine Haltung und appellierte an Churchill und Roosevelt, einen Rückzug der Alliierten zu verhindern. Dem SHAEF wurde mitgeteilt, dass 100 000 Menschen aus Straßburg evakuiert werden müssten und 300 000 weitere Bewohner des Elsass von deutscher Vergeltung bedroht seien.[27]

Am nächsten Tag erschien General Alphonse Juin auf de Gaulles Weisung bei Bedell Smith, um ihm mitzuteilen, dass der Chef der Provisorischen Regierung am Tag darauf in Versailles eintreffen werde, um mit Eisenhower zu sprechen. Juin und Bedell Smith waren bereits vorher nicht gut aufeinander zu sprechen, aber dies war wohl ihre stürmischste Begegnung. Die Atmosphäre war bereits gespannt, nachdem General de Lattre den Mangel an Ausrüstung und Nachschub für seine 1. französische Armee beklagt hatte, während die Amerikaner ihrerseits die Wirksamkeit seiner Angriffe auf den Kessel von Colmar in Zweifel zogen. Dabei hatten die Franzosen schwere Verluste bei den niederen Offiziersrängen erlitten, und den Nachrückern war es schwergefallen, die Soldaten zu weiteren Angriffen zu motivieren.

Juin erklärte, General de Gaulle werde die französischen Truppen dem Befehl des SHAEF entziehen, falls die Amerikaner ihre Kräfte bis zu den Vogesen zurücknehmen sollten. Laut Bedell Smith äußerte sich Juin in sehr rüdem Ton über Eisenhowers Kriegführung. »Juin hat Dinge zu mir gesagt«, berichtete er Eisenhower nach dem Gespräch, »dass ich ihm einen Kinnhaken versetzt hätte, wäre er ein Amerikaner gewesen.«[28]

Am 3. Januar sprach Eisenhower am Vormittag vor de Gaulles Ankunft mit seinem Stab über die Evakuierung von Straßburg. Am Nachmittag erschien de Gaulle in Begleitung von Juin. Winston Churchill, der sich gerade zu einem Besuch in Frankreich aufhielt, kam, von de Gaulle informiert, ebenfalls hinzu. Eisenhower legte den beiden Regierungschefs die gefährliche Lage dar, in der sie sich befanden. In Reaktion auf das Ultimatum der Franzosen, ihre Truppen dem Befehl des SHAEF zu entziehen, erinnerte Eisenhower de Gaulle und Juin daran, dass »die französische Armee nur dann Munition, Material und Verpflegung erhalten werde, wenn sie meinen Befehlen nachkommt«,[29] und wies sie dezidiert darauf hin, dass diese Situation nicht entstanden wäre, wenn die französische Armee den Kessel von Colmar beseitigt hätte. Damit brachte er de Gaulle sehr in Rage.

»Wären wir nur beim Kriegsspiel«, erklärte de Gaulle, nachdem er sich wieder unter Kontrolle hatte, »dann könnte ich Ihnen recht geben. Aber ich muss die Sache von einem anderen Gesichtspunkt aus betrachten. Ein Rückzug im Elsass bedeutet, dem Feind französisches Gebiet auszuliefern. Strategisch gesehen wäre es freilich nur ein Manöver. Doch für Frankreich würde es eine nationale Katastrophe sein. Denn das Elsass ist ihm heilig. Da andererseits die Deutschen behaupten, die Provinz gehöre ihnen, werden sie nicht versäumen, an den Bewohnern, die in so reichem Maße ihren Patriotismus bewiesen haben, Vergeltung zu üben.«[30]

Mit Churchills schweigender Zustimmung gelang es de Gaulle, Eisenhower umzustimmen. Der Oberkommandierende willigte ein, General Devers anzurufen und ihm im Grunde zu befehlen, den Rückzug zu stoppen. »Über die Abänderung war General de Gaulle sehr erfreut«, schrieb Eisenhower, »er verabschiedete sich von mir in bester Laune.« Er hatte nicht mehr diese beleidigte Miene, die Churchill einst mit einem Lamaweibchen verglichen hatte, das im Bad überrascht wird. Als de Gaulle abgefahren war, raunte Churchill Eisenhower zu: »Ich glaube, das ist die vernünftigste und beste Lösung.«[31]

Bei seiner Rückkehr befand sich de Gaulle in einer solchen Hochstimmung, dass er seinem Bürochef Gaston Palewski auf der Stelle ein Kommuniqué diktierte. Vor der Veröffentlichung zeigte es Palewski dem britischen Botschafter Duff Cooper. Der Wortlaut war so aufgeblasen, dass Cooper Palewski warnte, es werde kaum hilfreich sein. »Es klang so«, schrieb Cooper in sein Tagebuch, »als hätte de Gaulle eine Besprechung hoher Militärs einberufen, an der der PM [Premierminister] und Eisenhower teilnehmen durften.«[32] Auf jeden Fall hatte Eisenhower seinen Sinneswandel gegenüber Präsident Roosevelt zu rechtfertigen, dessen Meinung von de Gaulle noch nicht besser geworden war. Eisenhower argumentierte, sollte die Provisorische Regierung Frankreichs stürzen, hätten die Alliierten in ihrem Hinterland Chaos zu gewärtigen.

Das VI. US-Korps war »hocherfreut, als der Befehl, es solle sich auf eine Linie östlich der Vogesen zurückziehen, aufgehoben wurde«, schrieb Oberst Heffner. »Das wäre ein schrecklicher Schlag für das Ansehen der USA gewesen. Diese Scharte hätten wir nicht wieder auswetzen können. Zurückgeschlagen zu werden ist eine Sache, Gelände kampflos aufzugeben eine ganz andere.«[33]

Zwar blieben die französischen Truppen als Resultat von Eisenhowers Einlenken unter dem Befehl des SHAEF, doch die Probleme im Umgang mit den französischen Behörden hielten weiter an. Später klagte Eisenhower, die Franzosen hätten ihm »abgesehen vom Wetter... in diesem Krieg mehr Ärger bereitet als jeder andere Einzelfaktor«.[34] Das SHAEF beschloss, die Übermittlung von »abgehörten Informationen an die 1. französische Armee« einzustellen, weil diese »nicht genügend zuverlässig« sei.[35] Am 7. Januar teilte Devers General Patch, dem Kommandeur der 7. US-Armee im Elsass, mit, die Telefone seiner Einheiten würden möglicherweise abgehört. »Das stellt eine ernste Gefahr für die Sicherheit von »Ultra« dar, wenn Nachrichten Hinweise auf »Ultra«-Informationen enthalten oder auch nur verdeckt auf eine besondere Form von Informationen hingewiesen wird. Mehrere solcher Bezüge, vom Feind zusammengesetzt, könnten für diesen höchst aufschlussreich sein.«[36]

Der Angriff der deutschen 1. Armee nach Süden erfolgte im Wesentlichen westlich von Bitche, angeführt von der 17. SS-Panzergrenadierdivision »Götz von Berlichingen«, die bei Carentan in der Normandie Gegner der 101. US-Luftlandedivision gewesen war. Das XV. US-Korps hatte gut ausgebaute Stellungen und wurde von Leclercs 2. Panzerdivision unterstützt, die wieder einmal ihren Mut bewies. (Laut dem Stab der 6. Armeegruppe »weigerte sich Leclerc, unter de Lattre zu kämpfen«, weil der in Pétains Waffenstillstandsarmee gedient hatte.)[37] Aber von Bitche bis zum Rhein gelang es zwei deutschen Armeekorps, die ohne vorherigen Artilleriebeschuss und bei dickem Nebel angriffen, die amerikanischen Stellungen in dem bewaldeten Gelände zu durchdringen. Die deutschen Divisionen stießen bis zur Zaberner Steige, einem wichtigen Übergang über die Vogesen, vor und drängten das von den unteren Vogesen über die Rheinebene weit auseinandergezogene VI. US-Korps zurück.

General Patchs 7. US-Armee war an Zahl weit unterlegen und kämpfte gut, wenn man von ein paar Ausnahmen wegen Panik im rückwärtigen Raum oder Trägheit an der Front absieht. Die Divisionskommandeure wurden wütend, wenn sie von Soldaten hörten, die »überrascht, gefangen genommen oder eingekesselt wurden, während sie in einer Stadt oder einem Dorf im Feldlager saßen oder diese verteidigten«. Meist waren solche Pannen einem Mangel an Absicherung oder Wachsamkeit geschuldet. In Bannstein in den Vogesen »wurde eine Einheit absolut überrascht. Die Männer hatten geschlafen, die Deutschen waren in den Ort einmarschiert, ohne auf Widerstand zu stoßen, nahmen die Soldaten gefangen und erbeuteten beträchtliche Mengen an Waffen und Fahrzeugen.« In drei weiteren Orten ereigneten sich ähnliche Zwischenfälle, aber die meisten Männer kamen frei, als US-Truppen ihnen zu Hilfe eilten.[38]

Heftige Schneefälle und die gewundenen, vereisten Straßen der unteren Vogesen verschlechterten die Kampfbedingungen beträchtlich. Am 5. Januar hatte die aus Skandinavien herangeführte 6. SS-Gebirgsdivision Wingen-sur-Moder, 20 Kilometer vor Saverne, erreicht. Dort stieß sie auf starken Widerstand der 45. US-Infanteriedivision und konnte im westlichen Frontabschnitt nicht weiter vorrücken. Für den Augenblick hielten die anderen drei amerikanischen Infanteriedivisionen die Front längs des Flüsschens Rothbach. Aber Himmler sollte weitere Divisionen zur Unterstützung erhalten, darunter die 10. SS-Panzerdivision »Frundsberg«. Er bereitete einen neuen Angriff vor.

Mag General Eisenhower die Franzosen als sein größtes Problem neben dem Wetter angesehen haben, so hatte er gegenüber General de Gaulle erwähnt, dass auch mit Feldmarschall Montgomery nicht leicht auszukommen sei. Dabei war ihm noch nicht bewusst, dass die schwerste Krise im Verhältnis zwischen Briten und Amerikanern sich gerade anbahnte. Am 5. Januar erfuhr Eisenhower, soeben sei in den USA bekannt geworden, dass Montgomery den Befehl über die 9. und die 1. US-Armee übernehmen sollte, was das SHAEF unklugerweise hatte geheim halten wollen. Sämtliche Befürchtungen von Luftmarschall Tedder hinsichtlich der britischen Presse bestätigten sich. Vergeblich hatte General de Guingand die Korrespondenten um Zurückhaltung angefleht. Ihre Zeitungen forderten einhellig, dass Montgomery nun als Befehlshaber aller alliierten Bodentruppen in Westeuropa bestätigt werden müsse. Es kann nicht überraschen, dass die amerikanische Presse die Vorstellung überhaupt nicht mochte, ein Brite, und besonders Montgomery, könnte alle US-Armeen in Europa kommandieren. Das SHAEF hingegen war nun gezwungen, sein eigenes Kommuniqué mit der Bestätigung des bekannt gewordenen Arrangements zu veröffentlichen. Nun schäumten sowohl die amerikanischen als auch die britischen Korrespondenten über die unqualifizierte, selbstgefällige Behandlung der Presse durch die Militärbehörden in Versailles.

Bradley, bereits verunsichert durch die Aussicht auf eine Kongress-Untersuchung der Frage, warum die US-Armee auf die Ardennen-Offensive so schlecht vorbereitet war, wurde nun zusätzlich von Bedenken geplagt, wie die Nachricht, dass Montgomery zwei seiner Armeen übernehmen sollte, in den USA ausgelegt werden würde. Außerdem nahm er sehr übel, dass bei der Wahl des *Time*-Magazins für den »Mann des Jahres« Patton als Zweiter auf Eisenhower folgte, während er überhaupt nicht in die engere Wahl gelangt war. Tief verärgert hatte er sofort Montgomery im Verdacht, den Wechsel im Befehl über die Armeen in die Öffentlichkeit lanciert zu haben. Für ihn war das ein bewusster »Versuch, die Amerikaner zu diskreditieren«.[39] Er rief Eisenhower an, um sich darüber zu beschweren, aber der versicherte ihm, dass diese Indiskretion in den USA stattgefunden habe und die undichte Stelle nicht der Stab der 21. Armeegruppe gewesen sei.

Laut Hansen war Bradley der festen Meinung, dass »die Stimmungsmache in der Öffentlichkeit für diese Ernennung von offiziellen Kreisen inspiriert war.[40] Er blieb bei seiner Überzeugung, dass Winston Churchill den Plan verfolge, Montgomery zum Oberbefehlshaber aller Landstreitkräfte zu machen. Offenbar hielt er das immer noch für möglich, denn gegenüber Eisenhower erklärte er, er werde »keinen Tag unter Montgomerys Befehl dienen. ... General Patton hat dies ebenfalls zu verstehen gegeben. Ich beabsichtige, Montgomery das mitzuteilen.«[41] Eisenhower versprach, diese Bedenken an Churchill weiterzugeben, aber weder Churchill noch Brooke drängten auf eine solche Ernennung. Sie kannten die Meinung der Amerikaner und waren intern entsetzt über den Sturm, der sich da zusammenbraute. In einem Schreiben an Präsident Roosevelt hob Churchill das Vertrauen der Briten in Eisenhowers Führung hervor und lobte die Tapferkeit der amerikanischen Divisionen auf den Schlachtfeldern.

Bradley befürchtete, der Vorgang werde »seine Führung der Armeegruppe beschädigen, das Vertrauen der ihm unterstellten Kommandeure untergraben und schließlich die Moral der Truppen schwächen. Zweitens ergibt sich auch das eindeutige Bild, dass dies das Vertrauen der Öffentlichkeit in die USA und in seine [Bradleys] Führung zu unterminieren und unseren Leuten vor Ort zu demonstrieren vermag, dass wir in einer Notlage auf britische Führung zurückgreifen müssten, um für sie ›die Kastanien aus dem Feuer‹ zu holen.«[42]

Die in Großbritannien laufende Kampagne für die Ernennung Montgomerys zum Feldkommandeur der gesamten Westfront, schrieb Hansen, unterstellte, dass »der Durchbruch der Deutschen nicht passiert wäre, hätte Montgomery den Oberbefehl gehabt, um dies zu verhindern. Gegenwärtig zieht sich durch alle Nachrichten die Schlussfolgerung, der deutsche Angriff sei wegen der Nachlässigkeit des amerikanischen Befehlshabers – Bradley – erfolgreich gewesen. ... Das Ergebnis ist eine verheerende Kampagne in der britischen Presse, die die Ernennung bejubelt und als Aufwertung von Montgomerys Befehlsgewalt lobpreist.« Er fuhr fort: »Armeeeinheiten werden in einem schmeichlerischen Geschwafel als ›Montys Truppen‹ bezeichnet, was eine geradezu sklavische Heldenverehrung seitens der britischen Presse offenbart. Er ist das Symbol des Erfolgs, das stark überbewertete und entstellte Bild vom britischen Anteil an unserer Front.«[43]

Bradley, bestärkt von seiner Umgebung, war der Meinung, er kämpfe um seine Karriere und seinen Ruf. Gerade hatte er an General Marshall geschrieben, seine Bewertung der Lage dargelegt und das von ihm »kalkulierte Risiko« gerechtfertigt, dass die Ardennenfront bis zum 16. Dezember so schwach verteidigt wurde. »Zugleich«, fügte er hinzu, »will ich mich nicht dafür entschuldigen, was geschehen ist.«[44]

Nun rief Montgomery Churchill an und erklärte, er plane eine Pressekonferenz, bei der er zur Einheit der Alliierten aufrufen und seine Unterstützung für Eisenhower erklären wolle. Churchill antwortete, das wäre »von unschätzbarem Wert«.[45] Feldmarschall Brooke seinerseits war sich nicht so sicher. Er wusste nur zu gut, wie wenig Montgomery seine eigene Prahlerei unter Kontrolle hatte. Mehrere hohe Stabsoffiziere Montgomerys sahen das ähnlich.

Auf der Pressekonferenz erschien Monty in einem neuen weinroten, mit Abzeichen geschmückten Barett der Luftlandetruppen, denn er war gerade zum Ehrenkommandeur eines Fallschirmregiments ernannt worden. Sein Chefaufklärer, der brillante Akademiker Brigadegeneral Bill Williams, hatte seinen Redeentwurf gelesen und war voller Bedenken, wie er aufgenommen werden würde, obwohl der Text selbst relativ harmlos wirkte. Die einzige provokatorische Passage lautete: »Diese Schlacht ist sehr interessant gewesen, ich denke, es war sogar eine der interessantesten und kniffligsten Schlachten, die ich je gemeistert habe und wo sehr viel auf dem Spiel stand.« Der Rest war Tribut an den amerikanischen Soldaten, eine Treueerklärung für Eisenhower und der Appell an die Presse, sich für Solidarität unter den Alliierten einzusetzen.

Nachdem er seine vorbereitete Erklärung vorgetragen hatte, entschied Montgomery spontan, frei weiterzusprechen. Er hielt einen Kurzvortrag über seine »militärische Philosophie«. »Wenn er [der Feind] hart zuschlägt, muss ich darauf vorbereitet sein. Das ist in der Schlacht ungeheuer wichtig. Das habe ich in Afrika gelernt. Alle diese Dinge lernt man durch schmerzhafte Erfahrungen. Als Rundstedt hart zuschlug und die amerikanische

Armee spaltete, war die automatische Folge, dass das Schlachtfeld durcheinandergeraten musste. Als ich aufgefordert wurde, die Sache zu übernehmen, sah ich es als meine erste Aufgabe an, das Schlachtfeld aufzuräumen – es wieder in Ordnung zu bringen.«[46] Dabei übertrieb Montgomery den Beitrag der Briten zu den Kampfhandlungen beträchtlich. Es klang, als sei das Ganze eine angloamerikanische Operation gewesen.

Aus Churchills Kabinettskanzlei verlautete später: »Zwar war diese Erklärung insgesamt ein schöner Tribut an die amerikanische Armee, aber der allgemeine Ton und die recht selbstgefällige Darbietung löste bei zahlreichen amerikanischen Offizieren des SHAEF und der 12. Armeegruppe tiefe Verärgerung aus.«[47]

Viele der anwesenden Journalisten waren – je nach Nationalität – wütend oder peinlich berührt, doch insgesamt konzentrierte sich sowohl die britische als auch die amerikanische Presse auf die positiven Aspekte des Gesagten. Am nächsten Morgen veröffentlichte allerdings ein deutscher Rundfunksender auf einer BBC-Frequenz einen gefälschten Kommentar, der darauf angelegt war, den Ärger der Amerikaner noch zu steigern, indem der Eindruck erweckt wurde, Montgomery habe die 1. US-Armee vor einem Desaster bewahrt. Das Fazit lautete: »Dank Feldmarschall Montgomery kann die Ardennenschlacht jetzt zu den Akten gelegt werden.«[48] Diese Fälschung wurde von US-Truppen und -Rundfunk für echt genommen. Auch als sie bereits als Propagandatrick der Nazis entlarvt war, glaubten viele verärgerte Amerikaner nach wie vor, die Briten wollten nur ihre eigene Rolle hochspielen, weil sie international rasch an Bedeutung einbüßten.

Schon vor der Nazi-Sendung war Bradley so erbost, dass er Eisenhower anrief und sich über Montgomerys Erklärung beschwerte. Er brachte seine Befürchtung zum Ausdruck, die 9. US-Armee werde dauerhaft unter britischem Kommando verbleiben. Er flehte Eisenhower an, »sie um des Ansehens der amerikanischen Führung willen mir zurückzugeben, und sei es nur für 24 Stunden«. Hansen erklärte er: »Ich wollte sie aus Prestigegründen zurückerhalten, weil die Briten die Sache so hochgespielt haben.«[49] Auch über Montgomerys Rückzugsbefehl an die 82. Luftlandedivision hatte sich Bradley an diesem Tag immer noch nicht beruhigt.

Ohne Eisenhower vorzuwarnen, berief Bradley am 9. Januar eine eigene Pressekonferenz ein. Er wollte die Schwäche der amerikanischen Truppen an der Ardennenfront am 16. Dezember rechtfertigen und sich gegen Angriffe verteidigen, er sei auf dem falschen Fuß erwischt worden. Zugleich wollte er hervorheben, dass Montgomery nur zeitweilig das Kommando über US-Truppen führe. Das veranlasste die *Daily Mail*, auf höchst provokatorische Weise in Montgomerys Kerbe zu hauen und erneut zu fordern, er möge zum Befehlshaber über alle Landstreitkräfte ernannt werden. Nun flammte der transatlantische Pressekrieg mit neuer Heftigkeit wieder auf.

Churchill war entsetzt. »Ich fürchte, dass die amerikanischen Generale schwer gekränkt worden sind«, schrieb er am 10. Januar an seinen wichtigsten militärischen Ratgeber General Ismay, »nicht so sehr durch Montgomerys Rede, sondern durch die Art und Weise, wie einige unserer Zeitungen das Verdienst für die Rettung der Schlacht gänzlich ihm zuschreiben. Ich persönlich halte seine Rede für höchst unglücklich. Sie war herablassend im Ton und ignorierte völlig die Tatsache, dass die Vereinigten Staaten etwa 80 000 Mann verloren haben, wir dagegen höchstens 2000 oder 3000. ... Eisenhower hat mir gesagt, seine Generale seien so wütend, dass er es kaum wagen könnte, einem von ihnen den Befehl zu erteilen, unter Montgomery zu dienen.«[50] Später erklärte Eisenhower, die ganze Episode habe ihm mehr Kummer und Sorgen bereitet als jede andere während des gesamten Krieges.

Während Eisenhowers Emissäre, Luftmarschall Tedder und General Bull, noch darum kämpften, nach Moskau zu gelangen, hatte Churchill bereits mit Stalin über Pläne für die große Winteroffensive der Roten Armee korrespondiert. Am 6. Januar hatte er dem Sowjetführer schriftlich mitgeteilt, die Offensive der Deutschen in den Ardennen sei gestoppt, und die Alliierten seien Herr der Lage. Das hinderte Stalin (und später russische Historiker) nicht daran zu behaupten, Churchill habe um Hilfe gebeten. Roosevelts Schreiben vom 23. Dezember, in dem von einem »Notfall« die Rede war, könnte mit größerer Berechtigung in diesem Licht gesehen werden, aber Stalin suchte jede Gelegenheit auszunutzen, dass die Westalliierten sich ihm gegenüber schuldig oder verpflichtet fühlten. Diese Karte sollte er auf der Konferenz in Jalta im Februar erneut ausspielen.

Stalin behauptete, die Großoffensiven von der Weichsel nach Westen am 12. Januar und in nördlicher Richtung gegen Ostpreußen am Tag darauf seien erst für den 20. Januar geplant gewesen, aber er habe sie vorgezogen, um den Alliierten in den Ardennen zu Hilfe zu eilen. Der wahre Grund war jedoch, dass die Meteorologen für die zweite Monatshälfte Tauwetter vorausgesagt hatten und die Rote Armee für ihre Panzer hart gefrorenen Boden brauchte. Alle Befürchtungen Guderians, dass das deutsche »Kartenhaus« in Polen und Schlesien zusammenbrechen werde, sollten sich als richtig erweisen. Hitlers Ardennen-Abenteuer hatte die Ostfront höchst angreifbar gemacht.

22. Kapitel

Der Gegenangriff

Pattons ungeduldige Erwartung, aus dem Raum Bastogne mit dem Vormarsch zu beginnen, wurde bald enttäuscht. Remer erklärte die Aktionen der Führer-Begleit-Brigade »am 31. Dezember zu einem defensiven Erfolg und schätzte, 30 amerikanische Panzer vernichtet zu haben«. In dieser Nacht wurden die Deutschen nicht gestört. Das gab ihnen die Möglichkeit, eine neue Verteidigungslinie aufzubauen, was »uns Ostfrontkrieger sehr erstaunte«. Aber er erkannte an, dass die unerfahrene 87. amerikanische Infanteriedivision sich gut geschlagen habe. »Sie waren hervorragende Kämpfer und hatten eine Reihe Deutsch sprechender Kommandos, die hinter unsere Linien gelangten, wo sie viele unserer Posten erstachen.« Für derart irreguläre Taktiken findet man allerdings in amerikanischen Quellen kaum eine Bestätigung. Da Remers Panzern und Sturmgeschützen jedoch nur noch Treibstoff für kaum 20 Kilometer geblieben war, »funkte [er] an den Stab seines Korps, dass wir unsere letzte Schlacht schlagen und man uns Hilfe schicken soll«.[1]

An der Ostflanke rollte die 6. US-Panzerdivision am Morgen des 1. Januar durch Bastogne, um Bizôry, Neffe und Mageret anzugreifen, wo in den ersten Tagen der Einkesselung so viele Gefechte stattgefunden hatten. Die ebenso unerfahrene 11. US-Panzerdivision, die an der Südwestseite von Bastogne zusammen mit der 87. Infanteriedivision als Teil von Middletons VIII. Korps agierte, wurde gegen Mande-Saint-Etienne vorgeschickt, wo sie in einem Gefecht mit der 3. deutschen Panzergrenadierdivision und der Führer-Begleit-Brigade schwer geprüft wurde. »Die 11. Panzerdivision ist noch sehr grün und hat unnötige Verluste erlitten, ohne etwas zu erreichen«, notierte Patton.[2] Dieses Gefecht war für die Division ein heftiger Schock. Selbst der Kommandeur schien unter der Belastung fast zusammenzubrechen, und die Offiziere hatten ihre Männer offenbar nicht mehr unter Kontrolle. Nach erbitterten Kämpfen um die Trümmer von Chenogne am 1. Januar wurden etwa 60 deutsche Gefangene erschossen.

»Unglücklicherweise kam es zu einigen Erschießungen von Gefangenen«, schrieb Patton in sein Tagebuch. »Ich hoffe, dass wir das unter der Decke halten können.«[3] Nach der riesigen Empörung auf amerikanischer Seite wegen des Massakers von Malmédy-Baugnez wäre eine Entdeckung doch sehr peinlich gewesen.

Dienstag, der 2. Januar, war »ein bitterkalter Morgen« mit klarem Himmel, aber die Meteorologen warnten, dass schlechtes Wetter im Anzug sei.[4] Manteuffel appellierte an Model zu akzeptieren, dass Bastogne nicht mehr erobert werden konnte. Sie mussten sich zurückziehen, aber Model wusste, dass Hitler dem nie zustimmen würde. Auch Lüttwitz wollte auf das Ostufer der Ourthe zurückgehen, denn er musste erkennen, dass die Reste der 2. Panzerdivision und der Panzer-Lehr-Division in Saint-Hubert und östlich von Rochefort sehr gefährdet waren. In der Führer-Begleit-Brigade waren die Bataillone auf weniger als 150 Mann geschrumpft und die Kommandeure sämtlich außer Gefecht gesetzt. Remer erklärte, der Treibstoff reiche nicht einmal aus, um beschädigte Panzer abzuschleppen. Die Antwort vom »Adlerhorst« war vorhersehbar. Hitler bestand darauf, dass am 4. Januar ein neuer Angriff versucht werden müsse. Dafür versprach er die 12. SS-Panzerdivision »Hitlerjugend« und eine frische Volksgrenadierdivision. Seinen Starrsinn begründete er jetzt damit, dass seine Armeen zwar nicht bis zur Maas vorgestoßen seien, aber Eisenhower daran gehindert hätten, eine Offensive gegen das Ruhrgebiet zu starten.

Die 1. US-Armee und das XXX. britische Korps begannen ihre Offensive wie geplant am 3. Januar. Collins' VII. Korps, angeführt von der 2. und der 3. US-Panzerdivision und mit Ridgways XVIII. Luftlandekorps an der Ostflanke, griff zwischen Hotton und Manhay an. Aber sie kamen nur sehr langsam voran. Das Wetter hatte sich verschlechtert, erneut gab es Schnee, Eis und Nebel. Die Shermans gerieten auf den Straßen ins Rutschen. Wegen der schlechten Sicht konnten keine Jagdbomber den Vormarsch unterstützen. Und die deutschen Divisionen waren zwar stark dezimiert, leisteten aber erbitterten Widerstand.

Die 116. deutsche Panzerdivision konnte aus Hotton vertrieben werden, aber die deutsche Artillerie brachte selbst auf dem Rückzug weiterhin »Zerstörung über die Stadt«. Das Theater, die Schule, die Kirche, das Sägewerk, das Café Fanfare Royale, die kleinen Läden an der Hauptstraße, die Häuser und schließlich auch das Hôtel de la Paix versanken in Schutt und Asche.

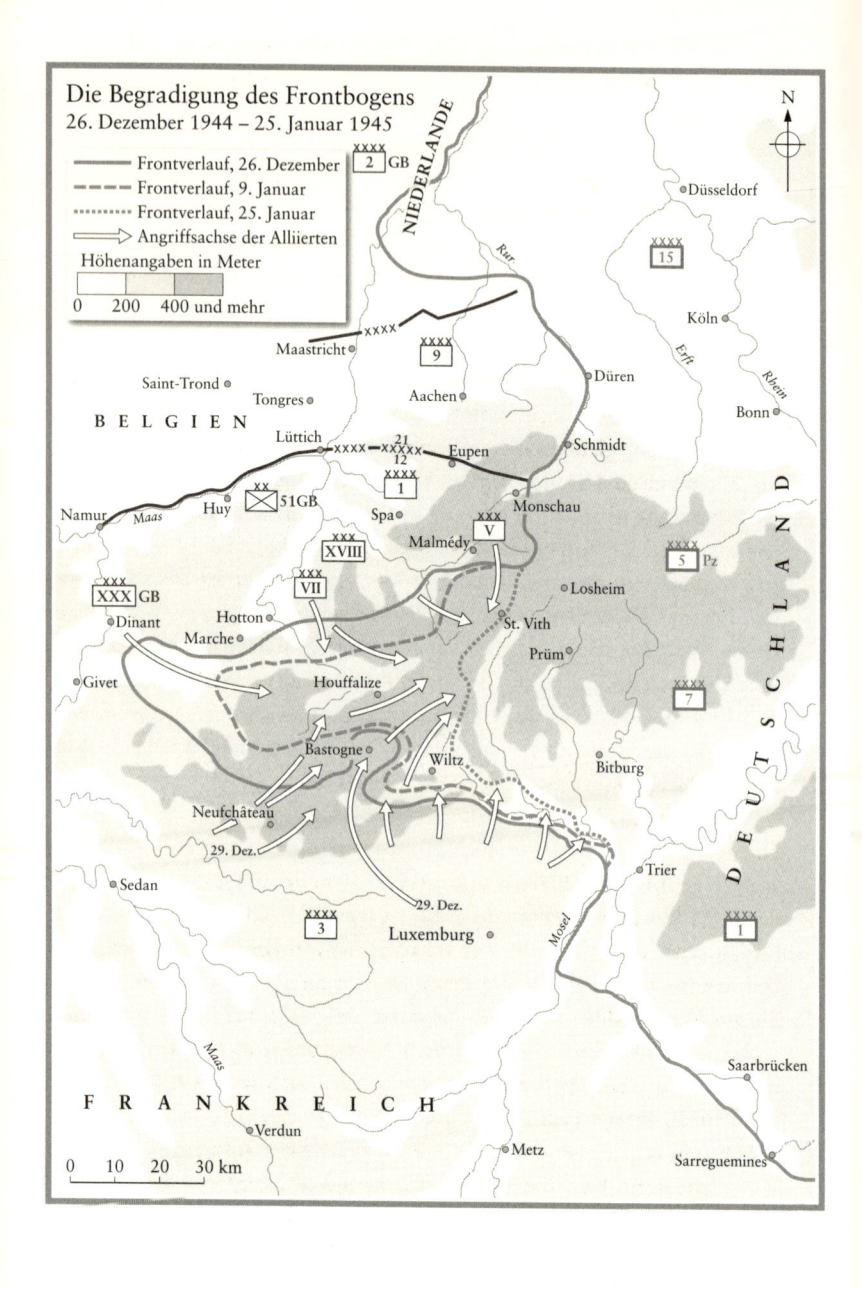

Die Begradigung des Frontbogens
26. Dezember 1944 – 25. Januar 1945

— Frontverlauf, 26. Dezember
--- Frontverlauf, 9. Januar
···· Frontverlauf, 25. Januar
⇨ Angriffsachse der Alliierten

Höhenangaben in Meter
0 200 400 und mehr

Das Einzige, was in Hotton heil blieb, war der Orchesterpavillon auf einer Insel in der Ourthe, aber auch dessen Dach war von Granatsplittern durchlöchert.[5]

Am 4. Januar griff Manteuffel, wie befohlen, noch einmal Bastogne an, aber diesmal kamen seine Truppen aus nördlicher und nordöstlicher Richtung. Sie wurden von der 9. SS-Panzerdivision »Hohenstaufen« und der SS-Panzerdivision »Hitlerjugend« angeführt und von zwei Volksgrenadierdivisionen unterstützt. Bei Longchamps im Norden konnte das 502. US-Luftlandeinfanterieregiment, das ausgedehnte Kämpfe hinter sich hatte, gerade eine lang ersehnte Pause einlegen. Ein deutscher Panzergrenadier der SS-Division »Hohenstaufen« verirrte sich in der verschneiten Landschaft. Als er einen Soldaten mit dem Rücken zu ihm in einem Schützenloch stehen sah, glaubte er, es sei ein Deutscher, trat an ihn heran und tippte ihm auf die Schulter, um zu sehen, wer er sei. Der US-Luftlandesoldat war zwar überrascht, konnte ihn aber niederschlagen und überwältigen. Beim Verhör stellte sich heraus, dass es sich bei dem deutschen Gefangenen um einen Kompaniemelder handelte, der alle Einzelheiten des für den nächsten Morgen geplanten Angriffs bei sich trug. Er gab sogar die exakten Positionen der für 4 Uhr morgens vorgesehenen Sammlungsräume preis. Da diese Informationen zu gut schienen, um wahr zu sein, glaubte der Vernehmungsoffizier des Regiments zunächst, ihm sollte eine Desinformation untergeschoben werden, aber dann dämmerte ihm, dass die Aussage wahr sein könnte. Er informierte den Stab der 101. Luftlandedivision, und alle verfügbaren Feldartilleriebataillone und Mörserzüge wurden in Bereitschaft versetzt.

Der Angriff der SS-Division »Hohenstaufen« gegen das 502. US-Luftlandeinfanterieregiment im Norden konnte zu großen Teilen vereitelt werden. Aber die Offensive gegen den Kessel von Bastogne, wie man ihn jetzt nannte, traf das 327. Gleiterinfanterieregiment bei Champs, wo am Weihnachtstag schwere Kämpfe getobt hatten, sehr hart und wurde besonders im Südwesten erbittert geführt. Unter den Attacken der SS-Division »Hitlerjugend« brach die 6. US-Panzerdivision fast zusammen. Als ein Bataillon sich ergab, kam es zu einem allgemeinen Rückzug, wobei Mageret und Wardin aufgegeben wurden. Nur durch massive Artilleriekonzentration konnte der völlige Zusammenbruch verhindert werden.

Daraus hatte auch die erfahrene 6. US-Panzerdivision Lehren zu ziehen. Ein großer Teil des Durcheinanders und der Unsicherheit auf amerikanischer Seite ist auf das schlichte Versagen der Kommandeure aller Ebenen zurückzuführen, ihren Standort exakt zu melden. »Einheiten irren sich oft um mehrere Tausend Meter bei der Angabe ihres Standortes«, stellte ein Offizier im Stab der Division fest. Aus allgemeinerer Sicht schrieb er, amerikanische Divisionen seien »zu sehr um ihre Flanken besorgt. ... Oft gehen sie nicht vorwärts, solange nicht andere Kräfte ihre Flanken schützen, während sie durchaus in der Lage wären, diesen Schutz selbst zu gewährleisten.«[6] »Wenn man in ein Dorf einrückt und es sind keine Zivilisten zu sehen«, empfahl ein anderer Offizier der 6. Panzerdivision, »dann muss man sehr, sehr vorsichtig sein. Das kann bedeuten, dass sie sich in der Erwartung von Kämpfen in ihre Keller zurückgezogen haben, denn sie wissen, dass deutsche Soldaten in der Nähe sind.«[7]

Viele Soldaten, für die die Vernichtung des Feindes absolute Priorität hatte, verschlossen sich den Leiden der belgischen Bevölkerung. Aber jene, denen diese nahegingen, hatten ihr Leben lang mit den Schrecken zu kämpfen, deren Zeuge sie geworden waren. Dörfer, grundsätzlich Ziele der Artillerie, wurden völlig zerstört. Bauernhöfe und Scheunen gingen in Flammen auf. Frauen und Kinder, von den Deutschen in den Schnee hinausgetrieben, wurden in vielen Fällen von Minen oder Artillerie beider Seiten getötet oder verstümmelt. Jagdbomber mähten sie einfach nieder, weil sie die dunklen Figuren im Schnee häufig für feindliche Soldaten hielten. GIs stießen auf vor Schmerzen brüllende verwundete Tiere, auf ausgehungerte Hunde, die verletzte Kühe und Pferde zerrissen, noch bevor sie tot waren. Wasserquellen wurden durch weißen Phosphor vergiftet. Die Amerikaner taten, was sie konnten, um Zivilisten in Sicherheit zu bringen, aber allzu oft war das im Eifer des Gefechts gar nicht möglich.

Westlich von Bastogne übernahm die 17. US-Luftlandedivision am 3. Januar von der 11. US-Panzerdivision. Letztere war binnen vier Tagen nur etwa zehn Kilometer vorangekommen. Bei den Gefechten hatte sie 661 Mann und 54 Panzer verloren.[8] Den neu eingetroffenen Fallschirmsoldaten schien es bei ihrem ersten Einsatz kaum besser zu gehen. »Die 17. Luftlandedivision«, schrieb Patton am 4. Januar in sein Tagebuch, »hat sich bei ihrem Angriff heute Vormittag eine sehr blutige Nase geholt und für einige ihrer Bataillone 40 Prozent Verluste gemeldet. Das ist natürlich Hysterie.«[9]

Die 17. Luftlandedivision, die am westlichen Frontabschnitt von Bastogne in Richtung Flamierge und Flamizoulle vorging, stieß dort auf die viel erfahrenere Führer-Begleit-Brigade und die 3. Panzergrenadierdivision. »Wir hatten Neulinge, die bei der ersten Salve feindlichen Feuers zu Boden gingen und nicht schossen, nicht einmal, um anderen beim Vorstürmen Deckung zu geben«, klagte ein Offizier.[10]

Daraufhin hagelte es eindeutige Ratschläge: »Der Deutsche geht nach einem festen Schema vor. Erst kommt das Trommelfeuer, dann folgen Panzer und Infanterie. Lauf nie weg, denn das wäre der sichere Tod. Bleib im Schützenloch und lass das Trommelfeuer vorübergehen. Bleib im Schützenloch und lass die Panzer vorbeifahren. Erst dann schlag los und mäh die deutsche Infanterie nieder.« »Geh nie auf eine weiße Flagge zu. Lass die Deutschen zu dir kommen. Behalt die Krauts im Visier.« Die Offiziere meinten auch, ihren Männern Hinweise geben zu müssen, was sie tun sollten, wenn sie an verschiedenen Körperteilen getroffen wurden, um sich selbst zu helfen, bis ein Sanitäter eintraf. »Jeder Mann kümmert sich um sich selbst, bis der Sanitäter kommt. *Keiner* stellt das Gefecht ein, um einem anderen zu helfen.«[11] Wenn jedoch Schwerverletzte ohne Hilfe im Schnee liegen gelassen wurden, dann konnten sie kaum mehr als eine halbe Stunde überleben.

Der 17. Luftlandedivision war ein Panzerbataillon beigeordnet, das ausschließlich aus afroamerikanischen Soldaten bestand. »Unsere Männer hatten großes Vertrauen zu ihnen«, berichtete ein Oberst. »Wir benutzten die Panzer, um der Infanterie beim Vorrücken Deckung zu geben. Die Panzer rollten vornweg, die Infanterie war entweder aufgesessen oder folgte in Schützenreihe. Ausgewählte Männer marschierten am Ende der Kompanie, um Jerrys in Schneeumhängen auszuschalten. Die ließen Panzer und die Masse der Infanterie passieren, sprangen dann auf und schossen unserer Infanterie in den Rücken. Aber unser ›Schwanzende‹ machte sie fertig.«[12]

Wenn eine Stellung eingenommen wurde, war der Boden meist so hart gefroren, dass sich die Männer nicht eingraben konnten. Die Divisionsführung entschied, mit den 155-mm-Kanonen an einem Objekt oder in einem zu besetzenden Gelände Granattrichter zu schießen, damit rasch Schützenlöcher angelegt werden konnten.[13] Da die 17. Luftlandedivision angesichts eines so abgebrühten Gegners sehr viel zu lernen hatte, konnte es kaum erstaunen, dass sie eine solche Feuertaufe erlebte. »Die 17. hat sich eine blutige Nase geholt«, wurde bei der 12. Armeegruppe festgestellt, »und lässt bei ihren ersten Aktionen den Elan anderer Luftlandesoldaten vermissen.«[14] Aber es gab auch Beispiele für außerordentlichen Heroismus. Unteroffizier Isidore Jachman aus einer Berliner jüdischen Familie, die in die USA ausgewandert war, nahm einem toten Soldaten die Bazooka ab, schaltete damit zwei Panzer aus und rettete so seine Kompanie. Dabei kam er selbst ums Leben. Er wurde posthum mit der Ehrenmedaille des Kongresses ausgezeichnet.[15]

Westlich davon kam die 87. US-Infanteriedivision nicht besser voran, denn ihr lag eine Kampfgruppe der Panzer-Lehr-Division gegenüber. Ständig wurde über schießwütige Soldaten geklagt, die Munition verschwendeten. Wie ein Unteroffizier der 87. Division schilderte, sah er »einen Schützen, der auf einen Deutschen schoss und danach sein ganzes Magazin und ein weiteres auf ihn leerte, obwohl klar war, dass der erste Schuss genügt hatte. Ein 57-mm-Geschütz feuerte etwa 40 Granaten in ein Haus, in dem man ein paar Deutsche vermutete. Die panzerbrechenden Geschosse schlugen fast sämtlich in den oberen Etagen ein. Die Deutschen saßen im Keller und im Erdgeschoss. Sie blieben dort unversehrt, bis wir angriffen.«[16]

Die 87. US-Infanteriedivision, die Remer für ihren Kampfgeist gelobt hatte, beging alle Fehler einer unerfahrenen Truppe. Bei Mörserbeschuss saßen die Männer still und rührten sich nicht, statt nach vorn zu laufen, um ihm zu entgehen. Wenn ein Mann verwundet wurde, stürzten mehrere zu ihm, um ihm zu helfen, statt ihn den weiter hinten folgenden Sanitätern zu überlassen. Da die Männer der 87. Infanteriedivision und der 17. Luftlandedivision Winterkrieg nicht gewöhnt waren, gab es viele Ausfälle wegen Erfrierungen. Man riet den Soldaten, zwei Nummern zu große Schuhe und darin wenigstens zwei Paar Socken zu tragen, aber solche Ratschläge kamen zu spät, wenn sie bereits im Einsatz waren.

Middleton deprimierte die geringe Leistung der unerfahrenen Divisionen sehr, Patton hingegen wurde fuchsteufelswild: Sein Ruf stand auf dem Spiel. Er war ohnehin überzeugt, dass der Gegenangriff auf die 80 Kilometer lange Basis des Frontbogens längs der deutschen Grenze gerichtet sein sollte. Er machte Montgomery Vorwürfe, ebenso Bradley, der »nur immer neue Divisionen in die Schlacht um Bastogne werfen wollte«. Er war so deprimiert, dass er schrieb: »Wir können diesen Krieg noch verlieren. ... Die Deutschen frieren und hungern mehr als wir, aber sie kämpfen besser. Über die Beschränktheit unserer grünen Truppen komme ich einfach nicht hinweg.«[17] Patton wollte nicht zugeben, dass das Fehlen eines guten Straßennetzes an der Basis des Frontbogens, dazu das Gelände und das grässliche Winterwetter, das die Luftüberlegenheit der Alliierten unwirksam machte, bei der von ihm bevorzugten Option wahrscheinlich noch geringere Chancen auf einen raschen Erfolg geboten hätten.

Aber auch im Norden kam die Offensive kaum besser voran, obwohl die Masse der deutschen Divisionen an den Frontabschnitt von Bastogne verlegt worden war. Dort lag der Schnee inzwischen fast einen Meter hoch, und es herrschten 20 Grad Frost. »Die Straßen waren vereist, und die Panzer rutschten trotz Streumaßnahmen in die Seitengräben, wodurch sie Verbindungsleitungen zerstörten und den Verkehr behinderten.«[18] Die Spikes, mit denen man die Ketten für besseren Halt ausrüstete, verschlissen in sehr kurzer Zeit. Bei dem gefrierenden Nebel konnten Aufklärungsflugzeuge zur Unterstützung der Artillerie nur stundenweise operieren, und die Jagdbomber mussten ganz am Boden bleiben. Die 2. US-Panzerdivision geriet in ein »extrem schweres Gefecht« mit den Resten der 2. deutschen Panzerdivision. »Der Volltreffer einer Granate aus einer 88-mm-Kanone in einen Baum schaltete 50 bis 60 Soldaten unserer gepanzerten Infanterie aus, die größte Zahl von Opfern« eines einzelnen Geschosses.[19] Aber »Trois-Ponts wurde vom Feind geräumt, ebenso Reharmont, und als die Nacht hereinbrach, war die Eisenbahnlinie Hierlot–Amcomont–Dairmont–Bergeval erreicht«, notierte ein Offizier der 1. US-Armee. Die 82. Luftlandedivision machte 500 Gefangene.[20]

Feldmarschall Montgomery, der Hodges um 14 Uhr besuchte, war »von dem erreichten Fortschritt sehr angetan und sagte nur immer wieder: ›Gut gemacht. Gut gemacht.‹«[21] Er informierte Hodges, dass zwei Brigaden der 53. britischen Infanteriedivision im Morgengrauen des nächsten Tages im äußersten Westen angreifen sollten, um den Kontakt zur Flanke der 2. Panzerdivision zu halten. Aber der Gegenangriff lief nicht annähernd so problemlos, wie sich Bradley das vorgestellt hatte. Selbst »die 2. Panzerdivision der Bulldogge Ernie Harmon stößt auf die gleiche Art von Widerstand«, schrieb Hansen, »und tut sich schwer, in diesem komplizierten Gelände und bei diesem harten Gegner in Schwung zu kommen«.[22]

Südlich von Rochefort rückte ein Teil der britischen 6. Luftlandedivision auf Bure vor, das der belgische Special Air Service (SAS) vier Tage zuvor erkundet hatte. Um 13.00 Uhr ging das 13. (Lancashire) Bataillon des Fallschirmjägerregiments zum Angriff vor. Dichtes Mörserfeuer der Panzergrenadiere der Panzer-Lehr-Division forderte eine Reihe Opfer, aber trotz des Beschusses aus sechs Sturmgeschützen und automatischen Waffen erreichte Kompanie A das Dorf. Die Panzergrenadiere gingen mit

Unterstützung eines Tiger-Panzers zum Gegenangriff über. Shermans der Fife and Forfar Yeomanry eilten zu Hilfe, waren aber auf den vereisten Straßen kaum zu steuern. Nach Einbruch der Dunkelheit wurde der Angriff der Deutschen zurückgeschlagen, doch im Lauf der Nacht griffen sie wieder und wieder an. Leuchtspurgeschosse setzten Scheunen und Bauernhäuser in Brand.[23]

Am nächsten Tag gelang es den britischen Fallschirmjägern, sich im heftigen Granathagel gegen fünf weitere Angriffe im Dorf zu halten. Der einsame Tiger stand im Zentrum des Ortes, unempfindlich für die Geschosse der PIATs, des weniger wirksamen britischen Gegenstücks zur amerikanischen Bazooka. Zusammen mit der deutschen Artillerie schaltete er 16 Shermans der Fife and Forfar aus. Jedes Mal, wenn dieses Monster seine 88-mm-Hauptkanone abfeuerte, bebten die Häuser und flogen die Fensterscheiben heraus. Da der Tiger mit seinen Maschinengewehren die Hauptstraße kontrollierte, konnten keine Verwundeten geborgen werden. Das Feuer war so heftig, dass Verbandmaterial des Sanitätspostens nur zu den Soldaten auf der anderen Straßenseite gelangen konnte, indem es an Gewehrmagazine geklebt und durch die geborstenen Fenster von Haus zu Haus über die Straße geworfen wurde. Nach den großen Verlusten traf eine Kompanie des 2. Bataillons der Oxfordshire and Buckinghamshire Light Infantry zur Verstärkung ein. Doch am späten Abend wurden die »Ox and Bucks« bei einer von zwei Tiger-Panzern unterstützten Attacke aus ihrem Teil des Dorfes wieder vertrieben.

Am 5. Januar begannen die britischen Fallschirmjäger das große Dorf im Häuserkampf mit Handgranaten und Bajonetten systematisch vom Feind zu säubern. Belgier, die in Kellern saßen und fürchteten, dass Handgranaten hineingeworfen werden könnten, riefen, sie seien Zivilisten. Viele Dorfbewohner hatten im Alumnat, einer von der Kirche betriebenen Schule, Unterschlupf gefunden. Dort herrschten unsägliche Bedingungen, denn die Ruhr grassierte, und der permanente Beschuss brachte die Menschen fast um den Verstand. Im Lauf des Tages startete die Panzer-Lehr-Division weitere Konterattacken, diesmal mit Unterstützung von vier Tigern, doch bald nach Einbruch der Dunkelheit waren die letzten Stellungen der Deutschen überrannt. Das Bataillon wurde in die Reserve zurückgenommen. Es hatte sieben Offiziere und 182 Soldaten verloren. An seine Stelle trat das 5. Bataillon des Fallschirmjägerregiments. Das Panzerregiment der Fife and Forfar wurde von den 23. Hussars abgelöst.

Solange die Schlacht tobte, waren die Dorfbewohner gezwungen, in ihren dunklen Kellern auszuharren. Yvonne Louviaux, damals ein 14-jähriges Mädchen, erinnert sich, dass ihre Mutter die Kinder anwies, sich eng zusammenzudrängen, um, sollte dies eintreten, gemeinsam zu sterben. Nachdem sie sich drei Tage lang nur von Äpfeln ernährt hatten, konnten sie schließlich wieder ins Erdgeschoss des Hauses hinaufsteigen. Sie fanden ihr Sofa blutbefleckt von einem verwundeten Soldaten. Das Dorf war zu 70 Prozent zerstört oder schwer beschädigt. Der größte Teil des Viehs war tot. Die Telegrafenmasten waren umgeknickt, Drähte und Elektrokabel hingen gefährlich im geschwärzten Schnee. Leichenteile lagen herum. In einem grausigen Gleichklang wurden während der Gefechte zwei Kinder geboren und zwei Dorfbewohner getötet. Weitere starben später. Sie traten auf Minen, die von den Kämpfen zurückgeblieben waren.[24]

Als eine Familie in ihr Haus zurückkam, stieß sie auf etwas, das zunächst für einen nackten menschlichen Körper gehalten wurde, der in ihrem Wohnzimmer von der Decke hing. Beim genaueren Hinsehen stellten sie fest, dass es eines ihrer Schweine war, das die Deutschen geschlachtet hatten, wobei sie offenbar durch das Eintreffen der Alliierten gestört wurden. Diese Familie hatte mehr Glück als die meisten, deren gesamtes Vieh, Schinken und andere Vorräte die hungrigen Deutschen aufgegessen hatten. Ihre Zugpferde und sämtliches Futter hatte die Wehrmacht mitgehen lassen. Die Lebensmittel waren so knapp, dass ein riesiger Bulle, der überlebt hatte, geschlachtet wurde, um die Dorfbewohner zu ernähren. Das ganze Dorf bis zum letzten Kind sah dabei zu.

Ungeduldiger Optimismus schien sich nun auch im Hauptquartier der 12. Armeegruppe auszubreiten. Offenbar konnte General Bradley es nicht erwarten, bis die 1. und die 3. US-Armee sich begegneten. Das sollte für ihn der Augenblick sein, da die 1. Armee wieder unter seinen Befehl zurückkehrte. Aber Hodges' Tagebuchführer notierte am 6. Januar: »In diesem Hauptquartier wird die Annahme von General Siebert, Chef Aufklärung (G2) der 12. Armeegruppe, für lächerlich gehalten, dass wir auf einen ›unmittelbar bevorstehenden Zusammenbruch der Deutschen‹ vorbereitet sein sollten.« Selbst »Lightning Joe« Collins hielt diese Vorstellung für »ziemlich lachhaft«.[25] Am nächsten Tag rief Bradley Patton an und teilte ihm mit, die Deutschen zögen all ihre Panzer und Truppen vom Bastogne-Kessel ab. Doch laut Pattons Stab hätten die Aufklärungsoffiziere sämtlicher Divisionen und Korps »erklärt, dass davon bisher nichts zu spüren ist und sich in Wirklichkeit die 6. Panzerdivision der heftigsten Konterattacke während des ganzen Feldzuges erwehren musste«.*[26]

Das Vorrücken der Briten lieferte den Deutschen den Vorwand, sich kämpfend aus der Gegend um Jemelle zurückzuziehen. Unteroffizier G. O. Sanford vom Fallschirmjägerregiment wurde im Dorf On in der Nähe von Jemelle gefangen genommen. Zwei Panzergrenadiere führten ihn in ein Gehölz und erschossen ihn dort. Als Deutsche, die sich ergeben wollten, bei Forrières mit erhobenen Händen aus einem Wald traten, eröffneten zwei britische Schützenpanzerwagen das Feuer und mähten sie nieder. Dazu ein Ortsbewohner: »Zweifellos lag es an den erbitterten Kämpfen in Bure, dass diese Briten so handelten.«[27] Die Belgier erwarteten, dass britische Soldaten sich besser benahmen als die anderer Nationen. Daher waren sie schockiert, wenn sich das nicht bewahrheitete. Als eine Frau sah, wie ein britischer Fallschirmsoldat einem toten Deutschen die Armbanduhr abnahm, bemerkte sie: »Diese Soldaten besaßen offenbar nicht die berühmte englische Selbstbeherrschung.«[28]

Am Montag, dem 8. Januar, schrieb Schwester Alexia Bruyère in Jemelle in ihr Tagebuch: »Um 9.30 Uhr sahen wir, dass die Deutschen abzogen. Die Rucksäcke auf dem Rücken, hielten sie sich dicht an den Hauswänden und liefen zur Brücke beim Bahnhof. Die Letzten trugen weiße Hosen (es schneite), Bettlaken wie einen Burnus und ein weißes Tuch wie einen Turban um den Kopf. Man hätte glauben können, es seien echte Araber.«[29]

Nach und nach kamen Flüchtlinge zurück – alles, was sie noch besaßen, fand auf Handwagen Platz. Als eine Familie ihr Haus in Rochefort betrat, hörte sie Geräusche hinter einem Möbelstück und glaubte, dort hätten sich in ihrer Abwesenheit Ratten oder Mäuse eingenistet. Als der Schrank beiseitegeschoben wurde, hockte dort ein deutscher Soldat und zitterte vor Angst. Er flehte sie an, ihn nicht zu verraten. Es war ein österreichischer Deserteur. Sie versicherten ihm, dass seine Einheit abgezogen sei und er sich nun den Alliierten ergeben könne.

In der Nacht vom 5. zum 6. Januar legten 90 Lancaster des Bomberkommandos der Royal Air Force die Stadt Houffalize in Schutt und Asche, um

---

* Diese Vorstellung bei der 12. Armeegruppe muss auf Spekulationen beruht haben, denn der erste Hinweis von »Ultra« auf einen Abzug kam erst am 8. Januar, als die 9. deutsche Panzerdivision mitteilte, sie habe sich auf eine Linie östlich von Rochefort und Marche zurückgezogen. Die ersten Anzeichen für den Rückzug der Deutschen vom Bastogne-Kessel tauchten am 9. Januar auf. [Bennett, *Ultra in the West*, New York 1980, S. 219]

eine der wichtigsten Straßenkreuzungen für die Nachschub- und Fluchtwege der Deutschen zu sperren. Drei Tage lang war der Ort unpassierbar.*

Zum Teil wegen der Bombardierung von Houffalize musste die 116. deutsche Panzerdivision bei ihrem allmählichen Rückzug feststellen, dass die Staus auf den Straßen rapide zunahmen. Anfangs kam sie kaum zwei Kilometer pro Tag voran. Fast alle Bewegungen mussten bei Tageslicht stattfinden. Aber da der Himmel bis zum 10. Januar zumeist bedeckt war, gab es nur wenige Angriffe von Jagdbombern.

»Der Widerstand [der Deutschen] ließ nicht nach«, schrieb ein Offizier der 83. US-Infanteriedivision östlich von Manhay, »und die Brutalität, für welche die SS-Truppen berüchtigt waren, wurde uns drastisch vor Augen geführt. Ein Zug Infanteristen des 2. Bataillons der 331. Division blieb auf offenem Feld in hüfthohen Schneewehen stecken. Da heftiger Geschosshagel auf sie niederging, konnten sie sich nur noch tiefer in den Schnee eingraben. Einige wurden getötet, andere verwundet. Als der Beschuss endlich aufhörte, hob der Zugführer den Kopf und sah zwei Deutsche kommen. Sie traten jeden der am Boden liegenden Infanteristen mit dem Fuß, und wenn einer stöhnte, erhielt er einen Kopfschuss. Nachdem sie ihren Opfern die Taschen geleert hatten, gingen die Deutschen wieder. Im Schutz der Dunkelheit konnte der Zugführer sich retten – halb erfroren und dem Wahnsinn nahe. Von den 27 Männern seines Zuges war er der einzige Überlebende. Als sie ihn traten, hatte er sich tot gestellt.«[30]

Die deutschen Soldaten kämpften weiter, auch wenn viele insgeheim hofften, gefangen genommen zu werden. »Jeder denkt: ›Wenn es doch schon so weit wäre‹«, berichtete ein deutscher Soldat namens Friedl. »Aber dann kommt der Offizier, und du führst einfach die Befehle aus. Das ist das Tragische an der Situation.«[31] Bei den Verhören erfuhren die amerikanischen Vernehmungsoffiziere, dass die Moral auf deutscher Seite be-

---

* Patton, der sich unglücklicherweise zum Reimeschmieden hingezogen fühlte, verfasste aus diesem Anlass die folgenden Verszeilen:

O little town of Houffalize,	[Oh, kleines Städtchen Houffalize,
How still we see thee lie;	Wie stille liegst du da.
Above thy steep and battered streets	Deinen zerstörten Straßen
The aeroplanes sail by.	Kamen Flugzeuge sehr nah.
Yet in thy dark streets shineth	Aus deinen Fenstern scheinet
Not any Goddamned light;	Nicht ein verdammtes Licht.
The hopes and fears of all thy years	Hoffnung und Angst von Jahren
Were blown to hell last night.	Heut' Nacht gebombt ins Nichts.]

trächtlich sank, da die halb verhungerten Soldaten bei klirrendem Frost Fahrzeuge und Geschütze mit eigener Kraft bewegen mussten, obwohl sie wussten, dass die Großoffensive gescheitert war. Die Nazis versuchten die Soldaten zu noch größeren Anstrengungen anzutreiben. Dafür nutzten sie Befehle, die seit der Normandie in der Waffen-SS galten: »Wer unverwundet in Gefangenschaft gerät, verliert seine Ehre, und die Angehörigen bekommen keine Unterstützung.«[32]

Gefangene aus Einheiten der Waffen-SS waren äußerst selten, entweder weil sie es darauf anlegten, im Kampf zu fallen, oder weil sie schon bei der Gefangennahme erschossen wurden. Ein SS-Offizier versuchte allerdings seine Gefangennahme mit einer nicht sehr überzeugenden Logik zu rechtfertigen. Er erklärte seinem Vernehmungsoffizier von der 1. Armee: »Glauben Sie nicht, ich sei ein Feigling, weil ich mich in Gefangenschaft begeben habe. Ich wäre mit Freuden den Heldentod gestorben, aber ich halte es einfach für fair und gerecht, das Unglück meiner Untergebenen zu teilen.«[33]

In Divisionen der 3. US-Armee war man der Meinung, dass Gefangene je nach den Umständen unterschiedlich behandelt werden sollten. »Wenn die Deutschen an einer Front erfolgreich sind«, hieß es aus der 6. Panzerdivision, »dann neigen Gefangene dazu, ziemlich dreist aufzutreten, weil sie glauben, ihre Gefangenschaft sei nur eine zufällige Pause. Solche Gefangene sollten vor der Vernehmung weder essen noch rauchen dürfen oder auch nur halbwegs milde behandelt werden. Wenn die Deutschen dagegen an der ganzen Front zurückgehen, dann sind die Gefangenen im Allgemeinen entmutigt und entrüstet über die Zustände in ihren Einheiten und über ihre Vorgesetzten. Viele haben sich freiwillig ergeben und sind, wenn sie gut behandelt werden, gewillt und sogar begierig auszusagen. Wenn solche Männer sich wohlfühlen, wenn sie beim Verhör sitzen und sogar rauchen dürfen, dann fällt eine Last von ihnen ab, und sie geben oft Informationen preis, nach denen sie gar nicht gefragt werden.« Das traf sowohl auf Offiziere als auch auf einfache Soldaten zu.

Bei einem gefangenen SS-Mann kam es darauf an, ob er sich als arischen »Superman« sah oder ob er gegen seinen Willen zur SS gezwungen wurde, was bei Polen und Elsässern häufig der Fall war. Letztere konnten behandelt werden wie normale Gefangene. »Der ›Superman‹ muss hart angefasst werden. So hat er bisher selbst andere behandelt, und das erwartet er auch. Er war es gewöhnt, mit physischer Gewalt zu drohen und diese auch auszuüben. Daher ist er für Drohungen mit physischer Gewalt besonders empfänglich. Man muss ihn nicht schlagen, aber wenn er denkt, er sollte besser reden, sonst ... dann redet er! Drastisch gesagt, nach unseren Erfahrungen ist das beste System: Für den bescheidenen und bedrückten Gefangenen ein voller Magen und eine leere Blase, für den arroganten, dreisten Gefangenen dagegen eine volle Blase und ein leerer Magen.«[34] Aus der 35. US-Infanteriedivision wurde dagegen berichtet, die Gefangenen, die sie bei der 1. SS-Panzerdivision gemacht hätten, »waren kleinlauter [als die Volksgrenadiere], vielleicht weil sie Vergeltung befürchteten«. Sie klagten, ihre »Offiziere hatten sich bei Gefahr zurückgezogen und es ihnen allein überlassen, die Stellung zu halten«.[35]

In der 28. Division war man von dieser differenzierten Behandlung nicht überzeugt. Die eigenen Soldaten mochten es gar nicht, wenn sie sahen, dass deutsche Gefangene bei ihren rückwärtigen Diensten Bonbons und Zigaretten bekamen. Sie ließen ihre Gefangenen grundsätzlich ins Hinterland marschieren und transportierten sie nicht auf Lastwagen. Bis zum Verhör erhielten sie nur Wasser. »Eine zu gute Behandlung von Gefangenen wirkt sich schlecht auf die eigenen Leute aus. So wie wir sie behandeln, zeigen wir unseren Soldaten, dass Kriegsgefangenschaft kein Zuckerschlecken ist.«[36] Eine andere Division vertrat noch härtere Auffassungen: »Gefangene gut zu behandeln hat uns nie genutzt. ... Wir sind hier, um Deutsche zu töten, nicht um sie zu hätscheln.«[37] Einige Angehörige der 30. US-Division rächten sich persönlich, als sie Deutsche in amerikanischen Kampfstiefeln gefangen nahmen, die diese offenbar gefallenen Amerikanern abgenommen hatten. Sie zwangen sie mit vorgehaltener Waffe, die Stiefel auszuziehen und auf den vereisten Straßen barfuß zu gehen.[38]

In der 1. US-Armee stellte man fest, dass »Gefangene über mangelnde Verpflegung klagten und Geschichten von langen Fußmärschen mit schwerem Gepäck erzählten, weil es an Transportmitteln fehlte«.[39] Kriegsgefangene von der Nord- und der Südseite des Frontbogens bestätigten, dass die Geschosse mit den neuen Abstandszündern in den deutschen Truppen sehr gefürchtet waren.[40] »Die neuen Granaten haben starke Auswirkungen auf Körper und Geist der Deutschen«, hieß es in einem Bericht über Gefangenenverhöre der 1. Armee.[41]

Um den Kessel von Bastogne flauten die Kämpfe nach den Gefechten vom 3. und 4. Januar ein wenig ab. Die 5. deutsche Fallschirmjägerdivision wurde jetzt General Krügers LVIII. Korps zugeteilt. Als aber deren Kommandeur Generalmajor Heilmann es für unsinnig erklärte, bei vergeblichen Angriffen weitere Menschenleben zu opfern, gab Krüger zurück: »Wenn wir den Krieg gewinnen wollen, dann muss auch die 5. Fallschirmjägerdivision sich daran beteiligen!«[42]

Am 6. Januar hatte Heilmann einen Geheimbefehl Himmlers erhalten, in dem es hieß: »Wenn der Verdacht besteht, dass ein Soldat sich von seiner Einheit entfernt hat, um zu desertieren und damit die Kampfkraft seiner Einheit zu schwächen, dann wird ein Mitglied der Familie des Soldaten (die Ehefrau) erschossen.«[43] Offenbar wurde dies durch einen Bericht von SS-Oberführer Mohnke von der »Leibstandarte Adolf Hitler« an den Reichsführer SS veranlasst. Heilmann wurde einige Tage später entlassen. Selbst in der zuverlässigeren 26. Volksgrenadierdivision kam es zu ersten Desertionen. »Zehn, zwölf Männer der Reste unserer Kompanie zogen Zivilkleidung an und versteckten sich«, bekannte ein Feldwebel in der Gefangenschaft.[44]

Wie in allen Armeen war es weniger der Tod als die Furcht vor Verstümmelung, was die Soldaten bewegte. Ein deutsches Feldlazarett war kaum mehr als ein Amputationsplatz. Amerikanische Ärzte waren darüber entsetzt, wie rasch und gedankenlos in der Wehrmacht Gliedmaßen amputiert wurden. Ein verwundeter Gefangener vom 401. US-Gleiterinfanterieregiment war erschüttert, als man ihn in den Operationssaal brachte. »Ich musste mich fast übergeben«, schrieb er. »An einem halben Dutzend Tischen standen Ärzte in blutbefleckten weißen Gummischürzen. Auf allen lagen deutsche Verwundete oder Männer mit erfrorenen Gliedmaßen. In Eimern lagen Zehen, Finger und andere Extremitäten. Die Männer auf den Tischen hatten lokale Betäubung erhalten, schrien und stöhnten aber, als die Ärzte sie bearbeiteten.«[45] Ließ man die Eimer draußen stehen oder wurden sie dort entleert, dann machten sich sofort die Hunde des Ortes über den Inhalt her, wie Belgier erlebten. Die Leichen derer, die unter dem Messer starben, wurden nach draußen gebracht, wo sie bald hart gefroren. Bei manchen bedeckte sich das Gesicht mit einer Eisschicht, sodass es aussah, als lägen sie in einem Glassarg. Selbst jene, die das Glück hatten, nach Deutschland evakuiert zu werden, hatten keine Vorstellung davon, wohin man sie brachte und was weiter mit ihnen geschehen werde. »Die Verwundeten kommen dorthin, wohin der Lazarettzug gerade fährt«, sagte ein deutscher Arzt. »Niemand an der Front kennt ihren Bestimmungsort.«[46]

Auch amerikanische Feldlazarette boten zuweilen ein grausiges Bild. Eine Oberschwester von der 3. Armee beschrieb ein Krankenzimmer, das als »Gruselkabinett« bekannt war, wo es nach »Blut, Schweiß und menschlichen Exkrementen« stank. Sie berichtete von einem Nachtdienst, bei dem sie zwei Soldaten zu versorgen hatte, die »bereits den ganzen Tag mit dem Tode rangen, was auch in der Nacht kein Ende fand. ... Einer, ein Infanterist, hatte beide Beine und eine Hand verloren. Er hatte eine tiefe Brustwunde, und seine Eingeweide waren von einem Granatensplitter zerrissen. ... Der andere war ein Stabsgefreiter der Panzertruppen. Ihn hatte es an der Wirbelsäule getroffen, und er war querschnittsgelähmt. Ihm hatte es Bauch und Brust aufgerissen.« Beide Männer lagen im Koma und atmeten schwer. »Gut, dass ihre Mütter nicht sehen können, wie sie sterben«, sagte sie.[47]

Auch die nicht kampfbedingten Verluste stiegen. Im November und Dezember fielen allein wegen Erfrierungen 23 000 Mann aus. Sie stammten fast alle aus Kampfeinheiten. Da die durchschnittliche Stärke einer Division 4000 Mann betrug, entsprach das mindestens fünfeinhalb Divisionen. Neuropsychiatrische Fälle, »Schlacht-« oder »Kriegsneurose« oder »Gefechtsmüdigkeit« (*combat exhaustion*) genannt, machten fast ein Viertel aller stationären Einweisungen aus. Die Wehrmacht, bei der dies nicht als Krankheit galt, soll weniger derartige Fälle zu verzeichnen gehabt haben.[48]

Gefechtsmüdigkeit war an typischen Symptomen gut zu erkennen: »Übelkeit, Weinkrämpfe, extreme Nervosität und Magenleiden«.[49] Einige Kommandeure waren der Meinung, betroffene Offiziere würden zu rasch wieder in ihre Einheiten zurückgeschickt, wo bald der nächste Zusammenbruch folgte. Dies konnte ansteckende Wirkung haben. »Wenn einer zusammenbricht, dann folgen bald die Nächsten.«[50] Als das Hauptproblem galt jedoch die Isolierung. Für die Soldaten war es wichtig, dass sie ihre Schützenlöcher verlassen und mit anderen zusammentreffen konnten, wenn nicht geschossen wurde. »Panzermüdigkeit« (*tank fatigue*) hingegen war auf »lange Zeiten ununterbrochener Gefechte« zurückzuführen. Sie unterschied sich vom entsprechenden Erscheinungsbild bei der Infanterie, obwohl es ähnliche Symptome wie »nervöser Magen, Übelkeit, Ruhr, Erschöpfung und Weinkrämpfe bis hin zu Hysterieanfällen« gab.[51] In der 2. US-Panzerdivision wurden ungesunde Verpflegung, stundenlanges Verharren in extremer Kälte und körperliche Erschöpfung für derartige Zustände verantwortlich gemacht. »Kalte Dosennahrung stärkt nicht die Lebenskraft und die Widerstandsfähigkeit, in manchen Fällen ruft sie Magenprobleme hervor.«[52] Versuche, Konservendosen mithilfe erbeuteter deutscher Lötbrenner zu erhitzen, lösten das Problem nicht. Die amerikanischen Ärzte hatten natürlich noch kein Wissen darüber, was die Deutschen nach der Schlacht von Stalingrad erkannt hatten: Die Kombination von Stress, Erschöpfung, Kälte und Unterernährung bringt den Stoffwechsel durcheinander und reduziert erheblich die Fähigkeit des Körpers, überhaupt noch Kalorien und Vitamine aufzunehmen.

»Selbst in harten, erfahrenen Einheiten kann ein Soldat nur eine gewisse Zeit lang gut kämpfen«, beobachtete ein Offizier der 5. Infanteriedivision an Pattons rechter Flanke. »Ich habe einige meiner Männer hervorragend agieren sehen, habe aber auch erlebt, wie sie schließlich zusammengebrochen sind. … Erschöpfte Soldaten können ihre Aufgabe nicht gut erfüllen. Sie gehen weiter vor, aber ohne Elan. Wenn dir der Elan fehlt, dann fängst du an, Gefechte zu verlieren.«[53]

Am 8. Januar erhielten die Reste der 2. und der 9. deutschen Panzerdivision den Befehl, am nächsten Tag den Rückzug anzutreten.[54] »Dies ist das kälteste Wetter, das ich je erlebt habe«, schrieb ein britischer Zivilverwaltungsoffizier in sein Tagebuch. »Der Wind schneidet ins Gesicht wie mit Messern. … Die Straßen sind mit liegen gebliebenen Fahrzeugen verstopft, deren frierende Fahrer auf Hilfe von irgendwoher warten.«[55] Manch einer fand es geradezu ironisch, dass die schrecklichen Verkehrsbedingungen die Zahl der Unfälle und Unfalltoten wesentlich reduzierten, weil so vorsichtig gefahren werden musste.

Am 10. Januar gab Generalfeldmarschall Model vom »Adlerhorst« folgende Weisung Hitlers aus: »Führer befiehlt, dass das I. und II. Panzerkorps sowie die 1., 2., 9. und 12. SS-Panzerdivision sich mit sofortiger Wirkung zur raschen Neuausrüstung hinter Heeresgruppe B einzufinden haben. Sie werden dem Oberbefehlshaber West unterstellt und nehmen an keinen weiteren Kampfhandlungen teil.«[56] Wieder kam in den Einheiten der Wehrmacht Zorn darüber auf, dass sie die Stellung halten sollten, während die Divisionen der Waffen-SS zur Erholung und Neuausrüstung zurückgezogen wurden.

Die Verbitterung über die Niederlage in den Ardennen zeigte sich sehr deutlich unter einigen deutschen Generalen, die in britische Gefangenschaft gerieten. Während sie in den ersten Phasen des Krieges auf ihre materielle Überlegenheit stolz gewesen waren, schien ihnen das jetzt nicht mehr angebracht zu sein. So erklärte Generalmajor Hans Bruhn, ein Divisionskommandeur, den die Franzosen im Elsass gefangen genommen hatten, gegenüber seinen Kameraden, was ohne sein Wissen aufgezeichnet wurde: »Das ist ja der größte Hohn der Weltgeschichte und gleichzeitig das Traurigste an der ganzen Sache, dass unsere Blüte der Männer von Flugzeugen und Unmassen von Tanks niedergemacht wird, von einer Armee, die keine wirklichen Soldaten hat und gar nicht wirklich kämpfen will.«[57]

Am Donnerstag, dem 11. Januar, wiesen untrügliche Anzeichen darauf hin, dass die Deutschen sich zurückzogen. Im Bereich Houffalize–Bastogne war ihr Korridor nur etwa 13 Kilometer breit und lag unter schwerem amerikanischen Artilleriebeschuss. Die 30. US-Infanteriedivision teilte dem Stab der 9. Armee mit, dass die schlechte Sicht den Deutschen die Flucht ermögliche. »Die Deutschen ziehen all ihre Panzer und ihr schweres Gerät geordnet und in Ruhe gänzlich aus dem Frontbogen ab.«[58] Am selben Tag meldete die BBC, die Sendung zu Montgomerys Erklärung sei ein deutscher Propagandacoup gewesen. Aber auch das konnte Bradleys Haltung zu seinem Lieblingsfeind kaum mildern.

Am nächsten Morgen erhielt die 12. Armeegruppe die Genehmigung, Vorräte von Gasmunition anzulegen, sollten die Deutschen aus Verzweiflung oder auf Hitlers Befehl chemische Waffen einsetzen. Der Hintergrund war ein Bericht des SHAEF an General Marshalls Aufklärungschef in Washington fünf Tage zuvor. Generalleutnant Strong und dessen Stab waren von fünf Hinweisen auf »Gas« in von »Ultra« entschlüsselten Funksprüchen aufgeschreckt worden.*

Freitag, der 12. Januar, war auf andere Weise ereignisreich. Göring, dem man offenbar den Fehlschlag von »Unternehmen Bodenplatte« verziehen hatte, wurde zum »Führer« in den »Adlerhorst« bestellt, um Hitlers Glückwünsche zu seinem 52. Geburtstag entgegenzunehmen. Das war wohl kaum ein verheißungsvoller Anlass. Das Datum war aus anderem Grund außerordentlich wichtig. Um 5.00 Uhr Moskauer Zeit hatte Marschall Iwan Konews Erste Ukrainische Front vom Brückenkopf Sandomierz am Westufer der Weichsel aus einen Großangriff gestartet. Dem war massiver Beschuss vorausgegangen, den ein Offizier der Panzergrenadiere so beschrieb: »Es war, als stürzte der Himmel auf die Erde herab.«[59] Die vorstürmenden sowjetischen Panzer trugen Losungen an ihren Türmen wie: »Vorwärts zur Höhle der Faschisten!« »Vergeltung und Tod den deutschen

---

* »Wir kennen Ihre Auffassungen zu dieser Frage, möchten aber noch einmal hervorheben, dass diese Offensive ein totaler Angriff Hitlers ist, bei dem er jegliche Waffen einsetzen wird. Sie haben stets ins Kalkül gezogen, dass Deutschland den Einsatz von Gas initiieren könnte, um die Entscheidung zu erzwingen. Da es bisher für Hitler schlecht läuft, könnte er das jetzt in Erwägung ziehen. Wir sollten nicht übersehen, welches Chaos der mögliche Einsatz eines Gassprengkopfes bei V1 und V2 [Raketen] unter der Zivilbevölkerung in Nordwesteuropa auslösen würde. ... Bitte prüfen Sie diese Angelegenheit im Lichte dieser Information noch einmal, und teilen Sie uns umgehend Ihre Auffassung mit.« [Adressiert an Generalleutnant Clayton Bissell, TNA WO 171/4184]

Okkupanten!«[60] Am nächsten Tag griff Schukows Erste Belorussische Front südlich von Warschau an, während zwei weitere Fronten gegen Ostpreußen vorgingen.

General Guderian hatte nicht übertrieben, doch wie die Warnungen der Kassandra wurden auch die seinen ignoriert. Die Rote Armee hatte längs der gesamten Ostfront 6,7 Millionen Mann zusammengezogen. Guderian verschlug es fast die Sprache, als er hörte, dass Dietrichs 6. Panzerarmee, die aus den Ardennen zurückgezogen wurde, nicht an die Weichsel oder nach Ostpreußen verlegt werden sollte, sondern nach Ungarn, um dort die Ölfelder zu sichern.

Als die Nachricht von der sowjetischen Großoffensive die 12. Armeegruppe erreichte, wollte Bradley sofort den Eindruck erwecken, dass der bevorstehende Sieg seiner Truppen in den Ardennen »es den Russen ermöglicht hatte, in weitaus größerer Zahl anzugreifen und spektakulärere Erfolge zu erreichen, als es ihnen sonst möglich gewesen wäre«.[61] Er hatte recht. Es können kaum Zweifel daran bestehen, dass die Bindung und Zermürbung der deutschen Truppen in den Ardennen, vor allem der Panzerdivisionen, die Fähigkeit der Wehrmacht zur Verteidigung der Ostfront tödlich geschwächt hatten. Aber ebenso zutreffend war, was ein deutscher General in britischer Gefangenschaft erklärte: »Die Angst vor Russland wird Deutschland dazu bewegen, bis zum bitteren Ende zu kämpfen.«[62]

23. Kapitel

Der Frontbogen wird begradigt

Als die letzte Schlacht in den Ardennen begann, setzten die Deutschen weitere Divisionen für »Unternehmen Nordwind« ein. Nachdem der erste Angriff am 5. Januar seine Ziele verfehlt hatte, startete Himmlers Heeresgruppe Oberrhein endlich ihre unterstützenden Vorstöße gegen die Südflanke des amerikanischen VI. Korps. Das XIV. SS-Korps setzte nördlich von Straßburg zum Angriff über den Rhein, und zwei Tage später rückte die 19. Armee vom Kessel von Colmar aus zu beiden Seiten des Rhône-Rhein-Kanals nach Norden vor. General Patchs VI. US-Korps war ernsthaft bedroht.

Devers, von dem Eisenhower so wenig hielt, gab die Verantwortung für die Verteidigung von Straßburg an Lattre de Tassignys 1. französische Armee ab. Dadurch musste diese ihre Front von der Stadt bis zur Burgundischen Pforte auf eine Distanz von 120 Kilometern ausdehnen. Die gefährlichste Stelle befand sich in der Gegend von Gambsheim und Herrlisheim, wo das XIV. SS-Korps südöstlich von Hagenau einen Brückenkopf geschaffen hatte.

Am 7. Januar gingen die 25. Panzergrenadierdivision und die 21. Panzerdivision zum Angriff vor. Sie erreichten den Hagenauer Forst 30 Kilometer nördlich von Straßburg, wo sie von der 14. US-Panzerdivision, Devers' letzter Reserve, gestoppt wurden. Weiter nördlich in den unteren Vogesen gelang es der 45. US-Infanteriedivision, die 6. SS-Gebirgsdivision zum Stehen zu bringen. Ein Bataillon der 45. Infanteriedivision wurde eingeschlossen und leistete fast eine Woche lang Widerstand. Nur zwei Mann entkamen.

Hitler war besessen von dem Friedrich dem Großen zugeschriebenen Diktum, wer seine letzten Bataillone in die Schlacht werfe, der gewinne den Krieg. Am 16. Januar schickte er seine letzten Reserven vor – die 7. Fallschirmjägerdivision und die 10. SS-Panzerdivision »Frundsberg«. Ihr Angriff längs des Rheins in Richtung des Gambsheimer Brückenkopfes traf die unerfahrene 12. US-Panzerdivision bei Herrlisheim mit voller Wucht. Das war das Hauptthema in Eisenhowers Frühbesprechung am 20. Januar. »Mich nervt es, bei Gott«, rief der Oberkommandierende aus, »wenn zwei ihrer Divisionen losgelassen werden, und wir sitzen da und kriegen es mit der Angst.« Dazu schrieb Luftmarschall Sir James Robb in sein Tagebuch: »Die darauffolgende Diskussion zeigt wachsende Verwunderung über das Unvermögen unserer Kräfte, ob Divisionen oder Korps, echte Ergebnisse zu erzielen, wenn man damit den sofortigen Erfolg relativ kleiner deutscher Angriffe vergleicht.«[1]

Angesichts dieses unerwarteten Vorstoßes war Devers gezwungen, sich auf eine neue Linie längs der Flüsse Rothbach, Moder und Zorn zurückzuziehen. Der Rückzug war gut organisiert, und die neuen Verteidigungsstellungen konnten gehalten werden. Um den 25. Januar kam die Offensive der Deutschen zum Erliegen, als General Lattres 1. Armee mit Unterstützung des XXI. US-Korps von Norden gegen den Kessel von Colmar losschlug, den die Deutschen »Brückenkopf Elsass« nannten. Die 3. US-Infanteriedivision wurde von Cotas 28. Division unterstützt, die im Hürtgenwald und östlich von Bastogne eigentlich genug gelitten hatte. Im tief verschneiten Wald von Riedwihr musste sich die 3. Infanteriedivision schwerer Konterattacken der Deutschen erwehren. Audie Murphys erstaunliche Tapferkeit brachte ihm die Ehrenmedaille des Kongresses und eine Karriere als Filmstar in Hollywood ein. Trotz der Überlegenheit der Alliierten bei Flugzeugen und Artillerie führten die Deutschen erneut derart zähe Rückzugsgefechte, dass weitere Einheiten aus den Ardennen nach Süden verlegt werden mussten. Erst am 9. Februar wurde der Kessel von Colmar endgültig liquidiert.

Die 101. US-Luftlandedivision gehörte zu den Einheiten, die für die Schlussgefechte im Elsass vorgesehen waren. Zu ihrer Erleichterung stellten die Männer fest, dass sie dieses Mal dafür zu spät kamen. Als Major Dick Winters zehn Tage zuvor erfuhr, dass die 101. Luftlandedivision in das Elsass verlegt werde, war sein erster Gedanke gewesen: »Mein Gott, gibt es in dieser Armee denn niemand anderen, um solche Lücken zu füllen?«[2] Die Division brauchte wirklich eine Ruhepause. In den letzten Tagen ihres Einsatzes am Nordrand des Kessels von Bastogne war die berühmte Easy Company des 506. Luftlandeinfanterieregiments vorgeschickt worden, um Foy zu nehmen. »Alle Neuankömmlinge der Kompanie wurden in diesem Ort getötet«, sagte ein Altgedienter dieser Einheit, »ich weiß nicht, warum.«[3] Der Angriff schlug zunächst fehl, bis der Kompanieführer ersetzt wurde. Am 14. Januar rückte das 506. Regiment bei Temperaturen von minus 23 Grad und noch tieferem Schnee über offenes Feld auf Noville vor, wo viele Kameraden ganz am Anfang der Schlacht um Bastogne mit dem Team Desobry gefallen waren.

Als Noville erobert war, erhielten sie den Auftrag, als Nächstes das Dorf Rachamps östlich der Straße nach Houffalize einzunehmen. Feldwebel Earl Hale und Gefreiter Joseph Liebgott gelang es, sechs SS-Offiziere in die Ecke einer Scheune zu treiben. Sie ließen sie in einer Reihe antreten und warnten, sie bei Widerstand sofort zu erschießen. Da explodierte draußen eine Granate und verwundete Hale, der an der Tür stand. Blitzschnell zog ein SS-Offizier ein Messer aus seinem Stiefel und schnitt Hale die Kehle durch. Liebgott erschoss ihn und danach auch die anderen. Ein Arzt flickte Hales Kehle. Der hatte Glück gehabt, das Messer hatte nur die Speiseröhre durchschnitten, nicht die Luftröhre. Hale wurde mit einem Jeep nach Bastogne gebracht.*

Feldwebel Robert Rader fiel in Rachamps auf, dass ein gefangener deutscher Soldat zu grinsen schien. Wütend hob er sein Gewehr und wollte ihn erschießen, aber ein anderer Fallschirmjäger packte das Gewehr beim Lauf und brüllte: »Der hat doch weder Lippen noch Augenlider!« Die hatte der Deutsche bei dem schlimmen Frost an der Ostfront verloren. Rachamps war der letzte Einsatz der Easy Company in der Schlacht um Bastogne. Am 17. Januar wurde die 101. Luftlandedivision von der 17. US-Luftlandedivision abgelöst. Erneut auf offenen Lkw statt in Flugzeugen wurden sie ins Elsass verlegt.[4]

Der Widerstand im Frontbogen ließ nicht nach, als die 5. deutsche Panzerarmee am 14. Januar ihren Rückzug in Richtung Houffalize antrat, das immer noch von den Flugzeugen der Alliierten bombardiert wurde. Die 2. Panzerdivision und die Panzer-Lehr-Division sicherten den Rückzug auf die bei den Deutschen übliche Weise, indem sie ihren Artillerieregimentern auf dem Marsch mit Sturmgeschützen und Panzern, unterstützt von Infanterie, Deckung gaben. Wenn amerikanische Haubitzen Granaten mit weißem Phosphor abfeuerten, folgte darauf regelmäßig »eine heftige Reaktion der Artillerie des Gegners«.[5]

---

* Hale überlebte, aber mit einer verkrümmten Speiseröhre. Der Arzt schrieb ihm ein Attest aus, das ihn davon befreite, eine Krawatte zu tragen. Als er einmal vor dem pingeligen General Patton stand, fragte ihn der, warum er nicht korrekt gekleidet sei. Als der Feldwebel sein Attest vorwies, soll es Patton die Sprache verschlagen haben.

Wie auf der Südseite des Frontbogens beschoss auch hier Artillerie die Dörfer, setzte Häuser und Bauernhöfe in Brand. Oft war der Beschuss so stark, dass die deutschen Soldaten in den Kellern Schutz suchten und Zivilisten von dort vertrieben. Schweine, Pferde und Kühe, deren Ställe Feuer fingen, hatten kaum eine Chance. In einem Dorf wurden zwölf Menschen von einer einzigen Granate getötet, die einen Stall traf, wohin sich 20 Zivilisten geflüchtet hatten. Zuweilen hielten alte Männer, Frauen und Kinder den rücksichtslosen Beschuss nicht aus und versuchten ins Freie zu fliehen. Da man sie im tiefen Schnee für Militärangehörige hielt, wurden einige erschossen. Wenn die Verletzten unter ihnen Glück hatten, nahmen amerikanische Sanitätswagen oder Lkw sie auf und brachten sie ins nächste Lazarett. Wer an Ruhr, Lungenentzündung, Diphtherie oder einer ganzen Reihe anderer Krankheiten litt, die all der Schmutz und die Kälte der letzten Wochen mit sich gebracht hatten, konnte jedoch kaum Hilfe erwarten.

Von dem Schicksal der unglücklichen Belgier gerührt, verteilten amerikanische Soldaten Konserven, Zigaretten, Süßigkeiten und Schokolade. Nur wenige, die vom Krieg total verroht waren, plünderten oder belästigten Frauen. Ob ein Soldat Mitgefühl empfand oder ein brutaler Kerl war, konnte man an seinem Äußeren nicht erkennen. In dieser Phase sahen die Krieger aller drei beteiligten Nationen, verdreckt, ungepflegt und bärtig, wie sie waren, wie Straßenräuber aus. Dorfbewohner, die von der Großzügigkeit der Amerikaner profitiert hatten, waren erschüttert über die relative Armut der britischen Truppen, die von dem wenigen, das sie hatten, etwas abgaben. Der Geschmack der britischen Rinderpastete oder der Armeezigaretten behagte den Belgiern nicht gerade, aber das behielten sie aus Höflichkeit für sich.

»Beim Besuch von Dörfern, aus denen die deutschen Angreifer erst kürzlich vertrieben wurden«, berichtete ein britischer Offizier für zivile Angelegenheiten, »tut es gut, die Freude der Menschen und ihre Erleichterung zu sehen.«[6] Mancherorts entsetzten britische und amerikanische Soldaten ihre Gastgeber allerdings, wenn sie Möbel zerhackten, um daraus Brennholz zu machen. Ein Offizier der 53. Welsh Division notierte, um der schrecklichen Kälte zu entgehen, »haben die Soldaten in ihrem Übereifer in einem alten gemauerten Herd ein Riesenfeuer entfacht, wodurch der Schornstein überhitzt wurde und einen Teil des Daches in Brand setzte«.[7] Fast jedes Haus, in dem Soldaten der Alliierten genächtigt hatten, wurde verwahrlost, in totaler Unordnung und mit beträchtlichen Schäden verlas-

33. Ein Bazooka-Team aus Cotas 28. US-Infanteriedivision zieht sich nach dreitägigen Kämpfen in Wiltz zurück. Damit haben sie zur Verzögerung des Vormarsches der Deutschen beigetragen und der 101. Luftlandedivision gerade genug Zeit verschafft, um einen Verteidigungsring um Bastogne zu ziehen.

34. Ein bei Malmédy gefangen genommener junger SS-Mann, der das Glück hat, nach dem Massaker ganz in der Nähe bei Baugnez nicht sofort erschossen zu werden.

35. Von der Kampfgruppe Peiper in Stavelot ermordete Zivilisten.

36. Kondensstreifen über Bastogne. Zur Erleichterung der Alliierten und zum Schrecken der Deutschen klart es am 23. Dezember plötzlich auf. Nun können die Luftstreitkräfte der Alliierten ihre Überlegenheit zur Entfaltung bringen.

37. Der Wetterumschwung ermöglicht es der US Air Force endlich, ihre Transportflugzeuge vom Typ Dakota C-47 einzusetzen, die innerhalb des Verteidigungsrings von Bastogne Versorgungsgüter abwerfen.

38. Da die Verwundeten aus dem belagerten Bastogne nicht mehr abtransportiert werden können, muss die amerikanische Truppenführung sie in den Kellern der Stadt unterbringen. Dort warten sie, lediglich auf Stroh gebettet, auf Chirurgenteams, die mit Gleitern eingeflogen werden.

39. Heiligabend in Bastogne: Soldaten der 101. US-Luftlandedivision singen Weihnachtslieder. Nur wenige Stunden später beginnt der Großangriff der Deutschen auf den Verteidigungsring.

40. Das Ende des Sturms der Deutschen zur Maas: zurückgelassenes Gerät der Kampfgruppe Böhm von der 2. Panzerdivision auf einem Bauernhof in Foy-Notre-Dame.

41. General Patton *(rechts)* erreicht am 30. Dezember Bastogne. Er zeichnet Brigadegeneral Anthony McAuliffe *(links)* und Oberstleutnant Chappuis, den Kommandeur des 502. Luftlandeinfanterieregiments, mit dem »Distinguished Service Cross« aus.

42. Amerikanische Verstärkung rückt über die steilen, bewaldeten Berghänge der Ardennen vor.

43. Eine Patrouille des britischen XXX. Korps in den Ardennen. Zur Tarnung tragen die Soldaten aus Betttüchern der Dorfbewohner gefertigte Schneeanzüge.

44. Die Gegenoffensive der Alliierten im Januar 1945: Soldaten des 26. Regiments der 1. US-Infanteriedivision brechen endlich in Bütgenbach auf, das sie seit dem 17. Dezember verteidigt haben.

45. La Roche-en-Ardennes war so stark zerstört, dass selbst die Schwalben, die im Frühjahr zum Nestbau zurückkehrten, sich nicht mehr zurechtfanden.

46. Ermittler beginnen mit der Identifizierung der in Baugnez bei Malmédy ermordeten amerikanischen Soldaten.

47. Nach dem Massaker an amerikanischen Soldaten bei Malmédy erschossen ihre Kameraden, von den höheren US-Offiziersrängen ermutigt, die meisten Angehörigen der Waffen-SS, die sich ergaben. Letztere waren jedoch oft gegen ihren Willen in die SS-Uniform gezwungen worden oder – wie dieser Junge – mitleiderregend jung.

48. Joachim Peiper vor Gericht, wo er wegen Kriegsverbrechen, unter anderem wegen des Massakers bei Malmédy, angeklagt und zum Tod verurteilt wurde. Nach einigen Jahren wurde er begnadigt, aber später wohl von Angehörigen der französischen Résistance getötet.

sen. Dabei scheint die britische 6. Luftlandedivision die meisten Klagen verursacht zu haben.

Das britische XXX. Korps verfolgte die Deutschen aus Richtung La Roche-en-Ardenne an der Südflanke von Collins' VII. Korps. »Zu gleicher Zeit musste der rechte Flügel der 2. deutschen Panzerdivision in die Gegend Nisramont zur Verteidigung nach Westen abgedreht werden«, schrieb Generalmajor Lauchert. »Durch diese Umgruppierung entstand eine Lücke, in die ein englisches Bataillon bis Engreux hereinstieß. Der englische Angriff hinter den Rücken der Verteidigungslinie konnte durch eigenen Scheinangriff aufgehalten werden. Der Division.Gef.St. wurde nach Mont zurückverlegt.«[8] Wie die amerikanische Infanterie kam auch die britische in dem tiefen Schnee nur schwer voran. Ein großes Hindernis waren die durchweichten Stiefel, die bei dem klirrenden Frost steinhart gefroren. Deutsche Soldatenstiefel galten als nahezu wasserdicht. Der Kommandeur des 1. Bataillons der Gordon Highlanders aus der 51. britischen Highland Division stieß in einem Gehölz auf einen seiner Feldwebel, der dort den Leichnam eines deutschen Soldaten über einen Ast gehängt und unter ihm ein Feuer angezündet hatte. »Er versuchte ihn aufzutauen«, schrieb der Offizier, »um ihm die Stiefel ausziehen zu können.«[9]

Eine Kampfgruppe der 2. deutschen Panzerdivision mit Pionieren, Infanterie, Sturmgeschützen und Panzern errichtete vor Houffalize eine neue Verteidigungslinie. Selbst im Dunkeln stehend, konnten die Panther amerikanische Panzer auf eine Entfernung von 400 bis 500 Metern beschießen, als diese aus dem Wald rollten, weil sie sich so deutlich vom Schnee abhoben. »Sehr bald brannte ein amerikanisches Fahrzeug völlig aus und verbreitete dabei solche Helligkeit, dass die eng aufgestellten amerikanischen Panzer gut beleuchtet und daher leicht abzuschießen waren. Nach einem Feuergefecht von höchstens 15 Minuten waren 24 amerikanische Kampfwagen in Brand geschossen und zehn weitere unbeschädigt erbeutet. Die Deutschen hatten beim Einsatz von 24 Panzern zwei Totalausfälle.«[10] Wie bei den meisten der Gefechte fiel dieser Bericht möglicherweise sehr optimistisch und großsprecherisch aus, aber es kann kaum Zweifel bestehen, dass sich die Alliierten in der Endphase der Schlacht noch viele blutige Nasen holten.

Als die 30. US-Infanteriedivision am 15. Januar das Dorf Thirimont angriff, musste sie feststellen, dass »Backsteinhäuser zu wahrhaften Bunkern mit schweren Maschinengewehren und anderen automatischen Waffen ausgebaut worden waren«. Zwei Bataillone des 120. Infanterieregiments, ein Panzerbataillon und ein Bataillon Panzerjäger wurden gebraucht sowie »über 11 000 105-mm- und 155-mm-Granaten verschossen«, um den Ort in die Hand zu bekommen. Die 3. deutsche Fallschirmjägerdivision brachte dem Regiment dabei Verluste von 450 Mann bei. Wegen tiefem Schnee und Eis »kamen Sanitätswagen nicht annähernd an die Verwundeten heran«. So lieh das Sanitätsbataillon bei den Bauern Pferdeschlitten aus, um die Verletzten zu bergen. Die meisten der gefangen genommenen Deutschen litten an erfrorenen Füßen und konnten kaum gehen.[11]

Patton fuhr in seinem Jeep nach vorn, um die Truppen beim Angriff auf Houffalize zu beobachten. »An einer Stelle«, schrieb er, »kamen wir an einem deutschen Maschinengewehrschützen vorüber, der getötet worden und offenbar sofort gefroren war, denn wir trafen ihn in halb sitzender Stellung mit ausgestreckten Armen an, einen Ladegurt mit Munition in den Händen. Ich sah viele schwarze Objekte aus dem Schnee ragen. Beim genaueren Hinsehen stellte ich fest, dass es die Zehen toter Männer waren.« Sehr beeindruckt war er auch davon, dass die Gesichter der Männer, die nach dem Tod sofort gefroren, »eine Art weinrote Färbung« annahmen. Patton bedauerte, dass er seine Kamera nicht dabeihatte, um das festzuhalten.[12]

Als Hitler am 15. Januar mit seinem Eisenbahnzug nach Berlin zurückfuhr, rollten Schukows und Konews Panzerarmeen bereits in Richtung Oder und Neiße. Gerade waren sie dabei, das Industriegebiet in Schlesien zu überrennen. Von einer einzigen Fahrt zu einem Heeresstab an der Oderfront abgesehen, sollte der »Führer« die Hauptstadt nicht mehr verlassen.

Bei Einbruch der Dunkelheit am 15. Januar hatten sich beide Kampfgruppen der 2. US-Panzerdivision bis auf etwa einen Kilometer an Houffalize herangearbeitet und sich für die Nacht eingegraben. Patrouillen wurden in die Ruinen des Ortes geschickt, um die Feindlage zu prüfen. Eine erreichte Houffalize am 16. Januar um 1 Uhr morgens, konnte aber kaum Zeichen für die Anwesenheit des Gegners finden. Auch an das Ostufer des Flusses Ourthe wurden Patrouillen geschickt, die ebenfalls nur verlassene Stellungen vorfanden. »Um 9.30 Uhr gab es Kontakt mit Patrouillen der 3. US-Armee, wodurch die 1. und die 3. Armee während der Ardennen-Offensive zum ersten Mal miteinander in Berührung kamen.«[13]

Die Ardennen-Offensive war fast zu Ende. Ein britisches Regiment stellte fest, dass der Wehrmacht die Tapferkeitsmedaillen ausgegangen waren. Stattdessen wurden Fotos von Generalfeldmarschall Rundstedt mit

Autogramm verteilt. In einem abgefangenen Funkspruch an den Stab eines Korps hieß es dazu: »Die Division glaubt nicht, dass diese Art Auszeichnung die Infanterie in irgendeiner Weise zum Kämpfen ermutigt.«[14]

Als die 1. und die 3. Armee Kontakt hergestellt hatten, kehrte die 1. US-Armee, wie von Eisenhower entschieden, wieder unter den Oberbefehl von Bradleys 12. Armeegruppe zurück. Das galt offiziell ab 17. Januar, Mitternacht. »Jetzt ist die [ursprüngliche] Lage wiederhergestellt«, notierte Hansen triumphierend.[15] Aber Montgomery gab sich noch nicht geschlagen. Entschlossen, die Kontrolle über die 9. US-Armee zu behalten, legte er einen Plan vor, wonach dieser gegenüber der stolzen 1. Armee Priorität eingeräumt werden sollte.

»Um 10.30 Uhr«, notierte General Simpsons Tagebuchführer am 15. Januar, »traf der Feldmarschall Monty [sic] in unserem Büro ein, um mit dem CG [kommandierenden General] zu besprechen, dass die 9. [Armee] einen zusätzlichen Frontabschnitt übernehmen soll. Damit ließ der FM [Feldmarschall] eine Bombe platzen. Er verlangte, dass der CG für die 9. Armee – vier Korps und 16 Divisionen – Pläne vorbereiten sollte, um zum frühestmöglichen Zeitpunkt gegen Köln und den Rhein vorzurücken. ... Das würde bedeuten, dass die 9. [Armee] beim Vormarsch der Westfront, der Hauptaktion, vorangeht, während die 1. Armee südlich von uns in Bereitschaft bleibt und nach dem Durchbruch die Südflanke der 9. zu sichern hat. ... Die 21. Armeegruppe erwägt gegenwärtig offenbar ganz ernsthaft eine solche Operation und wird unseren Plan SHAEF zur Bestätigung vorlegen.«[16]

Das war eindeutig ein Trick Montgomerys, um Bradley in den Rücken zu fallen. Es war jedoch ein schlauer Schachzug, die 9. Armee ihre Pläne als Erste formulieren zu lassen, denn Simpson und seine Offiziere waren begeistert von der Vorstellung, Priorität gegenüber der 1. Armee zu erlangen und sie in eine untergeordnete Rolle zu zwingen. »Die Aufgabe, ›die Flanke der 9. Armee zu sichern‹, wäre der härteste und höchst befriedigende Schlag gegen die Grand Old Army, den man sich nur vorstellen kann!«, hieß es in Simpsons Tagebuch. »Wie glücklich wären alle hier, wenn es so käme!«[17]

Montgomery glaubte, das SHAEF werde seinem Plan zustimmen. Diesen hatte er aber nur Sir John Whiteley, dem britischen stellvertretenden Chef der Operationsabteilung, gezeigt. Er wusste nicht, dass Eisenhower der Meinung war, Bradley habe im Süden größere Chancen auf einen

Durchbruch, weil die Deutschen ihre besten Einheiten nach Norden werfen würden, um das Ruhrgebiet zu schützen. Vor allem aber waren alle amerikanischen Kommandeure grundsätzlich gegen Montgomerys Plan, was Bradley am Dienstag, dem 16. Januar, in Paris am leidenschaftlichsten zum Ausdruck brachte. Er landete mit seiner Maschine auf dem Flugplatz von Villacoublay und fuhr nach Versailles. Die Spannungen der zurückliegenden zwei Wochen, zweifellos mit schlaflosen Nächten, hatten ihn zermürbt, aber das Feuer gerechten Zorns hielt ihn aufrecht. Eisenhower wurde davon überzeugt, dass es nach dem jüngsten Skandal einen Proteststurm geben würde, sollte man Montgomery gestatten, die Hauptoffensive zu kommandieren und dabei amerikanische Truppen unter seinem Befehl zu haben. Es war Montgomerys eigene Schuld, dass die Strategie der Alliierten nun von politischen Überlegungen und Rivalitäten bestimmt wurde.

Churchill, entschlossen, die Unstimmigkeiten auszubügeln, hielt am 18. Januar im britischen Unterhaus eine Rede, in der er betonte: »Die Truppen der Vereinigten Staaten haben nahezu alle Kämpfe bestritten und nahezu alle Verluste getragen. ... Wir müssen darauf achten, bei unserem berechtigten Stolz keinen unangemessenen Anteil für die britische Armee an der zweifellos größten amerikanischen Schlacht des Krieges einzufordern, die, daran glaube ich fest, für alle Zeiten als ein amerikanischer Sieg gerühmt werden wird.«[18]

Am selben Nachmittag rief Simpson Montgomery an. »Ich habe gerade mit Brad gesprochen. Er hat gefragt, ob es Ihnen passen würde, sich morgen Vormittag um 10.30 Uhr hier bei mir [in Maastricht] mit ihm zu treffen.«

»Ich würde mich freuen«, sagte Montgomery. »Wo ist Brad jetzt?«

»Er ist bei Courtney [Hodges].«[19]

Danach rief Simpson sofort Bradley an. Der erklärte, er werde etwas früher in Maastricht sein, um mit ihm zu sprechen, bevor Montgomery eintreffe. Anlass des Besuches sei eine Besprechung über »Pläne für das künftige Zusammenwirken der Armeegruppen«. Das bedeutete vermutlich, dass er Montgomerys Argumenten entgegenwirken wollte, die von der Vorstellung ausgingen, die »1. und die 3. US-Armee in ihrem gegenwärtigen Zustand« seien nicht in der Lage, die Gegenoffensive in den Ardennen fortzusetzen, welche darauf zielte, den Westwall zu durchbrechen und in Richtung Prüm und Bonn vorzustoßen.[20] Was Bradley Simpson sagte, veränderte dessen zunächst positive Haltung zu Montgomery und dessen Plan auf drastische Weise.

»Alle weiteren Aktionen der 9.«, schrieb Simpson, »würden angesichts der gegenwärtigen britischen Pressepolitik nur den Ruhm des FM [Feldmarschalls] persönlich mehren, denn ihm scheint er in vollem Umfang zuzustehen, und er lässt kaum zu, dass der Name eines einzigen Armeekommandeurs auch nur erwähnt wird. Diese Art des FM und der britischen Presse, militärische Erfolge, die mit amerikanischem Blut erkämpft werden, als solche der Briten darzustellen und das über BBC auch noch in ganz Europa zu verbreiten, lösen Verbitterung, ja sogar Feindseligkeit aus.«[21]

Endlich konnte Bradley dafür Vergeltung üben, wie der Feldmarschall ihn seit Weihnachten gedemütigt hatte. Jetzt würde Montgomery in den Hintergrund treten müssen, sobald die Armeen der Alliierten den Rhein überschritten hatten. Bereits Anfang Dezember hatte Bradley erklärt: »Seine Truppen werden jetzt auf eine sehr geringe, eigentlich unwichtige Rolle in diesem Feldzug reduziert, wo sie im Grunde nur noch die Flanke unserer gewaltigen Dampfwalze zu sichern haben.«[22] Damals traf das nicht zu, aber nun sollte es wahr werden.

Montgomery war nicht der einzige Angstgegner der 12. Armeegruppe. Ihr Verhältnis zum SHAEF hatte sich weiter verschlechtert. Zum einen konnte Bradley Eisenhower nicht verzeihen, dass er die 1. US-Armee Montgomery unterstellt hatte. Zum anderen machte Bedell Smith kein Hehl daraus, dass er von Bradleys Stab und Hodges nicht viel hielt. Am 24. Januar hielt Bradley nach dem Mittagessen in seinem Büro eine Besprechung mit Hodges, Patton und sieben weiteren Generalen ab. Während sie noch berieten, rief der britische Generalleutnant Whiteley vom SHAEF an und teilte Bradley mit, mehrere Divisionen würden von dessen bevorstehender Offensive abgezogen, um eine strategische Reserve zu bilden und Devers im Elsass zu stärken.*

Bradley verlor die Beherrschung und sagte, dass alle im Raum es hören konnten: »Der Ruf und der gute Wille der amerikanischen Soldaten, der amerikanischen Armee und ihrer Kommandeure stehen auf dem Spiel. Wenn Sie es unbedingt wollen, dann können Sie meinetwegen jede verdammte Division und/oder jedes Korps der 12. Armeegruppe nehmen und mit ihnen machen, was Sie wollen, und wir, die Sie hier zurücklassen, werden auf unserem Arsch sitzen bleiben, bis die Hölle gefriert. Sie denken vielleicht nicht, dass ich wütend bin, aber seien Sie versichert, ich bin

---

* Im Sitzungsprotokoll ist vermerkt, der Anruf sei von Bedell Smith gekommen, aber dessen Biograf ist sicher, dass es Generalleutnant Whiteley war. [Siehe D. K. R. Crosswell, *Beetle*, S. 853]

in Rage, verdammt noch mal.« Alle Offiziere im Raum erhoben sich und klatschten Beifall. Dann sagte Patton, laut genug, dass es auch per Telefon zu verstehen war: »Sagen Sie denen, sie sollen zur Hölle gehen, und wir alle drei [Bradley, Patton und Hodges] treten zurück. Ich führe die Prozession an.«[23]

Als die Amerikaner sich am 20. Januar St. Vith näherten, schrieb ein deutscher Artillerieoffizier in sein Tagebuch: »Die Stadt liegt in Trümmern, aber wir werden auch die Trümmer verteidigen.« Bei den hüfthohen Schneewehen würde es nicht leicht werden, einen Angriff durchzuführen. Am nächsten Tag schrieb er: »Der Kampfeslärm kommt näher. ... Ich schicke alle meine persönlichen Sachen ab. Man weiß nie.«[24] Am Sonntag, dem 23. Januar, wurde dem Gefechtskommando B der 7. US-Panzerdivision die Ehre zuteil, diesen Ort zurückzuerobern, den es so tapfer verteidigt hatte.

Die Jäger und Jagdbomber des XIX. Taktischen Luftkommandos sowie die Typhoons der 2. Taktischen Luftflotte griffen weiterhin deutsche Fahrzeuge auf dem Rückzug an. Am 22. Januar meldete das XIX. Taktische Luftkommando über 1100 zerstörte und weitere 536 beschädigte Kraftfahrzeuge.[25] Diese Schätzungen wurden durch spätere Recherchen nicht bestätigt. »Die drei Taktischen Luftflotten meldeten die Zerstörung von insgesamt 413 feindlichen Panzerfahrzeugen«, hieß es im offiziellen britischen Bericht. »Eine nachfolgende Kontrolle am Boden hat ergeben, dass diese Zahl offenbar zehnfach überhöht ist.« Die eigentliche Leistung der Flugzeuge der Alliierten, heißt es darin, waren »der Beschuss und die Bombardierung der Nachschubwege, wodurch erreicht wurde, dass wichtiger Nachschub nicht bis zur Front gelangte«.[26] Deutsche Quellen bestätigten diese Schlussfolgerung. Die Luftstreitkräfte der Alliierten haben für die Kämpfe an der Front »keine entscheidende taktische Rolle gespielt«, sagte Generalmajor Waldenburg später aus. »Im Hinterland war ihre Wirkung größer.«[27]

Am 23. Januar nahm die 7. US-Panzerdivision St. Vith endgültig ein. Alle Überlebenden hatten den Ort verlassen, der still war wie ein Grab. Das einzige größere Gebäude, das noch stand, war der Büchelturm. Am 29. Januar verlief die Frontlinie etwa wieder so wie am 15. Dezember. Dafür hatte man einen Monat und zwei Wochen gebraucht. An diesem Tag notierte Hansen in seinem Tagebuch: »Die 3. US-Armee hat heute die Ardennenschlacht offiziell für beendet erklärt und neue Angriffe gegen deutsche Ziele begonnen.«[28]

In der letzten Januarwoche verlegte Bradley den Stab seines Taktischen Luftkommandos »Eagle« von Luxemburg in die Provinzhauptstadt Namur. Patton kam zu ihm, um sich zu verabschieden. »Er ist ein guter Offizier«, schrieb Patton in sein Tagebuch, »aber ihm fehlt das gewisse Etwas. Zu schade.«[29] Der Provinzgouverneur musste das prächtige Palais de Namur verlassen, wo sich Bradley wie ein Vizekönig einrichtete. Simpson, der ihn am 30. Januar besuchte, beschrieb es als »einen riesigen Palast mit Seidentapeten, Samtvorhängen, zu vielen riesigen Ölbildern der königlichen Familie, dicken Teppichen und spiegelblanken Marmorfußböden. Die Schlafzimmer, die jetzt als Büros benutzt werden, sind riesig – so groß wie das Parterre einer soliden Privatvilla.«[30]

Als Privatresidenz übernahm Bradley Château de Namur. Da sich das Schloss in ziemlich verwahrlostem Zustand befand, wurden deutsche Kriegsgefangene für die Reinigung eingesetzt. Bradleys Stab sah »sich gezwungen, in Häusern von Kollaborateuren« Möbel zu requirieren. Selbst Hansen räumte ein, dass *Eagle Tac* [Adler-Stabsquartier] jetzt von allen nur noch »*Eagle Took*« [»Adler-Beute«] genannt wurde. Auch das Schloss hatte Marmorkamine und -fußböden, außerdem laut Simpson riesige Gärten und einen prachtvollen Blick über das Tal der Maas. Bradley bestand darauf, dass man eine Speiseeismaschine aufstellte.[31]

Am Sonntag, dem 4. Februar, wurde Montgomery zu Besprechung und Mittagessen eingeladen. Er fuhr in seinem Rolls-Royce mit Union Jack und einer Motorradeskorte vor. Laut Hansen zelebrierte er »seinen üblichen lang gezogenen, dramatischen Auftritt eines Feldherrn«. Offenbar wurde er von allen anwesenden amerikanischen Offizieren sehr kühl aufgenommen. »Sein Ego blieb davon jedoch unbeeindruckt, er scherzte, tönte und gestikulierte. Er spielte sich ständig in den Vordergrund und redete beim Essen viel zu laut.«[32]

In einem offenbar bewussten Affront verließen Bradley und Eisenhower die Tafel vor dem Gast. Im Regen fuhren beide nach Bastogne, um dort Patton zu treffen. Bald nachdem sie die Maas überquert hatten, »kamen sie an den verbeulten und geschwärzten Kolossen feindlicher Panzer, aber auch Shermans vorüber. Trümmer abgestürzter C-47 und viele andere militärische Ausrüstungsstücke lagen herum. Patton begrüßte uns im Stab der Rückwärtigen Dienste des VIII. Korps in Bastogne. Die Besprechung mit Ike und Bradley fand in einem kleinen Raum statt, der von einem Kohlenöfchen geheizt wurde und wo die Soldaten der 101. US-Luftlandedivision während der historischen Belagerung der Stadt untergekommen waren.«

Danach ließen sich die drei Generale gemeinsam im zerbombten Zentrum der Ortschaft fotografieren, stiegen wieder in ihre Fahrzeuge und fuhren in nördlicher Richtung nach Houffalize weiter. Erneut »kamen sie an [zahlreichen] Sherman-Panzern vorüber, an deren Panzerung die Spuren der feindlichen Artillerie deutlich zu erkennen waren«.[33] Sie fuhren weiter, um General Hodges zu treffen, der seinen Stab nach rückwärts in die Stadt Spa verlegt hatte. Es war eine symbolische Ehrenrunde, von welcher der Feldmarschall ausgeschlossen blieb.

Belgien stand vor einer Krise, auf die das SHAEF nur langsam reagierte. Der Mangel an Lebensmitteln löste Streiks in den Bergwerken aus, wodurch in dem harten Winter auch die Kohle knapp wurde. Versuche der Regierung, die in die Höhe schießenden Preise zu kontrollieren, wurden mit Leichtigkeit umgangen, und der Schwarzmarkt blühte. Auf dem Land kehrten die Menschen zum Tauschhandel zurück. Die meisten Geschäfte wurden mit amerikanischen und britischen Soldaten gemacht, die ihre Konserven gegen frische Eier eintauschten.

Die Ardennen-Offensive forderte den Tod von 2500 Angehörigen der belgischen Zivilbevölkerung. Dazu kamen weitere 500 getötete Zivilpersonen im Großherzogtum Luxemburg. Man nimmt an, dass etwa ein Drittel bei Luftangriffen der Alliierten getötet wurde. Wenn man jene hinzuzählt, die den mindestens 5000 verschossenen V-Raketen in diesem Winter von Oktober bis März zum Opfer fielen, dann summieren sich die zivilen Opfer auf über 8000 Tote und Vermisste sowie 23 584 Verwundete.[34]

Es gab massive Zerstörungen. An Gebäuden, Kirchen, Bauernhöfen, Straßen und Eisenbahnanlagen waren schreckliche Schäden entstanden. Ebenso an Sägewerken, Wasserleitungen, Telefon- und Stromnetzen. Etwa 88 000 Menschen hatten ihr Obdach verloren. Familien, die mit ihrer dürftigen Habe auf Handwagen nach Hause zurückkehrten, mussten feststellen, dass selbst Häusern, die nicht von Granaten oder Bomben getroffen waren, die Türen fehlten. Deutsche und alliierte Truppen hatten sie herausgerissen, um Schützenlöcher und Schützengräben damit abzudecken. Auch Bettzeug hatten sie mitgenommen, um sich etwas zu wärmen oder sich zu tarnen. Es herrschte ein riesiger Mangel an warmer Kleidung. Ein britischer Offizier für zivile Angelegenheiten hielt schriftlich fest: »Eine riesige Zahl belgischer Frauen trägt Mäntel aus Armeedecken oder Skianzüge aus Kampfmonturen, die sie schwarz oder braun gefärbt und von denen sie die Taschen abgetrennt haben.«[35]

In den belgischen Provinzen Luxemburg und Namur waren 18 Kirchen zerstört und 69 weitere schwer beschädigt. In vielen Fällen waren Granaten auf Friedhöfen niedergegangen, und überall lagen gebleichte Gebeine herum. In La Roche, das beide Seiten bombardiert und beschossen hatten, waren 114 Zivilisten umgekommen. Von 639 Häusern konnten nur noch vier bewohnt werden. Die Stadt war ein einziger Trümmerhaufen. Amerikanische Bulldozer mussten herbeigeschafft werden, um auf den wichtigsten Straßen Schneisen zu schlagen. Einwohner beobachteten, dass die Schwalben, die im Frühjahr zum Nestbau zurückkehrten, völlig desorientiert waren.[36]

Die Ardennen, die fast gänzlich von Land- und Forstwirtschaft abhingen, hatten einen gewaltigen Schlag erlitten. Es gab nur noch wenige Hühner, und circa 50 000 Stück Vieh waren bei den Kämpfen getötet oder von den Deutschen mitgenommen worden. Vom Beschuss steckten die Bäume voller Geschosssplitter, die den Wert des Holzes senkten und den Sägewerken noch lange Zeit Probleme bereiten sollten. Nur ein kleiner Teil der während der Kämpfe getöteten Tiere konnte noch für den Verzehr genutzt werden. Die meisten musste man vergraben. Viele der Tiere, die überlebt hatten, verendeten, wenn sie Wasser aus Granattrichtern oder anderen von verwesenden Leichen oder weißem Phosphor vergifteten Quellen tranken. Im Großherzogtum Luxemburg brach eine Nahrungsmittelkrise aus. Das lag an den Kriegsschäden und daran, dass die Deutschen den Nordteil des Landes ausgeplündert hatten.

Eines der schlimmsten Probleme war, wie man mit den weit über 100 000 Minen verfahren sollte, die beide Seiten vergraben hatten, mit den Sprengfallen, nicht explodierten Geschossen und dem Sprengstoff. All das lag überall herum. In und um Bastogne kamen auch nach den Kämpfen noch etwa 40 Belgier ums Leben. Bei einem Zwischenfall wurden zehn britische Soldaten verstümmelt oder schwer verletzt, als einer ihrer Kameraden auf eine Mine trat. Dabei hat es sich um eine wahrhaft teuflische Saat gehandelt, denn die meisten Soldaten wurden Opfer, als sie einen Kameraden zu retten versuchten.

Nach dem Tauwetter mussten Kinder in sichere Gegenden gebracht werden, wo es keine Minen gab. Einige verletzten sich beim Spielen mit Munition, besonders wenn sie versuchten, Granaten zu öffnen, um eigene Feuerwerkskörper herzustellen. Die alliierten Truppen taten, was sie in der kurzen Zeit vor ihrem Abzug noch für die Minenräumung tun konnten, aber diese Aufgabe fiel vor allem der belgischen Armee, Freiwilligen und später Wehrpflichtigen zu. Die Trupps, die nicht explodierte Granaten und Minen einsammelten, mussten diese an Ort und Stelle zur Detonation bringen. In Städten und Dörfern forderten sie in der Regel die Bewohner auf, zu dieser Zeit die Fenster zu öffnen, aber manche Häuser waren so alt, dass sie nicht mehr geöffnet werden konnten.

Ende Januar setzte starker Regen ein, der eine rasche Schneeschmelze bewirkte. Nun begannen Kadaver und Leichen, die bislang vom Schnee bedeckt waren, rasch zu verwesen. Der Gestank war ungeheuer. Aber vor allem die Gefahr von Seuchen, die die eigenen Truppen befallen konnten, veranlasste die amerikanischen Militärbehörden, Pioniere mit Bulldozern zu schicken. Besonders der Umgang mit gefallenen Deutschen war gefährlich, denn unter ihren Leichen konnten sich Sprengfallen befinden. Man band also ein Seil an Arme oder Beine und schleppte die Leiche ein Stück beiseite, um sicherzugehen, dass keine Handgranate darunter lag. Die Gefallenen der Alliierten wurden einzeln bestattet und die Gräber häufig von der örtlichen Bevölkerung mit Blumen geschmückt. Die Deutschen wurden kurzerhand in Massengräber geworfen wie Pestopfer. Manche Körper waren durch Phosphor so verkohlt, dass man sie nicht mehr identifizieren konnte. Ob es sich um Deutsche oder Soldaten der Alliierten handelte – jeder hoffte, dass sie einen raschen Tod gehabt hatten.

24. Kapitel

Schluss

Die schicksalhafte Straßenkreuzung in Baugnez bei Malmédy wurde am 13. Januar zurückerobert. Am nächsten Morgen gingen Trupps von Pionieren mit Minendetektoren daran zu prüfen, ob die SS-Panzergrenadiere an den Leichen der Massakrierten Sprengfallen angebracht hatten. Dann machten sich die Trupps zur Gefallenenbergung und die Ärzte an die Arbeit. Ihre Aufgabe war extrem schwierig, denn alle Toten waren mit mindestens einem halben Meter Schnee bedeckt und hart gefroren.

Die meisten hatten mehrere Wunden – Einschüsse in Stirn, Schläfen und Hinterkopf, die ihnen wahrscheinlich beigebracht wurden, als deutsche Offiziere und Panzergrenadiere umhergegangen waren und ihnen den »Gnadenschuss« gegeben hatten. Manche hatten keine Augen mehr, offenbar ein Werk der Krähen. Die leeren Höhlen waren mit Schnee gefüllt. Einige Gefangene hielten noch die Hände über dem Kopf erhoben. Die Leichen wurden nach Malmédy gebracht, um sie dort in einem Eisenbahndepot aufzutauen. Mit Rasierklingen und Messern mussten die Taschen an der Kleidung aufgeschnitten werden, um persönliche Gegenstände zu bergen.

Es galt, Beweisstücke für ein Kriegsverbrechertribunal sicherzustellen. Tatsächlich verurteilte ein US-Militärgericht in Dachau 73 ehemalige Angehörige der Kampfgruppe Peiper: 43 erhielten die Todesstrafe, 22 lebenslängliche Haft und acht Gefängnisstrafen zwischen 10 und 20 Jahren. Weitere elf wurden im Juli 1948 vor ein belgisches Gericht in Lüttich gestellt, wo zehn von ihnen zu 10 bis 15 Jahren Zwangsarbeit verurteilt wurden. Nachdem die Nürnberger Prozesse beendet waren, wurden in der ersten Phase des Kalten Krieges alle in Dachau gefällten Urteile umgewandelt und die Häftlinge im Lauf der 1950er-Jahre entlassen. Als einer der Letzten kam Peiper frei. Nach elfeinhalb Jahren Haft zog er sich nach Traves im französischen Département Haute-Saône zurück, wo er unerkannt lebte. Vermutlich töteten ihn ehemalige Mitglieder der französischen Résistance dort am 14. Juli 1976. Peiper wusste, dass sie ihm auf der Spur waren. Kurz vor seinem Tod sagte er, seine Kameraden warteten in Walhalla auf ihn.[1]

Bei den Kämpfen in den Ardennen wurde ein für die Westfront beispielloser Grad an Brutalität erreicht. Das Erschießen von Kriegsgefangenen war dort stets in viel stärkerem Maße üblich, als Militärhistoriker in der Vergangenheit zuzugeben bereit waren, besonders wenn sie über ihre eigenen Landsleute schrieben. Wie die Kampfgruppe Peiper beim Massaker von Malmédy-Baugnez Gefangene kaltblütig niedermetzelte, war natürlich eine grausige Tat, und mehr noch die wahllose Ermordung von Zivilpersonen. Es konnte kaum überraschen, dass amerikanische Soldaten dafür Rache nahmen. Aber es muss schockieren, dass eine Anzahl Generale, bei Bradley angefangen, das Erschießen von Gefangenen als Vergeltungsmaßnahme offen billigten. Nur wenige Details sind in den Archiven oder in amerikanischen Berichten über das Massaker von Chenogne zu finden, wo Angehörige der schlecht ausgebildeten und von den Gefechten übel mitgenommenen 11. US-Panzerdivision an etwa 60 Gefangenen ihren Furor ausließen. Dieser Vergeltungsakt unterschied sich von den kaltblütigen Hinrichtungen der Waffen-SS bei Malmédy-Baugnez, aber er wirft trotzdem ein schlechtes Licht auf die Offiziere dieser Einheit.

Einige Male haben amerikanische Soldaten belgische oder luxemburgische Zivilpersonen getötet – entweder aus Versehen oder wegen des Verdachts, sie könnten der fünften Kolonne in einer Region angehören, wo Teile der Deutsch sprechenden Bevölkerung nach wie vor Sympathien für das Nazi-Regime hegten. Insgesamt zeigten amerikanische Soldaten jedoch viel Mitgefühl für die von den Kämpfen betroffene Zivilbevölkerung. Die medizinischen Dienste der U.S. Army taten, was sie konnten, um auch verletzte Zivilpersonen zu behandeln. Die Waffen-SS und auch einige Einheiten der Wehrmacht hingegen ließen ihre Wut über den fast verlorenen Krieg an unschuldigen Menschen aus. Am schlimmsten wüteten jene, die an der belgischen Résistance für deren Aktionen beim Rückzug der Deutschen zum Westwall im September 1944 Rache nahmen. Auch weitere Massaker an der Zivilbevölkerung in Noville und Bande, die vor allem vom »Sondereinheitskommando 8« verübt wurden, dürfen nicht vergessen werden.

Häufig übersehen die Historiker jedoch die schreckliche Ironie der Kriegführung im 20. Jahrhundert. Nach dem Blutbad des Ersten Weltkriegs standen die Militärbefehlshaber der westlichen Demokratien jetzt unter großem Druck, die eigenen Verluste möglichst gering zu halten. Daher setzten sie massiv auf den Einsatz von Artilleriegranaten und Bomben. Dabei starben jedoch viel mehr Zivilisten. Besonders der weiße Phosphor war eine Waffe, die in schrecklicher Beliebigkeit tötete.

Am 20. Juli 1945, ein Jahr nach der Detonation von Stauffenbergs Bombe in der »Wolfsschanze«, wurden Generalfeldmarschall Keitel und Generaloberst Jodl nach der Ardennen-Offensive befragt. Sowohl der aufgeblasene Keitel als auch der kalte, berechnende Jodl gaben fatalistische Antworten. Sie wussten, dass auch sie in Kürze mit dem Kriegsverbrechertribunal zu rechnen hatten.

»Das Urteil darüber«, sagten sie in einer gemeinsamen Erklärung, »ob es besser gewesen wäre, unsere Reserven im Osten statt im Westen einzusetzen, überlassen wir der Geschichte. Ob es ein ›Verbrechen‹ war, den Krieg durch diesen Angriff zu verlängern, darüber sollten die Gerichte der Alliierten urteilen. Unsere eigene Bewertung ist unverändert und hängt nicht von ihnen ab.« Sie räumten allerdings ein: »Da die 5. und 6. Panzerarmee in den Ardennen gebunden waren, wurde der Weg frei für die russische Offensive, die am 12. Januar von den Brückenköpfen an der Weichsel aus startete.«[2] Was russische Historiker nicht anerkennen wollen, unterliegt keinem Zweifel: Der Erfolg des Vormarschs der Roten Armee von der Weichsel bis zur Oder war zu einem großen Teil auf Hitlers Ardennen-Offensive zurückzuführen.

Es entzieht sich einer Bewertung, in welchem Maße Bradleys »kalkuliertes Risiko«, die Ardennenfront so schwach verteidigt zu belassen, den Durchbruch der Deutschen begünstigte. Jedenfalls zeigte sich darin die damalige Auffassung der Alliierten, die Deutschen seien zu einer strategischen Offensive nicht mehr in der Lage. Doch der Irrtum auf deutscher Seite war noch viel schwerwiegender. Nicht nur Hitler und das OKW, sondern auch die meisten Generale glaubten, die Amerikaner würden sich ungeordnet bis zur Maas zurückziehen und sich dort auf die Verteidigung einrichten. Sie hatten nicht mit einer so entschlossenen Gegenwehr an der Nord- und Südflanke gerechnet, die ihre Bewegungsfreiheit und ihre Nachschubwege auf dem unzureichenden Straßennetz und bei dem schlechten Wetter auf verheerende Weise einschränkte. Wie bereits erwähnt, war Hitler überzeugt, dass Eisenhower wegen der Komplikationen der Kriegführung in einem Bündnis nicht zu raschen Entschlüssen in der Lage sein werde.[3]

»Die Schnelligkeit der Reaktion der Alliierten übertraf vielleicht unsere Erwartungen«, erkannte Jodl später an. »Vor allem aber blieb das Tempo unserer eigenen Bewegungen weit hinter den Planungen zurück.«[4] Zu Recht hatte Bradley am Heiligen Abend so stolz betont, dass »keine andere Armee der Welt ihre Truppen so perfekt und schnell hätte umgruppieren können, wie wir es getan haben«.[5] Am zweiten Tag der Offensive warf die 1. US-Armee binnen 24 Stunden 60 000 Mann in die Ardennen. Das verachtete Com Z von General Lee hatte Wunder bewirkt. Ihm gelang es unter anderem, 85 Prozent der Vorräte an Militärgütern außer Reichweite der Deutschen zu bringen. Vom 17. bis zum 26. Dezember transportierten 50 000 Lkw und 248 000 Mann der Quartiermeistereinheiten 10,6 Millionen Liter Benzin ab. Dadurch waren die deutschen Panzerspitzen nicht in der Lage, sich aus erbeuteten Depots zu versorgen.

Wenn auch Hitler sich der Realität verweigerte, bis es längst zu spät war, begriffen die deutschen Generale bereits am Ende der ersten Woche, dass die Großoffensive zum Scheitern verurteilt war. Zwar war ihnen ein Überraschungsangriff gelungen, aber sie hatten nicht den Zusammenbruch der Moral der Amerikaner erreicht, den sie brauchten. Darunter litt die Moral der Deutschen. »Offiziere und Soldaten zeigten mehr und mehr, dass sie das Vertrauen in das deutsche Oberkommando verloren hatten«, schrieb Generalmajor Gersdorff. »Nur die unmittelbare Gefahr für die Heimat und ihre Grenzen veranlasste die Truppen, ihre Anstrengungen gegen einen gnadenlosen Feind noch zu verstärken.«[6]

Bayerlein von der Panzer-Lehr-Division verzweifelte am Starrsinn Hitlers und des OKW, als offensichtlich wurde, dass die deutschen Truppen die Maas nicht erreichen konnten. »Jeder Tag, da die Truppen warteten und den Frontbogen aufrechterhielten, bedeutete weitere Verluste an Menschen und Material, die zur operativen Bedeutung dieses Territoriums für das deutsche Kommando in keinem Verhältnis standen.« Er argumentierte, der gravierendste Planungsfehler habe darin bestanden, die 6. Panzerarmee mit der größten Schlagkraft auszustatten, während in ihrem Abschnitt der heftigste Widerstand zu erwarten war. Die einzige Chance, die Maas zu erreichen, hatte Manteuffels 5. Panzerarmee. Doch auch nur die Vorstellung, bis nach Antwerpen zu gelangen, war angesichts des Kräfteverhältnisses an der Westfront völlig unrealistisch. Bayerlein nannte die Ardennen-Offensive »den letzten Schnaufer der zusammenbrechenden Wehrmacht und des Oberkommandos vor ihrem Ende«.[7]

Der Ardennen-Feldzug, zweifellos ein Triumph der Amerikaner, geriet zu einer politischen Niederlage der Briten. Montys verheerende Pressekonferenz und der gedankenlose Rummel der Londoner Presse lösten in den USA und besonders unter hohen amerikanischen Offizieren in Europa eine rasch um sich greifende Anglophobie aus. Das machte Churchills Hoffnung zunichte, Feldmarschall Alexander könnte Luftmarschall Tedder als Eisenhowers Stellvertreter ersetzen. General Marshall legte sofort sein Veto ein, denn das hätte bedeutet, dass die Briten »bei der Kontrolle über die Bodenoperationen einen wichtigen Punkt gemacht hätten«.[8] Wie Churchill bekannte, hatte das Ganze eine noch viel ernstere Konsequenz. Nach der Überschreitung des Rheins und beim Vormarsch nach Deutschland sollte Montgomery völlig an den Rand gedrängt und jeder britische Ratschlag ignoriert werden. Mit dem Einfluss des Landes in den Gremien der Alliierten war es vorbei.[9] Man kann auch nicht gänzlich ausschließen, dass Präsident Eisenhowers Zorn über die Treulosigkeit der Briten während der Suezkrise elf Jahre später zu einem Teil auf seine Erfahrungen vom Januar 1945 zurückging.*

Die Verluste in der Ardennenschlacht auf deutscher und auf alliierter Seite vom 16. Dezember 1944 bis zum 29. Januar 1945 waren nahezu gleich. Die deutschen Verluste beliefen sich auf etwa 80 000 Tote, Verwundete und Vermisste. Die Amerikaner hatten 75 482 Mann Verluste zu beklagen, davon 8407 Tote. Die Briten verloren 1408 Mann, darunter 200 Tote. Den höchsten Verlust – 8568 Mann – erlitt die unglückselige 106. US-Infanteriedivision. Davon geriet allerdings ein großer Teil in Gefangenschaft. Die höchste Todesrate hatte die 101. US-Luftlandedivision, die 535 Gefallene verzeichnete.[10]

An der Ardennenfront wurden zum ersten Mal in größerem Umfang Einheiten eingesetzt, die gänzlich aus afroamerikanischen Soldaten bestanden. Entgegen den Befürchtungen und Vorbehalten vieler hoher amerikanischer Offiziere kämpften sie gut, wie die 17. Luftlandedivision bewies. Im VIII. Korps bestanden nicht weniger als neun Feldartilleriebataillone aus

---

* Die Erbitterung darüber verwand Eisenhower sein Leben lang nicht. Als Cornelius Ryan ihm gegenüber einige Jahre nach der Suezkrise und lange nach Kriegsende Montgomery erwähnte, brach es aus Eisenhower hervor: »Er ist ein Psychopath, vergessen Sie das nicht. Er ist so ein Egozentriker. ... Er hat niemals in seinem Leben einen Fehler gemacht.« Montgomery habe versucht, »zu erreichen, dass die Amerikaner, vor allem ich selbst, in diesem Krieg keinerlei Verdienste, ja überhaupt nichts mit ihm zu tun gehabt hätten. Ich habe jeden Kontakt zu ihm abgebrochen.« [Cornelius J. Ryan Collection, Ohio University, Box 43, File 7, Typoskript, o. D.]

Schwarzen, ebenso vier von sieben Einheiten der Korpsartillerie, die die 106. Infanteriedivision unterstützten. Zwei davon wurden in Bastogne eingesetzt und spielten eine wichtige Rolle bei der Verteidigung der dortigen Frontlinie. Das 969. Feldartilleriebataillon erhielt als erste schwarze kämpfende Einheit im Zweiten Weltkrieg die vom Präsidenten verliehene Auszeichnung »Distinguished Unit Citation«. An der Ardennenschlacht waren auch drei Panzerjägerbataillone und das 761. Panzerbataillon mit komplett schwarzen Besatzungen beteiligt. Hauptmann John Long, der Kompanie B des 761. Panzerbataillons befehligte, erklärte, er kämpfe »nicht für Gott und Vaterland, sondern für mich und mein Volk«.[11]

Die unerwähnten amerikanischen Opfer der Ardennen-Offensive waren jene, die vom Feind gefangen genommen wurden und die letzten Kriegsmonate in den grauenvollen Gefangenenlagern des Stalag-Systems verbringen mussten. Ihre Reise nach Deutschland bestand aus einer Reihe langer Märsche in der Kälte und aus endlosen Eisenbahnfahrten in Viehwaggons bei Bombardierung und Beschuss durch alliierte Flugzeuge, dabei ständig den kräftezehrenden Qualen der Ruhr ausgesetzt.

Feldwebel John Kline von der 106. US-Infanteriedivision hat sein Martyrium in einem Tagebuch festgehalten. Am 20. Dezember mussten er und seine Kameraden den ganzen Tag ohne Essen und Trinken marschieren. Ab und zu steckten sie sich eine Handvoll Schnee in den Mund. In einem kleinen Dorf »zwangen uns die Deutschen, unsere Überschuhe auszuziehen und sie Zivilisten zu geben«. Sie sahen deutsche Soldaten in erbeuteten Jeeps sitzen und etwas essen, das wohl ihre Weihnachtsmahlzeit darstellte. Am 25. Dezember – deutsche Zivilisten hatten gerade die Gefangenenkolonne mit Steinen beworfen – schrieb er: »Keine Weihnacht, außer in unseren Herzen.« Zwei Tage später erreichten sie am Nachmittag Koblenz, wo sie Brot und etwas Suppe aus einer Feldküche erhielten. Während sie in 500er-Gruppen durch die Stadt marschierten, stürzte sich ein Mann im Anzug auf ihn und schlug ihm seine Aktentasche über den Kopf. Der deutsche Wachmann erklärte ihm, der Mann sei wohl über die jüngsten Bombenangriffe wütend gewesen.[12]

Als die Kämpfe im April 1945 ihrem Ende entgegengingen, stieß der australische Kriegsberichterstatter Godfrey Blunden auf eine Gruppe junger, halb verhungerter amerikanischer Kriegsgefangener. Wahrscheinlich hatten sie ebenfalls der 106. Infanteriedivision angehört. Er beschrieb ihre »scharf heraustehenden Rippen«, die eingefallenen Wangen, die dünnen Hälse und »schlenkernden Arme«. Vor Freude, einem Angelsachsen zu begegnen, wurden sie fast »ein wenig hysterisch«. »Einige amerikanische Gefangene, denen ich an diesem Vormittag begegnete, schienen mir das größte Mitleid von allen zu verdienen, die ich je gesehen hatte«, schrieb Blunden. »Sie waren erst letzten Dezember nach Europa gekommen, sofort in die vorderste Frontlinie geraten und hatten die deutsche Gegenoffensive in den Ardennen in voller Härte erlebt. Seit ihrer Gefangennahme wurden sie beinahe permanent von einem Ort zum anderen transportiert. Sie erzählten Geschichten von Kameraden, die von den deutschen Wachleuten tot geschlagen wurden, nur weil sie das Glied verlassen hatten, um sich eine Zuckerrübe aus einem Feld zu holen. Sie wirkten so bemitleidenswert, weil es Jungen aus netten Häusern in einem netten Land waren, die nichts von Europa gewusst hatten, nicht so hartgesotten wie die Australier, nicht so durchtrieben wie die Franzosen oder so absolut stur wie die Briten. Sie begriffen überhaupt nicht, was mit ihnen geschah.«[13] Aber sie hatten wenigstens überlebt. Einer beträchtlichen Zahl ihrer Kameraden fehlte der Wille, die Gefangenschaft zu überstehen. Sie gaben das Vorbild für Kurt Vonneguts *Billy Pilgrim* ab, der den »5000-Meilen-Blick« hatte. Völlig apathisch, wollten diese Jungen kein Glied mehr rühren und kein Essen mehr zu sich nehmen. Schweigend verhungerten sie.[14]

Mit dem Überraschungseffekt und der Brutalität von Hitlers Ardennen-Offensive waren die Schrecken der Ostfront im Westen angekommen. Aber wie bereits bei der Invasion der Japaner in China 1937 und der Nazis in der Sowjetunion 1941 löste der Schock des totalen Krieges nicht die erwartete umfassende Panik und den allgemeinen Zusammenbruch aus. Im Gegenteil, die Folge war eine kritische Masse von verzweifeltem Widerstand und der Entschlossenheit, sich auch in der Umzingelung bis zum letzten Blutstropfen zu wehren. Wenn deutsche Einheiten mit kreischenden und pfeifenden Geschossen attackierten, dann verteidigten isolierte Kompanien entscheidende Dörfer gegen eine gewaltige Übermacht. Mit ihrem Opfer erkauften sie die Zeit, um Verstärkung heranzuführen. Dies war ihr wichtiger Beitrag zur Vereitelung von Hitlers Traum. Vielleicht bestand der größte Fehler der Deutschen in der Ardennen-Offensive darin, dass sie die Soldaten einer Armee unterschätzten, die sie zu verachten vorgaben.

Dank

Die Recherchen zu einem Buch wie diesem wären nicht möglich gewesen ohne die enorme Hilfe von Freunden und Außenstehenden. Zutiefst dankbar bin ich vor allem Rick Atkinson, der mir all seine Forschungsaufzeichnungen zu diesem Thema großzügig überlassen hat. Sie erwiesen sich als exzellenter Leitfaden und haben mir, als ich in den Archiven darüber zu forschen begann und es noch sehr quälend voranging, viel Zeit gespart.

Aber ich stehe auch in der Schuld vieler anderer, ihnen gilt mein tief empfundener herzlicher Dank. Comte Hadelin de Liedekerke Beaufort, auf dessen Grund und Boden die Spitzen der deutschen 2. Panzerdivision zerschlagen wurden, lud mich zu sich ein. Dabei brachte er mich mit M. Jean-Michel Delvaux in Kontakt, dem Historiker, der das Schicksal der Zivilbevölkerung während des Krieges in der Region von Celles und Rochefort erforscht hat und dessen eindrucksvolles Werk mir eine große Hilfe war. Seine Hoheit Le Duc d'Arenberg, auf dessen Ländereien die deutsche 116. Panzerdivision kämpfte, stellte mir freundlicherweise seinen Verwalter, M. Paul Gobiet, zur Verfügung, der mich zu allen Orten fuhr, die für mich von Interesse waren.

Sebastian Cox, Leiter des Air Historical Branch des britischen Verteidigungsministeriums, stand mir in allen Fragen des Einsatzes der Luftstreitkräfte beratend zur Seite und war besonders hilfreich bei Einzelheiten zu »Unternehmen Bodenplatte«. Orlando Figes stellte die Verbindung zu seinem Onkel Ernest Unger her, der mir freundlicherweise die Geschichte von Gerhardt Unger erzählte. Ron Schroer vom Australian War Memorial brachte mich mit Hans Post in Verbindung, der seine Erinnerungen und Tonbänder von Gesprächen über seine Erlebnisse in der SS während des Ardennen-Feldzuges beisteuerte. Professor Tami Davis Biddle vom U.S. Army War College, Sir Max Hastings, Dr. Stefan Goebel und James Holland halfen mit Hinweisen, Material und Büchern.

Zu Dank verpflichtet bin ich weiterhin Ronald Blunden, meinem Verleger in Frankreich, für die Aufzeichnungen seines Vaters Godfrey Blunden; ferner Mrs. Anne Induni, Tochter von Air Marshal Sir James Robb, dem Stellvertreter des Stabschefs Luft beim SHAEF, für das Papier ihres Vaters, »Higher Direction of War«, das er im November 1946 in Bentley Priory verfasste; und Dr. Arthur S. Couch für seine unveröffentlichten Erinnerungen an den Winter 1944.

Selbstverständlich verdanke ich sehr viel der Hilfe und Beratung zahlreicher Archivare, darunter William Spencer und seine Kollegen in den National Archives in Kew, Dr. Conrad Crane, Dr. Richard Sommers und alle Mitarbeiter vom USAMHI in Carlisle, Pennsylvania, Dr. Tim Nenninger und Richard Peuser von NARA in College Park, Maryland, die Mitarbeiter des Liddell Hart Centre for Military Archives am King's College London sowie die Mitarbeiter des Imperial War Museum. Harland Evans hat mir geholfen, in den National Archives, im Imperial War Museum und im Liddell Hart Centre Material zu sammeln.

Ewig dankbar sein werde ich schließlich meinem Agenten und Freund Andrew Nurnberg, Robin Straus in den USA, ebenso Eleo Gordon, meiner Lektorin bei Penguin in London, und Kathryn Court in New York. Peter James erwies sich wieder einmal als idealer Korrektor. Der größte Dank gebührt jedoch erneut meiner Frau und ersten Leserin Artemis. Das Buch ist unserem Sohn Adam gewidmet, der sein Examen in Geschichte der Neuzeit mit hervorragendem Ergebnis ablegte und mir damit, als ich an den kompliziertesten Kapiteln dieses Buches arbeitete, ein zusätzlicher Ansporn war.

Kartenverzeichnis und -legende

Vorsatz: Die Ardennen: Frontverlauf vor der deutschen Offensive, 16. Dezember 1944

Seite 15: Die Westfront, September – Dezember 1944
Seite 24: Antwerpen und die Schelde, 9. September 1944
Seite 40: Die Schlacht um Aachen, Oktober 1944
Seite 69: Der Hürtgenwald, November – Dezember 1944
Seite 123: Die deutsche Offensive, 16.–25. Dezember 1944
Seite 126: Die Nordflanke, 16.–22. Dezember 1944
Seite 133: Vernichtung der 106. US-Infanteriedivision und Verteidigung von St. Vith, 16.–19. Dezember 1944
Seite 139: Die Vernichtung der 28. US-Infanteriedivision, 16.–19. Dezember 1944
Seite 143: Die Südflanke, 16.–19. Dezember 1944
Seite 149: Rocherath-Krinkelt und die Elsenborner Höhen, 17.–21. Dezember 1944
Seite 161: Der Vormarsch der Kampfgruppe Peiper, 17.–22. Dezember 1944
Seite 185: Bastogne, 19.–23. Dezember 1944
Seite 270: VII. US-Korps und XVIII. US-Luftlandefront, 24.–27. Dezember 1944
Seite 280: Der Sturm zur Maas, 22.–26. Dezember 1944
Seite 292: Der Marsch der 3. US-Armee auf Bastogne, 22.–26. Dezember 1944
Seite 353: »Unternehmen Nordwind«, Elsass, 1. Januar – 9. Februar 1945
Seite 364: Die Begradigung des Frontbogens, 26. Dezember 1944 – 25. Januar 1945

Nachsatz: Die Ardennen: Weitestes deutsches Vordringen, 25. Dezember 1944

Militärische Symbole auf den Karten

Alliierte Truppen

12AG (xxxxx)	12. Armeegruppe (USA)
1 (xxxx)	1. US-Armee
VII (xxx)	VII. Korps (USA)
XXX BR	XXX. Korps (Großbritannien)
101 (xx)	101. Luftlandedivision (USA)
B ⬭ 10 (x)	Gefechtskommando B der 10. Panzerdivision (USA)
335 ⊠ 84	335. Infanterieregiment der 84. Division (USA)

Deutsche Truppen

B (xxxxx)	Heeresgruppe B
5 Pz (xxxx)	5. Panzerarmee
26VG (xx)	26. Volksgrenadierdivision
LEHR (xx)	Panzer-Lehr-Division
3FSJ (xx)	3. Fallschirmjägerdivision
115 ⊠ 15Pzg	Panzergrenadierregiment 115 der 15. Panzergrenadierdivision
Rcn ⟋ 26VG	Aufklärungsbataillon der 26. Volksgrenadierdivision

Schlachtordnung

An der Ardennen-Offensive beteiligte militärische Verbände, angegeben in englischer bzw. deutscher Originalbezeichnung und -schreibweise

ALLIIERTE

12th Army Group
Lieutenant General Omar N. Bradley

US First Army
Lieutenant General Courtney H. Hodges

V Corps
Major General Leonard T. Gerow
102nd Cavalry Group; 38th und 102nd Cavalry Reconnaissance Squadrons (zugeordnet);
613th Tank Destroyer Battalion;
186th, 196th, 200th und 955th Field Artillery Battalions;
187th Field Artillery Group (751st und 997th Field Artillery Battalions);
190th Field Artillery Group (62nd, 190th, 272nd und 268th Field Artillery Battalions);
406th Field Artillery Group (76th, 941st, 953rd und 987th Field Artillery Battalions);
1111th Engineer Combat Group (51st, 202nd, 291st und 296th Engineer Combat Battalions);
1121st Engineer Combat Group (146th und 254th Engineer Combat Battalions);
1195th Engineer Combat Group;
134th, 387th, 445th, 460th, 461st, 531st, 602nd, 639th und 863rd Anti-Aircraft Artillery Battalions

1st Infantry Division »Big Red One«
Brigadier General Clift Andrus
16th, 18th und 26th Infantry Regiments;
5th, 7th, 32nd und 33rd Field Artillery Battalions;
745th Tank Battalion; 634th und 703rd Tank Destroyer Battalions;
1st Engineer Combat Battalion; 103rd Anti-Aircraft Artillery Battalion

2nd Infantry Division »Indianhead«
Major General Walter M. Robertson
9th, 23rd und 38th Infantry Regiments;
12th, 15th, 37th und 38th Field Artillery Battalions;
741st Tank Battalion; 612th und 644th Tank Destroyer Battalions;
2nd Engineer Combat Battalion; 462nd Anti-Aircraft Artillery Battalion

9th Infantry Division »Old Reliables«
Major General Louis A. Craig
39th, 47th und 60th Infantry Regiments;
26th, 34th, 60th und 84th Field Artillery Battalions;
15th Engineer Combat Battalion; 38th Cavalry Reconnaissance Squadron;
746th Tank Battalion; 376th und 413th Anti-Aircraft Artillery Battalions

78th Infantry Division »Lightning«
Major General Edwin P. Parker Jr
309th, 310th und 311th Infantry Regiments;
307th, 308th, 309th und 903rd Field Artillery Battalions;
709th Tank Battalion; 628th und 893rd Tank Destroyer Battalions;
303rd Engineer Combat Battalion; 552nd Anti-Aircraft Artillery Battalion;
Combat Command R, 5th Armored Division (zugeordnet); 2nd Ranger Battalion (zugeordnet)

99th Infantry Division »Checkerboard«
Major General Walter E. Lauer
393rd, 394th und 395th Infantry Regiments
370th, 371st, 372nd und 924th Field Artillery Battalions
324th Engineer Combat Battalion; 801st Tank Destroyer Battalion
535th Anti-Aircraft Artillery Battalion

VII Corps
Major General Joseph Lawton Collins
4th Cavalry Group, Mechanized; 29th Infantry Regiment; 740th Tank Battalion;
509th Parachute Infantry Battalion; 298th Engineer Combat Battalion;
18th Field Artillery Group (188th, 666th und 981st Field Artillery Battalions);
142nd Field Artillery Group (195th und 266th Field Artillery Battalions);
188th Field Artillery Group (172nd, 951st und 980th Field Artillery Battalions);
18th, 83rd, 87th, 183rd, 193rd, 957th und 991st Field Artillery Battalions;
2 französische Light Infantry Battalions

2nd Armored Division »Hell on Wheels«
Major General Ernest N. Harmon
CCA, CCB und CCR; 41st Armored Infantry Regiment; 66th und 67th Armored Regiments;
14th, 78th und 92nd Armored Field Artillery Battalions;
17th Armored Engineer Battalion; 82nd Armored Reconnaissance Battalion;

702nd Tank Destroyer Battalion; 195th Anti-Aircraft Artillery Battalion;
Elemente des 738th Tank Battalion (Minenräumtrupps) (zugeordnet)

3rd Armored Division »Spearhead«
Major General Maurice Rose
CCA, CCB und CCR; 36th Armored Infantry Regiment; 32nd und 33rd Armored Regiments;
54th, 67th und 391st Armored Field Artillery Battalions;
23rd Armored Engineer Battalion; 83rd Reconnaissance Squadron;
643rd und 703rd Tank Destroyer Battalions; 486th Anti-Aircraft Artillery Battalion

83rd Infantry Division »Ohio«
Major General Robert C. Macon
329th, 330th und 331st Infantry Regiments;
322nd, 323rd, 324th und 908th Field Artillery Battalions;
308th Engineer Combat Battalion; 453rd Anti-Aircraft Artillery Battalion;
774th Tank Battalion; 772nd Tank Destroyer Battalion

84th Infantry Division »Railsplitters«
Brigadier General Alexander R. Bolling;
333rd, 334th und 335th Infantry Regiments;
325th, 326th, 327th und 909th Field Artillery Battalions;
309th Engineer Combat Battalion;
701st Tank Battalion, am 20. Dezember ersetzt durch 771st Tank Battalion;
638th Tank Destroyer Battalion; 557th Anti-Aircraft Artillery Battalion

XVIII Airborne Corps
Major General Matthew B. Ridgway
14th Cavalry Group, Mechanized;
254th, 275th, 400th und 460th Field Artillery Battalions;
79th Field Artillery Group (153rd, 551st und 552nd Field Artillery Battalions);
179th Field Artillery Group (259th und 965th Field Artillery Battalions);
211th Field Artillery Group (240th und 264th Field Artillery Battalions);
401st Field Artillery Group (187th und 809th Field Artillery Battalions)

7th Armored Division »Lucky Seventh«
Brigadier General Robert W. Hasbrouck
CCA, CCB und CCR; 23rd, 38th und 48th Armored Infantry Battalions;
17th, 31st und 40th Tank Battalions; 87th Reconnaissance Squadron;
434th, 440th und 489th Armored Field Artillery Battalions;
33rd Armored Engineer Battalion; 814th Tank Destroyer Battalion;
203rd Anti-Aircraft Artillery Battalion;
820th Tank Destroyer Battalion (25.–30. Dezember)

30th Infantry Division »Old Hickory«
Major General Leland S. Hobbs
117th, 119th und 120th Infantry Regiments;
113th, 118th, 197th und 230th Field Artillery Battalions;
517th Parachute Infantry Regiment (zugeordnet); 105th Engineer Combat Battalion;
743rd Tank Battalion; 823rd Tank Destroyer Battalion;
110th, 431st und 448th Anti-Aircraft Artillery Battalions

75th Infantry Division
Major General Fay B. Prickett
289th, 290th und 291st Infantry Regiments;
730th, 897th, 898th und 899th Field Artillery Battalions;
275th Engineer Combat Battalion; 440th Anti-Aircraft Artillery Battalion;
750th Tank Battalion; 629th und 772nd Tank Destroyer Battalions

82nd Airborne Division »All American«
Major General James M. Gavin
504th, 505th, 507th und 508th Parachute Infantry Regiments;
325th Glider Infantry Regiment; 307th Airborne Engineer Battalion;
319th und 320th Glider Field Artillery Battalions;
376th und 456th Parachute Field Artillery Battalions; 80th Anti-Aircraft Artillery Battalion;
551st Parachute Infantry Battalion; 628th Tank Destroyer Battalion (2.–11. Januar);
740th Tank Battalion (30. Dezember – 11. Januar);
643rd Tank Destroyer Battalion (4.–5. Januar)

106th Infantry Division »Golden Lions«
Major General Alan W. Jones
422nd, 423rd und 424th Infantry Regiments;
589th, 590th, 591st und 592nd Field Artillery Battalions;
81st Engineer Combat Battalion; 820th Tank Destroyer Battalion;
634th Anti-Aircraft Artillery Battalion (8.–18. Dezember);
440th Anti-Aircraft Artillery Battalion (8. Dezember – 4. Januar);
563rd Anti-Aircraft Artillery Battalion (9.–18. Dezember)

101st Airborne Division »Screaming Eagles«
Brigadier General Anthony C. McAuliffe (Major General Maxwell D. Taylor)
501st, 502nd und 506th Parachute Infantry Regiments;
327th Glider Infantry Regiment; 1st Battalion, 401st Glider Infantry;
321st und 907th Glider Field Artillery Battalions;
377th und 463rd Parachute Field Artillery Battalions;
326th Airborne Engineer Battalion; 705th Tank Destroyer Battalion;
81st Airborne Anti-Aircraft Artillery Battalion

US Third Army
Lieutenant General George S. Patton Jr
109th, 115th, 217th und 777th Anti-Aircraft Gun Battalions;
456th, 465th, 550th und 565th Anti-Aircraft Artillery Battalions;
280th Engineer Combat Battalion (später der Ninth Army zugeordnet)

III Corps
Major General John Millikin
6th Cavalry Group, Mechanized; 179th, 274th, 776th und 777th Field Artillery Battalions;
193rd Field Artillery Group (177th, 253rd, 696th, 776th und 949th Field Artillery Battalions);
203rd Field Artillery Group (278th, 742nd, 762nd Field Artillery Battalions);
1137th Engineer Combat Group (145th, 188th und 249th Engineer Combat Battalions);
183rd und 243rd Engineer Combat Battalions; 467th und 468th Anti-Aircraft Artillery Battalions

4th Armored Division
Major General Hugh J. Gaffey
CCA, CCB und CCR; 8th, 35th und 37th Tank Battalions;
10th, 51st und 53rd Armored Infantry Battalions;
22nd, 66th und 94th Armored Field Artillery Battalions;
24th Armored Engineer Battalion; 25th Cavalry Reconnaissance Squadron;
489th Anti-Aircraft Artillery Battalion; 704th Tank Destroyer Battalion

6th Armored Division »Super Sixth«
Major General Robert W. Grow
CCA, CCB und CCR; 15th, 68th und 69th Tank Battalions;
9th, 44th und 50th Armored Infantry Battalions;
128th, 212th und 231st Armored Field Artillery Battalions;
25th Armored Engineer Battalion; 86th Cavalry Reconnaissance Squadron;
691st Tank Destroyer Battalion; 777th Anti-Aircraft Artillery Battalion

26th Infantry Division »Yankee«
Major General Willard S. Paul
101st, 104th und 328th Infantry Regiments;
101st, 102nd, 180th und 263rd Field Artillery Battalions;
101st Engineer Combat Battalion; 735th Tank Battalion;
818th Tank Destroyer Battalion; 390th Anti-Aircraft Artillery Battalion

35th Infantry Division »Santa Fe«
Major General Paul W. Baade
134th, 137th und 320th Infantry Regiments;
127th, 161st, 216th und 219th Field Artillery Battalions;

60th Engineer Combat Battalion; 654th Tank Destroyer Battalion;
448th Anti-Aircraft Artillery Battalion

90th Infantry Division »Tough 'Ombres«
Major General James A. Van Fleet
357th, 358th und 359th Infantry Regiments;
343rd, 344th, 345th und 915th Field Artillery Battalions;
315th Engineer Combat Battalion; 773rd Tank Destroyer Battalion;
774th Tank Destroyer Battalion (21. Dezember – 6. Januar);
537th Anti-Aircraft Artillery Battalion

VIII Corps
Major General Troy H. Middleton
174th Field Artillery Group (965th, 969th und 700th Field Artillery Battalions);
333rd Field Artillery Group (333rd und 771st Field Artillery Battalions);
402nd Field Artillery Group (559th, 561st und 740th Field Artillery Battalions);
422nd Field Artillery Group (81st und 174th Field Artillery Battalions);
687th Field Artillery Battalion; 178th und 249th Engineer Combat Battalions;
1102nd Engineer Group (341st Engineer General Service Regiment);
1107th Engineer Combat Group (159th und 168th Engineer Combat Battalions);
1128th Engineer Combat Group (35, 44th und 202nd Engineer Combat Battalions);
Französische Light Infantry (6 Light Infantry Battalions aus der Region Metz);
467th, 635th und 778th Anti-Aircraft Artillery Battalions

9th Armored Division »Phantom«
Major General John W. Leonard
CCA, CCB und CCR; 27th, 52nd und 60th Armored Infantry Battalions;
2nd, 14th und 19th Tank Battalions; 3rd, 16th und 73rd Armored Field Artillery Battalions;
9th Armored Engineer Battalion; 89th Cavalry Squadron;
811th Tank Destroyer Battalion; 482nd Anti-Aircraft Artillery Battalion

11th Armored Division »Thunderbolt«
Brigadier General Charles S. Kilburn
CCA, CCB und CCR; 21st, 55th und 63rd Armored Infantry Battalions;
22nd, 41st und 42nd Tank Battalions;
490th, 491st und 492nd Armored Field Artillery Battalions;
56th Armored Engineer Battalion; 602nd Tank Destroyer Battalion;
41st Cavalry Squadron; 575th Anti-Aircraft Artillery Battalion

17th Airborne Division »Golden Talons«
Major General William M. Miley
507th und 513th Parachute Infantry Regiments; 193rd und 194th Glider Infantry Regiments;

680th und 681st Glider Field Artillery Battalions; 466th Parachute Field Artillery Battalion;
139th Airborne Engineer Battalion; 155th Airborne Anti-Aircraft Artillery Battalion

28th Infantry Division »Keystone«
Major General Norman D. Cota
109th, 110th und 112th Infantry Regiments;
107th, 108th, 109th und 229th Field Artillery Battalions;
103rd Engineer Combat Battalion; 447th Anti-Aircraft Artillery Battalion;
707th Tank Battalion; 602nd und 630th Tank Destroyer Battalions;

87th Infantry Division »Golden Acorn«
Brigadier General Frank L. Culin Jr
345th, 346th und 347th Infantry Regiments;
334th, 335th, 336th und 912th Field Artillery Battalions; 312th Engineer Combat Battalion;
761st Tank Battalion; 549th Anti-Aircraft Artillery Battalion;
610th Tank Destroyer Battalion (14.–22. Dezember);
691st Tank Destroyer Battalion (22.–24. Dezember und 8.–26. Januar);
704th Tank Destroyer Battalion (17.–19. Dezember)

XII Corps
Major General Manton S. Eddy
2nd Cavalry Group, Mechanized;
161st, 244th, 277th, 334th, 336th und 736th Field Artillery Battalions;
177th Field Artillery Group (215th, 255th und 775th Field Artillery Battalions);
182nd Field Artillery Group (802nd, 945th und 974th Field Artillery Battalions);
183rd Field Artillery Group (695th und 776th Field Artillery Battalions);
404th Field Artillery Group (273rd, 512th und 752nd Field Artillery Battalions)

4th Infantry Division »Ivy«
Major General Raymond O. Barton
8th, 12th und 22nd Infantry Regiments; 20th, 29th, 42nd und 44th Field Artillery Battalions;
4th Engineer Combat Battalion; 70th Tank Battalion;
802nd und 803rd Tank Destroyer Battalions; 377th Anti-Aircraft Artillery Battalion

5th Infantry Division »Red Diamond«
Major General Stafford L. Irwin
2nd, 10th, 11th Infantry Regiments; 19th, 21st, 46th, 50th Field Artillery Battalions;
7th Engineer Combat Battalion; 737th Tank Battalion; 449th Anti-Aircraft Artillery Battalion;
654th Tank Destroyer Battalion (22.–25. Dezember); 803rd Tank Destroyer Battalion (ab 25. Dezember);
807th Tank Destroyer Battalion (17.–21. Dezember); 818th Tank Destroyer Battalion (13. Juli – 20. Dezember)

10th Armored Division »Tiger«
Major General William H. H. Morris Jr
CCA, CCB und CCR; 20th, 54th und 61st Armored Infantry Battalions;
3rd, 11th und 21st Tank Battalions; 609th Tank Destroyer Battalion;
419th, 420th und 423rd Armored Field Artillery Battalions;
55th Armored Engineer Battalion; 90th Cavalry Reconnaissance Squadron;
796th Anti-Aircraft Artillery Battalion

80th Infantry Division »Blue Ridge«
Major General Horace L. McBride
317th, 318th und 319th Infantry Regiments;
313th, 314th, 315th und 905th Field Artillery Battalions; 702nd Tank Battalion;
305th Engineer Combat Battalion; 633rd Anti-Aircraft Artillery Battalion;
610th Tank Destroyer Battalion (23. November – 6. Dezember und 21. Dezember – 28. Januar);
808th Tank Destroyer Battalion (25. September – 21. Dezember)

XXX Corps
Lieutenant General Sir Brian Horrocks
2nd Household Cavalry Regiment; 11th Hussars;
4th und 5th Regiments, Royal Horse Artillery; 27th Light Anti-Aircraft Regiment, Royal Artillery;
7th, 64th und 84th Medium Regiments, Royal Artillery

6th Airborne Division
Major General Eric Bols
6th Airborne Armoured Reconnaissance Regiment, Royal Armoured Corps;
249th Airborne Field Company, Royal Engineers; 3rd und 591st Parachute Squadrons, Royal Engineers; 3rd und 9th Airborne Squadrons, Royal Engineers; 53rd Light Regiment, Royal Artillery; 3rd und 4th Airlanding Anti-Tank Batteries, Royal Artillery;
22nd Independent Parachute Company;
3rd Parachute Brigade (8th Parachute Battalion; 9th Parachute Battalion; 1st Canadian Parachute Battalion);
5th Parachute Brigade (7th Parachute Battalion; 12th Parachute Battalion; 13th Parachute Battalion);
6th Airlanding Brigade (12th Battalion, Devonshire Regiment; 2nd Battalion, Oxfordshire und Buckinghamshire Light Infantry; 1st Battalion, Royal Ulster Rifles)

51st (Highland) Infantry Division
Major General G. T. G. Rennie
2nd Derbyshire Yeomanry;
126th, 127th und 128th Field Regiments, Royal Artillery; 61st Anti-Tank Regiment, Royal Artillery; 40th Light Anti-Aircraft Regiment, Royal Artillery;
274th, 275th und 276th Field Companies, Royal Engineers;
1/7th Machine-Gun Battalion, Middlesex Regiment;

152nd Infantry Brigade (2nd Battalion, Seaforth Highlanders; 5th Battalion, Seaforth Highlanders; 5th Battalion, Queen's Own Cameron Highlanders);
153rd Infantry Brigade (5th Battalion, Black Watch; 1st Battalion, Gordon Highlanders; 5/7th Battalion, Gordon Highlanders);
154th Infantry Brigade (1st Battalion, Black Watch; 7th Battalion, Black Watch; 7th Battalion, Argyll und Sutherland Highlanders)

53rd (Welsh) Infantry Division
Major General R. K. Ross
81st, 83rd und 133rd Field Regiments, Royal Artillery;
53rd Reconnaissance Regiment, Royal Armoured Corps;
71st Anti-Tank Regiment, Royal Artillery; 25th Light Anti-Aircraft Regiment, Royal Artillery;
244th, 282nd und 555th Field Companies, Royal Engineers;
71st Infantry Brigade (1st Battalion, Oxford und Buckinghamshire Light Infantry; 1st Battalion, Highland Light Infantry; 4th Battalion, Royal Welch Fusiliers);
158th Infantry Brigade (7th Battalion, Royal Welch Fusiliers; 1/5th Battalion, Welch Regiment; 1st Battalion, The East Lancashire Regiment);
160th Infantry Brigade (2nd Battalion, Monmouthshire Regiment; 1/5th Battalion, Welch Regiment; 6th Battalion, Royal Welch Fusiliers)

29th Armoured Brigade
Brigadier C. B. Harvey
23rd Hussars; 3rd Royal Tank Regiment; 2nd Fife und Forfar Yeomanry; 8th Battalion, Rifle Brigade

33rd Armoured Brigade
Brigadier H. B. Scott
144th Regiment, Royal Armoured Corps; 1st Northamptonshire Yeomanry; 1st East Riding Yeomanry

34th Army Tank Brigade
Brigadier W. S. Clarke
9th Royal Tank Regiment; 107th Regiment, Royal Armoured Corps; 147th Regiment, Royal Armoured Corps

Corps Reserve
Guards Armoured Division
50th (Northumbrian) Infantry Division

WEHRMACHT UND WAFFEN-SS

Heeresgruppe B
Generalfeldmarschall Walter Model

5. Panzerarmee
General der Panzertruppe Hasso von Manteuffel
19. Flak-Brigade; Pionier-Bataillons 207 und 600;
Schwere Panzerjäger-Abteilung 653; Ost-Bataillon 669;
Heeres-Artillerie-Batterien 638, 1094 und 1095;
Festungs-Artillerie-Batterie 25/975; Mörser-Batterien 1099, 1119 und 1121

XXXXVII. Panzerkorps
General der Panzertruppe Heinrich Freiherr von Lüttwitz
Volksartillerie-Korps 766; Volkswerfer-Brigade 15; Flak-Regiment 182

2. Panzer-Division
Oberst Meinrad von Lauchert
Panzer-Regiment 3; Panzer-Grenadier-Regimenter 2 und 304;
Artillerie-Regiment 74; Panzer-Aufklärungs-Abteilung 2;
Panzerjäger-Abteilung 38; Panzer-Pionier-Bataillon 38; Heeres-Flak-Artillerie-Abteilung 273

9. Panzer-Division
Generalmajor Harald Freiherr von Elverfeldt
Panzer-Regiment 33; Panzer-Grenadier-Regimenter 10 und 11;
Artillerie-Regiment 102; Panzer-Aufklärungs-Abteilung 9;
Panzerjäger-Abteilung 50; Pionier-Bataillon 86; Heeres-Flak-Artillerie-Abteilung 287;
Panzer-Abteilung 301 (zugeordnet)

Panzer-Lehr-Division
Generalleutnant Fritz Bayerlein
Panzer-Lehr-Regiment 130; Panzer-Grenadier-Lehr-Regimenter 901 und 902;
Panzer-Artillerie-Regiment 130; Panzer-Aufklärungs-Lehr-Abeilung 130;
Panzerjäger-Abteilung 130; Panzer-Lehr-Pionier-Bataillon 130; Heeres-Flak-Artillerie-Abteilung 311;
Schwere Panzerjäger-Abteilung 559 (zugeordnet); Sturmgeschütz-Abteilung 243 (zugeordnet)

26. Volksgrenadier-Division
Generalmajor Heinz Kokott
Füsilier-Regiment 39; Grenadier-Regimenter 77 und 78; Artillerie-Regiment 26;
Nachrichten-Abteilung 26; Panzerjäger-Abteilung 26; Pionier-Bataillon 26

Führer-Begleit-Brigade
Oberst Otto Remer
Panzer-Regiment 102; Panzer-Grenadier-Regiment 100; Panzer-Artillerie-Regiment 120;
Panzer-Nachrichten-Abteilung 120; Panzer-Pionier-Bataillon 120;
Grenadier-Abteilung 828; Leichte Flak-Abteilung 673

LXVI. Armeekorps
General der Artillerie Walter Lucht
Volkswerfer-Brigade 16 (Werfer-Regimenter 86 und 87);
Sturmgeschütz-Abteilung 244; Schwere Artillerie-Abteilung 460

18. Volksgrenadier-Division
Oberst Günther Hoffmann-Schönborn
Grenadier-Regimenter 293, 294 und 295; Artillerie-Regiment 1818;
Panzerjäger-Abteilung 1818; Pionier-Bataillon 1818

62. Volksgrenadier-Division
Oberst Friedrich Kittel
Grenadier-Regimenter 164, 190 und 193; Artillerie-Regiment 162;
Panzerjäger-Abteilung 162; Pionier-Bataillon 162

LVIII. Panzerkorps
General der Panzertruppe Walter Krüger
Volksartillerie-Korps 401; Volkswerfer-Brigade 7 (Werfer-Regimenter 84 und 85);
Flak-Regiment 71

116. Panzer-Division
Generalmajor Siegfried von Waldenburg
Panzer-Regiment 16; Panzer-Grenadier-Regimenter 60 und 156;
Panzer-Artillerie-Regiment 146; Panzer-Aufklärungs-Abteilung 116;
Panzer-Pionier-Bataillon 675; Heeres-Flak-Artillerie-Abteilung 281

560. Volksgrenadier-Division
Oberst Rudolf Langhauser
Grenadier-Regimenter 1128, 1129 und 1130; Artillerie-Regiment 1560;
Panzerjäger-Abteilung 1560; Pionier-Bataillon 1560

XXXIX. Panzerkorps
Generalleutnant Karl Decker

167. Volksgrenadier-Division
Generalleutnant Hans-Kurt Höcker
Grenadier-Regimenter 331, 339 und 387; Artillerie-Regiment 167;
Panzerjäger-Abteilung 167; Pionier-Bataillon 167

6. Panzerarmee
SS-Oberstgruppenführer Josef Dietrich
Schwere Panzer-Abteilung 506; Schwere Heeres-Panzerjäger-Abteilung 683;
Sturm-Panzer-Abteilung 217; Sturmgeschütz-Abteilungen 394, 667 und 902;
Armee-Panzerjäger-Abteilung 741; Mörser-Batterien 1098, 1110 und 1120;
Mörser-Batterie 428; 2. Flak-Division (Flak-Regimenter 41 und 43);
Kampfgruppe Heydte

I. SS-Panzerkorps »Leibstandarte«
SS-Gruppenführer Hermann Prieß;
Werfer-Regimenter 14, 51, 53 und 54; Schwere SS-Artillerie-Abteilung 501;
Volksartillerie-Korps 388 und 402

1. SS-Panzer-Division »Leibstandarte Adolf Hitler«
SS-Brigadeführer Wilhelm Mohnke
SS-Panzer-Regiment 1; SS-Panzer-Grenadier-Regimenter 1 und 2;
SS-Artillerie-Regiment 1; SS-Panzer-Aufklärungs-Abteilung 1; SS-Panzerjäger-
Abteilung 1;
SS-Panzer-Pionier-Bataillon 1; SS-Flakartillerie-Abteilung 1; Schwere Panzer-Abteilung 501 (zugeordnet); Leichte Flak-Abteilung 84 (zugeordnet)

3. Fallschirmjäger-Division
Generalmajor Walther Wadehn
Fallschirmjäger-Regimenter 5, 8 und 9; Fallschirm-Artillerie-Regiment 3;
Fallschirm-Luftnachrichten-Abteilung 3; Fallschirm-Panzerjäger-Abteilung 3; Fallschirm-Pionier-Bataillon 3

12. SS-Panzer-Division »Hitlerjugend«
SS-Standartenführer Hugo Kraas
SS-Panzer-Regiment 12; SS-Panzergrenadier-Regimenter 25 und 26;
SS-Panzerartillerie-Regiment 12; SS-Aufklärungs-Bataillon 12;
SS-Panzerjäger-Bataillon 12; SS-Panzerpionier-Bataillon 12; SS-Flak-Bataillon 12;
Schwere Panzerjäger-Abteiliung 560 (zugeordnet)

12. Volksgrenadier-Division
Generalmajor Gerhard Engel
Füsilier-Regiment 27; Grenadier-Regimenter 48 und 89; Divisions-Füsilier-Bataillon 12;
Artillerie-Regiment 12; Panzerjäger-Abteilung 12; Pionier-Bataillon 12

277. Volksgrenadier-Division
Oberst Wilhelm Viebig
Grenadier-Regimenter 289, 990 und 991; Artillerie-Regiment 277;
Panzerjäger-Abteilung 277; Pionier-Bataillon 277

150. Panzer-Brigade
SS-Obersturmbannführer Otto Skorzeny
2 Panzerkompanien; 2 Panzergrenadier-Kompanien, 2 Panzerjäger-Kompanien;
1 Mörser-Bataillon (2 Batterien); SS-Fallschirmjäger-Bataillon 600; Kampfgruppe 200 (Luftwaffe)

II. SS-Panzerkorps
SS-Obergruppenführer Willi Bittrich
Volksartillerie-Korps; Schwere SS-Artillerie-Abteilung 502

2. SS-Panzer-Division »Das Reich«
SS-Brigadeführer Heinz Lammerding
SS-Panzer-Regiment 2; SS-Panzergrenadier-Regimenter 3 und 4; SS-Panzerartillerie-Regiment 2; SS-Panzer-Aufklärungs-Abteilung 2; SS-Panzer-Pionier-Bataillon 2; SS-Flak-Artillerie-Abteilung 2

9. SS-Panzer-Division »Hohenstaufen«
SS-Oberführer Sylvester Stadler
SS-Panzer-Regiment 9; SS-Panzergrenadier-Regimenter 19 und 20;
SS-Panzer-Artillerie-Regiment 9; SS-Panzer-Aufklärungs-Abteilung 9; SS-Panzerjäger-Abteilung 9
SS-Panzer-Pionier-Bataillon 9; SS-Flak-Artillerie-Abteilung 9; Schwere Panzerjäger-Abteilung 519 (zugeordnet)

LXVII. Armeekorps
Generalleutnant Otto Hitzfeld
Volkswerfer-Brigade 17 (Werfer-Regimenter 88 und 89);
Volksartillerie-Korps; »Sturmtiger«-Kompanie 1001

3. Panzergrenadier-Division
Generalmajor Walter Denkert
Panzergrenadier-Regimenter 8 und 29; Panzer-Abteilung 103; Artillerie-Regiment 3; Panzer-Aufklärungs-Abteilung 103; Panzerjäger-Abteilung 3; Pionier-Bataillon 3; Heeres-Flak-Artillerie-Abteilung 312

246. Volksgrenadier-Division
Oberst Peter Körte
Grenadier-Regimenter 352, 404 und 689; Artillerie-Regiment 246;
Panzerjäger-Abteilung 246; Pionier-Bataillon 246

272. Volksgrenadier-Division
Generalmajor Eugen König
Grenadier-Regimenter 980, 981 und 982; Artillerie-Regiment 272;
Panzerjäger-Abteilung 272; Pionier-Bataillon 272

326. Volksgrenadier-Division
Grenadier-Regimenter 751, 752 und 753; Artillerie-Regiment 326;
Panzerjäger-Abteilung 326; Pionier-Bataillon 326

7. Armee
General der Panzertruppe Erich Brandenberger
Schwere Heeres-Panzerjäger-Abteilungen 657 und 668; Festungs-Panzerjäger-Abteilung 501;
Pionier-Bataillon 47; Heeres-Artillerie-Batterien 1092, 1093, 1124 und 1125;
Schwere Artillerie-Batterie 660; Mörser-Batterie 1122;
Strafdivision 999; Festungs-Maschinengewehr-Bataillon 44; Flak-Regiment 15

LIII. Armeekorps
General der Kavallerie Edwin von Rothkirch

9. Volksgrenadier-Division
Oberst Werner Kolb
Grenadier-Regimenter 36, 57 und 116; Artillerie-Regiment 9;
Panzerjäger-Abteilung 9; Pionier-Bataillon 9

15. Panzergrenadier-Division
Oberst Hans Joachim Deckert
Panzergrenadier-Regimenter 104 und 115; Panzer-Abteilung 115; Artillerie-Regiment 115;
Panzer-Aufklärungs-Abteilung 115; Panzerjäger-Abteilung 33; Pionier-Bataillon 33;
Flak-Regiment 33

Führer-Grenadier-Division
Oberst Hans-Joachim Kahler
Panzergrenadier-Regiment 99; Panzer-Regiment 101; Heeres-Sturm-Artillerie-Brigade 911;
Panzerjäger-Abteilung 124; Panzer-Pionier-Bataillon 124; Flak-Regiment 124;
Panzer-Artillerie-Regiment 124

LXXX. Armeekorps
General der Infanterie Franz Beyer
Volksartillerie-Korps 408; Volkswerfer-Brigade 8; Schweres Werfer-Regiment 2 und Werfer-Lehr-Regimenter

212. Volksgrenadier-Division
Generalmajor Franz Sensfuß
Grenadier-Regimenter 316, 320 und 423; Artillerie-Regiment 212;
Panzerjäger-Abteilung 212; Pionier-Bataillon 212

276. Volksgrenadier-Division
Generalmajor Kurt Möhring (später: Oberst Hugo Dempwolff)
Grenadier-Regimenter 986, 987 und 988; Artillerie-Regiment 276; Panzerjäger-Abteilung 276; Pionier-Bataillon 276

340. Volksgrenadier-Division
Oberst Theodor Tolsdorff
Grenadier-Regimenter 694, 695 und 696; Artillerie-Regiment 340; Panzerjäger-Abteilung 340; Pionier-Bataillon 340

LXXXV. Armeekorps
General der Infanterie Baptist Kniess
Volksartillerie-Korps 406; Volkswerfer-Brigade 18 (Schwere Werfer-Regimenter 21 und 22)

5. Fallschirmjäger-Division
Generalmajor Ludwig Heilmann
Fallschirmjäger-Regimenter 13, 14 und 15; Fallschirm-Artillerie-Regiment 5; Fallschirm-Luftnachrichten-Abteilung 5; Fallschirm-Pionier-Bataillon 5; Fallschirm-Flak-Abteilung 5; Fallschirm-Sturmgeschütz-Brigade 11

352. Volksgrenadier-Division
Oberst Eric-Otto Schmidt
Grenadier-Regimenter 914, 915 und 916; Artillerie-Regiment 1352; Panzerjäger-Abteilung 352; Pionier-Bataillon 352

79. Volksgrenadier-Division
Oberst Alois Weber
Grenadier-Regimenter 208, 212 und 226; Artillerie-Regiment 179; Panzerjäger-Abteilung 179; Pionier-Bataillon 179

Abkürzungen

BA-MA	Bundesarchiv-Militärarchiv, Freiburg im Breisgau
BfZ-SS	Bibliothek für Zeitgeschichte, Sammlung Sterz, Stuttgart
CARL	Combined Army Research Library, Fort Leavenworth, KS
CBHD	Chester B. Hansen Diaries, Chester B. Hansen Collection, Box 5, USAMHI
CBMP	Charles B. MacDonald Papers, USAMHI
CEOH	U.S. Army Corps of Engineers, Office of History, Fort Belvoir, VA
CMH	Center of Military History, Fort McNair, Washington, D. C.
CMH *Ardennes*	Center of Military History, Hugh M. Cole, *United States Army in World War II: The European Theater of Operations: The Ardennes: Battle of the Bulge*, Washington, D. C., 1988
CMH *Medical*	Center of Military History, Graham A. Cosmas and Albert E. Cowdrey, *United States Army in World War II: The European Theater of Operations: Medical Service in the European Theater of Operations*, Washington, D. C., 1992
CMH *SC*	Center of Military History, Forrest C. Pogue, *United States Army in World War II: The European Theater of Operations: The Supreme Command*, Washington, D. C., 1954
CSDIC	Combined Services Detailed Interrogation Centre
CSI	Combat Studies Institute, Fort Leavenworth, KS
DCD	Duff Cooper Diaries (Privatsammlung)
DDE Lib	Dwight D. Eisenhower Library, Abilene, KS
DRZW	*Das Deutsche Reich und der Zweite Weltkrieg*, Bde. 6–10, München 2004–2008
ETHINT	European Theater Historical Interrogations, 1945, OCMH, USAMHI
FCP *SC*	Forrest C. Pogue, Hintergrundinterviews für *The Supreme Command*, USAMHI
FDRL MR	Franklin Delano Roosevelt Library, Hyde Park, NY, Map Room documents
FMS	Foreign Military Studies, USAMHI
GBP	Godfrey Blunden Papers (Privatsammlung)

HLB	*Hitlers Lagebesprechungen: Die Protokollfragmente seiner militärischen Konferenzen 1942–1945*, hrsg. von Helmut Heiber und David M. Glantz, München 1984
IWM	Documents Collection, Imperial War Museum, London
LHC DP	Liddell Hart Centre – Dempsey Papers
LHCMA	Liddell Hart Centre of Military Archives, King's College London
MFF	MFF Armed Forces Oral Histories, LHCMA
NARA	National Archives and Records Administration, College Park, MD
OCMH	Office of the Chief of Military History, USAMHI
PDDE	*The Papers of Dwight D. Eisenhower*, hrsg. von Alfred D. Chandler, 21 Bde., Baltimore, MA, 1970–2001
PP	*The Patton Papers*, hrsg. von Martin Blumenson, New York 1974
PWS	Papers of William Sylvan, OCMH, USAMHI
RWHP	Robert W. Hasbrouck Papers, USAMHI
SHD-DAT	Service historique de la Défense, Département de l'armée de terre, Vincennes
SOOHP	Senior Officers Oral History Program, U.S. Army War College, USAMHI
TBJG	*Die Tagebücher von Joseph Goebbels*, hrsg. von Elke Fröhlich, 29 Bde., München 1992–2005
TNA	The National Archives, Kew, UK
USAMHI	The United States Army Military History Institute at U.S. Army Heritage and Education Center, Carlisle, PA

Anmerkungen

1. KAPITEL: IM SIEGESRAUSCH

1 Omar N. Bradley, *A Soldier's Story*, New York 1964, S. 389f. Siehe auch Dwight D. Eisenhower, *Kreuzzug in Europa*, Amsterdam 1948, S. 350.
2 Siehe NARA 407/427/24235.
3 Siehe SHD-DAT 11 P 218. Siehe auch NARA, a.a.O.
4 Siehe BA-MA RH 19 IX/740, zit. nach Joachim Ludewig, *Der deutsche Rückzug aus Frankreich 1944*, Freiburg i. Br. 1995, S. 166.
5 Zit. nach Forrest C. Pogue, *Pogue's War: Diaries of a WWII Combat Historian*, Lexington, KY, 2001, S. 214.
6 Dwight D. Eisenhower, *Kreuzzug*, S. 351, und Omar N. Bradley, *A Soldier's Story*, S. 391.
7 Arthur Tedder, *With Prejudice*, London 1966, S. 586.
8 Siehe Uzal W. Ent (Hrsg.), *The First Century: A History of the 28th Infantry Division*, Harrisburg, PA, 1979, S. 165.
9 Jean Galtier-Boissière, *Mon journal pendant l'Occupation*, Paris 1944, S. 288.
10 CBHD, 1.2.1945.
11 CMH *SC*, S. 245.
12 Tagebuch von Oberstleutnant Fritz Fullriede, Division »Hermann Göring«, 2.9.1944, zit. nach Robert Kershaw, *Arnheim '44 – im September fällt kein Schnee. Die gescheiterte Luftlandung bei Arnheim 1944*, Stuttgart 2000, S. 57.
13 Gespräche mit Kriegsgefangenen, CSDIC, TNA WO 208/3616.
14 Rüdiger Overmans, *Deutsche militärische Verluste im Zweiten Weltkrieg*, München 2000, S. 238 und 278.
15 Zum Rückzug der Deutschen aus Frankreich siehe Joachim Ludewig, *Rückzug*, siehe auch David Wingeate Pike, »Oberbefehl West: Armeegruppe G: Les armées allemandes dans le midi de la France«, in: *Guerres mondiales et conflits contemporains*, Nr. 152, 164, 174 und 181.
16 Generaloberst Student, CSDIC, TNA WO 208/4177.
17 Generaloberst Halder, CSDIC, TNA WO 208/4366 GRGG 332.
18 Albert Speer, *Erinnerungen*, Frankfurt/Main 1969, S. 399.
19 Helmut Heiber und David Glantz, *Hitlers Lagebesprechungen – Die Protokollfragmente seiner militärischen Konferenzen 1942–1945* (HLB), München 1962, S. 276.
20 CMH *SC*, S. 249.

21 Tagebuch des Generals der Flieger Werner Kreipe, 31.8.1944, FMS P-069.
22 Traudl Junge, *Bis zur letzten Stunde*, München 2002, S. 162.
23 FMS B-592.
24 Traudl Junge, a.a.O., S. 161.
25 Zur Stimmung in der deutschen Zivilbevölkerung siehe Richard Evans, *Krieg* (*Das Dritte Reich*, Bd. 3), München 2009, S. 812.
26 Chester Wilmot, *Der Kampf um Europa*, Frankfurt/Main 1954, S. 496.
27 *PP*, S. 533 und 537.
28 Brian Horrocks, *Corps Commander*, London 1977, S. 79.
29 Caroline Moorehead, *Martha Gellhorn*, London 2003, S. 269.
30 Verhör des Generals der Artillerie Walter Warlimont, stellvertretender Chef des Wehrmachtführungsstabes, CSDIC, TNA WO 208/3151.
31 VII Corps, NARA RG 498 290/56/2/3, Box 1459.
32 Ebenda.
33 Ebenda.
34 Maurice Delvenne, 1.9.1944, zit. nach Jean-Michel Delvaux, *La bataille des Ardennes autour de Rochefort*, 2 Bde., Hubaille 2004–2005, Bd. 2, S. 159 f.
35 Ebenda.
36 Tagebuch von Fritz Fullriede, 13.9.1944, zit. nach Robert Kershaw, *Arnheim*, S. 37.
37 BA-MA RH 24–89/10, zit. nach Joachim Ludewig, *Rückzug*, S. 191.
38 Obergefreiter Gogl, Abt. V, Feldjäger-Regiment (mot.) 3, OKW Streifendienst, TNA WO 208/3610.
39 Siehe BA-MA RW 4/Bd. 494.
40 NARA RG 498 290/56/2/3 Box 1466.
41 Stephen Roskill, *Churchill and the Admirals*, London 1977, S. 245, zit. n. Rick Atkinson, *The Guns at Last Light*, New York 2013, S. 233.
42 Brian Horrocks, *Corps Commander*, S. 81.
43 Forrest C. Pogue, *Pogue's War*, S. 208.

2. KAPITEL: ANTWERPEN UND DIE DEUTSCHE GRENZE

1 Siehe LHCMA, Alanbrooke, 6/2/31.
2 Montgomery an Brooke, 3.9.1944, in: Montgomerys Tagebuch, 3.9.1944, IWM LMD 62/12. Siehe auch John Buckley, *Monty's Men: The British Army and the Liberation of Europe*, London 2013, S. 206.
3 *PP*, S. 538.
4 Forrest C. Pogue, *Pogue's War*, S. 215 f.
5 Siehe Brief von Patton, *PP*, S. 549.
6 Uffz. Alfred Lehmann, 11.9.1944, BA-MA RH 13/49, S. 5.
7 Siehe Headquarters Allied Airborne Army, NARA RG 498 290/56/2/3, Box 1466.
8 *PP*, S. 540.
9 Siehe Rick Atkinson, *The Guns at Last Light*, S. 236.
10 Siehe CMH *SC*, S. 293.
11 CSDIC, TNA WO 208/4177.

12 CMH *SC*, S. 292.
13 Pattons Tagebuch, *PP*, S. 550.
14 John Buckley, *Monty's Men,* S. 203.
15 Forrest C. Pogue, *George C. Marshall: Organizer of Victory*, New York 1973, S. 475, zit. n. Rick Atkinson, *The Guns*, S. 304.
16 *PDDE*, Bd. III, S. 2224.
17 NARA RG 498 290/56/2/3, Box 1465.
18 Obersturmbannführer Loenholdt, 17 SS PzGr-Div, CSDIC, TNA WO 208/4140 SRM 1254.
19 Bericht der 1. Armee an das OKW, 1.10.1944, BA-MA RH 13/49,9.
20 O.Gefr. Ankenbeil, 22.9.1944, BA-MA RH 13/49, 10.
21 O.Gefr. M. Kriebel, 18.9.1944, BA-MA RH 13/49,11.
22 O.Gefr. Hans Büscher, 20.9.1944, ebenda.
23 O.Gefr. G. Riegler, 21.9.1944, ebenda.
24 O.Gefr. Hans Hoes, 15.9.1944, BA-MA RH 13/49, 12.
25 Tagebuch des Generals der Flieger Kreipe, FMS P-069.
26 Ebenda, 18.9.1944.
27 Siehe CSDIC, TNA WO 208/4364 GRGG 208.
28 Hauptmann Delica, II. Bataillon, 19. Fallschirmjägerregiment, CSDIC, TNA WO 208/4140 SRM 1227.
29 CSDIC, TNA WO 208/4139 SRM 968.

3. KAPITEL: DIE SCHLACHT UM AACHEN

1 PFC Richard Lowe Ballou, 117th Infantry, 30th Infantry Division, MFF-7 C1-97 (3).
2 NARA RG 498 290/56/2/3, Box 1455.
3 MFF – 7 C1-97 (2).
4 Ebenda.
5 Reichsmarschall Hermann Göring, ETHINT 30.
6 Generalmajor Rudolf Freiherr von Gersdorff, ETHINT 53.
7 Gardner Botsford, *A Life of Privilege, Mostly*, New York 2003, S. 47.
8 Siehe CSDIC, TNA WO 208/4140 SRM 1245.
9 CSDIC, TNA WO 208/4139 SRM 983.
10 Ebenda.
11 CSDIC, TNA WO 208/4139 SRM 1103.
12 CMH *SC*, 357.
13 TNA WO 208/3654 PWIS H/LDC/631.
14 Ebenda.
15 Brief an Hauptmann Knapp, 26.9.1944, NARA RG 498 290/56/5/3, Box 1463.
16 CSDIC, TNA WO 208/4139 SRM 982.
17 Siehe NARA RG 498 290/56/2/3, Box 1459.
18 NARA RG 407 270/65/7/2 ML 248.
19 Bericht des V Corps, NARA RG 498 290/56/2/3, Box 1455.
20 CSDIC, TNA WO 208/4139 SRM 982.
21 NARA RG 498 290/56/2/3, Box 1459.

22 Ebenda.
23 NARA RG 498 290/56/2, Box 1456.
24 VII Corps, NARA RG 498 290/56/2/3, Box 1459.
25 Oberstleutnant Shaffer F. Jarrell, VII Corps, ebenda.
26 CSDIC, TNA WO 208/4156.
27 Victor Klemperer, *Ich will Zeugnis ablegen bis zum Letzten, Tagebücher,* Bd. 2, *1942–1945,* Berlin 1995, S. 617.
28 CSDIC, TNA WO 208/4140 SRM 1211.
29 CSDIC, TNA WO 208/4364 GRGG 216.
30 Unterfeldwebel Kunz, Infanterieregiment 104, CSDIC, TNA WO 208/4164 SRX 2050.
31 NARA RG 407 270/65/7/2, Box 19105 ML 258.
32 FMS P-069.
33 TNA WO 208/4134 SRA 5610.
34 FMS P-069.
35 Ebenda.

4. KAPITEL: IN DEN WINTER DES KRIEGES

1 Stabsarzt Köllensperger, Regiment Nr. 8, 3. Fallschirmjägerdivision, TNA WO 311/54.
2 Truppenarzt Dammann, TNA WO 208/3165.
3 Obergefreiter der Luftwaffe Hlavac, KG 51, TNA WO 208/4164 SRX 2117.
4 Obergefreiter Marke, Fallschirmjägerregiment 16, ebenda.
5 CSDIC, TNA WO 208/4164 SRX 2084.
6 Nicholas Stargardt, *Witnesses of War: Children's Lives under the Nazis,* London 2005, S. 262.
7 Zit. nach Martin Gilbert, *The Second World War,* London 1989, S. 592.
8 NARA RG 407 270/65/7/2, Box 19105 ML 258.
9 CBHD, 2.12.1944.
10 Zit. n. CMH *SC,* S. 342.
11 NARA RG 407 270/65/7/2, Box 19105 ML 258.
12 NARA RG 407 270/65/7/2, Box 19124 ML 754.
13 TNA WO 171/4184.
14 NARA RG 407 270/65/7/2, Box 19105 ML 285, 24.11.1944.
15 Siehe CSDIC, TNA WO 208/4139 SRM 902.
16 NARA RG 407 270/65/7/2, Box 19105 ML 285.
17 Ebenda.
18 Siehe CSDIC, TNA WO 208/4164 SRX 2074.
19 Unteroffizier der Luftwaffe Bock, 3/JG 27, CSDIC, TNA WO 208/4164 SRX 2126.
20 Victor Klemperer, *Tagebücher 1933–1945,* S. 513.
21 Marie Wassiltschikow, *Die Berliner Tagebücher der »Missie« Wassiltschikow, 1940–1945,* Berlin 1991, S. 290.
22 CSDIC, TNA WO 208/3165 SIR 1573.

23 Siehe CSDIC, TNA WO 208/4135 SRA 5727 13/1/45.
24 Siehe CSDIC, TNA WO 171/4184.
25 *DRZW*, Bd. 9/1, S. 48 ff.
26 VI Corps, NARA RG 498 290/56/5/3, Box 1463.
27 Siehe CSDIC, TNA WO 208/4164 SRX 2074.
28 Siehe CSDIC, TNA WO 208/4140 SRM 1189.
29 CSDIC, TNA WO 311/54, 32.
30 Brandenburgisches Landeshauptarchiv, Pr. Br. Rep. 61A/11.
31 NARA RG 407 270/65/7/2 ML 2279.
32 Louis Simpson, *Selected Prose*, New York 1989, S. 98.
33 Forrest C. Pogue, *Pogue's War*, S. 230.
34 NARA 711.51/3-945.
35 Siehe Antony Beevor und Artemis Cooper, *Paris after the Liberation 1944–1949*, London 1994, S. 129.
36 Louis Simpson, *Selected Prose*, S. 143.
37 Siehe Allan B. Ecker, »GI Racketeers in the Paris Black Market«, in: *Yank*, 4.5.1945.
38 DCD, 24.10.1944.
39 NARA 851.00/9-745.
40 Siehe Carlos Baker, *Ernest Hemingway: Die Geschichte eines abenteuerlichen Lebens*, München, Wien, Zürich 1971, S. 515 f.
41 Zur politischen Situation in Belgien siehe CMH *SC*, 329–331.
42 V Corps, NARA RG 498 290/56/2/3, Box 1455.
43 Arthur S. Couch, *An American Infantry Soldier in World War II Europe*, unveröffentlichte Erinnerungen, Privatsammlung.
44 NARA RG 498 290/56/2/3, Box 1465.
45 Martha Gellhorn, *Point of No Return*, New York 1989, S. 30.
46 Ralph Ingersoll, *Top Secret*, London 1946, S. 185 f.
47 Arthur S. Couch, a.a.O.
48 NARA RG 498 290/56/2/3, Box 1459.
49 Tech. Sgt. Edward L. Brule, NARA RG 498 290/56/5/2, Box 3.
50 358th Infantry, NARA RG 498 290/56/2/3, Box 1465.
51 V Corps, NARA RG 498 290/56/2/3, Box 1455.
52 Ebenda.
53 NARA RG 498 290/56/5/2, Box 3.
54 358th Infantry, 90th Division, XX Corps, NARA RG 498 290/56/2/3, Box 1465.
55 NARA RG 498 290/56/2/3, Box 1459.
56 Lt. Col. J. E. Kelly, 3rd Battalion, 378th Infantry, NARA RG 498 290/56/2/3, Box 1465.

5. KAPITEL: DER HÜRTGENWALD

1 Generalleutnant Hans Schmidt, 275. Deutsche Infanteriedivision, FMS B-810.
2 Generalleutnant Kenneth Strong 02/14/2 3/25 – Intelligence Notes No. 33, IWM Documents 11656.

3 Siehe Anm. 1.
4 Ebenda.
5 Ebenda.
6 Ebenda.
7 Ebenda.
8 Ebenda.
9 Ebenda.
10 GBP, 14.10.1944.
11 Siehe NARA RG 498 290/56/2/3, Box 1459.
12 Ebenda.
13 Charles B. MacDonald, *The Mighty Endeavour: The American War in Europe*, New York 1992, S. 385.
14 NARA RG 498 290/56/2/3, Box 1459.
15 V Corps, NARA RG 498 290/56/2/3, Box 1455.
16 VII Corps, NARA RG 498 290/56/2/3, Box 1459.
17 Ebenda.
18 VII Corps, ebenda.
19 Ebenda.
20 Oberst Edwin M. Burnett, V Corps, NARA RG 498 290/56/2/3, Box 1455.
21 Rick Atkinson, *Guns at Last Light*, S. 317.
22 Tagebuch des Generals der Flieger Werner Kreipe, FMS P-069, S. 43.
23 V Corps, NARA RG 498 290/56/2/3, Box 1455.
24 Edward G. Miller, *A Dark and Bloody Ground: The Hürtgen Forest and the Roer River Dams, 1944–1945*, College Station, TX, 2008, S. 64.
25 Generalmajor Rudolf Freiherr von Gersdorff, FMS A-892.
26 Gersdorff, FMS A-891.
27 Siehe Col. Nelson, 112th Infantry, NARA RG 498 290/56/2/3, Box 1463.
28 PWS, 8.11.1944.
29 Ralph Ingersoll, *Top Secret*, S. 185.
30 NARA RG 407 270/65/7/2, Box 19105 ML 258.
31 Arthur S. Couch, unveröffentlichte Erinnerungen.
32 VII Corps, NARA RG 498 290/56/2/3, Box 1459.
33 Siehe NARA RG 407 270/65/7/2 ML 248.
34 Arthur S. Couch, a.a.O.
35 Generalmajor Rudolf Freiherr von Gersdorff, ETHINT 53.
36 Arthur S. Couch, a.a.O.
37 Siehe Generalleutnant Hans Schmidt, FMS B-373.
38 Siehe Colonel Luckett, V Corps, NARA RG 498 290/56/2/3, Box 1455.
39 NARA RG 498 290/56/2/3, Box 1465.
40 NARA RG 498 290/56/2/3, Box 1464.
41 John Ellis, *The Sharp End: The Fighting Man in World War II*, London 1990, S. 152.
42 Robert Sterling Rush, *Hell in Hürtgen Forest: The Ordeal and Triumph of an American Infantry Regiment*, Lawrence, KS, 2001, S. 139.
43 18th Infantry, 1st Division, siehe NARA RG 498 290/56/2/3, Box 1459.
44 Arthur S. Couch, a.a.O.

45 CBHD, 11.11.1944.
46 Omar N. Bradley, *A Soldier's Story*, S. 431 f.
47 Generalmajor Ullersperger, CSDIC, TNA WO 208/4364 GRGG 237.
48 Generalmajor Vaterrodt, CSDIC, TNA WO 208/4177.
49 Ebenda.
50 Generalleutnant Straube, FMS A-891.
51 Ebenda.
52 FMS A-892.
53 Ernest Hemingway, *Über den Fluss und in die Wälder*, S. 164. [Bei Passchendaele in Flandern tobte von Juli bis November 1917 eine der opferreichsten Materialschlachten des Ersten Weltkrieges – d. Ü.]
54 Carlos Baker, *Hemingway*, S. 505.
55 J. D. Salinger, »Contributors«, in: *Story*, Nr. 25 (November–Dezember 1944), S. 1.
56 Charles Whiting, *The Battle of Hürtgen Forest*, Stroud 2007, S. 71.
57 Ralph Ingersoll, *Top Secret*, S. 184 f.
58 V Corps, NARA RG 498 290/56/2/3, Box 1455.
59 Ralph Ingersoll, *Top Secret*, S. 185.
60 Robert S. Rush, *Hell in Hürtgen Forest*, S. 163.
61 FMS A-891.
62 Sgt. David Rothbart, 22nd Inf.Rgt., zit. n. Robert S. Rush, S. 178.
63 Paul Fussell, *The Boys Crusade*, New York 2003, S. 91.
64 Captain H. O. Sweet, US 908th Field Artillery, Attached to 331st Infantry, 83rd Division, IWM Documents 3415 95/33/1.
65 Siehe Peter Schrijvers, *The Crash of Ruin: American Combat Soldiers in Europe during World War II*, New York 1998, S. 8.
66 Generalarzt Schepukat, ETHINT 60.
67 Gersdorff, FMS A-892.
68 »The Ardennes«, CSI Battlebook 10-A, Mai 1984.

6. KAPITEL: DIE DEUTSCHEN BEREITEN SICH VOR

1 Traudl Junge, *Bis zur letzten Stunde*, S. 163.
2 Ebenda, S. 164.
3 Ebenda, S. 165.
4 Generaloberst Alfred Jodl, ETHINT 50.
5 Ebenda.
6 Siehe CMH *Ardennes*, 18.
7 General der Kavallerie Siegfried Westphal, ETHINT 79.
8 Generalmajor Rudolf Freiherr von Gersdorff, FMS A-892.
9 CMH *Ardennes*, 26.
10 Siehe CSDIC, TNA WO 208/4178 GRGG 330 (c).
11 Generaloberst Alfred Jodl, ETHINT 50.
12 Generaloberst Guderian, CSDIC, TNA WO 208/3653.
13 *DRZW*, Bd. 7, S. 620.
14 Siehe Manteuffel, 5. Panzerarmee, ETHINT 45.

15 Generaloberst Alfred Jodl, ETHINT 50.
16 General der Artillerie Walter Warlimont, CSDIC, TNA WO 208/3151.
17 Jodl, ETHINT 51.
18 Jodl, TNA WO 231/30.
19 Siehe Anm. 10.
20 TNA WO 231/30,4.
21 Siehe Anm. 10.
22 CSDIC, TNA WO 208/4178 GRGG 322.
23 Siehe Anm. 10.
24 Hauptmann Gaum, 3. Bataillon, Führer-Begleit-Brigade, CSDIC, TNA WO 208/3611.
25 Siehe TNA WO 231/30.
26 Siehe CSDIC, TNA WO 208/4140 SRM 1140.
27 Manteuffel, 5. Panzerarmee, ETHINT 46.
28 Elke Fröhlich (Hrsg.), *Die Tagebücher von Joseph Goebbels*, Teil II, Bd. 14, S. 305.
29 SS Standartenführer Lingner, TNA WO 208/4140 SRM 1211.
30 Generalleutnant Heim, TNA WO 208/4364 GRGG 220.
31 CSDIC, TNA WO 208/4140 SRM 1210.
32 General Warlimont, CSDIC, TNA WO 208/3151.
33 Siehe Anm. 10.
34 Ebenda.
35 TNA WO 231/30.
36 Ebenda.
37 Siehe CSDIC, TNA WO 208/4140 SRM 1199.
38 CSDIC, TNA WO 208/5541 SIR 1425.
39 FMS B-823.
40 CSDIC, TNA WO 208/4140 SRM 1187.
41 Ebenda.
42 Ebenda.
43 CSDIC, TNA WO 208/3662.
44 Heydte, FMS B-823.
45 Ebenda.
46 Ebenda.
47 CSDIC, TNA WO 208/4140 SRM 1167.
48 CSDIC, TNA WO 208/5541 SIR 1425.
49 Aus Skorzenys Bericht gegenüber seinen Offizieren, NARA RG 407 ML 2279.
50 Heydte zu Leutnant von Trott zu Solz, CSDIC, TNA WO 208/4140 SRM 1182.
51 CSDIC, TNA WO 208/4178 GRGG 301.
52 SS-Untersturmführer Schreiber, CSDIC, TNA WO 208/4140 SRM 1259.
53 Mobile Field Interrogation Unit No. 1, NARA RG 407 ML 2279.
54 Ebenda.
55 Siehe Leutnant zur See Müntz, CSDIC, TNA WO 208/3619.
56 Siehe Anm. 53.
57 Ebenda.
58 SS-Untersturmführer Schreiber, siehe Anm. 52.
59 Hans Post, *One Man in his Time*, Sydney 2002, S. 167.

60 Leutnant Günther Schultz, gefangen genommen bei Lüttich am 19.12.1944, siehe Anm. 53.
61 Obersturmbannführer Otto Skorzeny, ETHINT 12.
62 CSDIC, TNA WO 208/5543 SIR 1673.
63 Siehe NARA RG 407 270/65/7/2, Box 19124 ML 754.
64 Siehe TNA WO 231/30.
65 Nicolaus von Below, *Als Hitlers Adjutant*, S. 396.
66 SS-Oberstgruppenführer Sepp Dietrich, ETHINT 16.
67 Ansprache Hitlers vor Divisionskommandeuren, 12.12.1944, HLB, S. 281–294, hier: 290 f., 293 f.
68 Sepp Dietrich, siehe Anm. 66.
69 CSDIC, TNA WO 208/3628.
70 Obersturmbannführer Joachim Peiper, 14.12.1944, siehe ETHINT 10.
71 Gefreiter Unruh, CSDIC, TNA WO 208/3611 SIR 1408.
72 SS-Brigadeführer Heinz Harmel, 10. SS-Panzerdivision »Frundsberg«, FMS P-109f.
73 FMS P-109e.

7. KAPITEL: DAS VERSAGEN DER AUFKLÄRUNG

1 CBHD, Box 5, 6.12.1944.
2 Ebenda.
3 Siehe John S. D. Eisenhower, *The Bitter Woods: Hitler's Surprise Ardennes Offensive*, New York 1969, S. 200.
4 CBHD, 7.12.1944.
5 Vermerk über die Begegnung in Maastricht am 7.12.1944, in: Sidney H. Negrotto Papers, Box 4, USAMHI.
6 Ebenda.
7 *PP*, S. 576.
8 James H. O'Neill, »The True Story of the Patton Prayer«, in: *Leadership*, No. 25.
9 Ebenda.
10 CSDIC, TNA WO 208/4364 GRGG 220.
11 Leutnant von der Goltz (St./Gren.Rgt 1039) CSDIC, TNA WO 208/4139 SRM 1083.
12 Siehe CMH *SC*, 363.
13 TNA CAB 106/1107.
14 CMH *SC*, 365.
15 Brief von Strong, 31.8.1951, zit. n. ebenda.
16 CMH *SC*, 370.
17 »Indications of the German Offensive of Dezember 1944«, 28.12.1944, »C« to Victor Cavendish-Bentinck, TNA HW 13/45.
18 BAY/XL 152, TNA HW 13/45.
19 Siehe Anm. 17.
20 Ebenda.
21 Siehe »The Ardennes«, in: *CSI Battlebook* 10-A, Mai 1984.

22 Forrest C. Pogue, *Pogue's War*, S. 250.
23 Siehe Peter Schrijvers, *The Unknown Dead*, S. 12.
24 Siehe ebenda, S. 7f.
25 Louis Simpson, *Selected Prose*, S. 117.
26 CBHD, 8.12.1944.
27 PWS, 13.12.1944.
28 TNA CAB 106/1107.
29 NARA RG 498 UD603, Box 3.
30 CBHD, 15.12.1944.
31 Omar N. Bradley, S. 428.
32 John Buckley, *Monty's Men*, S. 259.
33 Charles B. MacDonald, *Company Commander*, New York 2002, S. 78.
34 R. Ernest Dupuy, *St. Vith: Lion in the Way: The 106th Infantry Division in World War II*, Washington, D.C., 1949, S. 15f.
35 Erbeuteter Brief, übersetzt am 19. Dezember im Stab der 1. Infanteriedivision, CBMP, Box 2.

8. KAPITEL: SAMSTAG, 16. DEZEMBER

1 Siehe V Corps, NARA RG 498 290/56/2/3, Box 1455.
2 Siehe Peter Schrijvers, *The Unknown Dead*, S. 14.
3 Manteuffel, 5. Panzerarmee, ETHINT 46.
4 »The Ardennes«, CSI Battlebook 10-A, Mai 1984.
5 Generaloberst Alfred Jodl, ETHINT 51.
6 Charles P. Roland, 99th Infantry Division, CBMP, Box 4
7 John S. D. Eisenhower, *The Bitter Woods*, S. 229.
8 Siehe Brief von Oberstleutnant Robert L. Kriz, 394th Infantry, und Brief von Lyle J. Bouck, 19.1.1983, CBMP, Box 4.
9 Eisenhower, *Bitter Woods*, S. 188.
10 Obersturmbannführer Joachim Peiper, 1. SS-Panzerregiment, ETHINT 10.
11 Adolf Schür, Lanzerath, CBMP, Box 6.
12 Siehe Anm. 10.
13 FO, C Battery, 371st FA Bn, 99th Infantry Division, Richard H. Byers Papers, Box 1 USAMHI.
14 Standartenführer Lingner, 17th SS Pzg-Div, CSDIC, TNA WO 208/4140 SRM 1205.
15 »Defense of Höfen«, in: *Infantry School Quarterly*, July 1948, CBMP, Box 4.
16 CBMP, Box 4.
17 Harry S. Arnold, E Company, 393rd Infantry, 99th Infantry Division, CBMP, Box 4.
18 Siehe Anm. 6.
19 Sidney Salins, CBMP, Box 4.
20 General der Artillerie Kruse, CSDIC, TNA WO 208/4178 GRGG 330 (c).
21 NARA RG 407 270/65/7/2 ML 2280.
22 Matt F. C. Konop, diary, 2nd Infantry Division, CBMP, Box 2.

23 Siehe Matt F. C. Konop, diary, 2nd Infantry Division, CBMP, Box 2.
24 NARA RG 498 290/56/2/3, Box 1455.
25 NARA RG 498 290/56/2/3, Box 1463.
26 Ebenda.
27 NARA RG 498 290/56/5/2, Box 3.
28 Generalmajor Siegfried von Waldenburg, 116. Panzerdivision, FMS A-873.
29 Generalmajor Heinz Kokott, »26th Volksgrenadier Division in the Ardennes Offensive«, FMS B-040.
30 Bataillonskommandeur Major Frank, III/13th Fallschirmjäger, CSDIC, TNA WO 208/4140 SRM 1148, und WO 208/5540 SIR 1375.
31 Oberst Friedrich August Heydte, CSDIC, TNA WO 208/5541 SIR 1425.
32 CSDIC, TNA WO 208/3611.
33 »Ardennes Offensive of Seventh Army«, FMS A-876.
34 »The Ardennes«, CSI Battlebook 10-A, May 1984.
35 Ebenda.
36 Ebenda.
37 CBHD, 16.12.1944.
38 Ebenda.
39 John S. D. Eisenhower, *Bitter Woods*, S. 266.
40 William R. Desobry Papers, USAMHI.
41 *PP*, S. 595.
42 *PP*, S. 596.
43 William H. Simpson Papers, Box 11, USAMHI.
44 CSDIC, TNA WO 208/5541 SIR 1444,
45 Ebenda.
46 CSDIC, TNA WO 208/3628.
47 Siehe Anm. 44.
48 Siehe TNA WO 171/4184.
49 Siehe ebenda.
50 Arthur S. Couch, unveröffentlichte Erinnerungen.
51 Major William F. Hancock, 1st Battalion, 9th Infantry, 2nd Infantry Division, CBMP, Box 2.
52 Siehe Anm. 10.

9. KAPITEL: SONNTAG, 17. DEZEMBER

1 Matt F. C. Konop, diary, 2nd Infantry Division, CBMP, Box 2.
2 Charles B. MacDonald, *Company Commander*, S. 82 f.
3 Ebenda.
4 General der Waffen-SS H. Priess, 1 SS Panzer Corps, FMS A-877.
5 Siehe Peter Schrijvers, *The Unknown Dead*, S. 35 f.
6 Siehe ebenda, S. 35.
7 Siehe CMH *Ardennes*, S. 261.
8 Siehe NARA RG 498 290/56/2/3, Box 1455.
9 Siehe CBMP, Box 2.

10 Gefreiter W. P., BfZ-SS, 17.12.1944.
11 CBHD, 17.12.1944.
12 Siehe Ralph Ingersoll, *Top Secret*, S. 194.
13 Kriegstagebuch der 1. Armee, zit. n. D. K. R. Crosswell, *Beetle*, S. 810.
14 Gaffey Papers, USAMHI.
15 GBP, 17.12.1944.
16 Oberstleutnant von der Heydte, siehe ETHINT 75.
17 Siehe CMH, *Ardennes*, S. 156 f.
18 Siehe John S. D. Eisenhower, *The Bitter Woods*, S. 280.
19 Siehe Royce L. Thompson, »Air Resupply to Isolated Units, Ardennes Campaign«, OCMH, Feb. 1951, Typoskript, CMH 2-3.7 AE P.
20 Zu Devines Schlachtneurose siehe »Report of Investigation«, Action of 14th Cavalry Group on Occasion of German Attack Commencing on 16 Dec. 1944«, 29.1.1945, First Army IG, NARA RG 338 290/62/05/1-2.
21 General der Panzertruppe Horst Stumpff, ETHINT 61.
22 NARA RG 407 270/65/7/2 ML 2280.
23 Major Donald P. Boyer, 38th Armored Infantry Battalion, RWHP, Box 1.
24 AAR, 7th AD Artillery, RWHP, Box 1.
25 RWHP, Box 1.
26 Ebenda.
27 PWS, 17.12.1944.
28 CBHD, 18.12.1944.
29 CSDIC, TNA WO 208/5516.
30 Siehe Peter Schrijvers, *The Unknown Dead*, S. 40.
31 Obersturmbannführer Joachim Peiper, 1st SS-Panzerregiment, siehe ETHINT 10.
32 Luftkampf bei Wahlerscheid über dem 3. Bataillon der 38. US-Infanteriedivision, siehe CBMP, Box 2.
33 1st Battalion, 9th Infantry, 2nd Infantry Division, ebenda.
34 Ebenda.
35 »The Ardennes«, CSI Battlebook 10-A, Mai 1984.
36 Ebenda.
37 Charles B. MacDonald, *Company Commander*, S. 97 und 100.
38 1st Battalion, 9th Infantry, 2nd Infantry Division, CBMP, Box 2.
39 Ebenda.
40 General der Infanterie Baptist Kniess, LXXXV. Korps, ETHINT 40.
41 NARA RG 498 290/56/2/3, Box 1463.
42 Zur Infiltration von Clervaux siehe Gespräch mit Joseph Maertz, Clervaux, am 22.8.1981, CBMP, Box 6.
43 »The Breakthrough to Bastogne«, Bd. II, Clervaux, Typoskript, o. D., CMH, 8-3.1 AR.
44 Roger Cohen, »The Lost Soldiers of Stalag IX-B«, in: *The New York Times Magazine*, 27.2.2005.
45 Jean Servé, Clervaux, CBMP, Box 6.
46 »The Ardennes«, CSI Battlebook 10-A.
47 PWS, 17.12.1944.

48 Lüttwitz, ETHINT 41.
49 Kniess, ETHINT 40.
50 NARA RG 407 270/65/8/2 ML 130.
51 Louis Simpson, *Selected Prose,* S. 134.
52 Walter Bedell Smith, *General Eisenhowers sechs große Entscheidungen,* Wien und Hamburg 1969, S. 202.
53 Stanley Weintraub, *Eleven Days in December,* New York 2006, S. 54 f.

10. KAPITEL: MONTAG, 18. DEZEMBER

1 NARA RG 498 290/56/5/2, Box 3.
2 NARA RG 498 290/56/2/2, Box 1455.
3 Ebenda.
4 CBMP, Box 2.
5 Ebenda.
6 Siehe Nara RG 407, E 427-A, 270/65/4/7.
7 Siehe CBMP, Box 2.
8 NARA RG 498 290/56/2/3, Box 1455.
9 Ebenda.
10 Charles B. MacDonald, *Company Commander,* S. 103.
11 NARA RG 498 290/56/2/3, Box 1455.
12 Ebenda.
13 CBMP, Box 2.
14 FO, C Battery, 371st FA Bn, 99th Infantry Division, Richard Henry Byers, »Battle of the Bulge«, Typoskript, 1983.
15 Siehe Anm. 11.
16 Obersturmbannführer Joachim Peiper, SS-Panzerregiment 1, ETHINT 10.
17 CMH *Ardennes,* 667.
18 J. Lawton Collins, SOOHP, USAMHI.
19 PWS 18.12.1944.
20 William H. Simpsons Papers, Box 11, USAMHI.
21 PWS 21.12.1944.
22 John S. D. Eisenhower, *The Bitter Woods,* S. 303.
23 ETHINT 10.
24 Louis Simpson, *Selected Prose,* S. 134.
25 NARA RG 407 270/65/8/2 ML 130.
26 FMS B-040.
27 Generalleutnant Fritz Bayerlein, Panzer-Lehr-Division, FMS A-942.
28 »The Breakthrough to Bastogne«, Typoskript, o. D., CMH 8-3.1 AR.
29 Bayerlein, FMS A-942.
30 FMS A-941.
31 Ebenda.
32 NARA RG 407 270/65/8/2 ML 130.
33 William R. Desobry Papers, USAMHI.
34 RWHP, Box 1.

35 Hauptmann Gaum, 3rd Bn, CSDIC, TNA WO 208/3610.
36 Generalmajor Otto Remer, ETHINT 80 und FMS B-592.
37 GBP, 18.12.1944.
38 *PP*, S. 596f.
39 Omar N. Bradley, *A Soldier's Story*, S. 469.
40 *PP*, a.a.O.
41 Bradley, a.a.O.

11. KAPITEL: SKORZENY UND HEYDTE

1 Siehe NARA RG 407, E 427 (270/65/8-9/6-1) ML 7, Box 24201.
2 Mobile Field Interrogation Unit No. 1, NARA RG 407 ML 2279.
3 CBHD, 21.12.1944.
4 CBHD, 22.12.1944.
5 344/1/A TNA WO 171/4184.
6 PWS, 21.12.1944.
7 Zit. n. Danny S. Parker (Hrsg.), *Hitler's Ardennes Offensive: The German View of the Battle of the Bulge*, London 1997, S. 172.
8 David Niven, *Vielleicht ist der Mond nur ein Luftballon. Mein bewegtes Leben*, München 1975, S. 225.
9 Lord Tryon, Gespräch mit dem Autor, 6.2.2013.
10 Ernest Unger, Gespräch mit dem Autor, 13.12.2012.
11 TNA WO 171/4184.
12 Siehe NARA RG 407 E 427 (270/65/8-9/6-1) ML 7, Box 24201.
13 Siehe Anm. 11.
14 CBHD, 25.12.1944.
15 Brigadier A. W. Brown, IWM Documents 13781 73/18/1.
16 CBHD, 25.12.1944.
17 ETHINT 12.
18 SS-Oberstgruppenführer Sepp Dietrich, ETHINT 15.
19 FMS B-823.
20 Siehe CSDIC, TNA WO 208/5541 SIR 1444; auch TNA WO 208/3628, TNA WO 208/3612.
21 NARA RG 498 290/56/2, Box 1456.
22 V Corps, NARA RG 498 290/56/2/3, Box 1455.
23 Ebenda und GBP, 18.12.1944.
24 Siehe NARA RG 498 290/56/2/3, Box 1459.
25 Ebenda.

12. KAPITEL: DIENSTAG, 19. DEZEMBER

1 Peiper, FMS C-004.
2 Peter Schrijvers, *The Unknown Dead*, S. 54ff.
3 V Corps, NARA RG 498 290/56/2/3, Box 1455.

4 TNA WO 311/54.
5 Gespräch mit dem Obergefreiten Pompe von der 18. Volksgrenadierdivision, CSDIC, TNA WO 311/54.
6 NARA RG 407 290/56/5/1-3, Box 7.
7 Zur 3. Fallschirmjägerdivision bei Faymonville siehe Operationen der 6. Panzerarmee, FMS A-924.
8 Kurt Vonnegut, C-Span, New Orleans, 30.5.1995.
9 Nara RG 407 E 427-A (270/65/4/7).
10 CBMP, Box 4.
11 Siehe Anm. 8.
12 Oberst Walter Stanton, stellvertretender Stabschef des VIII. Korps, NARA RG 407 270/65/8/2 ML 299.
13 Tagebuch von Oberleutnant Behman, Maurice Delaval Collection, Box 7, USAMHI.
14 Siehe RWHP, Box 1.
15 Ebenda.
16 Hauptmann Gaum, 3rd Battalion *Führer Begleit Brigade*, CSDIC, TNA WO 208/3611.
17 Hans Post, *One Man in his Time*, S. 170.
18 Ralph Ingersoll, *Top Secret*, S. 162.
19 CBHD, 20.12.1944.
20 Charles B. MacDonald, *A Time for Trumpets: The Untold Story of the Battle of the Bulge*, New York 1984, S. 420; Dwight D. Eisenhower, *Kreuzzug*, S. 406.
21 D.K.R. Crosswell, *Beetle*, S. 812.
22 *PP*, S. 600.
23 CBHD, 19.12.1944.
24 VIII Corps, NARA RG 407 270/65/8/2 ML 299.
25 »The Breakthrough to Bastogne«, Typoskript, o. D., CMH 8-3.1 AR.
26 Lieutenant Ed Shames, in: Tim G. W. Holbert, »Brothers at Bastogne – Easy Company's Toughest Task«, in: *World War II Chronicles*, Winter 2004/05, S. 22–25.
27 Louis Simpson, *Selected Prose*, S. 121.
28 NARA RG 407 270/65/8/2 ML 130.
29 Generalmajor Heinz Kokott, 26. Volksgrenadierdivision, FMS B-040.
30 Ebenda.
31 Ebenda.
32 Generalleutnant Fritz Bayerlein, FMS A-941.
33 Ebenda.
34 Ebenda.
35 Generalmajor Heinz Kokott, FMS B-040.
36 William R. Desobry Papers, USAMHI; siehe auch NARA RG 407 270/65/8/2 ML 130.
37 NARA RG 407 270/65/8/2 ML 130.
38 William R. Desobry Papers, USAMHI.
39 Siehe Anm. 26.
40 Zit. n. George E. Koskimaki, *The Battered Bastards of Bastogne: The 101st Airborne in the Battle of the Bulge*, New York 2007, S. 113.

41 Zur Gefangennahme des 326. Feldhospitals siehe CMH *Medical*, S. 409–414.
42 Siehe Anm. 38.
43 CMH *Medical*, S. 414.
44 Carol Mather, *When the Grass Stops Growing*, Barnsley 1997, S. 284–287.
45 Ebenda, S. 286.
46 Ebenda, S. 287.
47 Ebenda.
48 Crosswell, *Beetle*, S. 814.
49 CMH *SC*, 378.
50 Kenneth Strong, *Geheimdienstchef in Krieg und Frieden*, Wien, Hamburg 1969, S. 214 und 208.
51 Coningham, FCP *SC*.
52 Bedell Smith, ebenda.
53 Ralph Ingersoll, *Top Secret*, S. 205.
54 Chester B. Hansen Collection, Box 42, S-25, USAMHI.

13. KAPITEL: MITTWOCH, 20. DEZEMBER

1 Carol Mather, *When the Grass*, S. 287.
2 Sir Carol Mather docs., IWM, 11/28/1 5.
3 Dempsey, FCP-*SC*.
4 Zit. n. Nigel Hamilton, *Monty: Master of the Battlefield 1942–1944*, London 1984, S. 213.
5 Carol Mather, *When the Grass*, S. 288.
6 Bedell Smith, FCP *SC*.
7 PWS, 21.12.1944.
8 Ralph Ingersoll, *Top Secret*, S. 200.
9 »The Ardennes«, in: CSI Battlebook 10-A, Mai 1984.
10 Ebenda.
11 Carlos Baker, *Ernest Hemingway*, S. 510.
12 FMS A-873.
13 Lieutenant Ed Shames in: Tim G. W. Holbert, *Brothers at Bastogne*, S. 22–25.
14 Zit. n. Peter Schrijvers, *Those Who Hold Bastogne*, New Haven, CN, 2014, S. 63.
15 Zum Rückzug von Noville siehe Charles B. MacDonald, *A Time for Trumpets*, S. 499 f.
16 FMS B-040.
17 Ebenda.
18 Ebenda.
19 Ebenda.
20 Ebenda.
21 Louis Simpson, *Selected Prose*, S. 137 f.
22 Charles B. MacDonald, *The Battle of the Bulge*, S. 448 f.
23 RWHP, Box 1.
24 Major Donald P. Boyer Jr, S 3, »Narrative Account of Action of 38th Armored Infantry Battalion«, o. D., RWHP, Box 1.

25 Siehe ETHINT 80.
26 Mack Morriss, »The Defense of Stavelot«, in: *Yank*, 9.2.1945.
27 Zu den Gräueltaten der SS in Stavelot siehe NARA RG 407 290/56/5/1-3, Box 7.
28 Siehe ebenda.
29 FMS A-924.
30 NARA RG 498 290/56/2/3, Box 1455.
31 Siehe Richard H. Byers, »The Battle of the Bulge«, Richard H. Byers Papers, Box 1, USAMHI.
32 FMS A-978.
33 Peter Schrijvers, *The Unknown Dead*, S. 30.
34 Charles B. MacDonald, *A Time for Trumpets*, S. 406.
35 Arthur S. Couch, *An American Infantry Soldier*, unveröffentlichte Memoiren.
36 Charles B. MacDonald, *A Time for Trumpets*, S. 407.
37 Martin Lindsay, *So Few Got Through*, Barnsley 2000, S. 161.
38 Siehe TNA WO 231/30.
39 J. W. Cunningham, IWM Documents 15439 06/126/1.
40 Brigadier A. W. Brown, IWM Documents 13781 73/18/1.
41 FCP *SC*.
42 *Time*, 1.1.1945.
43 Hobart Gay Papers, 21.12.1944, USAMHI.
44 Memo, R. H. C. Drummond-Wolff, chief, Liberated Territories Desk, PWD, 21.12.44, in: C. D. Jackson Papers, Box 3, DDE Lib.
45 Fritz Hockenjos, Kriegstagebuch, BA-MA, MsG2 4038.
46 LHC-DP, No. 217, II, 5, zit. n. Ian Kershaw, *Das Ende: Kampf bis in den Untergang; NS-Deutschland 1944/45*, München 2011, S. 230.
47 Zit. n. Antony Beevor, *Berlin 1945: Das Ende*, München 2002, S. 13.
48 CSDIC, TNA WO 208/4364 GRGG 235/6.
49 Ebenda.
50 Ebenda.
51 Ebenda.

14. KAPITEL: DONNERSTAG, 21. DEZEMBER

1 FMS C-004.
2 Siehe Peter Schrijvers, *The Unknown Dead*, S. 57 f.
3 Siehe NARA RG 407 290/56/5/1-3, Box 7.
4 Mack Morriss, »The Defense of Stavelot«, in: *Yank*, 9.2.1945.
5 PWS, 21.12.1944.
6 CBHD, 24.12.1944.
7 CBHD, 21.12.1944.
8 Siehe PWS, 21.12.1944.
9 J. Lawton Collins, SOOHP, Box 1, USAMHI.
10 Siehe Jonathan M. Soffer, *General Matthew B. Ridgway*, Westport, CN, 1998, S. 71.
11 Major Donald P. Boyer Jr., RWHP, Box 1.

12 Ebenda.
13 Ebenda.
14 Ebenda.
15 Siehe Peter Schrijvers, *The Unknown Dead*, S. 169.
16 Richard D. Sparks, »A Walk through the Woods«, 2003, http://www.ryansdom.com/theryans/sparks/adobe/walk2.pdf
17 FMS A-873.
18 4th SS Panzergrenadier-Regiment *Der Führer*, FMS P-109b.
19 Waldenburg, FMS A-873.
20 Siehe NARA RG 407 270/65/8/2 ML 130.
21 *PP*, 21.12.1944, S. 603.
22 Siehe NARA RG 407 270/65/8/2 ML 130.
23 Robert Harwick, »Christmas for Real!«, in: *The Magazine of the Gulf Companies*, November–Dezember 1945, S. 70 f.
24 Ebenda.
25 Ebenda.
26 FMS A-939.
27 George E. Koskimaki, *The Battered Bastards of Bastogne*, S. 148.

15. KAPITEL: FREITAG, 22. DEZEMBER

1 Siehe Maurice Delaval Collection, Box 7, USAMHI.
2 Richard D. Sparks, »A Walk through the Woods«, a. a. O.
3 Ebenda.
4 RWHP, Box 1, 22.12.1944.
5 Misc'l AG Records, NARA RG 407 E 427 2280, Box 2425.
6 Richard D. Sparks, »A Walk through the Woods«, a.a.O.
7 Siehe Anm. 5.
8 Ebenda.
9 Siehe Anm. 1.
10 Siehe Peter Schrijvers, *The Unknown Dead*, S. 26 f.
11 Siehe NARA RG 407 290/56/5/1-3, Box 7.
12 ETHINT 10.
13 FMS B-040.
14 Ebenda.
15 Bericht von André Meurisse, zit. n. George E. Koskimaki, *The Battered Bastards of Bastogne*, S. 221 f.
16 Gespräch mit Bedell Smith, FCP *SC*.
17 SOOHP, Box 1, USAMHI.
18 John S. D. Eisenhower, *The Bitter Woods*, S. 453.
19 General der Panzertruppen Heinrich von Lüttwitz, XLVII. Panzerkorps, FMS A-939.
20 Siehe William H. Simpson Papers, Box 11, USAMHI.
21 Oberstleutnant Rüdiger Weiz, 2. Panzerdivision, FMS B-456.
22 Siehe FMS A-873.

23 CBHD, 22.12.1944.
24 Ebenda.
25 John S. D. Eisenhower, *The Bitter Woods*, S. 422.
26 CMH *SC*, S. 381.
27 Ralph Ingersoll, *Top Secret*, S. 201–204.

16. KAPITEL: SAMSTAG, 23. DEZEMBER

1 CMH *Ardennes*, S. 468.
2 John S. D. Eisenhower, *The Bitter Woods*, S. 424.
3 Generalleutnant Karl Thoholte, »Army Group B Artillery in the Ardennes«, FMS B-311.
4 ETO Historical Division, NARA RG 498 290/57/17/6.
5 Siehe Royce L. Thompson, »Air Resupply to Isolated Units, Ardennes Campaign«, OCMH, Feb. 1951, Typoskript, CMH 2-3.7 AE P.
6 General der Waffen-SS H. Priess, I. SS-Panzerkorps, FMS A-877.
7 William H. Simpson Papers, Box 11, USAMHI.
8 Siehe Peter Schrijvers, *The Unknown Dead*, S. 27 f.
9 Major Herbert Büchs, ETHINT 34.
10 Generalmajor Heinz Kokott, 26. Volksgrenadierdivision, FMS B-040.
11 Ebenda.
12 Ebenda.
13 Ebenda.
14 Royce L. Thompson, »Air Resupply to Isolated Units, Ardennes Campaign«, OCMH, Feb. 1951, Typoskript, CMH 2-3.7 AE P.
15 Martin Wolfe, *Green Light*, Philadelphia, PA, 1989, S. 348.
16 George E. Koskimaki, *The Battered Bastards of Bastogne*, S. 257.
17 Ebenda.
18 CMH *Medical*, S. 420.
19 Kokott, FMS B-040.
20 George E. Koskimaki, *The Battered Bastards of Bastogne*, S. 147.
21 Louis Simpson, *Selected Prose*, S. 138.
22 Ebenda, S. 139.
23 Siehe NARA RG 498 290/56/2/3, Box 1455.
24 Siehe ebenda.
25 PWS, 22.12.1944.
26 A. J. Cowdery, Civil Affairs, IWM Documents 17395 10/18/1.
27 Siehe Derrick Jones, IWM Documents 4309.
28 Henri Dubois, zit. n. Jean-Michel Delvaux, *La Bataille des Ardennes autour de Rochefort*, 2 Bde., Hubaille 2004–2005, Bd. I, S. 333.
29 Jean-Michel Delvaux, *La Bataille des Ardennes autour de Celles*, S. 38 f.
30 Ebenda, S. 81 f.
31 CMH *Ardennes*, S. 437.
32 Jean-Michel Delvaux, *Rochefort*, Bd. I, S. 238 f., und Bd. II, S. 236.
33 FDRL MR, 23.12.1944.

17. KAPITEL: SONNTAG, 24. DEZEMBER

1 CBHD, 24.12.1944.
2 Ebenda.
3 Ebenda.
4 Ebenda.
5 »The Intervention of the Third Army: III Corps in the Attack«, Typoskript, o. D., CMH 8-3.1 AR.
6 VIII Corps, Third Army, NARA RG 498 290/56/2/3, Box 1463.
7 VII Corps, NARA RG 498 290/56/2/3, Box 1459.
8 Siehe NARA RG 498, 290/56/5/2, Box 3.
9 Siehe Anm. 6.
10 Siehe ebenda.
11 Ebenda.
12 FMS B-023.
13 Robert R. Summers u. a., »Armor at Bastogne«, Armored School, Advanced Course, May 1949, CARL N-2146.71-2.
14 Tagebuch von Robert Calvert Jr., Company C, 51st Armored Infantry Battalion, 4th Armored Division, in: *American Valor Quarterly*, Sommer 2008, S. 22.
15 NARA RG 407 290/56/5/1-3, Box 7.
16 PWS, 24.12.1944.
17 CBHD, 8.1.1945.
18 John S. D. Eisenhower, *The Bitter Woods*, S. 449.
19 William A. Carter, Typoskript, 1983, CEOH, Box V, 14, XII, 22.
20 CSDIC, TNA WO 208/4140 SRM 1150.
21 FMS A-873.
22 VII Corps, NARA RG 498 290/56/2/3, Box 1459.
23 FMS A-873.
24 Siehe 3. Königliches Panzerregiment in Sorinnes, Brigadegeneral A. W. Brown, IWM Documents 13781 73/18/1.
25 David W. Hogan Jr., *A Command Post at War: First Army Headquarters in Europe, 1943–1945*, Washington, D.C., 2000, S. 223.
26 John S. D. Eisenhower, *The Bitter Woods*, S. 466.
27 Oberstleutnant Rüdiger Weiz, 2. Panzerdivision, FMS B-456.
28 Ebenda.
29 Zum Sondereinheitskommando 8 siehe A. J. Cowdery, Civil Affairs, IWM Documents 17395 10/18/1.
30 Zu dem Massaker in Bande und zu Léon Praile siehe Jean-Michel Delvaux, *Rochefort*, Bd. 1, S. 17–41.
31 TNA WO 171/4184.
32 Heinz Guderian, *Erinnerungen eines Soldaten*, Heidelberg 1951, S. 347.
33 Siehe Carlos Baker, *Hemingway*, S. 510 f.
34 Zu den Verwundeten in Bastogne siehe CMH *Medical*, S. 418.
35 Stanley Weintraub, *Eleven Days in December*, S. 137.
36 Berichtet von Simone Hesbois, zit. n. Jean-Michel Delvaux, *Rochefort*, Bd. 1, S. 328 f.

37 Siehe: Berichtet von Simone Hesbois, zit. n. Jean-Michel Delvaux, *Rochefort*, Bd. 1, S. 328f., Bd. 2, S. 240.
38 Gerald Astor, *Battling Buzzards: The Odyssey of the 517th Parachute Regimental Combat Team 1943–1945*, New York 1993, S. 300.
39 PFC Warren Wilson, Co 1, 2nd Bn, 395th Inf, Stanley Weintraub, *Eleven Days in December*, S. 125.
40 Frederick A. McDonald, *Remembered Light: Glass Fragments from World War II*, San Francisco 2007, S. 29.

18. KAPITEL: WEIHNACHTSTAG

1 Zu den Bombenabwürfen auf Bastogne siehe Peter Schrijvers, *Those Who Hold Bastogne*, S. 119f.
2 Generalmajor Heinz Kokott, 26. Volksgrenadierdivision, FMS B-040.
3 NARA RG 498 290/56/2/3, Box 1463.
4 George E. Koskimaki, *The Battered Bastards of Bastogne*, S. 325.
5 Siehe VIII Corps, NARA RG 498 290/56/2/3, Box 1463.
6 Siehe Anm. 2.
7 VIII Corps, NARA RG 498 290/56/5/2, Box 3.
8 Siehe Anm. 2.
9 TNA WO 311/54.
10 Siehe Anm. 2.
11 Siehe Royce L. Thompson, »Air Resupply to Isolated Units, Ardennes Campaign«, OCMH, Typoskript, Februar 1951, CMH 2-3.7 AE P.
12 NARA RG 407 270/65/8/2 ML 130.
13 Siehe Anm. 7.
14 Denyse de Coune, »Souvenirs de guerre: Assenois 1944/45«, S. 125, zit. n. Peter Schrijvers, *The Unknown Dead*, S. XIII.
15 General der Panzertruppen Heinrich von Lüttwitz, XLVII. Panzerkorps, FMS A-939.
16 Zu Haid, Hubert und Sibret siehe Jean-Michel Delvaux, *Rochefort*, Bd. 1, S. 341.
17 Brigadegeneral A. W. Brown, IWM Documents 13781 73/18/1.
18 TNA WO 231/30.
19 Siehe Jean-Michel Delvaux, *Celles*, S. 103.
20 FMS A-873.
21 NARA RG 498 290/56/2/3, Box 1463.
22 NARA RG 407 270/65/8/2 ML 299.
23 *PP*, S. 606.
24 Peter Schrijvers, *The Unknown Dead*, S. 31.
25 Richard Henry Byers, »Battle of the Bulge«, Typoskript, 1983.
26 Leutnant Martin Opitz, 295. Volksgrenadierdivision, NARA RG 407 290/56/5/1-3, Box 7.
27 Chester B. Hansen Collection, Box 42, S-7, USAMHI.
28 *PP*, S. 606.
29 Siehe Anm. 27.
30 So der *Daily Express*, zit. n. Stanley Weintraub, *Eleven Days in December*, S. 79.

19. KAPITEL: DIENSTAG, 26. DEZEMBER

1. CBHD, 26.12.1944.
2. *PP*, S. 605.
3. *PP*, S. 607.
4. Zu den Bränden in Bastogne siehe Peter Schrijvers, *Those Who Hold Bastogne*, S. 130.
5. Siehe Royce L. Thompson, »Air Resupply to Isolated Units, Ardennes Campaign«, OCMH, Typoskript, Februar 1951, CMH 2-3.7 AE P.
6. CBHD, 26.12.1944.
7. CMH *Medical*, S. 422.
8. Siehe *American Valor Quarterly*, Sommer 2008, S. 19.
9. Siehe NARA RG 407 270/65/8/2 ML 130.
10. Generalmajor Rudolf Freiherr von Gersdorff und Generalmajor Heinz Kokott, ETHINT 44.
11. CSDIC, TNA WO 208/4140 SRM 1148.
12. ETHINT 42.
13. Siehe CBHD, 26.12.1944.
14. Brigadegeneral A. W. Brown, IWM Documents 13781 73/18/1.
15. General der Panzertruppen Heinrich von Lüttwitz, XLVII. Panzerkorps, FMS A-939.
16. FMS B-456.
17. Jean-Michel Delvaux, *Rochefort*, Bd. 1, S. 218.
18. Siehe ebenda, S. 304 und 308.
19. Colonel Shaffer F. Jarrell, VII Corps, NARA RG 498 290/56/2/3, Box 1459.
20. Jean-Michel Delvaux, *Celles*, S. 94.
21. Tagebuch von Schwester Alexia Bruyère, 26.12.1944, zit. n. Jean-Michel Delvaux, *Rochefort*, Bd. 1, S. 143.
22. Generalmajor Siegfried von Waldenburg, FMS A-873.
23. ETHINT 80.
24. TNA WO 231/30.
25. Siehe FMS P-109.
26. Alfred Zerbel, SS-Panzergrenadierregiment 3 »Deutschland«, FMS P-109.
27. NARA RG 498 290/56/2/3, Box 1463.
28. Peter Schrijvers, *The Unknown Dead*, S. 183.
29. Ebenda, S. 184.
30. Leutnant Martin Opitz, 295. Volksgrenadierdivision, NARA RG 407 290/56/5/1-3, Box 7.
31. Ebenda.
32. Siehe TNA WO 231/30.
33. PWS, 26.12.1944.
34. CBHD, 26.12.1944.
35. *PP*, S. 608, 27.12.1944.
36. Samuel W. Mitcham Jr., *Panzers in Winter*, Mechanicsburg, PA, 2008, S. 153 f.
37. Nicolaus von Below, *Als Hitlers Adjutant, 1937–1945*, Mainz 1980, S. 398.

20. KAPITEL: DIE VORBEREITUNG DER ALLIIERTEN GEGENOFFENSIVE

1 Siehe Royce L. Thompson, »Air Resupply to Isolated Units, Ardennes Campaign«, OCMH, Typoskript, Feb. 1951, CMH 2-3.7 AE P.
2 Siehe George E. Koskimaki, *The Battered Bastards of Bastogne*, S. 365 f.
3 NARA RG 407 270/65/7/2 ML 209.
4 PWS, 28.12.1944.
5 CBHD, 28.12.1944.
6 Brief Montgomerys an Mountbatten, 25.12.1944, in: Nigel Hamilton, *Monty: The Field Marshal*, S. 238.
7 CMH *Ardennes*, S. 610.
8 PWS, 27.12.1944.
9 Ebenda.
10 J. Lawton Collins, SOOHP, USAMHI.
11 CMH *Ardennes*, S. 612.
12 William H. Simpson Papers, Box 11, USAMHI.
13 CBHD 31.12.44, 2.1.1945.
14 Zu Montgomerys Plan in Zonhoven siehe Crerars Tagebuch, TNA CAB 106/1064.
15 Alanbrookes Tagebuch, 30.12.1944, LHCMA.
16 Zit. n. Russell F. Weigley, *Eisenhower's Lieutenants*, Bloomington, IN, 1990, S. 542 f.
17 Zit. n. Nigel Hamilton, *Monty: The Field Marshal*, S. 275.
18 DDE Lib, Box 83.
19 Eisenhower auf der Sitzung des SHAEF am 30.12.1944, Vermerk von Luftmarschall Sir James Robb, NARA RG 319 270/19/5-6/7-1, Boxes 215–216 2-3.7 CB 8.
20 Zit. n. Nigel Hamilton, *Monty: The Field Marshal*, S. 279.
21 Siehe Anm. 18.
22 Tagebuch von Robert Calvert Jr., 51st Armored Infantry Battalion, 4th Armored Division, in: *American Valor Quarterly*, Sommer 2008, S. 22.
23 Generalmajor Otto Remer, ETHINT 80.
24 Ebenda.
25 General der Panzertruppen Heinrich von Lüttwitz, XLVII Panzer Corps, FMS A-939.
26 Remer zu den Kämpfen um Chenogne und Sibret siehe ETHINT 80.
27 Stephen Ambrose, *Band of Brothers*, New York 2001, S. 194.
28 Siehe George E. Koskimaki, *The Battered Bastards of Bastogne*, S. 393.
29 Ebenda, S. 391.
30 Siehe MFF-7, C1-107.
31 CMH *Ardennes*, S. 626.
32 Zu den Kämpfen des III. Korps bei Lutrebois siehe NARA RG 498 290/56/5/2, Box 3.
33 FMS B-023.
34 Die Funktion des nationalsozialistischen Führungsoffiziers wurde von Hitler nach dem Vorbild der sowjetischen Politoffiziere eingeführt, um die Treue und Entschlossenheit der Wehrmachtsoffiziere zu überwachen.

35 Generalmajor Heinz Kokott, 26. Volksgrenadierdivision, FMS B-040.
36 TNA WO 311/54.
37 Third Army Daily Log, 31.12.1944, Gaffey Papers, USAMHI.
38 CBHD 30.12.1944.
39 Brief von Eugene A. Watts, S-3, 52nd Armored Infantry Bn, 9th AD, 28.2.1985, CBMP, Box 1.
40 Siehe Edward Horrell, IWM Documents 17408 10/4/1.
41 Siehe Jean-Michel Delvaux, *Celles*, S. 40.
42 Ebenda, S. 36.
43 A. J. Cowdery, Civil Affairs, IWM Documents 17395 10/18/1. Gemeint ist der Roman des britischen Autors Anthony Hope, der Ende des 19./Anfang des 20. Jahrhunderts ein Bestseller war.
44 Bericht von Liliane Delhomme in: Jean-Michel Delvaux, *Rochefort*, Bd. II, S. 241.
45 Brief von Walkers Sohn, Luftmarschall Sir David Walker, 27.4.2014.
46 William H. Simpson Papers, Box 11, USAMHI.
47 G. Patrick Murray, 1973, SOOHP.
48 PWS, 31.12.1944.
49 CBHD, 31.12.1944.
50 Ursula von Kardorff, *Berliner Aufzeichnungen, 1942–1945*, München 1992, S. 277.
51 Leutnant Martin Opitz, 295. Volksgrenadierdivision, NARA RG 407 290/56/5/1-3, Box 7.

21. KAPITEL: DIE DOPPELTE ÜBERRASCHUNG

1 Helmut Heiber und David Glantz (Hrsg.), *Hitler and his Generals: Military Conferences, 1942–1945*, London 2002, S. 514, 517. [In der deutschen Ausgabe von *Hitlers Lagebesprechungen* ist keine Besprechung vom 6. 11. 1944 mit dem zitierten Wortwechsel Christian – Hitler enthalten. Aus der englischen Ausgabe rückübersetzt – d.Ü.]
2 Fähnrich Schmid, CSDIC, TNA WO 208/4134 SRA 5615.
3 Oberleutnant Hartigs, 4/JG 26, CSDIC, TNA WO 208/4135 SRA 5767.
4 CSDIC, TNA WO 208/4134 SRA 5515.
5 Oberleutnant Hartigs, CSDIC, TNA WO 208/4135 SRA 5764 20/1/45.
6 Feldwebel Halbritter, CSDIC, TNA WO 208/4134 SRA 5569.
7 CSDIC, TNA WO 208/4135 SRA 5760 23/1/45.
8 CSDIC, TNA WO 208/4177.
9 CSDIC, TNA WO 208/4292 USAFE/M.72.
10 CSDIC, TNA WO 208/4164 SRX 21091.
11 Ebenda.
12 Siehe Anm. 8.
13 CSDIC, TNA WO 208/4178.
14 Siehe Anm. 8.
15 Oberleutnant Hartigs, FW 190 4/JG 26, CSDIC, TNA WO 208/4164 SRX 2086.
16 Ebenda.
17 CSDIC, TNA WO 208/4164 SRX 2086.

18 Sebastian Cox von der Abteilung Geschichte der Luftstreitkräfte des Verteidigungsministeriums, E-Mail an den Autor, 18.8.2014. Für seine Korrekturen und präzisen Angaben zu den Verlusten an Flugzeugen auf beiden Seiten bin ich ihm sehr dankbar.
19 PWS, 1.1.1945.
20 PWS, 2.1.1945.
21 William H. Simpson Papers, USAMHI, Box 11.
22 Sebastian Cox, E-Mail an den Autor, 18.8.2014.
23 Siehe Anm. 21.
24 Nicolaus von Below, *Als Hitlers Adjutant*, S. 399.
25 Brief von Oberst Pete T. Heffner Jr. an Oberst Waine Archer, 3.1.1945, NARA RG 498 290/56/5/3, Box 1463.
26 Zur Panik in Straßburg siehe NARA RG 331, SHAEF records (290/715/2) E-240P, Box 38.
27 Charles de Gaulle, *Memoiren 1942–1946: Die Einheit – der Ruf*, Düsseldorf 1961, S. 427 und 429. [Die Zitate aus der deutschen Ausgabe der Memoiren de Gaulles, die hier wiedergegeben werden, stimmen nicht wörtlich mit Beevors Text überein, der aus dem französischen Original der Memoiren übersetzt hat – d.Ü.]
28 Tagebuch von James Robb, DDE Lib, Papers, Pre-Pres., Box 98.
29 Dwight D. Eisenhower, *Kreuzzug*, S. 420.
30 Charles de Gaulle, *Memoiren 1942–1946*, S. 432.
31 Dwight D. Eisenhower, *Kreuzzug*, S. 421.
32 DCD 4.1.1945.
33 Brief von Oberst Heffner 5.1.1945, siehe Anm. 25.
34 *PDDE*, Bd. IV, S. 2491.
35 TNA HW 14/119, 3.1.1945.
36 Ebenda.
37 Thomas E. Griess, 14.10.1970, York County Heritage Trust, York, PA, Box 94.
38 VI Corps, NARA RG 498 290/56/5/3, Box 1463.
39 Chester B. Hansen Collection, Box 42, S-28, USAMHI.
40 CBHD, 6.1.1945.
41 CBHD, 8.1.1945.
42 Ebenda.
43 CBHD, 6.1.1945.
44 CBHD, 5.1.1945.
45 TNA CAB 106/1107.
46 TNA CAB 106/1107.
47 Ebenda.
48 Ebenda.
49 CBHD, 8.1.1945.
50 TNA CAB 106/1107.

22. KAPITEL: DER GEGENANGRIFF

1 Generalmajor Otto Remer, ETHINT 80.
2 *PP*, 4.1.1945, S. 615.
3 Ebenda.
4 Siehe CBHD, Box 5, USAMHI.
5 Siehe Ed Cunningham, »The Cooks and Clerks«, in: *Yank*, 16.3.1945.
6 Oberstleutnant Glavin, G3 der 6. Panzerdivision, VII Corps, NARA RG 498 290/56/2/3, Box 1459.
7 6. Panzerdivision, NARA RG 498 290/56/5/2, Box 3.
8 Siehe CMH *Ardennes*, S. 647.
9 *PP*, 4.1.1945, S. 615.
10 17. Luftlandedivision, NARA RG 498 290/56/5/2, Box 3.
11 Ebenda.
12 Oberst J. R. Pierce, ebenda.
13 VII Corps, NARA RG 498 290/56/2/3, Box 1459.
14 CBHD, 8.1.1945.
15 Congressional Medal of Honor Library, Bd. 1, S. 172 f., zit. n. Peter Schrijvers, *Those Who Held Bastogne*, S. 225.
16 VIII Corps, NARA RG 498 290/56/2/3, Box 1463.
17 *PP*, S. 615.
18 PWS, 3.1.1945.
19 William H. Simpson Papers, Box 11, USAMHI.
20 PWS, 3.1.1945.
21 Ebenda.
22 CBHD, 4.1.1945.
23 War Diary, 13th Bn Parachute Regiment, TNA WO 171/1246.
24 Bericht von Yvonne Louviaux in: Jean-Michel Delvaux, *Rochefort*, Bd. 2, S. 123 f.
25 PWS, 6.1.1945.
26 Siehe Hobart Gay Papers, 7.1.1945, USAMHI.
27 José Cugnon, zit. n. Jean-Michel Delvaux, *Rochefort*, Bd. 2, S. 28.
28 Ebenda, Bd. 1, S. 232.
29 Tagebuch von Schwester Alexia Bruyère, zit. n. ebenda, S. 143.
30 Captain H. O. Sweet, IWM, 95/33/1.
31 NARA RG 165, Entry 178, Box 146353.
32 CSDIC, TNA WO 208/4157 SRN 4772 25/3/45.
33 Generalleutnant Kenneth Strong, 02/14/2 3/25 – Intelligence Notes No. 33, IWM Documents 11656.
34 NARA RG 498 290/56/2/3, Box 1459.
35 MFF-7, C1-107.
36 VIII Corps, NARA RG 498 290/56/2/3, Box 1463.
37 NARA RG 498 290/56/2/3, Box 1466.
38 Gerald Astor, *A Blood-Dimmed Tide*, New York 1992, S. 375.
39 TNA WO 231/30.
40 V Corps, NARA RG 498 290/56/2/3, Box 1455.
41 VII Corps, NARA RG 498 290/56/2/3, Box 1459.

42 Generalmajor Ludwig Heilmann, 5. Fallschirmjägerdivision, FMS B-023.
43 CSDIC, TNA WO 208/3616 SIR 1548.
44 Feldwebel Rösner, 7. Batterie, 26. Volksgrenadierdivision, TNA WO 311/54.
45 Robert M. Bowen, *Fighting with the Screaming Eagles: With the 101st Airborne from Normandy to Bastogne*, London 2001, S. 204 f.
46 Assistenzarzt Dammann, CSDIC, TNA WO 208/3616 SIR 1573.
47 Zit. n. Ernest O. Hauser, »Shock Nurse«, in: *Saturday Evening Post*, 10.3.1945.
48 Siehe CMH *Medical*, S. 385 f.
49 VII Corps, NARA RG 498 290/56/2/3, Box 1459.
50 Ebenda.
51 Ebenda.
52 Ebenda.
53 5. Infanteriedivision, XX. Korps, NARA RG 498 290/56/2/3, Box 1465.
54 General der Panzertruppen Heinrich von Lüttwitz, XLVII. Panzerkorps, FMS A-939.
55 A. J. Cowdery, 8.1.1945, Civil Afffairs, IWM Documents 17395 10/18/1.
56 Helmut Heiber und David Glantz (Hrsg.), *Hitler and his Generals: Military Conferences, 1942–1945*, London 2002, S. 597. [In der deutschen Ausgabe von *Hitlers Lagebesprechungen* ist dieser Befehl nicht enthalten. Aus der englischen Ausgabe rückübersetzt – d.Ü.]
57 Generalmajor Hans Bruhn, 533. Volksgrenadierdivision, CSDIC, TNA WO 208/4364 GRGG 240.
58 William H. Simpson Papers, 11.1.1945, Box 11, USAMHI.
59 Oberst Liebisch, *Art of War Symposium*, US Arm War College, Carlisle, PA, 1986, S. 617.
60 *Velikaja Otečestvennaja Vojna*, Moskau 1999, Bd. III, S. 26.
61 CBHD, 15.1.1945.
62 Generalleutnant von Heyking, 6. Fallschirmjägerdivision, TNA WO 171/4184.

23. KAPITEL: DER FRONTBOGEN WIRD BEGRADIGT

1 Zit. n. Air Marshal Sir James Robb, »Higher Direction of War«, Typoskript, November 1946, von seiner Tochter zur Verfügung gestellt.
2 Zit. n. Stephen Ambrose, *Band of Brothers*, S. 229.
3 Tim G. W. Holbert, »Brothers at Bastogne – Easy Company's Toughest Task«, in: *World War II Chronicles*, Winter 2004/05, S. 22–25.
4 Siehe Ambrose, *Band of Brothers*, S. 223 f.
5 NARA RG 498 290/56/5/3, Box 1463.
6 A. J. Cowdery, Civil Affairs, IWM Documents 17395 10/18/1, 14.1.1945.
7 A. Fieber, 1st Bn, Manchester Rgt, in 53rd (Welsh) Div., IWM Documents 4050 84/50/1.
8 FMS P-109e.
9 Martin Lindsay, *So Few Got Through*, S. 160.
10 FMS P-109e.
11 MFF-7, C1-100/101.

12 Zit. n. Gerald Astor, *A Blood-Dimmed Tide*, S. 366.
13 Armored School, Fort Knox, General Instruction Dept, 16.4.1948, CARL N-18000.127.
14 Zit. n. H. Essame, *The Battle for Germany*, London 1970, S. 117.
15 CBHD, 17.1.1945.
16 William H. Simpson Papers, Box 11, USAMHI.
17 Ebenda.
18 TNA CAB 106/1107.
19 Telefonprotokoll, William H. Simpson Papers, Box 11, USAMHI.
20 Das hatte Montgomery am 14.1.1945 gegenüber Brooke erklärt, zit. n. Hamilton, *Monty: The Field Marshal*, S. 325.
21 Siehe Anmerkung 19.
22 CBHD, 2.12.1944.
23 Hobart Gay Papers, 24.1.1945, USAMHI.
24 NARA RG 407 E 427 2280, Box 2425.
25 CMH *SC*, 395 n. 111.
26 Joint Report No. 1 by Operational Research Section 2nd Tactical Air Force and No. 2 Operational Research Section, 21st Army Group, TNA WO 231/30.
27 Generalmajor Siegfried von Waldenburg, 116. Panzerdivision, FMS B-038.
28 CBHD, 29.1.1945.
29 *PP*, S. 630.
30 William H. Simpson Papers, Box 11, USAMHI.
31 CBHD, 16.1.1945.
32 CBHD, 4.2.1945.
33 Ebenda.
34 Zu den zivilen Opfern in Belgien siehe CMH *SC*, S. 332.
35 A. J. Cowdery, Civil Affairs, IWM Documents 17395 10/18/1, 25.1.1945
36 Siehe Peter Schrijvers, *The Unknown Dead*, S. 325.

24. KAPITEL: SCHLUSS

1 Zum Prozess gegen die Kampfgruppe Peiper siehe FMS C-004.
2 Verhör von Generalfeldmarschall Keitel und Generaloberst Jodl, 20.7.1945, TNA WO 231/30.
3 Siehe FMS A-876.
4 FMS A-928.
5 CBHD, 24.12.1944.
6 Generalmajor Rudolf Freiherr von Gersdorff, FMS A-933.
7 FMS A-941.
8 Zit. n. D.K.R. Crosswell, *Beetle*, S. 837.
9 Churchill an Ismay, 10.1.1945, TNA PREM 3 4 31/2.
10 Zu den Verlusten der Alliierten in den Ardennen siehe CMH *SC*, 396, und Royce L. Thompson, OCMH, Typoskript, 28.4.1952, CMH, 2-3.7 AE P-15.
11 Gerald K. Johnson, »The Black Soldiers in the Ardennes«, in: *Soldiers*, Februar 1981, S. 16 ff.

12 »The Service Diary of German War Prisoner #315136«, Sgt John P. Kline, Coy M, 3rd Battalion, 423rd Infantry Regiment, CBMP, Box 2.
13 GBP, 19.4.1945.
14 Vonnegut im US-Fernsehsender C-Span, New Orleans, 30.5.1995.

Bibliografie

Ambrose, Stephen: *Band of Brothers*, New York 2001
Arend, Guy Franz: *Bastogne et la bataille des Ardennes*, Bastogne 1974
Astor, Gerald: *A Blood-Dimmed Tide*, New York 1992
Astor, Gerald: *Battling Buzzards: The Odyssey of the 517th Parachute Regimental Combat Team 1943–1945*, New York 1993
Atkinson, Rick: *The Guns at Last Light*, New York 2013

Baker, Carlos: *Hemingway: Die Geschichte eines abenteuerlichen Lebens*, München 1979
Bauer, Eddy: *L'offensive des Ardennes*, Paris 1983
Bedell Smith, Walter: *General Eisenhowers sechs große Entscheidungen*, Bern 1956
Beevor, Antony: *Berlin 1945: Das Ende*, München 2002
Beevor, Antony: *Der Zweite Weltkrieg*, München 2014
Beevor, Antony, und Cooper, Artemis: *Paris after the Liberation, 1944–1949*, London 1994
Belchem, David: *All in the Day's March*, London 1978
Below, Nicolaus von: *Als Hitlers Adjutant, 1937–1945*, Mainz 1980
Bennet, Ralph: *Ultra in the West*, New York 1980
Boberach, Heinz (Hrsg.): *Meldungen aus dem Reich: Die geheimen Lageberichte des Sicherheitsdienstes der SS 1938–1945*, 17 Bde., Herrsching 1984
Botsford, Gardner: *A Life of Privilege, Mostly*, New York 2003
Bowen, Robert M.: *Fighting with the Screaming Eagles: With the 101st Airborne from Normandy to Bastogne*, London 2001
Bradley, Omar N.: *A Soldier's Story*, New York 1964
Buckley, John: *Monty's Men: The British Army and the Liberation of Europe*, London 2013

Cole, Hugh M.: *United States Army in World War II: The European Theater of Operations: The Ardennes: Battle of the Bulge*, Washington, D. C., 1988
Connell, J. Mark: *Ardennes: The Battle of the Bulge*, London 2003
Couch, Arthur S.: »An American Infantry Soldier in World War II Europe«, unveröffentlichte Memoiren, Privatsammlung
Crosswell, D. K. R.: *Beetle: The Life of General Walter Bedell Smith*, Lexington, KY, 2010

D'Este, Carlo: *Eisenhower: Allied Supreme Commander*, London, 2002

De Gaulle, Charles: *Memoiren 1942–1946: Die Einheit – der Ruf*, Düsseldorf 1961
Delvaux, Jean-Michel: *La bataille des Ardennes autour de Celles*, Hubaille 2003
Delvaux, Jean-Michel: *La bataille des Ardennes autour de Rochefort*, 2 Bde., Hubaille 2004/05
Das Deutsche Reich und der Zweite Weltkrieg, DRZW, Bd. 6–10, München 2004–2008
Domarus, Max (Hrsg.): *Hitler: Reden und Proklamationen, 1932–1945*, Bd. 2, Neustadt a.d. Aisch 1963
Doubler, Michael D.: *Closing with the Enemy: How GIs fought the War in Europe, 1944–1945*, Lawrence, KA, 1994
Dupuy, R. Ernest: *St. Vith: Lion in the Way: The 106th Infantry Division in World War II*, Washington, D. C., 1949

Eisenhower, Dwight D.: *Kreuzzug in Europa*, Amsterdam 1948
Eisenhower, John S. D.: *The Bitter Woods: Hitler's Surprise Ardennes Offensive*, New York 1970
Ellis, John: *The Sharp End: The Fighting Man in World War II*, London 1990
Elstob, Peter: *Hitlers letzte Offensive*, München 1972
Ent, Uzal W. (Hrsg.): *The First Century: A History of the 28th Infantry Division*, Harrisburg, PA, 1979
Essame, H.: *The Battle for Germany*, London 1970
Evans, Richard: *Krieg (Das Dritte Reich*, Bd. 3), München 2009

Ferguson, Niall: *Krieg der Welt: Was ging schief im 20. Jahrhundert?*, Berlin 2006
Forty, George: *The Reich's Last Gamble: The Ardennes Offensive, December 1944*, London 2000
Friedrich, Jörg: *Der Brand. Deutschland im Bombenkrieg, 1940–1945*, München 2002
Fröhlich, Elke (Hrsg.): *Die Tagebücher von Joseph Goebbels*, 29 Bde., München 1992–2005
Fussell, Paul: *The Boys' Crusade*, New York 2003

Galtier-Boissière, Jean: *Mon journal pendant l'occupation*, Paris 1944
Gehlen, Reinhard: *Der Dienst: Erinnerungen 1942–1971*, Mainz 1971
Gellhorn, Martha: *Point of No Return*, New York 1989
Gilbert, Martin: *The Second World War*, London 1989
Guderian, Heinz: *Erinnerungen eines Soldaten*, Heidelberg 1951

Hamilton, Nigel: *Monty: Master of the Battlefield 1942–1944*, London 1984
Hamilton, Nigel: *Monty: The Field Marshal 1944–1976*, London 1986
Hastings, Max: *Armageddon: The Battle for Germany 1944–45*, London 2004
Hastings, Max: *Finest Years: Churchill as Warlord, 1940–1945*, London 2009
Heiber, Helmut, und Glantz, David (Hrsg.): *Hitlers Lagebesprechungen – Die Protokollfragmente seiner militärischen Konferenzen 1942–1945*, München 1984
Hemingway, Ernest: *Über den Fluss und in die Wälder*, Reinbek 1976
Henke, Klaus-Dietmar: *Die amerikanische Besetzung Deutschlands*, München 1995
Hitchcock, William I.: *Liberation: The Bitter Road to Freedom: Europe 1944–1945*, London 2009

Hogan, David W., Jr.: *A Command Post at War: First Army Headquarters in Europe, 1943–1945*, Washington, D. C., 2000
Horrocks, Brian: *Corps Commander*, London 1977
Hynes, Samuel: *The Soldiers' Tale: Bearing Witness to Modern War*, London 1998

Ingersoll, Ralph: *Top Secret*, London 1946
Isaacson, Walter: *Kissinger: Eine Biografie*, Berlin 1993

Jordan, David: *Schlacht in den Ardennen: Die Offensive – Dezember 1944*, Wien 2006
Jung, Hermann: *Die Ardennen-Offensive 1944/45: Ein Beispiel für die Kriegführung Hitlers*, Göttingen 1971
Junge, Traudl: *Bis zu letzten Stunde. Hitlers Sekretärin erzählt ihr Leben*, München 2003

Kardorff, Ursula von: *Berliner Aufzeichnungen, 1942 bis 1945*, München 1997
Kershaw, Alex: *The Longest Winter*, New York 2004
Kershaw, Ian: *Das Ende: Kampf bis in den Untergang; NS-Deutschland 1944/45*, Bonn 2011
Kershaw, Ian: *Hitler 1936–1945*, Stuttgart 2000
Kershaw, Robert: *Arnheim '44: Im September fällt kein Schnee. Die gescheiterte Luftlandung bei Arnheim 1944*, Stuttgart 2000
Klemperer, Victor: *Ich will Zeugnis ablegen bis zum Letzten*, Tagebücher 1933–1945, Berlin 1995
Koskimaki, George E.: *The Battered Bastards of Bastogne: The 101st Airborne in the Battle of the Bulge*, New York 2007

Lacouture, Jean: *De Gaulle: Le politique*, Paris 1985
Lindsay, Martin: *So Few Got Through*, Barnsley 2000
Ludewig, Joachim: *Der deutsche Rückzug aus Frankreich 1944*, Freiburg i. Br. 1995

MacDonald, Charles B.: *A Time for Trumpets: The Untold Story of the Battle of the Bulge*, New York
MacDonald, Charles B.: *The Mighty Endeavour: The American War in Europe*, New York 1992
MacDonald, Charles B.: *Company Commander*, New York, 2002
MacDonald, Charles B.: *The Battle of the Huertgen Forest*, Philadelphia, PA, 2003
Massu, Jacques: *Sept ans avec Leclerc*, Paris 1974
Mather, Carol: *When the Grass Stops Growing*, Barnsley 1997
McDonald, Frederick A.: *Remembered Light: Glass Fragments from World War II*, San Francisco 2007
Merriam, Robert E.: *Dark December*, New York 1947
Merriam, Robert E.: *The Battle of the Bulge*, New York 1991
Meyer, Hubert: *Kriegsgeschichte der 12. SS-Panzerdivision »Hitlerjugend«*, Osnabrück 1982
Miller, Edward G.: *A Dark and Bloody Ground: The Hürtgen Forest and the Roer River Dams, 1944–1945*, College Station, TX, 2008

Mitcham, Samuel W., Jr.: *Panzers in Winter*, Mechanicsburg, PA, 2008
Moorehead, Caroline:, *Martha Gellhorn*, London 2003
Mortimer Moore, William: *Free France's Lion: The Life of Philippe Leclerc*, Havertown, PA, 2011

Neillands, Robin: *The Battle for the Rhine 1944: Arnhem and the Ardennes*, London 2006
Neitzel, Sönke, und Welzer, Harald: *Soldaten: Protokolle vom Kämpfen, Töten und Sterben*, Frankfurt/Main 2011
Niven, David: *Vielleicht ist der Mond nur ein Luftballon. Mein bewegtes Leben*, München 1975
Nobécourt, Jacques: *Le dernier coup de dés de Hitler*, Paris 1962

Overmans, Rüdiger: *Deutsche militärische Verluste im Zweiten Weltkrieg*, München 2000

Parker, Danny S. (Hrsg.), *Hitler's Ardennes Offensive: The German View of the Battle of the Bulge*, London 1997
Pogue, Forrest C.: *The Supreme Command*, Washington, D.C., 1954
Pogue, Forrest C.: *George C. Marshall: Organizer of Victory*, New York 1973
Pogue, Forrest C.: *Pogue's War: Diaries of a WWII Combat Historian*, Lexington, KY, 2001
Post, Hans: *One Man in his Time*, Sydney 2002

Ritchie, Sebastian: *Arnhem: Myth and Reality: Airborne Warfare, Air Power and the Failure of Operation Market Garden*, London 2011
Roberts, Andrew: *Masters and Commanders*, London 2008
Roberts, Mary Louise: *Foreign Affairs: Sex, Power, and American G.I.s in France, 1944–1946*, Chicago 2013

Schrijvers, Peter: *The Crash of Ruin: American Combat Soldiers in Europe during World War II*, New York 1998
Schrijvers, Peter: *The Unknown Dead: Civilians in the Battle of the Bulge*, Lexington, KY, 2005
Schrijvers, Peter: *Liberators: The Allies and Belgian Society, 1944–1945*, Cambridge 2009
Schrijvers, Peter: *Those Who Hold Bastogne*, New Haven, CN, 2014
Sears, Stephen W.: *The Battle of the Bulge*, New York 2004
Simpson, Louis: *Selected Prose*, New York 1989
Soffer, Jonathan M.: *General Matthew B. Ridgway*, Westport, CN, 1998
Speer, Albert: *Erinnerungen*, Frankfurt/Main 1969
Spoto, Donald: *Marlene Dietrich: Biographie*, München 1992
Stargardt, Nicholas: *Kinder in Hitlers Krieg*, München 2008
Sterling Rush, Robert: *Hell in Hürtgen Forest: The Ordeal and Triumph of an American Infantry Regiment*, Lawrence, KS, 2001
Strawson, John: *The Battle for the Ardennes*, London 1972
Strong, Kenneth: *Geheimdienstchef in Krieg und Frieden*, Wien, Hamburg 1969

Tedder, Arthur: *With Prejudice*, London 1966

Van Creveld, Martin: *Kampfkraft: militärische Organisation und Leistung 1939–1945*, Freiburg i. Br. 1989

Wassiltschikow, Marie: *Die Berliner Tagebücher der »Missie« Wassiltschikow, 1940–1945*, Berlin 1987
Weigley, Russell F.: *Eisenhower's Lieutenants*, Bloomington, IN, 1990
Weinberg, Gerhard L.: *Eine Welt in Waffen: Die globale Geschichte des Zweiten Weltkrieges*, Hamburg 2002
Weintraub, Stanley: *Eleven Days in December*, New York 2006
Welch, David: *Propaganda and the German Cinema 1933–1945*, Oxford 1983
Whiting, Charles: *The Battle of the Hürtgen Forest*, Stroud 2007
Wijers, Hans J. (Hrsg.): *Die Ardennen-Offensive: Augenzeugenberichte,* Aachen 2002
Wilmot, Chester: *Der Kampf um Europa*, Frankfurt/Main 1954
Wingate Pike, David: »Oberbefehl West: Armeegruppe G: Les armées allemandes dans le midi de la France«, in: *Guerres mondiales et conflits contemporains*, Nr. 152, 164, 174, 181
Winton, Harold R.: *Corps Commanders of the Bulge: Six American Generals and Victory in the Ardennes*, Lawrence, KA, 2007
Wolfe, Martin: *Green Light!*, Philadelphia, PA, 1989

Zimmermann, John, *Pflicht zum Untergang: Die deutsche Kriegführung im Westen des Reiches, 1944/45*, Paderborn 2009

Personenregister

Abrams, Creighton W. 293, 319
Adair, Allan 194
Alexander, Sir Harold 333, 399
Arnold, Harry S. (»Hap«) 26

Barton, Raymond O. 141, 168f., 224
Bayerlein, Fritz 186f., 213, 225, 227, 252, 284, 398
Bedell Smith, Walter 31, 116, 154, 171, 220f., 223f., 239, 262, 266, 334, 354, 389
Below, Nicolaus von 46, 107, 327, 351
Bidault, Georges 56
Bigland, Tom 218f.
Blunden, Godfrey 190, 400f.
Bogomolow, Alexander 56
Bolling, Alex 262f., 279, 297
Bormann, Martin 14, 46
Bouck Jr., Lyle J. 127ff.
Boyer, Donald P. 206, 232, 244ff.
Bradley, Omar 7, 9f., 16ff., 29f., 41, 47, 77, 84f., 110ff., 114ff., 120f., 135, 142ff., 153f., 190f., 193, 193ff., 209f., 218ff., 224, 243, 251, 263, 265ff., 286, 295, 314ff., 326f., 329f., 332ff., 344f., 357ff., 368f., 371, 379f., 387ff., 391, 396ff.
Brandenberger, Erich 76, 95, 142, 260
Brooke, Sir Alan 24, 110ff., 332, 358f.
Brown, Alan 284, 298f., 321
Bruhn, Hans 378
Buckley, John 29
Buhle, Walter 96
Bull, Harold R. 249, 285, 361

Caffery, Jefferson 56
Cherry, Henry T. 188, 211f.
Chiwy, Augusta 289, 305
Churchill, Winston 11, 29, 57, 354f., 358ff., 388, 399
Clarke, Bruce C. 156ff., 180, 194, 244f., 257f., 271
Clay, Maximilian 158
Clemenceau, Georges 27
Cochenhausen, Ernst von 282ff., 299, 310ff.
Collier, John H. 281
Collins, Joseph Lawton (»Lightning Joe«) 37f., 44, 65, 75, 179, 243f., 262f., 265, 267, 279, 295, 298, 315, 326, 330f., 341, 344, 363, 371, 385
Cooper, Duff 56, 355
Cota, Norman D. (»Dutch«) 9f., 73ff., 136f., 166ff., 184, 186, 210, 224, 249, 382
Couch, Arthur S. 61f., 79f., 83, 146, 237
Crerar, Harry 331
Cunningham, Sir Andrew 21

Delvenne, Maurice 19
Dempsey, Miles 223, 331
Desobry, William R. 187f., 213ff., 227, 383
Devers, Jacob L. 29, 85, 207f., 346, 352, 355f., 381f., 389
Devine, Mark 155f., 159
Dickson, B. A. 116f.
Dietrich, Josef (»Sepp«) 95f., 99f., 102f.,

107 ff., 124, 155, 164, 178, 189, 197, 202 f., 238, 380
Dietrich, Marlene 58, 120
Dody, André 239
Donovan, William 345
Dwight, William A. 319

Eberbach, Heinrich 11, 28, 114, 241
Eisenhower, Dwight D. 7 ff., 16 f., 22 f., 24 f., 27 ff., 45, 47, 56, 59, 65, 77, 85 f., 88, 92, 105 f., 110 ff., 116, 121, 135, 142, 144, 154 183, 191 ff., 195, 207 ff., 219 ff., 223, 238, 249, 266, 285, 329, 331 ff., 346, 350, 352, 354–363, 381 f., 387 ff., 391, 397, 399
Elfeldt, Otto 241
Engel, Gerhard 53
Erskine, George W. E. J. 58 ff.
Ewell, Julian 211 ff., 229

Foley, Jack 216
Fowler, Willis 306
Fullriede, Fritz 11, 20

Galland, Adolf 348
de Gaulle, Charles 7 ff., 56 f., 85, 239 f., 352, 354 f., 357
Gavin, Jim 58, 200, 271, 294 ff., 298
Gehlen, Reinhard 301
Gellhorn, Martha 17, 58, 62, 302, 320, 329, 344
Gerow, Leonard 7, 65, 73, 77, 135, 150, 164, 178, 259
Gersdorff, Rudolf Freiherr von 86, 398
Goebbels, Josef 13 f., 45, 48 ff., 98, 111 f., 240
Göring, Hermann 13 f., 33, 38, 46, 74, 92, 101, 117, 327, 346 ff., 351, 379
Greiser, Arthur 53
Guderian, Heinz 33 f., 95, 301, 361, 380
Guingand, Francis (»Freddie«) de 30, 121, 222, 332 ff., 357

Halder, Franz 348
Hale, Earl 383
Hansen, Chester B. 111, 120 f., 142, 153, 162, 196, 209, 224, 243, 265 f., 286, 295, 315, 329, 331, 344, 358, 360, 369, 387, 390 f.
Harmon, Ernest N. 281, 298, 311, 369
Harvey, Roscoe 218
Harwick, Robert 250
Hasbrouck, Robert W. 158 f., 189, 206 f., 231 ff., 244, 253 ff., 271, 324
Heffner, Pete T. 355
Heilmann, Ludwig 140, 291, 339, 375 f.
Heim, Ferdinand 99, 241
Hemingway, Ernest 36, 57 f., 62, 65, 86, 142, 172, 225, 302
Heydte, Friedrich August von der 100 ff., 140, 145, 154 f., 164, 192–199, 296
Higgins, Gerald J. 170
Himmler, Heinrich 14, 45 f., 84, 301, 346, 357, 376, 381
Hindenburg, Paul von 65
Hitler, Adolf 7, 11 ff., 33 f., 38 f., 45 f., 49, 65, 86, 91–97, 99, 101, 103 f., 107 f., 110, 114 f., 117, 121, 125, 138, 146, 151, 164, 178, 194, 202, 206, 224, 238, 240, 269, 273, 284, 294, 301, 310, 313, 327, 331, 336, 347 ff., 361, 363, 365, 378 f., 381, 386, 397 f., 401
Hodges, Courtney H. 16, 24, 41, 65 f., 70, 73 ff., 77 f., 89 f., 95, 112, 120, 135, 144, 146, 150, 160, 178 ff., 190, 209, 218 ff., 222 ff., 243, 295, 315, 324, 326, 330 f., 344, 369, 371, 389 f., 392
Holtmeyer, Friedrich 299, 321
Horrocks, Brian 17, 21, 218, 238 f., 267, 341
Horthy, Nikolaus 46

Jachman, Isidore 367
Jean von Luxemburg (Prinz) 266
Jodl, Alfred 13, 33, 92 ff., 107, 125, 224, 301, 327, 397 f.
Jones, Alan W. 155 ff.

Jones, Everett C. 281
Juin, Alphonse 171, 354
Junge, Gertraud (»Traudl«) 14, 91

Kardorff, Ursula von 345
Kean, Bill 222, 224, 231, 244
Keitel, Wilhelm 13, 20, 46, 93, 96, 107, 147, 301, 397
Kissinger, Henry 297
Klemperer, Victor 44 f.
Koch, Oscar W. 116
Kogler, Johann 348 f., 351
Kokott, Heinz 138, 184, 212, 225, 227 ff., 249, 260, 262, 273 ff., 290 ff., 306, 309, 319, 323, 339 f.
Koller, Karl 348
Konew, Iwan 379, 386
Konop, Matt 135 f., 148, 151
Kozlosky, John M. 75
Krebs, Hans 93
Kreipe, Werner 13, 33 f., 46 f., 74, 92
Krüger, Walter 375
Kunkel, Rolf 249, 260, 308

Lammerding, Heinz 296, 323
Lang, Steve 225
Lanham, Charles T. (»Buck«) 58, 65, 72, 80, 82, 86, 225
LaPrade, James 215 f., 226
Lattre de Tassigny, Jean-Marie de 57, 84 f., 114, 354, 356, 381 f.
Lauchert, Meinhard von 248, 281, 284, 299, 385
Leclerc, Philippe 7, 9, 85, 356
Lee, John C. 28, 54, 179, 219, 239, 398
Lemaire, Renée 289, 305
Liebgott, Joseph 383
Long, John 400
Lovelady, William B. 234
Lüttwitz, Heinrich Freiherr von 99, 169 f., 213, 226 ff., 248 f., 252, 260 f., 284, 291, 299, 309 f., 320 f., 323, 336, 363

MacDonald, Charles 150 f., 176
Mannerheim, Carl Gustaf 13
Manteuffel, Hasso von 76, 93, 95 ff., 100, 109, 125, 134, 138, 142, 147, 154, 157, 164, 166, 168 f., 189, 228, 232, 243, 261, 265, 273, 277, 284, 291, 294, 306, 310, 321, 327, 335 f., 363, 365, 398
Maquart, Floyd 289
Marshall, George C. 25, 29 ff., 266, 333, 359, 379, 399
Mather, Carol 218 f., 222 f.
Maucke, Wolfgang 306 f.
McAuliffe, Anthony C. 170, 183, 216 f., 226, 230, 249, 251 f., 260 f., 277, 286, 290, 305, 308 f., 320, 328
McCown, Hal 271 f., 293 f.
McDonald, Frederick A. 303 f.
Meyer, Kurt 241
Middleton, Troy H. 90, 115, 135, 144, 156, 183 f., 186, 216, 220, 227, 230, 309, 362, 368
Model, Walter 20, 26, 76 f., 88, 93 ff., 102 f., 108, 130, 135, 146, 157, 202, 205 f., 232, 238, 257, 268, 299, 310, 363, 378
Mohnke, Wilhelm 109, 339, 376
Monrique, Marthe 282
Montgomery, Sir Bernard Law 9, 16 f., 21–31, 47, 110 ff., 121, 218 ff., 231, 238, 243 f., 247, 256, 266 f., 271, 279, 295, 298, 314 ff., 326, 329 ff., 341, 350, 357 ff., 368 f., 379, 387 ff., 391, 399
Morgenthau, Henry 49
Murphy, Audie 382
Mussolini, Benito 46

Niven, David 194

O'Neill, James 113, 268

Palewski, Gaston 351
Parker, Arthur C. 269, 271

Patch, Alexander M. 85, 356, 381
Patton, George C. 10, 12, 16 f., 24 ff., 28 f., 32, 58, 61, 83 f., 94, 112 f., 116, 120, 122, 144, 154, 190 f., 207 ff., 220, 225, 230, 243 f., 249 ff., 260, 265, 268, 274, 279, 286 f., 293, 302 ff., 309, 313 ff., 315, 318 f., 327, 329 f., 334 f., 338 ff., 346, 352, 358, 362 f., 366, 368, 371, 378, 386, 389 ff.
Peiper, Joachim 106, 108 f., 129 f., 147, 151 f., 159 f., 162 f., 178 ff., 200 ff., 233 f., 242 f., 259 f., 271 f., 293 f., 395 f.
Peltz, Dietrich 101, 145
Pétain, Philippe 356
Piburn, Edwin W. 169
Pierlot, Hubert 58 f.
Pogue, Forrest 22, 65
Poschinger, Joachim Ritter von 284
Praile, Léon 300 f.
Pyle, Ernie 87

Quesada, Elwood R. 162

Rader, Robert 383
Ramcke, Hermann-Bernhard 241
Ramsay, Sir Bertram 21, 27
Remer, Otto 14, 189 f., 233, 254, 271, 309, 320, 322, 335 f., 362 f., 368
Ribbentrop, Joachim von 117
Ridgway, Matthew B. 170, 178, 243 f., 248, 254 ff., 259, 271, 295, 324, 363
Robb, Sir James 382
Roberts, William L. 183 f., 187 f., 215, 251
Robertson, Walter M. 148, 150, 163 f., 188
Roosevelt, Franklin D. 29, 49 f., 56, 285, 354 f., 358, 361
Rose, Maurice 248, 269, 271, 296, 323
Rundstedt, Gerd von 33 f., 93 ff., 97, 103, 108, 115, 154, 202, 238, 313, 359, 386

Salinger, Jerome David 8, 58, 60, 87
Sanford, G. O. 372
Schmidt, Beppo 101 f., 348
Schmid, Josef 67 f., 74, 81, 86
Schukow, Georgi K. 380, 386
Schultz, Günther 192 f.
Schwerin, Gerhard Graf von 38 f., 76
Servé, Jean 168
Simpson, Louis 54 f., 170, 211, 230, 278
Simpson, William H. 95, 110, 112, 120, 144, 180, 190, 223, 272, 331, 344, 387 ff., 391
Skorzeny, Otto 46, 102 f., 105 f., 109, 192–199, 222, 266, 274, 279
Slovik, Eddie 76
Solis, Paul J. 179, 182
Spaatz, Carl A. (»Tooey«) 172, 340
Speer, Albert 94
Stalin, Josef 12, 34, 50, 57, 106, 285, 361
Stauffenberg, Claus Graf von 100, 397
Stowe, Leland 320, 329
Straube, Erich 76, 86
Strong, Kenneth 116, 142, 154, 171, 220, 262, 331, 379
Stumpff, Horst 157

Taylor, Maxwell D. 170, 320, 337
Tedder, Sir Arthur 9, 111, 207, 285, 346, 357, 361, 399
Thoma, Wilhelm von 103
Thorez, Maurice 57
Tryon, Aylmer 194
Tucker, Reuben H. 231 f.

Unwin, Gerald (Gerhardt Unger) 194 f.

Vaterrodt, Franz 84 f.
Vonnegut, Kurt 204 f., 401

Waldenburg, Siegfried von 76, 137, 226, 247, 265, 297, 313, 329, 390
Walsh, George 231

Warlimont, Walter 17, 99
Wassiltschikow, Marie (»Missie«) 51
Wegelein, Helmuth 68
Weiz, Rüdiger 299, 321
Welsh, Mary 58, 172
Wertenbaker, Charlie 266
Wertheim, Gunther 195
Westphal, Siegfried 93 f., 97
Whiteley, Sir John 154, 219 f., 387, 389

Wilck, Gerhard 41, 43 ff.
Wilhelm II. (dt. Kaiser) 65, 304
Williams, Bill 359
Winters, Dick 337, 382
Winters, Richard 252

Zangen, Gustav von 21

Orts- und Sachregister

Aachen 35–47, 51, 65 f., 76, 78, 93 ff., 98, 100, 116, 130, 178, 323
»Adlerhorst« (Hitlers Hauptquartier West) 94, 107, 125, 240, 301, 327, 352, 363, 378 f.
»Aktion Eisenhower« 193
Albert-Kanal 25
Alliierte Truppen 7, 23, 59, 92, 238, 294, 392 f.
   1. Armee (frz.) 57, 84 f., 114, 354, 381 f.
   1. Armee (kanad.) 11, 27, 30, 58, 65, 267, 331
   1. Armee (USA) 16 ff., 23 f., 30, 36 f., 47, 65, 70, 75, 77 f., 95, 110, 116, 118, 120, 135, 144, 146, 154, 160, 169 f., 179 f., 190, 195, 197, 200, 209, 218 ff., 222 ff., 231, 243 f., 248, 256, 268 f., 295 f., 298, 313, 315 f., 326, 329 ff., 341, 344, 350, 357, 360, 363, 369, 371, 374 f., 386 ff.
   1. Infanteriedivision (USA) 18, 38, 41 f., 62, 66, 78 f., 83, 88, 146, 152, 163 f., 178, 199, 203, 235, 237, 178, 203
   1. Infanterieregiment (USA) 80, 83
   1. Luftlandedivision (brit.) 27
   1. Luftlandearmee (USA) 25 f.
   I. Korps (brit.) 31
   2. Armee (brit.) 11, 17, 21, 58, 78, 223, 267
   2. Bataillon der Oxfordshire and Buckinghamshire Light Infantry (brit.) 370
   2. Infanteriedivision (USA) 89, 121, 131, 127, 146, 148, 151 f., 163, 173, 176 f., 203, 235
   2. Panzerdivision (frz.) 7, 18, 32, 84 f., 356
   2. Panzerdivision (USA) 18, 37, 244, 262, 279, 281, 285, 311 f., 321 f., 341, 369, 377, 386
   2. Taktische Luftflotte (brit.) 350, 390
   II. Korps (kanad.) 31
   3. Armee (USA) 10, 12, 16 f., 24 ff., 28, 32, 61, 83, 94, 112 f., 116, 144, 154, 208 ff., 220, 225, 239, 249, 275, 279, 286 f., 330, 340, 346, 371, 374, 376, 386 ff., 390
   3. Infanteriedivision (USA) 382
   3. Königliches Panzerregiment (brit.) 196, 239, 279, 283 f., 297, 311, 321
   3. Panzerbataillon (USA) 188, 211
   3. Panzerdivision (USA) 38, 66, 234, 244, 248, 259, 269, 279, 296, 323 f., 363
   III. Korps (USA) 63, 210, 225, 230, 265, 286, 309, 319
   4. Infanteriedivision (USA) 8, 36, 58, 65, 78, 81 f., 88 ff., 118, 122, 141 f., 168, 172, 224 f., 265, 302, 340
   4. Panzerdivision (USA) 190 f., 208, 230, 265, 286 f., 291, 310, 317, 319, 320, 328, 335, 339 f.
   5. Infanteriedivision (USA) 243, 265, 302, 378
   V. Korps (USA) 36, 65, 73, 127, 131, 135, 150, 175, 259, 295
   6. Armeegruppe (USA) 84 f., 208, 346, 352, 356
   6. Luftlandedivision (brit.) 300, 321, 341, 343, 369, 385

6. Panzerdivision (USA) 340, 362, 365 f., 372, 374
VI. Korps (USA) 352, 355 f., 381
7. Armee (frz.) 32
7. Armee (USA) 84 f., 89, 113, 346, 356
7. Panzerdivision (USA) 144, 156 f., 159, 180 f., 206, 244, 254, 256, 271, 297, 324, 390
VII. Korps (USA) 37, 43 f., 65, 73 ff., 243, 262 f., 267, 279, 295, 298, 315, 322, 326, 330 f., 341, 363, 385
8. Infanteriedivision (USA) 78, 88 f.
8. Luftflotte (USA) 340
8. Schützenbrigade (brit.) 196, 279
VIII. Korps (USA) 90, 115 f., 120 f., 127, 135, 142, 183, 205, 216, 220, 230, 249, 287, 290, 309, 313, 337, 362, 391, 399
9. Armee (USA) 41, 47, 65, 95, 110, 112, 144, 154, 180, 190, 194, 198, 220, 223, 272, 316, 331, 344, 351, 357, 360, 379, 387
9. Infanteriedivision (USA) 18, 66 ff., 238
9. Infanterieregiment (USA) 164, 173 f.
9. Luftflotte (USA) 326
9. Panzerdivision (USA) 141, 155 f., 186, 188, 212, 214, 224, 252, 335, 341
IX. Taktisches Luftkommando (USA) 41, 121, 162, 181
IX. Truppentransporterkommando (USA) 23, 276
10. Luftlandedivision (USA) 305
10. Panzerdivision (USA) 144, 169, 183, 187, 210 f., 215 f., 224 ff., 230, 251, 265, 287, 289 f., 320
11. Panzerbataillon (USA) 225
11. Panzerdivision (brit.) 17, 21, 25, 32
11. Panzerdivision (USA) 288, 313, 340, 362, 366, 396
12. Armeegruppe (USA) 30, 41, 83, 112, 115 ff., 120 f., 135, 144, 153 f., 162, 207, 219 ff., 239, 266, 268, 286 f., 314, 316, 331, 333, 340, 344, 360, 367, 371 f., 379 f., 387, 389
12. Infanterieregiment (USA) 67, 141, 168
12. Panzerdivision (USA) 382
XII. Korps (USA) 265
14th Cavalry Group (USA) 127, 132, 134, 155 f., 158
14. Panzerdivision (USA) 381
XV. Korps (USA) 32, 356
17. Luftlandedivision (USA) 296, 313, 366 ff., 383, 399
17. Panzerbataillon (USA) 258
18. Infanterieregiment (USA) 199
XVIII. Luftlandekorps (USA) 170, 178, 243, 255, 363
XIX. Korps (USA) 36
XIX. Taktisches Luftkommando (USA) 390
20. Panzerinfanteriebataillon (USA) 187, 213
21. Armeegruppe (brit.) 16, 29 f., 110, 112, 219 f., 238 f., 315, 334, 358, 387
XXI. Korps (USA) 382
22. Infanterieregiment (USA) 58, 80, 82, 86, 88, 169, 302
23rd Hussars (brit.) 263, 370
23. Infanterieregiment (USA) 150, 163 f.
26. Infanteriedivision (USA) 191, 208, 237 f., 265, 317, 335
26. Infanterieregiment (USA) 152, 163, 203, 237
28. Infanteriedivision (USA) 9, 10, 36, 60, 73 f., 76 ff., 118, 136 f., 166 ff., 184, 187 f., 210 f., 224, 252, 375, 382
29. Panzerbrigade (brit.) 196, 218, 267, 279, 310
29. Panzerbrigade (USA) 321
30. Infanteriedivision (USA) 36, 41, 45, 178, 182, 197, 200 f., 233 f., 242 f., 259, 272, 278 f., 294, 275, 375, 379, 385

XXX. Korps (brit.) 17, 26, 218f., 238f., 267, 331, 341, 343, 363, 385
31. Panzerbataillon (USA) 206
35. Infanteriedivision (USA) 310, 334, 339, 375
37. Panzerbataillon (USA) 293, 319
38. Infanterieregiment (USA) 163, 165, 175
38. Mechanisierte Aufklärungskompanie (USA) 7
38. Panzerinfanteriebataillon (USA) 206, 232, 245
45. Infanteriedivision (USA) 357, 381
51. Infanteriedivision (Highland Division; brit.) 341, 385
51. Panzerinfanteriebataillon (USA) 293, 335
51. Pionierbataillon (USA) 180
53. Infanteriedivision (Welsh Division; brit.) 298, 341, 343, 369, 384
53. Panzerinfanteriebataillon (USA) 293
61. Aufklärungsregiment (USA) 343
70. Panzerbataillon (USA) 141
75. Infanteriedivision (USA) 262, 296, 323
80. Infanteriedivision (USA) 190f., 208, 265
82. Luftlandedivision (USA) 58, 154, 170f., 178, 182, 200f., 231, 247f., 256, 258f., 269, 271, 278, 294f., 298, 311f., 360, 369
83. Infanteriedivision (USA) 89f., 341, 373
84. Infanteriedivision (USA) 244, 262, 279, 284, 297, 341
87. Infanteriedivision (USA) 362, 368
99. Infanteriedivision (USA) 125, 127, 130, 132, 150, 152, 163ff., 174, 177, 235, 303, 325
101. Luftlandedivision (USA) 26, 154, 170f., 182, 210f., 215, 217, 229f., 251, 253, 260ff., 275, 286ff., 320, 336, 356, 365, 382f., 391, 399 336, 356, 365, 382f., 391, 399
101. Luftlanderegiment (USA) 183
104. Infanteriedivision (USA) 78
105. Pionierbataillon (USA) 202
106. Infanteriedivision (USA) 121f., 132, 134, 136f., 204f., 246, 254, 257, 269, 399f.
109. Infanteriedivision (USA) 74
109. Infanterieregiment (USA) 136, 140, 167
110. Infanteriedivision (USA) 167
110. Infanterieregiment (USA) 74, 186
112. Infanterieregiment (USA) 75ff., 137, 167
117. Infanterieregiment (USA) 233f.
119. Infanterieregiment (USA) 200
134. Infanterieregiment (USA) 310, 339
146. Pionierbataillon (USA) 78
158. Pionierbataillon (USA) 211
196. Feldartillerieregiment (USA) 131
246. Infanteriedivision (USA) 42
254. Pionierbataillon (USA) 152
275. Feldartilleriebataillon (USA) 158, 254
285. Feldartillerie-Beobachtungsbataillon (USA) 159
291. Pionierkampfbataillon (USA) 182
297. Kampfpionierbataillon (USA) 71
325. Gleiterinfanterieregiment (USA) 248, 271
326. Luftlandepionierbataillon (USA) 277, 319
326. Luftlandesanitätskompanie (USA) 216
327. Gleiterinfanterieregiment (USA) 211, 248, 260, 277f., 338, 365
335. Infanterieregiment (USA) 263
387. Luftabwehrartillerieregiment (USA) 198
393. Infanterieregiment (USA) 131
395. Infanterieregiment (USA) 130, 132
401. Gleiterinfanterieregiment (USA) 307, 376

422. Infanterieregiment (USA) 155
423. Infanterieregiment (USA) 122, 155, 204, 246
424. Infanterieregiment (USA) 155 f., 257
434. Feldartilleriebataillon (USA) 232
501. Luftlandeinfanterieregiment (USA) 183, 211 f., 229
502. Luftlandeinfanterieregiment (USA) 307 f., 365
504. Luftlandeinfanterieregiment (USA) 231
506. Luftlandeinfanterieregiment (USA) 216, 226, 229, 250, 252, 278, 337, 382 f.
517. Luftlandeinfanterieregiment (USA) 324
526. Infanteriebataillon (USA) 179, 181
705. Panzerjägerbataillon (USA) 187, 229, 290, 320
740. Panzerbataillon (USA) 200
741. Panzerbataillon (USA) 174, 176, 201
761. Panzerbataillon (USA) 400
969. Feldartilleriebataillon (USA) 400
Mobile Feldvernehmungseinheit Nr. 1 (USA) 192
U.S. Air Force 25
U.S. Army 8, 55, 66, 76, 89 f., 104, 118, 147, 150, 192, 194, 204, 231, 254, 295, 303, 357, 360 f., 396
US-Militärpolizei 44, 54, 56, 148, 150, 170, 174, 192, 194, 222, 229, 251
U.S. War Production Board 11
USAAF (United States Army Air Forces) 153, 340
Altkirch 84
Amay 106
Amblève 127, 152 f., 162 f., 179 ff., 201 f., 233 f., 242, 259, 272, 293
Amiens 11, 28
Andenne 106, 298, 315
Antwerpen 16 f., 21–33, 45, 65, 92 ff., 100 f., 107, 109, 135, 219, 267, 282, 327, 398

Arlon 120, 229, 250, 260, 286, 291, 310, 335
Ärmelkanal 21, 129
Arnheim 26 ff., 45, 192, 217, 244
Assenois 228, 310, 319
Avranches 284
Aywaille 195

B-26-Bomber 314
Bande (Ardennen) 19, 299, 396
Baraque-de-Fraiture 269, 271, 294
Bastogne 19, 90, 115, 120, 135, 138, 154, 156 f., 166, 169 f., 183 f., 186 ff., 205, 210 ff., 220, 225 ff., 248 ff., 260 ff., 265, 273, 275 ff., 281, 286 ff., 293, 299, 302, 305 f., 308 ff., 313, 317 ff., 323, 327 ff., 334 ff., 338 ff., 362 ff., 368 f., 371 f., 375, 379, 382 f., 391, 393, 400
Baugnez 159 f., 235
Bazooka 43, 80, 142, 166 f., 173, 175, 177, 181, 215, 245, 290, 307 f., 325, 368, 370
Belfort 84
Belgien 11, 16 ff., 48, 52, 58 f., 119, 146, 218, 239, 264, 285, 323, 332, 349, 392
Berdorf 169, 225
Berlin 13 f., 28, 50 ff., 86, 91, 96 f., 104, 109, 117, 240, 301, 345, 367, 386
Bigonville 293
Bitburg 115
Bitche 114, 352, 356
Bizôry 212 f., 228, 250, 362
Bletchley Park (brit. Abhörzentrale) 117
Boisseilles 302
Bonn 30, 145, 388
Born 190, 233
Boulogne 27, 241
Bourcy 213, 248
Breskens-Kessel 21
Brügge 238
Brüssel 17, 22, 47, 50, 54, 58 f., 97, 194, 289, 331, 334, 341, 351
Buchholz 129 f., 177

Buissonville 19, 281, 311, 322
Büllingen 147f., 152, 163, 178, 203, 233, 237
Bure 343, 369, 372
Burgundische Pforte 85, 381
Bütgenbach 152, 203, 235, 237, 258

Calais 27
Celles 281f., 298f., 302f., 310ff., 320ff., 341
Champlon 248
Champlon-Famenne 297
Champs 306ff., 365
Chapois 282
Chartres 7, 9
Chaudfontaine 180, 190, 219, 222f.
Chaumont 274f.
Cheneux 181, 231, 242, 271
Chenogne 335f., 362, 396
Cherbourg 23, 60, 344
Chevetogne 282, 310f.
CIC (Counter Intelligence Corps) 50f., 192f., 196, 331
Ciney 297f., 311
Clerf 167, 186, 213
Clervaux 167f., 186
Colmar siehe Kessel von Colmar
»Com Z« (Chef der US-Kommunikation) 28, 54, 60, 171, 179, 219, 239, 398
Comet-Panzer 218, 281
Commanster 256
Conjoux 283, 311, 342
Conneux 299, 320f.
Crombach 257
CSDIC (Combined Services Detailed Interrogation Centre) 114

D-Day 57, 98, 118
Deserteure 20, 51f., 55, 58
Deutsche Truppen 12, 19, 43, 45, 52, 75, 95f., 106, 121, 141, 146, 154, 157, 162, 250, 257, 300, 329, 334, 375, 380, 398

1. Armee 32, 356
1. SS-Panzerdivision »Leibstandarte Adolf Hitler« 35, 99, 106, 109, 127, 157, 197, 202, 231, 234, 242, 259, 295, 336, 339, 375, 378
1. SS-Panzergrenadierregiment 159
I. SS-Panzerkorps 182, 197, 202, 234f., 271, 294, 378
2. Panzerdivision 37, 99, 109, 125, 138, 166, 168f., 184, 186, 214, 217, 226ff., 248, 259, 263, 268, 279, 281ff., 297ff., 302f., 310, 321f., 330, 336, 343, 363, 369, 383, 385
2. SS-Panzerdivision »Das Reich« 235, 247, 256, 269, 271, 279, 294, 296, 313, 323f., 378
2. SS-Panzergrenadierregiment 233, 259
II. SS-Panzerkorps 234, 247, 378
3. Fallschirmjägerdivision 48, 128f., 180, 202, 273
3. Fallschirmjägerregiment 130, 152
3. Panzergrenadierdivision 153, 203, 235f., 325, 335f., 339, 362, 366
3. SS-Panzergrenadierregiment 324
4. SS-Panzergrenadierregiment 271
5. Fallschirmjägerdivision 138, 169, 184, 210, 228, 250, 260, 274f., 286, 291, 309f., 317, 319f., 335f., 339, 375f., 381
5. Fallschirmjägerregiment 229, 291
5. Panzerarmee 11, 76, 93, 95f., 109, 115, 124, 134, 138, 166, 169, 189, 197, 227f., 257, 259, 274, 291, 299, 306, 383, 397f.
6. Fallschirmjägerregiment 100
6. Panzerarmee 93, 95f., 98ff., 106, 109, 115, 124, 164, 177f., 189, 197, 202f., 235, 238, 259, 294, 380, 397f.
6. SS-Gebirgsdivision 357, 381
7. Armee 38, 76, 80, 89, 94f., 138, 142, 169, 317
9. Fallschirmjägerregiment 151
9. SS-Panzerdivision »Hohenstau-

fen« 27, 206f., 234, 256, 294f., 299, 323, 343, 365, 378
10. SS-Panzerdivision »Frundsberg« 27, 109, 357, 381
11. Panzerdivision 108
12. SS-Panzerdivision »Hitlerjugend« 103, 122, 130, 132, 147, 150ff., 164, 174f., 178, 202f., 234f., 237f., 241, 243, 258f., 263, 278, 363, 365, 378
12. Volksgrenadierdivision 38, 41, 79, 129, 141, 203, 235
13. Fallschirmjägerregiment 140, 320
14. Fallschirmjägerregiment 339
XIV. SS-Korps 381
15. Armee 11, 21, 25, 30, 95, 331
15. Panzergrenadierdivision 277, 291, 306, 308f., 336
17. SS-Panzergrenadierdivision »Götz von Berlichingen« 32, 94, 99, 108, 356
18. Volksgrenadierdivision 134, 155, 159, 189, 205ff., 247, 295
19. Armee 352, 381
21. Panzerdivision 381
25. Panzergrenadierdivision 381
26. Volksgrenadierdivision 109, 138, 169, 184, 186, 202, 212f., 216, 225ff., 249, 252, 260, 262, 275, 309, 335, 376
39. Füsilierregiment 249, 319
XLVII. Panzerkorps 169, 184, 213, 226, 228
LVIII. Korps 375
60. Panzergrenadierdivision 313
60. Panzergrenadierregiment 137
62. Volksgrenadierdivision 155f., 189, 207, 247, 295
LXXIV. Korps 76
77. Grenadierregiment 212, 306
78. Grenadierregiment 212, 309
89. Infanteriedivision 76
116. Panzerdivision 38, 76, 94f., 125, 137, 166f., 207, 226, 247f., 259, 265, 279, 297, 313, 323, 363, 373

150. Panzerbrigade 104ff., 196f.
156. Panzergrenadierregiment 137, 247f.
167. Volksgrenadierdivision 339
212. Volksgrenadierdivision 141, 169, 225
275. Infanteriedivision 67f., 74, 81
276. Volksgrenadierdivision 225
277. Volksgrenadierdivision 150, 178, 203, 235f.
304. Panzergrenadierregiment 283
326. Volksgrenadierdivision 130, 163
352. Volksgrenadierdivision 317
361. Volksgrenadierdivision 52
506. Volksgrenadierdivision 269
560. Volksgrenadierdivision 247, 265
560. Volksgrenadierregiment 323
901. Panzergrenadierregiment 274, 277, 290f., 309
902. Panzergrenadierregiment 284
952. Grenadierregiment 52
Einheit Steilau 105, 192, 195ff.
Führer-Begleit-Brigade 14, 189f., 206, 233, 254ff., 271, 295, 320, 323, 335f., 339, 362f., 366
Führer-Grenadier-Brigade 317
Heeresgruppe B 76, 94, 108, 146, 313, 376, 378
Heeresgruppe Oberrhein 240, 301, 346, 381
Kampfgruppe Cochenhausen 282, 299, 311
Kampfgruppe Peiper 127f., 151, 163, 169, 181, 234, 242f., 259, 269, 271f., 282, 293, 395f.
Kampfgruppe Skorzeny 105, 129, 313, 321
Panzer-Lehr-Division 125, 138, 166, 169, 184, 186, 188, 211ff., 225, 227ff., 249, 252, 274, 284, 291, 298, 309, 311, 321, 336, 343, 363, 368ff., 383, 398
Panzergrenadierdivision »Großdeutschland« 14, 97
Wachregimemt »Großdeutschland« 14

Waffen-SS 18, 42, 46, 96, 99 f., 103, 108 f., 122, 146, 201, 234, 242, 312, 339, 374, 378, 396
Wehrmacht 10, 12 f., 34, 46, 48 f., 52, 75, 84, 89, 99 ff., 115, 146, 159, 198, 274, 311, 327, 339, 342, 346, 348, 371, 376 ff., 380, 386, 396, 398
Dickweiler 169
Dinant 196, 218, 238 f., 247, 263, 279, 281 ff., 298 f., 315, 323, 331
Dochamps 247
Drauffelt 186
Dünkirchen 27, 33, 92
Düren 48, 68, 79, 107 f.

Echternach 117, 141, 169, 340
»Edelweiß-Piraten« (dt. Widerstandsgruppe) 51
Eifel (auch Schnee-Eifel) 92, 98, 115 ff., 121, 132, 155 f., 204, 207, 257, 269, 340
Eindhoven 26, 30, 350
Elsass 85, 104, 113, 208, 303, 345 f., 352, 354 ff., 378, 382 f., 389
Elsenborn 150, 163, 238, 314
Elsenborn, Camp 152, 174, 235 f.
Elsenborner Höhen 147, 150, 155, 163 f., 166, 177 f., 197, 202 f., 234 ff., 258 f., 273, 314, 325, 330
Engreux 385
Eupen 100 f., 119, 130, 145, 148, 155, 164, 192, 195 ff.
Evere 350

Falaise siehe Kessel von Falaise
Faymonville 202, 273
Ferdinand-Jagdpanzer 189
Flamierge 274, 278, 291, 335, 366
Flamizoulle 366
Forrières 372
Fort Driant 61
Foy 187, 215 f., 226 ff., 250, 252, 278, 302, 382

Foy-Notre-Dame 281 ff., 298 f., 302, 310 ff., 321 f.
Francorchamps 147, 179
Frankreich 8, 10, 16 f., 23, 27, 48, 50, 52, 54, 56 ff., 85, 105, 108, 119, 208, 239 f., 285, 291, 349, 352, 354 f.

Gambsheim 381
Gemünd 138
Genfer Konvention 260
Gestapo 98, 198, 289, 300
Gey 89
Givet 220, 223, 263, 279
Givry 306
Gouvy 231, 256
Grafenwöhr 104, 192
Grandménil 313, 323 f.
Großbritannien 16, 110, 121, 218, 241, 358

Haager Konvention 260
Haid 281, 310
Hasselt 331 f.
Haute-Saône 395
Heeresgruppe Mitte 12
Heinerscheid 184
Hemroulle 261, 307 f., 310, 318
Herrlisheim 381 f.
Hitlerjugend 198
Hompré 274 f., 291, 319
Honsfeld 127, 129, 147, 151 f., 160
Horst-Wessel-Lied, Parodie auf 53 f.
Hosingen 138, 184
Hotton 247 f., 259, 265, 269, 279, 295, 297 f., 323, 331, 343, 363, 365
Houffalize 214 f., 217, 231, 269, 330, 332, 372 f., 379, 383, 385 f., 392
Hürtgen 80, 89
Hürtgenwald 47, 65–90, 94, 104, 111, 124, 142, 166 ff., 172, 382
Huy 106

Imperial General Staff (brit. Generalstab) 24

Jalta, Konferenz von 361
Jemelle 19, 268, 323, 372
Joint Intelligence Committee (brit. Geheimdienstkomitee) 115

Kessel von Colmar 84, 114, 352, 354. f., 381 f.
Kessel von Falaise 99, 241, 330
Kleinhau 80, 82, 89
Kollaboration/Kollaborateure 8, 119, 171, 180, 391
Köln 30, 38 f., 47, 51, 76, 387
Kommerscheidt 75, 77 f.
Krefeld 95
»Kriegsneurose« 80, 377

L'Homme 284, 321
La Gleize 181 f., 201 f., 234, 242, 259, 269, 271, 293 f.
La Happe 311
La Roche-en-Ardennes 265, 326, 385, 393
Lanzerath 127 ff.
Lauterborn 141, 169
Le Havre 11
Leignon 281, 283
Lend-Lease-Abkommen 57
Leopold-Kanal 31
Libramont 210
Lienne 182
Ligneuville 160, 162, 197
Limburg 101
Lippspringe 103
London 11, 16 f., 24, 57 ff., 111, 114 f., 182, 332, 399
Longvilly 184 ff., 211 f., 214, 335
Longwy 190
Losheim 127, 129, 132, 144
Lothringen 104, 114, 144, 334
Lutrebois 228, 309, 339
Lüttich 20, 93, 95, 120, 129, 135, 178 ff., 192, 200, 209, 219, 222, 239, 269, 296, 324, 331, 344, 395

Luxemburg (Land) 22, 32, 142, 144 f., 153 f., 162, 169, 190 f., 224, 392 f.
Luxemburg (Stadt) 111, 190, 193, 210, 219 f., 224, 243, 251, 265 ff., 286 f., 303, 313, 315, 329 f., 340, 391

Maas 17, 78, 94 f., 97, 105, 129, 138, 147, 154, 157, 162, 169, 178, 181, 195 ff., 207 f., 218 ff., 222 ff., 226, 228, 231, 234, 238 f., 243, 247, 260, 262 f., 267, 269, 278 f., 281, 288, 298, 302, 315, 322, 327, 341 ff., 363, 391, 397 f.
Maastricht 36, 111 f., 180, 190, 351, 388
Mageret 188, 212, 362, 365
Mahenne 283 f., 312
Malmédy 101, 147, 155, 158 ff., 197, 203, 272, 322, 330, 395
Malmédy, Massaker von 160, 178, 242, 257, 324, 363, 396
Mande-Saint-Étienne 211, 260 f., 273, 291, 362
Manderfeld 124, 127
Manhay 269, 271, 295 ff., 313, 323 f., 363, 373
Marche-en-Famenne 19, 180, 262 f., 297 ff., 310, 313, 315, 322, 341, 343
Marcouray 269, 296
Mariaweiler 81
Marnach 167, 184
Marvie 227 f., 274, 277, 290, 335
Méan 263
Metz 29, 32, 64, 83 f., 113, 350
Moder (Fluss) 382
Mons 18
Monschau 70, 117, 124, 130, 163, 197, 199, 238
Mosel 32, 61, 83, 332
Moskau 57, 240, 285, 361
Mourmelon-le-Grand 170 f., 182, 337
Mulhouse 84
Müllerthal 224
Münstereifel 102

Namur 239, 279, 316, 391, 393
Nancy 32, 209, 268
Nationalsozialisten (Nazis) 38, 40f., 44, 46, 51, 96, 99f., 117, 195, 240, 360, 374, 401
Neffe 188, 211ff., 228f., 340, 362
Neufchâteau 183, 216, 230, 310, 335
Nieder-Emmels 233
Niederlande (Holland) 16, 20ff., 33, 50, 53, 100, 154, 170f., 267, 290f., 348
Nijmegen 26, 78
Normandie 9, 12, 14, 18, 23, 26, 34, 38, 60, 73, 99, 130, 142, 186, 279, 290, 296, 331, 340, 344, 356, 374
Noville 184, 187, 213ff., 226f., 229, 248, 250, 383, 390

Ober-Emmels 233
Oberhausen (Ardennen) 137
Odeigne 296, 324
OKW (Oberkommando der Wehrmacht) 13, 32, 93, 95ff., 103, 108, 147, 202, 294, 397f.
Omaha Beach 9, 317
On 372
»Operation Bagration« 12
»Operation Cobra« 16
»Operation Dragoon« 12
»Operation Greif« 105, 197
»Operation Market Garden« 26, 28, 30f., 33, 170
Oradour-sur-Glane, Massaker von 296
OSS (Office of Strategic Services) 345
Ostfront 11f., 25, 41, 51, 73, 86, 92, 95, 97, 116, 118f., 151, 160, 285, 301, 361, 380, 383, 401
Ostpreußen 13f., 34, 46, 48, 78, 91, 103, 361, 380
Osweiler 169
Our 125, 137, 141, 156, 228
Ourthe 247, 265, 297, 363, 365, 386

Panther (Panzer) 77, 106, 130, 142, 147, 151, 162, 165, 167f., 173, 175, 179, 181, 186f., 197, 200, 206, 214f., 218, 245, 247, 277, 283, 307, 310, 320, 335, 385
Paris 7ff., 12, 23, 28, 36, 54f., 57f., 60, 74, 78, 105, 109, 117, 142, 153, 170ff., 192f., 208, 240, 315f., 352, 388
Pas-de-Calais 11, 21
Point of No Return (M. Gellhorn) 62
Poteau 206, 231, 256
Prüm 220, 223, 388

Quadrath-Ichendorf 76

Rachamps 383
Rambouillet 57f.
Rastatt 85f.
Recht (Ardennen) 159, 206, 256
»Red Ball Express« (Lkw-Versorgungs-straße) 23, 171
Regierung, provisorische (frz.) 8, 56, 352, 354f.
Reharmont 369
»Reichsführer-Befehl« 103
Reims 27, 154, 170
Résistance (belg.) 17ff., 59, 146, 162, 171, 234, 238, 248, 264, 300, 396
Résistance (frz.) 8, 11f., 50, 85, 396
Rhein 22f., 30, 47, 65f., 70, 84ff., 93, 96, 106, 111f., 240, 301, 332, 334, 346, 352, 356, 381, 387, 389, 399
Rhône-Rhein-Kanal 381
Rochefort 19, 263, 268, 282, 284f., 299, 303, 311, 321f., 343f., 363, 369, 372
Rocherath-Krinkelt 130, 150, 155, 163ff., 173ff., 202f., 235f.
Rodenbourg 225, 302
Rodt 254f.
Roermond 78
Rolley (Schloss) 302, 307f., 338
Rote Armee 11ff., 34, 44, 46, 48, 78, 92, 95, 115, 241, 301, 329, 331, 361, 380, 397

Roth 134
Rothbach 357, 382
Rott 73, 77
Roumont (Schloss) 310
Royal Air Force (RAF) 31, 51, 89, 101, 153, 221, 321, 325, 372
Royal Navy 21, 30
Ruhr 29, 65, 112, 334
Ruhrgebiet 16, 30, 86, 92, 112, 333, 363, 388
Rur 65, 67, 75, 89, 98, 112, 115, 131, 135, 144

Saar 16, 25, 29, 65, 98, 113, 190
Saarbrücken 22
Saint-Hubert 284, 343, 363
Saint-Remy (Abtei) 285
Saint-Trond 315
»Salbendosenminen« 37
Salm 162, 180 f., 231, 243, 254, 256, 258 f., 271, 294
Salmchâteau 207, 231, 258
Samrée 247, 265
St.-Josef-Kloster (St. Vith) 246, 325 f.
St. Vith 119, 134, 155 ff., 167, 180 f., 189, 201, 204, 206 f., 231 ff., 244 ff., 253 ff., 271, 314, 325 f., 330, 332, 345, 390
Sanzinnes 281, 283
SAS (Special Air Service) 218 f., 238, 343, 369
Sauer 119, 125, 141, 169, 224
Saverne 357
Scheldemündung 21, 25, 27, 31, 47, 65, 114
Schlachthof 5 oder der Kinderkreuzzug (K. Vonnegut) 205
Schlenderhan (Schloss) 76
Schmidt (Hürtgenwald) 66, 70, 74 ff., 80, 89, 94, 131
Schönberg 156 f., 159, 189
Schoppen 273
Schwalm 236
Schwarze Ernz 169, 224
Schweiz 32, 106
Sennelager 101

Senonchamps 249, 260, 273, 291, 308
SHAEF (Supreme Headquarters Allied Expeditionary Force) 8 f., 11, 21, 27 f., 31, 39 f., 45, 54, 56 ff., 85, 106, 114 ff., 121, 154, 162, 170 f., 208, 218, 220, 224, 239, 249, 262, 315 f., 331 f., 346, 354, 356 f., 360, 379, 387, 389, 392
Sherman-Panzer 10, 36, 42, 75, 77, 129, 168, 173, 176, 187, 227, 239, 290, 313, 331, 391 f.
Sibret 186, 249, 319, 335 f.
Sicherheitsdienst der SS (SD) 14, 146, 300
Sint-Denijs-Westrem 350
SIS (Secret Intelligence Service) 114, 118
»Skyline Drive« (Straße in den Ardennen) 138, 141, 184
Somme 8, 11, 17
Sorinnes 279, 281, 283 f., 298, 311 f.
Sowjetunion 46, 57, 92, 109, 193, 401
Soy 323
Spa 65, 106, 120, 135, 147, 160, 169, 179 f., 190, 218, 234, 392
Sprimont 216
Stavelot 147, 162 f., 178 ff., 201 f., 234, 242, 259, 294
Stolberg 41, 79
Stoumont 182, 200 f., 233, 242, 259, 271
Straßburg 57, 84 f., 346, 352, 354, 381
Sur-le-Mont 344

Teheran, Konferenz von 106
Thermitbomben/-granaten 37, 174, 203, 224
Thirimont 385
Thunderbolt P-47 (Jagdbomber) 163, 190, 268, 277, 293, 296, 308, 318 f., 340, 350
Tiger (Panzer) 147, 166 f., 176 f., 182, 289, 200, 212, 218, 340, 370
TNT 36 f., 72, 203
Traves 395
Trois-Ponts 162, 180 f., 234, 242, 259, 295, 369
Tulle, Massaker von 296

»Unternehmen Bodenplatte« 348 f., 379
»Unternehmen Nordwind« 346, 352, 381
U.S. Air Force siehe Alliierte Truppen
U.S. Army siehe Alliierte Truppen
US-Militärpolizei siehe Alliierte Truppen
U.S. War Production Board siehe Alliierte Truppen
USA 16, 50, 55, 57, 60, 153, 170, 194, 320, 355, 357 f., 361, 368, 388, 399
USAAF (United States Army Air Forces) siehe Alliierte Truppen
Utrecht 11, 19

V-Waffen 11, 16, 33
V1-Flugkörper 49, 135, 150, 179, 222, 282, 344, 379
Vaux-les-Rosières 230
Venlo 78
Verdenne 297
Verdun 120, 153, 191, 207, 332
Versailles 9, 27 f., 30, 54, 121, 135, 142, 145, 170 f., 209, 266, 316, 332, 334, 346, 352, 354, 357, 388
Vichy-Regime 8, 12, 196
Vielsalm 157 f., 207, 231, 233, 255 f., 258, 295
Villacoublay 388
Villeroux 260, 336
Vogesen 85, 114, 346, 352, 354 ff., 381
Volkssturm 198
Vossenack 75, 78

Waffen-SS siehe Deutsche Truppen
Waffenstillstand 97, 273, 327

Wahlerscheid 136, 150, 163
Waimes 178, 202, 235
Walcheren 21, 30 f.
Wanne (Ardennen) 242
Wardin 184, 187 f., 227 ff., 340, 365
Wecker (Ort in Luxemburg) 340
Weckerath 134
Wehrmacht siehe Deutsche Truppen
Weltkrieg, Erster 21, 27, 65, 68, 83, 86, 93, 97, 125, 304, 396
Werbemont 162, 178, 180 ff., 201
»Werwolf« 41, 198
Westfront 11 f., 14, 33, 48, 54, 92 f., 96, 121, 285, 287, 358, 387, 396, 398
Westwall (*Siegfried Line*) 19, 32, 36 f., 58, 65, 74, 119, 134, 137, 146, 159, 388, 396
Wiltz 167 ff., 184, 186, 210 f., 228
Wingen-sur-Moder 357
Winterspelt 156
Wirtzfeld 136, 148, 151, 177, 203, 235
»Wolfsschanze« (Hitlers Hauptquartier Ost) 12 ff., 33, 46, 74, 91 ff., 397

Ychippe 341 f.

Ziegenberg (Schloss) 94, 108, 327
Zonhoven 110, 218 f., 315, 331, 333
Zorn (Fluss) 382
Zuid-Beveland 21, 25, 30 f., 114
Zwangsarbeit(er) 39, 44, 51, 53, 196, 234, 264, 343, 395

Bildnachweis

AKG Images: Nr. 1, 13, 16
Bundesarchiv Koblenz: Nr. 12
Documentation Française: Nr. 5
Imperial War Museum, London: Nr. 8, 23, 26, 40
The Tank Museum, Bovington: Nr. 11
US Army (Teil der National Archives): Nr. 6, 7, 18, 20, 25, 30, 31, 32, 34, 36, 38, 39, 41, 46, 47
Nr. 10 hat Heinz Seidler, Bonn-Bad Godesberg, aus dem Buch »The Battle of the Bulge« von W. Goolrick und O. Tanner kopiert.
Alle übrigen Fotografien stammen aus The National Archives in den USA.